国际中文教育中文水平等级标准
（中葡文版）

PADRÕES DE PROFICIÊNCIA EM CHINÊS
PARA O ENSINO INTERNACIONAL
(EDIÇÃO CHINÊS-PORTUGUÊS)

教育部中外语言交流合作中心

Ministério da Educação da República Popular da China
Centro de Ensino e Cooperação em Língua Chinesa (CLEC)

国际中文教育中文水平等级标准
（中葡文版）

PADRÕES DE PROFICIÊNCIA EM CHINÊS
PARA O ENSINO INTERNACIONAL
(EDIÇÃO CHINÊS-PORTUGUÊS)

Tradutores

Amilton Reis, Lidong Sun, Ricardo Pessoa,
Rud Paixão, Verena Papacidero

© 2024 Center for Language Education and Cooperation (CLEC)

Cultura Acadêmica

Praça da Sé, 108
01001-900 – São Paulo – SP
Tel.: (0xx11) 3242-7171
Fax: (0xx11) 3242-7172
www.editoraunesp.com.br
www.livrariaunesp.com.br
atendimento.editora@unesp.br

Dados Internacionais de Catalogação na Publicação (CIP) de acordo com ISBD
Elaborado por Vagner Rodolfo da Silva – CRB-8/9410

C397p   Centro de Ensino e Cooperação em Língua Chinesa (CLEC)

Padrões de proficiência em chinês para o ensino internacional / Centro de Ensino e Cooperação em Língua Chinesa (CLEC); traduzido por Amilton Reis ... [et al.]. – São Paulo: Cultura Acadêmica Editora, 2024.

ISBN: 978-65-5954-395-3

1. Língua chinesa. 2. Ensino. 3. Aprendizagem. I. Reis, Amilton. II. Sun, Lidong. III. Pessoa, Ricardo. IV. Paixão, Rud. V. Papacidero, Verena. VI. Título.

CDD 495.1269

2023-3421   CDU 811.581'243

Os tradutores agradecem especialmente ao prof. Paulo Chagas de Souza.

Editora afiliada:

目录 SUMÁRIO

前言　　　　　　　PREFÁCIO　　9

1　范围　　　　　　OBJETIVO　　11 | 23

2　术语和定义　　　TERMOS E DEFINIÇÕES　　11 | 23

3　等级描述　　　　DESCRIÇÃO DOS NÍVEIS DE PROFICIÊNCIA　　12 | 24

    3.1　初等（一~三级）　　Básico (Níveis 1 a 3)　　12 | 24

    3.2　中等（四~六级）　　Intermediário (Níveis 4 a 6)　　15 | 28

    3.3　高等（七~九级）　　Avançado (Níveis 7 a 9)　　18 | 34

4　音节表　　　　　LISTAS DE SÍLABAS　　39

    4.1　一级音节表　　Lista de Sílabas do Nível 1　　39

    4.2　二级音节表　　Lista de Sílabas do Nível 2　　41

    4.3　三级音节表　　Lista de Sílabas do Nível 3　　43

    4.4　四级音节表　　Lista de Sílabas do Nível 4　　45

    4.5　五级音节表　　Lista de Sílabas do Nível 5　　46

    4.6　六级音节表　　Lista de Sílabas do Nível 6　　47

    4.7　七~九级音节表　　Lista de Sílabas dos Níveis 7 a 9　　48

5　汉字表　　　　　LISTAS DE CARACTERES　　50

    5.1　一级汉字表　　Lista de Caracteres do Nível 1　　50

    5.2　二级汉字表　　Lista de Caracteres do Nível 2　　52

    5.3　三级汉字表　　Lista de Caracteres do Nível 3　　54

5.4	四级汉字表	Lista de Caracteres do Nível 4	56
5.5	五级汉字表	Lista de Caracteres do Nível 5	59
5.6	六级汉字表	Lista de Caracteres do Nível 6	61
5.7	七~九级汉字表	Lista de Caracteres dos Níveis 7 a 9	63
5.8	手写汉字表	Lista de caracteres a dominar na escrita manual	72

6 词汇表   LISTAS DE VOCABULÁRIO   81

6.1	一级词汇表	Lista de Vocabulário do Nível 1	81
6.2	二级词汇表	Lista de Vocabulário do Nível 2	105
6.3	三级词汇表	Lista de Vocabulário do Nível 3	139
6.4	四级词汇表	Lista de Vocabulário do Nível 4	181
6.5	五级词汇表	Lista de Vocabulário do Nível 5	222
6.6	六级词汇表	Lista de Vocabulário do Nível 6	266
6.7	七~九级词汇表	Lista de Vocabulário dos Níveis 7 a 9	315

附 录 A：（规范性）语法等级大纲
ANEXO A: EMENTA GRAMATICAL (NORMATIVA)   549

A.1	一级语法点	Ementa Gramatical do Nível 1	549
A.2	二级语法点	Ementa Gramatical do Nível 2	580
A.3	三级语法点	Ementa Gramatical do Nível 3	624
A.4	四级语法点	Ementa Gramatical do Nível 4	670
A.5	五级语法点	Ementa Gramatical do Nível 5	705
A.6	六级语法点	Ementa Gramatical do Nível 6	742
A.7	七~九级语法点	Ementa Gramatical dos Níveis 7 a 9	773

略语表 ABREVIATURAS

adj.   adjetivo

adv.   advérbio

cl.   classificador

conj.   conjunção

int.   interjeição

n.   numeral

onom.   onomatopeia

part.   partícula auxiliar

pref.   prefixo

prep.   preposição

pron.   pronome

s.   substantivo

suf.   sufixo

v.   verbo

前 言

本规范由教育部中外语言交流合作中心、教育部语言文字信息管理司提出。

本规范由国家语言文字工作委员会语言文字规范标准审定委员会审定。

本规范起草单位：教育部中外语言交流合作中心。

本规范起草人：刘英林、马箭飞、赵国成、傅永和、胡自远、李佩泽、李亚男、梁彦民、郭锐、侯精一、李行健、王理嘉、张厚粲、杨寄洲、赵杨、吴勇毅、王学松、张新玲、刘立新、张洁、于天昱、应晨锦、金海月、王鸿滨、关蕾、白冰冰等。

PREFÁCIO

Os *Padrões de proficiência em chinês para o ensino internacional* foram desenvolvidos pelo Centro de Ensino e Cooperação em Língua Chinesa (CLEC) em parceria com o Departamento de Gestão da Informação sobre a Língua Chinesa, do Ministério da Educação da República Popular da China.

Os *Critérios* foram objeto de revisão e posterior aprovação pelo Comitê de Normatização da Língua Chinesa, uma entidade vinculada ao Comitê Nacional da Língua Chinesa.

A redação foi realizada pelo Centro de Ensino e Cooperação em Língua Chinesa, subordinado ao Ministério de Educação da República Popular da China.

Integraram a equipe de desenvolvimento: Liu Yinglin, Ma Jianfei, Zhao Guocheng, Fu Yonghe, Hu Ziyuan, Li Peize, Li Yanan, Liang Yanmin, Guo Rui, Hou Jingyi, Li Xingjian, Wang Lijia, Zhang Houcan, Yang Jizhou, Zhao Yang, Wu Yongyi, Wang Xuesong, Zhang Xinling, Liu Lixin, Zhang Jie, Yu Tianyu, Ying Chenjin, Jin Haiyue, Wang Hongbin, Guan Lei e Bai Bingbing, entre outros.

国际中文教育中文水平等级标准

1 范围

本规范规定了中文作为第二语言的学习者在生活、学习、工作等领域运用中文完成交际的语言水平等级。

本规范适用于国际中文教育的学习、教学、测试与评估,并为其提供参考。

2 术语和定义

下列术语和定义适用于本规范。

2.1 国际中文教育

面向中文作为第二语言的学习者的教育。

2.2 中文水平

学习者运用中文完成某项语言交际任务时所表现出的语言水平。

2.3 三等九级

学习者的中文水平从低到高分为三等,即初等、中等和高等,在每一等内部,根据水平差异各分为三级,共"三等九级"。

2.4 四维基准

以音节、汉字、词汇、语法四种语言基本要素为衡量中文水平的基准。

2.5 言语交际能力

学习者综合运用听、说、读、写、译五项语言技能,在不同情境下,就不同话题,用中文进行交际的能力。

2.6 话题任务内容

学习者在生活、学习、工作中运用中文时所涉及的常用话题内容,及在交际过程中综合运用多项语言技能完成的典型语言交际任务。

2.7 语言量化指标

学习者达到每一级中文水平应掌握的音节、汉字、词汇、语法的内容和数量。(见下表)

《国际中文教育中文水平等级标准》语言量化指标总表

等次	级别	音节	汉字	词汇	语法
初等	一级	269	300	500	48
	二级	199/468	300/600	772/1272	81/129
	三级	140/608	300/900	973/2245	81/210
中等	四级	116/724	300/1200	1000/3245	76/286
	五级	98/822	300/1500	1071/4316	71/357
	六级	86/908	300/1800	1140/5456	67/424
高等	七—九级	202/1110	1200/3000	5636/11092	148/572
总计		1110	3000	11092	572

注：表格中"/"前后两个数字，前面的数字表示本级新增的语言要素数量，后面的数字表示截至本级累积的语言要素数量。高等语言量化指标不再按级细分。

3 等级描述

3.1 初等

能够基本理解简单的语言材料，进行有效的社会交际。能够完成日常生活、学习、工作、社会交往等有限的话题表达，用常用句型组织简短的语段，完成简单的交际任务。能够运用简单的交际策略辅助日常表达。初步了解中国文化知识，具备初步的跨文化交际能力。完成初等阶段的学习，应掌握音节608个、汉字900个、词语2245个、语法点210个，能够书写汉字300个。

3.1.1 一级标准

- **言语交际能力** 具备初步的听、说、读、写能力。能够就最熟悉的话题进行简短或被动的交流，完成最基本的社会交际。

- **话题任务内容** 话题涉及个人信息、日常起居、饮食、交通、兴趣爱好等。能够完成与之相关的交际任务，例如：能够对不同交际对象使用最简单的礼貌用语；能够辨识公共环境中的某些简单信息并询问确认。

- **语言量化指标** 音节269个，汉字300个，词语500个，语法点48个。

1) 听

能够听懂涉及一级话题任务内容、以词语或单句为主的简短对话（80字以内），对话发音标准、语音清晰、语速缓慢（不低于100字/分钟）。能够通过图片、实物等辅助手段理解基本信息。

2) 说

能够掌握一级语言量化指标的音节，发音基本正确。能够使用本级所涉及的词汇和语法，完成相关的话题表达和交际任务。具备初步的口头表达能力，能够用词语及常用单句进行简单问答。

3) 读

能够准确认读一级语言量化指标涉及的音节、汉字和词汇。能够借助图片、拼音等，读懂涉及本级话题任务内容的、语法不超出本级范围的语言材料（100字以内），阅读速度不低于80字/分钟。能够识别日常生活中最常见的标识，从简单的便条、表格、地图中获取最基本的信息。

4) 写

能够掌握初等手写汉字表中的汉字100个。基本了解汉字笔画和笔顺的书写规则以及最常见的标点符号的用法。能够基本正确地抄写汉字，速度不低于10字/分钟。具备最基本的书面表达能力，能够使用简单的词语和常用单句，填写最基本的个人信息，书写便条。

3.1.2 二级标准

- **言语交际能力** 具备基本的听、说、读、写能力。能够就较熟悉的话题进行简短的交流，完成简单的社会交际。

- **话题任务内容** 话题涉及基本社交、家庭生活、学习安排、购物、用餐、个人感受等。能够完成与之相关的交际任务，例如：能够和朋友在中餐馆点餐并交流喜好；能够辨识、填写入学表格中的信息。

- **语言量化指标** 音节468个（新增199），汉字600个（新增300），词语1272个（新增772），语法点129个（新增81）。

1) 听

能够听懂涉及二级话题任务内容、以单句为主或包含少量简单复句的对话或一般性讲话（150字以内），对话或讲话发音标准、语音清晰、语速较慢（不低于140字/分钟）。能够通过手势、表情等辅助手段理解基本信息。

2) 说

能够掌握二级语言量化指标的音节，发音基本正确。能够使用本级所涉及的词汇和语法，完成相关的话题表达和交际任务。具备基本的口头表达能力，能够以简单句进行简短的问答、陈述以及社交性谈话。

3) 读

能够准确认读二级语言量化指标涉及的音节、汉字和词汇。能够借助拼音、插图、学习词典等，读懂涉及本级话题任务内容的、语法不超出本级范围的简短语言材料（200字以内），阅读速度不低于100字/分钟。能够从介绍性、叙述性等语言材料中获取具体的目标信息，基本读懂一般的通知、电子消息等。

4) 写

能够掌握初等手写汉字表中的汉字200个。能够较好地掌握汉字笔画和笔顺的书写规则以及常见标点符号的用法。能够较为正确地抄写汉字，速度不低于15字/分钟。具备初步的书面表达能力，能够使用简单的句子，在规定时间内，介绍与个人生活或学习等密切相关的基本信息，字数不低于100字。

3.1.3 三级标准

- **言语交际能力** 具备一般的听、说、读、写能力。能够就基本的日常生活、学习和工作话题进行简短的交流，完成日常的社会交际。

- **话题任务内容** 话题涉及出行经历、课程情况、文体活动、节日习俗、教育、职业等。能够完成与之相关的交际任务，例如：能够与人交流有关春节等传统节日的出行安排及节日习俗；能够发出比较正式的口头或书面邀请，回应别人的邀请。

- **语言量化指标** 音节608个（新增140），汉字900个（新增300），词语2245个（新增973），语法点210个（新增81）。

1) 听

能够听懂涉及三级话题任务内容、以较长单句和简单复句为主的对话或一般性讲话（300字以内），对话或讲话发音基本标准、语音清晰、语速接近正常（不低于180字/分钟）。能够通过语音、语调、语速的变化等辅助手段理解和获取主要信息。

2) 说

能够掌握三级语言量化指标的音节，发音基本正确。能够使用本级所涉及的词汇和语法，完成相关的话题表达和交际任务。具备一般的口头表达能力，能够使用少量较为复杂的句式进行简单交流或讨论。

3) 读

能够准确认读三级语言量化指标涉及的音节、汉字和词汇。能够读懂涉及本级话题任务内容的、语法基本不超出本级范围的语言材料（300字以内），阅读速度不低于120字/分钟。能够理解简单复句，读懂叙述性、说明性等语言材料，理解文章大意和细节信息。能够利用字典、词典等，理解生词意义。初步具备略读、跳读等阅读技能。

4) 写

能够掌握初等手写汉字表中的汉字300个。能够较为熟练地掌握汉字笔画和笔顺的书写规则以及各类标点符号的用法。能够正确地抄写汉字，速度不低于20字/分钟。具备一般的书面表达能力，能够进行简单的书面交流，在规定时间内，书写邮件、通知及叙述性的短文等，字数不低于200字。语句基本通顺，表达基本清楚。

3.2 中等

能够理解多种主题的一般语言材料，较为流畅地进行社会交际。能够就日常生活、工作、职业、社会文化等领域的较为复杂的话题进行基本的成段表达。能够运用常见的交际策略。基本了解中国文化知识，具备基本的跨文化交际能力。完成中等阶段的学习，应掌握音节908个（新增300）、汉字1800个（新增900）、词语5456个（新增3211）、语法点424个（新增214），能够书写汉字700个（新增400）。

3.2.1 四级标准

- **言语交际能力** 具备一定的听、说、读、写能力和初步的翻译能力。能够就较复杂的日常生活、学习、工作等话题进行基本完整、连贯、有效的社会交际。

- **话题任务内容** 话题涉及社区生活、健康状况、校园生活、日常办公、动物、植物等。能够完成与之相关的交际任务，例如：能够在就医时简单说明病情，与医生沟通；能够编写简单的兼职广告，回复对方的问询。

- **语言量化指标** 音节724个（新增116），汉字1200个（新增300），词语3245个（新增1000），语法点286个（新增76）。

1) 听

能够听懂涉及四级话题任务内容的非正式对话或讲话（400字以内），对话或讲话发音自然、略有方音、语速正常（180—200字/分钟）。能够规避其中不必要的重复、停顿等因素的影响，准确获取主要信息。能够听出言外之意，意识到对话或讲话中涉及的文化因素。

2) 说

能够掌握四级语言量化指标的音节，发音基本准确，语调比较自然。能够使用本级所涉及的词汇和语法，完成相关的话题表达和交际任务。具备初步的成段表达能力，能够使用一些比较复杂的句式叙述事件发展、描述较为复杂的情景、简要陈述观点和表达感情，进行一般性交谈，表达比较流利，用词比较准确。

3) 读

能够准确认读四级语言量化指标涉及的音节、汉字和词汇。能够读懂涉及本级话题任务内容的、语法基本不超出本级范围的语言材料（500字以内），阅读速度不低于140字/分钟。能够理解一般复句，读懂叙述性、说明性等语言材料及简单的议论文，理解主要内容，把握关键信息，并做出适当推断，基本了解所涉及的文化因素。初步掌握快速阅读、猜测联想、跳跃障碍等阅读技能。

4) 写

能够掌握中等手写汉字表中的汉字100个。能够基本掌握汉字的结构特点。能够使用简单的句式进行语段表达，在规定时间内，完成简单的叙述性、说明性等语言材料的写作，字数不低于300字。用词基本正确，句式有一定的变化，内容基本完整，表达比较清楚。能够完成常见的应用文体写作，格式基本正确。

5) 译

具备初步的翻译能力，能够就本级话题任务内容进行翻译，内容基本完整，能够意识到翻译中涉及的文化因素。能够完成非正式场合的接待和简单陪同口译任务，表达基本流利。能够翻译简单的叙述性和说明性等书面语言材料，译文大体准确。

3.2.2　五级标准

- **言语交际能力**　具备一定的听、说、读、写能力和基本的翻译能力。能够就复杂的生活、学习、工作等话题进行较为完整、顺畅、有效的社会交际。

- **话题任务内容**　话题涉及人际关系、生活方式、学习方法、自然环境、社会现象等。能够完成与之相关的交际任务，例如：能够就生活中常见的社会现象进行交流或沟通看法；能够回复邮件，介绍自己的学习方法及建议。

- **语言量化指标**　音节822个（新增98），汉字1500个（新增300），词语4316个（新增1071），语法点357个（新增71）。

1) 听

能够听懂涉及五级话题任务内容的非正式和较为正式的对话或讲话（500字以内），对话或讲话发音自然、略有方音、语速正常（200—220字/分钟）。能够规避嘈杂的环境、不必要的重复和停顿等因素的影响，准确获取主要信息及部分细节内容。能够基本理解对话或讲话中涉及的文化因素。

2) 说

能够掌握五级语言量化指标的音节，发音基本准确，语调比较自然。能够使用本级所涉及的词汇和语法，完成相关的话题表达和交际任务。具备基本的成段表达能力，能够使用比较复杂的句式进行交谈，较为详细地描述事件，完整地发表个人意见，连贯表达较为复杂的思想感情，用词恰当，具有一定的逻辑性。

3) 读

能够准确认读五级语言量化指标涉及的音节、汉字和词汇。能够读懂涉及本级话题任务内容的、语法基本不超出本级范围的语言材料（700字以内），阅读速度不低于160字/分钟。能够理解复杂的复句，读懂叙述性、说明性、议论性等语言材料，理解、概括语言材料的中心意思或论点论据，并进行逻辑推断，较好理解所涉及的文化因素。较好地掌握速读、跳读、查找信息等阅读技能。

4) 写

能够掌握中等手写汉字表中的汉字250个。能够分析常见汉字的结构。能够使用较为复杂的句式进行语段表达，在规定时间内，完成一般的叙述性、说明性及简单的议论性等语言材料的写作，字数不低于450字。用词较为恰当，句式基本正确，内容比较完整，表达较为通顺。能够完成一般的应用文体写作，格式正确，表达基本规范。

5) 译

具备基本的翻译能力，能够就本级话题任务内容进行翻译，内容完整，能够对翻译中涉及的文化因素进行基本处理。能够完成非正式场合的简单交替传译任务，表达比较流利。能够翻译一般的叙述性、说明性或简单的议论性等书面语言材料，译文比较准确。

3.2.3 六级标准

- **言语交际能力** 具备一定的听、说、读、写能力和一般的翻译能力。能够就一些专业领域的学习和工作话题进行较为丰富、流畅、得体的社会交际。

- **话题任务内容** 话题涉及社会交往、公司事务、矛盾纷争、社会新闻、中外比较等。能够完成与之相关的交际任务，例如：能够在非正式场合谈论历史、文化等方面的中外差异；能够大致读懂社会新闻，做出评论。

- **语言量化指标** 音节908个（新增86），汉字1800个（新增300），词语5456个（新增1140），语法点424个（新增67）。

1) 听

能够听懂涉及六级话题任务内容的对话或讲话（600字以内），对话或讲话发音自然、略有方音、语速正常或稍快（220—240字/分钟）。能够规避话语中的语病、修正等因素的影响，较为准确地理解说话者的真实意图。能够基本理解对话或讲话中涉及的文化内容。

2) 说

能够掌握六级语言量化指标的音节，发音基本准确，语调比较自然。能够使用本级所涉及的词汇和语法，完成相关的话题表达和交际任务。具备一般的成段表达能力，能够准确使用复杂的句式详细描述事件和场景，进行较为流利的讨论和简单的协商，较充分地表达个人见解和思想感情，表达顺畅，用词丰富，基本得体，逻辑性较强。

3) 读

能够准确认读六级语言量化指标涉及的音节、汉字和词汇。能够读懂涉及本级话题任务内容的、语法基本不超出本级范围的语言材料（900字以内），阅读速度不低于180字/分钟。能够厘清语言材料的结构层次，准确理解内容，撷取主要论点和信息；能够通过上下文猜测词义、推断隐含信息，基本理解所涉及的文化内容。具有较强的跳读、查找信息、概括要点等阅读技能。

4) 写

能够掌握中等手写汉字表中的汉字400个。能够较为熟练地分析汉字的结构。能够使用较长和较为复杂的句式进行语段表达，在规定时间内，完成常见的叙述性、说明性、议论性等语言材料的写作，字数不低于600字。用词恰当，句式正确，内容完整，表达通顺、连贯。能够运用常见的修辞方法。能够完成多种应用文体写作，格式正确，表达规范。

5) 译

具备一般的翻译能力，能够就本级话题任务内容进行翻译，内容完整，符合中文表达习惯，能够对翻译中涉及的文化内容进行处理。能够完成非正式场合的口译任务，表达顺畅，能够及时纠正或重译。能够翻译常见的叙述性、说明性、议论性等书面语言材料，译文准确。

3.3 高等

能够理解多种主题和体裁的复杂语言材料，进行深入的交流和讨论。能够就社会生活、学术研究等领域的复杂话题进行规范得体的社会交际，逻辑清晰，结构严谨，篇章组织连贯合理。能够灵活运用各种交际策略。深入了解中国文化知识，具备国际视野和跨文化交际能力。完成高等阶段的学习，应掌握音节1110个（新增202）、汉字3000个（新增1200）、词语11092个（新增5636）、语法点572个（新增148），能够书写汉字1200个（新增500）。

高等（七—九级）语言量化指标不再按级别细分。

3.3.1 七级标准

- **言语交际能力** 具备良好的听、说、读、写能力和初步的专业翻译能力。能够就较为广泛和较高层次的话题进行基本规范、流利、得体的社会交际。
- **话题任务内容** 话题涉及社交礼仪、科学技术、文艺、体育、心理情感、专业课程等。能够完成与之相关的交际任务，例如：能够在比较正式的会议上，与参会者进行交流；能够基本读懂专业课程的学习资料，完成课程作业。

1) 听

能够听懂涉及七级话题任务内容、语速正常或较快的一般性讲座和社会新闻（800字左右）。能够基本不受环境等因素的干扰，较为准确地把握主要事实和观点，理解其中的逻辑结构。能够基本理解所涉及的社会文化内涵。

2) 说

能够运用高等语言量化指标的音节、词汇和语法，完成本级所涉及的话题表达和交际任务。具备初步的语篇表达能力，能够灵活使用复杂的句式表达个人见解，进行讨论或辩论，内容较为充实，表达流畅，语句连贯，逻辑性强。发音准确，语调自然。能够根据交际场景调整表达方式，语言表达得体。能够使用修辞手段增强口头表达效果，体现一定的跨文化交际意识。

3) 读

能够准确认读高等语言量化指标涉及的音节、汉字和词汇。能够读懂涉及本级话题任务内容的各类体裁的文章，阅读速度不低于200字/分钟。对中文的思维与表达习惯有一定理解与掌握，能够准确把握语篇的结构关系，对语篇内容进行分析、判断与逻辑推理，能够理解所涉及的文化内容。掌握各种阅读技能，基本能够独立地检索、查找所需信息。

4) 写

能够手写高等语言量化指标要求书写的汉字。能够撰写一定篇幅的应用文、说明文、议论文和专业论文。观点基本明确，层次基本清晰，语句通顺，格式正确，表达得体，符合逻辑。能够正确运用多种修辞方法。

5) 译

具备初步的专业翻译能力，能够就本级话题任务内容进行翻译，内容完整准确。能够完成正式场合的交替传译和陪同口译任务，表达流畅。能够翻译一定篇幅的应用文、说明文、议论文等，译文基本忠实原文，格式正确。

3.3.2　八级标准

- **言语交际能力**　具备良好的听、说、读、写能力和基本的专业翻译能力。能够就各类高层次或专业话题进行较为规范、流利、得体的社会交际。
- **话题任务内容**　话题涉及语言文字、政治经济、法律事务、哲学、历史等。能够完成与之相关的交际任务，例如：能够就哲学、宗教、时事等话题进行比较有深度的讨论和交流；能够在遇到纠纷时表达观点，提出质疑，申诉理由。

1) 听

能够听懂涉及八级话题任务内容、语速正常或较快的专业性讲座和专题新闻（800字左右）。能够不受环境等因素的干扰，跳跃障碍，总结概括要点，准确把握细节，理解逻辑结构。能够较好地理解所涉及的社会文化内涵。

2) 说

能够运用高等语言量化指标的音节、词汇和语法，完成本级所涉及的话题表达和交际任务。具备较好的语篇表达能力和灵活运用语言的能力。能够进行演讲、即兴发言或答辩，充分而得体地表达自己的见解和思想，发音准确，语调自然，表达流畅，逻辑性强。能够恰当运用修辞手段增强口头表达效果，体现一定的跨文化交际能力。

3) 读

能够准确认读高等语言量化指标涉及的音节、汉字和词汇。能够读懂涉及本级话题任务内容的各类体裁的文章，阅读速度不低于220字/分钟。基本掌握中文的思维与表达习惯，熟练掌握各种阅读技能，准确理解文章的思想与社会文化内涵，能够发现文章的语言问题、逻辑缺陷等。

4) 写

能够手写高等语言量化指标要求书写的汉字。能够撰写篇幅较长的应用文、说明文、议论文和专业论文。观点明确，层次清晰，语句流畅，格式正确，表达得体，逻辑清楚。能够正确运用比较丰富的成语、习用语和多种修辞方法。

5) 译

具备基本的专业翻译能力，能够就本级话题任务内容进行翻译，内容完整准确。能够完成正式场合专业内容的交替传译，表达流畅，符合中文表达习惯。能够翻译篇幅较长的应用文、说明文、议论文等，译文准确，修辞手段和语言风格忠实原文。

3.3.3 九级标准

- **言语交际能力** 具备良好的听、说、读、写能力和专业翻译能力。能够综合运用各种技能，在各种情境下，就各类话题进行规范、流利、得体的社会交际。

- **话题任务内容** 话题涉及学术研究、政策法规、商业贸易、国际事务等。能够完成与之相关的交际任务，例如：能够参与正式场合的商业谈判，与对方交流辩论；能够读懂政策法规、研究报告等正式语体的文件，充分得体地发表评论。

1) 听

能够听懂涉及九级话题任务内容、语速正常或较快的各类语言材料（800字左右）。能够分析、推断所需信息，准确理解所涉及的社会文化内涵。

2) 说

能够运用高等语言量化指标的音节、词汇和语法，完成本级所涉及的话题表达和交际任务。具备良好的语篇表达能力和灵活运用语言的能力。能够完整准确、流畅得体地表达思想和见解，内容充实，逻辑严密。发音准确，语调自然。能够灵活运用修辞手段增强口头表达效果，体现较强的跨文化交际能力。

3) 读

能够准确认读高等语言量化指标涉及的音节、汉字和词汇。能够读懂各类题材、体裁的文章，阅读速度不低于240字/分钟。能够熟练掌握中文的思维与表达习惯，综合运用各种阅读技能，深刻理解文章的思想与社会文化内涵。

4) 写

能够手写高等语言量化指标要求书写的汉字。能够完成学位论文及多种文体的写作。观点明确，语篇连贯，格式正确，表达得体，逻辑性强。能够正确使用各种复杂句式、综合运用多种修辞方法，言之有物，富有文采。

5) 译

具备专业翻译能力，能够熟练地就本级话题任务内容进行翻译，内容完整准确。能够完成正式场合专业内容的同声传译任务，表达流畅。能够翻译各种文体的文章，译文通顺，格式正确，语篇连贯，修辞手段和语言风格忠实原文。

PADRÕES DE PROFICIÊNCIA EM CHINÊS PARA O ENSINO INTERNACIONAL

1 OBJETIVO

Os *Padrões de proficiência em chinês para o ensino internacional* definem os graus de proficiência comunicativa dos aprendizes de chinês como língua estrangeira em situações como vida cotidiana, estudos e atividade profissional.

Trata-se de um material de referência aplicável ao estudo, ao ensino e à avaliação dos aprendizes.

2 TERMOS E DEFINIÇÕES

São adotados os seguintes termos e definições:

2.1 *Ensino internacional da língua chinesa*

Ensino de chinês como língua estrangeira.

2.2 *Proficiência em língua chinesa*

Competência linguística demonstrada pelos aprendizes em certas tarefas comunicativas em chinês.

2.3 *Três graus e nove níveis*

A proficiência em chinês é classificada em três graus: Básico, Intermediário e Avançado. Cada grau é subdividido em três níveis, levando em conta as diferenças nas habilidades aprendidas. Dessa forma, temos um total de "três graus e nove níveis" de proficiência no idioma.

2.4 *Quatro referenciais*

Quatro referenciais linguísticos usados para medir a proficiência: sílabas (fonética), caracteres, vocabulário e gramática.

2.5 *Habilidades comunicativas verbais*

Capacidade de comunicar-se em chinês em diferentes contextos e sobre diferentes tópicos, fazendo uso integrado das cinco habilidades linguísticas: escutar, falar, ler, escrever e traduzir.

2.6 Tópicos e tarefas

Tópicos frequentes na vida cotidiana, na rotina escolar e na atividade profissional e tarefas comunicativas que requerem o uso integrado das habilidades linguísticas.

2.7 Indicadores quantitativos

O número de sílabas, caracteres, vocábulos (palavras e expressões) e estruturas gramaticais que o aprendiz deve dominar ao final de cada nível. (Ver tabela abaixo)

Quadro-resumo dos indicadores quantitativos

GRAU	NÍVEL	SÍLABAS	CARACTERES	VOCÁBULOS	GRAMÁTICA
BÁSICO	1	269	300	500	48
	2	199/468	300/600	772/1.272	81/129
	3	140/608	300/900	973/2.245	81/210
INTERMED.	4	116/724	300/1.200	1.000/3.245	76/286
	5	98/822	300/1.500	1.071/4.316	71/357
	6	86/908	300/1.800	1.140/5.456	67/424
AVANÇADO	7 a 9	202/1.110	1.200/3.000	5.636/11.092	148/572
TOTAL		1.110	3.000	11.092	572

Obs.: O número antes da barra / corresponde ao total de elementos linguísticos novos neste nível, o número depois da barra / corresponde ao total acumulado de elementos linguísticos até este nível. Os indicadores quantitativos do grau avançado não são divididos em níveis.

3 DESCRIÇÃO DOS NÍVEIS DE PROFICIÊNCIA

3.1 Básico

O aluno compreende textos em linguagem simples e é capaz de interagir com outras pessoas de forma eficaz. Consegue expressar-se em uma gama limitada de temas relacionados a vida cotidiana, rotina escolar, atividade profissional, interações sociais etc. É capaz de usar padrões sintáticos frequentes, organizar parágrafos simples e desempenhar tarefas comunicativas simples. É capaz de usar estratégias comunicativas simples na expressão diária. Tem conhecimento elementar da cultura chinesa e competência básica em comunicação intercultural. Ao concluir o Grau

Básico, o aluno deve ter domínio de 608 sílabas, 900 caracteres chineses, 2.245 palavras e expressões e 210 estruturas gramaticais, além de ser capaz de escrever à mão 300 caracteres chineses.

3.1.1 NÍVEL 1

Habilidades comunicativas verbais: O aluno tem domínio elementar das habilidades de escuta, fala, leitura e escrita. Consegue comunicar-se de forma breve ou passiva sobre os tópicos mais familiares e conduzir a comunicação social mais básica em chinês.

Tópicos e Tarefas: O aluno consegue desempenhar tarefas comunicativas relacionadas a tópicos como informações pessoais, rotinas da vida cotidiana, comida e bebida, transporte, preferências pessoais etc. Por exemplo, é capaz de usar as expressões de cortesia mais simples ao comunicar-se com diferentes pessoas; consegue identificar informações frequentes em locais públicos e consultar outras pessoas para confirmá-las.

Indicadores quantitativos: 269 sílabas, 300 caracteres chineses, 500 vocábulos e 48 estruturas gramaticais.

1) Compreensão auditiva

O aluno compreende conversas breves (80 palavras ou menos) envolvendo o conteúdo de um tópico do Nível 1, principalmente palavras ou frases únicas, com pronúncia padrão, fala clara e velocidade lenta (no mínimo 100 palavras por minuto). Compreende informações básicas com auxílio de imagens, objetos e outros recursos.

2) Expressão oral

O aluno domina as sílabas do Nível 1 com pronúncia adequada. Consegue empregar as palavras e estruturas gramaticais aprendidas neste nível para desempenhar tarefas comunicativas relacionadas a tópicos relevantes. Tem competência básica na expressão oral e é capaz de usar palavras, expressões e frases simples em perguntas e respostas de baixa complexidade.

3) Compreensão de leitura

O aluno é capaz de reconhecer e pronunciar com precisão as sílabas, os caracteres chineses e o vocabulário do Nível 1. Consegue compreender textos (de até 100 caracteres) sobre tópicos e tarefas relacionados ao Nível 1 com a ajuda de imagens e/ou pinyin a uma velocidade de leitura mínima de 80 caracteres por minuto. As estruturas gramaticais incluídas nos textos devem se limitar aos requisitos do Nível 1. É capaz de ler as placas mais frequentes no cotidiano e obter as informações mais básicas de avisos, formulários e mapas.

4) Expressão escrita

O aluno sabe escrever à mão 100 ítens da Lista de Caracteres Manuscritos do Grau Básico. Tem noções de como escrever os traços na sequência correta e de como usar os sinais de pontuação mais frequentes. É capaz de copiar caracteres chineses corretamente a uma velocidade mínima de 10 caracteres por minuto. Tem domínio elementar da expressão escrita, consegue preencher informações pessoais básicas e fazer anotações com palavras, expressões e frases simples em chinês.

3.1.2 NÍVEL 2

Habilidades comunicativas verbais: O aluno tem domínio básico das habilidades de escuta, fala, leitura e escrita. É capaz de comunicar-se de forma breve sobre tópicos relativamente familiares e realizar interação social simples em chinês.

Tópicos e tarefas: O aluno consegue desempenhar tarefas comunicativas relacionadas a temas como vida social, família, estudos, compras, refeições, sentimentos pessoais etc. Por exemplo, é capaz de pedir comida em um restaurante chinês e falar de suas preferências com amigos; consegue entender e preencher as informações no formulário de admissão.

Indicadores quantitativos: 468 sílabas (199 novas), 600 caracteres chineses (300 novos), 1.272 vocábulos (772 novos) e 129 estruturas gramaticais (81 novas).

1) Compreensão auditiva

O aluno é capaz de entender conversas ou discursos genéricos (até 150 caracteres) relacionados a tópicos e tarefas do Nível 2 compostos principalmente de frases simples, por vezes acompanhadas de um pequeno número de frases compostas, proferidas com pronúncia padrão e clara a uma velocidade relativamente lenta (não inferior a 140 caracteres/minuto). É capaz de entender informações básicas com a ajuda de gestos, expressões faciais e outros recursos.

2) Expressão oral

O aluno domina as sílabas do Nível 2 com pronúncia adequada. Consegue usar o vocabulário e a gramática deste nível para desempenhar as tarefas comunicativas relacionadas a tópicos relevantes. Tem competência básica na expressão oral, consegue usar frases simples para formular perguntas, respostas, declarações e interações sociais breves.

3) Compreensão de leitura

O aluno é capaz de reconhecer e pronunciar com precisão as sílabas, os caracteres chineses e o vocabulário do Nível 2. Consegue compreender textos curtos (até 200 caracteres) sobre tópicos e tarefas relacionados ao Nível 2 com a ajuda de pinyin, ilustrações e/ou dicionários a uma velocidade mínima de leitura de 100 caracteres/minuto, contanto que as estruturas gramaticais sejam compatíveis com este nível. Consegue extrair informações específicas de textos introdutórios. É capaz de compreender avisos frequentes, mensagens eletrônicas etc.

4) Expressão escrita

O aluno sabe escrever à mão 200 ítens da Lista de Caracteres Manuscritos do Grau Básico. Tem domínio razoável da ordem de escrita dos traços dos caracteres chineses e do uso de sinais de pontuação. É capaz de copiar caracteres chineses corretamente a uma velocidade mínima de 15 caracteres por minuto. Consegue escrever textos de no mínimo 100 caracteres em tempo limitado com informações básicas sobre a vida pessoal e os estudos.

3.1.3 NÍVEL 3

Habilidades comunicativas verbais: O aluno tem domínio razoável das habilidades de escuta, fala, leitura e escrita. Consegue comunicar-se de forma breve sobre tópicos simples relativos a vida cotidiana, rotina escolar e atuação profissional.

Tópicos e tarefas: O aluno consegue desempenhar tarefas comunicativas relacionadas a tópicos como experiências de viagem, currículos, atividades culturais e desportivas, festivais e costumes, educação, ocupação etc. festas tradicionais como a Festa da Primavera; é capaz de fazer convites verbais ou escritos relativamente formais e responder a convites dos interlocutores.

Indicadores quantitativos: 608 sílabas (140 novas), 900 caracteres chineses (300 novos), 2.245 vocábulos (973 novos) e 210 estruturas gramaticais (81 novas).

1) Compreensão auditiva

O aluno é capaz de entender conversas ou discursos (até 300 caracteres) relacionados a tópicos e tarefas do Nível 3. Os enunciados devem ser compostos principalmente de períodos simples relativamente longos e períodos compostos usuais, articulados com pronúncia clara e razoavelmente padronizada a uma velocidade próxima do normal (não inferior a 180 caracteres/minuto). Consegue entender e extrair as informações principais com ajuda de ênfase, entonação e velocidade da fala.

2) Expressão oral

O aluno domina as sílabas dos Indicadores Quantitativos do Nível 3 e tem pronúncia adequada. Consegue empregar o vocabulário e a gramática deste nível para desempenhar as tarefas comunicativas relacionadas aos tópicos pertinentes. Tem domínio básico da expressão oral e consegue empregar uma pequena quantidade de padrões sintáticos relativamente complexos em conversas ou discussões simples.

3) Compreensão de leitura

O aluno é capaz de reconhecer e pronunciar com precisão as sílabas, os caracteres e o vocabulário do Nível 3. Pode compreender textos (até 300 caracteres) sobre os tópicos e tarefas relacionados ao Nível 3, com velocidade de leitura de no mínimo 120 caracteres/minuto, contanto que as estruturas gramaticais sejam compatíveis com este nível. Compreende períodos compostos de baixa complexidade. Compreende textos narrativos e expositivos, consegue captar a ideia geral e identificar informações detalhadas. Consegue compreender os significados de novas palavras e locuções com a ajuda de dicionários. Tem domínio elementar de estratégias de leitura em chinês, como *scanning* e *skimming*.

4) Expressão escrita

O aluno sabe escrever à mão os 300 ítens da Lista de Caracteres Manuscritos do Grau Básico. Tem razoável domínio da ordem dos traços e de vários sinais de pontuação chineses. Consegue copiar caracteres corretamente a uma velocidade mínima de 20 por minuto. Tem um domínio elementar da comunicação escrita em chinês. Consegue escrever e-mails, avisos genéricos, narrativas curtas etc. de mais de 200 caracteres com razoável grau de coerência e clareza durante um tempo predeterminado.

3.2 *Intermediário*

O aluno consegue compreender textos genéricos sobre uma ampla gama de tópicos e interagir socialmente com alguma fluência. É capaz de expressar-se em parágrafos simples sobre tópicos complexos referentes a vida cotidiana, atividade profissional e aspectos culturais. É capaz de empregar estratégias comunicativas corriqueiras. Tem conhecimento básico da cultura chinesa e certa competência na comunicação intercultural. Ao final do grau intermediário, espera-se que o aluno tenha dominado 908 sílabas (sendo 300 novas), 1.800 caracteres chineses (900 novos), 5.456 palavras (3.211 novas), 424 estruturas gramaticais (214 novas) e seja capaz de escrever à mão 700 caracteres chineses (400 novos).

3.2.1 NÍVEL 4

Habilidades comunicativas verbais: O aluno tem bom domínio das habilidades de escuta, fala, leitura e escrita e competência básica em tradução. Consegue conduzir uma comunicação social bastante completa, coerente e eficaz em chinês sobre tópicos relativamente complexos relacionados a vida cotidiana, rotina escolar, atividade profissional etc.

Tópicos e tarefas: O aluno é capaz de desempenhar tarefas comunicativas relacionadas a vida comunitária, saúde, rotina escolar e profissional, animais, plantas etc. É capaz, por exemplo, de comunicar-se com um médico e explicar brevemente seus sintomas durante a consulta; escrever anúncios simples para um emprego de meio período e responder a perguntas.

Indicadores quantitativos: 724 sílabas (116 novas), 1.200 caracteres chineses (300 novos), 3.245 vocábulos (1.000 novos), 286 estruturas gramaticais (76 novas).

1) Compreensão auditiva

O aluno é capaz de compreender conversas ou discursos informais (até 400 caracteres) relacionados a tópicos e tarefas do Nível 4, articulados com pronúncia natural e leves sotaques regionais, a uma velocidade normal (180-200 caracteres/minuto). Consegue extrair com precisão as informações-chave de conversas e discursos sem ser prejudicado por pausas e repetições desnecessárias; é capaz de perceber significados implícitos e referências culturais.

2) Expressão oral

O aluno domina as sílabas do Nível 4 com pronúncia adequada e entonação relativamente natural. Consegue usar o vocabulário e a gramática deste nível para desempenhar tarefas comunicativas relacionadas aos tópicos pertinentes. Tem competência básica na produção de parágrafos orais e é capaz de usar padrões sintáticos relativamente complexos para narrar o desenvolvimento de eventos, descrever circunstâncias relativamente complexas, exprimir com brevidade seus pontos de vista e sentimentos em conversas genéricas. Consegue expressar-se com fluência moderada e vocabulário relativamente preciso.

3) Compreensão de leitura

O aluno é capaz de reconhecer e pronunciar com precisão as sílabas, os caracteres e o vocabulário do Nível 4. Compreende textos (até 500 caracteres) sobre tópicos e tarefas pertinentes, a uma velocidade de leitura mínima de 140 caracteres/minuto, contanto que as estruturas gramaticais sejam compatíveis com este nível. Consegue entender períodos compostos de baixa complexidade. Compreende textos narrativos e expositivos e textos argumentativos simples. É capaz de entender o conteúdo principal, apreender as informações-chave e fazer inferências apropriadas. Tem uma compreensão básica dos elementos culturais de fundo. Tem domínio básico de estratégias de leitura em chinês como leitura rápida, suposição, associação e desvio de obstáculos.

4) Expressão escrita

O aluno sabe escrever à mão 100 ítens da Lista de Caracteres Manuscritos do Grau Intermediário. Tem conhecimento básico da estrutura dos caracteres chineses. Consegue usar padrões sintáticos simples para redigir parágrafos. É capaz de escrever textos narrativos, expositivos etc. de baixa complexidade usando no mínimo 300 caracteres com vocabulário adequado, padrões sintáticos variados, conteúdo completo e expressão relativamente clara em um tempo limitado. É capaz de redigir textos utilitários em chinês em formato suficientemente correto.

5) Tradução

Tem competência básica em tradução e é capaz de traduzir para o chinês discursos e textos sobre os tópicos do Nível 4 de maneira bastante completa. Demonstra sensibilidade aos elementos culturais envolvidos na tradução. Consegue desempenhar com fluência adequada traduções de baixa complexidade para recepção ou acompanhamento em situações informais. Está apto a traduzir com suficiente precisão textos narrativos, expositivos etc. de baixa complexidade.

3.2.2　NÍVEL 5

Habilidades comunicativas verbais: O aluno tem bom domínio das habilidades de escuta, fala, leitura e escrita e competência básica em tradução. Consegue conduzir uma comunicação social relativamente completa, fluente e eficaz em chinês sobre tópicos complexos relacionados a vida cotidiana, rotina escolar, atividade profissional etc.

Tópicos e tarefas: O aluno é capaz de desempenhar tarefas comunicativas relacionadas a tópicos como relações interpessoais, estilos de vida, métodos de estudo, natureza, fenômenos sociais etc. É capaz, por exemplo, de conversar ou expressar opiniões sobre fenômenos sociais cotidianos, responder a e-mails, descrever seus métodos de estudo e fazer sugestões.

Indicadores quantitativos: 822 sílabas (98 novas), 1.500 caracteres chineses (300 novos), 4.316 vocábulos (1.071 novos), 357 estruturas gramaticais (71 novas).

1) Compreensão auditiva

O aluno é capaz de compreender conversas ou discursos informais e relativamente formais (até 500 caracteres) relacionados a tópicos e tarefas do Nível 5, articulados com pronúncia natural e leves sotaques regionais a uma velocidade normal (200-220 caracteres por minuto). Consegue entender com precisão as informações-chave e detalhes complementares sem ser prejudicado por fatores como ruído de fundo, repetições desnecessárias e pausas. Tem um entendimento básico das referências culturais presentes em conversas ou discursos.

2) Expressão oral

O aluno domina as sílabas dos Indicadores Quantitativos do Nível 5 e tem, de modo geral, pronúncia correta e entonação relativamente natural. Consegue usar o vocabulário e a gramática deste nível para desempenhar tarefas comunicativas relacionadas a tópicos pertinentes. Tem competência básica na produção de parágrafos orais e é capaz de empregar padrões sintáticos relativamente complexos na conversação, de descrever eventos com detalhes e de expressar, de maneira completa e coerente, pontos de vista, pensamentos e sentimentos relativamente complexos. Consegue comunicar-se com vocabulário adequado e de maneira bastante lógica.

3) Compreensão de leitura

O aluno é capaz de reconhecer e pronunciar com precisão as sílabas, os caracteres e o vocabulário do Nível 5. Compreende textos (até 700 caracteres) sobre tópicos e tarefas pertinentes, a uma velocidade mínima de leitura de 160 caracteres por minuto, contanto que as estruturas gramaticais sejam compatíveis com este nível. Consegue entender períodos compostos complexos. Compreende textos narrativos, expositivos e argumentativos, é capaz de compreender e resumir as ideias principais, os argumentos e os fundamentos dos textos, bem como elaborar raciocínio lógico. Tem uma compreensão razoável dos elementos culturais de fundo. Tem um domínio razoável de estratégias de leitura em chinês, como leitura rápida, *skimming* e *scanning*.

4) Expressão escrita

O aluno sabe escrever à mão 250 ítens da Lista de Caracteres Manuscritos do Grau Intermediário. É capaz de analisar a estrutura de caracteres frequentes. É capaz de compor parágrafos com padrões sintáticos relativamente complexos e de escrever textos narrativos, expositivos e argumentativos de no mínimo 450 caracteres, com vocabulário adequado, padrões sintáticos corretos, conteúdo completo e expressão clara em um tempo limitado. É capaz de escrever redações em formato correto e linguagem padrão.

5) Tradução

O aluno tem competência básica em tradução. É capaz de traduzir para o chinês discursos e textos sobre os tópicos do Nível 5. Tem capacidade limitada de lidar com os elementos culturais envolvidos na tradução. É capaz de fazer tradução consecutiva informal e de baixa complexidade com fluência moderada. Está apto a traduzir com moderada precisão narrativas, textos expositivos e argumentativos simples e genéricos.

3.2.3 NÍVEL 6

Habilidades comunicativas verbais: O aluno tem bom domínio das habilidades de escuta, fala, leitura e escrita e competência razoável em tradução. Consegue manter uma conversação relativamente rica em conteúdo, fluente e apropriada sobre certos tópicos relacionados a estudos ou trabalho em áreas especializadas.

Tópicos e tarefas: O aluno é capaz de desempenhar tarefas comunicativas relacionadas a tópicos como interações sociais, assuntos corporativos, conflitos e disputas, notícias sobre sociedade, comparações entre a China e outros países etc. Consegue, por exemplo, falar informalmente sobre as diferenças entre a China e outros países em campos como história e cultura, bem como entender o sentido geral de notícias sobre sociedade e fazer comentários sobre o tema.

Indicadores quantitativos: 908 sílabas (86 novas), 1.800 caracteres chineses (300 novos), 5.456 vocábulos (1.140 novos), 424 estruturas gramaticais (67 novas).

1) Compreensão auditiva

O aluno é capaz de compreender conversas ou discursos (até 600 caracteres) relacionados a tópicos e tarefas do Nível 6, articulados com pronúncia natural e leves sotaques regionais, a uma velocidade normal ou ligeiramente acelerada (220-240 caracteres por minuto). É capaz de entender as intenções do interlocutor com precisão suficiente, sem ser prejudicado por fatores como vocabulário impreciso, formulação incorreta e correções do falante. Tem uma compreensão básica das referências culturais presentes em conversas ou discursos.

2) Expressão oral

O aluno domina as sílabas dos indicadores quantitativos do Nível 6 e tem, de modo geral, pronúncia correta e entonação relativamente natural. Consegue empregar o vocabulário e a gramática deste nível para desempenhar tarefas comunicativas relacionadas aos tópicos pertinentes. É capaz de produzir parágrafos orais e empregar padrões sintáticos complexos em descrições detalhadas de eventos e cenas, discussões relativamente fluentes e negociações simples, além de expressar mais plenamente seus pontos de vista, pensamentos e sentimentos. É capaz de comunicar-se fluentemente com vocabulário rico e variado, linguagem adequada e de maneira bastante lógica.

3) Compreensão de leitura

O aluno é capaz de reconhecer e pronunciar com precisão as sílabas, os caracteres e o vocabulário do Nível 6. Compreende textos (até 900 caracteres) sobre tópicos e tarefas pertinentes, a uma velocidade mínima de leitura de 180 caracteres/minuto, contanto que as estruturas gramaticais sejam compatíveis com este nível. É capaz de explicar as estruturas dos textos, compreender com precisão o conteúdo e selecionar os principais argumentos e informações-chave. Consegue inferir o sentido de palavras desconhecidas e as informações implícitas no contexto. Tem uma compreensão geral dos elementos culturais de fundo. Tem um domínio relativamente forte de estratégias de leitura em chinês, como *skimming*, *scanning* e resumir pontos-chave.

4) Expressão escrita

O aluno sabe escrever à mão os 400 itens da Lista de Caracteres Manuscritos do Grau Intermediário. É capaz de analisar a estrutura de caracteres com bastante facilidade. É capaz de compor parágrafos com períodos mais longos e complexos e de escrever textos narrativos, expositivos e argumentativos de no mínimo 600 caracteres, com vocabulário adequado, padrões sintáticos corretos, conteúdo completo e expressão fluente. É capaz de usar recursos retóricos comuns. É capaz de escrever redações em formato correto e linguagem padrão.

5) Tradução

O aluno tem razoável competência em tradução. É capaz de traduzir completamente em chinês discursos e textos sobre os tópicos do Nível 6. Consegue lidar com os elementos culturais envolvidos na tradução. É capaz de fazer traduções informais com fluência e corrigir-se ou retraduzir a tempo. Está apto a traduzir com precisão textos narrativos, expositivos e argumentativos.

3.3 *Avançado*

O aluno é capaz de compreender textos complexos sobre diferentes tópicos e gêneros e manter conversações aprofundadas com seus interlocutores. É capaz de expressar-se sobre tópicos complexos relacionados a vida social, pesquisa acadêmica etc. em interações sociais com linguagem padrão e apropriada, estrutura lógica e bem articulada e organização coerente e adequada do discurso. Consegue empregar várias estratégias de comunicação de forma flexível. Tem amplo conhecimento da cultura chinesa, visão internacional e competência em comunicação intercultural. Ao concluir o Grau Avançado, o aprendiz deve dominar 1.110 sílabas (202 novas), 3.000 caracteres chineses (1.200 novos), 11.092 palavras (5.636 novas) e 572 estruturas gramaticais (148 novas), bem como a capacidade de escrever à mão 1.200 caracteres (500 novos).

Os Indicadores Quantitativos do Grau Avançado (Níveis 7-9) são descritos em conjunto.

3.3.1 NÍVEL 7

Habilidades comunicativas verbais: O aluno tem excelente domínio das habilidades de escuta, fala, leitura e escrita e competência básica em tradução profissional. De modo geral, é capaz de comunicar-se em linguagem padrão, fluente e apropriada sobre uma ampla gama de tópicos avançados.

Tópicos e tarefas: O aluno é capaz de desempenhar tarefas comunicativas relacionadas a tópicos como etiqueta social, ciência e tecnologia, literatura e arte, esporte, ideias e emoções, currículo etc. Consegue, por exemplo, comunicar-se em reuniões relativamente formais; entender, de modo geral, materiais de estudo especializados e redigir trabalhos acadêmicos.

1) Compreensão auditiva

O aluno é capaz de entender palestras genéricas e notícias sociais (aproximadamente 800 caracteres) relacionadas a tópicos e tarefas do Nível 7 articuladas em velocidade normal ou relativamente acelerada. Consegue apreender os principais fatos e opiniões com suficiente precisão e compreender a estrutura lógica, sem ser prejudicado por fatores ambientais ou externos. De modo geral, é capaz de entender os elementos culturais de fundo.

2) Expressão oral

O aluno é capaz de usar as sílabas, o vocabulário e a gramática dos Níveis 7-9 para desempenhar as tarefas comunicativas do Grau Avançado. Consegue flexibilizar o uso de padrões sintáticos complexos para expressar opiniões pessoais e participar de discussões ou debates, com conteúdo substancial, linguagem fluente, frases coerentes e lógica sólida. Tem pronúncia correta e entonação natural. É capaz de ajustar sua linguagem à situação comunicativa. É capaz de utilizar recursos retóricos para reforçar o efeito da expressão oral e demonstra sensibilidade para a comunicação intercultural.

3) Compreensão de leitura

O aluno é capaz de reconhecer e pronunciar com precisão sílabas, caracteres e vocabulário do Grau Avançado. Compreende artigos de vários gêneros sobre tópicos e tarefas do Nível 7 com uma velocidade mínima de leitura de 200 caracteres/minuto. Tem certo grau de compreensão e domínio da maneira chinesa de pensar e comunicar-se. Consegue apreender a estrutura de um artigo com precisão e pode fazer análise, julgamento e raciocínio lógico do discurso. É capaz de compreender os elementos culturais de fundo. Tem um bom domínio de várias estratégias de leitura em chinês. De modo geral, é capaz de encontrar as informações desejadas por conta própria.

4) Expressão escrita

O aluno é capaz de escrever à mão os ítens da Lista de Caracteres Manuscritos do Grau Avançado. Está apto a redigir textos utilitários, expositivos, argumentativos e acadêmicos de extensão considerável em chinês, com pontos de vista claros, boa estrutura, linguagem coerente, formato correto e expressão adequada. Consegue usar corretamente diversos recursos retóricos.

5) Tradução

O aluno tem competência básica em tradução profissional. Está apto a traduzir discursos e textos sobre os tópicos do Nível 7 de forma completa e precisa. É capaz de desempenhar com fluência traduções consecutivas e de acompanhamento em situações formais. Consegue traduzir textos utilitários, expositivos e argumentativos de extensão considerável. A tradução é, de modo geral, fiel ao original e apresentada no formato correto.

3.3.2 NÍVEL 8

Habilidades comunicativas verbais: O aluno tem excelente domínio das habilidades de escuta, fala, leitura e escrita e competência básica em tradução profissional. Consegue comunicar-se em chinês de maneira relativamente padrão, fluente e apropriada sobre uma ampla gama de tópicos especializados ou avançados.

Tópicos e tarefas: O aluno consegue realizar tarefas comunicativas relacionadas a tópicos como linguagem, política, economia, assuntos jurídicos, filosofia, história etc. Consegue, por exemplo, participar de discussões e conversas relativamente aprofundadas sobre temas como filosofia, religião e atualidades; expressar opiniões e dúvidas e fazer reclamações razoáveis em situações de conflito.

1) Compreensão auditiva

O aluno é capaz de compreender palestras especializadas e notícias em destaque (aproximadamente 800 caracteres) relacionadas a tópicos e tarefas do Nível 8, ministradas em velocidade normal ou relativamente alta. Consegue resumir os pontos-chave, compreender com precisão os detalhes complementares e compreender a estrutura lógica, sem ser prejudicado por fatores ambientais ou externos. Consegue compreender razoavelmente bem as conotações sociais e culturais envolvidas.

2) Expressão oral

O aluno é capaz de usar as sílabas, o vocabulário e a gramática do Grau Avançado no desempenho das tarefas comunicativas deste nível. Consegue expressar-se com desenvoltura e flexibilizar o uso da linguagem. É capaz de exprimir, de forma completa e adequada, seus pontos de vista e pensamentos em discursos, conversas improvisadas ou defesas orais. É capaz de expressar-se com fluência e lógica, com pronúncia precisa e entonação natural. Consegue empregar recursos retóricos adequadamente para aumentar o efeito da expressão oral e demonstra certa competência na comunicação intercultural.

3) Compreensão de leitura

O aluno é capaz de reconhecer e pronunciar com precisão sílabas, caracteres chineses e vocabulário do Grau Avançado. Compreender artigos de vários gêneros sobre tópicos e tarefas pertinentes ao Nível 8 a uma velocidade mínima de leitura de 220 caracteres/minuto. Tem uma compreensão básica da maneira chinesa de pensar e se comunicar. É proficiente em várias estratégias de leitura em chinês. É capaz de compreender com precisão os pensamentos e as conotações socioculturais veiculadas nos artigos. É capaz de detectar problemas de linguagem, defeitos lógicos etc. nos artigos.

4) Expressão escrita

O aluno sabe escrever à mão os ítens da Lista de Caracteres Chineses Manuscritos do Grau Avançado. Está apto a redigir textos utilitários, expositivos, argumentativos e acadêmicos de extensão considerável em chinês, com pontos de vista claros, boa estrutura, linguagem coerente, formato correto e expressão adequada. É capaz de usar corretamente uma ampla gama de expressões idiomáticas e vários recursos retóricos.

5) Tradução

O aluno tem competência básica em tradução profissional. Está apto a traduzir discursos e textos sobre os tópicos do Nível 8 de forma completa e precisa. Consegue desempenhar com fluência a tradução consecutiva em área especializada e linguagem formal. É capaz de traduzir textos utilitários, expositivos e argumentativos de grande extensão. A tradução é precisa e fiel ao original em termos de recursos retóricos e estilísticos.

3.3.3 NÍVEL 9

Habilidades comunicativas verbais: O aluno tem excelente domínio das habilidades de escuta, fala, leitura e escrita e competência em tradução profissional. É capaz de fazer uso integrado de várias habilidades para comunicar-se em linguagem padrão, fluente e apropriada sobre uma ampla gama de tópicos e em contextos diversos.

Tópicos e tarefas: O aluno é capaz de desempenhar tarefas comunicativas relacionadas a tópicos como pesquisa acadêmica, políticas e regulamentos, negócios e comércio, assuntos internacionais etc. Consegue, por exemplo, participar de negociações comerciais formais, interagir e debater com os interlocutores; está apto a entender documentos em linguagem formal, como políticas, regulamentos e relatórios de estudos e tecer comentários bem fundamentados e apropriados.

1) Compreensão auditiva

O aluno é capaz de entender enunciados de todo tipo (aproximadamente 800 caracteres) relacionados a tópicos e tarefas do Nível 9, articulados em velocidade normal ou razoavelmente alta. Está apto a analisar e inferir as informações desejadas e entender com precisão as conotações socioculturais envolvidas.

2) Expressão oral

O aluno é capaz de usar as sílabas, o vocabulário e a gramática do Grau Avançado para desempenhar as tarefas comunicativas do Nível 9. Tem boa capacidade de expressão oral e no uso flexível da linguagem. Consegue exprimir de forma completa, precisa, fluente e apropriada seus pontos de vista e pensamentos com riqueza de conteúdo, pronúncia precisa, entonação natural e lógica impecável. É capaz de empregar recursos retóricos de forma flexível para aumentar o efeito da expressão oral e demonstra boa competência em comunicação intercultural.

3) Compreensão de leitura

O aluno consegue identificar e pronunciar com precisão as sílabas, os caracteres chineses e o vocabulário do Grau Avançado. É capaz de compreender artigos de vários gêneros, sobre vários tópicos, a uma velocidade mínima de leitura de 240 caracteres/minuto. Tem boa compreensão da maneira chinesa de pensar e comunicar-se. Consegue fazer uso integrado de várias estratégias de leitura em chinês. Tem plena capacidade de entender os pensamentos e as conotações socioculturais veiculadas em artigos chineses.

4) Expressão escrita

O aluno é capaz de escrever à mão os itens da Lista de Caracteres Chineses Manuscritos do Grau Avançado. Está apto a escrever teses, dissertações e artigos de vários gêneros em chinês, com pontos de vista claros, estrutura coerente, formato correto, expressão apropriada e lógica sólida. Consegue usar corretamente padrões sintáticos diversos e complexos e fazer amplo uso de recursos retóricos diversos, expressando-se de forma eloquente e sofisticada.

5) Tradução

O aluno tem competência profissional em tradução. É capaz de traduzir com habilidade discursos e textos sobre os tópicos do Nível 9 de forma completa e precisa. Consegue desempenhar com fluência tradução simultânea formal em área especializada. Está apto a traduzir todo tipo de artigos. A tradução é fluente, precisa, coerente e mais equivalente ao texto original em termos de recursos retóricos e estilísticos.

4 音节表 LISTAS DE SÍLABAS

4.1 一级音节表 *Lista de Sílabas do Nível 1*

1.	ài	26.	chē	51.	è	76.	guò
2.	bā	27.	chī	52.	ér	77.	hái
3.	bà	28.	chū	53.	èr	78.	hàn
4.	ba	29.	chuān	54.	fàn	79.	hǎo
5.	bái	30.	chuáng	55.	fāng	80.	hào
6.	bǎi	31.	cì	56.	fáng	81.	hē
7.	bān	32.	cóng	57.	fàng	82.	hé
8.	bàn	33.	cuò	58.	fēi	83.	hěn
9.	bāng	34.	dá	59.	fēn	84.	hòu
10.	bāo	35.	dǎ	60.	fēng	85.	huā
11.	bēi	36.	dà	61.	fú	86.	huà
12.	běi	37.	dàn	62.	gān	87.	huài
13.	bèi	38.	dào	63.	gàn	88.	huān
14.	běn	39.	dé	64.	gāo	89.	huán
15.	bǐ	40.	de	65.	gào	90.	huí
16.	biān	41.	děng	66.	gē	91.	huì
17.	bié	42.	dì	67.	gè	92.	huǒ
18.	bìng	43.	diǎn	68.	gěi	93.	jī
19.	bù	44.	diàn	69.	gēn	94.	jǐ
20.	cài	45.	dōng	70.	gōng	95.	jì
21.	chá	46.	dòng	71.	guān	96.	jiā
22.	chà	47.	dōu	72.	guǎn	97.	jià
23.	cháng	48.	dú	73.	guì	98.	jiān
24.	chǎng	49.	duì	74.	guó	99.	jiàn
25.	chàng	50.	duō	75.	guǒ	100.	jiāo

101. jiào	**130.** mǎ	**159.** péng	**188.** shù
102. jiě	**131.** ma	**160.** piào	**189.** shuí
103. jiè	**132.** mǎi	**161.** qī	**190.** shuǐ
104. jīn	**133.** màn	**162.** qǐ	**191.** shuì
105. jìn	**134.** máng	**163.** qì	**192.** shuō
106. jīng	**135.** máo	**164.** qián	**193.** sì
107. jìng	**136.** me	**165.** qǐng	**194.** sòng
108. jiǔ	**137.** méi	**166.** qiú	**195.** sù
109. jiù	**138.** mèi	**167.** qù	**196.** suì
110. jué	**139.** mén	**168.** rè	**197.** tā
111. kāi	**140.** men	**169.** rén	**198.** tài
112. kàn	**141.** mǐ	**170.** rèn	**199.** tǐ
113. kǎo	**142.** miàn	**171.** rì	**200.** tiān
114. kě	**143.** míng	**172.** ròu	**201.** tiáo
115. kè	**144.** ná	**173.** sān	**202.** tīng
116. kǒu	**145.** nǎ	**174.** shān	**203.** tóng
117. kuài	**146.** nà	**175.** shāng	**204.** tú
118. lái	**147.** nǎi	**176.** shàng	**205.** wài
119. lǎo	**148.** nán	**177.** shǎo	**206.** wán
120. le	**149.** nǎo	**178.** shào	**207.** wǎn
121. lèi	**150.** ne	**179.** shéi	**208.** wǎng
122. lěng	**151.** néng	**180.** shēn	**209.** wàng
123. lǐ	**152.** nǐ	**181.** shén	**210.** wén
124. liǎng	**153.** nián	**182.** shēng	**211.** wèn
125. líng	**154.** nín	**183.** shī	**212.** wǒ
126. liù	**155.** niú	**184.** shí	**213.** wǔ
127. lóu	**156.** nǚ	**185.** shì	**214.** xī
128. lù	**157.** páng	**186.** shǒu	**215.** xí
129. mā	**158.** pǎo	**187.** shū	**216.** xǐ

217. xì	231. xiū	245. yuǎn	259. zhòng
218. xià	232. xué	246. yuàn	260. zhù
219. xiān	233. yàng	247. yuè	261. zhǔn
220. xiàn	234. yào	248. zài	262. zhuō
221. xiǎng	235. yé	249. zǎo	263. zǐ
222. xiǎo	236. yě	250. zěn	264. zì
223. xiào	237. yè	251. zhàn	265. zǒu
224. xiē	238. yī	252. zhǎo	266. zuì
225. xiě	239. yǐng	253. zhè	267. zuó
226. xiè	240. yòng	254. zhe	268. zuǒ
227. xīn	241. yǒu	255. zhēn	269. zuò
228. xīng	242. yòu	256. zhèng	
229. xíng	243. yǔ	257. zhī	
230. xìng	244. yuán	258. zhōng	

4.2 二级音节表 *Lista de Sílabas do Nível 2*

1. a	11. cǎo	21. chuī	31. diào
2. ān	12. céng	22. chūn	32. dìng
3. bǎn	13. chāo	23. cí	33. dǒng
4. bǎo	14. chén	24. dā	34. dù
5. bào	15. chēng	25. dài	35. duǎn
6. bì	16. chéng	26. dān	36. duàn
7. biàn	17. chóng	27. dāng	37. fā
8. biǎo	18. chǔ	28. dǎo	38. fǎ
9. cái	19. chù	29. dēng	39. fà
10. cān	20. chuán	30. dī	40. fèn

音节表

41. fù	70. jiǎo	99. mù	128. shǐ
42. gāi	71. jiē	100. niǎo	129. shōu
43. gǎi	72. jié	101. nòng	130. shóu
44. gǎn	73. jǔ	102. nǔ	131. shòu
45. gāng	74. jù	103. pá	132. shú
46. gèng	75. kǎ	104. pà	133. shǔ
47. gòng	76. kāng	105. pái	134. shùn
48. gǒu	77. kào	106. pèng	135. sī
49. gòu	78. kē	107. piān	136. suàn
50. gù	79. kōng	108. pián	137. suī
51. guàn	80. kòng	109. piàn	138. suí
52. guǎng	81. kū	110. píng	139. suǒ
53. guo	82. lā	111. pǔ	140. táng
54. hǎi	83. lán	112. qí	141. tǎo
55. hǎn	84. lè	113. qiān	142. tào
56. háng	85. lí	114. qiáng	143. tè
57. hēi	86. lì	115. qiě	144. téng
58. hóng	87. liǎn	116. qīng	145. tí
59. hū	88. liàn	117. qíng	146. tiě
60. hú	89. liáng	118. qiū	147. tíng
61. hù	90. liàng	119. qǔ	148. tǐng
62. huàn	91. liú	120. quán	149. tōng
63. huáng	92. lǚ	121. què	150. tóu
64. huó	93. lù	122. rán	151. tuī
65. huò	94. lùn	123. ràng	152. tuǐ
66. jí	95. mài	124. rú	153. wàn
67. jiǎ	96. mǎn	125. rù	154. wáng
68. jiǎn	97. māo	126. sè	155. wéi
69. jiǎng	98. mò	127. shěng	156. wèi

157. wēn	169. yáng	181. yǒng	193. zhǐ
158. wù	170. yǎng	182. yóu	194. zhōu
159. xiāng	171. yāo	183. yú	195. zhǔ
160. xiàng	172. yí	184. yù	196. zhuāng
161. xié	173. yǐ	185. yún	197. zū
162. xìn	174. yì	186. yùn	198. zǔ
163. xū	175. yīn	187. zán	199. zuǐ
164. xǔ	176. yín	188. zāng	
165. xuǎn	177. yìn	189. zhǎng	
166. xuě	178. yīng	190. zhào	
167. yán	179. yíng	191. zhě	
168. yǎn	180. yìng	192. zhí	

4.3 三级音节表 *Lista de Sílabas do Nível 3*

1. àn	13. chú	25. fèi	37. hài
2. bǎ	14. chuàng	26. fǒu	38. huá
3. biāo	15. cǐ	27. fū	39. hūn
4. bō	16. cūn	28. gài	40. jiāng
5. bǔ	17. cún	29. gé	41. jǐn
6. cǎi	18. dāo	30. gū	42. jǐng
7. chǎn	19. dǐ	31. gǔ	43. kā
8. cháo	20. dū	32. guà	44. kǒng
9. chǎo	21. dùn	33. guài	45. kǔ
10. chèn	22. fán	34. guāng	46. kù
11. chí	23. fǎn	35. guī	47. kuàng
12. chōng	24. fǎng	36. hā	48. kùn

49. làng	72. pài	95. shèng	118. yān
50. lián	73. pàn	96. shuāng	119. yàn
51. liǎo	74. pàng	97. sǐ	120. yōu
52. liè	75. pèi	98. tái	121. yuē
53. lǐng	76. pī	99. tán	122. zá
54. lìng	77. pí	100. tāng	123. zào
55. lóng	78. pǐn	101. tián	124. zé
56. luàn	79. pò	102. tiào	125. zēng
57. luò	80. qiáo	103. tòng	126. zhǎn
58. má	81. qiǎo	104. tū	127. zhāng
59. mào	82. qiè	105. tǔ	128. zhēng
60. měi	83. qīn	106. tuán	129. zhěng
61. mí	84. qìng	107. tuì	130. zhì
62. mín	85. qū	108. wēi	131. zhǒng
63. mìng	86. quē	109. wěi	132. zhū
64. mǒu	87. qún	110. wò	133. zhuā
65. mǔ	88. réng	111. wū	134. zhuān
66. nèi	89. róng	112. xiǎn	135. zhuǎn
67. niàn	90. sài	113. xiāo	136. zhuàng
68. niáng	91. sàn	114. xù	137. zhuī
69. nóng	92. shā	115. xuān	138. zī
70. nuǎn	93. shàn	116. xùn	139. zǒng
71. pāi	94. shè	117. yā	140. zú

4.4 四级音节表 *Lista de Sílabas do Nível 4*

1.	ā	30.	hán	59.	na	88.	tiāo
2.	ǎi	31.	háo	60.	nào	89.	tiǎo
3.	bài	32.	huái	61.	níng	90.	tiē
4.	báo	33.	huǎn	62.	pán	91.	tǒng
5.	bèn	34.	huī	63.	péi	92.	tòu
6.	bīng	35.	jiàng	64.	pó	93.	tuō
7.	cā	36.	jiū	65.	qiǎn	94.	wà
8.	cāo	37.	jū	66.	qiē	95.	wān
9.	cè	38.	jú	67.	qióng	96.	wěn
10.	chè	39.	juǎn	68.	quān	97.	wú
11.	chǐ	40.	juàn	69.	ruò	98.	xián
12.	chōu	41.	jūn	70.	sǎn	99.	xǐng
13.	chuāng	42.	kuān	71.	sǎo	100.	xiōng
14.	chún	43.	kuò	72.	sēn	101.	xiù
15.	cū	44.	là	73.	shài	102.	xún
16.	cù	45.	láng	74.	shǎn	103.	yá
17.	cùn	46.	léi	75.	shǎng	104.	yà
18.	děi	47.	lěi	76.	shāo	105.	ya
19.	dí	48.	liǎ	77.	shèn	106.	yáo
20.	dǐng	49.	liáo	78.	shuā	107.	yǐn
21.	dòu	50.	liào	79.	shuài	108.	zǎi
22.	dǔ	51.	lín	80.	sōng	109.	zàn
23.	ě	52.	lún	81.	sú	110.	zhàng
24.	ěr	53.	mèng	82.	suān	111.	zhāo
25.	fān	54.	mì	83.	sūn	112.	zháo
26.	féi	55.	miǎn	84.	suō	113.	zhé
27.	fǔ	56.	miáo	85.	tǎng	114.	zhèn
28.	guā	57.	mō	86.	tī	115.	zhú
29.	guàng	58.	mó	87.	tì	116.	zōng

4.5 五级音节表 *Lista de Sílabas do Nível 5*

1.	bá	26.	gēng	51.	mǐn	76.	sǎ
2.	bàng	27.	gōu	52.	mú	77.	shǎ
3.	bí	28.	guǐ	53.	nài	78.	shé
4.	bīn	29.	gǔn	54.	nàn	79.	shě
5.	bǐng	30.	guō	55.	ǒu	80.	shuāi
6.	bó	31.	hè	56.	pēn	81.	shuò
7.	cāi	32.	hèn	57.	pén	82.	sōu
8.	chā	33.	hóu	58.	pǐ	83.	sǔn
9.	chāi	34.	hǔ	59.	pīn	84.	tǎn
10.	chái	35.	huāng	60.	pín	85.	táo
11.	chóu	36.	huǐ	61.	pō	86.	tōu
12.	chǒu	37.	ké	62.	pú	87.	tù
13.	chòu	38.	kěn	63.	qiàn	88.	xiáng
14.	chuǎng	39.	kuǎn	64.	qiāng	89.	xióng
15.	cōng	40.	kuáng	65.	qiǎng	90.	yāng
16.	cuì	41.	kuī	66.	qiāo	91.	yǎo
17.	dāi	42.	lǎn	67.	qín	92.	yōng
18.	dǎn	43.	làn	68.	quàn	93.	zāi
19.	dǎng	44.	lǎng	69.	rǎn	94.	zāo
20.	diū	45.	láo	70.	rǎo	95.	zèng
21.	duī	46.	lòu	71.	rào	96.	zhāi
22.	dūn	47.	luó	72.	rěn	97.	zhěn
23.	duǒ	48.	mà	73.	rēng	98.	zūn
24.	fá	49.	mián	74.	ruǎn		
25.	gǎo	50.	miǎo	75.	rùn		

4.6 六级音节表 *Lista de Sílabas do Nível 6*

1. āi	23. fèng	45. miè	67. tàn
2. ái	24. fó	46. móu	68. tàng
3. ào	25. gǎng	47. ní	69. tāo
4. bǎng	26. gǒng	48. niǔ	70. tūn
5. bēn	27. guǎi	49. nù	71. wā
6. bī	28. héng	50. nuò	72. wá
7. biǎn	29. hùn	51. pào	73. wa
8. cán	30. juān	52. pìn	74. xuán
9. cǎn	31. kān	53. pū	75. xuè
10. cāng	32. kàng	54. pù	76. yūn
11. cáng	33. kòu	55. qià	77. yǔn
12. chāng	34. kuà	56. qié	78. zàng
13. chǒng	35. la	57. qú	79. zhā
14. chòng	36. lài	58. rǔ	80. zhà
15. chuàn	37. lú	59. sāi	81. zhái
16. dàng	38. lüè	60. sàng	82. zhài
17. diē	39. mái	61. sháo	83. zhuàn
18. duān	40. mán	62. shěn	84. zòng
19. duó	41. mēng	63. shuǎng	85. zòu
20. é	42. méng	64. sū	86. zuān
21. ēn	43. měng	65. tǎ	
22. fěn	44. miào	66. tà	

4.7 七—九级音节表 *Lista de Sílabas dos Níveis 7 a 9*

1.	áng	27.	chuò	53.	hēng	79.	kǔn
2.	āo	28.	còu	54.	hèng	80.	lǎ
3.	áo	29.	cuàn	55.	hōng	81.	lāo
4.	bāi	30.	cuī	56.	hǒng	82.	lào
5.	bēng	31.	cuō	57.	hòng	83.	lēi
6.	bèng	32.	dǎi	58.	hǒu	84.	léng
7.	biē	33.	dèng	59.	huǎng	85.	lèng
8.	biè	34.	diān	60.	huàng	86.	liē
9.	bo	35.	diāo	61.	hún	87.	liě
10.	càn	36.	dié	62.	huō	88.	līn
11.	cáo	37.	dīng	63.	jiá	89.	lìn
12.	cèng	38.	dǒu	64.	jiáo	90.	liū
13.	chān	39.	dǔn	65.	jiǒng	91.	liǔ
14.	chán	40.	duò	66.	juè	92.	lǒng
15.	chàn	41.	fěi	67.	jùn	93.	lǒu
16.	chě	42.	fén	68.	kǎi	94.	lǔ
17.	chěng	43.	féng	69.	kǎn	95.	luán
18.	chèng	44.	fěng	70.	káng	96.	luǎn
19.	chì	45.	gà	71.	kēng	97.	lūn
20.	chuāi	46.	gàng	72.	kōu	98.	luǒ
21.	chuǎi	47.	gěng	73.	kuā	99.	mǎng
22.	chuài	48.	guǎ	74.	kuǎ	100.	mēn
23.	chuǎn	49.	guāi	75.	kuāng	101.	mèn
24.	chuí	50.	gùn	76.	kuí	102.	miù
25.	chǔn	51.	hān	77.	kuì	103.	mǒ
26.	chuō	52.	hén	78.	kūn	104.	náng

105. náo	130. pīng	155. shi	180. xú
106. něi	131. pōu	156. shuǎ	181. xuàn
107. nèn	132. qiā	157. shuǎi	182. xuē
108. nì	133. qiǎ	158. shuān	183. xūn
109. niàng	134. qiàng	159. shuàn	184. yǎ
110. niào	135. qiào	160. sǒng	185. yē
111. niē	136. qǐn	161. sòu	186. yuān
112. nǐng	137. quǎn	162. suǐ	187. zā
113. nìng	138. rǎng	163. tāi	188. zǎn
114. nú	139. ráo	164. tān	189. záo
115. nüè	140. rě	165. tiǎn	190. zéi
116. nuó	141. rǒng	166. tuí	191. zhá
117. ò	142. róu	167. tún	192. zhǎ
118. ōu	143. ruì	168. tuó	193. zhǎi
119. pā	144. sā	169. tuǒ	194. zhān
120. pān	145. sà	170. tuò	195. zhē
121. pāng	146. sāng	171. wǎ	196. zhóu
122. pāo	147. sǎng	172. wāi	197. zhòu
123. páo	148. sāo	173. wāng	198. zhuǎ
124. pēi	149. sào	174. wēng	199. zhuài
125. pēng	150. sēng	175. wō	200. zhuì
126. pěng	151. shà	176. xiā	201. zhuó
127. pì	152. shāi	177. xiá	202. zuàn
128. piāo	153. shē	178. xiáo	
129. piě	154. shéng	179. xiǔ	

5 汉字表 LISTAS DE CARACTERES

5.1 一级汉字表 *Lista de Caracteres do Nível 1*

1. 爱	26. 车	51. 都	76. 关	101. 几
2. 八	27. 吃	52. 读	77. 馆	102. 记
3. 爸	28. 出	53. 对	78. 贵	103. 家
4. 吧	29. 穿	54. 多	79. 国	104. 假
5. 白	30. 床	55. 饿	80. 果	105. 间
6. 百	31. 次	56. 儿	81. 过	106. 见
7. 班	32. 从	57. 二	82. 还	107. 教
8. 半	33. 错	58. 饭	83. 孩	108. 叫
9. 帮	34. 答	59. 方	84. 汉	109. 觉
10. 包	35. 打	60. 房	85. 好	110. 姐
11. 杯	36. 大	61. 放	86. 号	111. 介
12. 北	37. 蛋	62. 飞	87. 喝	112. 今
13. 备	38. 到	63. 非	88. 和	113. 进
14. 本	39. 道	64. 分	89. 很	114. 京
15. 比	40. 得	65. 风	90. 后	115. 净
16. 边	41. 地	66. 服	91. 候	116. 九
17. 别	42. 的	67. 干	92. 花	117. 就
18. 病	43. 等	68. 高	93. 话	118. 开
19. 不	44. 弟	69. 告	94. 坏	119. 看
20. 菜	45. 第	70. 哥	95. 欢	120. 考
21. 茶	46. 点	71. 歌	96. 回	121. 渴
22. 差	47. 电	72. 个	97. 会	122. 客
23. 常	48. 店	73. 给	98. 火	123. 课
24. 场	49. 东	74. 跟	99. 机	124. 口
25. 唱	50. 动	75. 工	100. 鸡	125. 块

126. 快	155. 哪	184. 人	213. 送	242. 先
127. 来	156. 那	185. 认	214. 诉	243. 现
128. 老	157. 奶	186. 日	215. 岁	244. 想
129. 了	158. 男	187. 肉	216. 他	245. 小
130. 累	159. 南	188. 三	217. 她	246. 校
131. 冷	160. 难	189. 山	218. 太	247. 笑
132. 里	161. 脑	190. 商	219. 体	248. 些
133. 两	162. 呢	191. 上	220. 天	249. 写
134. 零	163. 能	192. 少	221. 条	250. 谢
135. 六	164. 你	193. 绍	222. 听	251. 新
136. 楼	165. 年	194. 身	223. 同	252. 星
137. 路	166. 您	195. 什	224. 图	253. 行
138. 妈	167. 牛	196. 生	225. 外	254. 兴
139. 马	168. 女	197. 师	226. 玩	255. 休
140. 吗	169. 旁	198. 十	227. 晚	256. 学
141. 买	170. 跑	199. 时	228. 网	257. 样
142. 慢	171. 朋	200. 识	229. 忘	258. 要
143. 忙	172. 票	201. 事	230. 文	259. 爷
144. 毛	173. 七	202. 试	231. 问	260. 也
145. 么	174. 期	203. 视	232. 我	261. 页
146. 没	175. 起	204. 是	233. 五	262. 一
147. 妹	176. 气	205. 手	234. 午	263. 衣
148. 门	177. 汽	206. 书	235. 西	264. 医
149. 们	178. 前	207. 树	236. 息	265. 影
150. 米	179. 钱	208. 谁	237. 习	266. 用
151. 面	180. 请	209. 水	238. 洗	267. 友
152. 名	181. 球	210. 睡	239. 喜	268. 有
153. 明	182. 去	211. 说	240. 系	269. 右
154. 拿	183. 热	212. 四	241. 下	270. 雨

271. 语	277. 在	283. 着	289. 住	295. 最
272. 元	278. 早	284. 真	290. 准	296. 昨
273. 远	279. 怎	285. 正	291. 桌	297. 左
274. 院	280. 站	286. 知	292. 子	298. 作
275. 月	281. 找	287. 中	293. 字	299. 坐
276. 再	282. 这	288. 重	294. 走	300. 做

5.2 二级汉字表 Lista de Caracteres do Nível 2

1. 啊	19. 草	37. 倒	55. 该	73. 黑
2. 安	20. 层	38. 灯	56. 改	74. 红
3. 般	21. 查	39. 低	57. 感	75. 忽
4. 板	22. 长	40. 典	58. 刚	76. 湖
5. 办	23. 超	41. 掉	59. 更	77. 护
6. 饱	24. 晨	42. 定	60. 公	78. 划
7. 报	25. 称	43. 冬	61. 共	79. 画
8. 背	26. 成	44. 懂	62. 狗	80. 换
9. 笔	27. 楚	45. 度	63. 够	81. 黄
10. 必	28. 处	46. 短	64. 故	82. 活
11. 变	29. 船	47. 段	65. 顾	83. 或
12. 便	30. 吹	48. 队	66. 观	84. 级
13. 遍	31. 春	49. 而	67. 惯	85. 急
14. 表	32. 词	50. 发	68. 广	86. 己
15. 部	33. 带	51. 法	69. 海	87. 计
16. 才	34. 单	52. 份	70. 喊	88. 际
17. 参	35. 但	53. 封	71. 合	89. 绩
18. 餐	36. 当	54. 复	72. 河	90. 加

91. 检	120. 空	149. 鸟	178. 让	207. 套
92. 件	121. 哭	150. 弄	179. 如	208. 特
93. 健	122. 筷	151. 努	180. 入	209. 疼
94. 讲	123. 拉	152. 爬	181. 色	210. 提
95. 交	124. 蓝	153. 怕	182. 声	211. 题
96. 角	125. 篮	154. 排	183. 省	212. 铁
97. 饺	126. 乐	155. 碰	184. 实	213. 庭
98. 脚	127. 离	156. 篇	185. 食	214. 停
99. 接	128. 礼	157. 片	186. 使	215. 挺
100. 街	129. 理	158. 漂	187. 示	216. 通
101. 节	130. 力	159. 平	188. 市	217. 头
102. 结	131. 利	160. 瓶	189. 适	218. 推
103. 借	132. 例	161. 普	190. 室	219. 腿
104. 斤	133. 脸	162. 其	191. 收	220. 完
105. 近	134. 练	163. 骑	192. 受	221. 碗
106. 经	135. 凉	164. 千	193. 舒	222. 万
107. 睛	136. 亮	165. 墙	194. 熟	223. 王
108. 静	137. 辆	166. 且	195. 数	224. 往
109. 久	138. 量	167. 青	196. 顺	225. 为
110. 酒	139. 留	168. 轻	197. 司	226. 位
111. 举	140. 流	169. 清	198. 思	227. 味
112. 句	141. 旅	170. 情	199. 算	228. 喂
113. 卡	142. 绿	171. 晴	200. 虽	229. 温
114. 康	143. 论	172. 秋	201. 随	230. 闻
115. 靠	144. 卖	173. 求	202. 所	231. 务
116. 科	145. 满	174. 取	203. 它	232. 物
117. 可	146. 猫	175. 全	204. 态	233. 夏
118. 克	147. 末	176. 确	205. 堂	234. 相
119. 刻	148. 目	177. 然	206. 讨	235. 响

236. 向	249. 阳	262. 音	275. 育	288. 只
237. 像	250. 养	263. 银	276. 园	289. 直
238. 鞋	251. 药	264. 印	277. 原	290. 纸
239. 心	252. 业	265. 应	278. 愿	291. 钟
240. 信	253. 夜	266. 英	279. 越	292. 周
241. 姓	254. 宜	267. 迎	280. 云	293. 主
242. 须	255. 已	268. 永	281. 运	294. 助
243. 许	256. 以	269. 由	282. 咱	295. 装
244. 选	257. 椅	270. 油	283. 脏	296. 自
245. 雪	258. 亿	271. 游	284. 澡	297. 租
246. 言	259. 意	272. 又	285. 占	298. 组
247. 颜	260. 因	273. 于	286. 照	299. 嘴
248. 眼	261. 阴	274. 鱼	287. 者	300. 座

5.3 三级汉字表 *Lista de Caracteres do Nível 3*

1. 按	12. 步	23. 城	34. 存	45. 烦
2. 把	13. 材	24. 程	35. 达	46. 反
3. 搬	14. 采	25. 持	36. 代	47. 范
4. 保	15. 彩	26. 充	37. 待	48. 防
5. 被	16. 曾	27. 初	38. 刀	49. 访
6. 市	17. 察	28. 除	39. 导	50. 啡
7. 标	18. 产	29. 础	40. 底	51. 费
8. 并	19. 厂	30. 传	41. 调	52. 丰
9. 播	20. 朝	31. 创	42. 订	53. 否
10. 补	21. 吵	32. 此	43. 断	54. 夫
11. 布	22. 衬	33. 村	44. 顿	55. 福

56. 父	85. 极	114. 决	143. 民	172. 切
57. 付	86. 集	115. 绝	144. 命	173. 亲
58. 负	87. 纪	116. 咖	145. 某	174. 庆
59. 富	88. 技	117. 恐	146. 母	175. 区
60. 概	89. 济	118. 苦	147. 木	176. 缺
61. 赶	90. 继	119. 裤	148. 内	177. 裙
62. 敢	91. 价	120. 况	149. 念	178. 群
63. 格	92. 架	121. 困	150. 娘	179. 任
64. 各	93. 坚	122. 浪	151. 农	180. 仍
65. 根	94. 简	123. 类	152. 暖	181. 容
66. 功	95. 建	124. 李	153. 拍	182. 赛
67. 姑	96. 将	125. 历	154. 牌	183. 散
68. 古	97. 蕉	126. 立	155. 派	184. 沙
69. 挂	98. 较	127. 丽	156. 判	185. 衫
70. 怪	99. 解	128. 连	157. 胖	186. 善
71. 管	100. 界	129. 联	158. 配	187. 伤
72. 光	101. 金	130. 烈	159. 批	188. 设
73. 规	102. 仅	131. 领	160. 皮	189. 社
74. 哈	103. 尽	132. 另	161. 啤	190. 深
75. 害	104. 紧	133. 龙	162. 品	191. 神
76. 何	105. 精	134. 录	163. 评	192. 升
77. 互	106. 景	135. 乱	164. 苹	193. 胜
78. 华	107. 警	136. 落	165. 破	194. 失
79. 化	108. 境	137. 麻	166. 齐	195. 石
80. 环	109. 旧	138. 冒	167. 奇	196. 始
81. 婚	110. 救	139. 媒	168. 器	197. 世
82. 积	111. 具	140. 每	169. 强	198. 式
83. 基	112. 剧	141. 美	170. 桥	199. 势
84. 及	113. 据	142. 迷	171. 巧	200. 首

201. 输	221. 危	241. 血	261. 泳	281. 止
202. 属	222. 围	242. 形	262. 优	282. 指
203. 术	223. 伟	243. 幸	263. 邮	283. 至
204. 束	224. 卫	244. 性	264. 预	284. 志
205. 双	225. 握	245. 修	265. 员	285. 制
206. 死	226. 屋	246. 需	266. 约	286. 终
207. 似	227. 武	247. 续	267. 杂	287. 种
208. 速	228. 舞	248. 宣	268. 造	288. 众
209. 台	229. 误	249. 训	269. 责	289. 猪
210. 谈	230. 希	250. 压	270. 增	290. 注
211. 汤	231. 戏	251. 烟	271. 展	291. 祝
212. 糖	232. 显	252. 演	272. 张	292. 抓
213. 甜	233. 险	253. 验	273. 章	293. 专
214. 跳	234. 线	254. 羊	274. 争	294. 转
215. 痛	235. 乡	255. 义	275. 整	295. 状
216. 突	236. 香	256. 艺	276. 证	296. 追
217. 土	237. 箱	257. 议	277. 支	297. 资
218. 团	238. 象	258. 易	278. 汁	298. 总
219. 退	239. 消	259. 营	279. 值	299. 足
220. 望	240. 效	260. 赢	280. 职	300. 族

5.4 四级汉字表 *Lista de Caracteres do Nível 4*

1. 阿	5. 巴	9. 薄	13. 倍	17. 避
2. 矮	6. 摆	10. 宝	14. 笨	18. 编
3. 案	7. 败	11. 抱	15. 毕	19. 辩
4. 暗	8. 伴	12. 贝	16. 闭	20. 冰

LISTAS DE CARACTERES

21. 兵	50. 递	79. 归	108. 巾	137. 疗
22. 擦	51. 顶	80. 裹	109. 劲	138. 聊
23. 财	52. 斗	81. 含	110. 禁	139. 料
24. 操	53. 豆	82. 寒	111. 惊	140. 列
25. 测	54. 独	83. 航	112. 竟	141. 林
26. 抄	55. 堵	84. 毫	113. 镜	142. 临
27. 潮	56. 肚	85. 厚	114. 究	143. 陆
28. 彻	57. 锻	86. 乎	115. 居	144. 律
29. 沉	58. 恶	87. 呼	116. 局	145. 虑
30. 诚	59. 耳	88. 户	117. 巨	146. 率
31. 承	60. 翻	89. 怀	118. 距	147. 轮
32. 迟	61. 肥	90. 缓	119. 聚	148. 络
33. 尺	62. 纷	91. 挥	120. 卷	149. 码
34. 冲	63. 奋	92. 汇	121. 均	150. 帽
35. 虫	64. 符	93. 伙	122. 棵	151. 梦
36. 抽	65. 府	94. 货	123. 宽	152. 秘
37. 窗	66. 腐	95. 获	124. 矿	153. 密
38. 纯	67. 妇	96. 圾	125. 扩	154. 免
39. 刺	68. 附	97. 激	126. 括	155. 描
40. 粗	69. 盖	98. 即	127. 垃	156. 摸
41. 促	70. 隔	99. 季	128. 辣	157. 模
42. 寸	71. 供	100. 既	129. 郎	158. 默
43. 措	72. 构	101. 寄	130. 雷	159. 闹
44. 袋	73. 购	102. 减	131. 泪	160. 宁
45. 戴	74. 骨	103. 渐	132. 厘	161. 浓
46. 担	75. 固	104. 江	133. 俩	162. 盘
47. 淡	76. 瓜	105. 奖	134. 炼	163. 培
48. 登	77. 官	106. 降	135. 良	164. 婆
49. 敌	78. 逛	107. 阶	136. 粮	165. 迫

57

166. 妻	193. 释	220. 脱	247. 牙	274. 源
167. 企	194. 守	221. 袜	248. 亚	275. 阅
168. 浅	195. 授	222. 弯	249. 呀	276. 载
169. 穷	196. 售	223. 微	250. 延	277. 赞
170. 趋	197. 叔	224. 维	251. 严	278. 则
171. 趣	198. 殊	225. 尾	252. 研	279. 择
172. 圈	199. 暑	226. 未	253. 盐	280. 战
173. 权	200. 述	227. 谓	254. 扬	281. 丈
174. 泉	201. 刷	228. 稳	255. 腰	282. 招
175. 却	202. 帅	229. 无	256. 摇	283. 召
176. 燃	203. 松	230. 吸	257. 叶	284. 折
177. 弱	204. 俗	231. 席	258. 依	285. 针
178. 伞	205. 塑	232. 细	259. 姨	286. 阵
179. 扫	206. 酸	233. 鲜	260. 移	287. 征
180. 森	207. 孙	234. 咸	261. 遗	288. 政
181. 晒	208. 缩	235. 县	262. 疑	289. 之
182. 闪	209. 躺	236. 限	263. 译	290. 植
183. 赏	210. 梯	237. 项	264. 益	291. 址
184. 尚	211. 替	238. 销	265. 引	292. 质
185. 烧	212. 填	239. 型	266. 映	293. 治
186. 申	213. 挑	240. 醒	267. 勇	294. 致
187. 甚	214. 贴	241. 兄	268. 幼	295. 智
188. 诗	215. 童	242. 胸	269. 余	296. 置
189. 施	216. 统	243. 秀	270. 与	297. 逐
190. 湿	217. 投	244. 序	271. 玉	298. 著
191. 史	218. 透	245. 寻	272. 遇	299. 综
192. 士	219. 途	246. 迅	273. 圆	300. 阻

5.5 五级汉字表 *Lista de Caracteres do Nível 5*

1. 碍	27. 倡	53. 朵	79. 滚	105. 肩
2. 岸	28. 乘	54. 躲	80. 锅	106. 艰
3. 拔	29. 池	55. 尔	81. 汗	107. 剪
4. 拜	30. 愁	56. 乏	82. 豪	108. 键
5. 版	31. 丑	57. 罚	83. 核	109. 郊
6. 扮	32. 臭	58. 繁	84. 盒	110. 胶
7. 棒	33. 厨	59. 返	85. 贺	111. 戒
8. 悲	34. 触	60. 泛	86. 恨	112. 届
9. 辈	35. 闯	61. 仿	87. 猴	113. 竞
10. 鼻	36. 辞	62. 疯	88. 胡	114. 敬
11. 彼	37. 聪	63. 肤	89. 糊	115. 拒
12. 壁	38. 脆	64. 扶	90. 虎	116. 俱
13. 宾	39. 呆	65. 幅	91. 滑	117. 军
14. 饼	40. 贷	66. 辅	92. 慌	118. 烤
15. 玻	41. 胆	67. 傅	93. 灰	119. 颗
16. 博	42. 旦	68. 纲	94. 恢	120. 咳
17. 猜	43. 弹	69. 钢	95. 悔	121. 肯
18. 裁	44. 挡	70. 糕	96. 惠	122. 控
19. 册	45. 德	71. 搞	97. 击	123. 库
20. 叉	46. 丢	72. 革	98. 肌	124. 款
21. 插	47. 冻	73. 沟	99. 辑	125. 狂
22. 拆	48. 洞	74. 估	100. 籍	126. 亏
23. 柴	49. 毒	75. 鼓	101. 挤	127. 览
24. 肠	50. 堆	76. 冠	102. 夹	128. 烂
25. 尝	51. 吨	77. 鬼	103. 甲	129. 朗
26. 偿	52. 盾	78. 柜	104. 驾	130. 劳

汉字表

131. 梨	160. 赔	189. 扔	218. 宿	247. 详
132. 璃	161. 喷	190. 荣	219. 碎	248. 享
133. 厉	162. 盆	191. 绒	220. 损	249. 歇
134. 励	163. 披	192. 软	221. 索	250. 协
135. 怜	164. 脾	193. 润	222. 锁	251. 斜
136. 帘	165. 匹	194. 洒	223. 抬	252. 辛
137. 恋	166. 骗	195. 杀	224. 坦	253. 欣
138. 邻	167. 拼	196. 傻	225. 逃	254. 雄
139. 铃	168. 频	197. 扇	226. 桃	255. 熊
140. 龄	169. 凭	198. 稍	227. 萄	256. 虚
141. 令	170. 泼	199. 蛇	228. 厅	257. 询
142. 漏	171. 葡	200. 舍	229. 偷	258. 押
143. 逻	172. 启	201. 射	230. 吐	259. 鸭
144. 骂	173. 弃	202. 摄	231. 兔	260. 厌
145. 漫	174. 签	203. 伸	232. 托	261. 艳
146. 矛	175. 欠	204. 剩	233. 违	262. 央
147. 贸	176. 枪	205. 拾	234. 唯	263. 邀
148. 貌	177. 抢	206. 驶	235. 委	264. 咬
149. 煤	178. 悄	207. 饰	236. 胃	265. 乙
150. 眠	179. 敲	208. 柿	237. 慰	266. 忆
151. 秒	180. 瞧	209. 寿	238. 卧	267. 谊
152. 敏	181. 琴	210. 瘦	239. 污	268. 饮
153. 摩	182. 勤	211. 蔬	240. 夕	269. 硬
154. 漠	183. 曲	212. 鼠	241. 析	270. 拥
155. 幕	184. 劝	213. 摔	242. 悉	271. 幽
156. 奈	185. 染	214. 硕	243. 惜	272. 尤
157. 耐	186. 扰	215. 私	244. 吓	273. 犹
158. 偶	187. 绕	216. 搜	245. 闲	274. 羽
159. 陪	188. 忍	217. 肃	246. 献	275. 域

276. 豫	281. 糟	286. 珍	291. 织	296. 撞
277. 怨	282. 赠	287. 诊	292. 执	297. 紫
278. 灾	283. 摘	288. 振	293. 珠	298. 醉
279. 仔	284. 涨	289. 震	294. 竹	299. 尊
280. 暂	285. 掌	290. 挣	295. 筑	300. 遵

5.6 六级汉字表 *Lista de Caracteres do Nível 6*

1. 挨	20. 厕	39. 盗	58. 氛	77. 谷
2. 傲	21. 侧	40. 滴	59. 粉	78. 股
3. 罢	22. 策	41. 抵	60. 愤	79. 刮
4. 榜	23. 昌	42. 帝	61. 峰	80. 拐
5. 傍	24. 畅	43. 吊	62. 锋	81. 贯
6. 胞	25. 炒	44. 跌	63. 奉	82. 轨
7. 暴	26. 撤	45. 督	64. 佛	83. 跪
8. 爆	27. 撑	46. 赌	65. 浮	84. 憾
9. 奔	28. 崇	47. 渡	66. 副	85. 耗
10. 逼	29. 宠	48. 端	67. 肝	86. 狠
11. 扁	30. 储	49. 蹲	68. 杆	87. 横
12. 拨	31. 串	50. 夺	69. 岗	88. 衡
13. 波	32. 醋	51. 额	70. 港	89. 宏
14. 捕	33. 搭	52. 恩	71. 稿	90. 洪
15. 踩	34. 诞	53. 番	72. 攻	91. 壶
16. 残	35. 党	54. 凡	73. 宫	92. 幻
17. 惨	36. 档	55. 犯	74. 巩	93. 患
18. 仓	37. 岛	56. 肺	75. 贡	94. 皇
19. 藏	38. 蹈	57. 废	76. 孤	95. 辉

汉字表

96. 毁	125. 刊	154. 灭	183. 歉	212. 掏
97. 绘	126. 抗	155. 膜	184. 茄	213. 踢
98. 慧	127. 扣	156. 磨	185. 侵	214. 添
99. 昏	128. 酷	157. 墨	186. 倾	215. 田
100. 混	129. 跨	158. 谋	187. 渠	216. 铜
101. 吉	130. 阔	159. 墓	188. 券	217. 徒
102. 疾	131. 啦	160. 纳	189. 融	218. 吞
103. 佳	132. 赖	161. 泥	190. 乳	219. 拖
104. 嘉	133. 栏	162. 扭	191. 若	220. 挖
105. 尖	134. 懒	163. 怒	192. 塞	221. 娃
106. 监	135. 牢	164. 诺	193. 丧	222. 哇
107. 捡	136. 梁	165. 盼	194. 勺	223. 湾
108. 剑	137. 谅	166. 泡	195. 舌	224. 顽
109. 舰	138. 裂	167. 炮	196. 涉	225. 亡
110. 践	139. 灵	168. 偏	197. 审	226. 旺
111. 鉴	140. 炉	169. 贫	198. 牲	227. 威
112. 箭	141. 露	170. 聘	199. 圣	228. 乌
113. 酱	142. 略	171. 屏	200. 盛	229. 伍
114. 骄	143. 嘛	172. 坡	201. 薯	230. 悟
115. 焦	144. 埋	173. 扑	202. 爽	231. 牺
116. 揭	145. 麦	174. 铺	203. 税	232. 嫌
117. 杰	146. 馒	175. 欺	204. 寺	233. 陷
118. 洁	147. 盲	176. 旗	205. 苏	234. 祥
119. 截	148. 梅	177. 恰	206. 素	235. 晓
120. 井	149. 蒙	178. 迁	207. 塔	236. 胁
121. 径	150. 盟	179. 牵	208. 踏	237. 谐
122. 纠	151. 猛	180. 铅	209. 叹	238. 械
123. 捐	152. 棉	181. 谦	210. 探	239. 薪
124. 菌	153. 妙	182. 潜	211. 趟	240. 凶

241. 袖	253. 耀	265. 誉	277. 障	289. 柱
242. 绪	254. 野	266. 援	278. 哲	290. 赚
243. 悬	255. 液	267. 缘	279. 镇	291. 庄
244. 旋	256. 仪	268. 跃	280. 症	292. 壮
245. 循	257. 异	269. 晕	281. 枝	293. 捉
246. 讯	258. 隐	270. 允	282. 殖	294. 咨
247. 炎	259. 忧	271. 遭	283. 忠	295. 宗
248. 沿	260. 娱	272. 扎	284. 肿	296. 纵
249. 宴	261. 愉	273. 炸	285. 粥	297. 奏
250. 洋	262. 予	274. 宅	286. 诸	298. 祖
251. 仰	263. 宇	275. 债	287. 煮	299. 钻
252. 氧	264. 欲	276. 账	288. 驻	300. 罪

5.7 七—九级汉字表 *Lista de Caracteres dos Níveis 7 a 9*

1. 哎	13. 扒	25. 瓣	37. 碑	49. 臂
2. 哀	14. 叭	26. 邦	38. 狈	50. 鞭
3. 唉	15. 芭	27. 绑	39. 惫	51. 贬
4. 癌	16. 靶	28. 膀	40. 崩	52. 辨
5. 蔼	17. 坝	29. 谤	41. 绷	53. 辫
6. 艾	18. 霸	30. 磅	42. 蹦	54. 飙
7. 隘	19. 掰	31. 镑	43. 鄙	55. 憋
8. 昂	20. 柏	32. 煲	44. 毙	56. 彬
9. 凹	21. 扳	33. 堡	45. 痹	57. 滨
10. 熬	22. 颁	34. 豹	46. 碧	58. 缤
11. 奥	23. 斑	35. 曝	47. 蔽	59. 丙
12. 澳	24. 拌	36. 卑	48. 弊	60. 秉

61. 柄	90. 禅	119. 斥	148. 刍	177. 堤
62. 剥	91. 缠	120. 赤	149. 囱	178. 迪
63. 伯	92. 铲	121. 翅	150. 葱	179. 涤
64. 驳	93. 阐	122. 仇	151. 丛	180. 笛
65. 泊	94. 颤	123. 绸	152. 凑	181. 蒂
66. 勃	95. 猖	124. 畴	153. 簇	182. 缔
67. 舶	96. 嫦	125. 酬	154. 窜	183. 颠
68. 脖	97. 敞	126. 稠	155. 催	184. 巅
69. 搏	98. 钞	127. 筹	156. 摧	185. 甸
70. 膊	99. 巢	128. 瞅	157. 粹	186. 垫
71. 卜	100. 嘲	129. 橱	158. 翠	187. 淀
72. 哺	101. 扯	130. 畜	159. 搓	188. 惦
73. 怖	102. 臣	131. 揣	160. 磋	189. 奠
74. 睬	103. 尘	132. 踹	161. 挫	190. 殿
75. 惭	104. 辰	133. 川	162. 歹	191. 刁
76. 灿	105. 陈	134. 喘	163. 逮	192. 叼
77. 苍	106. 趁	135. 炊	164. 怠	193. 雕
78. 沧	107. 呈	136. 垂	165. 丹	194. 钓
79. 舱	108. 惩	137. 捶	166. 耽	195. 爹
80. 糙	109. 澄	138. 锤	167. 荡	196. 迭
81. 曹	110. 橙	139. 唇	168. 叨	197. 谍
82. 槽	111. 逞	140. 醇	169. 捣	198. 叠
83. 蹭	112. 秤	141. 蠢	170. 祷	199. 碟
84. 岔	113. 痴	142. 戳	171. 悼	200. 丁
85. 刹	114. 弛	143. 绰	172. 稻	201. 叮
86. 诧	115. 驰	144. 瓷	173. 蹬	202. 盯
87. 掺	116. 齿	145. 慈	174. 邓	203. 鼎
88. 搀	117. 侈	146. 磁	175. 凳	204. 钉
89. 馋	118. 耻	147. 赐	176. 瞪	205. 董

206. 栋	235. 妨	264. 赋	293. 沽	322. 呵
207. 兜	236. 肪	265. 腹	294. 菇	323. 禾
208. 抖	237. 纺	266. 缚	295. 辜	324. 阂
209. 陡	238. 绯	267. 覆	296. 贾	325. 荷
210. 逗	239. 匪	268. 尬	297. 雇	326. 赫
211. 睹	240. 诽	269. 丐	298. 寡	327. 鹤
212. 杜	241. 沸	270. 钙	299. 卦	328. 嘿
213. 妒	242. 芬	271. 溉	300. 乖	329. 痕
214. 兑	243. 吩	272. 甘	301. 棺	330. 哼
215. 敦	244. 坟	273. 竿	302. 灌	331. 恒
216. 盹	245. 焚	274. 尴	303. 罐	332. 轰
217. 炖	246. 粪	275. 冈	304. 龟	333. 烘
218. 哆	247. 蜂	276. 缸	305. 闺	334. 弘
219. 舵	248. 冯	277. 杠	306. 瑰	335. 虹
220. 堕	249. 逢	278. 膏	307. 桂	336. 哄
221. 惰	250. 缝	279. 戈	308. 棍	337. 喉
222. 讹	251. 讽	280. 胳	309. 郭	338. 吼
223. 俄	252. 凤	281. 鸽	310. 骇	339. 弧
224. 娥	253. 孵	282. 搁	311. 酣	340. 唬
225. 鹅	254. 敷	283. 割	312. 函	341. 沪
226. 厄	255. 伏	284. 阁	313. 涵	342. 哗
227. 遏	256. 俘	285. 耕	314. 韩	343. 猾
228. 鳄	257. 袱	286. 耿	315. 罕	344. 徊
229. 饵	258. 辐	287. 弓	316. 旱	345. 淮
230. 伐	259. 抚	288. 恭	317. 捍	346. 槐
231. 阀	260. 斧	289. 躬	318. 焊	347. 唤
232. 帆	261. 俯	290. 拱	319. 撼	348. 焕
233. 贩	262. 咐	291. 勾	320. 杭	349. 痪
234. 芳	263. 赴	292. 钩	321. 浩	350. 荒

351. 凰	380. 颊	409. 缴	438. 矩	467. 垦
352. 煌	381. 嫁	410. 轿	439. 炬	468. 恳
353. 恍	382. 稼	411. 酵	440. 惧	469. 啃
354. 晃	383. 奸	412. 皆	441. 锯	470. 坑
355. 谎	384. 歼	413. 劫	442. 倦	471. 吭
356. 徽	385. 兼	414. 捷	443. 诀	472. 孔
357. 卉	386. 煎	415. 竭	444. 掘	473. 抠
358. 讳	387. 拣	416. 诫	445. 崛	474. 枯
359. 贿	388. 柬	417. 津	446. 爵	475. 窟
360. 秽	389. 俭	418. 筋	447. 倔	476. 夸
361. 浑	390. 荐	419. 锦	448. 君	477. 垮
362. 魂	391. 贱	420. 谨	449. 钧	478. 挎
363. 豁	392. 溅	421. 晋	450. 俊	479. 筐
364. 祸	393. 姜	422. 浸	451. 峻	480. 旷
365. 惑	394. 浆	423. 茎	452. 骏	481. 框
366. 霍	395. 僵	424. 荆	453. 竣	482. 窥
367. 讥	396. 疆	425. 晶	454. 凯	483. 魁
368. 饥	397. 桨	426. 兢	455. 慨	484. 馈
369. 缉	398. 匠	427. 阱	456. 楷	485. 溃
370. 畸	399. 浇	428. 颈	457. 勘	486. 愧
371. 稽	400. 娇	429. 窘	458. 堪	487. 昆
372. 棘	401. 椒	430. 揪	459. 侃	488. 捆
373. 嫉	402. 跤	431. 灸	460. 砍	489. 廓
374. 脊	403. 礁	432. 舅	461. 槛	490. 喇
375. 忌	404. 嚼	433. 拘	462. 慷	491. 腊
376. 剂	405. 狡	434. 鞠	463. 扛	492. 蜡
377. 迹	406. 绞	435. 菊	464. 苛	493. 兰
378. 祭	407. 矫	436. 橘	465. 磕	494. 拦
379. 寂	408. 搅	437. 沮	466. 壳	495. 婪

496. 澜	525. 劣	554. 鹿	583. 茂	612. 魔
497. 揽	526. 猎	555. 碌	584. 玫	613. 抹
498. 缆	527. 拎	556. 吕	585. 枚	614. 沫
499. 滥	528. 淋	557. 侣	586. 眉	615. 陌
500. 狼	529. 赁	558. 铝	587. 霉	616. 莫
501. 廊	530. 凌	559. 屡	588. 昧	617. 寞
502. 捞	531. 陵	560. 缕	589. 媚	618. 牡
503. 唠	532. 岭	561. 履	590. 魅	619. 亩
504. 姥	533. 溜	562. 滤	591. 闷	620. 姆
505. 涝	534. 刘	563. 孪	592. 萌	621. 沐
506. 勒	535. 浏	564. 卵	593. 朦	622. 牧
507. 垒	536. 瘤	565. 掠	594. 孟	623. 募
508. 磊	537. 柳	566. 抡	595. 弥	624. 睦
509. 蕾	538. 遛	567. 伦	596. 谜	625. 慕
510. 棱	539. 咙	568. 罗	597. 觅	626. 暮
511. 愣	540. 胧	569. 萝	598. 泌	627. 穆
512. 黎	541. 聋	570. 螺	599. 蜜	628. 呐
513. 吏	542. 笼	571. 裸	600. 绵	629. 乃
514. 隶	543. 隆	572. 迈	601. 勉	630. 囊
515. 粒	544. 窿	573. 脉	602. 缅	631. 挠
516. 莲	545. 拢	574. 蛮	603. 苗	632. 恼
517. 廉	546. 垄	575. 瞒	604. 瞄	633. 馁
518. 敛	547. 搂	576. 蔓	605. 渺	634. 嫩
519. 链	548. 陋	577. 芒	606. 庙	635. 尼
520. 辽	549. 芦	578. 氓	607. 蔑	636. 拟
521. 僚	550. 卤	579. 茫	608. 鸣	637. 逆
522. 寥	551. 虏	580. 莽	609. 铭	638. 匿
523. 潦	552. 鲁	581. 茅	610. 谬	639. 腻
524. 咧	553. 赂	582. 髦	611. 蘑	640. 黏

641. 酿	670. 烹	699. 凄	728. 钦	757. 瑞
642. 尿	671. 棚	700. 戚	729. 秦	758. 撒
643. 捏	672. 蓬	701. 漆	730. 禽	759. 萨
644. 凝	673. 鹏	702. 歧	731. 寝	760. 桑
645. 拧	674. 篷	703. 祈	732. 擎	761. 嗓
646. 纽	675. 膨	704. 棋	733. 顷	762. 骚
647. 奴	676. 捧	705. 乞	734. 丘	763. 嫂
648. 虐	677. 劈	706. 岂	735. 囚	764. 臊
649. 挪	678. 疲	707. 迄	736. 驱	765. 僧
650. 哦	679. 辟	708. 泣	737. 屈	766. 纱
651. 欧	680. 媲	709. 契	738. 躯	767. 砂
652. 殴	681. 僻	710. 砌	739. 娶	768. 鲨
653. 呕	682. 譬	711. 掐	740. 拳	769. 厦
654. 趴	683. 飘	712. 洽	741. 犬	770. 筛
655. 帕	684. 撇	713. 虔	742. 雀	771. 删
656. 徘	685. 乒	714. 钳	743. 壤	772. 煽
657. 潘	686. 坪	715. 遣	744. 攘	773. 擅
658. 攀	687. 萍	716. 谴	745. 嚷	774. 膳
659. 叛	688. 颇	717. 嵌	746. 饶	775. 赡
660. 畔	689. 魄	718. 呛	747. 惹	776. 捎
661. 乓	690. 剖	719. 腔	748. 仁	777. 梢
662. 庞	691. 仆	720. 乔	749. 韧	778. 哨
663. 抛	692. 菩	721. 侨	750. 溶	779. 奢
664. 刨	693. 朴	722. 俏	751. 冗	780. 慑
665. 袍	694. 浦	723. 窍	752. 柔	781. 绅
666. 胚	695. 谱	724. 翘	753. 揉	782. 肾
667. 沛	696. 瀑	725. 撬	754. 儒	783. 渗
668. 佩	697. 沏	726. 怯	755. 辱	784. 慎
669. 抨	698. 栖	727. 窃	756. 锐	785. 绳

786. 尸	815. 瞬	844. 滩	873. 艇	902. 魏
787. 狮	816. 烁	845. 瘫	874. 捅	903. 瘟
788. 蚀	817. 丝	846. 坛	875. 桶	904. 纹
789. 矢	818. 斯	847. 痰	876. 筒	905. 蚊
790. 氏	819. 撕	848. 潭	877. 凸	906. 吻
791. 侍	820. 伺	849. 毯	878. 秃	907. 紊
792. 逝	821. 祀	850. 炭	879. 涂	908. 翁
793. 嗜	822. 饲	851. 碳	880. 屠	909. 涡
794. 誓	823. 肆	852. 唐	881. 颓	910. 窝
795. 匙	824. 耸	853. 塘	882. 屯	911. 沃
796. 兽	825. 讼	854. 膛	883. 驮	912. 巫
797. 抒	826. 宋	855. 倘	884. 妥	913. 呜
798. 枢	827. 诵	856. 淌	885. 拓	914. 吴
799. 梳	828. 颂	857. 烫	886. 唾	915. 侮
800. 疏	829. 艘	858. 涛	887. 蛙	916. 捂
801. 赎	830. 嗽	859. 滔	888. 瓦	917. 勿
802. 署	831. 酥	860. 陶	889. 歪	918. 晤
803. 蜀	832. 溯	861. 淘	890. 丸	919. 雾
804. 曙	833. 蒜	862. 腾	891. 挽	920. 昔
805. 竖	834. 髓	863. 藤	892. 惋	921. 晰
806. 恕	835. 遂	864. 剔	893. 婉	922. 稀
807. 墅	836. 隧	865. 屉	894. 腕	923. 锡
808. 耍	837. 嗦	866. 剃	895. 汪	924. 溪
809. 衰	838. 塌	867. 涕	896. 枉	925. 熙
810. 甩	839. 胎	868. 惕	897. 妄	926. 熄
811. 拴	840. 汰	869. 舔	898. 伪	927. 膝
812. 栓	841. 泰	870. 帖	899. 纬	928. 嬉
813. 涮	842. 贪	871. 廷	900. 萎	929. 袭
814. 霜	843. 摊	872. 亭	901. 畏	930. 媳

931. 隙	960. 肖	989. 絮	1018. 雁	1047. 溢
932. 虾	961. 啸	990. 婿	1019. 焰	1048. 毅
933. 瞎	962. 邪	991. 蓄	1020. 燕	1049. 翼
934. 侠	963. 挟	992. 喧	1021. 殃	1050. 荫
935. 峡	964. 携	993. 玄	1022. 秧	1051. 姻
936. 狭	965. 泄	994. 炫	1023. 杨	1052. 殷
937. 辖	966. 泻	995. 靴	1024. 痒	1053. 瘾
938. 霞	967. 卸	996. 穴	1025. 漾	1054. 婴
939. 仙	968. 屑	997. 勋	1026. 妖	1055. 鹰
940. 纤	969. 懈	998. 熏	1027. 窑	1056. 荧
941. 掀	970. 芯	999. 旬	1028. 谣	1057. 盈
942. 贤	971. 馨	1000. 巡	1029. 遥	1058. 莹
943. 弦	972. 衅	1001. 汛	1030. 钥	1059. 蝇
944. 衔	973. 猩	1002. 驯	1031. 椰	1060. 颖
945. 宪	974. 腥	1003. 逊	1032. 冶	1061. 佣
946. 馅	975. 刑	1004. 丫	1033. 伊	1062. 庸
947. 羡	976. 汹	1005. 鸦	1034. 夷	1063. 咏
948. 腺	977. 羞	1006. 芽	1035. 怡	1064. 涌
949. 厢	978. 朽	1007. 崖	1036. 矣	1065. 踊
950. 镶	979. 绣	1008. 涯	1037. 倚	1066. 悠
951. 翔	980. 锈	1009. 哑	1038. 屹	1067. 佑
952. 巷	981. 嗅	1010. 雅	1039. 亦	1068. 诱
953. 橡	982. 吁	1011. 讶	1040. 抑	1069. 渔
954. 削	983. 墟	1012. 咽	1041. 役	1070. 逾
955. 宵	984. 徐	1013. 淹	1042. 绎	1071. 渝
956. 萧	985. 旭	1014. 岩	1043. 弈	1072. 愚
957. 潇	986. 叙	1015. 阎	1044. 疫	1073. 舆
958. 溆	987. 恤	1016. 衍	1045. 逸	1074. 屿
959. 孝	988. 酗	1017. 掩	1046. 裔	1075. 驭

1076. 郁	1101. 赃	1126. 绽	1151. 脂	1176. 贮
1077. 狱	1102. 葬	1127. 蘸	1152. 旨	1177. 铸
1078. 浴	1103. 凿	1128. 彰	1153. 帜	1178. 爪
1079. 喻	1104. 枣	1129. 仗	1154. 峙	1179. 拽
1080. 御	1105. 藻	1130. 杖	1155. 挚	1180. 砖
1081. 寓	1106. 皂	1131. 帐	1156. 秩	1181. 撰
1082. 裕	1107. 灶	1132. 胀	1157. 窒	1182. 妆
1083. 愈	1108. 噪	1133. 沼	1158. 滞	1183. 桩
1084. 冤	1109. 燥	1134. 兆	1159. 稚	1184. 幢
1085. 渊	1110. 躁	1135. 赵	1160. 衷	1185. 坠
1086. 袁	1111. 泽	1136. 罩	1161. 仲	1186. 缀
1087. 曰	1112. 贼	1137. 肇	1162. 舟	1187. 拙
1088. 岳	1113. 渣	1138. 遮	1163. 州	1188. 灼
1089. 悦	1114. 闸	1139. 辙	1164. 洲	1189. 卓
1090. 粤	1115. 眨	1140. 浙	1165. 轴	1190. 浊
1091. 匀	1116. 诈	1141. 贞	1166. 宙	1191. 酌
1092. 陨	1117. 榨	1142. 侦	1167. 昼	1192. 琢
1093. 孕	1118. 窄	1143. 枕	1168. 皱	1193. 姿
1094. 酝	1119. 寨	1144. 睁	1169. 骤	1194. 兹
1095. 韵	1120. 沾	1145. 筝	1170. 朱	1195. 滋
1096. 蕴	1121. 粘	1146. 蒸	1171. 株	1196. 踪
1097. 砸	1122. 瞻	1147. 拯	1172. 烛	1197. 粽
1098. 栽	1123. 斩	1148. 郑	1173. 拄	1198. 揍
1099. 宰	1124. 盏	1149. 芝	1174. 嘱	1199. 卒
1100. 攒	1125. 崭	1150. 肢	1175. 瞩	1200. 佐

5.8 手写汉字表 Lista de caracteres a dominar na escrita manual

5.8.1 初等手写汉字表 LISTA DE CARACTERES MANUSCRITOS: BÁSICO

1. 爱	26. 唱	51. 动	76. 更	101. 机
2. 八	27. 车	52. 都	77. 工	102. 鸡
3. 把	28. 吃	53. 对	78. 关	103. 几
4. 爸	29. 出	54. 多	79. 贵	104. 记
5. 吧	30. 穿	55. 饿	80. 国	105. 家
6. 白	31. 次	56. 儿	81. 果	106. 假
7. 百	32. 从	57. 而	82. 过	107. 间
8. 半	33. 错	58. 二	83. 还	108. 见
9. 帮	34. 答	59. 饭	84. 孩	109. 教
10. 包	35. 打	60. 方	85. 汉	110. 叫
11. 北	36. 大	61. 房	86. 好	111. 觉
12. 备	37. 但	62. 放	87. 号	112. 姐
13. 本	38. 蛋	63. 飞	88. 喝	113. 介
14. 比	39. 当	64. 非	89. 和	114. 借
15. 边	40. 到	65. 分	90. 黑	115. 今
16. 别	41. 道	66. 服	91. 很	116. 进
17. 病	42. 得	67. 该	92. 后	117. 净
18. 不	43. 的	68. 干	93. 候	118. 九
19. 才	44. 地	69. 高	94. 花	119. 酒
20. 菜	45. 等	70. 告	95. 话	120. 就
21. 茶	46. 第	71. 哥	96. 坏	121. 开
22. 差	47. 点	72. 歌	97. 欢	122. 看
23. 长	48. 电	73. 个	98. 回	123. 考
24. 常	49. 店	74. 给	99. 会	124. 可
25. 场	50. 东	75. 跟	100. 火	125. 渴

126. 课	155. 拿	184. 然	213. 说	242. 喜
127. 口	156. 哪	185. 让	214. 四	243. 系
128. 块	157. 那	186. 热	215. 送	244. 下
129. 快	158. 奶	187. 人	216. 诉	245. 先
130. 来	159. 男	188. 认	217. 岁	246. 现
131. 老	160. 南	189. 日	218. 所	247. 想
132. 了	161. 难	190. 肉	219. 他	248. 向
133. 累	162. 呢	191. 三	220. 她	249. 小
134. 冷	163. 能	192. 山	221. 太	250. 笑
135. 里	164. 你	193. 上	222. 体	251. 些
136. 两	165. 年	194. 少	223. 天	252. 写
137. 零	166. 您	195. 绍	224. 听	253. 谢
138. 六	167. 牛	196. 谁	225. 同	254. 新
139. 楼	168. 女	197. 身	226. 外	255. 星
140. 路	169. 怕	198. 什	227. 完	256. 行
141. 妈	170. 旁	199. 生	228. 玩	257. 兴
142. 马	171. 跑	200. 师	229. 晚	258. 休
143. 吗	172. 朋	201. 十	230. 网	259. 学
144. 买	173. 票	202. 时	231. 忘	260. 样
145. 忙	174. 七	203. 识	232. 为	261. 要
146. 么	175. 期	204. 事	233. 文	262. 也
147. 没	176. 起	205. 试	234. 问	263. 一
148. 每	177. 气	206. 视	235. 我	264. 衣
149. 门	178. 汽	207. 是	236. 五	265. 医
150. 们	179. 前	208. 手	237. 午	266. 以
151. 面	180. 钱	209. 书	238. 西	267. 意
152. 名	181. 请	210. 树	239. 息	268. 因
153. 明	182. 球	211. 水	240. 习	269. 应
154. 木	183. 去	212. 睡	241. 洗	270. 用

271.	友	277.	院	283.	站	289.	知	295.	字
272.	有	278.	月	284.	找	290.	中	296.	走
273.	又	279.	再	285.	这	291.	助	297.	昨
274.	雨	280.	在	286.	着	292.	住	298.	作
275.	语	281.	早	287.	真	293.	准	299.	坐
276.	远	282.	怎	288.	正	294.	子	300.	做

5.8.2 中等手写汉字表 LISTA DE CARACTERES MANUSCRITOS: INTERMEDIÁRIO

1.	啊	19.	便	37.	成	55.	倒	73.	发
2.	安	20.	遍	38.	城	56.	灯	74.	法
3.	巴	21.	标	39.	虫	57.	低	75.	烦
4.	班	22.	表	40.	除	58.	弟	76.	反
5.	般	23.	冰	41.	楚	59.	典	77.	份
6.	板	24.	兵	42.	处	60.	调	78.	风
7.	办	25.	步	43.	串	61.	掉	79.	否
8.	宝	26.	部	44.	床	62.	定	80.	夫
9.	饱	27.	参	45.	吹	63.	丢	81.	父
10.	报	28.	餐	46.	春	64.	冬	82.	妇
11.	抱	29.	草	47.	词	65.	懂	83.	复
12.	杯	30.	层	48.	村	66.	读	84.	改
13.	贝	31.	查	49.	达	67.	度	85.	敢
14.	背	32.	产	50.	呆	68.	短	86.	感
15.	被	33.	厂	51.	带	69.	段	87.	刚
16.	笔	34.	超	52.	单	70.	断	88.	搞
17.	必	35.	晨	53.	旦	71.	队	89.	各
18.	变	36.	称	54.	刀	72.	耳	90.	公

91. 共	120. 活	149. 经	178. 利	207. 目
92. 狗	121. 或	150. 睛	179. 例	208. 脑
93. 够	122. 及	151. 静	180. 连	209. 念
94. 古	123. 级	152. 究	181. 脸	210. 鸟
95. 故	124. 急	153. 久	182. 练	211. 弄
96. 顾	125. 己	154. 举	183. 凉	212. 努
97. 瓜	126. 计	155. 句	184. 俩	213. 爬
98. 挂	127. 际	156. 卡	185. 亮	214. 排
99. 观	128. 寄	157. 康	186. 辆	215. 牌
100. 馆	129. 绩	158. 靠	187. 量	216. 盘
101. 管	130. 加	159. 科	188. 另	217. 胖
102. 惯	131. 甲	160. 克	189. 令	218. 碰
103. 广	132. 尖	161. 客	190. 留	219. 篇
104. 哈	133. 检	162. 刻	191. 流	220. 片
105. 海	134. 件	163. 空	192. 龙	221. 漂
106. 喊	135. 健	164. 哭	193. 论	222. 平
107. 合	136. 江	165. 筷	194. 旅	223. 苹
108. 河	137. 讲	166. 况	195. 绿	224. 瓶
109. 红	138. 交	167. 困	196. 麻	225. 普
110. 忽	139. 角	168. 拉	197. 卖	226. 妻
111. 湖	140. 饺	169. 蓝	198. 满	227. 其
112. 虎	141. 脚	170. 篮	199. 慢	228. 骑
113. 护	142. 接	171. 劳	200. 猫	229. 千
114. 划	143. 街	172. 乐	201. 毛	230. 欠
115. 华	144. 节	173. 离	202. 美	231. 且
116. 化	145. 结	174. 礼	203. 妹	232. 青
117. 画	146. 斤	175. 李	204. 米	233. 轻
118. 换	147. 近	176. 理	205. 灭	234. 清
119. 黄	148. 京	177. 力	206. 民	235. 情

汉字表

236. 秋	265. 输	294. 土	323. 兄	352. 印
237. 求	266. 熟	295. 推	324. 须	353. 影
238. 区	267. 数	296. 腿	325. 需	354. 永
239. 取	268. 顺	297. 碗	326. 许	355. 由
240. 全	269. 司	298. 万	327. 选	356. 油
241. 确	270. 思	299. 王	328. 雪	357. 右
242. 扔	271. 算	300. 往	329. 压	358. 于
243. 如	272. 虽	301. 望	330. 牙	359. 鱼
244. 入	273. 随	302. 未	331. 言	360. 与
245. 伞	274. 它	303. 位	332. 研	361. 玉
246. 色	275. 态	304. 味	333. 颜	362. 育
247. 商	276. 谈	305. 温	334. 眼	363. 元
248. 烧	277. 汤	306. 闻	335. 验	364. 原
249. 勺	278. 堂	307. 无	336. 羊	365. 愿
250. 舌	279. 讨	308. 务	337. 阳	366. 约
251. 社	280. 套	309. 物	338. 养	367. 越
252. 深	281. 特	310. 误	339. 药	368. 云
253. 声	282. 疼	311. 夏	340. 爷	369. 运
254. 省	283. 提	312. 相	341. 业	370. 咱
255. 实	284. 题	313. 香	342. 页	371. 脏
256. 食	285. 田	314. 响	343. 夜	372. 澡
257. 使	286. 条	315. 象	344. 宜	373. 占
258. 示	287. 庭	316. 像	345. 乙	374. 张
259. 市	288. 停	317. 校	346. 已	375. 照
260. 适	289. 挺	318. 鞋	347. 椅	376. 者
261. 室	290. 通	319. 血	348. 亿	377. 之
262. 收	291. 痛	320. 心	349. 音	378. 支
263. 受	292. 头	321. 信	350. 银	379. 只
264. 舒	293. 图	322. 姓	351. 饮	380. 直

381. 止	385. 重	389. 抓	393. 自	397. 组
382. 纸	386. 周	390. 转	394. 总	398. 最
383. 志	387. 猪	391. 装	395. 租	399. 左
384. 种	388. 主	392. 桌	396. 足	400. 座

5.8.3 高等手写汉字表 LISTA DE CARACTERES MANUSCRITOS: AVANÇADO

1. 矮	22. 播	43. 诚	64. 粗	85. 独
2. 按	23. 博	44. 承	65. 存	86. 堵
3. 暗	24. 补	45. 程	66. 寸	87. 肚
4. 摆	25. 布	46. 迟	67. 代	88. 锻
5. 败	26. 猜	47. 持	68. 待	89. 堆
6. 版	27. 材	48. 尺	69. 袋	90. 吨
7. 扮	28. 财	49. 冲	70. 担	91. 顿
8. 伴	29. 采	50. 充	71. 胆	92. 朵
9. 棒	30. 彩	51. 抽	72. 淡	93. 恶
10. 保	31. 册	52. 愁	73. 挡	94. 翻
11. 悲	32. 测	53. 丑	74. 导	95. 凡
12. 倍	33. 曾	54. 臭	75. 岛	96. 范
13. 笨	34. 叉	55. 初	76. 德	97. 防
14. 鼻	35. 察	56. 础	77. 敌	98. 访
15. 币	36. 昌	57. 传	78. 底	99. 肥
16. 毕	37. 尝	58. 船	79. 递	100. 费
17. 闭	38. 抄	59. 窗	80. 顶	101. 奋
18. 编	39. 朝	60. 闯	81. 订	102. 丰
19. 宾	40. 吵	61. 创	82. 冻	103. 封
20. 饼	41. 沉	62. 此	83. 斗	104. 疯
21. 并	42. 衬	63. 聪	84. 豆	105. 佛

106. 肤	135. 规	164. 极	193. 惊	222. 浪
107. 符	136. 鬼	165. 即	194. 精	223. 雷
108. 福	137. 柜	166. 集	195. 景	224. 泪
109. 府	138. 滚	167. 挤	196. 警	225. 类
110. 辅	139. 害	168. 纪	197. 竟	226. 历
111. 腐	140. 含	169. 技	198. 敬	227. 立
112. 付	141. 寒	170. 季	199. 境	228. 丽
113. 负	142. 汗	171. 济	200. 镜	229. 联
114. 附	143. 航	172. 既	201. 旧	230. 炼
115. 富	144. 何	173. 继	202. 救	231. 良
116. 盖	145. 盒	174. 夹	203. 居	232. 疗
117. 概	146. 贺	175. 价	204. 局	233. 料
118. 赶	147. 恨	176. 架	205. 巨	234. 陆
119. 纲	148. 厚	177. 坚	206. 具	235. 烈
120. 钢	149. 呼	178. 艰	207. 剧	236. 林
121. 格	150. 胡	179. 减	208. 据	237. 领
122. 根	151. 互	180. 简	209. 距	238. 录
123. 功	152. 户	181. 建	210. 决	239. 虑
124. 贡	153. 怀	182. 将	211. 绝	240. 乱
125. 构	154. 环	183. 奖	212. 军	241. 落
126. 购	155. 挥	184. 较	213. 均	242. 码
127. 估	156. 皇	185. 解	214. 棵	243. 骂
128. 姑	157. 婚	186. 界	215. 恐	244. 麦
129. 谷	158. 伙	187. 巾	216. 苦	245. 冒
130. 骨	159. 货	188. 金	217. 宽	246. 贸
131. 怪	160. 获	189. 仅	218. 款	247. 媒
132. 官	161. 积	190. 紧	219. 亏	248. 梦
133. 光	162. 基	191. 尽	220. 括	249. 迷
134. 归	163. 吉	192. 禁	221. 辣	250. 秘

251. 密	280. 评	309. 扫	338. 首	367. 童
252. 免	281. 破	310. 森	339. 寿	368. 突
253. 描	282. 齐	311. 杀	340. 授	369. 团
254. 命	283. 奇	312. 沙	341. 售	370. 退
255. 摸	284. 弃	313. 傻	342. 瘦	371. 托
256. 模	285. 器	314. 晒	343. 叔	372. 亡
257. 末	286. 强	315. 闪	344. 暑	373. 危
258. 某	287. 墙	316. 善	345. 属	374. 围
259. 母	288. 桥	317. 伤	346. 术	375. 伟
260. 闹	289. 瞧	318. 赏	347. 束	376. 卫
261. 内	290. 巧	319. 尚	348. 帅	377. 胃
262. 娘	291. 切	320. 舍	349. 双	378. 谓
263. 宁	292. 亲	321. 设	350. 爽	379. 握
264. 农	293. 晴	322. 申	351. 私	380. 屋
265. 暖	294. 庆	323. 神	352. 死	381. 武
266. 偶	295. 曲	324. 升	353. 寺	382. 舞
267. 拍	296. 趣	325. 圣	354. 似	383. 夕
268. 派	297. 圈	326. 胜	355. 宿	384. 吸
269. 判	298. 权	327. 失	356. 素	385. 希
270. 盼	299. 劝	328. 诗	357. 速	386. 析
271. 陪	300. 缺	329. 石	358. 孙	387. 悉
272. 配	301. 群	330. 史	359. 台	388. 惜
273. 盆	302. 扰	331. 始	360. 糖	389. 席
274. 批	303. 忍	332. 士	361. 躺	390. 戏
275. 皮	304. 任	333. 世	362. 甜	391. 吓
276. 匹	305. 仍	334. 式	363. 填	392. 鲜
277. 骗	306. 容	335. 势	364. 挑	393. 闲
278. 拼	307. 赛	336. 释	365. 跳	394. 显
279. 品	308. 散	337. 守	366. 铁	395. 险

396. 县	417. 严	438. 迎	459. 暂	480. 指
397. 线	418. 炎	439. 营	460. 赞	481. 至
398. 乡	419. 盐	440. 映	461. 造	482. 制
399. 项	420. 演	441. 泳	462. 责	483. 治
400. 消	421. 央	442. 勇	463. 增	484. 致
401. 效	422. 腰	443. 优	464. 展	485. 智
402. 辛	423. 咬	444. 尤	465. 章	486. 终
403. 形	424. 叶	445. 邮	466. 掌	487. 钟
404. 醒	425. 依	446. 游	467. 丈	488. 众
405. 幸	426. 移	447. 余	468. 招	489. 竹
406. 性	427. 遗	448. 愉	469. 召	490. 注
407. 凶	428. 义	449. 预	470. 折	491. 祝
408. 雄	429. 艺	450. 园	471. 争	492. 著
409. 修	430. 议	451. 员	472. 整	493. 专
410. 秀	431. 译	452. 圆	473. 证	494. 庄
411. 续	432. 易	453. 源	474. 政	495. 状
412. 宣	433. 益	454. 阅	475. 汁	496. 追
413. 寻	434. 谊	455. 晕	476. 织	497. 资
414. 训	435. 阴	456. 杂	477. 值	498. 综
415. 亚	436. 引	457. 灾	478. 职	499. 族
416. 烟	437. 英	458. 载	479. 址	500. 醉

6 词汇表 LISTAS DE VOCABULÁRIO

6.1 一级词汇表 | Lista de Vocabulário do Nível 1

序号 Nº	词语 VOCÁBULO	拼音 PINYIN	词性 CLASSE	译文 TRADUÇÃO
1	爱	ài	v.	1. amar; ter afeição por 2. gostar de; ter interesse em 3. ter o hábito de
2	爱好	àihào	v., s.	<v.> estar interessado em; gostar de <s.> *hobby;* passatempo; interesse
3	八	bā	n.	oito
4	爸爸｜爸	bàba ｜ bà	s.	papai; pai
5	吧	ba	*part.*	1. (em fim de frase imperativa, atenua uma ordem ou expressa sugestão ou pedido) 2. (em fim de frase interrogativa, confirma uma resposta já deduzida) 3. (em fim de frase declarativa, indica incerteza) 4. (em fim de frase declarativa, indica aceitação ou concordância)
6	白	bái	*adj.*	1. branco 2. claro; evidente 3. inutilmente; em vão
7	白天	báitiān	s.	de dia; durante o dia
8	百	bǎi	n.	cem; centena
9	班	bān	s., cl.	<s.> 1. turma; grupo; equipe de trabalho 2. turno; horário de serviço 3. esquadra 4. grupo teatral <cl.> 1. classificador para grupos de pessoas 2. classificador para meios de transporte que partem em horários regulares
10	半	bàn	n.	1. metade; meio; semi- 2. parcialmente; cerca de metade
11	半年	bàn nián		meio ano; metade de um ano
12	半天	bàntiān	n., *adv.*	<n.> metade do dia <adv.> faz horas; por horas a fio
13	帮	bāng	v.	ajudar; auxiliar
14	帮忙	bāng // máng	v.	ajudar; auxiliar; fazer um favor
15	包	bāo	s., cl., v.	<s.> 1. embrulho; embalagem; pacote 2. bolsa; saco 3. galo; calombo; protuberância 4. iurta (tenda circular usada pelos nômades da Mongólia e da Ásia Central) <cl.> classificador para maços, pacotes, trouxas etc. <v.> 1. embrulhar 2. incluir; conter; abranger 3. responsabilizar-se por; assumir a responsabilidade 4. garantir 5. fretar; alugar 6. rodear; circundar; cercar

Nº	VOCÁBULO	PINYIN	CLASSE	TRADUÇÃO
16	包子	bāozi	s.	baozi; pão recheado cozido no vapor
17	杯	bēi	cl.	medida de líquido contida em copo, xícara etc.
18	杯子	bēizi	s.	copo
19	北	běi	s.	norte
20	北边	běibian	s.	norte; o lado norte; a parte norte; ao norte de
21	北京	Běijīng	s.	Beijing; Pequim (capital da República Popular da China, e um dos quatro municípios sob a administração direta do governo central)
22	本	běn	cl.	classificador para livros, encadernações, exemplares impressos etc.
23	本子	běnzi	s.	1. caderno 2. edição; versão
24	比	bǐ	prep., v.	<prep.> (mais / menos) ... do que... (comparações) <v.> 1. comparar a; igualar a 2. competir; disputar 3. gesticular 4. imitar; copiar 5. metaforizar 6. apontar; direcionar 7. estar junto de 8. a (em placar de jogo)
25	别	bié	adv.	não (em frase imperativa)
26	别的	biéde	pron.	outro (indefinido)
27	别人	bié·rén	pron.	outra pessoa; os outros (pessoas)
28	病	bìng	s., v.	<s.> 1. doença; enfermidade 2. erro; defeito <v.> 1. adoecer; estar/ ficar doente
29	病人	bìngrén	s.	doente; paciente
30	不大	bú dà	adj.	pequeno
31	不对	búduì	adj.	1. errado; incorreto 2. não (quando usado isoladamente) 3. anormal; esquisito; diferente 4. não se dar bem (um com o outro); não ter boa relação (com)
32	不客气	bú kèqì		1. de nada; por nada (em resposta a um agradecimento) 2. mal-educado; indelicado 3. não faça cerimônia; dispense as formalidades
33	不用	búyòng	adv.	não ser necessário; não ser preciso

LISTA DE VOCABULÁRIO DO NÍVEL 1

序号 Nº	词语 VOCÁBULO	拼音 PINYIN	词性 CLASSE	译文 TRADUÇÃO
34	不	bù	*adv.*	não 1. (antes de verbos, adjetivos e alguns advérbios, indica negação) 2. (isoladamente como resposta negativa) 3. (entre dois verbos ou adjetivos repetidos, forma pergunta fechada) 4. (em fim de frase interrogativa, indica dúvida) 5. não conseguir; não poder (entre um verbo e seu complemento, indica impossibilidade ou incapacidade de realizar a ação);
35	菜	cài	*s.*	1. hortaliça; verdura; legume 2. prato; comida
36	茶	chá	*s.*	1. chá (planta) 2. chá; infusão (bebida)
37	差	chà	*v., adj.*	\<v.\> 1. diferir; ser diferente de 2. faltar \<adj.\> 1. mau; inferior 2. errado; equivocado
38	常	cháng	*adv.*	frequentemente; habitualmente
39	常常	chángcháng	*adv.*	frequentemente; habitualmente
40	唱	chàng	*v.*	1. cantar 2. gritar; chamar
41	唱歌	chàng // gē	*v.*	1. cantar (uma canção)
42	车	chē	*s.*	1. veículo com rodas 2. instrumento com rodas 3. máquina com eixo e roda
43	车票	chēpiào	*s.*	passagem (de ônibus, trem etc.)
44	车上	chē shang		a bordo do veículo (ônibus, trem, carro, carroça etc.)
45	车站	chēzhàn	*s.*	ponto de ônibus; estação ferroviária
46	吃	chī	*v.*	1. comer 2. depender de algo para viver 3. receber; sofrer (críticas) 4. suportar; aguentar 5. eliminar; aniquilar 6. consumir; esgotar 7. absorver; sugar
47	吃饭	chī // fàn	*v.*	1. comer; fazer uma refeição 2. ganhar a vida; ganhar o pão de cada dia
48	出	chū	*v.*	1. sair; partir; ir embora 2. aparecer; surgir; revelar-se 3. produzir; publicar 4. emitir 5. dar; pagar; desembolsar
49	出来	chū // ·lái	*v.*	1. sair; vir para fora 2. (fazer) sair (depois de certos verbos, indica ação feita em direção ao que fala) 3. conseguir; poder (depois de certos verbos, indica que a ação foi realizada ou concluída; ou que algo foi percebido ou manifesto)

序号 N°	词语 VOCÁBULO	拼音 PINYIN	词性 CLASSE	译文 TRADUÇÃO
50	出去	chū // ·qù	v.	1. sair; ir para fora 2. (fazer) sair (depois de certos verbos, indica ação feita na direção oposta àquele que fala)
51	穿	chuān	v.	1. vestir; calçar (roupas e sapatos) 2. perfurar; furar 3. enfiar; atravessar 4. encadear
52	床	chuáng	s.	1. cama 2. leito (de hospital, de rio etc.)
53	次	cì	cl.	vez
54	从	cóng	prep.	de; desde; a partir de
55	错	cuò	adj., s.	<adj.> errado; equivocado <s.> erro; defeito; culpa
56	打	dǎ	v.	1. bater; golpear 2. jogar (cartas, esportes) 3. fazer (ligação telefônica) 4. abrir; cavar 5. entrelaçar; tecer 6. amarrar; empacotar 7. digitar (letras, números) 8. buscar; trazer; apanhar
57	打车	dǎ // chē	v.	pegar um táxi; chamar um táxi
58	打电话	dǎ diànhuà		fazer uma ligação telefônica; telefonar
59	打开	dǎ // kāi	v.	1. abrir 2. ligar; acender
60	打球	dǎ qiú		jogar bola
61	大	dà	adj.	1. grande 2. mais velho (em idade) 3. (antes de certas palavras, indica ênfase)
62	大学	dàxué	s.	universidade; O Grande Aprendizado (uma das quatro obras clássicas confucianas)
63	大学生	dàxuéshēng	s.	estudante universitário
64	到	dào	v.	1. chegar a; alcançar 2. ir a; ir para 3. (depois de verbo, indica que a ação foi realizada)
65	得到	dé // dào	v.	obter; conseguir
66	地	de	part.	(entre o adjunto adverbial de modo e o verbo, indica a forma ou a atitude com que se realiza a ação)
67	的	de	part.	1. (indica relação de posse) 2. (após um atributo para modificar a palavra principal) 3. (após um verbo ou adjetivo para formar uma oração adjetiva)
68	等	děng	v.	aguardar; esperar

Nº	VOCÁBULO	PINYIN	CLASSE	TRADUÇÃO
69	地	dì	s.	1. chão; superfície 2. terra; terreno; território; 3. campo; roça 4. planeta Terra; globo terrestre
70	地点	dìdiǎn	s.	lugar; local
71	地方	dìfang	s.	local; localidade
72	地上	dìshang		no chão; sobre o chão
73	地图	dìtú	s.	mapa
74	弟弟｜弟	dìdi ｜ dì	s.	irmão mais novo
75	第（第二）	dì (dì-èr)	pref.	(forma números ordinais); (segundo)
76	点	diǎn	cl., v., s.	<cl.> 1. classificador para horas 2. classificador para pequenas quantidades 3. classificador para assuntos, itens etc. <v.> 1. pontear; marcar com ponto 2. indicar; apontar 3. pingar; gotejar 4. conferir um por um 5. escolher; pedir (pratos no restaurante) 6. acender (fogo) <s.> 1. ponto 2. gota 3. mancha 4. separador decimal 5. aspecto; lado
77	电	diàn	s.	1. raio; relâmpago 2. eletricidade 3. telegrama
78	电话	diànhuà	s.	1. telefone; chamada telefônica
79	电脑	diànnǎo	s.	computador
80	电视	diànshì	s.	televisão
81	电视机	diànshìjī	s.	televisor; aparelho de TV
82	电影	diànyǐng	s.	filme; cinema (arte cinematográfica)
83	电影院	diànyǐngyuàn	s.	cinema (sala de projeção)
84	东	dōng	s.	1. leste 2. oriente 3. anfitrião 4. dono; proprietário
85	东边	dōngbian	s.	leste; o lado leste; a parte leste; a leste de
86	东西	dōngxi	s.	coisa (concreta ou abstrata, animada ou inanimada)
87	动	dòng	v.	1. mover; mexer 2. agir 3. despertar; provocar
88	作	dòngzuò	s.	movimento; ação
89	都	dōu	adv.	1. todos 2. até mesmo; nem mesmo 3. já
90	读	dú	v.	1. ler; ler em voz alta 2. cursar; frequentar curso 3. ser pronunciado
91	读书	dú // shū	v.	1. ler; ler livros 2. estudar 3. cursar; frequentar curso
92	对	duì	adj.	certo; correto

Nº	VOCÁBULO	PINYIN	CLASSE	TRADUÇÃO
93	对不起	duìbuqǐ	v.	1. desculpar-se; pedir desculpas 2. não ser digno de; frustrar
94	多	duō	adj., pron.	<adj.> 1. muito; numeroso 2. mais do que (depois de numerais) <pron.> quanto (interrogativo)
95	多少	duōshao	pron.	1. quanto; quantos (interrogativo) 2. o quanto (indefinido)
96	饿	è	adj., v.	<adj.> faminto; com fome <v.> passar fome
97	儿子	érzi	s.	filho
98	二	èr	n.	dois
99	饭	fàn	s.	1. arroz cozido 2. comida; refeição
100	饭店	fàndiàn	s.	1. restaurante 2. hotel
101	房间	fángjiān	s.	1. cômodo (quarto, sala de casa) 2. quarto (de hotel)
102	房子	fángzi	s.	casa
103	放	fàng	v.	1. pôr; colocar 2. largar; soltar; pôr em liberdade
104	放假	fàng // jià	v.	estar de férias; dar férias
105	放学	fàng // xué	v.	terminar as aulas; sair da escola
106	飞	fēi	v.	1. voar 2. flutuar no ar
107	飞机	fēijī	s.	avião
108	非常	fēicháng	adv.	muito; extremamente
109	分	fēn	s., cl.	<s.> 1. fração 2. décimo <cl.> 1. classificador para minutos 2. classificador para centavos 3. classificador para frações e porcentagens 4. classificador para pontos em avaliações, competições etc.
110	风	fēng	s.	1. vento 2. costume; prática; tendência 3. estilo 4. rumor; boato 5. paisagem; cenário 6. (compõe o nome de certas doenças)
111	干	gān	adj.	1. seco 2. (lavar) a seco 3. adotivo
112	干净	gānjìng	adj.	1. limpo; asseado 2. completo; total 3. eficiente
113	干	gàn	v.	1. fazer (trabalho; atividade) 2. assumir cargo de
114	干什么	gàn shénme		1. o que fazer 2. por que; para que

LISTA DE VOCABULÁRIO DO NÍVEL 1

Nº	VOCÁBULO	PINYIN	CLASSE	TRADUÇÃO
115	高	gāo	*adj.*	1. alto; elevado 2. de alto nível; de grau elevado
116	高兴	gāoxìng	*adj.*	alegre; contente
117	告诉	gàosu	*v.*	dizer; informar; comunicar
118	哥哥｜哥	gēge ｜ gē	*s.*	irmão mais velho
119	歌	gē	*s.*	canção; canto
120	个	gè	*cl.*	1. usado com substantivos que não têm classificador específico 2. usado antes de número aproximado: uns, umas 3. usado entre um verbo e seu complemento, enumera ações pontuais
121	给	gěi	*v., prep.*	<v.> dar <prep.> a; para (indica destinatário ou beneficiário)
122	跟	gēn	*prep., conj., v.*	<prep.> 1. com; para (indica destinatário ou beneficiário) 2. a (indica comparação) <conj.> (junto) com <v.> acompanhar; seguir
123	工人	gōngrén	*s.*	operário
124	工作	gōngzuò	*v., s.*	<v.> trabalhar <s.> trabalho
125	关	guān	*v.*	1. fechar 2. desligar; apagar (equipamentos, luz etc.)
126	关上	guānshang	*v.*	1. (estar) fechado 2. (estar) desligado; apagado
127	贵	guì	*adj.*	1. caro 2. valioso; precioso 3. nobre; de alta posição social 4. seu; vosso (formal)
128	国	guó	*s.*	país
129	国家	guójiā	*s.*	país; nação; Estado
130	国外	guó wài	*s., adj.*	<s.> exterior; (país) estrangeiro <adj.> estrangeiro; internacional
131	过	guò	*v.*	1. passar; atravessar; cruzar 2. fazer passar por (um processo) 3. transferir; passar 4. exceder; passar além de
132	还	hái	*adv.*	1. ainda 2. também; além de 3. ainda mais (comparativo) 4. razoavelmente; em grau aceitável 5. (exprime sarcasmo em frase negativa) 6. (indica situação inesperada)
133	还是	háishi	*adv., conj.*	<adv.> 1. ainda (continuidade) 2. (indica situação inesperada) 3. (indica preferência) <conj.> ou

Nº	VOCÁBULO	PINYIN	CLASSE	TRADUÇÃO
134	还有	hái yǒu		além de; além disso
135	孩子	háizi	s.	1. criança 2. filhos (filho e filha)
136	汉语	Hànyǔ	s.	chinês; língua chinesa
137	汉字	Hànzì	s.	caractere chinês; ideograma
138	好	hǎo	adj.	1. bom 2. amistoso; amigável 3. bem de saúde; curado 4. (compõe expressões de cortesia) 5. (depois de verbo, indica que a ação foi concluída) 6. (antes de certos verbos, indica facilidade) 7. (isoladamente, indica aprovação, concordância; conclusão ou mudança de assunto) 8. (isoladamente, exprime descontentamento de forma irônica)
139	好吃	hǎochī	adj.	saboroso; gostoso; delicioso
140	好看	hǎokàn	adj.	bonito
141	好听	hǎotīng	adj.	agradável aos ouvidos; bonito (som, música, fala etc.)
142	好玩儿	hǎowánr	adj.	divertido
143	号	hào	s., cl.	<s.> 1. nome; designação 2. alcunha 3. sinal; pontuação 4. tamanho; número 5. estabelecimento comercial 6. corneta <cl.> 1. classificador para números que indicam ordem, sequência etc. 2. classificador para o dia do mês em uma data (coloquial)
144	喝	hē	v.	beber; tomar
145	和	hé	prep., conj.	<prep.> com; para <conj.> e
146	很	hěn	adv.	muito
147	后	hòu	s.	1. trás (a parte posterior); atrás; detrás 2. depois (momento posterior)
148	后边	hòubian	s.	atrás; detrás
149	后天	hòutiān	s.	depois de amanhã
150	花	huā	s.	1. flor 2. planta (ornamental) 3. fogo de artifício 4. desenho (decorativo); estampa 5. algodão 6. elite; escol; nata
151	话	huà	s.	palavra; fala

Nº	VOCÁBULO	PINYIN	CLASSE	TRADUÇÃO
152	坏	huài	*adj.*	1. mau 2. nocivo; perverso 3. (estar) estragado; quebrado 4. (depois de certos adjetivos, indica ênfase)
153	还	huán	v.	1. regressar; voltar 2. devolver 3. retribuir
154	回	huí	v.	1. regressar; voltar 2. responder (mensagem, carta etc.) 3. virar (a cabeça, o corpo etc.) 4. recusar; declinar
155	回答	huídá	v., s.	<v.> responder <s.> resposta
156	回到	huídào	v.	regressar a; voltar a
157	回家	huí jiā	v.	voltar para casa
158	回来	huí // ·lái	v.	1. regressar; voltar 2. (depois de certos verbos, indica ação feita em direção ao que fala)
159	回去	huí // ·qù	v.	1. regressar; voltar (na direção oposta daquele que fala) 2. (depois de certos verbos, indica ação feita na direção oposta daquele que fala)
160	会	huì	v.	1. saber (indica habilidade ou capacidade de realizar uma ação aprendida) 2. encontrar-se; ver-se 3. reunir-se 4. ser possível; poder (acontecer algo, usado, indica ação futura)
161	火车	huǒchē	s.	trem
162	机场	jīchǎng	s.	aeroporto
163	机票	jīpiào	s.	passagem aérea
164	鸡蛋	jīdàn	s.	ovo de galinha
165	几	jǐ	n., pron.	<n.> uns; alguns (indefinido) <pron.> quantos (interrogativo)
166	记	jì	v.	1. lembrar-se 2. memorizar; decorar 3. anotar; registrar
167	记得	jìde	v.	1. lembrar-se de
168	记住	jìzhù	v.	1. lembrar-se 2. memorizar; decorar 3. ter em mente
169	家	jiā	s., cl.	<s.> 1. família 2. lar 3. casa 4. pessoa ou família dedicada a certo ofício 5. pessoa especialista; perito 6. escola de pensamento <cl.> classificador para famílias, empresas, estabelecimentos comerciais etc.
170	家里	jiā li		em casa

一级词汇表

序号 Nº	词语 VOCÁBULO	拼音 PINYIN	词性 CLASSE	译文 TRADUÇÃO
171	家人	jiārén	s.	familiares; pessoas da família
172	间	jiān	cl.	classificador para de cômodos de uma casa
173	见	jiàn	v.	1. ver 2. encontrar-se com 3. revelar; mostrar 4. contactar; estar exposto a
174	见面	jiàn // miàn	v.	ver-se; encontrar-se
175	教	jiāo	v.	ensinar
176	叫	jiào	v.	1. chamar-se 2. chamar (alguém) 3. gritar 4. mandar 5. deixar; permitir
177	教学楼	jiàoxuélóu	s.	edifício de ensino
178	姐姐｜姐	jiějie｜jiě	s.	irmã mais velha
179	介绍	jièshào	v.	1. apresentar 2. recomendar 3. informar; expor
180	今年	jīnnián	s.	este ano; o presente ano
181	今天	jīntiān	s.	1. hoje 2. hoje em dia; atualmente
182	进	jìn	v.	1. entrar 2. avançar; andar para frente 3. (depois de certos verbos, indica ação feita de fora para dentro)
183	进来	jìn // ·lái	v.	1. entrar (em direção ao que fala) 2. (depois de certos verbos, indica ação feita de fora para dentro em direção ao que fala)
184	进去	jìn // ·qù	v.	1. entrar (na direção oposta daquele que fala) 2. (depois de certos verbos, indica ação feita de fora para dentro na direção oposta daquele que fala)
185	九	jiǔ	n.	nove
186	就	jiù	adv.	1. mesmo; precisamente; justamente 2. apenas; somente 3. imediatamente 4. de há muito; já 5. assim que; logo que
187	觉得	juéde	v.	1. achar; pensar 2. sentir
188	开	kāi	v.	1. abrir 2. ligar; acender 3. acionar; pôr em funcionamento 4. furar; escavar 5. abrir-se; desabrochar 6. descongelar; degelar 7. explorar; desenvolver 8. começar 9. organizar; realizar 10. prescrever; passar (por escrito) 11. ferver (água) 12. afastar-se; separar-se
189	开车	kāi // chē	v.	dirigir (veículo sobre rodas)

Nº	VOCÁBULO	PINYIN	CLASSE	TRADUÇÃO
190	开会	kāi // huì	v.	realizar/ter reunião
191	开玩笑	kāi wánxiào	v.	fazer uma brincadeira (com alguém)
192	看	kàn	v.	1. ver; olhar 2. assistir (filme, novela, peça etc.) 3. ler (livro etc.) 4. ir ao médico 5. examinar; considerar 6. visitar 7. cuidar; tratar com atenção
193	看病	kàn // bìng	v.	1. ir ao médico 2. prestar serviços médicos; tratar o paciente
194	看到	kàndào	v.	ver; enxergar
195	看见	kàn // jiàn	v.	ver; enxergar
196	考	kǎo	v.	1. aplicar/fazer prova ou teste de avaliação 2. verificar; inspecionar 3. estudar; pesquisar 4. considerar
197	考试	kǎo // shì	v., s.	<v.> fazer prova <s.> prova; teste; exame
198	渴	kě	adj.	sede
199	课	kè	s.	1. aula 2. curso; disciplina 3. lição
200	课本	kèběn	s.	livro didático; livro-texto
201	课文	kèwén	s.	texto
202	口	kǒu	cl., s.	<cl.> 1. classificador para pessoas da família 2. classificador para ações como bocada, gole etc. <s.> 1. boca 2. abertura 3. entrada; saída 4. desfiladeiro; passagem 5. rasgo; furo
203	块	kuài	s., cl.	<s.> 1. pedaço <cl.> 1. classificador para pedaços de bolo, pão, terra etc. 2. classificador para unidades monetárias: um yuan, dois reais etc.
204	快	kuài	adj., adv.	<adj.> 1. rápido; veloz 2. ágil; ligeiro 3. afiado (facas, tesouras etc.) 4. aberto; franco 5. alegre; feliz <adv.> 1. depressa 2. em breve; logo
205	来	lái	v.	1. vir; chegar 2. surgir; aparecer 3. (após outro verbo ou locução verbal) vir (fazer algo) 4. (antes de outro verbo, indica intenção) ir (fazer algo) 5. (depois de verbo ou locução verbal, indica ação em direção àquele que fala)
206	来到	láidào	v.	vir; chegar

Nº	VOCÁBULO	PINYIN	CLASSE	TRADUÇÃO
207	老	lǎo	*adj.*	1. velho; idoso 2. experiente 3. antigo; de longa data 4. usado; obsoleto 5. como antes; como outrora 6. muito maduro (legumes etc.) 7. bem passado; bem cozido (alimentos) 8. escuro (certas cores)
208	老人	lǎorén	*s.*	1. velho; idoso; ancião 2. pais; avós
209	老师	lǎoshī	*s.*	professor
210	了	le	*part.*	1. (depois de verbo ou adjetivo, indica ação concluída no passado, ou antes do início de uma nova ação) 2. (em fim de frase, indica ação a ser realizada em breve) 3. (em fim de frase, indica mudança de situação ou estado)
211	累	lèi	*adj.*	(estar) cansado
212	冷	lěng	*adj.*	1. frio 2. indiferente
213	里	lǐ	*s.*	dentro; interior; o lado interno
214	里边	lǐbian	*s.*	dentro; o lado interno; a parte interior
215	两	liǎng	*n.*	1. dois; duas (quantidade) 2. uns; alguns; poucos
216	零｜〇	líng｜líng	*n.*	1. zero 2. nada
217	六	liù	*n.*	seis
218	楼	lóu	*s.*	1. edifício; prédio 2. andar
219	楼上	lóu shàng		no andar de cima
220	楼下	lóu xià		no andar debaixo
221	路	lù	*s., cl.*	<s.> 1. rua; caminho 2. itinerário; rota 3. trajeto; percurso; jornada <cl.> classificador para linhas de ônibus
222	路口	lùkǒu	*s.*	cruzamento; intersecção; encruzilhada
223	路上	lùshang	*s.*	1. na rua; no caminho 2. a caminho
224	妈妈｜妈	māma｜mā	*s.*	mãe; mamãe
225	马路	mǎlù	*s.*	1. rua; avenida 2. calçada
226	马上	mǎshàng	*adv.*	de imediato; imediatamente
227	吗	ma	*part.*	1. (em fim de frase interrogativa, indica pergunta que pode ser respondida com "sim" ou "não") 2. (dentro de uma frase, marca uma pausa entre o tópico e o comentário) 3. (em fim de frase, indica uma pergunta retórica)

Nº	VOCÁBULO	PINYIN	CLASSE	TRADUÇÃO
228	买	mǎi	v.	comprar
229	慢	màn	adj.	lento; devagar
230	忙	máng	adj.	ocupado; atarefado
231	毛	máo	cl.	dez centavos; dez cêntimos; um décimo de yuan
232	没	méi	adv., v.	<adv.> não (negação do verbo 有 "ter" e de ações no passado) <v.> 1. não ter; não haver; estar sem 2. ser menos... que...; não tão ... como... (em frase comparativa de inferioridade) 3. ser menos de...
233	没关系	méi guānxi		não faz mal; não tem problema (em resposta a pedido de desculpas)
234	没什么	méi shénme		não faz mal; não tem problema; não foi nada
235	没事儿	méi // shìr	v.	1. não faz mal; não tem problema; não foi nada 2. não ter nada para fazer 3. não ter trabalho, ocupação 4. não sofreu acidente
236	没有	méi·yǒu	v., adv.	<v.> 1. não ter; não haver 2. ninguém; nada (antes de certos pronomes) 3. ser menos... que...; não tão ... como... (em frase comparativa de inferioridade) 4. ser menos de... <adv.> 1. não 2. ainda não
237	妹妹｜妹	mèimei｜mèi	s.	irmã mais nova
238	门	mén	s., cl.	<s.> 1. porta; portão 2. entrada 3. escola de pensamento 4. seita religiosa 5. tipo; categoria <cl.> classificador para disciplinas ou matérias escolares
239	门口	ménkǒu	s.	entrada; porta de entrada
240	门票	ménpiào	s.	bilhete de entrada
241	们（朋友们）	men (péngyou-men)	suf.	(marca o plural de pronomes pessoais e substantivos referentes a pessoas)
242	米饭	mǐfàn	s.	arroz cozido
243	面包	miànbāo	s.	pão
244	面条儿	miàntiáor	s.	macarrão; talharim
245	名字	míngzi	s.	nome
246	明白	míngbai	adj., v.	<adj.> 1. claro; evidente; óbvio 2. aberto; franco; explícito 3. esperto; sensato <v.> compreender; entender

序号 No	词语 VOCÁBULO	拼音 PINYIN	词性 CLASSE	译文 TRADUÇÃO
247	明年	míngnián	s.	próximo ano; ano que vem
248	明天	míngtiān	s.	amanhã
249	拿	ná	v.	1. tomar; pegar; trazer; levar 2. tomar à força; apanhar 3. usar
250	哪	nǎ	pron.	qual; que
251	哪里	nǎ·lǐ	pron.	1. onde; aonde 2. por toda parte 3. (em perguntas retóricas, exprime negação)
252	哪儿	nǎr	pron.	1. onde; aonde 2. por toda parte 3. (em perguntas retóricas, exprime negação)
253	哪些	nǎxiē	pron.	quais
254	那	nà	pron.	esse; aquele (em referência a pessoa ou objeto distante no tempo ou no espaço em relação àquele que fala)
255	那边	nàbiān	pron.	lá; ali
256	那里	nà·lǐ	pron.	lá; ali
257	那儿	nàr	pron.	lá; ali
258	那些	nàxiē	pron.	esses; aqueles
259	奶	nǎi	s.	1. seio 2. leite
260	奶奶	nǎinai	s.	avó paterna
261	男	nán	adj.	masculino
262	男孩儿	nánháir	s.	1. menino; rapaz; criança do sexo masculino 2. filho
263	男朋友	nánpéngyou	s.	namorado
264	男人	nánrén	s.	homem
265	男生	nánshēng	s.	aluno; estudante do sexo masculino
266	南	nán	s.	sul
267	南边	nánbian	s.	sul; o lado sul; a parte sul; ao sul de
268	难	nán	adj.	1. difícil 2. mau; desagradável
269	呢	ne	part.	1. (marca pergunta retórica ou alternativa) 2. (em fim de frase declarativa, indica a continuidade de ação ou estado) 3. (em fim de frase declarativa, enfatiza uma afirmação) 4. (marcar pausa na frase)

序号	词语	拼音	词性	译文
Nº	VOCÁBULO	PINYIN	CLASSE	TRADUÇÃO
270	能	néng	v.	1. ser capaz; ser apto; poder (fazer algo) 2. poder (possibilidade) 3. poder (permissão) 4. poderia (pedido)
271	你	nǐ	pron.	1. você; tu 2. seu; teu
272	你们	nǐmen	pron.	1. vocês; vós 2. seus; vossos
273	年	nián	cl.	ano
274	您	nín	pron.	você (formal); o senhor
275	牛奶	niúnǎi	s.	leite de vaca
276	女	nǚ	adj.	feminino
277	女儿	nǚ'ér	s.	filha
278	女孩儿	nǚháir	s.	1. menina; moça; criança do sexo feminino 2. filha
279	女朋友	nǚpéngyou	s.	namorada
280	女人	nǚrén	s.	mulher
281	女生	nǚshēng	s.	aluna; estudante do sexo feminino
282	旁边	pángbiān	s.	lado; ao lado; do lado
283	跑	pǎo	v.	1. correr 2. fugir; escapar 3. correr para (fazer algo) 4. sair; escapar (gases ou líquidos)
284	朋友	péngyou	s.	amigo(a)
285	票	piào	s.	1. bilhete; passagem; entrada 2. nota; recibo 3. voto
286	七	qī	n.	sete
287	起	qǐ	v.	1. levantar-se; erguer-se 2. partir da posição inicial 3. subir; saltar; pular 4. surgir; crescer (bolha, calo etc.) 5. tirar; arrancar 6. iniciar; lançar 7. elaborar; redigir 8. construir; levantar 9. retirar (documentos) 10. (depois de verbo, indica o início da ação) 11. (depois de verbo, indica direção; capacidade; surgimento ou envolvimento)
288	起床	qǐ // chuáng	v.	levantar-se (da cama)
289	起来	qǐ // ·lái	v.	1. levantar-se; pôr-se de pé 2. começar a (fazer algo) 3. (depois de verbo, indica que a ação foi concluída ou alcançou o objetivo)
290	汽车	qìchē	s.	veículo; automóvel

Nº	VOCÁBULO	PINYIN	CLASSE	TRADUÇÃO
291	前	qián	s.	1. frente; dianteira 2. antes (momento anterior)
292	前边	qiánbian	s.	frente; em frente
293	前天	qiántiān	s.	anteontem; antes de ontem
294	钱	qián	s.	dinheiro
295	钱包	qiánbāo	s.	carteira
296	请	qǐng	v.	1. fazer o favor de; por favor 2. pedir; solicitar 3. convidar; chamar
297	请假	qǐng // jià	v.	pedir folga; pedir licença para se ausentar do trabalho ou das aulas
298	请进	qǐng jìn		entre, por favor
299	请问	qǐngwèn	v.	com licença, posso lhe fazer uma pergunta?
300	请坐	qǐng zuò		por favor, sente-se
301	球	qiú	s.	1. qualquer objeto de formato esférico 2. bola (esportes) 3. Terra; globo terrestre
302	去	qù	v.	1. ir 2. ir (fazer algo) 3. partir; sair 4. perder 5. tirar 6. (depois de verbo, indica que a ação ocorre na direção oposta daquele que fala)
303	去年	qùnián	s.	ano passado
304	热	rè	adj., v.	<adj.> 1. quente 2. estar com calor 3. ardente; entusiasmado; efusivo 4. popular; muito procurado <v.> 1. esquentar; aquecer
305	人	rén	s.	ser humano; pessoa
306	认识	rènshi	v., s.	<v.> conhecer <s.> conhecimento
307	认真	rènzhēn	adj.	diligente; aplicado; dedicado; esforçado; sério
308	日	rì	s.	1. Sol 2. dia 3. de dia; diurno 4. abreviação de 日本 (Japão)
309	日期	rìqī	s.	data
310	肉	ròu	s.	1. carne 2. carne de porco 3. polpa
311	三	sān	n.	três
312	山	shān	s.	montanha
313	商场	shāngchǎng	s.	1. centro comercial 2. shopping center 3. loja de departamentos
314	商店	shāngdiàn	s.	loja

Nº	VOCÁBULO	PINYIN	CLASSE	TRADUÇÃO
315	上	shàng	s., v.	<s.> 1. cima (a parte superior); em cima; acima 2. primeiro; anterior; passado 3. superior <v.> 1. subir 2. ir a; ir para 3. começar uma atividade diária (aula, trabalho etc.) 4. servir; pôr sobre a mesa (pratos, chá etc.)
316	上班	shàng // bān	v.	começar o expediente; começar o trabalho
317	上边	shàngbian	s.	cima; em cima; acima
318	上车	shàng chē	v.	embarcar (em carro, trem, ônibus etc.)
319	上次	shàng cì		vez passada; vez anterior
320	上课	shàng // kè	v.	ir à aula (aluno); dar aula (professor)
321	上网	shàng // wǎng	v.	acessar a internet; navegar na internet
322	上午	shàngwǔ	s.	manhã; antes do meio-dia
323	上学	shàng // xué		1. ir à escola; estar na escola 2. entrar para a escola
324	少	shǎo	adj., v.	<adj.> pouco <v.> faltar; carecer
325	谁	shéi/shuí	pron.	1. quem (pronome interrogativo) 2. ninguém (antes de negativa) 3. alguém 4. qualquer pessoa
326	身上	shēnshang	s.	1. no corpo 2. ter/carregar algo consigo
327	身体	shēntǐ	s.	corpo
328	什么	shénme	pron.	1. que; o que (interrogativo) 2. algo; alguma coisa 3. nada 4. quê; como (exprime surpresa ou insatisfação)
329	生病	shēng // bìng	v.	ficar doente; adoecer
330	生气	shēng // qì	v., s.	<v.> ficar bravo; zangar-se <s.> vigor; vitalidade
331	生日	shēngrì	s.	aniversário
332	十	shí	n.	dez
333	时候	shíhou	s.	1. tempo 2. momento
334	时间	shíjiān	s.	tempo
335	事	shì	s.	1. assunto; negócio 2. acidente; desastre 3. trabalho; tarefa 4. responsabilidade; compromisso
336	试	shì	v.	experimentar; provar; testar

序号 №	词语 VOCÁBULO	拼音 PINYIN	词性 CLASSE	译文 TRADUÇÃO
337	是	shì	v.	1. ser 2. significar 3. haver; estar (depois de substantivo, indica posição ou existência) 4. sim; certo
338	是不是	shì bu shì		é ou não é; se (em pergunta indireta)
339	手	shǒu	s.	1. mão 2. à mão; manual 3. talento; habilidade
340	手机	shǒujī	s.	telefone celular
341	书	shū	s.	1. livro 2. carta 3. documento 4. escrita; estilo de caligrafia
342	书包	shūbāo	s.	mochila escolar
343	书店	shūdiàn	s.	livraria
344	树	shù	s.	árvore
345	水	shuǐ	s.	água
346	水果	shuǐguǒ	s.	fruta
347	睡	shuì	v.	dormir
348	睡觉	shuì // jiào	v.	dormir
349	说	shuō	v.	1. falar; dizer 2. explicar; esclarecer 3. discursar 4. criticar; repreender 5. mediar; conciliar 6. referir-se a; aludir a
350	说话	shuō // huà	v.	1. falar; dizer; 2 bater papo; conversar
351	四	sì	n.	quatro
352	送	sòng	v.	1. enviar; mandar; entregar 2. oferecer; presentear 3. acompanhar (até algum local)
353	岁	suì	cl.	anos de idade
354	他	tā	pron.	1. ele 2. dele
355	他们	tāmen	pron.	1. eles 2. deles
356	她	tā	pron.	1. ela 2. dela
357	她们	tāmen	pron.	1. elas 2. delas
358	太	tài	adv.	demais; muito
359	天	tiān	s., cl.	<s.> 1. céu 2. dia 3. tempo; clima 4. estação do ano 5. natureza 6. Deus 7. paraíso <cl.> classificador para dias
360	天气	tiānqì	s.	tempo; clima
361	听	tīng	v.	1. ouvir; escutar 2. obedecer; dar ouvidos a
362	听到	tīngdào	v.	ouvir; escutar

序号 / Nº	词语 / VOCÁBULO	拼音 / PINYIN	词性 / CLASSE	译文 / TRADUÇÃO
363	听见	tīng // jiàn	v.	ouvir; escutar
364	听写	tīngxiě	v.	fazer ditado
365	同学	tóngxué	s.	colega de estudo; colega
366	图书馆	túshūguǎn	s.	biblioteca
367	外	wài	s.	fora; exterior; o lado externo
368	外边	wàibian	s.	fora; o lado externo; a parte exterior
369	外国	wàiguó	s.	país estrangeiro
370	外语	wàiyǔ	s.	língua estrangeira
371	玩儿	wánr	v.	1. brincar; divertir-se 2. jogar (jogo; cartas etc.) 3. recorrer a; empregar; utilizar
372	晚	wǎn	s., adj.	<s.> noite; o início da noite <adj.> tarde; tardio; atrasado
373	晚饭	wǎnfàn	s.	(o) jantar
374	晚上	wǎnshang	s.	noite; o início da noite
375	网上	wǎng shang		na internet; online
376	网友	wǎngyǒu	s.	amigo virtual
377	忘	wàng	v.	esquecer; esquecer-se
378	忘记	wàngjì	v.	esquecer; esquecer-se
379	问	wèn	v.	1. perguntar; fazer perguntas 2. pedir 3. interrogar 4. meter-se em (assuntos, atividades etc.)
380	我	wǒ	pron.	1. eu 2. meu
381	我们	wǒmen	pron.	1. nós 2. nosso
382	五	wǔ	n.	cinco
383	午饭	wǔfàn	s.	almoço
384	西	xī	s.	oeste; ocidente
385	西边	xībian	s.	oeste; o lado oeste; a parte oeste; a oeste de
386	洗	xǐ	v.	1. lavar 2. apagar (gravação) 3. embaralhar (cartas) 4. revelar (fotos)
387	洗手间	xǐshǒujiān	s.	toalete; lavabo
388	喜欢	xǐhuan	v.	gostar de

一级词汇表

序号 Nº	词语 VOCÁBULO	拼音 PINYIN	词性 CLASSE	译文 TRADUÇÃO
389	下	xià	s., v.	<s.> 1. baixo (a parte inferior); embaixo; abaixo 2. seguinte, próximo (semana, mês etc.) 3. posterior; inferior (em qualidade ou categoria) 4. segundo (de duas partes) <v.> 1. descer; baixar 2. chegar a (uma decisão, conclusão etc.)
390	下班	xià // bān	v.	terminar expediente; sair do serviço
391	下边	xiàbian	s.	1. abaixo; embaixo 2. seguinte; próximo 3. subordinado
392	下车	xià chē	v.	sair do veículo; desembarcar
393	下次	xià cì		próxima vez
394	下课	xià // kè	v.	terminar a aula; sair da aula
395	下午	xiàwǔ	s.	tarde; de tarde
396	下雨	xià yǔ		chover
397	先	xiān	v.	1. antes; primeiro; anterior 2. anteriormente; antigamente 3. geração anterior; antepassados
398	先生	xiānsheng	s.	1. senhor 2. marido 3. mestre; professor
399	现在	xiànzài	s.	agora; neste momento
400	想	xiǎng	v.	1. pensar; refletir 2. achar; supor 3. desejar; querer 4. pensar em; ter saudade de
401	小	xiǎo	adj.	1. pequeno 2. mais novo; caçula 3. criança; jovem
402	小孩儿	xiǎoháir	s.	criança(s)
403	小姐	xiǎojiě	s.	menina; senhorita
404	小朋友	xiǎopéngyǒu	s.	1. criança 2. menino(a); garoto(a)
405	小时	xiǎoshí	s.	hora
406	小学	xiǎoxué	s.	escola primária (equivale ao Ensino Fundamental 1 no Brasil)
407	小学生	xiǎoxuéshēng	s.	aluno de escola primária
408	笑	xiào	v.	1. rir; sorrir 2. rir de (alguém); ridicularizar
409	写	xiě	v.	1. escrever 2. compor; redigir
410	谢谢	xièxie	v.	agradecer; (dizer) obrigado
411	新	xīn	adj.	1. novo 2. recém-
412	新年	xīnnián	s.	Ano Novo

序号 Nº	词语 VOCÁBULO	拼音 PINYIN	词性 CLASSE	译文 TRADUÇÃO
413	星期	xīngqī	s.	semana; dia da semana
414	星期日	xīngqīrì	s.	domingo
415	星期天	xīngqītiān	s.	domingo
416	行	xíng	v., adj.	<v.> 1. andar; caminhar 2. fazer; realizar 3. poder; ok (isoladamente exprime concordância, possibilidade etc.) <adj.> competente; capaz; apto
417	休息	xiūxi	v.	descansar; repousar
418	学	xué	v.	1. estudar; aprender 2. imitar
419	学生	xué·shēng	s.	estudante; aluno
420	学习	xuéxí	v.	estudar; aprender
421	学校	xuéxiào	s.	escola; estabelecimento de ensino
422	学院	xuéyuàn	s.	1. instituto 2. faculdade
423	要	yào	v.	1. querer; desejar 2. precisar de; requerer 3. pedir; requisitar 4. (antes de verbo, indica futuro próximo)
424	爷爷	yéye	s.	avô paterno
425	也	yě	adv.	também
426	页	yè	cl.	1. folha 2. página
427	一	yī	n.	um
428	衣服	yīfu	s.	roupa
429	医生	yīshēng	s.	médico
430	医院	yīyuàn	s.	hospital
431	一半	yíbàn	n.	metade
432	一会儿	yíhuìr	n., adv.	<n.> um momento; um instante <adv.> daqui a pouco
433	一块儿	yíkuàir	s., adv.	<s.> no mesmo lugar <adj.> juntos
434	一下儿	yíxiàr		1. por um momento; um pouco 2. num instante
435	一样	yíyàng	adj.	igual; mesmo
436	一边	yìbiān	s., adv.	<s.> lado <adv.> enquanto; simultaneamente
437	一点儿	yìdiǎnr		um pouco
438	一起	yìqǐ	adv., s.	<adv.> junto <s.> no mesmo lugar

序号 № VOCÁBULO	词语	拼音 PINYIN	词性 CLASSE	译文 TRADUÇÃO
439	一些	yìxiē	cl., adv.	<cl.> classificador para pequenas quantidades indefinidas: uns poucos; alguns; uns <adv.> (depois de adjetivo, indica ligeira mudança de grau)
440	用	yòng	v.	1. usar; empregar 2. precisar de 3. comer; beber; servir-se de
441	有	yǒu	v.	1. ter; possuir 2. haver; existir 3. surgir; acontecer
442	有的	yǒude	pron.	uns; alguns
443	有名	yǒu // míng	v.	ser famoso, célebre, conhecido
444	有时候｜有时	yǒushíhou｜yǒushí	adv.	às vezes; de vez em quando
445	有（一）些	yǒu(yì)xiē	pron.	uns; alguns
446	有用	yǒuyòng	v.	útil
447	右	yòu	s.	direita
448	右边	yòubian	s.	direita; o lado direito
449	雨	yǔ	s.	chuva
450	元	yuán	cl.	yuan (unidade monetária chinesa)
451	远	yuǎn	adj.	longe; distante; remoto; afastado
452	月	yuè	s.	1. lua 2. mês
453	再	zài	adv.	1. de novo; outra vez 2. e depois; e só então 3. mais (antes de adjetivo)
454	再见	zàijiàn	v.	até a próxima!; até mais ver! (despedida)
455	在	zài	v., prep., adv.	<v.> 1. estar; ficar 2. existir; viver <prep.> em <adv.> (antes de verbo, indica aspecto progressivo da ação)
456	在家	zàijiā	v.	1. estar em casa 2. ser leigo; ser laico (em oposição a "ser monge budista")
457	早	zǎo	adj.	1. cedo 2. antes; anterior; antecedente 3. bom dia!
458	早饭	zǎofàn	s.	café da manhã
459	早上	zǎoshang	s.	manhã; de manhã
460	怎么	zěnme	pron.	como; o que
461	站	zhàn	s.	1. estação; parada 2. centro de serviços

Nº	VOCÁBULO	PINYIN	CLASSE	TRADUÇÃO
462	找	zhǎo	v.	1. procurar; tentar encontrar 2. dar troco (dinheiro)
463	找到	zhǎodào	v.	encontrar; achar
464	这	zhè	pron.	1. este; isto 2. agora; neste momento
465	这边	zhèbiān	pron.	aqui; deste lado
466	这里	zhè·lǐ	pron.	aqui
467	这儿	zhèr	pron.	aqui
468	这些	zhèxiē	pron.	estes
469	着	zhe	part.	1. (depois de verbo ou adjetivo, indica continuidade de ação ou estado) 2. (entre dois verbos, indica realização simultânea ou sucessiva de duas ações) 3. (depois de certos verbos, indica ordem ou sugestão)
470	真	zhēn	adv., adj.	<adv.> realmente; mesmo <adj.> 1. real; verdadeiro; genuíno 2. claro; nítido
471	真的	zhēn de	adv., adj.	<adv.> realmente; mesmo <adj.> 1. real; verdadeiro; genuíno 2. é real; é sério!
472	正	zhèng	adv.	1. (antes de verbo ou adjetivo, indica ação em curso ou estado que se mantém) 2. justamente; exatamente; precisamente
473	正在	zhèngzài	adv.	(antes de verbo ou adjetivo, indica ação em curso ou estado que se mantém)
474	知道	zhī·dào	v.	saber; conhecer (informação)
475	知识	zhīshi	s.	conhecimento
476	中	zhōng	s.	1. centro; meio 2. em; entre; dentro 3. médio; intermediário 4. abreviação de 中国 (China)
477	中国	Zhōngguó	s.	China
478	中间	zhōngjiān	s., prep.	centro; meio; ponto equidistante das duas extremidades
479	中文	Zhōngwén	s.	língua chinesa
480	中午	zhōngwǔ	s.	meio-dia; o início da tarde
481	中学	zhōngxué	s.	escola secundária (equivale ao Ensino Fundamental 2 e Ensino Médio no Brasil)
482	中学生	zhōngxuéshēng	s.	estudante secundarista
483	重	zhòng	adj.	1. pesado 2. grave 3. importante

Nº	VOCÁBULO	PINYIN	CLASSE	TRADUÇÃO
484	重要	zhòngyào	*adj.*	importante
485	住	zhù	*v.*	1. morar; residir; viver 2. hospedar-se 3. parar; cessar
486	准备	zhǔnbèi	*v.*	1. preparar; preparar-se para; fazer os preparativos para 2. planejar; pretender
487	桌子	zhuōzi	*s.*	mesa
488	字	zì	*s.*	1. letra; caractere 2. palavra 3. estilo de caligrafia 4. obra de caligrafia
489	子（桌子）	zi (zhuōzi)	*suf.*	(sufixo formador de substantivos comuns, ex. 桌子 "mesa")
490	走	zǒu	*v.*	1. andar; caminhar 2. mover-se; funcionar 3. sair; ir embora 4. visitar
491	走路	zǒu // lù	*v.*	caminhar; andar; ir a pé
492	最	zuì	*adv.*	o mais (superlativo)
493	最好	zuìhǎo	*adv.*	melhor
494	最后	zuìhòu	*s.*	último; final
495	昨天	zuótiān	*s.*	ontem
496	左	zuǒ	*s.*	esquerda
497	左边	zuǒbian	*s.*	esquerda; o lado esquerdo
498	坐	zuò	*v.*	1. sentar-se 2. ir de (trem, ônibus, avião etc.)
499	坐下	zuò xia	*v.*	sentar-se
500	做	zuò	*v.*	1. fazer; fabricar 2. trabalhar como; ser (profissão) 3. ser utilizado como; servir de

6.2 二级词汇表 | Lista de Vocabulário do Nível 2

序号 №	词语 VOCÁBULO	拼音 PINYIN	词性 CLASSE	译文 TRADUÇÃO
1	啊	a	*part.*	(partícula exclamativa) ah; oh
2	爱情	àiqíng	*s.*	amor
3	爱人	àiren	*s.*	marido ou mulher; cônjuge
4	安静	ānjìng	*adj., v.*	<adj.> 1. silencioso 2. tranquilo; sereno; calmo <v.> silenciar
5	安全	ānquán	*adj., s.*	<adj.> seguro; salvo; protegido <s.> segurança
6	白色	báisè	*s.*	branco; a cor branca
7	班长	bānzhǎng	*s.*	1. monitor de turma 2. chefe de grupo 3. cabo (de esquadra)
8	办	bàn	*v.*	1. fazer; tratar de (trâmites, documentos etc.) 2. estabelecer; administrar (empreendimento) 3. comprar; preparar (suprimentos) 4. punir; penalizar (por lei)
9	办法	bànfǎ	*s.*	método; solução; providência
10	办公室	bàngōngshì	*s.*	escritório; gabinete
11	半夜	bànyè	*s.*	1. meia-noite 2. metade da noite 3. tarde da noite
12	帮助	bāngzhù	*v.*	ajudar; auxiliar
13	饱	bǎo	*adj.*	1. saciado; satisfeito; farto; cheio (de comida) 2. cheio; pleno; repleto
14	报名	bào // míng	*v.*	inscrever-se
15	报纸	bàozhǐ	*s.*	1. jornal 2. papel de jornal
16	北方	běifāng	*s.*	1. norte 2. a região norte (de um país)
17	背	bēi, bèi	*v.*	1. (bēi) carregar nas costas 2. (bēi) assumir; arcar com; suportar; 3. (bèi) memorizar; decorar 4. (bèi) dar as costas
18	比如	bǐrú	*v.*	exemplificar; dar exemplo; por exemplo
19	比如说	bǐrú shuō		por exemplo
20	笔	bǐ	*s., cl.*	<s.> 1. caneta; pincel; pena (para escrever) 2. traço (de caractere chinês) <cl.> 1. classificador para quantias de dinheiro, negócios etc. 2. classificador para pinturas e caligrafias

Nº	VOCÁBULO	PINYIN	CLASSE	TRADUÇÃO
21	笔记	bǐjì	s.	1. notas; anotação; apontamento 2. ensaio literário (curto, informal)
22	笔记本	bǐjìběn	s.	1. caderno 2. notebook (computador)
23	必须	bìxū	adv.	necessariamente; indispensavelmente
24	边	biān	s.	1. lado 2. margem; orla; borda 3. fronteira; limite
25	变	biàn	v.	1. mudar; alterar; modificar 2. tornar-se; transformar-se em; converter-se em 3. transformar em; converter em
26	变成	biànchéng		tornar-se; transformar-se em; converter-se em
27	遍	biàn	cl.	classificador para ações realizadas do início ao fim; vez
28	表	biǎo	s.	1. relógio 2. medidor; contador 3. formulário; planilha 4. superfície; aparência; exterior 5. exemplo; modelo 6. (designa os primos do lado materno)
29	表示	biǎoshì	v., s.	<v.> 1. exprimir; manifestar; expor 2. indicar; mostrar; demonstrar <s.> expressão; manifestação; indicação
30	不错	búcuò	adj.	muito bom; nada mau
31	不但	búdàn	conj.	não só; não somente
32	不够	búgòu	v., adv.	<v.> não ser suficiente; não dar para <adv.> insuficientemente
33	不过	búguò	conj.	mas; contudo; porém
34	不太	bú tài		não muito
35	不要	búyào	adv.	não; nada de (exprime proibição ou dissuasão)
36	不好意思	bù hǎoyìsi		1. sentir-se envergonhado (por ter feito algo) 2. ter vergonha de (fazer algo) 3. desculpe! (coloquial)
37	不久	bùjiǔ	adj.	dentro de pouco tempo; logo após; em breve
38	不满	bùmǎn	adj.	insatisfeito; desagradado; ressentido
39	不如	bùrú	v.	1. ser menos ... que; não ser tão ... como ... 2. ser preferível
40	不少	bù shǎo		muitos
41	不同	bù tóng		diferente

序号 Nº	词语 VOCÁBULO	拼音 PINYIN	词性 CLASSE	译文 TRADUÇÃO
42	不行	bùxíng	v., adj.	<v.> ser inadmissível; ser intolerável <adj.> inútil; imprestável; não servir para (fazer algo)
43	不一定	bùyídìng	adv.	não necessariamente; não ter certeza
44	不一会儿	bù yíhuìr		1. logo depois; logo; em breve 2. num instante
45	部分	bùfen	s.	parte; segmento; porção
46	才	cái	adv.	só (mais tarde ou mais demorado do que o esperado)
47	菜单	càidān	s.	cardápio; menu
48	参观	cānguān	v.	visitar (empresas, fábricas, instituições, museus, pontos turísticos, cidades etc.)
49	参加	cānjiā	v.	1. participar de; tomar parte em 2. apresentar (conselhos, propostas etc.)
50	草	cǎo	s.	1. erva; grama 2. palha
51	草地	cǎodì	s.	1. gramado; relva 2. prado; pradaria; estepe
52	层	céng	cl.	classificador para andares ou camadas
53	查	chá	v.	1. examinar; conferir 2. investigar; averiguar 3. consultar
54	差不多	chàbuduō	adj., adv.	<adj.> parecido; semelhante <adv.> aproximadamente; quase
55	长	cháng	adj.	1. comprido; longo 2. de longa duração; de modo duradouro 3. ser bom em; ser forte em; saber muito de
56	常见	cháng jiàn	adj.	comum; frequente
57	常用	cháng yòng	adj.	comum; de uso frequente
58	场	chǎng	cl.	classificador para sessões de espetáculo ou competições esportivas; cena
59	超过	chāoguò	v.	ultrapassar; exceder
60	超市	chāoshì	s.	supermercado
61	车辆	chēliàng	s.	veículo
62	称[1]	chēng	v.	pesar

Nº	VOCÁBULO	PINYIN	CLASSE	TRADUÇÃO
63	成	chéng	v.	1. concluir; realizar 2. ter êxito; ter sucesso 3. tornar-se; converter-se em; transformar-se em 4. crescer; desenvolver-se 5. alcançar (determinada quantidade) 6. está bem (isoladamente, exprime concordância ou aprovação) 7. ser apto; ser capaz 8. ajudar (alguém a alcançar um objetivo)
64	成绩	chéngjì	s.	1. nota; qualificação 2. êxito; sucesso
65	成为	chéngwéi	v.	tornar-se; converter-se em; passar a ser
66	重复	chóngfù	v.	repetir
67	重新	chóngxīn	adv.	novamente; de novo
68	出发	chūfā	v.	1. partir; pôr-se a caminho 2. partir; tomar como base
69	出国	chū // guó	v.	sair do país; ir para o exterior
70	出口	chūkǒu	s.	1. saída 2. exportação
71	出门	chū // mén	v.	1. sair; sair de casa 2. sair para viajar 3. casar-se (mulher)
72	出生	chūshēng	v.	nascer
73	出现	chūxiàn	v.	aparecer; surgir
74	出院	chū // yuàn	v.	ter alta; sair do hospital
75	出租	chūzū	v.	alugar
76	出租车	chūzūchē	s.	táxi
77	船	chuán	s.	barco
78	吹	chuī	v.	1. soprar; assoprar 2. tocar (instrumento de sopro) 3. ventar; soprar (vento) 4. gabar-se; exibir-se 5. desfazer (negócio); romper (amizade)
79	春节	Chūnjié	s.	Festival da Primavera; Ano Novo Lunar Chinês
80	春天	chūntiān	s.	primavera
81	词	cí	s.	1. palavra; vocábulo; termo 2. palavras; discurso 3. letra (de música) 4. *ci* (forma da poesia clássica chinesa surgida na Dinastia Tang e desenvolvida plenamente na Dinastia Song)
82	词典	cídiǎn	s.	dicionário
83	词语	cíyǔ	s.	palavras e expressões; termos
84	从小	cóngxiǎo	adv.	desde pequeno; desde criança

Nº	VOCÁBULO	PINYIN	CLASSE	TRADUÇÃO
85	答应	dāying	v.	1. responder 2. permitir; concordar 3. prometer
86	打工	dǎ // gōng	v.	fazer um trabalho temporário
87	打算	dǎ·suàn	v., s.	<v.> planejar; pensar; calcular <s.> plano; ideia
88	打印	dǎyìn	v.	1. imprimir 2. carimbar 3. mimeografar
89	大部分	dàbùfen	s.	a maior parte; a maioria
90	大大	dàdà	adv.	muito
91	大多数	dàduōshù	s.	maior número; a maioria; a vasta maioria
92	大海	dàhǎi	s.	mar; oceano
93	大家	dàjiā	pron.	todos; todo mundo; toda a gente
94	大量	dàliàng	adj.	grande quantidade; grande número
95	大门	dàmén	s.	porta principal; portão principal
96	大人	dàren	s.	1. adulto; maior de idade 2. Vossa Excelência; Sua Excelência
97	大声	dà shēng	s.	voz alta
98	大小	dàxiǎo	s.	1. tamanho; dimensão 2. diferença de idade 3. adultos e crianças; jovens e idosos
99	大衣	dàyī	s.	casaco; sobretudo
100	大自然	dàzìrán	s.	natureza
101	带	dài	v.	1. levar; trazer 2. guiar; conduzir 3. fazer algo oportunamente 4. ter; manifestar; apresentar (certa aparência) 5. acompanhado de; com 6. impulsionar; fazer movimentar
102	带来	dài·lái	v.	1. trazer 2. ocasionar; promover
103	单位	dānwèi	s.	1. unidade (de medida) 2. local de trabalho; entidade empregadora
104	但	dàn	conj.	1. só; apenas 2. mas; contudo
105	但是	dànshì	conj.	mas; contudo
106	蛋	dàn	s.	1. ovo 2. objeto oval
107	当	dāng	v., prep.	<v.> 1. trabalhar como; servir de 2. assumir; atribuir-se (responsabilidade, tarefa etc.) 3. dirigir; governar 4. estar perante; na presença de <prep.> 1. quando; no momento de 2. no mesmo lugar de
108	当时	dāngshí	s.	naquele momento

序号 Nº	词语 VOCÁBULO	拼音 PINYIN	词性 CLASSE	译文 TRADUÇÃO
109	倒	dǎo	v.	1. cair; tropeçar 2. desabar 3. derrubar 4. estragar; prejudicar (voz, apetite etc.) 5. fazer baldeação (transporte público)
110	到处	dàochù	adv.	por toda parte; por todos os lados; em todo lugar
111	倒	dào	v.	1. inverter; pôr em sentido contrário 2. fazer andar para trás; recuar 3. entornar; verter; despejar
112	道	dào	cl.	1. classificador para questões de prova, ordens etc. 2. classificador para pratos servidos em uma refeição, passos de um processo etc. 3. classificador para objetos longos 4. classificador para portas, muros etc.
113	道理	dào·lǐ	s.	1. princípio; verdade 2. razão; argumento 3. lógica; sentido; método
114	道路	dàolù	s.	1. via; caminho 2. curso; rota 3. passagem; acesso
115	得	dé	v.	1. obter; conseguir 2. contrair (doença) 3. servir para; ser apropriado para 4. estar satisfeito consigo mesmo; orgulhoso de si mesmo 5. concluir; estar pronto 6. resultar (em cálculo matemático) 7. (antes de verbo, indica possibilidade ou permissão, geralmente na negativa) 8. (isoladamente exprime concordância ou desaprovação) 9. (exprime frustração ou impotência)
116	得出	déchū	v.	obter resultado; chegar à conclusão
117	的话	dehuà	part.	(marca o final de uma oração condicional)
118	得	de	part.	1. (depois de verbo ou adjetivo, exprime possibilidade ou capacidade) 2. (liga um verbo ou adjetivo a complemento que descreve estado, modo, grau, possibilidade etc.)
119	灯	dēng	s.	1. lâmpada; lanterna; lamparina 2. tubo eletrônico
120	等	děng	part., s.	<part.> 1. etcetera; e outros 2. (marca o final de uma listagem) <s.> 1. categoria; classe; espécie 2. (depois de pronome pessoal indica o plural)
121	等到	děngdào	conj.	quando (introduz oração que exprime condição ou oportunidade no futuro)

№ VOCÁBULO		PINYIN	CLASSE	TRADUÇÃO
122	等于	děngyú	v.	1. ser igual 2. equivaler a; significar
123	低	dī	adj., v.	<adj.> baixo; inferior <v.> baixar; abaixar
124	地球	dìqiú	s.	Terra; globo terrestre
125	地铁	dìtiě	s.	metrô
126	地铁站	dìtiězhàn	s.	estação de metrô
127	点头	diǎn // tóu	v.	1. assentir com a cabeça 2. aprovar; permitir
128	店	diàn	s.	1. loja 2. estalagem; pousada; hospedaria
129	掉	diào	v.	1. cair 2. ficar para trás 3. perder; faltar 4. baixar; reduzir; diminuir 5. virar; voltar (rosto etc.) 6. trocar; permutar
130	东北	dōngběi	s.	nordeste
131	东方	dōngfāng	s.	1. leste 2. a região leste (de um país) 3. o Oriente
132	东南	dōngnán	s.	sudeste
133	冬天	dōngtiān	s.	inverno
134	懂	dǒng	v.	compreender; entender; saber
135	懂得	dǒngde	v.	compreender; entender; saber
136	动物	dòngwù	s.	animal
137	动物园	dòngwùyuán	s.	zoológico
138	读音	dúyīn	s.	pronúncia ao ler em voz alta
139	度	dù	s., cl.	<s.> 1. medida linear 2. regra; conduta 3. limite; quota 4. tempo ou espaço dentro de um limite 5. nível; grau 6. temperamento; personalidade 7. consideração <cl.> 1. classificador para medidas de temperatura, ângulos, latitude ou longitude, teor alcoólico etc.; graus 2. quilowatts-hora
140	短	duǎn	adj.	1. curto; breve 2. defeito; fraqueza
141	短信	duǎnxìn	s.	mensagem de texto; mensagem curta
142	段	duàn	cl.	1. classificador para parágrafos 2. classificador para pedaços, segmentos etc. 3. classificador para intervalos de distância ou tempo
143	队	duì	s.	1. fila; fileira 2. time; equipe; grupo
144	队长	duìzhǎng	s.	chefe de equipe; capitão (de time)

Nº	VOCÁBULO	PINYIN	CLASSE	TRADUÇÃO
145	对	duì	prep., v.	<prep.> 1. para; a 2. em relação a 3. na opinião de <v.> 1. corresponder a; ser equivalente a 2. responder 3. tratar de; lidar com 4. estar direcionado a; voltar-se para 5. pôr (duas coisas) em contato 6. comparar; cotejar 7. ajustar; adequar 8. combinar; misturar 9. dividir em partes iguais
146	对话	duìhuà	v., s.	<v.> dialogar <s.> diálogo
147	对面	duìmiàn	s.	1. de frente a; defronte 2. na direção oposta; do lado oposto 3. face a face; cara a cara; frente a frente
148	多	duō	adv.	1. quanto; que (interrogativo) 2. tão; muito 3. muitas vezes; mais vezes
149	多久	duōjiǔ	pron.	1. por quanto tempo (na interrogativa) 2. por muito tempo
150	多么	duōme	adv.	1. tão; como (exclamativo) 2. quanto; que (interrogativo)
151	多数	duōshù	s.	maioria; maior parte
152	多云	duōyún	s.	nublado
153	而且	érqiě	conj.	e; além disso; além do mais
154	发	fā	v.	1. enviar; remeter; expedir 2. lançar; disparar 3. produzir; gerar 4. causar; originar 5. iniciar; desencadear 6. enfurecer-se; esbravejar 7. aumentar de volume (por fermentação, absorção etc.) 8. tornar-se; fazer-se 9. mostrar; revelar 10. produzir (sensação corporal como coceira, moleza, tontura etc.) 11. prosperar; florescer (poder, riqueza, influência etc.) 12. partir; ir embora 13. enviar; encaminhar (alguém a algum lugar) 14. expor; descobrir 15. dispensar; difundir 16. emitir; publicar
155	发现	fāxiàn	v., s.	<v.> descobrir; achar; encontrar <s.> descoberta; achado
156	饭馆	fànguǎn	s.	restaurante
157	方便	fāngbiàn	adj.	1. fácil; conveniente 2. adequado; apropriado 3. ter dinheiro de sobra (eufemismo)
158	方便面	fāngbiànmiàn	s.	macarrão instantâneo
159	方法	fāngfǎ	s.	método; meio

№	VOCÁBULO	PINYIN	CLASSE	TRADUÇÃO
160	方面	fāngmiàn	s.	lado; aspecto
161	方向	fāngxiàng	s.	direção; rumo
162	放下	fàngxia	v.	1. pôr; colocar 2. largar; soltar 3. abandonar; deixar de lado 4. caber; encaixar
163	放心	fàng // xīn	v.	1. ficar despreocupado; ficar tranquilo 2. confiar em; ter confiança em
164	分	fēn	v.	1. dividir; separar 2. distribuir; repartir 3. distinguir; discernir
165	分开	fēn // kāi	v.	separar; dividir; partir
166	分数	fēnshù	s.	1. nota (de prova) 2. fração
167	分钟	fēnzhōng	cl.	minuto
168	份	fèn	cl.	1. classificador para porções (de coisas organizadas e combinadas, como comida, material, presente etc.) 2. classificador para partes de um todo 3. classificador para vias de documentos ou exemplares de jornais, periódicos etc.
169	封	fēng	cl.	classificador para objetos contidos em envelopes, como cartas etc.
170	服务	fúwù	v.	servir; prestar serviço
171	复习	fùxí	v.	fazer revisão do conteúdo aprendido; estudar
172	该	gāi	v.	1. dever; precisar (fazer algo) 2. merecer; ser digno de 3. chegar a vez de 4. haver possibilidade; haver probabilidade (de algo ocorrer)
173	改	gǎi	v.	1. alterar; modificar; mudar 2. corrigir; emendar 3. retificar; reparar
174	改变	gǎibiàn	v., s.	<v.> alterar; modificar; mudar <s.> alteração; modificação; mudança
175	干杯	gān // bēi	v.	brindar; fazer um brinde; Saúde!
176	感到	gǎndào	v.	sentir; perceber
177	感动	gǎndòng	adj., v.	<adj.> comovido; emocionado <v.> comover-se; emocionar-se
178	感觉	gǎnjué	v., s.	<v.> sentir; achar <s.> sensação
179	感谢	gǎnxiè	v.	agradecer
180	干活儿	gàn // huór	v.	trabalhar; fazer o trabalho

Nº	VOCÁBULO	PINYIN	CLASSE	TRADUÇÃO
181	刚	gāng	adv.	1. exatamente; precisamente 2. agora mesmo; há pouco; acabar de
182	刚才	gāngcái	s.	há pouco; pouco antes; ainda agora
183	刚刚	gānggāng	adv.	1. exatamente; precisamente 2. agora mesmo; há pouco; acabar de
184	高级	gāojí	adj.	1. de alta hierarquia; de alta classe 2. de alta qualidade; de alto nível
185	高中	gāozhōng	s.	segundo ciclo da escola secundária (equivale ao Ensino Médio no Brasil)
186	个子	gèzi	s.	altura; estatura
187	更	gèng	adv.	1. mais 2. ainda mais
188	公共汽车	gōnggòng qìchē	s.	ônibus (transporte público)
189	公交车	gōngjiāochē	s.	ônibus (transporte público)
190	公斤	gōngjīn	cl.	quilo; quilograma (kg)
191	公里	gōnglǐ	cl.	quilômetro (km)
192	公路	gōnglù	s.	estrada
193	公平	gōngpíng	adj.	justo; imparcial
194	公司	gōngsī	s.	empresa; companhia
195	公园	gōngyuán	s.	parque
196	狗	gǒu	s.	cão; cachorro
197	够	gòu	v., adv.	<v.> ser suficiente; ser o bastante <adv.> suficientemente
198	故事	gùshi	s.	1. história; conto 2. enredo
199	故意	gùyì	adv.	propositalmente; intencionalmente
200	顾客	gùkè	s.	cliente; freguês
201	关机	guān // jī	v.	1. desligar (equipamento) 2. concluir uma filmagem
202	关心	guānxīn	v.	preocupar-se com; interessar-se por
203	观点	guāndiǎn	s.	ponto de vista
204	广场	guǎngchǎng	s.	praça
205	广告	guǎnggào	s.	publicidade; anúncio comercial
206	国际	guójì	s.	internacional

Nº	VOCÁBULO	PINYIN	CLASSE	TRADUÇÃO
207	过来	guò·lái	v.	1. vir 2. (depois de verbo, indica ação realizada em direção a quem fala ou retorno ao estado original)
208	过年	guò // nián	v.	celebrar (passar) o Ano Novo Lunar Chinês
209	过去	guò·qù	v.	1. ir (na direção oposta de quem fala) 2. (depois de verbo, indica ação realizada na direção oposta de quem fala ou saída do estado original)
210	过	guo	*part.*	(partícula aspectual usada depois de verbo, indica uma ação concluída no passado que ainda exerce influência no contexto atual, ou uma experiência vivida no passado)
211	海	hǎi	s.	mar
212	海边	hǎi biān	s.	praia; litoral; beira-mar
213	喊	hǎn	v.	1. gritar 2. chamar
214	好	hǎo	*adv.*	muito; tão; que (exclamativo)
215	好处	hǎochù	s.	1. benefício; vantagem 2. ganho; lucro
216	好多	hǎoduō	n.	muito; grande quantidade de
217	好久	hǎojiǔ	*adv.*	muito tempo; longo tempo
218	好人	hǎorén	s.	1. pessoa boa 2. pessoa saudável
219	好事	hǎoshì	s.	1. coisa boa 2. ato de caridade 3. ocasião feliz; acontecimento alegre
220	好像	hǎoxiàng	*adv., v.*	<adv.> aparentemente; ao que tudo indica <v.> parecer-se com
221	合适	héshì	*adj.*	conveniente; adequado
222	河	hé	s.	1. rio 2. Via Láctea (galáxia)
223	黑	hēi	*adj.*	1. preto; negro 2. escuro; sombrio 3. secreto; clandestino; reacionário
224	黑板	hēibǎn	s.	quadro negro; lousa
225	黑色	hēisè	s.	cor preta; preto
226	红	hóng	*adj.*	vermelho
227	红色	hóngsè	s.	a cor vermelha; vermelho
228	后来	hòulái	s.	depois; mais tarde (no passado)
229	忽然	hūrán	*adv.*	de repente; subitamente
230	湖	hú	s.	lago
231	护照	hùzhào	s.	passaporte

序号 Nº	词语 VOCÁBULO	拼音 PINYIN	词性 CLASSE	译文 TRADUÇÃO
232	花	huā	v.	gastar (dinheiro, tempo etc.)
233	花园	huāyuán	s.	jardim
234	画	huà	v.	1. desenhar; pintar 2. traçar (linha, marca, símbolo etc.) 3. demarcar; delimitar 4. retratar; descrever 5. gesticular; desenhar no ar
235	画家	huàjiā	s.	pintor
236	画儿	huàr	s.	pintura; desenho; quadro
237	坏处	huàichù	s.	mal; malefício; desvantagem
238	坏人	huàirén	s.	1. pessoa má 2. malfeitor; vilão
239	欢迎	huānyíng	v.	1. dar boas-vindas a 2. acolher; receber com alegria
240	换	huàn	v.	1. trocar; permutar 2. mudar de (roupa, trabalho etc.) 3. cambiar; trocar (dinheiro)
241	黄	huáng	adj.	amarelo
242	黄色	huángsè	s.	cor amarela; amarelo
243	回	huí	cl.	1. vez 2. classificador para capítulos de livro
244	回国	huí guó	v.	retornar para seu próprio país
245	会	huì	s.	1. reunião; conferência; congresso 2. associação; câmara 3. feira; festa popular ao ar livre 4. capital provincial ou estadual 5. chance; oportunidade
246	活动	huódòng	v., s.	<v.> exercitar-se; movimentar-se <s.> atividade; evento
247	或	huò	conj.	ou
248	或者	huòzhě	conj.	ou
249	机会	jī·huì	s.	oportunidade; chance; ocasião
250	鸡	jī	s.	frango; galo; galinha; aviário
251	级	jí	s.	1. categoria; nível; grau 2. classe; ano; curso 3. degrau
252	急	jí	adj.	1. impaciente; ansioso 2. irritado; nervoso 3. veloz; violento; impetuoso 4. urgente; imediato
253	计划	jìhuà	s., v.	<s.> plano; projeto; programa <v.> planejar; projetar
254	计算机	jìsuànjī	s.	computador

LISTA DE VOCABULÁRIO DO NÍVEL 2

序号 Nº	词语 VOCÁBULO	拼音 PINYIN	词性 CLASSE	译文 TRADUÇÃO
255	加	jiā	v.	1. somar 2. aumentar 3. pôr; acrescentar; adicionar
256	加油	jiā // yóu	v.	1. lubrificar; pôr lubrificante 2. abastecer (combustível) 3. fazer esforço maior 4. Ânimo! Força!
257	家 (科学家)	jiā (kēxuéjiā)	suf.	especialista; perito (cientista)
258	家庭	jiātíng	s.	família
259	家长	jiāzhǎng	s.	1. chefe de família 2. pais; tutor
260	假	jiǎ	adj.	falso; artificial; mentiroso
261	假期	jiàqī	s.	férias
262	检查	jiǎnchá	v., s.	<v.> examinar; conferir; fiscalizar; inspecionar <s.> autocrítica
263	见到	jiàndào	v.	ver; encontrar-se
264	见过	jiànguo	v.	ver; encontrar-se (no passado); conhecer de vista
265	件	jiàn	cl.	classificador para peças ou itens como roupas, documentos etc.
266	健康	jiànkāng	adj., s.	<adj.> saudável; são <s.> saúde
267	讲	jiǎng	v.	1. falar; dizer 2. explicar; expor; falar sobre 3. negociar; discutir 4. dar importância a 5. quanto a; no tocante a
268	讲话	jiǎng // huà	v., s.	<v.> falar <s.> 1. discurso; colóquio 2. guia de; introdução a (em títulos de livros)
269	交	jiāo	v.	1. cruzar-se 2. encontrar-se; juntar-se; ligar-se 3. estabelecer contato com; ter relação com 4. chegar; entrar (em período ou estação) 5. transferir
270	交给	jiāo gěi	v.	dar para; entregar para
271	交朋友	jiāo péngyou	v.	fazer amizade; fazer amigos
272	交通	jiāotōng	s.	transporte
273	角	jiǎo	cl., s.	<cl.> um décimo de yuan: dez centavos; dez cêntimos <s.> 1. chifre 2. canto; esquina 3. ângulo 4. cabo (porção de terra que avança mar adentro)
274	角度	jiǎodù	s.	1. ângulo 2. ponto de vista
275	饺子	jiǎozi	s.	guioza (espécie de ravióli com recheio de carne ou legumes típico da culinária chinesa)

Nº	VOCÁBULO	PINYIN	CLASSE	TRADUÇÃO
276	脚	jiǎo	s.	1. pé 2. sopé; base (da montanha)
277	叫作	jiàozuò	v.	ser chamado de; ser conhecido como
278	教师	jiàoshī	s.	professor
279	教室	jiàoshì	s.	sala de aula
280	教学	jiàoxué	s.	ensino
281	教育	jiàoyù	v., s.	<v.> educar <s.> educação
282	接	jiē	v.	1. receber (ordem, telefonema, bola etc.) 2. receber (alguém em algum lugar) 3. ir buscar (alguém em algum lugar) 4. aproximar-se de; pôr-se em contato com 5. ligar; unir; juntar 6. continuar; prosseguir
283	接到	jiēdào	v.	receber
284	接受	jiēshòu	v.	1. receber 2. aceitar; admitir 3. ter posse de; ter controle de
285	接下来	jiē·xià·lái		a seguir; seguinte
286	接着	jiēzhe	v., adv.	<v.> continuar; prosseguir <adv.> em seguida; logo depois
287	街	jiē	s.	avenida; rua
288	节	jié	s., cl.	<s.> 1. festa; festividade; festival 2. nó; articulação; juntura 3. seção; parte 4. termo solar (divisão do calendário tradicional equivalente a cerca de 15 dias) 5. formalidade; protocolo 6. virtude; integridade moral 7. ritmo; metro; batida <cl.> classificador para segmentos de objetos maiores: parágrafos (de texto), vagões (de trem), aulas (de um curso) etc.
289	节目	jiémù	s.	programa; item de uma programação; número; apresentação
290	节日	jiérì	s.	festa; festividade
291	结果	jiéguǒ	s., conj.	<s.> resultado; consequência <conj.> como resultado; em conclusão
292	借	jiè	v.	emprestar; pegar emprestado
293	斤	jīn	cl.	unidade de peso equivalente a 500 gramas
294	今后	jīnhòu	s.	a partir de hoje; de agora em diante; doravante
295	进入	jìnrù	v.	entrar; ingressar
296	进行	jìnxíng	v.	1. fazer; realizar 2. avançar; marchar

Nº	VOCÁBULO	PINYIN	CLASSE	TRADUÇÃO
297	近	jìn	*adj.*	1. perto; próximo 2. íntimo
298	经常	jīngcháng	*adv.*	frequentemente; constantemente
299	经过	jīngguò	*v., s.*	<v.> 1. passar por (lugar ou período de tempo) 2. vivenciar; passar por (atividade, acontecimento etc.) <s.> processo; curso
300	经理	jīnglǐ	*s.*	gerente; administrador; diretor
301	酒	jiǔ	*s.*	bebida alcoólica (aguardente, vinho, licor etc.)
302	酒店	jiǔdiàn	*s.*	1. hotel 2. loja de bebidas
303	就要	jiùyào	*adv.*	1. logo; brevemente 2. sem falta; obrigatoriamente
304	举	jǔ	*v.*	1. levantar; erguer 2. começar; iniciar 3. eleger; escolher 4. citar; mencionar
305	举手	jǔshǒu	*v.*	levantar a mão
306	举行	jǔxíng	*v.*	realizar (eventos como cerimônia, reunião, competição etc.)
307	句	jù	*cl.*	classificador para frases ou versos
308	句子	jùzi	*s.*	frase; oração
309	卡	kǎ	*s.*	cartão
310	开机	kāi // jī	*v.*	1. ligar (máquina, motor, aparelho etc.) 2. começar a gravar (material audiovisual etc.)
311	开心	kāixīn	*adj., v.*	<adj.> alegre; contente <v.> 1. divertir-se 2. rir (de alguém)
312	开学	kāi // xué	*v.*	começar as aulas
313	看法	kàn·fǎ	*s.*	opinião; parecer; ponto de vista
314	考生	kǎoshēng	*s.*	examinando (candidato de prova)
315	靠	kào	*v.*	1. encostar-se em; apoiar-se a 2. aproximar-se de 3. depender de; apoiar-se em 4. confiar em
316	科	kē	*s.*	1. ramo de estudo acadêmico ou profissional; disciplina ou curso 2. seção, setor ou departamento de uma unidade administrativa 3. família (Biologia)
317	科学	kēxué	*s., adj.*	<s.> ciência <adj.> científico
318	可爱	kě'ài	*adj.*	amável; fofo; gracioso
319	可能	kěnéng	*v., adj., s.*	<v.> poder <adj.> possível; provável <s.> possibilidade; probabilidade
320	可怕	kěpà	*adj.*	temível; horrível; terrível

Nº	VOCÁBULO	PINYIN	CLASSE	TRADUÇÃO
321	可是	kěshì	*conj.*	mas
322	可以	kěyǐ	*v.*	1. poder; ser capaz 2. poder; ser permitido 3. valer a pena
323	克	kè	*cl.*	grama (unidade de peso)
324	刻	kè	*cl.*	quarto de hora; quinze minutos
325	客人	kè·rén	*s.*	1. visitante; convidado 2. hóspede; cliente
326	课堂	kètáng	*s.*	sala de aula
327	空气	kōngqì	*s.*	1. ar 2. atmosfera; clima (social)
328	哭	kū	*v.*	chorar
329	快餐	kuàicān	*s.*	fast-food; refeição rápida; comida pronta
330	快点儿	kuài diǎnr		mais rápido! vai logo!
331	快乐	kuàilè	*adj.*	feliz; alegre
332	快要	kuàiyào	*adv.*	em breve; logo
333	筷子	kuàizi	*s.*	pauzinhos usados para levar a comida à boca; fachis; hashi
334	拉	lā	*v.*	1. puxar; arrastar 2. transportar (mercadoria) 3. tocar (instrumentos como violino etc.) 4. alongar; esticar 5. ajudar; dar uma mão a 6. cativar; seduzir 7. bater papo; conversar (informalmente) 8. evacuar; defecar 9. criar (uma criança) 10. implicar; envolver 11. liderar; guiar (tropas) 12. dever (pagamento) 13. angariar; obter (conexões, negócios etc.)
335	来自	láizì	*v.*	vir de (algum lugar); ter origem em (algum lugar)
336	蓝	lán	*adj.*	azul
337	蓝色	lánsè	*s.*	a cor azul; azul
338	篮球	lánqiú	*s.*	basquete
339	老	lǎo	*adv.*	1. sempre; muitas vezes 2. muito; bastante
340	老（老王）	lǎo (Lǎo Wáng)	*pref.*	lao (tratamento honorífico dado a interlocutores mais velhos, usa-se antes do sobrenome, ex: Lao Wang)
341	老年	lǎonián	*s.*	velhice; idade avançada
342	老朋友	lǎo péngyou	*s.*	velho amigo; amigo de longa data
343	老是	lǎo·shì	*adv.*	sempre; todo tempo

LISTA DE VOCABULÁRIO DO NÍVEL 2

№ VOCÁBULO		PINYIN	CLASSE	TRADUÇÃO
344	离	lí	v., prep.	<v.> 1. separar-se; sair 2. distanciar-se; afastar-se 3. carecer de; faltar (algo) <prep.> de (distância)
345	离开	lí // kāi	v.	deixar; abandonar
346	礼物	lǐwù	s.	presente
347	里头	lǐtou	s.	dentro; no interior
348	理想	lǐxiǎng	s.	ideal; aspiração
349	例如	lìrú	v.	dar como exemplo; por exemplo; tal como; como
350	例子	lìzi	s.	exemplo; caso
351	脸	liǎn	s.	1. rosto; face 2. semblante; expressão facial 3. reputação; imagem (opinião pública) 4. parte frontal de certos objetos
352	练	liàn	v.	1. praticar; exercitar 2. cozer a seda crua para torná-la macia e branca
353	练习	liànxí	v., s.	<v.> praticar; exercitar <s.> prática; exercício
354	凉	liáng	adj.	1. fresco; frio 2. decepcionado; desanimado
355	凉快	liángkuai	adj.	fresco; refrescante
356	两	liǎng	cl.	50 gramas (unidade de peso)
357	亮	liàng	adj., v.	<adj.> 1. brilhante; luminoso 2. claro; iluminado 3. claro; sonoro 4. claro; compreensível <v.> 1. brilhar; luzir 2. expor; revelar; mostrar
358	辆	liàng	cl.	classificador para veículos
359	零下	líng xià	adj.	abaixo de zero
360	留	liú	v.	1. ficar; permanecer 2. fazer intercâmbio no exterior 3. reter; pedir para que alguém fique 4. conservar; guardar 5. ficar com; aceitar (algo recebido) 6. deixar (recado)
361	留下	liúxia	v.	deixar (algo para alguém)
362	留学生	liúxuéshēng	s.	aluno intercambista
363	流	liú	v.	1. fluir; correr; derramar (líquido) 2. vagar; deambular 3. transmitir-se; circular; propagar-se 4. tornar-se pior; degenerar 5. banir; exilar
364	流利	liúlì	adj.	fluente; com fluência
365	流行	liúxíng	v., adj.	<v.> espalhar-se; alastrar-se (como doença contagiosa) <adj.> popular; na moda; em voga

Nº	VOCÁBULO	PINYIN	CLASSE	TRADUÇÃO
366	路边	lù biān		meio-fio; guia (de rua)
367	旅客	lǚkè	s.	passageiro; viajante; hóspede
368	旅行	lǚxíng	v.	viajar; fazer uma viagem
369	旅游	lǚyóu	v.	viajar a lazer; fazer uma viagem a passeio
370	绿	lǜ	adj.	verde
371	绿色	lǜsè	s.	a cor verde; verde
372	卖	mài	v.	1. vender 2. ganhar o pão com; trabalhar com 3. trair (um amigo, a pátria etc.) 4. fazer todo o possível; não poupar esforços 5. ostentar; exibir; gabar-se
373	满	mǎn	adj.	1. cheio; repleto 2. inteiro; completo; todo 3. cheio de si; orgulhoso
374	满意	mǎnyì	v.	satisfazer-se; ficar satisfeito
375	猫	māo	s.	gato
376	米	mǐ	cl.	metro (unidade de medida)
377	面 [1]	miàn	s., cl.	<s.> 1. cara; rosto; semblante 2. superfície 3. lado; aspecto 4. fachada; fronte (de objeto ou local) 5. parte externa; capa <cl.> 1. classificador para encontros entre duas pessoas 2. classificador para objetos de superfície plana: paredes, espelhos etc.
378	面 [2]	miàn	s.	1. farinha de trigo 2. macarrão; massas 3. pó
379	面前	miànqián	s.	frente; diante; na presença de
380	名	míng	s., cl.	<s.> 1. nome; nome próprio 2. fama; reputação; renome <cl.> 1. classificador para pessoas em determinada posição ou identidade: alunos, professores, representantes, funcionários etc. 2. classificador para colocação; posição; lugar (em listas, competições etc.)
381	名称	míngchēng	s.	nome; denominação; designação
382	名单	míngdān	s.	lista de nomes
383	明星	míngxīng	s.	estrela; astro; celebridade
384	目的	mùdì	s.	objetivo; finalidade
385	拿出	náchū	v.	1. mostrar; exibir 2. pegar; tomar 3. tirar; retirar
386	拿到	nádào	v.	obter; conseguir (algo)
387	那	nà	conj.	então; nesse caso

序号 / Nº	词语 / VOCÁBULO	拼音 / PINYIN	词性 / CLASSE	译文 / TRADUÇÃO
388	那会儿	nàhuìr	*pron.*	naquele momento; nesse momento
389	那么	nàme	*pron.*	1. tão; tanto; como; daquela maneira 2. mais ou menos (estimativa)
390	那时候｜那时	nà shíhou ｜ nà shí		naquele momento; nesse momento
391	那样	nàyàng	*pron.*	tal; tão
392	南方	nánfāng	*s.*	1. sul 2. a região sul (de um país)
393	难过	nánguò	*adj.*	triste; penoso
394	难看	nánkàn	*adj.*	1. feio; desagradável à vista 2. vergonhoso; indecente
395	难受	nánshòu	*adj.*	1. indisposto; mal (de saúde) 2. triste; magoado
396	难题	nántí	*s.*	problema ou questão de difícil solução
397	难听	nántīng	*adj.*	1. soar mal; desagradável ao ouvido 2. grosseiro 3. indecoroso; escandaloso
398	能够	nénggòu	*v.*	1. poder; ser capaz de 2. poder; ter permissão de
399	年级	niánjí	*s.*	ano (letivo)
400	年轻	niánqīng	*adj.*	jovem; juvenil
401	鸟	niǎo	*s.*	pássaro
402	弄	nòng	*v.*	1. brincar com; divertir-se com 2. fazer 3. arranjar; conseguir (algo) 4. jogar; fazer truques
403	努力	nǔlì	*adj.*	esforçado; diligente
404	爬	pá	*v.*	1. rastejar; arrastar-se; engatinhar 2. subir; trepar 3. levantar-se com ajuda dos pés e das mãos
405	爬山	pá shān	*v.*	subir a montanha; praticar montanhismo; fazer trilha ou caminhada em área montanhosa
406	怕	pà	*v.*	1. temer; ter medo de 2. recear 3. não suportar; ter aversão a
407	排	pái	*s., cl.*	<s.> 1. fila; fileira 2. voleibol 3. jangada; balsa 4. pelotão <cl.> classificador para filas
408	排队	pái // duì	*v.*	enfileirar-se; fazer fila
409	排球	páiqiú	*s.*	voleibol

№ VOCÁBULO	PINYIN	CLASSE	TRADUÇÃO
410 碰	pèng	v.	1. chocar; tocar; bater 2. encontrar-se com alguém por acaso; topar com 3. tentar (a sorte) 4. ofender; contradizer
411 碰到	pèngdào	v.	chocar; tocar; bater
412 碰见	pèng // jiàn	v.	encontrar-se com alguém por acaso; topar com
413 篇	piān	cl.	classificador para folhas de papel, páginas de livro, artigo, redação etc.
414 便宜	piányi	adj., s.	<adj.> barato; a preço baixo <s.> vantagens pequenas; benefícios indevidos
415 片	piàn	cl.	classificador para fatias
416 漂亮	piàoliang	adj.	1. bonito; lindo 2. excelente; estupendo
417 平	píng	adj.	1. plano; liso; raso 2. nivelado; aplanado 3. justo; imparcial 4. sereno; calmo; tranquilo 5. comum; ordinário
418 平安	píng'ān	adj.	seguro; são e salvo; fora de perigo
419 平常	píngcháng	s., adj.	<s.> em tempos normais; normalmente <adj.> comum; ordinário
420 平等	píngděng	adj.	igual; do mesmo nível ou condição
421 平时	píngshí	s.	1. em tempos normais; normalmente 2. em tempo de paz
422 瓶	píng	s., cl.	<s.> garrafa; frasco <cl.> classificador para medida de líquido contida em uma garrafa
423 瓶子	píngzi	s.	garrafa; frasco
424 普通	pǔtōng	adj.	comum; ordinário
425 普通话	pǔtōnghuà	s.	mandarim (língua oficial da China)
426 其他	qítā	pron.	outro
427 其中	qízhōng	s.	no meio de; entre
428 骑	qí	v.	1. cavalgar; montar (animal) 2. andar de bicicleta, moto etc.
429 骑车	qí chē		andar de bicicleta ou moto
430 起飞	qǐfēi	v.	decolar; levantar voo
431 气	qì	v., s.	<v.> 1. zangar-se 2. irritar; aborrecer (outra pessoa) <s.> 1. gás 2. ar 3. alento; fôlego 4. cheiro 5. espírito; estado de ânimo 6. ares; maneiras; estilo 7. humilhação; vexação 8. energia vital (Medicina Tradicional Chinesa)

LISTA DE VOCABULÁRIO DO NÍVEL 2

Nº	VOCÁBULO	PINYIN	CLASSE	TRADUÇÃO
432	气温	qìwēn	s.	temperatura (atmosférica)
433	千	qiān	n.	1. mil; milhar 2. muitos; em grande número
434	千克	qiānkè	cl.	quilograma (kg)
435	前年	qiánnián	s.	ano retrasado
436	墙	qiáng	s.	parede; muro
437	青年	qīngnián	s.	juventude; jovem
438	青少年	qīng-shàonián	s.	adolescente; jovem
439	轻	qīng	adj.	1. leve (peso) 2. jovem; novo 3. ameno; tênue 4. suave; com pouca força 5. pouco importante; insignificante 6. leviano; imprudente 7. pouco (em quantidade, grau etc.)
440	清楚	qīngchu	adj.	1. claro; nítido 2. lúcido
441	晴	qíng	adj.	claro; limpo (céu)
442	晴天	qíngtiān	s.	céu limpo (sem nuvens); dia de sol
443	请客	qǐng // kè	v.	convidar alguém e pagar pela refeição ou entretenimento
444	请求	qǐngqiú	v., s.	<v.> pedir; solicitar <s.> pedido; solicitação
445	秋天	qiūtiān	s.	outono
446	求	qiú	v.	1. pedir; solicitar 2. procurar; tentar; esforçar-se para 3. requerer; demandar
447	球场	qiúchǎng	s.	quadra; campo (prática de esportes)
448	球队	qiúduì	s.	time; equipe (de esportes de bola)
449	球鞋	qiúxié	s.	tênis (calçado esportivo)
450	取	qǔ	v.	1. tirar; tomar 2. ganhar; obter; conseguir 3. escolher; selecionar
451	取得	qǔdé	v.	ganhar; adquirir; obter; conseguir; alcançar
452	全	quán	adv., adj.	<adv.> completamente; totalmente; inteiramente <adj.> todo; inteiro; completo
453	全部	quánbù	s.	todo; totalmente
454	全国	quánguó	s.	todo o país; o país inteiro
455	全家	quánjiā	s.	toda a família
456	全年	quánnián	s.	ano todo
457	全身	quánshēn	s.	corpo todo
458	全体	quántǐ	s.	conjunto; totalidade; todos

Nº	VOCÁBULO	PINYIN	CLASSE	TRADUÇÃO
459	然后	ránhòu	conj.	depois; a seguir; mais tarde
460	让	ràng	v., prep.	<v.> 1. ceder; deixar 2. convidar; oferecer 3. ceder; transferir <prep.> por (voz passiva)
461	热情	rèqíng	s., adj.	<s.> entusiasmo; zelo; ardor <adj.> entusiástico; cordial; efusivo; caloroso
462	人口	rénkǒu	s.	1. população; habitantes 2. membros da família
463	人们	rénmen	s.	pessoas; público; gente
464	人数	rénshù	s.	número de pessoas
465	认为	rènwéi	v.	crer; considerar; pensar
466	日报	rìbào	s.	jornal diário
467	日子	rìzi	s.	1. data; dia 2. tempo 3. vida
468	如果	rúguǒ	conj.	se; caso (condicional)
469	入口	rùkǒu	s.	entrada
470	商量	shāngliang	v.	discutir; consultar; deliberar
471	商人	shāngrén	s.	comerciante; negociante; homem de negócios
472	上周	shàng zhōu		semana passada
473	少数	shǎoshù	s.	pequeno número; poucos; minoria
474	少年	shàonián	s.	1. adolescência 2. adolescente; criança
475	身边	shēnbiān	s.	1. ao lado de (alguém) 2. ter à mão; ter ao alcance
476	什么样	shénmeyàng	pron.	que tipo; que; qual (interrogativo)
477	生	shēng	v.	1. dar à luz; parir 2. nascer 3. crescer 4. viver; subsistir 5. produzir; provocar; originar 6. acender (fogo)
478	生词	shēngcí	s.	vocabulário novo
479	生活	shēnghuó	s., v.	<s.> vida <v.> viver; subsistir; existir
480	声音	shēngyīn	s.	voz; som; ruído
481	省	shěng	s.	província
482	省	shěng	v.	1. economizar; poupar 2. omitir; suprimir; cortar
483	十分	shífēn	adv.	muito; extremamente; completamente
484	实际	shíjì	s., adj.	<s.> realidade <adj.> 1. real; verdadeiro; concreto 2. prático; realista
485	实习	shíxí	v., s.	<v.> estagiar; fazer estágio <s.> estágio

Nº	VOCÁBULO	PINYIN	CLASSE	TRADUÇÃO
486	实现	shíxiàn	v.	realizar; concretizar; efetuar
487	实在	shízài	adv.	realmente; de fato; deveras
488	实在	shízai	adj.	bem-feito; feito com cuidado
489	食物	shíwù	s.	comida; alimento
490	使用	shǐyòng	v.	usar; utilizar; empregar
491	市	shì	s.	1. mercado 2. cidade; município
492	市长	shìzhǎng	s.	prefeito
493	事情	shìqing	s.	1. assunto; negócio 2. acidente; erro 3. trabalho
494	收	shōu	v.	1. recolher; juntar; reunir 2. cobrar; arrecadar (dinheiro, impostos etc.) 3. colher; ceifar 4. receber; aceitar 5. ganhar; obter 6. admitir (funcionário) 7. terminar; acabar 8. prender; deter
495	收到	shōudào	v.	receber
496	收入	shōurù	v., s.	<v.> receber; incluir <s.> receita; rendimento; renda
497	手表	shǒubiǎo	s.	relógio de pulso
498	受到	shòudào	v.	receber; obter
499	舒服	shūfu	adj.	confortável; cômodo
500	熟	shú/shóu	adj.	1. maduro 2. cozido 3. elaborado; trabalhado 4. familiar; conhecido 5. bem treinado; experimentado 6. profundamente; a fundo
501	数	shǔ	v.	1. contar 2. enumerar; listar 3. distinguir-se entre; figurar entre
502	数字	shùzì	s.	1. número 2. dígito 3. quantidade
503	水平	shuǐpíng	s.	nível
504	顺利	shùnlì	adj.	favorável; sem dificuldade
505	说明	shuōmíng	v., s.	<v.> 1. explicar; esclarecer 2. mostrar; demonstrar <s.> explicação; esclarecimento
506	司机	sījī	s.	motorista
507	送到	sòngdào	v.	1. acompanhar (alguém até o destino ou até a saída) 2. enviar; entregar
508	送给	sòng gěi	v.	presentear; dar um presente para (alguém)

Nº	VOCÁBULO	PINYIN	CLASSE	TRADUÇÃO
509	算	suàn	v.	1. calcular; contar; computar 2. incluir; contar 3. planejar; programar 4. supor; presumir 5. considerar; julgar; tomar como 6. ser válido; ser pertinente 7. deixar estar; deixar para lá (seguido de 了)
510	虽然	suīrán	conj.	embora; mesmo que; ainda que
511	随便	suíbiàn	adj.	1. à vontade; descontraído 2. negligente; irrefletido
512	随时	suíshí	adv.	1. a qualquer momento 2. quando necessário
513	所以	suǒyǐ	conj.	por isso; portanto; por conseguinte
514	所有	suǒyǒu	adj.	todo(s)
515	它	tā	pron.	ele(a) (objetos, animais etc.)
516	它们	tāmen	pron.	eles(as) (objetos, animais etc.)
517	太太	tàitai	s.	1. senhora; dona 2. esposa
518	太阳	tài·yáng	s.	1. sol 2. luz solar
519	态度	tài·dù	s.	1. maneira; conduta; porte 2. atitude; posição
520	讨论	tǎolùn	v.	discutir; debater
521	套	tào	cl.	classificador para conjuntos ou coleções
522	特别	tèbié	adj., adv.	<adj.> especial; peculiar <adv.> especialmente; particularmente
523	特点	tèdiǎn	s.	característica; peculiaridade; particularidade; diferencial
524	疼	téng	v.	doer; sentir dor
525	提	tí	v.	1. carregar (na mão com o braço abaixado) 2. elevar; levantar; aumentar 3. apresentar; propor 4. tirar; retirar 5. intimar; convocar (para interrogatório) 6. falar de; mencionar; referir-se a 7. adiantar; antecipar
526	提出	tíchū	v.	propor; apresentar (desejo, ideia, sugestão etc.)
527	提到	tídào	v.	falar de; mencionar; referir-se a
528	提高	tí // gāo	v.	elevar; levantar; aumentar
529	题	tí	s.	1. título; tema; tópico 2. exercício; questão
530	体育	tǐyù	s.	1. educação física 2. esporte
531	体育场	tǐyùchǎng	s.	estádio
532	体育馆	tǐyùguǎn	s.	ginásio

序号 №	词语 VOCÁBULO	拼音 PINYIN	词性 CLASSE	译文 TRADUÇÃO
533	天上	tiānshàng	s.	no céu; no paraíso
534	条	tiáo	cl.	classificador para objetos ou animais longos como ruas, cordas, peixes, cobras, cães maiores etc.
535	条件	tiáojiàn	s.	1. condição; fator 2. critério; requisito 3. circunstância; situação
536	听讲	tīng // jiǎng		assistir; ouvir (uma palestra)
537	听说	tīngshuō	v.	ouvi dizer que; dizem que
538	停	tíng	v.	1. parar; cessar 2. ficar; permanecer 3. estacionar; ancorar
539	停车	tíng // chē	v.	1. parar veículo 2. estacionar veículo 3. parar de funcionar (máquina)
540	停车场	tíngchēchǎng	s.	estacionamento
541	挺	tǐng	adv.	muito
542	挺好	tǐng hǎo		muito bem; muito bom
543	通	tōng	v., adj.	<v.> 1. desobstruir; desentupir 2. conduzir a; levar a 3. comunicar; avisar; informar 4. conhecer; compreender; perceber <adj.> 1. desobstruído; transitável 2. coerente; lógico (texto) 3. comum; corrente 4. todo; inteiro
544	通过	tōngguò	prep., v.	<prep.> através de; por meio de; mediante a <v.> 1. atravessar; passar 2. aprovar; autorizar
545	通知	tōngzhī	v., s.	<v.> comunicar; informar; avisar <s.> comunicação; aviso; anúncio
546	同时	tóngshí	conj., s.	<conj.> além do mais <s.> ao mesmo tempo; simultaneamente
547	同事	tóngshì	s.	colega de trabalho
548	同样	tóngyàng	adj., conj.	<adj.> igual; mesmo <conj.> do mesmo modo
549	头	tóu	s., cl.	<s.> 1. cabeça 2. cabelo; penteado 3. extremidade 4. começo ou fim 5. resto; remanescente 6. chefe; líder 7. lado; aspecto <cl.> 1. classificador para bois, porcos etc.: cabeças de gado 2. classificador para objetos com formato semelhante ao da cabeça, como alhos, cebolas etc.

№ VOCÁBULO	词语	PINYIN	CLASSE	TRADUÇÃO
550	头（里头）	tou (lǐtou)	suf.	1. (forma substantivos) 2. (marca algumas palavras que indicam posição, como dentro, fora, acima, abaixo, frente e trás)
551	头发	tóufa	s.	cabelo
552	图片	túpiàn	s.	imagem; figura; fotografia
553	推	tuī	v.	1. empurrar; impulsar; impelir 2. moer; triturar 3. rapar; raspar (cabelos) 4. impulsionar; promover; fomentar 5. supor; presumir; deduzir; inferir 6. recusar por educação 7. alegar; desculpar-se com 8. adiar; postergar 9. estimar; apreciar; admirar 10. escolher; selecionar
554	腿	tuǐ	s.	1. perna 2. perna; pé (coisas com formato de perna, pé da mesa etc.) 3. presunto
555	外地	wàidì	s.	outro local; outra localidade
556	外卖	wàimài	s., v.	<s.> comida para levar; comida para viagem <v.> oferecer serviço de comida para viagem (delivery)
557	完	wán	v.	1. terminar; concluir 2. esgotar-se; acabar-se 3. pagar (impostos) 4. falhar; fracassar
558	完成	wán // chéng	v.	cumprir; concluir; levar a cabo
559	完全	wánquán	adj., adv.	<adj.> completo; inteiro <adv.> completamente; totalmente
560	晚安	wǎn'ān	v.	boa noite! (despedida)
561	晚报	wǎnbào	s.	jornal da tarde; jornal vespertino
562	晚餐	wǎncān	s.	o jantar
563	晚会	wǎnhuì	s.	festa
564	碗	wǎn	s.	tigela
565	万	wàn	n.	1. dez mil; dezena de milhar 2. grande número; miríade
566	网	wǎng	s.	1. rede 2. internet
567	网球	wǎngqiú	s.	tênis (esporte)
568	网站	wǎngzhàn	s.	website
569	往	wǎng	v., prep.	<v.> ir <prep.> a; para; em direção a
570	为	wèi	prep.	1. para; a 2. por; para (que); a fim de (que)
571	为什么	wèi shénme		por que (interrogativo)

Nº	VOCÁBULO	PINYIN	CLASSE	TRADUÇÃO
572	位	wèi	*cl.*	classificador para pessoas (honorífico)
573	味道	wèi·dào	*s.*	1. sabor; paladar 2. odor; aroma 3. gosto; interesse
574	喂	wèi	*int.*	alô
575	温度	wēndù	*s.*	temperatura
576	闻	wén	*v.*	1. ouvir 2. cheirar; sentir cheiro
577	问路	wènlù	*v.*	perguntar o caminho, a direção (algum lugar)
578	问题	wèntí	*s.*	1. pergunta 2. problema; questão; dúvida; assunto 3. ponto-chave; ponto principal 4. acidente; incidente
579	午餐	wǔcān	*s.*	almoço
580	午睡	wǔshuì	*s., v.*	\<s.\> sesta \<v.\> fazer a sesta; dormir depois do almoço
581	西北	xīběi	*s.*	noroeste
582	西餐	xīcān	*s.*	comida ocidental
583	西方	xīfāng	*s.*	1. oeste 2. a região oeste (de um país) 3. o Ocidente
584	西南	xīnán	*s.*	sudoeste
585	西医	xīyī	*s.*	1. medicina ocidental 2. médico de medicina ocidental
586	习惯	xíguàn	*s., v.*	\<s.\> hábito; costume \<v.\> habituar-se a; acostumar-se a
587	洗衣机	xǐyījī	*s.*	máquina de lavar roupa
588	洗澡	xǐ // zǎo	*v.*	tomar banho
589	下	xià	*cl.*	vez
590	下雪	xià xuě	*v.*	nevar
591	下周	xià zhōu		próxima semana
592	夏天	xiàtiān	*s.*	verão
593	相同	xiāngtóng	*adj.*	igual; idêntico; mesmo
594	相信	xiāngxìn	*v.*	acreditar em; crer em; confiar em
595	响	xiǎng	*adj.*	sonoro
596	想到	xiǎngdào	*v.*	1. pensar; levar em consideração 2. prever; pensar; imaginar
597	想法	xiǎng·fǎ	*s.*	ideia; opinião
598	想起	xiǎngqǐ	*v.*	lembrar-se de; vir à mente

Nº	VOCÁBULO	PINYIN	CLASSE	TRADUÇÃO
599	向	xiàng	prep., v.	<prep.> a; para (direção) <v.> 1. ser voltado para; ficar de frente para 2. tomar o partido de; ficar ao lado de
600	相机	xiàngjī	s.	câmera fotográfica
601	像	xiàng	v.	1. parecer-se com 2. parecer; aparentar
602	小（小王）	xiǎo (Xiǎo Wáng)	pref.	*xiao* (tratamento afetuoso dado a interlocutores mais jovens, usa-se antes do sobrenome, ex.: Xiao Wang)
603	小声	xiǎo shēng		voz baixa
604	小时候	xiǎoshíhou	s.	infância
605	小说	xiǎoshuō	s.	romance; novela (literatura)
606	小心	xiǎoxīn	adj., v.	<adj.> cuidadoso; cauteloso; prudente <v.> ter cuidado
607	小组	xiǎozǔ	s.	grupo pequeno
608	校园	xiàoyuán	s.	campus; recinto escolar
609	校长	xiàozhǎng	s.	diretor escolar; reitor universitário
610	笑话	xiàohua	v.	zombar de; ridicularizar
611	笑话儿	xiàohuar	s.	piada
612	鞋	xié	s.	sapato; calçado
613	心里	xīn·li	s.	1. o interior do peito 2. coração; mente; estado emocional
614	心情	xīnqíng	s.	humor; estado de ânimo
615	心中	xīnzhōng	s.	no coração; na mente
616	新闻	xīnwén	s.	1. notícia; informação 2. novidade
617	信	xìn	s.	1. carta; mensagem 2. informação 3. crédito; confiança 4. sinal; evidência
618	信号	xìnhào	s.	sinal
619	信息	xìnxī	s.	1. informação; mensagem; notícia 2. informação (tecnologia)
620	信心	xìnxīn	s.	confiança; fé
621	信用卡	xìnyòngkǎ	s.	cartão de crédito
622	星星	xīngxing	s.	estrela; astro; corpo celeste
623	行动	xíngdòng	v., s.	<v.> 1. mover-se; andar; caminhar 2. atuar; entrar em ação <s.> ato; ação; conduta
624	行人	xíngrén	s.	pedestre; transeunte

Nº	VOCÁBULO	PINYIN	CLASSE	TRADUÇÃO
625	行为	xíngwéi	s.	comportamento; conduta; ato; ação
626	姓	xìng	s., v.	<s.> sobrenome <v.> ter como sobrenome
627	姓名	xìngmíng	s.	nome completo; sobrenome e nome
628	休假	xiū // jià	v.	passar férias; estar de férias
629	许多	xǔduō	n.	muitos; numerosos
630	选	xuǎn	v.	1. escolher; selecionar 2. eleger
631	学期	xuéqī	s.	semestre escolar; período escolar
632	雪	xuě	s.	neve
633	颜色	yánsè	s.	cor
634	眼	yǎn	s., cl.	<s.> 1. olho 2. buraco; furo 3. ponto-chave <cl.> classificador para ações como olhadas, vislumbres etc.
635	眼睛	yǎnjing	s.	olho
636	养	yǎng	v.	1. sustentar; prover 2. criar; cultivar 3. dar à luz; parir 4. adotar 5. cultivar; adquirir (hábito etc.) 6. descansar; recuperar; curar 7. conservar; manter em bom estado 8. deixar crescer (barba, cabelo etc.)
637	样子	yàngzi	s.	1. forma; aspecto; aparência 2. expressão; ar 3. modelo; exemplo; padrão 4. situação; tendência
638	要求	yāoqiú	v., s.	<v.> demandar; exigir; pedir <s.> pedido; exigência; requisito
639	药	yào	s.	medicamento; remédio
640	药店	yàodiàn	s.	farmácia
641	药片	yàopiàn	s.	comprimido
642	药水	yàoshuǐ	s.	medicamento líquido; líquido medicinal
643	也许	yěxǔ	adv.	talvez
644	夜	yè	s.	noite
645	夜里	yè·lǐ	s.	à noite; de noite; durante a noite
646	一部分	yí bùfen		uma parte de; uma porção de
647	一定	yídìng	adj., adv.	<adj.> 1. fixo; determinado; definido 2. inalterável; inevitável 3. certo; específico 4. devido; adequado <adv.> certamente; com certeza; sem dúvida
648	一共	yígòng	adv.	no total

№ VOCÁBULO	PINYIN	CLASSE	TRADUÇÃO
649 一会儿	yíhuìr	adv.	1. daqui a pouco; em um momento 2. ora... ora...
650 一路平安	yílù-píng'ān		boa viagem!
651 一路顺风	yílù-shùnfēng		boa viagem!
652 已经	yǐjīng	adv.	já
653 以后	yǐhòu	s.	depois; mais tarde
654 以前	yǐqián	s.	antes; antigamente
655 以上	yǐshàng	s.	1. acima de; mais de; superior a (certo número) 2. (mencionado) acima
656 以外	yǐwài	s.	além disso; fora de
657 以为	yǐwéi	v.	crer; achar; julgar
658 以下	yǐxià	s.	1. abaixo de; menos de; inferior a (certo número) 2. a seguir
659 椅子	yǐzi	s.	cadeira
660 一般	yìbān	adj.	1. igual; mesmo 2. normal; comum
661 一点点	yì diǎndiǎn		um pouquinho
662 一生	yìshēng	s.	a vida toda
663 一直	yìzhí	adv.	1. sempre; o tempo todo 2. diretamente; direto
664 亿	yì	n.	cem milhões
665 意见	yì·jiàn	s.	1. opinião; ideia; sugestão 2. queixa; objeção
666 意思	yìsi	s.	1. significado; sentido; ideia 2. opinião; parecer 3. desejo; intenção 4. sinal de gratidão; demonstração de respeito; amostra de carinho 5. tendência; sinal; indício 6. interesse
667 因为	yīn·wèi	conj., prep.	<conj.> como <prep.> porque; por causa de
668 阴	yīn	adj.	1. nublado 2. sombreado 3. negativo (eletricidade) 4. implícito; oculto
669 阴天	yīntiān	s.	dia nublado
670 音节	yīnjié	s.	sílaba
671 音乐	yīnyuè	s.	música
672 音乐会	yīnyuèhuì	s.	concerto musical
673 银行	yínháng	s.	banco
674 银行卡	yínhángkǎ	s.	cartão de banco
675 应该	yīnggāi	v.	dever (verbo auxiliar)

Nº	VOCÁBULO	PINYIN	CLASSE	TRADUÇÃO
676	英文	Yīngwén	s.	língua inglesa
677	英语	Yīngyǔ	s.	língua inglesa
678	影片	yǐngpiàn	s.	filme
679	影响	yǐngxiǎng	v., s.	<v.> influenciar; afetar <s.> influência
680	永远	yǒngyuǎn	adv.	sempre; para sempre
681	油	yóu	s.	óleo; gordura
682	游客	yóukè	s.	turista; visitante
683	友好	yǒuhǎo	adj.	amigável; amistoso
684	有空儿	yǒukòngr	v.	ter tempo livre; estar livre
685	有人	yǒu rén		ter alguém; ter gente
686	有（一）点儿	yǒu(yì)diǎnr	adv.	um pouco (antes de adjetivo ou verbo que exprime atividade mental ou emocional)
687	有意思	yǒu yìsi	adj.	interessante; significativo
688	又	yòu	adv.	novamente; de novo
689	鱼	yú	s.	peixe
690	语言	yǔyán	s.	língua; idioma; linguagem
691	原来	yuánlái	adj., adv.	<adj.> original; inicial; antigo <adv.> 1. originalmente; inicialmente 2. então; na verdade
692	原因	yuányīn	s.	causa; motivo
693	院	yuàn	s.	1. pátio 2. instituição; instituto; faculdade 3. designação de certos estabelecimentos públicos (como hospitais etc.)
694	院长	yuànzhǎng	s.	diretor de hospital; diretor ou reitor de escola, faculdade ou instituto
695	院子	yuànzi	s.	pátio
696	愿意	yuànyì	v.	1. querer; desejar 2. estar disposto a; concordar em
697	月份	yuèfèn	s.	mês
698	月亮	yuèliang	s.	Lua
699	越	yuè	adv.	quanto... tanto...; cada vez mais
700	越来越	yuè lái yuè		cada vez mais
701	云	yún	s.	nuvem

Nº	VOCÁBULO	PINYIN	CLASSE	TRADUÇÃO
702	运动	yùndòng	v., s.	<v.> movimentar-se; exercitar-se <s.> 1. movimento 2. esporte 3. exercício físico 4. movimento; campanha (política, cultural etc.)
703	咱	zán	pron.	1. nós; a gente (incluindo o interlocutor) 2. eu
704	咱们	zánmen	pron.	1. nós; a gente (incluindo o interlocutor) 2. eu
705	脏	zāng	adj.	sujo; imundo
706	早餐	zǎocān	s.	café da manhã
707	早晨	zǎochen	s.	manhã; manhã cedo
708	早就	zǎo jiù		há muito tempo
709	怎么办	zěnme bàn		o que fazer?
710	怎么样	zěnmeyàng	pron.	como é/está (interrogativo)
711	怎样	zěnyàng	pron.	como é/está (interrogativo)
712	占	zhàn	v.	1. ocupar; apoderar-se de 2. ocupar; encontrar-se em
713	站	zhàn	v.	1. ficar de pé 2. parar
714	站住	zhàn // zhù	v.	1. parar; deter-se 2. manter-se em pé; ficar de pé 3. ser convincente; ficar firme
715	长	zhǎng	v.	1. crescer; criar; sair 2. crescer; desenvolver-se 3. aumentar
716	长大	zhǎngdà	v.	crescer
717	找出	zhǎochū	v.	descobrir
718	照顾	zhàogù	v.	1. cuidar de; tomar conta de (alguém) 2. demonstrar consideração; dar atenção a (alguém)
719	照片	zhàopiàn	s.	fotografia
720	照相	zhào // xiàng	v.	fotografar
721	这么	zhème	pron.	assim; deste modo; tanto; tão
722	这时候｜这时	zhè shíhou ｜ zhè shí		neste momento
723	这样	zhèyàng	pron.	assim; deste modo; de tal maneira
724	真正	zhēnzhèng	adj.	verdadeiro; autêntico
725	正常	zhèngcháng	adj.	normal; regular
726	正好	zhènghǎo	adj., adv.	<adj.> justo; preciso <adv.> por coincidência; por casualidade
727	正确	zhèngquè	adj.	certo; correto

Nº	VOCÁBULO	PINYIN	CLASSE	TRADUÇÃO
728	正是	zhèngshì	*v.*	ser exatamente; ser precisamente
729	直接	zhíjiē	*adj.*	direto; imediato
730	只	zhǐ	*adv.*	só; somente; apenas
731	只能	zhǐ néng		ser obrigado a; não ter alternativa a não ser
732	只要	zhǐyào	*conj.*	sempre que; desde que
733	纸	zhǐ	*s.*	papel
734	中餐	zhōngcān	*s.*	comida chinesa
735	中级	zhōngjí	*adj.*	nível intermediário
736	中年	zhōngnián	*s.*	meia-idade
737	中小学	zhōng-xiǎoxué	*s.*	escola primária e secundária (equivale ao Ensino Fundamental 1 e 2 e Ensino Médio)
738	中心	zhōngxīn	*s.*	centro; cerne; coração
739	中医	zhōngyī	*s.*	Medicina Tradicional Chinesa; médico da Medicina Tradicional Chinesa
740	重点	zhòngdiǎn	*s., adv.*	<s.> ponto principal <adv.> prioritariamente
741	重视	zhòngshì	*v.*	dar importância a; atentar para
742	周	zhōu	*s., cl.*	<s.> semana <cl.> semana
743	周末	zhōumò	*s.*	final de semana
744	周年	zhōunián	*s.*	aniversário (de fundação etc.)
745	主人	zhǔ·rén	*s.*	1. anfitrião 2. dono; senhor 3. proprietário; patrão
746	主要	zhǔyào	*adj.*	principal
747	住房	zhùfáng	*s.*	casa; habitação
748	住院	zhù // yuàn	*v.*	ser hospitalizado; ser internado
749	装	zhuāng	*v.*	1. pintar-se; enfeitar-se 2. disfarçar-se 3. fingir; dissimular 4. encadernar 5. carregar; encher 6. instalar (equipamento)
750	准确	zhǔnquè	*adj.*	exato; certo; preciso
751	自己	zìjǐ	*pron.*	próprio; mesmo
752	自行车	zìxíngchē	*s.*	bicicleta
753	自由	zìyóu	*s., adj.*	<s.> liberdade <adj.> livre; liberto
754	字典	zìdiǎn	*s.*	dicionário
755	走过	zǒuguò	*v.*	passar por (lugar)
756	走进	zǒujìn	*v.*	entrar em (lugar)

序号 Nº	词语 VOCÁBULO	拼音 PINYIN	词性 CLASSE	译文 TRADUÇÃO
757	走开	zǒukāi	v.	ir embora
758	租	zū	v.	alugar
759	组	zǔ	v., s.	<v.> organizar <s.> grupo
760	组成	zǔchéng	v.	formar; compor; constituir
761	组长	zǔzhǎng	s.	líder de grupo
762	嘴	zuǐ	s.	boca
763	最近	zuìjìn	s.	recentemente; ultimamente
764	作家	zuòjiā	s.	escritor
765	作文	zuòwén	s.	redação; composição escrita
766	作业	zuòyè	s.	1. lição de casa; tarefa escolar 2. trabalho; operação (militar)
767	作用	zuòyòng	s.	1. ação; função 2. efeito; influência 3. intenção; motivo
768	座	zuò	cl.	classificador para objetos imóveis, como montanhas, edifícios, pontes etc.
769	座位	zuò·wèi	s.	lugar; assento
770	做到	zuòdào	v.	realizar; alcançar
771	做法	zuò·fǎ	s.	modo de fazer
772	做饭	zuò // fàn	v.	cozinhar; fazer comida

6.3 三级词汇表 | Lista de Vocabulário do Nível 3

序号 / Nº	词语 / VOCÁBULO	拼音 / PINYIN	词性 / CLASSE	译文 / TRADUÇÃO
1	爱心	àixīn	s.	amor; afeto; carinho
2	安排	ānpái	v., s.	<v.> organizar; planejar; dispor; programar <s.> organização; plano; disposição; programação
3	安装	ānzhuāng	v.	instalar; montar
4	按	àn	v., prep.	<v.> 1. apertar; pressionar (usando a mão ou os dedos) 2. adicionar notas ou comentários (do autor ou editor) 3. restringir; controlar <prep.> conforme; de acordo com; segundo
5	按照	ànzhào	prep.	conforme; de acordo com; segundo
6	把	bǎ	prep.	(introduz um objeto antes do verbo)
7	把	bǎ	cl.	1. classificador para quantidades contidas em uma mão: um punhado de arroz etc. 2. classificador para objetos com cabo, alça etc., como faca, escova de dentes, cadeira etc. 3. classificador para certas ideias abstratas, como força, energia etc.
8	把握	bǎwò	v., s.	<v.> 1. agarrar; segurar; tomar; empunhar 2. capturar; captar (coisas abstratas) <s.> segurança; certeza; confiança
9	白	bái	adv.	1. inutilmente; em vão; à toa 2. gratuitamente; grátis
10	白菜	báicài	s.	acelga chinesa
11	班级	bānjí	s.	turma; classe
12	搬	bān	v.	1. deslocar; remover; transportar 2. mudar de lugar; mudar-se 3. copiar ou usar indiscriminadamente
13	搬家	bān // jiā	v.	mudar de casa
14	板	bǎn	s.	tábua; chapa; placa; prancha
15	办理	bànlǐ	v.	tratar de (assunto, negócio etc.)
16	保	bǎo	v.	1. criar; educar 2. defender; proteger 3. conservar; manter 4. garantir 5. afiançar
17	保安	bǎo'ān	s.	guarda; segurança; vigia

序号 Nº	词语 VOCÁBULO	拼音 PINYIN	词性 CLASSE	译文 TRADUÇÃO
18	保持	bǎochí	v.	manter; conservar; preservar (estado ou condição)
19	保存	bǎocún	v.	1. conservar; preservar (a existência) 2. salvar (um arquivo no computador)
20	保护	bǎohù	v.	proteger; defender
21	保留	bǎoliú	v.	1. conservar; manter (o estado original) 2. reservar; reter
22	保险	bǎoxiǎn	adj., s.	<adj.> confiável; seguro; salvo <s.> 1. seguro (seguradora) 2. trava de segurança
23	保证	bǎozhèng	v., s.	<v.> garantir; assegurar <s.> garantia
24	报	bào	s.	1. jornal; gazeta; periódico 2. revista; magazine 3. boletim; relatório; informe 4. telegrama
25	报到	bào // dào	v.	apresentar-se; comparecer
26	报道	bàodào	v., s.	<v.> informar; noticiar <s.> reportagem
27	报告	bàogào	v., s.	<v.> informar; dar conhecimento a; reportar <s.> 1. pedido; solicitação 2. relatório; informe 3. comunicação; discurso
28	背	bēi	v.	1. levar nas costas 2. assumir
29	北部	běibù	s.	região norte
30	背	bèi	s.	costas
31	背后	bèihòu	s.	1. atrás de; detrás de 2. pelas costas; às escondidas
32	被	bèi	prep.	por (indica a voz passiva, introduz o agente da ação, ou a ação, se o agente estiver omitido)
33	被子	bèizi	s.	cobertor; edredom
34	本来	běnlái	adj., adv.	<adj.> original <adv.> 1. originalmente; em princípio 2. naturalmente
35	本领	běnlǐng	s.	habilidade; aptidão
36	本事	běnshi	s.	1. habilidade; aptidão; capacidade 2. história original (base para a criação de uma obra de ficção)

序号 Nº	词语 VOCÁBULO	拼音 PINYIN	词性 CLASSE	译文 TRADUÇÃO
37	比较	bǐjiào	adv., v.	<adv.> comparativamente; relativamente <v.> comparar; contrastar
38	比例	bǐlì	s.	1. proporção 2. escala
39	比赛	bǐsài	v., s.	<v.> competir <s.> competição; jogo
40	必然	bìrán	adj.	inevitável; inelutável
41	必要	bìyào	adj., s.	<adj.> indispensável; imprescindível; necessário <s.> necessidade
42	变化	biànhuà	v., s.	<v.> mudar; variar <s.> mudança; variação
43	变为	biànwéi	v.	tornar-se; transformar-se
44	标题	biāotí	s.	título
45	标准	biāozhǔn	s., adj.	<s.> 1. critério; norma 2. padrão; modelo <adj.> padronizado; normatizado
46	表达	biǎodá	v.	exprimir; expressar; manifestar
47	表格	biǎogé	s.	formulário; planilha
48	表面	biǎomiàn	s.	1. superfície 2. aparência; aspecto; exterioridade
49	表明	biǎomíng	v.	dar a conhecer; deixar claro
50	表现	biǎoxiàn	v., s.	<v.> 1. manifestar; revelar; mostrar 2. exibir-se; ostentar-se <s.> comportamento; conduta
51	表演	biǎoyǎn	v., s.	<v.> 1. interpretar; representar 2. mostrar; demonstrar 3. fingir; simular <s.> performance; apresentação
52	并	bìng	adv., conj.	<adv.> 1. lado a lado; junto 2. simultaneamente; ao mesmo tempo 3. nada; de modo algum (antes de negativa) <conj.> 1. e 2. além disso; também
53	并且	bìngqiě	conj.	1. e 2. além disso; também
54	播出	bōchū	v.	transmitir; ir ao ar; estar no ar
55	播放	bōfàng	v.	transmitir; ir ao ar; estar no ar; televisionar
56	不必	búbì	adv.	não necessariamente; não precisar
57	不断	búduàn	v., adv.	<v.> continuar <adv.> continuamente; constantemente
58	不论	búlùn	conj.	seja qual for; qualquer

Nº	VOCÁBULO	PINYIN	CLASSE	TRADUÇÃO
59	补	bǔ	v.	1. remendar; reparar; consertar 2. acrescentar; complementar 3. nutrir; tonificar
60	补充	bǔchōng	v., s.	<v.> 1. acrescentar; completar; suprir 2. complementar; suplementar <s.> suplemento; complemento
61	不安	bù'ān	adj.	1. inquieto; perturbado; impaciente 2. instável; intranquilo; não pacífico
62	不得不	bùdébù		não ter outra alternativa a não ser; só poder
63	不光	bùguāng	adv., conj.	<adv.> não somente <conj.> não só
64	不仅	bùjǐn	conj.	não só; não somente
65	布	bù	s.	pano; tecido
66	步	bù	s., cl.	<s.> 1. passo 2. fase; etapa 3. estado; situação; condição <cl.> antiga unidade de medida equivalente a cerca de 1,5 m
67	部	bù	s., cl.	<s.> 1. parte 2. ministério; departamento; seção 3. sede; quartel-general 4. exército; tropa; forças armadas 5. comando 6. categoria; classe; tipo <cl.> 1. classificador para livros, filmes etc. 2. classificador para certos equipamentos e veículos
68	部门	bùmén	s.	departamento; seção; repartição; setor
69	部长	bùzhǎng	s.	1. ministro 2. chefe de departamento
70	才能	cáinéng	s.	habilidade; talento; capacidade
71	采取	cǎiqǔ	v.	adotar; assumir; tomar (medidas)
72	采用	cǎiyòng	v.	adotar; usar; empregar
73	彩色	cǎisè	s.	cor; coloração
74	曾经	céngjīng	adv.	outrora; já (passado distante)
75	产生	chǎnshēng	v.	1. causar; engendrar 2. surgir; resultar; nascer
76	长城	chángchéng	s.	Grande Muralha
77	长处	chángchù	s.	ponto forte; força
78	长期	chángqī	s.	por muito tempo; de longo período; a longo prazo

LISTA DE VOCABULÁRIO DO NÍVEL 3

Nº	VOCÁBULO	PINYIN	CLASSE	TRADUÇÃO
79	厂	chǎng	s.	fábrica; indústria
80	场合	chǎnghé	s.	ocasião; caso; circunstância
81	场所	chǎngsuǒ	s.	lugar; local
82	超级	chāojí	adj.	super
83	朝	cháo	prep., v.	<prep.> em direção a; voltado para <v.> 1. virar-se para (uma direção) 2. ter audiência (com soberano) 3. peregrinar (a um templo ou local sagrado)
84	吵	chǎo	adj., v.	<adj.> barulhento; ruidoso <v.> 1. fazer barulho 2. brigar; discutir
85	吵架	chǎo // jià	v.	brigar; discutir
86	衬衫	chènshān	s.	camisa
87	衬衣	chènyī	s.	camisa; camiseta; blusa
88	称为	chēngwéi		ser chamado de
89	成功	chénggōng	v., adj.	<v.> ter êxito; ter sucesso <adj.> exitoso; bem-sucedido
90	成果	chéngguǒ	s.	fruto; produto; resultado
91	成就	chéngjiù	s., v.	<s.> êxito; sucesso; façanha <v.> concluir
92	成立	chénglì	v.	1. fundar; estabelecer 2. sustentar-se; ficar de pé
93	成熟	chéngshú	adj.	maduro; amadurecido
94	成员	chéngyuán	s.	membro
95	成长	chéngzhǎng	v.	crescer
96	城	chéng	s.	1. muralha da cidade 2. cidade
97	城市	chéngshì	s.	cidade
98	程度	chéngdù	s.	nível; grau
99	持续	chíxù	v.	durar; perseverar
100	充满	chōngmǎn	v.	1. encher-se de; estar cheio de 2. estar imbuído de; estar impregnado de
101	重	chóng	adv.	de novo; outra vez
102	初	chū	adv.	no começo de; no princípio de
103	初（初一）	chū (chūyī)	pref.	primeiro (primeiro dia do mês lunar)
104	初步	chūbù	adj.	inicial; preliminar

Nº	VOCÁBULO	PINYIN	CLASSE	TRADUÇÃO
105	初级	chūjí	*adj.*	nível iniciante
106	初中	chūzhōng	*s.*	escola secundária (equivale ao Ensino Fundamental 2)
107	除了	chúle	*prep.*	1. exceto; com exceção de 2. além de 3. ou... ou...
108	处理	chǔlǐ	*v., s.*	<v.> 1. tratar; lidar 2. processar de forma especial 3. vender a preço baixo; liquidar 4. punir; penalizar <s.> liquidação
109	传	chuán	*v.*	1. passar; transmitir; legar 2. ensinar 3. difundir; divulgar 4. transmitir; conduzir 5. expressar; exprimir 6. citar; chamar; fazer vir 7. infectar; contagiar
110	传播	chuánbō	*v.*	divulgar; difundir; propagar
111	传来	chuánlái		chegar; vir (notícia, informação etc.)
112	传说	chuánshuō	*v., s.*	<v.> ser dito que; ser transmitido (de boca a boca) <s.> lenda; tradição
113	创新	chuàngxīn	*v., s.*	<v.> inovar; criar; formular novas ideias <s.> inovação
114	创业	chuàngyè	*v.*	empreender; fundar uma empresa
115	创造	chuàngzào	*v., s.*	<v.> criar; inventar <s.> criação; invenção
116	创作	chuàngzuò	*v., s.*	<v.> criar; produzir <s.> criação; obra
117	从来	cónglái	*adv.*	sempre; nunca
118	从前	cóngqián	*s.*	antes; antigamente
119	从事	cóngshì	*v.*	1. dedicar-se a 2. tratar de
120	村	cūn	*s.*	aldeia; povoado
121	存	cún	*v.*	1. existir; viver; sobreviver 2. armazenar; guardar; conservar 3. depositar no banco 4. deixar aos cuidados de 5. reservar; reter; conservar 6. ficar em balanço; deixar saldo 7. abrigar; nutrir; manter
122	存在	cúnzài	*v.*	existir; subsistir
123	错误	cuòwù	*adj., s.*	<adj.> errado; equivocado <s.> erro; equívoco
124	达到	dá // dào	*v.*	alcançar; obter
125	打破	dǎ // pò	*v.*	1. partir-se; quebrar-se 2. romper; quebrar

LISTA DE VOCABULÁRIO DO NÍVEL 3

序号 Nº	词语 VOCÁBULO	拼音 PINYIN	词性 CLASSE	译文 TRADUÇÃO
126	打听	dǎting	v.	procurar saber; indagar; informar-se
127	大概	dàgài	adj., adv.	<adj.> geral; aproximado; mais ou menos <adv.> aproximadamente; provavelmente; talvez
128	大使馆	dàshǐguǎn	s.	embaixada
129	大约	dàyuē	adv.	1. mais ou menos; aproximadamente; por volta de 2. muito provavelmente; possivelmente
130	大夫	dàifu	s.	doutor; médico
131	代	dài	v., s.	<v.> 1. substituir; fazer as vezes de 2. assumir interinamente o cargo 3. atuar como agente; ser procurador <s.> 1. época; período; idade (história) 2. geração 3. era 4. dinastia
132	代表	dàibiǎo	s., v.	<s.> representante <v.> representar
133	代表团	dàibiǎotuán	s.	delegação
134	带动	dàidòng	v.	1. mover; dar movimento a 2. promover; impulsionar
135	带领	dàilǐng	v.	conduzir; guiar; dirigir
136	单元	dānyuán	s.	unidade
137	当初	dāngchū	s.	antigamente; naquela altura; no princípio
138	当地	dāngdì	s.	no lugar (mencionado); local; localidade
139	当然	dāngrán	adj., adv.	<adj.> natural; de direito <adv.> claro; naturalmente; logicamente
140	当中	dāngzhōng	s.	no centro de; no meio de
141	刀	dāo	s.	1. faca 2. objeto com formato de faca
142	导演	dǎoyǎn	v., s.	<v.> 1. dirigir; realizar (filme, peça teatral etc.) <s.> diretor (de cinema, peça teatral etc.)
143	到达	dàodá	v.	chegar a; alcançar
144	到底	dàodǐ	adv.	1. afinal; finalmente; enfim 2. é que (ênfase) 3. apesar de tudo; no final das contas
145	得分	défēn	v., s.	<v.> pontuar; marcar ponto <s.> ponto
146	等待	děngdài	v.	aguardar; esperar
147	底下	dǐxia	s.	1. debaixo de; embaixo de 2. seguinte; depois

Nº	VOCÁBULO	PINYIN	CLASSE	TRADUÇÃO
148	地区	dìqū	s.	zona; região; bairro
149	电视剧	diànshìjù	s.	seriado; série de TV; telenovela
150	电视台	diànshìtái	s.	emissora de televisão
151	电台	diàntái	s.	1. transmissor/receptor 2. emissora de radiodifusão
152	电子邮件	diànzǐ yóujiàn		e-mail
153	调	diào	v.	1. mudar; transferir 2. investigar
154	调查	diàochá	v., s.	<v.> investigar; pesquisar <s.> pesquisa
155	订	dìng	v.	1. fechar (acordo, contrato etc.) 2. encomendar; assinar (revista, jornal etc.); reservar (hotel, restaurante etc.) 3. corrigir; revisar 4. encadernar; grampear
156	定期	dìngqī	v., adj.	<v.> fixar data <adj.> periódico; com prazo fixo
157	东部	dōngbù	s.	região leste
158	动力	dònglì	s.	força motriz; ímpeto
159	动人	dòngrén	adj.	comovente
160	读者	dúzhě	s.	leitor
161	短处	duǎnchù	s.	defeito; ponto fraco
162	短裤	duǎnkù	s.	bermuda
163	短期	duǎnqī	s.	período curto; de curta duração; a curto prazo
164	断	duàn	v.	1. quebrar-se; romper; cortar 2. deixar de; abster-se de 3. interceptar 4. julgar; decidir
165	队员	duìyuán	s.	membro da equipe; membro do time
166	对待	duìdài	v.	tratar
167	对方	duìfāng	s.	a outra parte envolvida numa interação (negociação, discussão, acordo, jogo etc.); contraparte; oponente; interlocutor
168	对手	duìshǒu	s.	1. rival; adversário 2. igual; par
169	对象	duìxiàng	s.	1. objeto; alvo 2. namorado(a)
170	顿	dùn	cl.	classificador para refeições, broncas, surras etc.
171	发表	fābiǎo	v.	1. exprimir; expressar; manifestar 2. publicar (em jornal, revista etc.)

Nº	VOCÁBULO	PINYIN	CLASSE	TRADUÇÃO
172	发出	fāchū	v.	1. emitir; gerar (som, luz, sinal, odor etc.) 2. enviar; encaminhar (correspondência, encomenda etc.) 3. partir; sair (por meio de transporte) 4. divulgar; publicar (informação, ordem etc.)
173	发达	fādá	adj.	desenvolvido; próspero
174	发动	fādòng	v.	1. desencadear 2. mobilizar 3. arrancar; movimentar
175	发明	fāmíng	v., s.	<v.> inventar <s.> invenção; invento
176	发生	fāshēng	v.	ocorrer; acontecer
177	发送	fāsòng	v.	1. transmitir (por meio eletrônico) 2. enviar; despachar (correspondência, encomenda etc.)
178	发言	fāyán	v., s.	<v.> discursar <s.> discurso
179	发展	fāzhǎn	v., s.	<v.> 1. desenvolver(-se) 2. recrutar; admitir <s.> desenvolvimento
180	反对	fǎnduì	v.	opor-se a; ser contra
181	反复	fǎnfù	adv., s.	<adv.> repetidamente; repetidas vezes <s.> inversão
182	反应	fǎnyìng	v., s.	<v.> reagir; responder <s.> reação; reflexo
183	反正	fǎn·zhèng	adv.	de qualquer maneira; de qualquer modo
184	范围	fànwéi	s.	esfera; âmbito; escopo
185	方式	fāngshì	s.	modo; maneira; forma
186	防	fáng	v.	1. precaver-se; acautelar-se 2. defender
187	防止	fángzhǐ	v.	evitar; prevenir
188	房东	fángdōng	s.	proprietário; senhorio; dono da casa
189	房屋	fángwū	s.	casa
190	房租	fángzū	s.	aluguel da casa
191	访问	fǎngwèn	v.	visitar; fazer uma visita
192	放到	fàngdào	v.	colocar em; pôr em (algum lugar)
193	飞行	fēixíng	v.	voar
194	费	fèi	v., s.	<v.> gastar; custar <s.> gasto; custo
195	费用	fèiyong	s.	gasto; despesa

Nº	VOCÁBULO	PINYIN	CLASSE	TRADUÇÃO
196	分别	fēnbié	v., adv.	<v.> 1. separar-se 2. distinguir; diferenciar <adv.> respectivamente; separadamente
197	分配	fēnpèi	v.	1. distribuir; repartir 2. destinar; designar
198	分组	fēn zǔ	v.	dividir em grupo; agrupar
199	丰富	fēngfù	adj.	rico; abundante
200	风险	fēngxiǎn	s.	risco; perigo
201	否定	fǒudìng	v., adj.	<v.> negar <adj.> negativo
202	否认	fǒurèn	v.	negar
203	服装	fúzhuāng	s.	vestuário; traje
204	福	fú	s.	felicidade
205	父母	fùmǔ	s.	pai e mãe; pais
206	父亲	fù·qīn	s.	pai
207	付	fù	v.	1. entregar; dar; submeter 2. pagar
208	负责	fùzé	v., adj.	<v.> ser responsável por <adj.> responsável; cuidadoso
209	复印	fùyìn	v.	fotocopiar; xerocar
210	复杂	fùzá	adj.	complicado; complexo
211	富	fù	adj.	rico; abundante
212	改进	gǎijìn	v.	melhorar; aperfeiçoar
213	改造	gǎizào	v.	transformar; remodelar
214	概念	gàiniàn	s.	noção; ideia; conceito
215	赶	gǎn	v.	1. alcançar 2. apressar; acelerar 3. dirigir; conduzir; guiar 4. expulsar; afugentar; espantar 5. encontrar (por acaso); deparar-se com
216	赶到	gǎndào	v.	apressar-se para; chegar a tempo de
217	赶紧	gǎnjǐn	adv.	depressa; sem demora
218	赶快	gǎnkuài	adv.	depressa; imediatamente
219	敢	gǎn	v.	1. ousar; atrever-se; ter coragem 2. ter certeza
220	感冒	gǎnmào	s., v.	<s.> gripe; resfriado <v.> gripar; ficar resfriado
221	感情	gǎnqíng	s.	1. sentimento 2. afeto; amor; paixão

LISTA DE VOCABULÁRIO DO NÍVEL 3

Nº	VOCÁBULO	PINYIN	CLASSE	TRADUÇÃO
222	感受	gǎnshòu	s., v.	<s.> sentimento; experiência; impressão <v.> 1. sentir; experimentar 2. ser afetado por
223	干吗	gànmá	pron., v.	<pron.> por que; para que (interrogativo) <v.> o que está fazendo?
224	高速	gāosù	adj.	rápido; veloz
225	高速公路	gāosù gōnglù		estrada; rodovia
226	告别	gào // bié	v.	1. despedir-se; dizer adeus 2. partir; ir embora
227	歌迷	gēmí	s.	fã de um(a) cantor(a)
228	歌声	gēshēng	s.	canto
229	歌手	gēshǒu	s.	cantor(a)
230	个人	gèrén	s.	indivíduo
231	个性	gèxìng	s.	individualidade; personalidade
232	各	gè	pron., adv.	<pron.> todo; cada <adv.> cada um
233	各地	gèdì	s.	vários locais; vários lugares
234	各位	gèwèi	pron.	todos vocês; todos os presentes (tratamento honorífico)
235	各种	gèzhǒng	pron.	todos os tipos
236	各自	gèzì	pron.	cada um; respectivo
237	根本	gēnběn	adv., adj., s.	<adv.> 1. absolutamente; nunca; em tempo algum 2. radicalmente; pela raiz; completamente <adj.> básico; fundamental; essencial <s.> raiz; origem; essência
238	更加	gèngjiā	adv.	mais; ainda mais
239	工厂	gōngchǎng	s.	fábrica
240	工程师	gōngchéngshī	s.	engenheiro
241	工夫	gōngfu	s.	1. tempo gasto 2. tempo livre
242	工具	gōngjù	s.	ferramenta; instrumento; meio
243	工业	gōngyè	s.	indústria
244	工资	gōngzī	s.	salário; remuneração
245	公布	gōngbù	v.	publicar; promulgar
246	公共	gōnggòng	adj.	público; comum

№	VOCÁBULO	PINYIN	CLASSE	TRADUÇÃO
247	公开	gōngkāi	*adj., v.*	\<adj.\> aberto; público \<v.\> tornar público; revelar
248	公民	gōngmín	*s.*	cidadão
249	公务员	gōngwùyuán	*s.*	funcionário público
250	功夫	gōngfu	*s.*	1. habilidade; técnica 2. *kung fu* (arte marcial)
251	功课	gōngkè	*s.*	trabalho escolar; tarefa de casa
252	功能	gōngnéng	*s.*	função
253	共同	gòngtóng	*adj.*	comum; conjunto
254	共有	gòngyǒu	*v.*	possuir em conjunto; compartilhar
255	姑娘	gūniang	*s.*	1. moça; menina 2. filha
256	古	gǔ	*adj.*	1. antigo 2. simples; puro; sincero
257	古代	gǔdài	*s.*	tempos antigos; antiguidade
258	故乡	gùxiāng	*s.*	terra natal
259	挂	guà	*v.*	1. pendurar 2. ligar; desligar (ligação telefônica) 3. enganchar; prender 4. registrar-se; inscrever-se 5. preocupar-se com 6. trazer no semblante; aparentar 7. deixar de lado; pôr à parte
260	关系	guān·xì	*s., v.*	\<s.\> 1. relação; conexão; relacionamento 2. importância; relevância 3. causa; motivo; razão 4. referência; credencial \<v.\> concernir; dizer respeito a; importar a
261	关注	guānzhù	*v.*	1. acompanhar com atenção; dar importância a 2. seguir (na rede social)
262	观察	guānchá	*v.*	observar
263	观看	guānkàn	*v.*	ver; assistir a; presenciar
264	观念	guānniàn	*s.*	conceito; ideia
265	观众	guānzhòng	*s.*	público; espectadores; audiência
266	管	guǎn	*v.*	1. estar encarregado de; ser responsável por 2. educar; disciplinar 3. interferir; intervir
267	管理	guǎnlǐ	*v.*	1. administrar; gerenciar 2. tomar conta de; cuidar de

序号 Nº	词语 VOCÁBULO	拼音 PINYIN	词性 CLASSE	译文 TRADUÇÃO
268	光	guāng	adv., s., adj.	<adv.> apenas; somente; unicamente <s.> 1. luz; raio 2. brilho; esplendor 3. tempo 4. vista; cenário 5. benefício; vantagem <adj.> 1. brilhante; claro; luminoso 2. liso; polido 3. consumido; acabado
269	光明	guāngmíng	adj., s.	<adj.> 1. claro; luminoso 2. promissor; brilhante 3. franco; aberto <s.> luz
270	广播	guǎngbō	v., s.	<v.> transmitir; estar no ar <s.> transmissão; difusão (de programa em rádio)
271	广大	guǎngdà	adj.	1. vasto; extenso 2. em grande escala 3. numeroso
272	规定	guīdìng	v., s.	<v.> determinar; estipular; fixar <s.> estipulação; determinação
273	规范	guīfàn	adj., s., v.	<adj.> padronizado; normatizado <s.> norma; padrão; critério; especificação <v.> padronizar; normatizar
274	国内	guó nèi		doméstico; no país (em oposição a "no exterior")
275	国庆	guóqìng	s.	data nacional
276	果然	guǒrán	adv.	de fato; realmente
277	果汁	guǒzhī	s.	suco de fruta
278	过程	guòchéng	s.	processo; decurso
279	过去	guòqù	s.	passado; antes; antigamente
280	哈哈	hāhā	onom.	haha (risada)
281	海关	hǎiguān	s.	alfândega; aduana
282	害怕	hài // pà	v.	temer; ter medo de
283	行	háng	cl.	classificador para fileiras, linhas (de texto)
284	好好	hǎohǎo	adj., adv.	<adj.> bom; certo; adequado <adv.> bem; direito; cuidadosamente
285	好奇	hàoqí	adj.	(ser ou estar) curioso; ter curiosidade
286	合	hé	v.	1. fechar 2. unir; juntar 3. corresponder 4. totalizar
287	合法	héfǎ	adj.	legal; legítimo
288	合格	hégé	adj.	qualificado; habilitado; competente
289	合理	hélǐ	adj.	razoável; racional; justo

Nº	VOCÁBULO	PINYIN	CLASSE	TRADUÇÃO
290	合作	hézuò	v.	cooperar; colaborar
291	和平	hépíng	s.	paz
292	红茶	hóngchá	s.	chá preto
293	红酒	hóngjiǔ	s.	vinho tinto
294	后果	hòuguǒ	s.	consequência
295	后面	hòumiàn	s.	1. trás; atrás 2. mais tarde
296	后年	hòunián	s.	o ano depois do próximo
297	互联网	hùliánwǎng	s.	internet
298	互相	hùxiāng	adv.	reciprocamente; mutuamente; um ao outro
299	划船	huáchuán	v.	remar
300	华人	huárén	s.	pessoa de nacionalidade ou de origem chinesa
301	化（现代化）	huà (xiàndàihuà)	suf.	-izar; -ização (modernização)
302	话剧	huàjù	s.	peça teatral
303	话题	huàtí	s.	tema de conversação
304	欢乐	huānlè	adj.	alegre; jubiloso
305	环	huán	s.	1. anel; argola; aro 2. entorno 3. segmento
306	环保	huánbǎo	s., adj.	<s.> proteção ambiental <adj.> ecológico; sustentável
307	环境	huánjìng	s.	ambiente; meio ambiente
308	会议	huìyì	s.	1. reunião; seminário; conferência 2. conselho
309	会员	huìyuán	s.	membro
310	活	huó	adj., v.	<adj.> 1. vivo 2. vívido; ativo 3. móvel; em movimento <v.> 1. viver 2. salvar vida
311	火	huǒ	s.	1. fogo; lume; chama 2. arma de fogo 3. calor interno (causa de inflamação e outras doenças segundo a medicina tradicional chinesa) 4. ira; fúria
312	机器	jī·qì	s.	máquina; aparelho
313	积极	jījí	adj.	1. positivo 2. ativo; dinâmico
314	基本	jīběn	adj.	1. básico; fundamental 2. principal; essencial; elementar

Nº	VOCÁBULO	PINYIN	CLASSE	TRADUÇÃO
315	基本上	jīběn·shàng	*adv.*	1. principalmente 2. basicamente; fundamentalmente
316	基础	jīchǔ	*s.*	base; fundamento; alicerce
317	及时	jíshí	*adj.*	oportuno; a tempo
318	…极了	…jí le		extremamente; excessivamente
319	集体	jítǐ	*s.*	coletividade; comunidade
320	集中	jízhōng	*v., adj.*	<v.> concentrar <adj.> concentrado
321	计算	jìsuàn	*v.*	1. contar; calcular; computar 2. considerar; projetar; planejar 3. conspirar
322	记录	jìlù	*s., v.*	<s.> 1. nota; apontamento 2. anotador; comentador 3. recorde <v.> 1. anotar; tomar nota
323	记者	jìzhě	*s.*	jornalista; repórter
324	纪录	jìlù	*s.*	recorde
325	纪念	jìniàn	*v., s.*	<v.> comemorar; homenagear <s.> 1. comemoração 2. lembrança; recordação; souvenir
326	技术	jìshù	*s.*	1. técnica 2. tecnologia
327	继续	jìxù	*v.*	continuar
328	加工	jiā // gōng	*v.*	1. processar; manufaturar 2. elaborar; aperfeiçoar
329	加快	jiākuài	*v.*	acelerar; agilizar
330	加强	jiāqiáng	*v.*	reforçar; fortalecer; consolidar
331	家具	jiājù	*s.*	móveis; mobiliário
332	家属	jiāshǔ	*s.*	familiares; agregado familiar
333	家乡	jiāxiāng	*s.*	terra natal
334	价格	jiàgé	*s.*	preço
335	价钱	jià·qián	*s.*	preço
336	价值	jiàzhí	*s.*	valor

序号 № / VOCÁBULO	词语	拼音 PINYIN	词性 CLASSE	译文 TRADUÇÃO
337	架	jià	cl., s., v.	<cl.> classificador para aeronaves, máquinas, equipamentos ou instrumentos que podem ser usados em tripé ou suporte <s.> 1. estante; prateleira 2. armação; estrutura; moldura 3. briga; discussão <v.> 1. instalar; pôr; construir 2. resistir; suportar 3. raptar; sequestrar 4. segurar pelo braço
338	坚持	jiānchí	v.	persistir; insistir
339	坚决	jiānjué	adj.	resoluto; decidido; firme
340	坚强	jiānqiáng	adj.	firme; fortalecido
341	简单	jiǎndān	adj.	1. simples; fácil 2. ordinário; comum (na negativa) 3. simplista
342	简直	jiǎnzhí	adv.	simplesmente; realmente
343	建	jiàn	v.	1. construir; edificar 2. fundar; estabelecer 3. propor; sugerir
344	建成	jiànchéng	v.	1. construir 2. estabelecer
345	建立	jiànlì	v.	fundar; estabelecer;
346	建设	jiànshè	v., s.	<v.> construir; edificar <s.> construção
347	建议	jiànyì	v., s.	<v.> propor; sugerir; recomendar <s.> proposta; sugestão; recomendação
348	将近	jiāngjìn	adv.	por volta de; em torno de
349	将来	jiānglái	s.	futuro
350	交费	jiāofèi	v.	pagar uma taxa
351	交警	jiāojǐng	s.	polícia de trânsito; polícia rodoviária
352	交流	jiāoliú	v., s.	<v.> trocar; intercambiar <s.> troca; intercâmbio
353	交往	jiāowǎng	v.	contatar; ter contato
354	交易	jiāoyì	s.	negócio; transação
355	叫	jiào	prep.	por (voz passiva)
356	较	jiào	adv.	comparativamente; relativamente
357	教材	jiàocái	s.	material didático; material de ensino
358	教练	jiàoliàn	s.	treinador; instrutor
359	结实	jiēshi	adj.	1. sólido; resistente 2. forte; robusto

序号 №	词语 VOCÁBULO	拼音 PINYIN	词性 CLASSE	译文 TRADUÇÃO
360	接待	jiēdài	v.	receber; atender; acolher
361	接近	jiējìn	v.	aproximar-se de
362	节约	jiéyuē	v.	economizar; poupar
363	结合	jiéhé	v.	1. combinar; integrar 2. casar-se; unir-se em matrimônio
364	结婚	jié // hūn	v.	casar-se
365	结束	jiéshù	v.	terminar; concluir; acabar
366	解决	jiějué	v.	1. resolver; solucionar 2. aniquilar; acabar com
367	解开	jiěkāi	v.	desatar; desfazer
368	金	jīn	s.	1. metais 2. dinheiro 3. ouro
369	金牌	jīnpái	s.	medalha de ouro
370	仅	jǐn	adv.	só; somente; apenas
371	仅仅	jǐnjǐn	adv.	só; somente; apenas
372	尽量	jǐnliàng	adv.	o máximo possível; o quanto possível
373	紧	jǐn	adj.	1. tenso; esticado 2. apertado; justo 3. firme; fixo 4. rígido; rigoroso; urgente; premente 5. apertado de dinheiro; com dificuldade financeira
374	紧急	jǐnjí	adj.	urgente; premente; crítico
375	紧张	jǐnzhāng	adj.	1. nervoso 2. tenso; intenso 3. escasso; em falta
376	进步	jìnbù	v., adj.	<v.> progredir; melhorar <adj.> progressivo
377	进一步	jìnyíbù	adv.	mais; ainda mais; em maior grau
378	进展	jìnzhǎn	v.	desenvolver; avançar; progredir
379	近期	jìnqī	s.	passado recente; futuro próximo
380	京剧	jīngjù	s.	Ópera de Pequim
381	经济	jīngjì	s., adj.	<s.> 1. economia 2. situação econômica; condição financeira <adj.> 1. econômico; de baixo custo 2. de valor econômico ou industrial
382	经历	jīnglì	v., s.	<v.> experimentar; passar por (experiências) <s.> experiência
383	经验	jīngyàn	s.	experiência

序号	词语	拼音	词性	译文
Nº	VOCÁBULO	PINYIN	CLASSE	TRADUÇÃO
384	经营	jīngyíng	v.	1. administrar; gerir 2. planejar; organizar
385	精彩	jīngcǎi	adj.	magnífico; maravilhoso; extraordinário
386	精神	jīngshén	s.	1. espírito; alma; mente 2. essência; espírito; cerne
387	精神	jīngshen	adj., s.	<adj.> vigoroso; vivo; animado <s.> vitalidade; vigor; energia
388	景色	jǐngsè	s.	paisagem; vista; cena
389	警察	jǐngchá	s.	polícia; policial
390	静	jìng	adj., v.	<adj.> 1. calmo; sossegado; sereno 2. silencioso; quieto 3. parado; imóvel <v.> tranquilizar-se
391	久	jiǔ	adj.	muito tempo; longo tempo
392	旧	jiù	adj.	1. passado; antigo; velho 2. usado; velho
393	救	jiù	v.	1. salvar 2. ajudar; auxiliar
394	就是	jiùshì	conj.	mesmo que; ainda que
395	就业	jiù // yè	v.	obter emprego; ter trabalho
396	举办	jǔbàn	v.	organizar; realizar
397	具体	jùtǐ	adj.	1. concreto 2. específico; particular
398	具有	jùyǒu	v.	ter (algo imaterial)
399	剧场	jùchǎng	s.	teatro
400	据说	jùshuō	v.	diz-se que; dizem que
401	决定	juédìng	v., s.	<v.> decidir; determinar; resolver; deliberar <s.> decisão; resolução
402	决赛	juésài	v., s.	final (de competição)
403	决心	juéxīn	s., v.	<s.> decisão; determinação; resolução <v.> resolver; decidir; estar decidido a; estar determinado a
404	绝对	juéduì	adv.	absolutamente; completamente
405	咖啡	kāfēi	s.	café
406	开发	kāifā	v.	explorar; desenvolver; abrir
407	开放	kāifàng	v.	1. desabrochar; abrir-se 2. estar aberto (ao público)
408	开始	kāishǐ	v., s.	<v.> começar; iniciar <s.> começo; início
409	开业	kāi // yè	v.	abrir (estabelecimento)

序号 N°	词语 VOCÁBULO	拼音 PINYIN	词性 CLASSE	译文 TRADUÇÃO
410	开展	kāizhǎn	v.	1. realizar; desenvolver 2. abrir (exposição)
411	看起来	kàn·qǐ·lái	v.	parecer que
412	看上去	kàn shàng·qù	v.	aparentar
413	考验	kǎoyàn	v.	testar
414	科技	kējì	s.	ciência e tecnologia
415	可靠	kěkào	adj.	1. confiante; digno de confiança 2. fidedigno; seguro
416	可乐	kělè	s.	Cola (abreviação de Coca-Cola)
417	克服	kèfú	v.	1. superar; vencer 2. aguentar; suportar
418	客观	kèguān	adj.	objetivo; imparcial
419	课程	kèchéng	s.	1. disciplina 2. curso; programa de ensino
420	空	kōng	adj., adv.	<adj.> 1. vazio; oco; desocupado 2. vago; impreciso <adv.> em vão; à toa
421	空调	kōngtiáo	s.	ar-condicionado
422	恐怕	kǒngpà	adv.	talvez; porventura
423	空儿	kòngr	s.	tempo livre
424	裤子	kùzi	s.	calça
425	快速	kuàisù	adj.	rápido; veloz
426	困	kùn	adj., v.	<adj.> 1. cansado 2. sonolento 3. empobrecido <v.> 1. estar preso em (uma situação ruim) 2. cercar; sitiar; encurralar
427	困难	kùnnan	s., adj.	<s.> dificuldade; situação difícil <adj.> 1. difícil 2. empobrecido
428	浪费	làngfèi	v.	desperdiçar; malgastar
429	老百姓	lǎobǎixìng	s.	povo; gente comum
430	老板	lǎobǎn	s.	chefe; patrão
431	老太太	lǎotàitai	s.	1. mulher idosa; senhora 2. tratamento dado à mãe ou à sogra
432	老头儿	lǎotóur	s.	1. homem idoso; ancião 2. tratamento descortês dado a homem idoso; velhote
433	乐	lè	v.	1. alegrar-se em 2. rir
434	乐观	lèguān	adj.	otimista

序号 Nº	词语 VOCÁBULO	拼音 PINYIN	词性 CLASSE	译文 TRADUÇÃO
435	类	lèi	s., cl.	<s.> espécie; gênero; tipo <cl.> classificador para espécie; gênero; tipo (indicando categoria de pessoa ou objeto)
436	类似	lèisì	v., adj.	<v.> assemelhar-se; ser semelhante a <adj.> semelhante; análogo
437	离婚	lí // hūn	v.	divorciar-se; separar-se
438	里面	lǐmiàn	s.	dentro; no interior
439	理发	lǐ // fà	v.	cortar cabelo
440	理解	lǐjiě	v.	compreender; entender
441	理论	lǐlùn	s.	teoria
442	理由	lǐyóu	s.	razão; motivo; argumento
443	力	lì	s.	1. força 2. poder; capacidade 3. força física; energia vital
444	力量	lì·liàng	s.	1. força física; esforço 2. força; poder; capacidade 3. eficácia; efeito
445	立刻	lìkè	adv.	imediatamente; de imediato
446	利用	lìyòng	v.	1. aproveitar; utilizar 2. tirar proveito de
447	连	lián	v., adv.	<v.> 1. unir; ligar <adv.> continuamente; sucessivamente
448	连忙	liánmáng	adv.	de imediato; imediatamente
449	连续	liánxù	v.	continuar ininterruptamente
450	连续剧	liánxùjù	s.	telenovela; série de televisão
451	联合	liánhé	v.	unir-se; aliar-se
452	联合国	Liánhéguó	s.	Organização das Nações Unidas (ONU)
453	联系	liánxì	v., s.	<v.> contactar; relacionar <s.> contato; relação
454	凉水	liángshuǐ	s.	1. água fria 2. água não fervida
455	了	liǎo	v.	1. concluir; terminar; acabar 2. poder 3. compreender; conhecer bem
456	领	lǐng	v.	1. levar; conduzir; guiar 2. buscar 3. compreender; entender; perceber
457	领导	lǐngdǎo	v., s.	<v.> dirigir; gerir <s.> dirigente; líder
458	领先	lǐng // xiān	v.	liderar; ficar na liderança

№	VOCÁBULO	PINYIN	CLASSE	TRADUÇÃO
459	另外	lìngwài	*pron., adv., conj.*	<pron.> outro <adv.> separadamente; distintamente <conj.> além disso; além do mais
460	另一方面	lìng yìfāngmiàn		por outro lado; outro aspecto
461	留学	liú // xué	*v.*	fazer intercâmbio; estudar no exterior
462	龙	lóng	*s.*	1. dragão 2. objetos que formam uma linha ininterrupta, ex.: grande fileira, longa tubulação etc. 3. dinossauro
463	录	lù	*v.*	1. registrar; anotar; copiar 2. gravar (áudio, vídeo etc.) 3. empregar; dar emprego
464	录音	lùyīn	*v., s.*	<v.> gravar áudio <s.> gravação de áudio
465	路线	lùxiàn	*s.*	1. rota; itinerário 2. linha
466	旅馆	lǚguǎn	*s.*	hotel; pousada; hospedaria
467	旅行社	lǚxíngshè	*s.*	agência de turismo
468	绿茶	lǜchá	*s.*	chá verde
469	乱	luàn	*adj.*	1. desordenado; desarrumado 2. perturbado; confuso 3. tumultuado; caótico 4. promíscuo; impróprio
470	落后	luò // hòu	*v., adj.*	<v.> ficar para trás; ficar em defasagem <adj.> atrasado; subdesenvolvido
471	麻烦	máfan	*v., adj.*	<v.> incomodar; perturbar <adj.> incômodo; problemático; inconveniente
472	马	mǎ	*s.*	cavalo
473	满足	mǎnzú	*v.*	1. estar satisfeito 2. satisfazer
474	慢慢	mànmàn		devagar
475	毛	máo	*s.*	1. pelo; pena 2. lã 3. *mao* (10 centavos de yuan) 4. bolor; mofo
476	毛病	máo·bìng	*s.*	1. avaria; problema 2. defeito; vício 3. doença
477	没用	méiyòng	*v.*	ser inútil
478	媒体	méitǐ	*s.*	mídia
479	每	měi	*pron., adv.*	<pron.> cada; todo <adv.> 1. cada vez 2. sempre; com frequência
480	美	měi	*adj.*	1. bonito; belo; formoso 2. bom; agradável

№ VOCÁBULO	词语	PINYIN	CLASSE	TRADUÇÃO
481	美好	měihǎo	*adj.*	bom; formoso; maravilhoso
482	美丽	měilì	*adj.*	bonito; belo; lindo; formoso
483	美食	měishí	*s.*	comida saborosa; iguaria
484	美术	měishù	*s.*	1. belas artes 2. pintura
485	美元	měiyuán	*s.*	dólar americano
486	迷	mí	*v.*	1. perder-se 2. estar apaixonado por; estar louco por 3. encantar; fascinar
487	米	mǐ	*s.*	1. arroz (descascado) 2. grão (descascado)
488	面对	miànduì	*v.*	encarar; enfrentar
489	面积	miànjī	*s.*	área; superfície
490	民间	mínjiān	*adj.*	1. popular; folclórico 2. não governamental
491	民族	mínzú	*s.*	etnia; grupo étnico; nação
492	明确	míngquè	*adj., v.*	<adj.> claro; explícito; definitivo <v.> esclarecer; explicitar; definir
493	明显	míngxiǎn	*adj.*	claro; evidente; visível
494	命运	mìngyùn	*s.*	destino; sorte
495	某	mǒu	*pron.*	algum; certo
496	母亲	mǔ·qīn	*s.*	mãe
497	木头	mùtou	*s.*	madeira
498	目标	mùbiāo	*s.*	1. alvo 2. meta; objetivo
499	目前	mùqián	*s.*	atualmente; no momento atual; por enquanto
500	奶茶	nǎichá	*s.*	chá com leite
501	男子	nánzǐ	*s.*	homem
502	南部	nánbù	*s.*	região sul
503	难道	nándào	*adv.*	por acaso; será que
504	难度	nándù	*s.*	grau de dificuldade
505	内	nèi	*s.*	1. interior; dentro 2. esposa; parentes da esposa 3. órgãos internos 4. coração
506	内容	nèiróng	*s.*	conteúdo
507	内心	nèixīn	*s.*	coração
508	能不能	néng bu néng		poderia ou conseguiria (fazer algo)?

LISTA DE VOCABULÁRIO DO NÍVEL 3

序号 Nº	词语 VOCÁBULO	拼音 PINYIN	词性 CLASSE	译文 TRADUÇÃO
509	能力	nénglì	s.	capacidade; habilidade; competência
510	年初	niánchū	s.	início de ano
511	年代	niándài	s.	1. época; tempo; anos 2. década
512	年底	niándǐ	s.	final de ano
513	年纪	niánjì	s.	idade
514	念	niàn	v.	1. ler (em voz alta) 2. estudar; ir à escola 3. sentir saudades; pensar em 4. considerar
515	牛	niú	s.	boi; gado
516	农村	nóngcūn	s.	zona rural; campo
517	农民	nóngmín	s.	camponês; agricultor
518	农业	nóngyè	s.	agricultura
519	女子	nǚzǐ	s.	mulher
520	暖和	nuǎnhuo	adj.	morno; confortável
521	怕	pà	adv.	talvez; parecer que; supor que
522	拍	pāi	v.	1. bater palmas 2. filmar; fotografar 3. enviar; mandar 4. bajular; adular 5. leiloar
523	排	pái	v.	1. pôr em ordem; pôr em linha; alinhar 2. pôr à parte; excluir; eliminar
524	排名	pái // míng	v., s.	<v.> ranquear <s.> ranqueamento
525	牌子	páizi	s.	1. placa; letreiro 2. marca
526	派	pài	v., s.	<v.> 1. enviar; mandar (alguém) 2. distribuir; indicar; designar 3. censurar; criticar <s.> 1. escola; grupo; seita; facção 2. estilo; maneira
527	判断	pànduàn	v., s.	<v.> julgar; determinar; decidir <s.> juízo; julgamento
528	胖	pàng	adj.	gordo; obeso
529	跑步	pǎo // bù	v., s.	<v.> correr <s.> corrida
530	配	pèi	v.	1. casar; unir em matrimônio 2. acasalar (animal) 3. combinar; misturar 4. completar o que falta 5. complementar; harmonizar com; contrastar com 6. merecer; ser digno de 7. desterrar; exilar; expulsar
531	配合	pèihé	v.	harmonizar; combinar
532	批评	pīpíng	v.	criticar; fazer crítica a

序号 N°	词语 VOCÁBULO	拼音 PINYIN	词性 CLASSE	译文 TRADUÇÃO
533	批准	pīzhǔn	v.	aprovar; autorizar; ratificar
534	皮	pí	s.	1. pele; casca; córtex 2. pele; couro 3. borracha 4. superfície 5. capa; cobertura
535	皮包	píbāo	s.	carteira de pele; pasta de couro
536	啤酒	píjiǔ	s.	cerveja
537	票价	piàojià	s.	preço de bilhete
538	评价	píngjià	v., s.	<v.> avaliar; apreciar; valorizar <s.> avaliação; apreço; valor
539	苹果	píngguǒ	s.	maçã; macieira
540	破	pò	adj., v.	<adj.> 1. roto; partido; quebrado 2. mau; pobre; de baixa qualidade <v.> 1. partir; rachar; romper 2. trocar dinheiro em notas menores 3. acabar com; erradicar 4. desbaratar; derrotar 5. gastar (tempo e dinheiro)
541	破坏	pòhuài	v.	1. destruir 2. prejudicar; sabotar 3. aniquilar; mudar completamente 4. violar; atuar contra 5. estragar; decompor
542	普遍	pǔbiàn	adj.	geral; comum; universal
543	普及	pǔjí	v., adj.	<v.> 1. difundir-se; divulgar-se 2. generalizar; popularizar <adj.> popular; comum; universal
544	期	qī	cl.	classificador para edições de publicação periódica; número
545	齐	qí	adj., v.	<adj.> 1. homogêneo; uniforme 2. igual; mesmo 3. completo; todo <v.> deixar no mesmo nível; tornar igual; nivelar
546	其次	qícì	pron.	1. a seguir; em segundo lugar 2. secundário; de posição secundária
547	其实	qíshí	adv.	de fato; na realidade
548	奇怪	qíguài	adj.	1. estranho; esquisito 2. inesperado; surpreendente
549	气候	qìhòu	s.	1. clima; tempo 2. clima; ambiente 3. sucesso; resultado
550	千万	qiānwàn	adv.	ter que; custe o que custar

LISTA DE VOCABULÁRIO DO NÍVEL 3

序号 Nº	词语 VOCÁBULO	拼音 PINYIN	词性 CLASSE	译文 TRADUÇÃO
551	前后	qiánhòu	s.	1. antes e depois de; por volta de 2. do começo ao fim; na totalidade 3. na frente e atrás de
552	前进	qiánjìn	v.	avançar; progredir; marchar em frente
553	前面	qiánmiàn	s.	1. frente; diante 2. anteriormente; antes; atrás; acima
554	前往	qiánwǎng	v.	ir
555	强	qiáng	adj.	1. forte; robusto; poderoso 2. grande; muito; elevado 3. melhor; superior 4. de alto nível; de padrão elevado 5. firme; resoluto 6. perverso; violento
556	强大	qiángdà	adj.	forte; poderoso
557	强调	qiángdiào	v.	enfatizar; dar ênfase a; acentuar
558	强烈	qiángliè	adj.	1. forte; violento; enérgico 2. agudo; intenso; vivo
559	桥	qiáo	s.	ponte
560	巧	qiǎo	adj.	1. engenhoso; talentoso; inteligente 2. hábil; ágil; jeitoso 3. oportuno; coincidente
561	亲	qīn	adj.	1. íntimo; próximo 2. consanguíneo; que tem o mesmo sangue
562	亲切	qīnqiè	adj.	1. íntimo; próximo 2. cordial; afetuoso
563	亲人	qīnrén	s.	1. parente; familiar; cônjuge 2. ente querido
564	亲自	qīnzì	adv.	pessoalmente; em pessoa
565	情感	qínggǎn	s.	sentimento; emoção
566	情况	qíngkuàng	s.	situação; condição; circunstância
567	请教	qǐngjiào	v.	consultar; pedir conselho
568	庆祝	qìngzhù	v.	festejar; celebrar; comemorar
569	球迷	qiúmí	s.	torcedor; fã de futebol
570	区	qū	s.	1. região; zona; bairro 2. divisão administrativa
571	区别	qūbié	s., v.	<s.> diferença <v.> distinguir; diferenciar; discernir
572	取消	qǔxiāo	v.	anular; cancelar; abolir
573	去世	qùshì	v.	falecer; morrer
574	全场	quánchǎng	s.	todo o público presente

№ VOCÁBULO	PINYIN	CLASSE	TRADUÇÃO
575 全面	quánmiàn	*adj.*	em todos os aspectos; geral; completo
576 全球	quánqiú	*s.*	o mundo inteiro
577 缺	quē	*v.*	1. faltar; carecer 2. ausentar-se; faltar
578 缺点	quēdiǎn	*s.*	defeito; fraqueza
579 缺少	quēshǎo	*v.*	faltar; escassear; carecer de
580 确保	quèbǎo	*v.*	garantir; assegurar
581 确定	quèdìng	*adj., v.*	\<adj.\> definitivo; determinado; fixo \<v.\> definir; determinar; fixar
582 确实	quèshí	*adj., adv.*	\<adj.\> verdadeiro; real; seguro \<adv.\> verdadeiramente; realmente; deveras
583 裙子	qúnzi	*s.*	saia
584 群	qún	*cl.*	classificador para grupos, bandos
585 热爱	rè'ài	*v.*	amar; adorar
586 热烈	rèliè	*adj.*	caloroso; efusivo
587 人才	réncái	*s.*	1. talento; pessoa qualificada 2. formosura; bom aspecto
588 人工	réngōng	*s., adj.*	\<s.\>1. mão de obra 2. dia de trabalho 3. trabalho manual \<adj.\> artificial
589 人类	rénlèi	*s.*	humanidade; ser humano
590 人民	rénmín	*s.*	povo
591 人民币	rénmínbì	*s.*	Renminbi (RMB), nome da moeda chinesa
592 人群	rénqún	*s.*	multidão; aglomeração de pessoas
593 人生	rénshēng	*s.*	vida; vida humana
594 人员	rényuán	*s.*	pessoal; funcionários
595 认出	rènchū	*v.*	reconhecer; identificar
596 认得	rènde	*v.*	saber; reconhecer
597 认可	rènkě	*v.*	aprovar; consentir
598 任	rèn	*v.*	1. designar; nomear; empregar 2. assumir; encarregar-se de 3. deixar à vontade de
599 任	rèn	*conj.*	qualquer que seja; seja quem for
600 任何	rènhé	*pron.*	qualquer
601 任务	rènwu	*s.*	missão; tarefa
602 仍	réng	*adv.*	ainda; continuar a

序号 / Nº	词语 / VOCÁBULO	拼音 / PINYIN	词性 / CLASSE	译文 / TRADUÇÃO
603	仍然	réngrán	*adv.*	ainda; continuar a
604	日常	rìcháng	*adj.*	diário; quotidiano
605	容易	róngyì	*adj.*	fácil
606	如何	rúhé	*pron.*	como
607	散步	sàn // bù	*v.*	caminhar; passear
608	沙发	shāfā	*s.*	sofá
609	沙子	shāzi	*s.*	areia
610	伤	shāng	*v., s.*	<v.> 1. ferir; machucar; prejudicar; causar dano a 2. sentir-se triste 3. estar farto de 4. incomodar; danificar <s.> ferida; machucado
611	伤心	shāng // xīn		triste; angustiado; com o coração ferido
612	商品	shāngpǐn	*s.*	produto; mercadoria
613	商业	shāngyè	*s.*	comércio
614	上来	shàng // ·lái	*v.*	1. subir (em direção ao que fala) 2. (depois de verbo, indica ação realizada em direção a quem fala e para cima) 3. saber; conseguir (depois de certos verbos, indica êxito na realização da ação) 4. iniciar; começar
615	上面	shàngmiàn	*s.*	1. acima; em cima 2. (mencionado) acima; antes 3. superior; autoridade 4. superfície ou parte de cima de objeto 5. aspecto; lado 6. geração dos mais velhos
616	上去	shàng // ·qù	*v.*	1. subir (na direção oposta daquele que fala) 2. (depois de verbo, indica ação realizada na direção oposta daquele que fala e para cima) 3. subir de nível ou posição
617	上升	shàngshēng	*v.*	subir; crescer; elevar-se
618	上衣	shàngyī	*s.*	casaco; camisa
619	设备	shèbèi	*s.*	instalação; equipamento
620	设计	shèjì	*v., s.*	<v.> desenhar; projetar <s.> desenho; projeto
621	设立	shèlì	*v.*	instalar; fundar; estabelecer
622	社会	shèhuì	*s.*	sociedade
623	身份证	shēnfènzhèng	*s.*	documento de identificação; carteira de identidade

Nº	VOCÁBULO	PINYIN	CLASSE	TRADUÇÃO
624	深	shēn	*adj.*	1. fundo; profundo 2. difícil de compreender 3. íntimo; próximo 4. escuro 5. avançado 6. tarde (da noite)
625	深刻	shēnkè	*adj.*	profundo; penetrante
626	深入	shēnrù	*v., adj.*	<v.> penetrar profundamente <adj.> a fundo; profundamente
627	升	shēng	*v.*	1. subir; elevar-se; ascender 2. passar de ano 3. ser promovido; subir de categoria
628	生	shēng	*adj.*	1. vivo 2. verde; não maduro 3. cru; não cozido 4. desconhecido; não familiar 5. forçado; mecânico
629	生产	shēngchǎn	*v.*	1. produzir; fabricar; manufaturar 2. dar à luz; parir
630	生存	shēngcún	*v.*	viver; subsistir; existir
631	生动	shēngdòng	*adj.*	vivo; vívido; vivaz
632	生命	shēngmìng	*s.*	vida
633	生意	shēngyi	*s.*	negócio; comércio
634	生长	shēngzhǎng	*v.*	1. nascer e crescer 2. crescer; desenvolver-se
635	声明	shēngmíng	*v., s.*	<v.> declarar <s.> declaração
636	胜	shèng	*v.*	1. vencer; derrotar; superar 2. ser superior a; exceder; ultrapassar 3. poder suportar; ser capaz de
637	胜利	shènglì	*v., s.*	<v.> ganhar; triunfar <s.> vitória; triunfo
638	失去	shīqù	*v.*	perder
639	石头	shítou	*s.*	pedra; rocha
640	石油	shíyóu	*s.*	petróleo
641	时	shí	*s.*	1. tempo 2. hora 3. oportunidade; ocasião 4. temporada; época; período de tempo
642	时代	shídài	*s.*	1. época; era 2. período; idade
643	时刻	shíkè	*s., adv*	<s.> momento <adv.> a cada momento; a toda hora; constantemente
644	实际上	shíjì·shàng	*adv.*	na realidade
645	实力	shílì	*s.*	força; força real
646	实行	shíxíng	*v.*	pôr em prática; levar a efeito; realizar

LISTA DE VOCABULÁRIO DO NÍVEL 3

序号 Nº	词语 VOCÁBULO	拼音 PINYIN	词性 CLASSE	译文 TRADUÇÃO
647	实验	shíyàn	v., s.	<v.> experimentar; ensaiar; fazer uma experiência <s.> experimentação; experimento; ensaio
648	实验室	shíyànshì	s.	laboratório
649	食品	shípǐn	s.	alimento; comida; gênero alimentício
650	使	shǐ	v.	1. enviar; mandar; ordenar 2. fazer; deixar; fazer que 3. usar; utilizar; empregar 4. ser enviado em missão diplomática
651	始终	shǐzhōng	adv.	do começo ao fim; do princípio ao fim; sempre
652	世纪	shìjì	s.	século
653	世界	shìjiè	s.	1. mundo 2. universo (Budismo)
654	世界杯	shìjièbēi	s.	Copa do Mundo
655	市场	shìchǎng	s.	mercado
656	事故	shìgù	s.	acidente; desastre
657	事件	shìjiàn	s.	incidente; acontecimento; evento
658	事实	shìshí	s.	fato; verdade
659	事实上	shìshíshang		de fato; na realidade
660	事业	shìyè	s.	1. atividade; causa (beneficente, política ou revolucionária) 2. instituição ou fundação financiada publicamente 3. carreira; ocupação
661	试题	shìtí	s.	enunciado de prova
662	试验	shìyàn	v.	fazer experiência (ensaio); pôr à prova; experimentar
663	适合	shìhé	v.	servir para; ser conveniente a; convir a
664	适应	shìyìng	v.	adaptar-se; ajustar-se a; corresponder a
665	适用	shìyòng	adj.	aplicável; adequado; apropriado
666	室	shì	s.	1. sala; quarto; casa 2. departamento; seção 3. clã; família 4. esposa
667	收费	shōufèi	v.	coletar; cobrar (dinheiro)
668	收看	shōukàn	v.	assistir televisão
669	收听	shōutīng	v.	ouvir rádio
670	收音机	shōuyīnjī	s.	rádio

Nº	VOCÁBULO	PINYIN	CLASSE	TRADUÇÃO
671	手续	shǒuxù	s.	trâmites; formalidades
672	手指	shǒuzhǐ	s.	dedo da mão
673	首都	shǒudū	s.	capital (do país)
674	首先	shǒuxiān	adv.	em primeiro lugar; primeiramente
675	受	shòu	v.	1. receber 2. sofrer 3. suportar; aguentar; resistir
676	受伤	shòu // shāng	v.	ferir-se; estar/ficar ferido
677	书架	shūjià	s.	estante de livros
678	输	shū	v.	1. transportar; transmitir 2. contribuir; doar 3. perder; fracassar; ser vencido
679	输入	shūrù	v.	1. entrar; introduzir-se 2. importar
680	熟人	shúrén	s.	pessoa conhecida
681	属	shǔ	v.	1. pertencer a 2. ser 3. nascer no ano de; ser do signo de 4. ser/estar subordinado a
682	属于	shǔyú	v.	pertencer a
683	束	shù	cl.	classificador para ramalhetes, buquês
684	数量	shùliàng	s.	quantidade
685	双	shuāng	cl., adj.	<cl.> par <adj.> 1. dobro 2. duplos; ambos 3. (número) par
686	双方	shuāngfāng	s.	ambas as partes; as duas partes
687	思想	sīxiǎng	s.	1. pensamento; ideologia 2. ideia
688	死	sǐ	v., adj.	<v.> morrer; falecer; perecer <adj.> 1. inconciliável; implacável 2. inflexível 3. intransitável 4. extremo
689	速度	sùdù	s.	1. velocidade 2. ritmo; tempo
690	随	suí	v.	1. seguir; acompanhar 2. conformar-se com; adaptar-se a 3. deixar à vontade 4. parecer com
691	所	suǒ	s., cl.	<s.> 1. lugar 2. instituto; centro <cl.> classificador para edifícios, escolas, universidades, hospitais etc.
692	所长	suǒzhǎng	s.	chefe de instituto

LISTA DE VOCABULÁRIO DO NÍVEL 3

Nº	VOCÁBULO	PINYIN	CLASSE	TRADUÇÃO
693	台	tái	s., cl.	<s.> 1. plataforma; terraço 2. palco; tribuna 3. base; pé; suporte 4. objeto semelhante a plataforma 5. mesa <cl.> classificador para certos equipamentos, instrumentos, máquinas etc.
694	谈	tán	v.	falar; conversar; discutir
695	谈话	tán // huà	v.	1. falar; conversar; ter uma conversa 2. declarar
696	谈判	tánpàn	v., s.	<v.> negociar; fazer negociação <s.> negociação
697	汤	tāng	s.	1. água quente; água fervente 2. molho 3. sopa; caldo
698	糖	táng	s.	1. açúcar 2. bala; bombom; doces 3. carboidrato
699	特色	tèsè	s.	característica; peculiaridade
700	提前	tíqián	v.	antecipar; adiantar
701	提问	tíwèn	v.	perguntar
702	题目	tímù	s.	1. título; tema; tópico 2. exercício; questão
703	体会	tǐhuì	v., s.	<v.> experimentar; saber por experiência <s.> experiência; impressão
704	体现	tǐxiàn	v.	refletir; encarnar; personificar
705	体验	tǐyàn	v.	experimentar; conhecer por experiência própria
706	天空	tiānkōng	s.	céu; firmamento
707	甜	tián	adj.	1. doce 2. feliz; agradável
708	调	tiáo	v.	1. misturar; combinar; harmonizar 2. ajustar-se; estar em harmonia 3. mediar; conciliar 4. provocar; seduzir; excitar 5. intrigar; instigar
709	调整	tiáozhěng	v.	regular; reajustar
710	跳	tiào	v.	1. saltar; pular 2. ricochetear 3. palpitar
711	跳高	tiàogāo	v.	salto em altura (esporte)
712	跳舞	tiào // wǔ	v.	dançar; bailar
713	跳远	tiàoyuǎn	v.	salto em distância (esporte)
714	铁	tiě	s.	1. ferro (Fe) 2. armas

Nº	VOCÁBULO	PINYIN	CLASSE	TRADUÇÃO
715	铁路	tiělù	s.	ferrovia
716	听力	tīnglì	s.	audição; capacidade auditiva
717	听众	tīngzhòng	s.	ouvinte; público (de concerto, rádio etc.)
718	停止	tíngzhǐ	v.	parar; cessar
719	通常	tōngcháng	adj.	normalmente; geralmente; de modo geral
720	通信	tōng // xìn	v., s.	<v.> corresponder-se; escrever-se; trocar cartas <s.> correspondência
721	同意	tóngyì	v.	consentir; estar de acordo com; concordar
722	痛	tòng	adj.	1. dolorido 2. triste; magoado
723	痛苦	tòngkǔ	adj.	triste; magoado; amargurado
724	头	tóu	adj.	1. primeiros (antes de numeral) 2. anterior (antes de 年 ou 天)
725	头脑	tóunǎo	s.	1. cérebro; cabeça; inteligência 2. líder; chefe 3. nexo; coerência
726	突出	tūchū	adj., v.	<adj.> sobressalente; destacado; proeminente <v.> 1. romper 2. sobressair
727	突然	tūrán	adj.	repentino; súbito
728	图	tú	s.	1. desenho; pintura; quadro 2. intenção; desígnio
729	图画	túhuà	s.	desenho; pintura; quadro
730	土	tǔ	s.	1. terra; barro; solo 2. terra; terreno 3. local; nativo
731	团	tuán	s., cl.	<s.> 1. regimento 2. grupo; agrupamento; organização 3. Liga da Juventude Comunista da China 4. bolinha <cl.> classificador para objetos de formato esférico ou esferoide
732	团结	tuánjié	v.	unir-se
733	团体	tuántǐ	s.	grupo; associação; organização
734	推动	tuī // dòng	v.	impulsionar; promover; fomentar
735	推广	tuīguǎng	v.	popularizar; divulgar; difundir
736	推进	tuījìn	v.	1. impulsionar; impelir 2. avançar
737	推开	tuīkāi	v.	empurrar
738	退	tuì	v.	1. recuar; retroceder 2. fazer recuar; repelir 3. retirar-se; sair 4. baixar; declinar; diminuir 5. devolver 6. cancelar; anular

LISTA DE VOCABULÁRIO DO NÍVEL 3

序号 №	词语 VOCÁBULO	拼音 PINYIN	词性 CLASSE	译文 TRADUÇÃO
739	退出	tuìchū	v.	retirar-se de; sair
740	退休	tuì // xiū	v.	aposentar-se; reformar-se
741	外交	wàijiāo	s.	diplomacia; relações exteriores
742	外面	wài·miàn	s.	1. fora; exterior 2. de fora; externo
743	外文	wàiwén	s.	língua estrangeira; idioma estrangeiro
744	完美	wánměi	adj.	perfeito; excelente; consumado
745	完善	wánshàn	adj., v.	<adj.> perfeito; excelente; consumado <v.> aperfeiçoar; melhorar; refinar
746	完整	wánzhěng	adj.	completo; inteiro
747	玩具	wánjù	s.	brinquedo
748	往往	wǎngwǎng	adv.	frequentemente; com frequência
749	危害	wēihài	v., s.	<v.> prejudicar; causar prejuízo; pôr em perigo <s.> dano; prejuízo
750	危险	wēixiǎn	adj., s.	<adj.> perigoso; arriscado <s.> perigo; risco
751	为	wéi	v.	1. fazer; atuar 2. servir de; atuar como 3. tornar-se transformar-se 4. ser; significar; equivaler a
752	为	wéi	prep.	por
753	围	wéi	v.	cercar; rodear
754	伟大	wěidà	adj.	grande; grandioso
755	卫生	wèishēng	adj., s.	<adj.> higiênico; sanitário <s.> higiene; saúde
756	卫生间	wèishēngjiān	s.	sanitário; toalete; banheiro
757	为了	wèile	prep.	para que; a fim de
758	温暖	wēnnuǎn	adj., v.	<adj.> morno; agradavelmente quente <v.> aquecer
759	文化	wénhuà	s.	1. cultura; civilização 2. educação; literacia
760	文件	wénjiàn	s.	documento; documentação
761	文明	wénmíng	s., adj.	<s.> civilização <adj.> civilizado
762	文学	wénxué	s.	literatura
763	文章	wénzhāng	s.	1. artigo; texto; ensaio 2. obra escrita 3. alusão; sentido implícito

№ / Nº	词语 / VOCÁBULO	拼音 / PINYIN	词性 / CLASSE	译文 / TRADUÇÃO
764	文字	wénzì	s.	1. caracteres; letras; escrita 2. linguagem escrita 3. escrito; artigo
765	握手	wò // shǒu	v., s.	<v.> apertar (estender) as mãos <s.> aperto de mãos
766	屋子	wūzi	s.	quarto; cômodo
767	武器	wǔqì	s.	arma
768	武术	wǔshù	s.	artes marciais
769	舞台	wǔtái	s.	palco; arena
770	西部	xībù	s.	região oeste
771	希望	xīwàng	v., s.	<v.> desejar; esperar <s.> 1. desejo 2. esperança
772	系	xì	s.	1. sistema 2. departamento; faculdade
773	下来	xià // lái	v.	1. descer (em direção ao que fala) 2. (depois de verbo, indica ação realizada em direção a quem fala e para baixo) 3. (depois de certos verbos, indica que a ação ocorre até agora ou até o fim) 4. (depois de certos verbos, indica o resultado da ação) 5. (depois de certos verbos ou adjetivos, indica a intensificação de um estado)
774	下面	xiàmiàn	s.	1. debaixo de; embaixo de; sob 2. próximo; seguinte
775	下去	xià // qù	v.	1. descer (na direção oposta de quem fala) 2. (depois de verbo, indica ação realizada na direção oposta de quem fala e para baixo) 3. (depois de certos verbos, indica que a ação continua até o fim) 4. (depois de certos verbos ou adjetivos, indica a intensificação de um estado)
776	先进	xiānjìn	adj., s.	<adj.> avançado; progressista; à frente de seu tempo <s.> indivíduo ou grupo progressista
777	显得	xiǎnde	v.	mostrar-se; revelar-se; parecer
778	显然	xiǎnrán	adj.	óbvio; visível; evidente
779	显示	xiǎnshì	v.	mostrar; revelar; manifestar
780	现场	xiànchǎng	s.	1. cena (de crime ou acidente) 2. lugar; local
781	现代	xiàndài	s.	época atual; idade moderna

Nº	VOCÁBULO	PINYIN	CLASSE	TRADUÇÃO
782	现金	xiànjīn	s.	dinheiro vivo
783	现实	xiànshí	s.	realidade
784	现象	xiànxiàng	s.	fenômeno
785	线	xiàn	s.	1. fio; linha (de algodão etc.) 2. fio; cabo (elétrico etc.) 3. via; linha (de trem etc.) 4. linha; traço (geometria) 5. pista; indício 6. linha de demarcação; limite; fronteira
786	相比	xiāngbǐ	v.	comparar um ao outro
787	相当	xiāngdāng	adv., v.	<adv.> bastante; consideravelmente <v.> corresponder a; equivaler a; igualar-se a
788	相关	xiāngguān	v.	relacionar-se entre si; ter relação com
789	相互	xiānghù	adv.	mutuamente; reciprocamente
790	相似	xiāngsì	adj.	semelhante; parecido
791	香	xiāng	adj.	1. perfumado; aromático 2. saboroso; gostoso 3. com bom apetite 4. profundo (sono) 5. bem-visto; apreciado
792	香蕉	xiāngjiāo	s.	banana
793	消费	xiāofèi	v.	consumir
794	消失	xiāoshī	v.	desaparecer; sumir; desvanecer
795	消息	xiāoxi	s.	notícia; informação; novidade
796	效果	xiàoguǒ	s.	efeito; resultado
797	写作	xiězuò	v.	escrever; compor; redigir
798	血	xiě	s.	sangue
799	心	xīn	s.	1. coração 2. sentimento 3. centro
800	信	xìn	v.	1. acreditar; crer 2. professar; ter fé em
801	信封	xìnfēng	s.	envelope
802	信任	xìnrèn	v.	confiar em; acreditar em
803	行李	xíngli	s.	bagagem
804	形成	xíngchéng	v.	formar
805	形式	xíngshì	s.	1. configuração (situação) geográfica 2. situação; circunstância
806	形象	xíngxiàng	s., adj.	<s.> imagem; figura <adj.> vívido
807	形状	xíngzhuàng	s.	forma; aparência; figura

序号 Nº	词语 VOCÁBULO	拼音 PINYIN	词性 CLASSE	译文 TRADUÇÃO
808	幸福	xìngfú	*adj., s.*	<adj.> feliz <s> felicidade
809	幸运	xìngyùn	*adj.*	afortunado; venturoso; com boa sorte
810	性（积极性）	xìng (jījíxìng)	*suf.*	(sufixo usado para formar substantivos e adjetivos, ex.: entusiasmo)
811	性别	xìngbié	*s.*	sexo; gênero
812	性格	xìnggé	*s.*	caráter; temperamento; natureza
813	修	xiū	*v.*	1. consertar; reparar 2. construir 3. estudar; fazer curso 4. escrever; redigir; compilar 5. adornar; embelezar 6. cortar; aparar
814	修改	xiūgǎi	*v.*	revisar; corrigir
815	需求	xūqiú	*s.*	procura; demanda; exigência
816	需要	xūyào	*v., s.*	<v.> precisar de; ter necessidade de <s.> necessidade; demanda; exigência
817	宣布	xuānbù	*v.*	declarar; proclamar; anunciar
818	宣传	xuānchuán	*v., s.*	<v.> divulgar; fazer propaganda <s.> divulgação; propaganda
819	选手	xuǎnshǒu	*s.*	competidor; participante; jogador
820	学费	xuéfèi	*s.*	1. valor do curso 2. despesa educacional
821	训练	xùnliàn	*v., s.*	<v.> treinar; exercitar; adestrar <s.> treino
822	压	yā	*v.*	1. pressionar; apertar 2. conter; reprimir 3. suplantar; superar
823	压力	yālì	*s.*	pressão
824	烟	yān	*s.*	1. fumaça 2. tabaco 3. produto de tabaco (cigarro etc.)
825	眼前	yǎnqián	*s.*	1. diante dos olhos 2. neste momento
826	演	yǎn	*v.*	1. evoluir; desenvolver 2. deduzir; inferir 3. interpretar; representar 4. praticar; treinar
827	演唱	yǎnchàng	*v.*	cantar (num espetáculo)
828	演唱会	yǎnchànghuì	*s.*	espetáculo musical; show
829	演出	yǎnchū	*v., s.*	<v.> representar; fazer uma apresentação <s.> apresentação; performance
830	演员	yǎnyuán	*s.*	ator; atriz
831	羊	yáng	*s.*	bode; cabra; carneiro; ovelha

序号 Nº	词语 VOCÁBULO	拼音 PINYIN	词性 CLASSE	译文 TRADUÇÃO
832	阳光	yángguāng	s.	luz solar; sol
833	要是	yàoshi	conj.	se; caso; no caso de
834	衣架	yījià	s.	1. cabide 2. tipo físico
835	一切	yíqiè	pron.	1. todo 2. tudo
836	已	yǐ	adv.	já
837	以来	yǐlái		desde
838	一方面	yìfāngmiàn	s.	um lado; um aspecto
839	艺术	yìshù	s.	1. arte 2. habilidade
840	意外	yìwài	adj., s.	<adj.> inesperado; imprevisto <s.> acidente; desastre
841	意义	yìyì	s.	1. significado; sentido; acepção 2. significação; importância; valor
842	因此	yīncǐ	conj.	por isso; portanto
843	银	yín	s.	1. prata (Ag) 2. dinheiro
844	银牌	yínpái	s.	medalha de ouro
845	印象	yìnxiàng	s.	impressão
846	应当	yīngdāng	v.	dever (fazer algo)
847	迎接	yíngjiē	v.	dar boas-vindas; receber; acolher
848	营养	yíngyǎng	s.	1. nutrição 2. nutriente
849	赢	yíng	v.	1. vencer; ganhar 2. lucrar
850	影视	yǐngshì	s.	cinema e televisão
851	应用	yìngyòng	v.	1. usar; aplicar; pôr em prática
852	优点	yōudiǎn	s.	vantagem; virtude; ponto forte
853	优势	yōushì	s.	superioridade; vantagem; preponderância
854	由	yóu	prep.	1. por causa de; devido a 2. por 3. através de 4. de; desde
855	由于	yóuyú	prep., conj.	<prep.> por causa de; devido a <conj.> como
856	邮件	yóujiàn	s.	1. correio; correspondência 2. e-mail
857	邮票	yóupiào	s.	selo postal
858	邮箱	yóuxiāng	s.	caixa postal
859	游	yóu	v.	1. nadar 2. passear; fazer turismo 3. brincar; divertir-se 4. circular; fluir

序号 Nº	词语 VOCÁBULO	拼音 PINYIN	词性 CLASSE	译文 TRADUÇÃO
860	游戏	yóuxì	s.	jogo; brincadeira
861	游泳	yóuyǒng	s., v.	<s.> natação <v.> nadar
862	有的是	yǒudeshì		ter muito; ter bastante
863	有利	yǒulì	adj.	favorável; vantajoso
864	有效	yǒuxiào	v.	ter efeito; dar resultado; ser eficaz; ser efetivo
865	预报	yùbào	v., s.	<v.> prever; predizer <s.> previsão
866	预防	yùfáng	v.	prevenir; precaver
867	预计	yùjì	v.	prever; calcular previamente
868	预习	yùxí	v.	preparar
869	员（服务员）	yuán（fúwùyuán）	suf.	1. (pessoa que se dedica a certa atividade, ex.: garçom) 2. membro
870	员工	yuángōng	s.	funcionário; empregado
871	愿望	yuànwàng	s.	desejo; aspiração
872	约	yuē	v.	1. combinar; deixar acertado 2. convidar 3. restringir; limitar
873	乐队	yuèduì	s.	orquestra; banda musical
874	运输	yùnshū	v.	transportar
875	杂志	zázhì	s.	revista
876	早已	zǎoyǐ	adv.	há muito tempo
877	造	zào	v.	1. construir; fabricar 2. elaborar; fazer 3. inventar
878	造成	zàochéng	v.	criar; causar
879	责任	zérèn	s.	1. dever; obrigação 2. culpa; responsabilidade
880	增加	zēngjiā	v.	aumentar; acrescentar
881	增长	zēngzhǎng	v.	aumentar; crescer; incrementar
882	展开	zhǎn // kāi	v.	1. estender; abrir 2. desenvolver; empreender
883	张	zhāng	cl., v.	<cl.> classificador para objetos de superfície plana, como camas, mesas, folhas de papel etc. <v.> 1. estender; abrir 2. espreitar; olhar 3. exibir; expor

序号 Nº	词语 VOCÁBULO	拼音 PINYIN	词性 CLASSE	译文 TRADUÇÃO
884	照	zhào	v., prep.	<v.> 1. iluminar; irradiar 2. refletir 3. fotografar <prep.> 1. em direção a 2. conforme; segundo
885	者 (志愿者)	zhě (zhìyuànzhě)	suf.	(pessoa que faz determinado trabalho ou segue uma doutrina, ex.: voluntário)
886	真实	zhēnshí	adj.	real; verdadeiro; autêntico
887	争	zhēng	v.	1. disputar; competir 2. lutar; batalhar 3. discutir; debater
888	争取	zhēngqǔ	v.	esforçar-se por; lutar por
889	整	zhěng	adj., v.	<adj.> 1. todo; inteiro; completo 2. em ordem; bem ordenado <v.> 1. arrumar; ordenar 2. restaurar; reparar
890	整个	zhěnggè	adj.	todo; inteiro; completo
891	整理	zhěnglǐ	v.	arrumar; pôr em ordem
892	整齐	zhěngqí	adj.	1. em ordem; bem ordenado 2. uniforme; regular
893	整体	zhěngtǐ	s.	todo; conjunto; totalidade
894	整天	zhěngtiān	s.	o dia todo
895	整整	zhěngzhěng	adv.	inteiramente; completamente
896	正	zhèng	adj.	1. reto; direito; vertical 2. central; principal 3. pontual; em ponto 4. direito; face; anverso 5. reto; honesto; honrado 6. puro; autêntico 7. regular; equilátero (figuras geométricas) 8. positivo
897	正式	zhèngshì	adj.	formal; regular; oficial
898	证	zhèng	s.	1. certificado; certidão; atestado 2. prova; evidência
899	证件	zhèngjiàn	s.	documento; certidão
900	证据	zhèngjù	s.	prova; evidência
901	证明	zhèngmíng	v., s.	<v.> certificar; provar; demonstrar <s.> certificado; certidão; atestado
902	支	zhī	cl.	classificador para objetos longos, finos e inflexíveis, como caneta etc.
903	支持	zhīchí	v.	1. suportar; aguentar 2. apoiar; dar apoio a
904	支付	zhīfù	v.	pagar

№ VOCÁBULO	拼音 PINYIN	词性 CLASSE	译文 TRADUÇÃO
905 只	zhī	cl.	1. classificador para certos animais 2. um dos objetos de um par
906 直	zhí	adj., v., adv.	<adj.> 1. direto; reto 2. perpendicular; vertical 3. justo; honesto 4. franco; aberto <v.> endireitar <adv.> 1. diretamente 2. continuamente 3. simplesmente
907 直播	zhíbō	v.	transmitir ao vivo
908 直到	zhídào	prep.	até
909 值	zhí	v.	1. valer; custar 2. valer a pena; merecer; ser digno de 3. encontrar; deparar com 4. estar de serviço
910 值得	zhí // ·dé	v.	valer a pena; merecer; ser digno de
911 职工	zhígōng	s.	empregados; trabalhadores; funcionários
912 职业	zhíyè	s.	profissão; ocupação
913 只好	zhǐhǎo	adv.	não ter escolha; não ter opção
914 只是	zhǐshì	adv., conj.	<adv.> 1. somente; apenas 2. simplesmente <conj.> mas; contudo
915 只有	zhǐyǒu	conj.	só; somente
916 指	zhǐ	v.	1. apontar; indicar 2. referir-se a 3. depender de; contar com
917 指出	zhǐchū	v.	apontar; indicar
918 指导	zhǐdǎo	v.	orientar; guiar; instruir
919 至今	zhìjīn	adv.	até agora; até hoje
920 至少	zhìshǎo	adv.	pelo menos; ao menos
921 志愿	zhìyuàn	s.	1. desejo; vontade; aspiração 2. voluntário
922 志愿者	zhìyuànzhě	s.	voluntário
923 制定	zhìdìng	v.	elaborar; fazer
924 制度	zhìdù	s.	1. regulamento; regra 2. sistema; regime
925 制造	zhìzào	v.	1. fabricar; manufaturar; elaborar 2. criar
926 制作	zhìzuò	v.	1. fabricar; manufaturar; elaborar 2. criar
927 中部	zhōngbù	s.	parte central; centro
928 中华民族	Zhōnghuá Mínzú		nação chinesa
929 终于	zhōngyú	adv.	finalmente; por fim
930 钟	zhōng	s.	1. sino; sineta; campainha 2. relógio 3. hora

Nº	VOCÁBULO	PINYIN	CLASSE	TRADUÇÃO
931	种	zhǒng	cl.	classificador para tipos, variedades ou coisas diferentes dentro de uma mesma categoria, como cores, idiomas etc.
932	种子	zhǒngzi	s.	1. semente 2. cabeça de chave (jogador ou time favorito no esporte)
933	重大	zhòngdà	adj.	importante; significativo; considerável
934	周围	zhōuwéi	s.	arredor; proximidade
935	猪	zhū	s.	porco
936	主持	zhǔchí	v.	1. presidir; dirigir 2. defender; apoiar
937	主动	zhǔdòng	adj.	proativo; diligente
938	主任	zhǔrèn	s.	diretor; chefe; presidente
939	主意	zhǔyi	s.	ideia
940	主张	zhǔzhāng	v., s.	<v.> opinar; sustentar opinião <s.> opinião; proposta; decisão
941	注意	zhù // yì	v.	prestar atenção a; reparar em
942	祝	zhù	v.	1. orar 2. desejar; fazer votos
943	抓	zhuā	v.	1. agarrar; segurar; pegar 2. arranhar 3. prender; apanhar; capturar
944	抓住	zhuāzhù	v.	1. agarrar; segurar; pegar 2. prender; apanhar; capturar
945	专家	zhuānjiā	s.	especialista; perito
946	专门	zhuānmén	adv.	especialmente; exclusivamente
947	专题	zhuāntí	s.	tema especial
948	专业	zhuānyè	s.	especialidade (profissional ou acadêmica)
949	转	zhuǎn	v.	1. virar; mudar 2. transmitir
950	转变	zhuǎnbiàn	v.	mudar; transformar
951	状况	zhuàngkuàng	s.	estado; situação; condição
952	状态	zhuàngtài	s.	estado; condição
953	追	zhuī	v.	1. perseguir; caçar 2. investigar; inquirir 3. procurar; buscar 4. cortejar; paquerar 5. recordar; lembrar 6. rastrear; ir a fundo
954	准	zhǔn	adj., adv.	<adj.> 1. exato; preciso 2. certo; definitivo <adv.> certamente; definitivamente

Nº	VOCÁBULO	PINYIN	CLASSE	TRADUÇÃO
955	资格	zīgé	s.	1. qualificação; competência 2. senioridade; antiguidade
956	资金	zījīn	s.	capital; verba; fundos
957	子女	zǐnǚ	s.	filhos e filhas
958	自从	zìcóng	prep.	desde
959	自动	zìdòng	adj., adv.	<adj.> 1. voluntário; por iniciativa própria 2. automático <adv.> automaticamente; voluntariamente
960	自觉	zìjué	adj.	consciente
961	自然	zìrán	s., adj., adv.	<s.> natureza <adj.> natural <adv.> naturalmente
962	自身	zìshēn	s.	si mesmo; si próprio
963	自主	zìzhǔ	v.	autodeterminar-se; decidir por si mesmo
964	总	zǒng	adv.	1. sempre 2. cedo ou tarde; de qualquer modo 3. provavelmente
965	总结	zǒngjié	v., s.	<v.> resumir; sintetizar <s.> resumo; síntese
966	总是	zǒngshì	adv.	sempre
967	足够	zúgòu	v.	ser suficiente
968	足球	zúqiú	s.	futebol
969	组合	zǔhé	v.	compor; formar
970	左右	zuǒyòu	s., v.	<s.> 1. ambos os lados (esquerdo e direito) 2. mais ou menos (depois de numeral) <v.> controlar; dominar
971	作品	zuòpǐn	s.	obra; trabalho; escrito
972	作者	zuòzhě	s.	autor; escritor; compositor
973	做客	zuò // kè	v.	fazer uma visita; visitar

6.4 四级词汇表 | Lista de Vocabulário do Nível 4

序号 Nº	词语 VOCÁBULO	拼音 PINYIN	词性 CLASSE	译文 TRADUÇÃO
1	阿姨	āyí	s.	1. tia do lado materno 2. (tratamento dado a uma mulher da mesma geração dos pais) 3. empregada doméstica; cuidadora
2	啊	ā	int.	(exclamação)
3	矮	ǎi	adj.	baixo; de pouca altura; de pequena estatura
4	矮小	ǎixiǎo	adj.	baixo e pequeno
5	爱国	ài // guó	v.	amar a pátria; ser patriota
6	爱护	àihù	v.	cuidar; proteger; estimar
7	安	ān	v., adj.	<v.> 1. tranquilizar 2. conformar-se com; estar satisfeito com 3. instalar 4. imputar; atribuir 5. abrigar; nutrir (uma intenção) 6. colocar; pôr (em local ou posição apropriada) <adj.> 1. tranquilo; quieto 2. seguro; salvo 3. confortável
8	安置	ānzhì	v.	colocar; pôr (em local ou posição apropriada)
9	按时	ànshí	adv.	a tempo; pontualmente
10	暗	àn	adj.	1. escuro; obscuro; sombrio 2. escondido; secreto; clandestino 3. vago; confuso
11	暗示	ànshì	v.	insinuar; dar a entender
12	巴士	bāshì	s.	ônibus
13	百货	bǎihuò	s.	artigos em geral; mercadorias em geral
14	摆	bǎi	v.	1. pôr; colocar; dispor 2. apresentar; expor 3. ostentar 4. mover; oscilar
15	摆动	bǎidòng	v.	oscilar; balançar-se
16	摆脱	bǎituō	v.	livrar-se de (uma situação adversa)
17	败	bài	v.	1. perder; ser vencido 2. vencer; derrotar 3. fracassar 4. estragar 5. neutralizar
18	办事	bàn // shì	v.	1. resolver questões; gerenciar tarefas; encarregar-se de afazeres 2. trabalhar
19	包裹	bāoguǒ	s., v.	<s.> embrulho; pacote <v.> embrulhar; empacotar
20	包含	bāohán	v.	incluir; conter; implicar
21	包括	bāokuò	v.	incluir; compreender; abranger

四级词汇表

Nº	VOCÁBULO	PINYIN	CLASSE	TRADUÇÃO
22	薄	báo	adj.	1. fino; de pouca espessura 2. frio; indiferente 3. fraco 4. estéril; árido
23	宝	bǎo	s.	tesouro; joia
24	宝宝	bǎobao	s.	(tratamento afetuoso dado a crianças)
25	宝贝	bǎo·bèi	s.	1. tesouro; preciosidade; objeto de estimação 2. (tratamento afetuoso dado a crianças) 3. peça rara; figura (em referência irônica a indivíduo considerado inútil ou excêntrico)
26	宝贵	bǎoguì	adj.	valioso; precioso
27	宝石	bǎoshí	s.	pedra preciosa
28	保密	bǎo // mì	v.	guardar segredo; manter confidencialidade
29	保守	bǎoshǒu	v., adj.	<v.> conservar; guardar <adj.> conservador
30	抱	bào	v.	1. levar nos braços; carregar no colo 2. ter o primeiro filho 3. nutrir (ideia ou sentimento)
31	背景	bèijǐng	s.	1. plano de fundo; segundo plano (pintura, teatro etc.) 2. contexto; circunstâncias 3. conexões poderosas
32	倍	bèi	cl.	vezes (múltiplo)
33	被迫	bèipò	v.	ser forçado a; ser compelido a
34	本科	běnkē	s.	curso de graduação; bacharelado
35	笨	bèn	adj.	1. tolo; estúpido 2. desajeitado
36	比分	bǐfēn	s.	placar (de competição)
37	毕业	bì // yè	v.	graduar-se; formar-se
38	毕业生	bìyèshēng	s.	formado; graduado; diplomado
39	避	bì	v.	esquivar-se; fugir de
40	避免	bìmiǎn	v.	evitar; prevenir
41	编	biān	v.	1. trançar; entrelaçar; tecer; 2. organizar; agrupar 3. compilar; redigir 4. escrever; compor 5. inventar
42	辩论	biànlùn	v., s.	<v.> debater; discutir; polemizar <s.> debate; discussão
43	标志	biāozhì	v., s.	<v.> indicar; mostrar; marcar <s.> sinal; distintivo; símbolo
44	表情	biǎoqíng	s.	expressão; semblante

序号 Nº	词语 VOCÁBULO	拼音 PINYIN	词性 CLASSE	译文 TRADUÇÃO
45	表扬	biǎoyáng	v.	elogiar; louvar
46	别	bié	v.	1. separar-se; despedir-se 2. diferenciar; distinguir; discernir 3. virar; mudar 4. fixar com alfinete 5. cravar; fincar-se; inserir-se
47	冰	bīng	s.	gelo
48	冰箱	bīngxiāng	s.	geladeira
49	冰雪	bīngxuě	s., adj.	<s.> gelo e neve <adj.> nobre (caráter); brilhante (inteligência)
50	兵	bīng	s.	1. arma 2. militar; tropa; forças armadas 3. soldado 4. guerreiro
51	并	bìng	v.	1. juntar; amalgamar; incorporar 2. ficar lado a lado
52	不要紧	búyàojǐn		não tem problema; não tem importância; não faz mal
53	不在乎	búzàihu	v.	não se importar com; não se preocupar com
54	不管	bùguǎn	conj.	seja qual for; independentemente de
55	不然	bùrán	conj.	se não; caso contrário; de outra maneira
56	布置	bùzhì	v.	1. dispor; decorar; montar 2. distribuir; indicar
57	步行	bùxíng	v.	ir a pé; caminhar; andar
58	擦	cā	v.	1. friccionar; esfregar 2. limpar (com toalha, pano etc.) 3. aplicar (batom, pomada etc.) 4. passar rente; roçar 5. ralar
59	才	cái	s.	habilidade; talento; capacidade
60	材料	cáiliào	s.	1. material de produção ou construção 2. materiais de referência; dados 3. pessoa talentosa para certa atividade
61	财产	cáichǎn	s.	bens; propriedades; haveres
62	财富	cáifù	s.	riqueza; fortuna
63	采访	cǎifǎng	v., s.	<v.> 1. entrevistar 2. procurar e recolher (informações, notícias etc.) <s.> entrevista
64	参考	cānkǎo	v.	consultar
65	参与	cānyù	v.	participar em; tomar parte em; intervir em
66	操场	cāochǎng	s.	campo de esporte; área de recreação
67	操作	cāozuò	v.	manipular; operar

序号 / Nº	词语 / VOCÁBULO	拼音 / PINYIN	词性 / CLASSE	译文 / TRADUÇÃO
68	测	cè	v.	1. medir 2. conjecturar; pressupor; deduzir; inferir
69	测量	cèliáng	v.	medir
70	测试	cèshì	v., s.	<v.> testar; examinar <s.> teste; exame
71	曾	céng	adv.	já; outrora
72	茶叶	cháyè	s.	folhas de chá; chá a granel
73	产品	chǎnpǐn	s.	produto; produção
74	长途	chángtú	adj., s.	<adj.> de longa distância <s.> ônibus ou telefonema de longa distância (abreviação)
75	常识	chángshí	s.	1. conhecimento elementar; conhecimentos gerais 2. senso comum
76	唱片	chàngpiàn	s.	disco; gravação
77	抄	chāo	v.	1. copiar 2. plagiar
78	抄写	chāoxiě	v.	copiar; transcrever
79	潮	cháo	s., adj.	<s.> maré; movimento social; corrente; tendência <adj.> úmido; umedecido
80	潮流	cháoliú	s.	1. fluxo; maré 2. corrente; tendência
81	潮湿	cháoshī	adj.	úmido; umedecido
82	彻底	chèdǐ	adj.	completo; inteiro
83	沉	chén	v., adj.	<v.> 1. afundar-se; submergir-se 2. abaixar <adj.> 1. profundo 2. pesado
84	沉默	chénmò	adj., v.	<adj.> taciturno; calado; silencioso <v.> calar-se; emudecer
85	沉重	chénzhòng	adj.	1. pesado 2. sério
86	称赞	chēngzàn	v.	elogiar; enaltecer
87	成人	chéngrén	s.	adulto; maior de idade
88	诚实	chéng·shí	adj.	honesto; verdadeiro
89	诚信	chéngxìn	adj.	íntegro; honesto; sincero
90	承担	chéngdān	v.	encarregar-se de; assumir
91	承认	chéngrèn	v.	reconhecer; admitir; confessar
92	承受	chéngshòu	v.	1. suportar; aguentar; resistir 2. herdar; receber por herança
93	程序	chéngxù	s.	1. procedimento; ordem 2. programa

LISTA DE VOCABULÁRIO DO NÍVEL 4

序号 Nº	词语 VOCÁBULO	拼音 PINYIN	词性 CLASSE	译文 TRADUÇÃO
94	吃惊	chī // jīng	v.	assustar-se; ser surpreendido; levar um susto
95	迟到	chídào	v.	chegar atrasado; atrasar-se
96	尺	chǐ	s., cl.	<s.> 1. chi (unidade de medida equivalente a 1/3 metro) 2. régua <cl.> chi (unidade de medida)
97	尺寸	chǐ·cùn	s.	1. medida; tamanho; dimensão 2. moderação; comedimento; medida
98	尺子	chǐzi	s.	régua
99	冲	chōng	v.	1. avançar com ímpeto; arremessar-se contra; lançar-se a 2. verter água fervente 3. enxaguar
100	充电	chōng // diàn	v.	carregar (bateria)
101	充电器	chōngdiànqì	s.	carregador
102	充分	chōngfèn	adj.	suficiente; amplo; abundante
103	虫子	chóngzi	s.	inseto; bicho
104	抽	chōu	v.	1. tirar; extrair 2. aspirar; inalar 3. encolher; contrair-se 4. chicotear; açoitar
105	抽奖	chōu // jiǎng	v.	sortear um prêmio; fazer um sorteio
106	抽烟	chōuyān	v.	fumar
107	出口	chū // kǒu	v., s.	<v.> 1. falar; proferir 2. exportar <s.> 1. saída 2. exportação
108	出色	chūsè	adj.	notável; destacado
109	出售	chūshòu	v.	vender
110	出席	chūxí	v.	participar em; comparecer a; assistir a
111	处于	chǔyú	v.	encontrar-se em; achar-se em; ver-se em
112	处	chù	s.	1. lugar; local 2. departamento; repartição
113	穿上	chuānshang	v.	vestir
114	传统	chuántǒng	s., adj.	<s.> tradição <adj.> tradicional
115	窗户	chuānghu	s.	janela
116	窗台	chuāngtái	s.	parapeito; peitoril de janela
117	窗子	chuāngzi	s.	janela
118	春季	chūnjì	s.	primavera
119	纯	chún	adj.	1. puro; sem mistura 2. habilidoso

序号 Nº	词语 VOCÁBULO	拼音 PINYIN	词性 CLASSE	译文 TRADUÇÃO
120	纯净水	chúnjìngshuǐ	s.	água purificada
121	词汇	cíhuì	s.	vocabulário; léxico
122	此	cǐ	pron.	1. isto; este(a) 2. este momento; agora; aqui
123	此外	cǐwài	conj.	além disso
124	次	cì	adj.	1. segundo; seguinte; próximo 2. inferior; de baixa qualidade
125	刺	cì	v., s.	<v.> 1. bicar; espetar 2. assassinar <s.> espinho
126	刺激	cìjī	v., s.	<v.> 1. estimular 2. provocar; irritar <s.> estímulo
127	从此	cóngcǐ	adv.	1. desde agora; daqui por diante; doravante 2. daí por diante; a partir daí
128	粗	cū	adj.	1. grosso 2. grave (voz) 3. tosco; malfeito
129	粗心	cūxīn	adj.	descuidado; desatento
130	促进	cùjìn	v.	promover; fomentar
131	促使	cùshǐ	v.	impulsionar; impelir; estimular
132	促销	cùxiāo	v.	promover vendas
133	措施	cuòshī	s.	medida; providência
134	打	dá	cl.	dúzia
135	答案	dá'àn	s.	resposta; solução
136	打败	dǎbài	v.	1. vencer; derrotar 2. perder; ser derrotado
137	打雷	dǎ // léi		trovejar
138	打扫	dǎsǎo	v.	varrer; limpar
139	打折	dǎ // zhé	v.	dar desconto; vender com desconto
140	打针	dǎ // zhēn	v.	dar injeção; tomar injeção
141	大巴	dàbā	s.	ônibus
142	大多	dàduō	adv.	na maior parte; na maioria
143	大方	dàfang	adj.	1. generoso; magnânimo 2. natural; desembaraçado 3. de bom gosto; estiloso; elegante
144	大哥	dàgē	s.	1. irmão mais velho 2. (tratamento dado a homem da mesma geração)
145	大规模	dà guīmó		de larga escala

序号 Nº	词语 VOCÁBULO	拼音 PINYIN	词性 CLASSE	译文 TRADUÇÃO
146	大会	dàhuì	s.	1. congresso; assembleia 2. comício; reunião
147	大姐	dàjiě	s.	1. irmã mais velha 2. (tratamento dado a mulher da mesma geração)
148	大楼	dà lóu	s.	edifício; prédio
149	大陆	dàlù	s.	1. continente; terra firme 2. a parte continental da China
150	大妈	dàmā	s.	1. tia (esposa do irmão mais velho do pai) 2. (tratamento dado a mulher mais velha)
151	大型	dàxíng	adj.	grande; de grande escala
152	大爷	dàye	s.	1. tio (irmão mais velho do pai) 2. (tratamento dado a homem mais velho)
153	大众	dàzhòng	s.	massa; povo; público
154	代替	dàitì	v.	substituir
155	待遇	dàiyù	s.	1. tratamento; trato 2. remuneração; salário
156	袋	dài	s., cl.	<s.> saco; sacola; bolsa <cl.> quantidades contidas em saco, sacola ou pacote
157	戴	dài	v.	1. levar; trazer 2. pôr; vestir (acessório) 3. respeitar; honrar
158	担保	dānbǎo	v., s.	<v.> garantir; ser fiador de <s.> garantia; fiança
159	担任	dānrèn	v.	assumir; desempenhar
160	担心	dān // xīn	v.	preocupar-se com; recear
161	单	dān	adj., adv.	<adj.> 1. único; sozinho; sem par 2. (número) ímpar 3. simples <adv.> só; apenas
162	单纯	dānchún	adj.	simples; puro; descomplicado
163	单调	dāndiào	adj.	monótono
164	单独	dāndú	adv.	sozinho; a sós
165	淡	dàn	adj.	1. leve; rarefeito 2. fraco; insosso 3. claro; pálido 4. frio; indiferente; insensível 5. trivial; insignificante
166	导游	dǎoyóu	v., s.	<v.> guiar (turismo) <s.> guia turístico
167	导致	dǎozhì	v.	conduzir a; levar a
168	倒闭	dǎobì	v.	quebrar; falir; ir à falência
169	倒车	dǎo // chē	v.	transferir; fazer baldeação (transporte)

Nº	VOCÁBULO	PINYIN	CLASSE	TRADUÇÃO
170	倒车	dào // chē	v.	dar ré (com veículo)
171	得意	déyì	adj.	autocomplacente; orgulhoso de si mesmo; satisfeito consigo mesmo
172	得	děi	v.	1. precisar de; requerer 2. ter que; ter de
173	灯光	dēngguāng	s.	1. luz da lâmpada 2. iluminação
174	登	dēng	v.	1. subir 2. publicar
175	登记	dēng // jì	v.	registrar-se; inscrever-se
176	登录	dēnglù	v.	1. registrar-se 2. conectar (fazer login)
177	登山	dēng // shān	v.	escalar uma montanha
178	的确	díquè	adv.	realmente; verdadeiramente; com efeito
179	敌人	dírén	s.	inimigo
180	底	dǐ	s.	1. fundo 2. os últimos dias do mês ou ano
181	地方	dìfāng	s.	1. local 2. localidade; lugar
182	地面	dìmiàn	s.	1. superfície terrestre 2. chão; pavimento
183	地位	dìwèi	s.	1. posição; situação 2. lugar; espaço
184	地下	dìxià	s.	1. subterrâneo 2. clandestino
185	地址	dìzhǐ	s.	endereço
186	典型	diǎnxíng	s., adj.	<s.> 1. caso típico; exemplo; modelo 2. tipo; arquétipo; protótipo <adj.> típico; representativo
187	点名	diǎn // míng	v.	1. fazer chamada 2. mencionar nome
188	电灯	diàndēng	s.	lâmpada elétrica; luz elétrica
189	电动车	diàndòngchē	s.	veículo elétrico
190	电梯	diàntī	s.	elevador
191	电源	diànyuán	s.	fonte de energia; rede elétrica; abastecimento de eletricidade
192	顶	dǐng	s., v., cl.	<s.> 1. topo da cabeça 2. pico; cimo; topo (de montanha, edifício etc.) 3. limite máximo <v.> 1. levar sobre a cabeça 2. soerguer; levantar de baixo 3. cabecear; golpear com a cabeça <cl.> classificador para objetos usados na cabeça, como chapéu etc.

№ VOCÁBULO		PINYIN	CLASSE	TRADUÇÃO
193	定	dìng	v.	1. decidir; determinar 2. encomendar; reservar
194	冬季	dōngjì	s.	inverno
195	动画片	dònghuàpiàn	s.	desenho animado
196	动摇	dòngyáo	v.	1. vacilar 2. abalar; sacudir
197	豆腐	dòufu	s.	tofu; queijo de soja
198	独立	dúlì	v.	1. estar sozinho de pé 2. ser independente
199	独特	dútè	adj.	único; original; peculiar
200	独自	dúzì	adv.	sozinho; por si só
201	堵	dǔ	v.	tapar; entupir; obstruir
202	堵车	dǔ // chē	v.	estar engarrafado; estar congestionado (de veículos)
203	肚子	dùzi	s.	barriga
204	度过	dùguò	v.	passar (certo tempo); passar por (uma dificuldades etc.)
205	锻炼	duànliàn	v.	1. exercitar-se; treinar 2. forjar (metal)
206	对比	duìbǐ	v., s.	<v.> confrontar; comparar <s.> 1. comparação 2. proporção
207	对付	duìfu	v.	1. enfrentar 2. servir ainda; tentar aproveitar
208	对于	duìyú	prep.	quanto a; em relação a
209	多次	duō cì		várias vezes
210	多年	duō nián		muitos anos
211	多样	duōyàng	adj.	diversificado; variado
212	多种	duō zhǒng	adj.	diversificado; diverso; variado
213	恶心	ěxin	adj., v.	<adj.> enjoado; nauseado <v.> 1. enjoar; nausear 2. provocar nojo a; causar repugnância
214	儿童	értóng	s.	criança
215	而	ér	conj.	1. e 2. mas 3. até 4. (liga expressões de tempo e modo ao verbo) 5. (indica relação entre causa e consequência)
216	而是	ér shì		mas
217	耳机	ěrjī	s.	fone de ouvido

№	VOCÁBULO	PINYIN	CLASSE	TRADUÇÃO
218	二手	èrshǒu	*adj.*	de segunda mão; usado
219	发挥	fāhuī	*v.*	1. desempenhar; pôr em jogo 2. desenvolver
220	发票	fāpiào	*s.*	recibo; fatura
221	发烧	fā // shāo	*v.*	ter febre
222	法	fǎ	*s.*	1. lei; legislação 2. método; maneira 3. mágica 4. darma (budismo)
223	法官	fǎguān	*s.*	juiz; magistrado
224	法律	fǎlǜ	*s.*	lei; legislação
225	法院	fǎyuàn	*s.*	tribunal
226	翻	fān	*v.*	1. virar; inverter 2. remexer procurando 3. atravessar; passar 4. multiplicar 5. traduzir 6. virar-se; virar a cara
227	翻译	fānyì	*v., s.*	<v.> traduzir <s.> tradução
228	烦	fán	*adj., v.*	<adj.> 1. inquieto; agitado; irritado 2. farto; cansado 3. confuso e numeroso <v.> 1. aborrecer; irritar 2. incomodar; perturbar
229	反	fǎn	*adj., v., adv.*	<adj.> oposto; contrário <v.> 1. virar; inverter; tornar 2. resistir; combater 3. opor-se a; ir contra 4. revoltar-se; rebelar-se 5. generalizar <adv.> ao contrário de; em vez de
230	反而	fǎn'ér	*adv.*	ao contrário de; em vez de
231	反映	fǎnyìng	*v., s.*	<v.> 1. refletir 2. informar; reportar <s.> reflexo
232	方	fāng	*adj., s.*	<adj.> 1. quadrado 2. honesto; decente <s.> 1. rumo; direção 2. lado; aspecto 3. lugar; localidade 4. quadrado 5. princípio; critério 6. método 7. prescrição médica 8. magia; adivinhação 9. metro quadrado 10. potência
233	方案	fāng'àn	*s.*	1. projeto; programa; plano 2. fórmula; norma; esquema
234	方针	fāngzhēn	*s.*	orientação; princípio orientador; política
235	放松	fàngsōng	*v.*	relaxar; afrouxar
236	非	fēi	*adv.*	1. não; in- (prefixo) 2. sem 3. dever (fazer algo)

Nº	VOCÁBULO	PINYIN	CLASSE	TRADUÇÃO
237	肥	féi	adj.	1. gordo 2. fértil 3. folgado; solto 4. lucrativo; rentável
238	分布	fēnbù	v.	distribuir; espalhar
239	分散	fēnsàn	v., adj.	<v.> 1. dispensar; descentralizar 2. distribuir; espalhar <adj.> espalhado; disperso; descentralizado
240	分手	fēn // shǒu	v.	separar-se; despedir-se
241	分为	fēnwéi	v.	dividir em
242	…分之…	…fēn zhī…		(indica fração e porcentagem)
243	纷纷	fēnfēn	adv.	sucessivamente; um após o outro
244	奋斗	fèndòu	v.	lutar por; batalhar por
245	风格	fēnggé	s.	estilo
246	风景	fēngjǐng	s.	paisagem; vista; panorama
247	风俗	fēngsú	s.	costume; hábito
248	封闭	fēngbì	v., adj.	<v.> 1. fechar hermeticamente 2. fechar <adj.> fechado
249	否则	fǒuzé	conj.	se não; caso contrário; de outra maneira
250	夫妇	fūfù	s.	casal; marido e esposa; cônjuges
251	夫妻	fūqī	s.	casal; marido e esposa; cônjuges
252	夫人	fū·rén	s.	1. senhora; dama; madame 2. esposa
253	符号	fúhào	s.	1. sinal; símbolo; marca 2. insígnia
254	符合	fúhé	v.	corresponder a; estar em conformidade com
255	付出	fùchū	v.	gastar; investir
256	负担	fùdān	v., s.	<v.> assumir; encarregar-se de <s.> carga; peso
257	附近	fùjìn	s.	proximidade; zona adjacente
258	复制	fùzhì	v.	reproduzir; copiar
259	改善	gǎishàn	v.	melhorar; aprimorar
260	改正	gǎizhèng	v.	corrigir; emendar; retificar
261	盖	gài	v.	1. tapar; cobrir 2. encobrir; ocultar 3. carimbar 4. construir; edificar
262	概括	gàikuò	v., adj.	<v.> resumir; sintetizar; condensar <adj.> conciso; resumido

序号 №	词语 VOCÁBULO	拼音 PINYIN	词性 CLASSE	译文 TRADUÇÃO
263	感兴趣	gǎn xìngqù		interessar-se; ter interesse
264	高潮	gāocháo	s.	1. maré alta 2. auge; apogeu 3. ponto alto; clímax
265	高价	gāojià	s.	preço alto
266	高尚	gāoshàng	adj.	1. nobre; elevado; sublime 2. instrutivo; educativo
267	高铁	gāotiě	s.	trem-bala; trem de alta velocidade
268	格外	géwài	adv.	extraordinariamente; extremamente; particularmente
269	隔	gé	v.	1. dividir 2. separar
270	隔开	gékāi	v.	separar; segregar
271	个别	gèbié	adj.	1. individual; particular 2. raro; esporádico
272	个体	gètǐ	s.	indivíduo
273	各个	gègè	pron., adv.	<pron.> cada; todos <adv.> um a um; separadamente
274	根	gēn	cl., s.	<cl.> classificador para objetos longos e finos como fios, cigarros etc. <s.> 1. raiz 2. base; pé 3. origem; causa
275	根据	gēnjù	v., prep., s.	<v.> fundamentar; referenciar <prep.> de acordo com; conforme; segundo <s.> base; fundamento
276	工程	gōngchéng	s.	1. engenharia 2. obra; projeto
277	公元	gōngyuán	s.	era comum; era cristã; d.C.
278	供应	gōngyìng	v.	fornecer; abastecer; providenciar
279	共	gòng	adv.	1. junto; na companhia de 2. no total
280	构成	gòuchéng	v.	compor; constituir; formar
281	构造	gòuzào	s.	estrutura
282	购买	gòumǎi	v.	comprar; adquirir
283	购物	gòuwù	v.	fazer compras
284	骨头	gǔtou	s.	1. osso 2. caráter
285	固定	gùdìng	adj., v.	<adj.> fixo <v.> fixar
286	瓜	guā	s.	1. melão; abóbora 2. objeto com formato de melão
287	怪	guài	adj., adv.	<adj.> estranho; esquisito <adv.> muito

№	VOCÁBULO	PINYIN	CLASSE	TRADUÇÃO
288	关	guān	s.	1. passagem entre montanhas; desfiladeiro 2. barreira; conjuntura; momento difícil 3. relação; conexão 4. alfândega
289	关闭	guānbì	v.	1. fechar 2. desligar
290	关于	guānyú	prep.	sobre; quanto a; acerca de; a respeito de
291	官	guān	s.	1. funcionário governamental; oficial; autoridade 2. órgão (corpo)
292	官方	guānfāng	s.	oficial; governamental
293	光临	guānglín	v.	estar presente
294	光盘	guāngpán	s.	CD
295	逛	guàng	v.	passear; dar uma volta
296	归	guī	v.	1. regressar; retornar; voltar 2. devolver 3. juntar; unir 4. depender de 5. pertencer a 6. responsabilizar-se por
297	规律	guīlǜ	s.	lei; regra
298	规模	guīmó	s.	escala; dimensão
299	规则	guīzé	s., adj.	<s.> regra; regulamento; norma <adj.> regular; ordenado
300	果实	guǒshí	s.	fruto
301	过分	guò // fèn	adj.	demasiado; excessivo
302	海水	hǎishuǐ	s.	água do mar
303	海鲜	hǎixiān	s.	frutos do mar
304	含	hán	v.	1. segurar na boca 2. conter
305	含量	hánliàng	s.	teor; proporção
306	含义	hányì	s.	sentido; significado; acepção
307	含有	hányǒu	v.	conter
308	寒假	hánjià	s.	férias de inverno
309	寒冷	hánlěng	adj.	frio
310	行业	hángyè	s.	1. ramo profissional 2. ofício; profissão; ocupação
311	航班	hángbān	s.	voo regular; número do voo
312	航空	hángkōng	v.	voar; viajar de avião
313	毫米	háomǐ	cl.	milímetro

Nº	VOCÁBULO	PINYIN	CLASSE	TRADUÇÃO
314	毫升	háoshēng	*cl.*	mililitro
315	好友	hǎoyǒu	*s.*	1. amigo próximo 2. amigo de redes sociais
316	号码	hàomǎ	*s.*	número
317	好	hào	*v.*	1. gostar de 2. estar apto a
318	合同	hé·tóng	*s.*	contrato
319	黑暗	hēi'àn	*adj.*	1. escuro; sombrio 2. decadente; reacionário
320	红包	hóngbāo	*s.*	envelope vermelho (com que se presenteia dinheiro no ano-novo chinês e em ocasiões especiais)
321	后头	hòutou	*s.*	1. atrás 2. depois
322	厚	hòu	*adj.*	grosso; espesso
323	呼吸	hūxī	*v.*	respirar
324	忽视	hūshì	*v.*	descuidar; negligenciar
325	户	hù	*cl.*	classificador para lares ou famílias
326	护士	hùshi	*s.*	enfermeiro(a)
327	花	huā	*adj.*	1. florido 2. estampado 3. colorido; chamativo
328	划	huá	*v.*	1. remar 2. riscar com objeto pontiagudo
329	划	huà	*v.*	1. dividir; demarcar; delimitar 2. diferenciar; distinguir; classificar 3. transferir 4. atribuir 5. desenhar
330	怀念	huáiniàn	*v.*	pensar em; ter saudade de
331	怀疑	huáiyí	*v.*	1. duvidar 2. desconfiar; suspeitar
332	缓解	huǎnjiě	*v.*	aliviar; atenuar
333	黄瓜	huáng·guā	*s.*	pepino
334	黄金	huángjīn	*s.*	ouro
335	回复	huífù	*v.*	1. responder 2. restaurar
336	汇	huì	*v.*	1. confluir; convergir 2. compilar; coletar
337	汇报	huìbào	*v., s.*	<v.> relatar; informar; comunicar <s.> relatório
338	汇率	huìlǜ	*s.*	taxa de câmbio
339	婚礼	hūnlǐ	*s.*	cerimônia de casamento

LISTA DE VOCABULÁRIO DO NÍVEL 4

Nº	VOCÁBULO	PINYIN	CLASSE	TRADUÇÃO
340	火	huǒ	*adj.*	1. flamejante; ardente; inflamado 2. próspero; pujante
341	伙	huǒ	*cl.*	classificador para grupos, bandos
342	伙伴	huǒbàn	*s.*	parceiro; companheiro
343	或许	huòxǔ	*adv.*	talvez; porventura; quiçá
344	货	huò	*s.*	1. moeda; dinheiro 2. mercadoria 3. sujeito; cara (depreciativo)
345	获	huò	*v.*	1. apanhar; prender; capturar 2. obter; conseguir 3. colher; ceifar
346	获得	huòdé	*v.*	obter; adquirir
347	获奖	huòjiǎng	*v.*	ganhar prêmio; ser premiado
348	获取	huòqǔ	*v.*	obter; adquirir
349	几乎	jīhū	*adv.*	quase
350	机构	jīgòu	*s.*	1. mecanismo; maquinismo 2. organização; instituição; corporação 3. estrutura interna (de organização, instituição ou corporação)
351	机遇	jīyù	*s.*	oportunidade; chance; circunstâncias favoráveis
352	积累	jīlěi	*v.*	acumular; juntar
353	激动	jīdòng	*adj., v.*	<adj.> emocionado; comovido <v.> comover; emocionar
354	激烈	jīliè	*adj.*	violento; intenso
355	及格	jí // gé	*v.*	ser aprovado
356	极	jí	*adv.*	extremamente
357	极其	jíqí	*adv.*	extremamente
358	即将	jíjiāng	*adv.*	em breve; logo; a ponto de
359	急忙	jímáng	*adv.*	apressadamente; precipitadamente
360	集合	jíhé	*v.*	1. juntar-se; reunir-se 2. juntar; compilar
361	记载	jìzǎi	*v.*	registrar; anotar
362	纪律	jìlǜ	*s.*	disciplina
363	技巧	jìqiǎo	*s.*	destreza; perícia; técnica
364	系	jì	*v.*	atar; amarrar; abotoar
365	季	jì	*s.*	1. estação do ano 2. época

序号 №	词语 VOCÁBULO	拼音 PINYIN	词性 CLASSE	译文 TRADUÇÃO
366	季度	jìdù	s.	trimestre
367	季节	jìjié	s.	estação do ano
368	既	jì	adv., conj.	<adv.> já <conj.> 1. já que 2. não só... como também; tão... como...
369	既然	jìrán	conj.	já que
370	寄	jì	v.	1. enviar; remeter; mandar 2. depositar; confiar 3. depender de
371	加班	jiā // bān	v.	fazer hora extra
372	加入	jiārù	v.	1. acrescentar; introduzir; misturar 2. participar em; incorporar-se a
373	加油站	jiāyóuzhàn	s.	posto de gasolina
374	家务	jiāwù	s.	afazeres domésticos
375	假如	jiǎrú	conj.	se; no caso de
376	坚固	jiāngù	adj.	sólido; resistente
377	检测	jiǎncè	v.	testar; examinar
378	减	jiǎn	v.	1. subtrair; diminuir 2. reduzir; decair
379	减肥	jiǎn // féi	v.	emagrecer
380	减少	jiǎnshǎo	v.	diminuir; reduzir
381	简历	jiǎnlì	s.	curriculum vitae; nota biográfica
382	健身	jiànshēn	v.	fortalecer a saúde; fazer exercício físico
383	渐渐	jiànjiàn	adv.	gradualmente; paulatinamente
384	江	jiāng	s.	1. rio 2. o rio Yangtzé (Changjiang)
385	讲究	jiǎngjiu	v., adj.	<v.> prestar atenção a; dar importância a; esmerar-se em <adj.> com esmero; requintado
386	讲座	jiǎngzuò	s.	palestra; conferência
387	奖	jiǎng	v., s.	<v.> 1. elogiar 2. premiar <s.> prêmio
388	奖金	jiǎngjīn	s.	prêmio em dinheiro; gratificação; bônus
389	奖学金	jiǎngxuéjīn	s.	bolsa de estudo
390	降	jiàng	v.	1. descer; aterrar 2. baixar; reduzir
391	降低	jiàngdī	v.	baixar; reduzir
392	降价	jiàng // jià	v.	baixar o preço
393	降落	jiàngluò	v.	aterrissar

LISTA DE VOCABULÁRIO DO NÍVEL 4

序号 Nº	词语 VOCÁBULO	拼音 PINYIN	词性 CLASSE	译文 TRADUÇÃO
394	降温	jiàng // wēn	v.	cair a temperatura; queda de temperatura
395	交换	jiāohuàn	v.	trocar; permutar; intercambiar
396	交际	jiāojì	v.	associar-se com; comunicar-se com
397	教授	jiàoshòu	s.	professor (catedrático)
398	教训	jiào·xùn	v., s.	<v.> instruir; admoestar; dar uma lição <s.> lição; ensinamento
399	阶段	jiēduàn	s.	etapa; período; fase
400	街道	jiēdào	s.	1. rua; avenida 2. vizinhança; bairro residencial
401	节省	jiéshěng	v.	economizar; poupar
402	结	jié	v., s.	<v.> 1. atar; tecer; entrelaçar 2. combinar; integrar 3. concluir; terminar; acabar <s.> 1. nó; laço 2. nódulo
403	结构	jiégòu	s.	estrutura
404	结论	jiélùn	s.	1. conclusão 2. veredito
405	姐妹	jiěmèi	s.	irmãs
406	解释	jiěshì	v.	explicar; esclarecer; interpretar
407	尽快	jǐnkuài	adv.	o mais rápido possível
408	紧密	jǐnmì	adj.	1. estreito; íntimo 2. violento; intenso
409	尽力	jìn // lì	v.	fazer todo o possível
410	进口	jìnkǒu	v., s.	<v.> 1. chegar ao porto; entrar no porto 2. importar <s.> 1. entrada 2. importação
411	近代	jìndài	s.	era moderna (período histórico)
412	禁止	jìnzhǐ	v.	proibir; banir
413	经典	jīngdiǎn	s.	1. obra clássica 2. escritura sagrada
414	精力	jīnglì	s.	energia; força; vigor
415	竟然	jìngrán	adv.	inesperadamente
416	镜头	jìngtóu	s.	1. lente (de câmera) 2. cena
417	镜子	jìngzi	s.	1. espelho 2. óculos
418	究竟	jiūjìng	adv.	1. afinal; no fim das contas 2. enfim; finalmente
419	酒吧	jiǔbā	s.	bar
420	居民	jūmín	s.	residente; habitante

Nº	VOCÁBULO	PINYIN	CLASSE	TRADUÇÃO
421	居住	jūzhù	v.	habitar; residir
422	局	jú	s.	1. secretaria; administração 2. departamento; divisão; repartição 3. situação 4. porção; parte 5. loja 6. encontro; festa
423	巨大	jùdà	adj.	gigantesco; enorme; imenso
424	具备	jùbèi	v.	possuir; ter
425	距离	jùlí	v., s.	<v.> distar <s.> distância
426	聚	jù	v.	reunir; juntar
427	聚会	jùhuì	v., s.	<v.> reunir-se; encontrar-se <s.> reunião; encontro
428	卷	juǎn	v., cl.	<v.> 1. enrolar 2. envolver; levar; levantar <cl.> classificador para objetos enrolados, rolos
429	卷	juàn	cl.	classificador para volumes, tomos
430	角色	juésè	s.	papel; função
431	开花	kāi // huā	v.	florescer
432	开水	kāishuǐ	s.	água fervida
433	看不起	kànbuqǐ	v.	desprezar; menosprezar
434	看来	kànlái	v.	parecer que; ser considerado
435	看望	kànwàng	v.	visitar; fazer uma visita a
436	考察	kǎochá	v., s.	<v.> 1. inspecionar; investigar 2. observar e estudar <s.> inspeção
437	考虑	kǎolǜ	v.	ponderar sobre; refletir sobre; levar em consideração
438	棵	kē	cl.	classificador para árvores e plantas
439	可见	kějiàn	conj.	pode-se ver que
440	空间	kōngjiān	s.	espaço
441	空	kòng	v., adj.	<v.> esvaziar; desocupar <adj.> vazio; desocupado
442	口袋	kǒudai	s.	bolso
443	口语	kǒuyǔ	s.	linguagem falada
444	苦	kǔ	adj.	1. amargo 2. sofrido; penoso
445	会计	kuài·jì	s.	1. contabilidade 2. contador

Nº	VOCÁBULO	PINYIN	CLASSE	TRADUÇÃO
446	快递	kuàidì	s.	entrega expressa
447	宽	kuān	adj.	1. largo 2. amplo; espaçoso 3. leniente
448	宽广	kuānguǎng	adj.	vasto; extenso
449	矿泉水	kuàngquánshuǐ	s.	água mineral
450	扩大	kuòdà	v.	ampliar; alargar; dilatar
451	扩展	kuòzhǎn	v.	expandir; estender; desenvolver
452	括号	kuòhào	s.	parênteses
453	垃圾	lājī	s.	lixo
454	拉开	lākāi	v.	1. puxar 2. alargar
455	辣	là	adj.	apimentado; picante
456	来不及	láibují	v.	não dar tempo de; não ter tempo para (fazer algo)
457	来得及	láidejí	v.	dar tempo de; ter tempo para (fazer algo)
458	来源	láiyuán	s.	origem; fonte
459	老公	lǎogōng	s.	marido; esposo
460	老家	lǎojiā	s.	1. terra; terra natal; terra de família 2. antigo lar
461	老婆	lǎopo	s.	esposa
462	老实	lǎoshi	adj.	1. honesto; franco 2. bem-comportado 3. simplório; ingênuo
463	乐趣	lèqù	s.	alegria; delícia; prazer
464	泪	lèi	s.	lágrima
465	泪水	lèishuǐ	s.	lágrima
466	类型	lèixíng	s.	espécie; tipo
467	冷静	lěngjìng	adj.	1. tranquilo; quieto 2. calmo; sensato
468	厘米	límǐ	cl.	centímetro
469	离不开	lí bu kāi	v.	ser inseparável de
470	力气	lìqi	s.	força física; esforço
471	历史	lìshǐ	s.	1. história 2. antecedentes; passado 3. fato passado
472	立即	lìjí	adv.	imediatamente; de imediato
473	利息	lìxī	s.	juros

Nº	VOCÁBULO	PINYIN	CLASSE	TRADUÇÃO
474	利益	lìyì	s.	interesse; benefício
475	俩	liǎ	n.	1. dois; duas 2. pouco; algum
476	良好	liánghǎo	adj.	bom
477	量	liáng	v.	1. medir 2. calcular; estimar; ponderar
478	粮食	liángshi	s.	cereal; alimento; mantimento
479	两边	liǎngbiān	s.	ambos os lados; ambas as partes
480	疗养	liáoyǎng	v.	recuperar-se; restabelecer-se; convalescer
481	了不起	liǎobuqǐ	adj.	extraordinário; impressionante
482	了解	liǎojiě	v.	1. conhecer; compreender 2. informar-se de; investigar; averiguar
483	列	liè	v., cl.	<v.> 1. pôr-se em fila; enfileirar 2. pôr na lista; listar <cl.> classificador para séries, fileiras
484	列车	lièchē	s.	trem; comboio; composição (conjunto de vagões)
485	列入	lièrù	v.	entrar na lista; ser incluído em
486	列为	lièwéi	v.	ser classificado como
487	临时	línshí	adj., adv.	<adj.> provisório; temporário <adv.> provisoriamente; temporariamente
488	零食	língshí	s.	petisco; lanche
489	流传	liúchuán	v.	transmitir-se; circular; propagar-se
490	楼梯	lóutī	s.	escada
491	陆地	lùdì	s.	terra firme
492	陆续	lùxù	adv.	sucessivamente; um após outro
493	录取	lùqǔ	v.	admitir; recrutar
494	律师	lùshī	s.	advogado
495	轮	lún	s., v., cl.	<s.> 1. roda 2. objeto com formato de roda; disco; anel 3. navio; barco <v.> chegar a vez de <cl.> 1. classificador para objetos redondos como Lua, Sol etc. 2. rodadas, ciclos etc.
496	轮船	lúnchuán	s.	navio; barco
497	轮椅	lúnyǐ	s.	cadeira de rodas
498	轮子	lúnzi	s.	roda

№ VOCÁBULO	PINYIN	CLASSE	TRADUÇÃO
499 论文	lùnwén	s.	tese; dissertação; trabalho acadêmico
500 落	luò	v.	1. cair 2. descer; baixar 3. fazer descer; baixar 4. deixar 5. cair em; recair em 6. conseguir; obter
501 毛巾	máojīn	s.	toalha
502 毛衣	máoyī	s.	agasalho de lã
503 帽子	màozi	s.	1. boné; chapéu 2. rótulo; etiqueta
504 没错	méi cuò		está certo!
505 没法儿	méifǎr	v.	não ter jeito; não ser possível
506 没想到	méi xiǎngdào		não esperava; nunca pensei que
507 美金	měijīn	s.	dólar americano
508 美女	měinǚ	s.	moça bonita; beldade
509 梦	mèng	s., v.	<s.> 1. sonho 2. ilusão <v.> sonhar
510 梦见	mèngjiàn	v.	ver em sonho; sonhar com/em; ter sonho sobre
511 梦想	mèngxiǎng	v., s.	<v.> 1. sonhar; fantasiar 2. desejar ardentemente <s.> 1. sonho 2. ilusão
512 秘密	mìmì	adj., s.	<adj.> confidencial; secreto; sigiloso <s.> segredo; sigilo
513 秘书	mìshū	s.	secretário
514 密	mì	adj.	secreto
515 密码	mìmǎ	s.	1. senha 2. escrita enigmática
516 密切	mìqiè	adj., v.	<adj.> 1. próximo; íntimo 2. minucioso <v.> aproximar(-se); estreitar (vínculos, relações etc.)
517 免费	miǎn // fèi	v., s.	<v.> não cobrar (pagamento); ser gratuito <s.> algo gratuito/grátis
518 面临	miànlín	v.	enfrentar; encarar(-se); deparar(-se)
519 面试	miànshì	v.	1. entrevistar 2. fazer prova oral
520 描述	miáoshù	v.	descrever; dar uma descrição de
521 描写	miáoxiě	v.	retratar; descrever
522 名牌儿	míngpáir	s.	1. marca famosa; grife 2. etiqueta com nome
523 名片	míngpiàn	s.	1. cartão de visita 2. obra-prima cinematográfica

Nº	VOCÁBULO	PINYIN	CLASSE	TRADUÇÃO
524	名人	míngrén	s.	celebridade; grande nome; pessoa famosa; figurão
525	摸	mō	v.	1. tocar com a mão; acariciar 2. procurar às apalpadelas; tentar achar com a mão 3. tentar descobrir/conhecer 4. tatear na escuridão
526	模特儿	mótèr	s.	1. modelo (pessoa que desfila nas passarelas da moda, ou que é fotografada para campanhas publicitárias) 2. manequim
527	模型	móxíng	s.	1. modelo (reprodução física em três dimensões); maquete 2. modelo (construção teórica, sistema)
528	末	mò	s.	1. fim; final 2. última etapa 3. poeira; pó 4. detalhes menores
529	默默	mòmò	adv.	silenciosamente; em silêncio
530	哪怕	nǎpà	conj.	mesmo que; ainda que
531	哪	na	part.	(o mesmo que 啊 a, usado depois de palavra terminada em /n/)
532	男女	nánnǚ	s.	homem e mulher
533	男士	nánshì	s.	cavalheiro; homem
534	难免	nánmiǎn	adj.	difícil de evitar
535	脑袋	nǎodai	s.	1. cabeça 2. cérebro; mente
536	闹	nào	adj., v.	<adj.> barulhento <v.> 1. fazer barulho ou bagunça 2. perturbar; criar confusão 3. expressar (sentimentos fortes); desabafar 4. sofrer de 5. fazer
537	闹钟	nàozhōng	s.	despertador
538	内部	nèibù	s.	a parte interna; interior
539	内科	nèikē	s.	medicina interna; clínica geral
540	能干	nénggàn	adj.	capaz; competente
541	宁静	níngjìng	adj.	pacífico; sereno; tranquilo
542	浓	nóng	adj.	1. concentrado; denso; espesso; forte (ar ou líquido) 2. forte; vívido; pesado (cor) 3. grande; intenso (grau)
543	女士	nǚshì	s.	senhora; dama

Nº	VOCÁBULO	PINYIN	CLASSE	TRADUÇÃO
544	暖气	nuǎnqì	s.	1. sistema de aquecimento central 2. equipamento de calefação 3. ar quente
545	拍照	pāi // zhào		tirar foto; fotografar
546	排列	páiliè	v.	ordenar; colocar em ordem
547	牌	pái	s.	1. placa; chapa 2. marca comercial 3. carta de baralho ou peça de dominó, mahjong etc.
548	盘	pán	s., cl.	<s.> 1. bandeja; prato; pires 2. objeto em forma de placa ou tabuleiro <cl.> 1. classificador para bobinas, carretéis etc. 2. classificador para partidas de jogo de tabuleiro
549	盘子	pánzi	s.	1. prato; pires; bandeja 2. situação do mercado
550	胖子	pàngzi	s.	pessoa gorda
551	培训	péixùn	v.	formar; treinar
552	培训班	péixùnbān	s.	curso; aula de treinamento
553	培养	péiyǎng	v.	1. cultivar (espécie ou variedade vegetal e animal) 2. preparar; treinar; educar; instruir
554	培育	péiyù	v.	1. cultivar; criar 2. formar; educar 3. nutrir (sentimentos)
555	批	pī	v.	1 escrever comentários ou instruções (sobre um relatório de um subordinado etc.); responder oficialmente a uma petição 2. criticar; repreender
556	批	pī	cl.	classificador para grupos, lotes, cargas
557	片面	piànmiàn	adj.	1. parcial; unilateral 2. distorcido; desequilibrado; desigual; injusto
558	品质	pǐnzhì	s.	1. caráter; qualidade intrínseca (de pessoa) 2. qualidade (de produto)
559	平方	píngfāng	s., cl.	<s.> quadrado <cl.> metro quadrado
560	平静	píngjìng	adj.	calmo; sereno; tranquilo
561	平均	píngjūn	v., adj.	<v.> dividir em partes iguais <adj.> igual; em partes iguais
562	平稳	píngwěn	adj.	suave e estável
563	迫切	pòqiè	adj.	urgente; premente

序号 №	词语 VOCÁBULO	拼音 PINYIN	词性 CLASSE	译文 TRADUÇÃO
564	破产	pò // chǎn	s., v.	<s.> falência <v.> 1. ir à falência; tornar-se insolvente 2. não dar em nada
565	妻子	qīzi	s.	esposa
566	期待	qīdài	v.	esperar; estar na expectativa de
567	期间	qījiān	s.	período de tempo
568	期末	qīmò	s.	fim de um período ou semestre
569	期限	qīxiàn	s.	limite de tempo; tempo atribuído ou definido; prazo final
570	期中	qīzhōng	s.	meio de um período ou semestre
571	其余	qíyú	pron.	o resto; o restante; os demais
572	企业	qǐyè	s.	empresa; companhia
573	气球	qìqiú	s.	balão
574	汽水	qìshuǐ	s.	água gaseificada; refrigerante
575	汽油	qìyóu	s.	gasolina
576	器官	qìguān	s.	órgão (de organismo humano, animal ou vegetal)
577	前头	qiántou	s.	1. frente; dianteira 2. parte anterior; parte mencionada anteriormente
578	前途	qiántú	s.	futuro; perspectiva
579	浅	qiǎn	adj.	1. raso 2. superficial 3. simples; fácil de entender 4. claro (cor) 5. distante; sem intimidade 6. leve
580	巧克力	qiǎokèlì	s.	chocolate
581	切	qiē	v.	corte; fatiar; picar
582	亲爱	qīn'ài	adj.	querido; caro
583	亲密	qīnmì	adj.	próximo; íntimo
584	青春	qīngchūn	s.	juventude; vitalidade
585	轻松	qīngsōng	adj.	leve; relaxado; despreocupado
586	轻易	qīngyì	adj., adv.	fácil; sem dificuldade
587	清醒	qīngxǐng	adj., v.	<adj.> lúcido; sóbrio; consciente <v.> 1. recuperar os sentidos 2. voltar à realidade; acalmar-se
588	情景	qíngjǐng	s.	situação; cenário; circunstâncias
589	穷	qióng	adj.	1. pobre; indigente 2. em apuros

№ VOCÁBULO	词语 VOCÁBULO	拼音 PINYIN	词性 CLASSE	译文 TRADUÇÃO
590	穷人	qióngrén	s.	pessoa pobre
591	秋季	qiūjì	s.	outono
592	趋势	qūshì	s.	tendência
593	圈	quān	s., v.	<s.> 1. círculo; objeto em forma circular 2. conjunto de pessoas unidas pelo convívio social ou por interesses compartilhados <v.> 1. marcar com um círculo 2. cercar; rodear
594	权利	quánlì	s.	direito
595	却	què	adv.	mas; porém
596	确认	quèrèn	v.	afirmar; confirmar; reconhecer
597	然而	rán'ér	conj.	mas; no entanto; contudo
598	燃料	ránliào	s.	combustível
599	燃烧	ránshāo	v.	queimar; incendiar-se; inflamar-se
600	热闹	rènao	adj., v.	<adj> animado; movimentado <v.> divertir-se; entreter-se
601	热心	rèxīn	adj.	entusiasmado; cordial; solidário
602	人家	rénjia	pron.	1. casa; domicílio 2. família
603	日记	rìjì	s.	diário
604	日历	rìlì	s.	calendário
605	如今	rújīn	s.	hoje em dia; agora
606	弱	ruò	adj.	1. fraco; frágil; debilitado 2. inferior 3. um pouco menos que
607	伞	sǎn	s.	guarda-chuva; sombrinha; guarda-sol
608	散	sàn	v.	1. dispersar(-se); separar(-se) 2. distribuir 3. espalhar; dissipar
609	扫	sǎo	v.	1. varrer; limpar 2. eliminar; erradicar; acabar com 3. passar rapidamente
610	色	sè	s.	1. cor 2. aparência; expressão 3. paisagem; cena 4. tipo; espécie; classificação 5. encanto feminino; boa aparência da mulher
611	色彩	sècǎi	s.	1. cor 2. tom; matiz; estilo
612	森林	sēnlín	s.	floresta

序号 №	词语 VOCÁBULO	拼音 PINYIN	词性 CLASSE	译文 TRADUÇÃO
613	晒	shài	v.	1. (o sol) brilhar; iluminar 2. expor ou secar ao sol 3. ostentar; relevar informações
614	闪	shǎn	v.	1. afastar-se rapidamente; esquivar-se agilmente; 2. aparecer repentinamente 3. piscar; brilhar 4. torcer; machucar
615	闪电	shǎndiàn	s.	raio
616	善良	shànliáng	adj.	bondoso; benévolo
617	善于	shànyú	v.	ser forte em; ser hábil em
618	伤害	shānghài	v.	ferir; machucar
619	商务	shāngwù	s.	negócios; assuntos comerciais
620	赏	shǎng	v.	1. premiar; conceder uma recompensa 2. apreciar; reconhecer 3. ver e admirar com prazer
621	上个月	shàng ge yuè		mês passado
622	上楼	shàng lóu	v.	subir as escadas; ir para o andar de cima
623	上门	shàng mén	v.	1. visitar 2. trancar ou fechar a porta
624	烧	shāo	v.	1. queimar; incendiar 2. cozer; aquecer 3. refogar; guisar; assar 4. ter febre
625	设施	shèshī	s.	instalação
626	设置	shèzhì	v.	1. configurar; estabelecer 2. colocar; instalar
627	申请	shēnqǐng	v.	pedir; solicitar
628	身材	shēncái	s.	estatura
629	身份	shēn·fèn	s.	1. status; identidade 2. posição honrosa; dignidade
630	身高	shēngāo	s.	altura (de uma pessoa)
631	深厚	shēnhòu	adj.	1. profundo 2. sólido; consistente
632	神话	shénhuà	s.	1. mitologia 2. mito; conto de fadas
633	神秘	shénmì	adj.	misterioso; místico
634	甚至	shènzhì	conj.	até mesmo; inclusive
635	失败	shībài	v., adj.	<v.> 1. perder (guerra, competição etc.) 2. falhar; fracassar <adj.> fracassado; derrotado
636	失望	shīwàng	adj.	desapontado; frustrado

N°	VOCÁBULO	PINYIN	CLASSE	TRADUÇÃO
637	失业	shī // yè	v.	perder emprego; estar desempregado
638	诗	shī	s.	poesia; poema
639	诗人	shīrén	s.	poeta
640	湿	shī	adj.	molhado; úmido
641	实施	shíshī	v.	aplicar; entrar em vigor; pôr em prática
642	实用	shíyòng	adj.	prático; pragmático; útil
643	食堂	shítáng	s.	refeitório; cantina
644	使劲	shǐ // jìn	v.	exercer toda a força
645	士兵	shìbīng	s.	soldado
646	市区	shìqū	s.	zona urbana
647	似的	shìde	part.	como; como se
648	事物	shìwù	s.	coisa; objeto; matéria
649	事先	shìxiān	s.	antecedência
650	试卷	shìjuàn	s.	folhas de prova
651	是否	shìfǒu	adv.	sim ou não; será que
652	收回	shōu // huí	v.	1. pegar de volta; recuperar 2. retirar; revogar
653	收获	shōuhuò	v., s.	<v.> colher <s.> 1. colheita; safra 2. resultado; ganho
654	收益	shōuyì	s.	renda; lucro; ganho
655	手工	shǒugōng	s.	trabalho manual
656	手里	shǒu li		na mão de alguém
657	手术	shǒushù	s.	operação cirúrgica; cirurgia
658	手套	shǒutào	s.	luva
659	守	shǒu	v.	1. obedecer a; respeitar 2. guardar; manter 3. defender; proteger 4. cuidar de; vigiar 5. estar perto de; ficar ao lado de
660	首	shǒu	cl.	classificador para poemas, canções etc.
661	受不了	shòubuliǎo	v.	ser incapaz de suportar; não aguentar; não suportar
662	售货员		s.	vendedor; balconista

序号 Nº	词语 VOCÁBULO	拼音 PINYIN	词性 CLASSE	译文 TRADUÇÃO
663	叔叔	shūshu	s.	1. tio; irmão mais novo do pai 2. (tratamento genérico dado a jovem adulto, geralmente usado por crianças) tio
664	舒适	shūshì	adj.	confortável; agradável
665	熟练	shúliàn	adj.	hábil; bem treinado; proficiente
666	暑假	shǔjià	s.	férias de verão
667	树林	shùlín	s.	bosque
668	树叶	shùyè	s.	folha de árvore
669	数据	shùjù	s.	dados
670	数码	shùmǎ	s.	1. algarismo 2. número; quantidade
671	刷	shuā	v.	1. limpar com escova; escovar 2. pintar (muro, parede etc.) 3. eliminar (de um processo seletivo)
672	刷牙	shuā yá	v.	escovar os dentes
673	刷子	shuāzi	s.	escova
674	帅	shuài	adj.	elegante; bonito
675	帅哥	shuàigē	s.	moço bonito
676	率先	shuàixiān	adv.	primeiro; agindo de modo a tomar a iniciativa ou assumir a liderança
677	睡着	shuìzháo	v.	pegar no sono; adormecer
678	顺序	shùnxù	s.	sequência; ordem
679	说不定	shuōbudìng	adv.	talvez
680	说服	shuōfú	v.	persuadir; convencer
681	思考	sīkǎo	v.	pensar; ponderar
682	似乎	sìhū	adv.	aparentemente; ao que parece
683	松	sōng	adj., v.	<adj.> 1. solto; frouxo 2. fofo; macio; mole <v> soltar; afrouxar; relaxar 2. desamarrar; desatar
684	松树	sōngshù	s.	pinheiro
685	塑料	sùliào	s.	plástico
686	塑料袋	sùliàodài	s.	saco de plástico
687	酸	suān	adj.	1. azedo; ácido 2. dolorido 3. angustiado; entristecido 4. pedante; dogmático
688	酸奶	suānnǎi	s.	iogurte

LISTA DE VOCABULÁRIO DO NÍVEL 4

序号 Nº	词语 VOCÁBULO	拼音 PINYIN	词性 CLASSE	译文 TRADUÇÃO
689	随手	suíshǒu	adv.	convenientemente; sem nenhum esforço extra
690	孙女	sūn·nǚ	s.	neta
691	孙子	sūnzi	s.	neto
692	缩短	suōduǎn	v.	encurtar; reduzir de comprimento
693	缩小	suōxiǎo	v.	diminuir; encolher
694	台阶	táijiē	s.	1. degrau; escada 2. oportunidade de se livrar de uma posição incômoda (numa conversa etc.)
695	台上	táishàng	s.	no palco
696	躺	tǎng	v.	deitar-se
697	套餐	tàocān	s.	1. refeição em combo; menu em combo; menu executivo 2. pacote de serviços ou produtos
698	特价	tèjià	s.	oferta especial; preço baixo
699	特殊	tèshū	adj.	especial; peculiar; excepcional; distintivo
700	特征	tèzhēng	s.	característica
701	提供	tígōng	v.	fornecer; proporcionar
702	提醒	tí // xǐng	v.	lembrar; chamar a atenção para
703	体操	tǐcāo	s.	ginástica
704	体检	tǐjiǎn	v.	fazer exame médico ou check-up; fazer uma avaliação médica completa
705	体重	tǐzhòng	s.	peso corporal
706	替	tì	v., prep.	<v.> substituir; ocupar o lugar de <prep.> por; com
707	替代	tìdài	v.	substituir; ocupar o lugar de
708	天真	tiānzhēn	adj.	1. inocente; sem artifício; ingênuo 2. simplório; crédulo
709	填	tián	v.	1. encher; entupir 2. preencher; completar
710	填空	tián // kòng	v.	1. preencher lacuna (numa prova) 2. preencher uma vaga
711	挑	tiāo	v.	1. escolher; selecionar 2. carregar num bastão apoiado no ombro 3. ser exigente; ser hipercrítico
712	挑选	tiāoxuǎn	v.	selecionar; escolher

Nº	VOCÁBULO	PINYIN	CLASSE	TRADUÇÃO
713	调皮	tiáopí	adj.	1. impertinente; travesso 2. indisciplinado 3. esperto
714	挑	tiāo	v.	1. tirar com ajuda de um objeto pontiagudo ou comprido 2. provocar, instigar
715	挑战	tiǎo // zhàn	v., s.	<v.> desafiar <s.> desafio
716	贴	tiē	v.	1. colar; grudar; anexar 2. manter-se próximo a; pôr(-se) junto 3. subsidiar; ajudar financeiramente
717	停下	tíngxia	v.	parar; cessar
718	挺	tǐng	v.	1. sobressair; endireitar (fisicamente) 2. resistir; aguentar
719	通知书	tōngzhīshū	s.	aviso escrito; carta de anúncio
720	同情	tóngqíng	v.	simpatizar com; solidarizar-se com
721	童话	tónghuà	s.	conto de fadas; história infantil
722	童年	tóngnián	s.	infância
723	统计	tǒngjì	v.	somar; contar
724	统一	tǒngyī	v., adj.	<v.> unificar; unir <adj.> unificado; unânime; uniformizado
725	痛快	tòng·kuài	adj.	1. feliz; alegre 2. até se fartar 3. franco; direto; sem rodeios
726	投	tóu	v.	1. atirar; lançar; arremessar 2. atirar-se; jogar-se (cometer suicídio) 3. pôr; colocar 4. encaixar-se com; atender a 5. enviar; entregar
727	投入	tóurù	v., s.	<v.> 1. dedicar-se; entregar-se 2. investir; colocar (dinheiro) em <s.> investimento
728	投诉	tóusù	v.	reclamar
729	投资	tóuzī	s.	investimento; dinheiro investido
730	透	tòu	v., adj.	<v.> 1. passar por; penetrar; infiltrar 2. deixar escapar; revelar 3. mostrar; aparecer <adj.> 1. profundo; minucioso 2. completo; total
731	透明	tòumíng	adj.	transparente; translúcido
732	图案	tú'àn	s.	padronagem; padrão
733	途中	túzhōng	s.	jornada; caminho
734	土地	tǔdì	s.	1. terra; terreno 2. território

序号 Nº	词语 VOCÁBULO	拼音 PINYIN	词性 CLASSE	译文 TRADUÇÃO
735	推迟	tuīchí	v.	adiar
736	推销	tuīxiāo	v.	promover vendas; vender
737	脱	tuō	v.	1. tirar (do corpo) 2. cair; perder (pele, cabelo etc.) 3. remover; tirar 4. evitar; livrar-se de
738	袜子	wàzi	s.	meias
739	外汇	wàihuì	s.	divisa; moeda estrangeira
740	外交官	wàijiāoguān	s.	diplomata
741	外套	wàitào	s.	casaco; sobretudo
742	弯	wān	adj., v.	<adj> curvo; tortuoso <v.> curvar(-se); dobrar(-se)
743	晚点	wǎn // diǎn	v.	chegar atrasado; estar atrasado (voo, trem, barco etc.)
744	万一	wànyī	s., conj.	<s.> 1. contingência; eventualidade 2. um décimo de milésimo; porcentagem muito pequena <conj.> se por acaso
745	王	wáng	s.	1. rei; monarca 2. duque; príncipe 3. maior, melhor ou mais forte do grupo
746	网络	wǎngluò	s.	1. rede; malha; sistema de rede 2. rede de computadores; a internet
747	网址	wǎngzhǐ	s.	endereço eletrônico; website; site
748	微笑	wēixiào	v.	sorriso
749	微信	wēixìn	s.	WeChat (aplicativo de comunicação instantânea amplamente usado na China)
750	围巾	wéijīn	s.	cachecol; lenço
751	维持	wéichí	v.	manter; preservar
752	维护	wéihù	v.	proteger; salvaguardar; defender
753	维修	wéixiū	v.	manter em bom estado de conservação
754	尾巴	wěiba	s.	1. rabo; cauda 2. parte posterior; traseira 3. parte restante 4. pessoa que segue outra constantemente; sombra; perseguidor
755	未必	wèibì	adv.	não necessariamente
756	未来	wèilái	s.	futuro
757	位于	wèiyú	v.	ficar em; localizar-se em; situar-se em

Nº	VOCÁBULO	PINYIN	CLASSE	TRADUÇÃO
758	位置	wèi·zhì	s.	1. lugar; localização 2. posição (em uma sequência ou ordem) 3. cargo; posto
759	味儿	wèir	s.	1. sabor 2. cheiro; odor
760	喂	wèi	v.	alimentar ou dar de comer a uma pessoa ou animal
761	稳	wěn	adj.	1. firme; estável 2. calmo; sereno 3. confiável; seguro; certo
762	稳定	wěndìng	adj.	estável; tranquilo
763	问候	wènhòu	v.	saudar; cumprimentar
764	无	wú	v.	não ter; não haver
765	无法	wúfǎ	v.	não poder; ser impossível; ser incapaz (de fazer algo)
766	无聊	wúliáo	adj.	1. entediado 2. chato; sem graça
767	无论	wúlùn	conj.	seja qual/como for; não obstante
768	无数	wúshù	adj.	inumerável; incontável
769	无所谓	wúsuǒwèi		é indiferente; pouco importa
770	无限	wúxiàn	adj.	infinito; ilimitado
771	五颜六色	wǔyán-liùsè	adj.	de várias cores; multicolorido
772	误会	wùhuì	v., s.	<v.> entender mal; interpretar mal <s.> mal-entendido
773	西瓜	xī·guā	s.	melancia
774	吸	xī	v.	1. inalar; sugar 2. absorver 3. atrair
775	吸管	xīguǎn	s.	1. canudo 2. pipeta
776	吸收	xīshōu	v.	1. absorver; assimilar (alimentos ou nutrientes) 2. enfraquecer; fazer diminuir 3. admitir; recrutar
777	吸烟	xīyān	v.	fumar
778	吸引	xīyǐn	v.	1. atrair 2. fascinar; cativar; captar (atenção)
779	喜爱	xǐ'ài	v.	gostar de; estar interessado em; ter inclinação para
780	系列	xìliè	s.	série
781	系统	xìtǒng	s., adj.	<s.> sistema <adj.> sistemático; sistêmico

№	VOCÁBULO	PINYIN	CLASSE	TRADUÇÃO
782	细	xì	adj.	1. fino; delgado 2. miúdo; pequeno 3. estreito 4. fraco; suave 5. primoroso; refinado 6. em pequenas partículas; minúsculo
783	细节	xìjié	s.	detalhe; pormenor
784	细致	xìzhì	adj.	1. cuidadoso; minucioso; meticuloso 2. delicado; refinado; primoroso
785	下个月	xià ge yuè		próximo mês
786	下降	xiàjiàng	v.	1. descer; ir de cima para baixo 2. baixar; diminuir
787	下楼	xià lóu		descer as escadas; ir para o andar de baixo
788	下载	xiàzài	v.	download
789	夏季	xiàjì	s.	verão
790	鲜	xiān	adj.	1. fresco 2. não murcho; viçoso 3. delicioso; saboroso 4. brilhante; de cores vivas
791	鲜花	xiānhuā	s.	flor fresca
792	鲜明	xiānmíng	adj.	1. brilhante; vívido (cores) 2. nítido; inequívoco
793	咸	xián	adj.	salgado
794	显著	xiǎnzhù	adj.	notável; evidente; fora do comum
795	县	xiàn	s.	condado; distrito
796	限制	xiànzhì	v., s.	<v.> limitar; restringir <s.> restrição; limite; limitação
797	相处	xiāngchǔ	v.	conviver; relacionar-se; interagir; entender-se (com alguém)
798	相反	xiāngfǎn	adj., conj.	<adj.> oposto; contrário <conj.> ao contrário; em vez de; pelo contrário
799	箱	xiāng	cl.	classificador para quantidades contidas em caixas
800	箱子	xiāngzi	s.	baú; caixa; mala
801	想念	xiǎngniàn	v.	sentir falta de; pensar em; ter saudade de
802	想象	xiǎngxiàng	s., v.	<s.> imaginação <v.> imaginar; conceber; visualizar
803	项	xiàng	cl.	classificador para itens
804	项目	xiàngmù	s.	1. item; modalidade 2. projeto; programa

Nº	VOCÁBULO	PINYIN	CLASSE	TRADUÇÃO
805	相片	xiàngpiàn	s.	fotografia
806	消化	xiāohuà	v.	1. digerir 2. assimilar mentalmente
807	销售	xiāoshòu	v.	vender
808	小吃	xiǎochī	s.	1. lanche 2. comida barata servida em porções pequenas 3. prato frio
809	小伙子	xiǎohuǒzi	s.	moço; rapaz
810	小型	xiǎoxíng	adj.	de tamanho pequeno; em escala pequena
811	效率	xiàolǜ	s.	eficiência
812	些	xiē	cl.	1. classificador para quantidades indefinidas: uns, alguns, vários 2. um pouco; um pouco mais (usado depois de adjetivos ou verbos)
813	心理	xīnlǐ	s.	mentalidade; psique
814	新郎	xīnláng	s.	noivo
815	新娘	xīnniáng	s.	noiva
816	新鲜	xīn·xiān	adj.	1. fresco 2. puro; sem poluição 3. vibrante; vivo 4. novo; incomum; raro
817	新型	xīnxíng	adj.	de novo modelo ou tipo
818	兴奋	xīngfèn	adj.	1. excitado 2. empolgado
819	形容	xíngróng	v.	descrever
820	形势	xíngshì	s.	1. situação; circunstâncias 2. características topográficas
821	型	xíng	s.	1. molde 2. modelo; tipo 3. forma
822	型号	xínghào	s.	modelo; tipo
823	醒	xǐng	v.	1. estar acordado 2. acordar; despertar 3. recobrar a consciência 4. sair de (ilusão, ignorância etc.)
824	兴趣	xìngqù	s.	interesse
825	性质	xìngzhì	s.	qualidade; natureza
826	兄弟	xiōngdì	s.	1. irmãos 2. pessoas de grande amizade
827	胸部	xiōngbù	s.	1. tórax; peito 2. seios
828	修理	xiūlǐ	v.	1. reparar; consertar 2. aparar; podar
829	选择	xuǎnzé	v., s.	<v.> optar (por); escolher <s.> opção; escolha

Nº	VOCÁBULO	PINYIN	CLASSE	TRADUÇÃO
830	学分	xuéfēn	s.	crédito (de curso)
831	学年	xuénián	s.	ano letivo
832	学时	xuéshí	s.	carga horária; hora-aula
833	学术	xuéshù	s.	ciência; academia
834	学问	xuéwen	s.	1. conhecimento; erudição 2. sistema de conhecimentos
835	寻找	xúnzhǎo	v.	procurar
836	迅速	xùnsù	adj.	rápido; veloz
837	牙	yá	s.	1. dente 2. abreviação de marfim 3. objeto ou saliência semelhante a um dente
838	牙刷	yáshuā	s.	escova de dente
839	亚运会	Yàyùnhuì	s.	Jogos Asiáticos
840	呀	ya	part.	(o mesmo que 啊 depois de palavra terminada em vogal)
841	延长	yáncháng	v.	alongar; prolongar(-se); estender(-se)
842	延期	yán // qī	v.	adiar
843	延续	yánxù	v.	continuar; prosseguir; durar
844	严	yán	adj.	1. rigoroso; rígido 2. severo; sério; solene 3. cruel; grave 4. bem fechado
845	严格	yángé	adj., v.	<adj.> rigoroso; rígido <v.> aplicar rigorosamente; impor estritamente
846	严重	yánzhòng	adj.	grave; sério; crítico
847	研究	yánjiū	v.	1. estudar; pesquisar 2. discutir; analisar
848	研究生	yánjiūshēng	s.	estudante de pós-graduação; pós-graduado
849	研制	yánzhì	v.	pesquisar e desenvolver
850	盐	yán	s.	sal
851	眼镜	yǎnjìng	s.	óculos
852	眼泪	yǎnlèi	s.	lágrima
853	眼里	yǎnli	s.	na visão de alguém; aos olhos de alguém
854	演讲	yǎnjiǎng	v.	dar uma palestra; fazer um discurso
855	阳台	yángtái	s.	sacada
856	养成	yǎngchéng	v.	formar; cultivar; desenvolver
857	腰	yāo	s.	1. cintura 2. rim 3. meio; metade

Nº	VOCÁBULO	PINYIN	CLASSE	TRADUÇÃO
858	摇	yáo	v.	sacudir; abanar; balançar
859	药物	yàowù	s.	medicamento; produtos farmacêuticos
860	要	yào	conj.	se; no caso de
861	业余	yèyú	adj.	1. depois do expediente 2. amador; não profissional
862	叶子	yèzi	s.	folha
863	医疗	yīliáo	v.	dar tratamento médico (a)
864	医学	yīxué	s.	ciência da medicina; medicina
865	依靠	yīkào	v., s.	<v.> depender de; apoiar-se em; contar com <s.> suporte; apoio; amparo
866	依然	yīrán	adv.	como sempre; ainda
867	一律	yílǜ	adv.	todo; sem exceção
868	一再	yízài	adv.	repetidamente
869	一致	yízhì	adj., adv.	<adj.> unânime; consistente <adv.> unanimemente; por unanimidade
870	移	yí	v.	1. mudar ou fazer mudar de lugar; deslocar(-se) 2. mudar-se; alterar-se
871	移动	yídòng	v.	mover(-se); mudar ou fazer mudar de lugar
872	移民	yímín	v., s.	<v.> migrar; emigrar; imigrar <s.> migrante; imigrante; emigrante
873	遗产	yíchǎn	s.	legado; herança
874	遗传	yíchuán	v.	transmitir geneticamente; passar para a próxima geração
875	疑问	yíwèn	s.	pergunta; dúvida
876	以及	yǐjí	conj.	assim como; bem como; e
877	以内	yǐnèi	s.	dentro de; menor que
878	一般来说	yìbānláishuō		de um modo geral; em geral
879	义务	yìwù	s.	dever; obrigação
880	议论	yìlùn	v., s.	<v.> comentar; falar de; discutir <s.> comentário; discussão
881	引	yǐn	v.	1. conduzir; guiar 2. causar; provocar 3. estender; esticar 4. puxar; rebocar 5. recomendar 6. citar
882	引导	yǐndǎo	v.	1. guiar; conduzir 2. orientar; instruir

Nº	VOCÁBULO	PINYIN	CLASSE	TRADUÇÃO
883	引进	yǐnjìn	v.	1. introduzir 2. apresentar; recomendar
884	引起	yǐnqǐ	v.	causar; provocar
885	应	yīng	v.	dever; ser necessário
886	英勇	yīngyǒng	adj.	valente; bravo
887	营业	yíngyè	v.	fazer negócio; estar em operação (loja, empresa etc.)
888	赢得	yíngdé	v.	conquistar; ganhar
889	影子	yǐngzi	s.	1. sombra 2. imagem; reflexo 3. indício; impressão vaga
890	勇敢	yǒnggǎn	adj.	valente; corajoso; bravo
891	勇气	yǒngqì	s.	coragem
892	用途	yòngtú	s.	uso; utilidade
893	优良	yōuliáng	adj.	bom
894	优美	yōuměi	adj.	gracioso; belo; elegante
895	优秀	yōuxiù	adj.	excelente; ótimo
896	邮局	yóujú	s.	correio
897	有劲儿	yǒu // jìnr	v.	1. forte; com força 2. empolgante; fascinante
898	有趣	yǒuqù	adj.	divertido; interessante
899	有限	yǒuxiàn	adj.	limitado; finito
900	幼儿园	yòu'éryuán	s.	jardim de infância; creche
901	于是	yúshì	conj.	por conseguinte; portanto
902	语法	yǔfǎ	s.	gramática
903	语音	yǔyīn	s.	sons da fala; pronúncia; sotaque
904	玉	yù	s.	jade
905	玉米	yùmǐ	s.	milho
906	预测	yùcè	v.	fazer previsão ou projeção; prever; prognosticar
907	预订	yùdìng	v.	reservar (hotel, ingresso etc.); fazer uma reserva
908	遇	yù	v.	1. encontrar inesperadamente; topar por acaso 2. tratar

Nº	VOCÁBULO	PINYIN	CLASSE	TRADUÇÃO
909	遇到	yùdào	v.	encontrar inesperadamente; topar por acaso
910	遇见	yùjiàn	v.	encontrar inesperadamente; topar por acaso
911	原料	yuánliào	s.	matéria-prima
912	原则	yuánzé	s.	princípio
913	圆	yuán	adj., s.	<adj.> 1. redondo; circular 2. esférico 3. satisfatório; perfeito <s.> 1. círculo 2. moeda de determinado valor e peso
914	圆满	yuánmǎn	adj.	satisfatório
915	约会	yuē·huì	v., s.	<v.> marcar um encontro <s.> encontro previamente marcado; compromisso
916	月底	yuèdǐ	s.	fim do mês
917	阅读	yuèdú	v.	ler
918	运动会	yùndònghuì	s.	jogos esportivos
919	运动员		s.	esportista; atleta; jogador
920	运气	yùnqi	s.	sorte; destino
921	运用	yùnyòng	v.	utilizar; aplicar; colocar em uso
922	再三	zàisān	adv.	repetidamente
923	在乎	zàihu	v.	1. preocupar-se com; levar em consideração 2. depender de
924	在于	zàiyú	v.	1. consistir em; ser 2. depender de
925	赞成	zànchéng	v.	aprovar; concordar com; apoiar
926	赞赏	zànshǎng	v.	apreciar; admirar; elogiar
927	赞助	zànzhù	v.	patrocinar; apoiar
928	造型	zàoxíng	s.	forma; estilo visual
929	战斗	zhàndòu	v., s.	<v.> 1. lutar; batalhar; combater 2. trabalhar intensamente <s.> luta; batalha; combate
930	战胜	zhànshèng	v.	vencer; derrotar; superar
931	战士	zhànshì	s.	1. soldado 2. (designação genérica de pessoas que lutam por uma causa) guerreiro; combatente
932	战争	zhànzhēng	s.	guerra

LISTA DE VOCABULÁRIO DO NÍVEL 4

序号 Nº	词语 VOCÁBULO	拼音 PINYIN	词性 CLASSE	译文 TRADUÇÃO
933	丈夫	zhàngfu	s.	marido
934	招呼	zhāohu	v.	1. chamar; saudar 2. receber; acolher 3. falar; dizer; notificar 4. cuidar de; tomar cuidado de
935	着	zháo	v.	1. ser afetado; sofrer 2. (depois de verbo, indica resultado de uma ação) conseguir fazer algo 3. pegar no sono; adormecer 4. tocar; ter contato com 5. pegar fogo; incendiar-se
936	着火	zháo // huǒ	v.	pegar fogo; estar em chamas
937	着急	zháo // jí	v.	ficar ansioso; preocupar-se
938	召开	zhàokāi	v.	convocar; realizar (reunião)
939	折	zhé	v.	1. quebrar; fraturar 2. dobrar 3. descontar; perder 4. voltar; mudar de direção 5. converter 6. fracassar
940	针	zhēn	s.	1. agulha 2. objeto semelhante a agulha 3. injeção
941	针对	zhēnduì	v.	dirigir(-se) a; apontar
942	阵	zhèn	cl.	classificador para fenômenos passageiros como chuva, nevasca, rajada de vento, crise de uma doença etc.
943	争论	zhēnglùn	v.	discutir; debater; contender
944	征服	zhēngfú	v.	conquistar; subjugar
945	征求	zhēngqiú	v.	solicitar; pedir
946	政府	zhèngfǔ	s.	governo
947	政治	zhèngzhì	s.	política; assuntos políticos
948	之后	zhīhòu	s.	posterior; depois de
949	之间	zhījiān	s.	entre; no meio de
950	之前	zhīqián	s.	anterior; antes de
951	之一	zhīyī	s.	um de ...; entre
952	支	zhī	v.	1. sustentar; montar 2. suportar; aguentar 3. ajudar; auxiliar 4. sobressair; ficar para fora 5. pagar; sacar (dinheiro)
953	植物	zhíwù	s.	planta; vegetal

Nº	VOCÁBULO	PINYIN	CLASSE	TRADUÇÃO
954	指挥	zhǐhuī	v., s.	<v.> 1. comandar; dirigir 2. reger; conduzir <s.> 1. comandante; diretor 2. maestro; regente
955	制订	zhìdìng	v.	formular; elaborar (programa, plano etc.)
956	质量	zhìliàng	s.	1. qualidade 2. massa (física)
957	治	zhì	v.	1. governar; administrar 2. tratar (de uma doença); curar 3. controlar; eliminar insetos nocivos 4. punir 5. estudar; pesquisar
958	治疗	zhìliáo	v.	tratar; curar
959	智力	zhìlì	s.	inteligência; intelecto
960	智能	zhìnéng	s.	inteligência; capacidade intelectual
961	中介	zhōngjiè	s.	intermediário; meio
962	种类	zhǒnglèi	s.	tipo; categoria; variedade
963	中奖	zhòng // jiǎng	v.	ganhar prêmio na loteria; obter o número vencedor em um sorteio
964	种	zhòng	v.	plantar; cultivar; semear
965	种植	zhòngzhí	v.	plantar; cultivar
966	重量	zhòngliàng	s.	peso
967	逐步	zhúbù	adv.	passo a passo; progressivamente
968	逐渐	zhújiàn	adv.	aos poucos; gradualmente
969	主题	zhǔtí	s.	tema; assunto; tópico principal
970	主席	zhǔxí	s.	presidente
971	祝福	zhùfú	v.	desejar; abençoar
972	著名	zhùmíng	adj.	famoso; célebre
973	著作	zhùzuò	s.	livro; obra
974	抓紧	zhuā // jǐn	v.	1. apertar firmemente; agarrar 2. acelerar; não perder tempo
975	专心	zhuānxīn	adj.	atento; absorto
976	转动	zhuǎndòng	v.	virar; girar
977	转告	zhuǎngào	v.	transmitir; comunicar; passar (um recado)
978	转身	zhuǎn shēn	v. adv.	<v.> virar o corpo <adv.> em um instante
979	转弯	zhuǎn wān	v., s.	<v.> 1. fazer curva; virar uma esquina 2. seguir um novo rumo; mudar de ideia <s.> esquina

Nº	VOCÁBULO	PINYIN	CLASSE	TRADUÇÃO
980	转移	zhuǎnyí	v.	1. transferir(-se); deslocar(-se) 2. desviar(-se); alterar(-se)
981	装修	zhuāngxiū	v.	decorar ou reformar (casa, ambiente etc.)
982	装置	zhuāngzhì	v., s.	<v.> instalar; equipar <s.> instalação; dispositivo
983	追求	zhuīqiú	v.	1. buscar; procurar 2. cortejar; paquerar
984	准时	zhǔnshí	adj.	pontual; no horário previsto
985	资料	zīliào	s.	1. meios 2. dados; material
986	资源	zīyuán	s.	1. recursos naturais 2. meio para resolver uma dificuldade ou um problema; recursos
987	自	zì	prep.	de; desde
988	自信	zìxìn	v.	ter autoconfiança
989	字母	zìmǔ	s.	letra
990	综合	zōnghé	v.	1. sintetizar; resumir 2. integrar; combinar
991	总共	zǒnggòng	adv.	no total; em conjunto
992	总理	zǒnglǐ	s.	primeiro-ministro; premiê
993	总统	zǒngtǒng	s.	presidente (da república)
994	总之	zǒngzhī	conj.	1. em suma; enfim 2. de qualquer maneira; em todo caso
995	阻止	zǔzhǐ	v.	evitar; impedir; parar
996	嘴巴	zuǐba	s.	boca
997	最初	zuìchū	s.	início
998	作出	zuòchū	v.	fazer; realizar
999	作为	zuòwéi	prep., v.	<prep..> na qualidade de; como <v.> tomar como; considerar
1000	做梦	zuò // mèng	v.	1. sonhar; ter um sonho 2. sonhar acordado

6.5 五级词汇表 | Lista de Vocabulário do Nível 5

序号 №	词语 VOCÁBULO	拼音 PINYIN	词性 CLASSE	译文 TRADUÇÃO
1	安慰	ānwèi	v., adj.	<v.> consolar(-se) <adj.> confortado; aliviado
2	岸	àn	s.	margem; beira de rio, lago ou mar
3	岸上	àn shang		na margem
4	按摩	ànmó	v.	massagem
5	拔	bá	v.	1. tirar; extrair; arrancar 2. destacar-se dos outros 3. escolher 4. resfriar imergindo em água fria
6	白酒	báijiǔ	s.	aguardente
7	拜访	bàifǎng	v.	visitar
8	版	bǎn	s.	1. edição 2. página (de jornal)
9	扮演	bànyǎn	v.	1. interpretar (um personagem) 2. desempenhar um papel/uma função
10	棒	bàng	adj.	excelente; fantástico; forte
11	包围	bāowéi	v.	sitiar; cercar
12	包装	bāozhuāng	v., s.	<v.> 1. empacotar; embrulhar 2. apresentar de forma atrativa <s.> embalagem
13	保卫	bǎowèi	v.	defender; proteger
14	保养	bǎoyǎng	v.	1. cuidar da própria saúde; manter a forma 2. manter em bom estado de conservação
15	报答	bàodá	v.	retribuir; recompensar
16	报警	bào // jǐng	v.	1. denunciar à polícia; chamar/informar a polícia 2. dar alarme
17	抱怨	bào·yuàn	v.	reclamar; resmungar; expressar queixas
18	背包	bēibāo	s.	mochila
19	悲剧	bēijù	s.	tragédia
20	悲伤	bēishāng	adj.	triste
21	北极	běijí	s.	1. Polo Norte; Polo Ártico 2. polo norte (magnético)
22	被动	bèidòng	adj.	1. passivo; inativo 2. desfavorável
23	辈	bèi	s.	1. geração (na família) 2. certo tipo ou categoria (de pessoa) 3. tempo de vida

序号 Nº	词语 VOCÁBULO	拼音 PINYIN	词性 CLASSE	译文 TRADUÇÃO
24	本人	běnrén	*pron.*	1. eu mesmo 2. a própria pessoa
25	鼻子	bízi	*s.*	nariz
26	比方	bǐfang	*s., v.*	<s.> analogia; comparação <v.> 1. fazer uma analogia com 2. tomar como exemplo
27	比重	bǐzhòng	*s.*	1. proporção; peso 2. gravidade específica; densidade relativa
28	彼此	bǐcǐ	*pron.*	1. ambos; um e outro 2. (reduplicado, exprime retribuição de cumprimento, agradecimento, etc.) igualmente; (para) você também
29	必	bì	*adv.*	1. certamente; inevitavelmente 2. necessariamente; obrigatoriamente
30	必需	bìxū	*v.*	ser essencial para; ser indispensável para; precisar
31	毕竟	bìjìng	*adv.*	afinal; afinal de contas; apesar de tudo
32	闭幕	bì // mù	*v.*	1. baixar a cortina 2. encerrar; concluir (uma conferência etc.)
33	闭幕式	bìmùshì	*s.*	cerimônia de encerramento
34	边境	biānjìng	*s.*	fronteira
35	编辑	biānjí	*v.*	editar
36	编辑	biānji	*s.*	editor
37	变动	biàndòng	*v.*	alterar; mudar
38	便利	biànlì	*adj., v.*	<adj.> conveniente; fácil <v.> facilitar
39	便条	biàntiáo	*s.*	recado por escrito
40	便于	biànyú	*v.*	ser fácil de; ser conveniente para
41	宾馆	bīnguǎn	*s.*	hotel
42	饼	bǐng	*s.*	1. pão redondo e achatado 2. objeto de forma redonda e plana
43	饼干	bǐnggān	*s.*	bolacha; biscoito
44	病毒	bìngdú	*s.*	vírus
45	玻璃	bōli	*s.*	vidro
46	博客	bókè	*s.*	1. blog 2. blogueiro
47	博览会	bólǎnhuì	*s.*	exposição; feira
48	博士	bóshì	*s.*	doutor

№	VOCÁBULO	PINYIN	CLASSE	TRADUÇÃO
49	博物馆	bówùguǎn	s.	museu
50	薄弱	bóruò	adj.	fraco; frágil: vulnerável
51	不顾	búgù	v.	desconsiderar; ignorar; negligenciar
52	不利	búlì	adj.	desvantajoso; desfavorável; prejudicial
53	不耐烦	bú nàifán		impaciente; irritado
54	不幸	búxìng	adj.	infeliz; azarado
55	不易	búyì	adj.	difícil
56	补偿	bǔcháng	v.	compensar; reembolsar
57	补贴	bǔtiē	v., s.	<v.> subsidiar <s.> subsídio
58	不曾	bùcéng	adv.	nunca; ainda não
59	不得了	bùdéliǎo	adj.	1. terrível; horrível 2. (após 得) extremamente
60	不敢当	bùgǎndāng	v.	não mereço tanto! quem me dera! (expressão de modéstia)
61	不良	bùliáng	adj.	1. ruim; mau; prejudicial 2. defeituoso
62	不免	bùmiǎn	adv.	inevitavelmente
63	不能不	bù néng bù		ver-se obrigado a
64	不时	bùshí	adv.	1. frequentemente; de vez em quando 2. a qualquer hora
65	不停	bù tíng		sem parar; incessantemente
66	不许	bùxǔ	v.	não permitir; não poder; ser proibido
67	不止	bùzhǐ	v.	1. não parar 2. exceder; superar
68	不足	bùzú	adj., v.	<adj.> 1. insuficiente 2. menor que <v.> 1. não merecer 2. não poder; não dever
69	部位	bùwèi	s.	posição; lugar (geralmente em referência a partes do corpo humano)
70	猜	cāi	v.	1. adivinhar; conjeturar 2. suspeitar
71	猜测	cāicè	v.	fazer uma estimativa ou dedução (com base em informações limitadas ou incompletas)
72	裁判	cáipàn	v., s.	<v.> 1. decidir judicialmente; julgar 2. agir como árbitro em competição esportiva <s.> 1. julgamento; decisão judicial 2. árbitro; juiz (em competição esportiva)

序号 Nº	词语 VOCÁBULO	拼音 PINYIN	词性 CLASSE	译文 TRADUÇÃO
73	采购	cǎigòu	v., s.	<v.> comprar (geralmente em grande quantidade); escolher e comprar <s.> comprador; agente de compras
74	彩票	cǎipiào	s.	bilhete de loteria; bilhete de sorteio
75	餐馆	cānguǎn	s.	restaurante
76	餐厅	cāntīng	s.	1. sala de jantar; refeitório 2. restaurante
77	餐饮	cānyǐn	s.	alimentos e bebidas
78	草原	cǎoyuán	s.	prado; pradaria
79	册	cè	cl.	classificador para exemplares, volumes
80	层次	céngcì	s.	1. nível; gradação 2. organização das ideias (na escrita ou na fala)
81	叉	chā	v.	1. pegar com garfo 2. cruzar(-se)
82	叉子	chāzi	s.	garfo
83	差别	chābié	s.	diferença; dessemelhança; discrepância
84	差距	chājù	s.	disparidade; diferença
85	插	chā	v.	1. inserir; furar 2. interpor(-se); intervir em
86	查询	cháxún	v.	consultar; pesquisar; buscar (informações)
87	差（一）点儿	chà(yì)diǎnr	adv.	por pouco; quase
88	拆	chāi	v.	1. abrir; desmontar 2. demolir; destruir
89	拆除	chāichú	v.	derrubar; desmontar; demolir; remover
90	产业	chǎnyè	s.	1. patrimônio; propriedade 2. indústria
91	长度	chángdù	s.	comprimento; distância
92	长寿	chángshòu	adj.	longevo
93	肠	cháng	s.	1. intestino 2. salsicha; embutido
94	尝	cháng	v.	1. provar; experimentar (sabor); saborear 2. tentar; sondar 3. conhecer; experimentar
95	尝试	chángshì	v., s.	<v.> tentar; experimentar; fazer um esforço para <s.> tentativa
96	厂长	chǎngzhǎng	s.	diretor/gerente de fábrica
97	场面	chǎngmiàn	s.	cena; ocasião
98	倡导	chàngdǎo	v.	propor; promover; defender

Nº	VOCÁBULO	PINYIN	CLASSE	TRADUÇÃO
99	超越	chāoyuè	v.	ultrapassar; superar; ir além (dos limites ou expectativas)
100	车主	chēzhǔ	s.	proprietário de um veículo (carro, bicicleta etc.)
101	称2	chēng	v.	1. chamar de 2. dizer 3. elogiar
102	称号	chēnghào	s.	título; nome; designação
103	成本	chéngběn	s.	custo
104	成交	chéng // jiāo	v.	fechar um negócio; concluir uma transação
105	成效	chéngxiào	s.	efeito; resultado
106	成语	chéngyǔ	s.	expressão idiomática; frase feita (normalmente com quatro caracteres)
107	承办	chéngbàn	v.	realizar; organizar
108	城里	chénglǐ	s.	(na) cidade
109	乘	chéng	v.	1. tomar ou pegar (um meio de transporte) 2. aproveitar (uma oportunidade) 3. multiplicar
110	乘车	chéng chē	v.	andar de ônibus ou carro
111	乘客	chéngkè	s.	passageiro
112	乘坐	chéngzuò	v.	pegar; andar de (um meio de transporte)
113	吃力	chīlì	adj.	cansativo; extenuante; física ou mentalmente exigente
114	池子	chízi	s.	lagoa
115	迟	chí	adj.	1. lento; tardio 2. atrasado
116	冲动	chōngdòng	s., adj.	<s.> impulso <adj.> impulsivo; impetuoso
117	冲突	chōngtū	v., s.	<v.> 1. conflitar; colidir 2. discordar; entrar em conflito <s.> conflito; choque
118	充足	chōngzú	adj.	suficiente; abundante
119	愁	chóu	v.	preocupar-se; afligir(-se)
120	丑	chǒu	adj.	feio; vergonhoso
121	臭	chòu	adj.	1. fedorento; malcheiroso 2. nojento; desagradável 3. pobre; inferior (em habilidades etc.)
122	出版	chūbǎn	v.	publicar
123	出差	chū // chāi	v.	viajar a trabalho

序号 Nº	词语 VOCÁBULO	拼音 PINYIN	词性 CLASSE	译文 TRADUÇÃO
124	出汗	chū // hàn	v.	suar; transpirar
125	出于	chūyú	v.	surgir de; vir de; originar(-se) de
126	初期	chūqī	s.	fase ou período inicial
127	除非	chúfēi	conj., prep.	<conj.> a menos que; a não ser que <prep.> exceto
128	除夕	chúxī	s.	véspera do Ano-Novo Chinês
129	厨房	chúfáng	s.	cozinha
130	处罚	chǔfá	v., s.	<v.> punir; penalizar <s.> punição; penalidade
131	处分	chǔfèn	s., v.	<s.> punição; penalidade <v.> tomar medida disciplinar; punir
132	处在	chǔzài	v.	estar em; ficar em; encontrar-se em
133	传达	chuándá	v.	transmitir; comunicar; passar (mensagem etc.)
134	传递	chuándì	v.	entregar; passar algo de um para outro
135	传真	chuánzhēn	s., v.	<s.> fac-símile; fax <v.> mandar por aparelho de fax
136	窗帘	chuānglián	s.	cortina
137	闯	chuǎng	v.	1. atravessar sem permissão 2. tentar sorte (em uma situação desafiadora) 3. incorrer; causar
138	创立	chuànglì	v.	criar(-se); estabelecer(-se)
139	辞典	cídiǎn	s.	dicionário
140	辞职	cí // zhí	v.	pedir demissão; demitir-se
141	此后	cǐhòu	s.	daqui em diante; desde então
142	此刻	cǐkè	s.	este momento; agora
143	此时	cǐshí	s.	este momento; agora
144	聪明	cōng·míng	adj.	inteligente; esperto; talentoso
145	从而	cóng'ér	conj.	por isso; de modo a; por conseguinte
146	从中	cóngzhōng	adv.	no meio; a partir de
147	脆	cuì	adj.	1. quebradiço; duro e quebrável 2. crocante (comida) 3. nítido; limpo (voz ou som)
148	存款	cúnkuǎn	s.	poupança bancária; depósito; dinheiro depositado em banco

序号 №	词语 VOCÁBULO	拼音 PINYIN	词性 CLASSE	译文 TRADUÇÃO
149	寸	cùn	cl.	cun (unidade chinesa de comprimento equivalente a 3,3 centímetros)
150	达成	dáchéng	v.	alcançar (um acordo etc.)
151	答	dá	v.	1. responder 2. retribuir; recompensar
152	答复	dá·fù	v., s.	<v.> responder <s.> resposta
153	打	dǎ	prep.	de; desde; a partir de
154	打扮	dǎban	v.	enfeitar(-se); vestir(-se); dar boa aparência a
155	打包	dǎ // bāo	v.	1. embrulhar; embalar 2. retirar da embalagem; desembrulhar
156	打击	dǎjī	v.	1. bater; dar batida em 2. atacar; combater 3. desencorajar
157	打架	dǎ // jià	v.	brigar
158	打扰	dǎrǎo	v.	perturbar; incomodar
159	大胆	dàdǎn	adj.	ousado; audaz; audacioso; corajoso
160	大都	dàdū	adv.	na maior parte; principalmente
161	大纲	dàgāng	s.	esboço; estrutura geral; resumo estruturado (de um assunto, projeto, plano etc.)
162	大伙儿	dàhuǒr	pron.	todos nós; todo o mundo; todos
163	大奖赛	dàjiǎngsài	s.	Grande Prêmio (competição esportiva ou artística)
164	大脑	dànǎo	s.	cérebro
165	大事	dàshì	s.	assunto importante; grande acontecimento
166	大厅	dàtīng	s.	saguão; salão; foyer
167	大象	dàxiàng	s.	elefante
168	大熊猫	dàxióngmāo	s.	panda-gigante
169	大于	dàyú	v.	ser mais ou maior que
170	大致	dàzhì	adj., adv.	<adj.> em geral; por volta de <adv.> mais ou menos; aproximadamente
171	呆	dāi	adj.	1. tolo; bobo; lerdo 2. sem expressão
172	待	dāi	v.	permanecer ou ficar em algum lugar
173	代价	dàijià	s.	preço; custo

序号 Nº	词语 VOCÁBULO	拼音 PINYIN	词性 CLASSE	译文 TRADUÇÃO
174	代理	dàilǐ	v.	agir em nome de; agenciar ou intermediar (negócios, contratos etc.)
175	带有	dàiyǒu		ter (alguma característica, atributo etc.)
176	贷款	dàikuǎn	v., s.	<v.> conceder empréstimo; emprestar dinheiro; solicitar ou obter empréstimo <s.> empréstimo
177	单一	dānyī	adj.	único; singular
178	胆	dǎn	s.	1. vesícula 2. coragem; bravura 3. compartimento interno (de um objeto maior)
179	胆小	dǎnxiǎo	adj.	tímido; covarde
180	蛋糕	dàngāo	s.	bolo
181	当场	dāngchǎng	adv.	em flagrante; no local ou no momento
182	当代	dāngdài	s.	era contemporânea; período atual
183	当年	dāngnián	s.	aqueles anos ou dias
184	当前	dāngqián	s., v.	<s.> atualidade; o tempo atual <v.> defrontar-se; enfrentar
185	当选	dāngxuǎn	v.	ser eleito; ganhar eleição
186	挡	dǎng	v.	1. barrar; ficar no caminho de 2. obstruir; impedir
187	到来	dàolái	v.	chegar
188	倒是	dàoshì	adv.	mas; no entanto; ao contrário do que se esperava
189	道德	dàodé	s.	moral; moralidade; ética
190	得了	déle	v.	(expressa aprovação ou proibição) está bom; já é o suficiente; basta!; já chega!
191	得以	déyǐ	v.	ser capaz de; ter a possibilidade de; poder
192	等候	děnghòu	v.	esperar; aguardar
193	等级	děngjí	s.	1. grau; nível; categoria 2. hierarquia
194	低于	dīyú		abaixo de; ser inferior a; ser menos do que
195	地带	dìdài	s.	região; zona; área; faixa geográfica
196	地形	dìxíng	s.	topografia; características naturais do terreno
197	地震	dìzhèn	s., v.	<s.> terremoto; sismo <v.> sofrer um terremoto

Nº	VOCÁBULO	PINYIN	CLASSE	TRADUÇÃO
198	递	dì	v.	entregar; passar
199	递给	dì gěi		passar (algo) a; entregar (algo) a
200	典礼	diǎnlǐ	s.	cerimônia
201	点燃	diǎnrán	v.	acender
202	电池	diànchí	s.	pilha; bateria
203	电饭锅	diànfànguō	s.	panela de arroz elétrica
204	电子版	diànzǐbǎn	s.	versão ou cópia eletrônica
205	调动	diàodòng	v.	1. transferir 2. mobilizar
206	丢	diū	v.	1. extraviar; perder; estar perdido 2. lançar; jogar 3. deixar de lado
207	动机	dòngjī	s.	motivo; intenção; motivação; causa
208	动手	dòng shǒu	v.	1. pôr mão à obra; mexer-se; começar 2. tocar com a mão 3. bater; sair no tapa
209	动态	dòngtài	s.	1. tendências; desenvolvimentos 2. dinamismo (em obra de arte) 3. estado dinâmico
210	动员	dòngyuán	v.	1. incentivar; encorajar 2. mobilizar
211	冻	dòng	v.	1. congelar 2. sentir muito frio
212	洞	dòng	s.	buraco; orifício; cavidade
213	豆制品	dòuzhìpǐn	s.	produtos de soja
214	毒	dú	s., v., adj.	<s.> 1. veneno; toxina 2. influência perniciosa 3. narcótico; droga ilícita <v.> envenenar; intoxicar <adj.> 1. venenoso; tóxico 2. malicioso; cruel; feroz
215	堆	duī	v., s., cl.	<v.> amontoar; empilhar; acumular <s.> monte; pilha; grande quantidade <cl.> classificador para objetos amontoados: pilha, monte
216	对立	duìlì	v.	contrapor; estar em oposição a
217	对应	duìyìng	v.	corresponder; ser equivalente (a)
218	吨	dūn	cl.	tonelada
219	朵	duǒ	cl.	classificador para flores, nuvens etc.
220	躲	duǒ	v.	1. desviar; esquivar-se 2. esconder-se

Nº	VOCÁBULO	PINYIN	CLASSE	TRADUÇÃO
221	儿女	érnǚ	s.	1. filho e filha 2. homem e mulher
222	耳朵	ěrduo	s.	orelha; ouvido
223	二维码	èrwéimǎ	s.	código QR
224	发布	fābù	v.	emitir; promulgar
225	发觉	fājué	v.	perceber; descobrir
226	发射	fāshè	v.	1. lançar; atirar 2. transmitir; emitir
227	发行	fāxíng	v.	emitir (moeda); publicar (livro); distribuir (filme)
228	罚	fá	v.	punir; penalizar
229	罚款	fákuǎn	s.	multa
230	法规	fǎguī	s.	normas e regulamentos (administrativos); legislação
231	法制	fǎzhì	s.	sistema jurídico
232	繁荣	fánróng	adj., v.	<adj.> próspero; florescente <v.> prosperar
233	返回	fǎnhuí	v.	voltar; retornar; regressar
234	防治	fángzhì	v.	prevenir; prevenir e curar; prevenir e controlar
235	放大	fàngdà	v.	amplificar; ampliar; aumentar
236	放弃	fàngqì	v.	abandonar; desistir
237	分成	fēnchéng		1. dividir (em) 2. dividir por porcentagem
238	分解	fēnjiě	v.	1. dividir(-se); dissolver(-se) (em elementos constitutivos) 2. mediar 3. desintegrar; dividir 4. explicar
239	分类	fēn // lèi	v., s.	<v.> classificar (por); categorizar <s.> catálogo; classificação
240	分离	fēnlí	v.	1. (em física, química ou biologia) 2. separar (pessoas); partir
241	分析	fēnxī	v.	analisar
242	分享	fēnxiǎng	v.	compartilhar
243	丰收	fēngshōu	v.	ter boa colheita
244	风度	fēngdù	s.	maneira elegante ou refinada; postura nobre; comportamento sofisticado
245	风光	fēngguāng	s.	paisagem; vista
246	封	fēng	v.	1. fechar; selar 2. conferir (um título)

№	VOCÁBULO	PINYIN	CLASSE	TRADUÇÃO
247	疯	fēng	*adj.*	insano; louco
248	疯狂	fēngkuáng	*adj.*	1. insano; louco 2 frenético; desenfreado
249	扶	fú	*v.*	1. apoiar; apoiar-se 2. ajudar a levantar 3. ajudar; auxiliar; dar suporte
250	服从	fúcóng	*v.*	obedecer a
251	幅	fú	*cl.*	classificador para pinturas, fotos, tecidos etc.
252	幅度	fúdù	*s.*	extensão; amplitude
253	福利	fúlì	*s.*	bem-estar; benefícios (trabalhistas)
254	辅助	fǔzhù	*v.*	auxiliar; ajudar
255	负责人	fùzérén	*s.*	pessoa responsável; encarregado; responsável
256	附件	fùjiàn	*s.*	1. apêndice; anexo 2. acessório; peças de reposição
257	改革	gǎigé	*v., s.*	<v.> reformar <s.> reforma
258	干脆	gāncuì	*adj., adv.*	<adj.> direto; franco; sincero; sem rodeios <adv.> simplesmente
259	干扰	gānrǎo	*v.*	perturbar; interferir
260	干预	gānyù	*v.*	intervir em; intrometer-se
261	感想	gǎnxiǎng	*s.*	impressão; pensamento; ideia
262	钢笔	gāngbǐ	*s.*	caneta
263	钢琴	gāngqín	*s.*	piano
264	高大	gāodà	*adj.*	1. alto e grande; alto 2. sublime; nobre; imponente
265	高度	gāodù	*s., adj.*	<s.> altura; altitude <adj.> de alto grau
266	高跟鞋	gāogēnxié	*s.*	sapato de salto alto
267	高温	gāowēn	*s.*	temperatura alta
268	高于	gāoyú	*v.*	ser maior do que; ser superior a
269	高原	gāoyuán	*s.*	planalto
270	搞	gǎo	*v.*	1. fazer; trabalhar com; ocupar-se 2. tentar conseguir 3. fazer (alguém) sofrer
271	搞好	gǎohǎo		fazer um bom trabalho; realizar adequadamente
272	歌曲	gēqǔ	*s.*	canção

序号 Nº	词语 VOCÁBULO	拼音 PINYIN	词性 CLASSE	译文 TRADUÇÃO
273	隔壁	gébì	s.	vizinho do lado; vizinho de parede ou muro
274	个儿	gèr	s.	1. estatura; altura 2. cada um (de um grupo)
275	跟前	gēnqián	s.	1. proximidade; lado 2. pouco tempo antes
276	跟随	gēnsuí	v.	seguir; ir/vir atrás/depois de
277	更换	gēnghuàn	v.	substituir; trocar
278	更新	gēngxīn	v.	renovar; atualizar
279	工艺	gōngyì	s.	1. técnicas (de artesanato, culinária, manufatura etc.) 2. métodos; processos (de fabricação)
280	工作日	gōngzuòrì	s.	jornada de trabalho; dia útil
281	公告	gōnggào	s.	anúncio; comunicado público
282	公认	gōngrèn	v.	reconhecer geralmente; aceitar universalmente
283	公式	gōngshì	s.	1. fórmula; equação 2. método universalmente aplicável
284	公正	gōngzhèng	adj.	imparcial; justo
285	共计	gòngjì	v.	1. somar; totalizar 2. planejar juntos
286	共享	gòngxiǎng	v.	compartilhar
287	沟	gōu	s.	1. fosso; canal; trincheira 2. barranco; ravina 3. sulco
288	沟通	gōutōng	v.	comunicar
289	估计	gūjì	v.	fazer o cálculo aproximado de; estimar; avaliar
290	古老	gǔlǎo	adj.	antigo; velho
291	鼓	gǔ	s., v.	<s.> tambor <v.> 1. inchar(-se); dilatar(-se) 2. tocar; bater 3. inspirar; estimular
292	鼓励	gǔlì	v., s.	<v.> encorajar; inspirar; estimular <s.> encorajamento
293	鼓掌	gǔ // zhǎng	v.	bater palmas; aplaudir
294	顾问	gùwèn	s.	assessor; conselheiro; consultor
295	怪	guài	v.	1. achar estranho ou inexplicável; estranhar 2. acusar; repreender
296	关怀	guānhuái	v.	demonstrar carinho ou preocupação por
297	关键	guānjiàn	s.	ponto crucial; ponto-chave

Nº	VOCÁBULO	PINYIN	CLASSE	TRADUÇÃO
298	冠军	guànjūn	s.	campeão
299	光荣	guāngróng	adj., s.	<adj.> glorioso; honroso; honrado <s.> glória; honra
300	光线	guāngxiàn	s.	luz; raio de luz
301	广	guǎng	adj.	largo; amplo; vasto
302	广泛	guǎngfàn	adj.	extensivo; abrangente; de longo alcance
303	规划	guīhuà	s., v.	<s.> programa; projeto; planejamento <v.> traçar um plano; planejar
304	鬼	guǐ	s.	1. fantasma; espírito 2. (termo depreciativo para certos tipos de pessoas) 3. trama sinistra; truque sujo
305	柜子	guìzi	s.	armário
306	滚	gǔn	v.	1. rolar; girar 2. ferver 3. cai fora!; saia daqui!
307	锅	guō	s.	panela; wok
308	国籍	guójí	s.	nacionalidade
309	国民	guómín	s.	cidadão
310	过度	guòdù	adj.	excessivo; demasiado
311	过敏	guòmǐn	v., adj.	<v.> ser alérgico a <adj.> hipersensível; irritável
312	过于	guòyú	adv.	excessivamente; demasiadamente; mais do que o necessário
313	害	hài	s., v.	<s.> 1. dano; prejuízo 2. calamidade; praga <v.> 1. fazer mal a; prejudicar 2. matar; assassinar 3. ser acometido por; sofrer de 4. sentir (medo, espanto etc.)
314	汗	hàn	s.	suor; transpiração
315	好运	hǎoyùn	s.	boa sorte
316	号召	hàozhào	v., s.	<v.> apelar; exortar <s.> apelo; chamamento
317	合并	hébìng	v.	juntar(-se); fundir
318	合成	héchéng	v.	combinar (elementos) para formar um todo; sintetizar
319	盒	hé	s., cl.	<s.> caixa <cl.> classificador para medidas contidas em caixas pequenas, estojos etc.

LISTA DE VOCABULÁRIO DO NÍVEL 5

序号 Nº	词语 VOCÁBULO	拼音 PINYIN	词性 CLASSE	译文 TRADUÇÃO
320	盒饭	héfàn	s.	refeição pronta e embalada em uma caixa
321	盒子	hézi	s.	caixa
322	贺卡	hèkǎ	s.	cartão de felicitação
323	恨	hèn	v.	odiar; ressentir
324	猴	hóu	s.	macaco
325	后悔	hòuhuǐ	v.	arrepender-se
326	胡同儿	hútòngr	s.	*hutong*; beco
327	胡子	húzi	s.	barba; bigode
328	虎	hǔ	s.	tigre
329	华语	Huáyǔ	s.	língua chinesa; chinês
330	滑	huá	adj., v.	<adj.> 1. escorregadio; liso 2. astuto; astucioso <v.> escorregar; deslizar
331	化石	huàshí	s.	fóssil
332	划分	huàfēn	v.	1. dividir 2. diferenciar; distinguir
333	画面	huàmiàn	s.	imagem visual; quadro
334	环节	huánjié	s.	elo; segmento
335	慌	huāng	adj.	apavorado; em pânico
336	慌忙	huāngmáng	adj.	com muita pressa
337	灰色	huīsè	s., adj.	<s.> cinza (cor) <adj.> sombrio; triste
338	恢复	huīfù	v.	1. recuperar; retomar 2. restaurar
339	回报	huíbào	v.	1. retribuir 2. retaliar
340	回避	huíbì	v.	desviar; evitar
341	回顾	huígù	v.	olhar para trás; fazer análise do passado; ver em retrospecto
342	回收	huíshōu	v.	1. reciclar 2. recuperar
343	回头	huítóu	adv.	mais tarde; em outra hora
344	回信	huíxìn	s.	resposta; carta-resposta
345	回忆	huíyì	v.	recordar; lembrar
346	汇款	huì // kuǎn	v.	remessa de dinheiro
347	会谈	huìtán	v., s.	<v.> conversar; negociar <s.> reunião; negociação
348	活力	huólì	s.	vigor; vitalidade; energia

№	VOCÁBULO	PINYIN	CLASSE	TRADUÇÃO
349	活泼	huó·pō	*adj.*	animado; vívido
350	火柴	huǒchái	*s.*	fósforo
351	火腿	huǒtuǐ	*s.*	presunto
352	火灾	huǒzāi	*s.*	incêndio
353	或是	huòshì	*conj.*	ou
354	机器人	jī·qìrén	*s.*	robô
355	机制	jīzhì	*s.*	mecanismo
356	肌肉	jīròu	*s.*	músculo
357	基地	jīdì	*s.*	base
358	基金	jījīn	*s.*	fundo
359	即使	jíshǐ	*conj.*	mesmo que; embora
360	集团	jítuán	*s.*	grupo; corporação
361	挤	jǐ	*v., adj.*	<v.> 1. empurrar (em meio à multidão) 2. superlotar; ficar cheio 3. espremer <adj.> lotado
362	记忆	jìyì	*v., s.*	<v.> lembrar(-se) de; recordar(-se) de <s.> memória; lembrança
363	技能	jìnéng	*s.*	capacidade técnica; habilidade
364	继承	jìchéng	*v.*	1. levar adiante; continuar 2. herdar; legar
365	加热	jiā // rè		aquecer; esquentar
366	加上	jiāshàng	*conj.*	além disso
367	加速	jiāsù	*v.*	acelerar
368	加以	jiāyǐ	*v., conj.*	<v.> (antes de verbo dissílabo, indica ação direcionada a algo ou alguém referido anteriormente na frase) <conj.> além disso; além do mais
369	夹	jiā	*v.*	1. pegar pressionando nos dois lados 2. colocar ou inserir entre 3. misturar; intercalar
370	甲	jiǎ	*s.*	1. *jia*, o primeiro dos dez Troncos Celestiais (天干) 2. o primeiro item de uma enumeração; equivalente a "a" na série "a, b, c, d" 3. armadura 4. carapaça 5. unha
371	价	jià	*s.*	1. preço 2. valor

Nº	VOCÁBULO	PINYIN	CLASSE	TRADUÇÃO
372	驾驶	jiàshǐ	v.	dirigir; pilotar
373	驾照	jiàzhào	s.	carteira de motorista
374	坚定	jiāndìng	adj., v.	<adj.> firme; inabalável <v.> fortalecer; tornar firme
375	肩	jiān	s.	ombro
376	艰苦	jiānkǔ	adj.	árduo; difícil; duro
377	艰难	jiānnán	adj.	difícil; com dificuldade
378	检验	jiǎnyàn	v.	verificar
379	减轻	jiǎnqīng	v.	diminuir; aliviar
380	剪	jiǎn	v.	1. cortar; aparar 2. exterminar; aniquilar
381	剪刀	jiǎndāo	s.	tesoura
382	剪子	jiǎnzi	s.	tesoura
383	间接	jiànjiē	adj.	indireto
384	建造	jiànzào	v.	construir
385	建筑	jiànzhù	v., s.	<v.> construir; edificar <s.> edifício; construção
386	健全	jiànquán	adj., v.	<adj.> saudável; perfeito; completo <v.> fortalecer; aperfeiçoar; melhorar
387	键	jiàn	s.	1. tecla 2. ligação (química)
388	键盘	jiànpán	s.	teclado
389	将	jiāng	adv., prep.	<adv.> (indica uma ação ou previsão futura) <prep.> (introduz um objeto antes de verbo)
390	将要	jiāngyào	adv.	futuramente; em breve; no futuro próximo
391	奖励	jiǎnglì	v., s.	<v.> premiar; gratificar <s.> prêmio
392	交代	jiāodài	v.	1. transferir 2. dizer; dar instrução 3. explicar; deixar claro 4. confessar
393	郊区	jiāoqū	s.	subúrbios; arredores de cidade
394	胶带	jiāodài	s.	1. fita adesiva 2. fita magnética
395	胶水	jiāoshuǐ	s.	cola
396	脚步	jiǎobù	s.	passo
397	接触	jiēchù	v.	contatar; entrar em contato com; ter contato com

Nº	VOCÁBULO	PINYIN	CLASSE	TRADUÇÃO
398	接连	jiēlián	*adv.*	consecutivamente; em sequência
399	解除	jiěchú	*v.*	remover; cancelar; aliviar
400	解放	jiěfàng	*v.*	libertar; emancipar
401	戒	jiè	*v.*	1. abster-se; desistir; largar 2. alertar; avisar
402	届	jiè	*cl.*	classificador para eventos recorrentes como congressos, turmas de formatura etc.
403	今日	jīnrì	*s.*	hoje; atualidade
404	尽管	jǐnguǎn	*adv., conj.*	<adv.> sinta-se à vontade para; não hesitar em <conj.> embora; apesar de
405	紧紧	jǐnjǐn		firmemente; de perto
406	尽可能	jìn kěnéng		o quanto puder; dentro do alcance
407	进化	jìnhuà	*v.*	evoluir
408	近来	jìnlái	*s.*	tempo recente
409	经费	jīngfèi	*s.*	verba; fundos; recursos
410	景象	jǐngxiàng	*s.*	cena; visão
411	警告	jǐnggào	*v., s.*	<v.> avisar; alertar <s.> 1. alerta 2. advertência
412	竞赛	jìngsài	*v.*	competir
413	竞争	jìngzhēng	*v.*	concorrer; competir
414	酒鬼	jiǔguǐ	*s.*	alcoólatra; pessoa viciada em bebidas alcoólicas
415	救灾	jiù // zāi	*v.*	prestar socorro em caso de desastres; enviar ajuda para uma área de desastre
416	居然	jūrán	*adv.*	inesperadamente; para surpresa de alguém
417	局面	júmiàn	*s.*	situação; circunstância
418	局长	júzhǎng	*s.*	diretor (de uma agência governamental)
419	举动	jǔdòng	*s.*	movimento; atividade
420	拒绝	jùjué	*v.*	recusar(-se); negar(-se)
421	俱乐部	jùlèbù	*s.*	clube
422	剧本	jùběn	*s.*	drama; roteiro
423	决不	jué bù		jamais; nunca
424	绝望	jué // wàng	*v.*	desesperar; estar desesperado; perder toda a esperança

Nº	VOCÁBULO	PINYIN	CLASSE	TRADUÇÃO
425	军人	jūnrén	s.	militar; integrante de uma das Forças Armadas
426	开幕	kāi // mù	v.	iniciar; inaugurar
427	开幕式	kāimùshì	s.	cerimônia de abertura; inauguração
428	看成	kànchéng		ver como; considerar como
429	看出	kànchū		perceber; notar; ficar ciente de
430	看待	kàndài	v.	tratar como; ver como
431	考核	kǎohé	v.	1. examinar e verificar 2. avaliar (o desempenho)
432	烤肉	kǎoròu	s.	carne assada; churrasco
433	烤鸭	kǎoyā	s.	pato assado
434	靠近	kàojìn	v.	aproximar(-se)
435	颗	kē	cl.	classificador para objetos pequenos e arredondados
436	咳	ké	v.	tossir
437	可	kě	adv., conj.	<adv.> (dá ênfase ao tom de afirmação; negação ou pergunta) <conj.> mas; porém; no entanto
438	可怜	kělián	adj., v.	<adj.> 1. digno de compaixão; coitado; pobre 2. escasso; miserável <v.> ter pena de; sentir compaixão por
439	可惜	kěxī	adj.	lamentável; ser uma pena
440	渴望	kěwàng	v.	ansiar por
441	刻	kè	v.	entalhar; esculpir; gravar com buril
442	客户	kèhù	s.	cliente; clientela
443	客气	kèqi	adj., v.	<adj.> cortês; cerimonioso; polido <v.> fazer cerimônia; dizer palavras de cortesia
444	客厅	kètīng	s.	sala de estar; sala de visita
445	课题	kètí	s.	tema; tópico (de estudo, discussão etc.); problema; tarefa
446	肯定	kěndìng	v., adj.	<v.> afirmar; confirmar; reconhecer <adj.> positivo; afirmativo
447	空中	kōngzhōng	s.	no céu; no ar

序号 Nº	词语 VOCÁBULO	拼音 PINYIN	词性 CLASSE	译文 TRADUÇÃO
448	控制	kòngzhì	v.	controlar; colocar sob controle; manter(-se) sob controle
449	口号	kǒuhào	s.	slogan; palavra de ordem
450	库	kù	s.	armazém; depósito
451	快活	kuàihuo	adj.	feliz; alegre
452	宽度	kuāndù	s.	largura
453	狂	kuáng	adj.	1. louco 2. violento; feroz 3. arrogante
454	亏	kuī	v.	1. ter prejuízo; sofrer dano; perder 2. ser deficiente; faltar 3. tratar injustamente 4. graças a; por causa de 5. (demonstra ironia)
455	困扰	kùnrǎo	v.	perturbar, incomodar, atormentar; preocupar.
456	落	là	v.	1. ficar atrás 2. esquecer; deixar por descuido 3. omitir
457	来信	láixìn	s.	carta recebida
458	烂	làn	adj.	1. podre 2. macio; mole 3. desgastado; rasgado; quebrado 4. bagunçado; desordenado; confuso
459	朗读	lǎngdú	v.	ler em voz alta e clara
460	浪漫	làngmàn	adj.	romântico
461	劳动	láodòng	v., s.	<v.> fazer trabalho braçal; trabalhar <s.> trabalho; trabalho físico ou manual
462	梨	lí	s.	pera
463	礼	lǐ	s.	1. cerimônia; rito 2. presente 3. decoro; norma de conduta 4. cortesia; etiqueta; boas maneiras
464	礼拜	lǐbài	s., v.	<s.> 1. culto religioso 2. semana 3. dias da semana 4. domingo <v.> ir a um culto religioso
465	礼貌	lǐmào	s., adj.	<s.> cortesia; polidez <adj.> cortês; educado
466	厉害	lìhai	adj.	1. feroz; violento; difícil 2. estrito; rigoroso 3. grave; intenso; forte

Nº	VOCÁBULO	PINYIN	CLASSE	TRADUÇÃO
467	立	lì	v.	1. ficar em pé; ficar em posição vertical 2. pôr(-se) de pé; levantar 3. estabelecer(-se); fundar(-se) 4. elaborar; estipular 5. existir; viver 6. designar; nomear
468	立场	lìchǎng	s.	posição; atitude
469	利润	lìrùn	s.	lucro
470	例外	lìwài	v., s.	<v.> ser uma exceção <s.> exceção
471	连接	liánjiē	v.	conectar(-se); ligar(-se)
472	联络	liánluò	v.	contatar; entrar em contato com; fazer contato ou ligação
473	联想	liánxiǎng	v.	associar (algo) a; pensar em; lembrar(-se) de
474	脸盆	liǎnpén	s.	lavatório (utensílio); bacia (lavar o rosto)
475	脸色	liǎnsè	s.	1. cor do rosto; aparência 2. expressão facial
476	恋爱	liàn'ài	v., s.	<v.> namorar; estar apaixonado <s.> namoro; amor
477	两岸	liǎng'àn	s.	1. ambas as margens (de um rio, estreito etc.) 2. ambos os lados do Estreito de Taiwan
478	邻居	línjū	s.	vizinho
479	铃	líng	s.	1. campainha 2. objeto em forma de sino
480	铃声	língshēng	s.	toque de campainha; toque de telefone
481	领带	lǐngdài	s.	gravata
482	令	lìng	v.	1. fazer; fazer com que; causar 2. mandar; exigir que se cumpra
483	流动	liúdòng	v.	1. (líquido ou gás) fluir; circular 2. ir de um lugar para outro; migrar
484	流通	liútōng	v.	(ar, dinheiro, mercadoria etc.) fluir; circular
485	漏	lòu	v.	1. vazar 2. furar; estar furado 3. deixar (algo) fora por descuido ou engano; omitir 4. divulgar; revelar; deixar escapar
486	漏洞	lòudòng	s.	1. furo; buraco 2. falha; brecha
487	逻辑	luó·jí	s.	1. lógica; lei objetiva; raciocínio 2. lógica como ciência
488	落实	luòshí	v.	pôr em prática; implementar; levar a cabo

序号 Nº	词语 VOCÁBULO	拼音 PINYIN	词性 CLASSE	译文 TRADUÇÃO
489	码头	mǎ·tóu	s.	cais; doca
490	骂	mà	v.	1. dizer insultos ou palavrões; amaldiçoar 2. repreender; admoestar
491	买卖	mǎimai	s.	negócio; transação comercial
492	漫长	màncháng	adj.	longo; sem fim
493	漫画	mànhuà	s.	história em quadrinhos; cartum; caricatura
494	毛笔	máobǐ	s.	pincel
495	矛盾	máodùn	s., adj.	<s.> contradição; conflito; problema <adj.> contraditório; conflitante; incoerente
496	冒	mào	v.	1. lançar; expedir; emitir 2. afrontar; desafiar 3. fingir(-se); passar por 4. infringir; desrespeitar
497	贸易	màoyì	s.	comércio; troca comercial
498	煤	méi	s.	carvão
499	煤气	méiqì	s.	1. gás de carvão; monóxido de carbono 2. gás liquefeito de petróleo
500	门诊	ménzhěn	v.	prestar serviço ambulatorial
501	迷人	mírén	adj.	fascinante; encantador
502	迷信	míxìn	v., s.	<v.> 1. ter crendice ou superstição 2. ter adoração cega <s.> 1. superstição; crendice 2. adoração cega
503	面貌	miànmào	s.	1. rosto; face; aparência 2. situação; aspecto
504	面子	miànzi	s.	1. parte externa 2. face; prestígio; reputação 3. sentimentos
505	秒	miǎo	cl.	segundo (1/60 de minuto)
506	敏感	mǐngǎn	adj.	sensível
507	明亮	míngliàng	adj.	1. bem iluminado; claro 2. brilhante 3. alto e claro 4. fácil de entender
508	明明	míngmíng	adv.	obviamente; claramente; sem dúvida
509	命令	mìnglìng	s., v.	<s.> ordem; comando; instruções <v.> comandar; ordenar; mandar
510	模范	mófàn	s.	exemplo; modelo
511	模仿	mófǎng	v.	imitar; copiar
512	模糊	móhu	adj.	borrado; indistinto; vago

Nº	VOCÁBULO	PINYIN	CLASSE	TRADUÇÃO
513	模式	móshì	s.	modelo; padrão; paradigma
514	摩擦	mócā	v., s.	<v.> esfregar; friccionar <s.> 1. (física) fricção 2. choque; atrito; conflito (entre duas partes)
515	摩托	mótuō	s.	1. motor 2. motocicleta
516	模样	múyàng	s.	1. aparência; aspecto 2. (indica tempo ou idade aproximada) 3. situação; estado
517	目光	mùguāng	s.	1. vista; o olhar 2. expressão no olhar 3. perspicácia; visão
518	耐心	nàixīn	adj., s.	<adj.> paciente <s.> paciência
519	男性	nánxìng	s.	sexo masculino; homem
520	南北	nánběi	s.	1. norte e sul 2. distância entre norte e sul
521	南极	nánjí	s.	1. Polo Sul; Polo Antártico 2. polo sul (magnético)
522	难得	nándé	adj.	raro; difícil de encontrar; difícil de obter
523	难以	nányǐ	v.	ser/estar difícil de
524	脑子	nǎozi	s.	1. cérebro 2. mente; inteligência
525	内在	nèizài	adj.	inerente; intrínseco; interno
526	能量	néngliàng	s.	1. energia 2. capacidade
527	年度	niándù	s.	período de doze meses consecutivos; ano
528	年龄	niánlíng	s.	idade
529	年前	niánqián	s.	antes da virada do ano; no fim do ano
530	牛	niú	adj.	1. obstinado; teimoso 2. arrogante
531	牛仔裤	niúzǎikù	s.	jeans
532	农产品	nóngchǎnpǐn	s.	produto agrícola
533	女性	nǚxìng	s.	sexo feminino; mulher
534	暖	nuǎn	adj., v.	<adj.> quente <v.> aquecer(-se)
535	偶尔	ǒu'ěr	adv.	de vez em quando; ocasionalmente
536	偶然	ǒurán	adj.	casual; ocasional; fortuito
537	偶像	ǒuxiàng	s.	ídolo
538	拍摄	pāishè	v.	tirar foto; filmar
539	排除	páichú	v.	excluir; eliminar

序号 №	词语 VOCÁBULO	拼音 PINYIN	词性 CLASSE	译文 TRADUÇÃO
540	旁	páng	s., pron.	<s.> 1. lado 2. radical lateral (de ideograma chinês) <pron.> outro; alheio
541	陪	péi	v.	1. acompanhar; ir com 2. auxiliar; assistir
542	赔	péi	v.	1. indenizar; compensar 2. perder dinheiro (em negócios) 3. pedir desculpas
543	赔偿	péicháng	v.	compensar; indenizar por
544	配备	pèibèi	v.	1. fornecer (mão de obra ou equipamento); equipar 2. dispor (tropas etc.)
545	配套	pèi // tào	v.	formar um conjunto ou sistema completo
546	喷	pēn	v.	jorrar; borrifar; aspergir
547	盆	pén	s.	1. bacia; vaso; pote 2. objeto em forma de bacia
548	披	pī	v.	1. pôr ou levar (roupa) sobre os ombros 2. fender(-se); rachar(-se) 3. esparramar; estar despenteado
549	皮肤	pífū	s.	pele
550	皮鞋	píxié	s.	sapatos de couro
551	脾气	píqi	s.	1. temperamento; humor 2. mau gênio
552	匹	pǐ	cl.	1. classificador para mulas, cavalos etc. 2. classificador para rolos de tecido
553	骗	piàn	v.	1. enganar; iludir 2. obter (algo) por fraude ou com trapaça
554	骗子	piànzi	s.	vigarista; impostor; trapaceiro
555	拼	pīn	v.	1. unir; reunir 2. dar tudo de si; fazer todo o esforço
556	频道	píndào	s.	canal
557	频繁	pínfán	adj.	frequente; recorrente; repetido
558	品	pǐn	v.	1. saborear; degustar 2. comentar; avaliar
559	品（工艺品）	pǐn (gōngyìpǐn)	suf.	artigo; produto (produto artesanal)
560	品种	pǐnzhǒng	s.	tipo; espécie; variedade
561	平坦	píngtǎn	adj.	plano; liso; nivelado (terreno etc.)
562	平原	píngyuán	s.	planície
563	评估	pínggū	v., s.	<v.> avaliar <s.> avaliação

Nº	VOCÁBULO	PINYIN	CLASSE	TRADUÇÃO
564	评论	pínglùn	v., s.	<v.> comentar; criticar <s.> comentário; crítica
565	凭	píng	v., prep.	<v.> depender de; basear-se <prep.> 1. com base em; em virtude de 2. mediante; por meio de
566	泼	pō	v.	derramar; respingar
567	葡萄	pútao	s.	uva
568	葡萄酒	pútaojiǔ	s.	vinho
569	期望	qīwàng	v.	esperar; desejar; ter expectativa
570	齐全	qíquán	adj.	completo
571	其	qí	pron.	1. ele/a(s) 2. seu(s); sua(s); dele/a(s) 3. isso; aquilo; esse/a(s); aquele/a(s); tal
572	启动	qǐdòng	v.	1. fazer funcionar (uma máquina, um aparelho etc.); ligar; acionar 2. iniciar; implementar (plano, obra etc.)
573	启发	qǐfā	v., s.	<v.> inspirar; iluminar <s.> inspiração
574	启事	qǐshì	s.	aviso; anúncio
575	起到	qǐdào		desempenhar um papel; ter um efeito
576	起码	qǐmǎ	adj.	mínimo; elementar; básico
577	气体	qìtǐ	s.	gás
578	气象	qìxiàng	s.	1. fenômeno meteorológico 2. meteorologia 3. paisagem; situação; atmosfera
579	签	qiān	v.	1. assinar 2. fazer breves comentários sobre um documento
580	签订	qiāndìng	v.	concluir e assinar (acordo, contrato etc.)
581	签名	qiān // míng	v.	assinar; autografar
582	签约	qiān // yuē	v.	assinar um contrato; assinar um acordo
583	签证	qiānzhèng	v., s.	<v.> conceder visto <s.> visto
584	签字	qiān // zì	v.	assinar; apor a assinatura
585	前景	qiánjǐng	s.	1. primeiro plano (em pintura, foto, cena etc.) 2. perspectiva
586	前提	qiántí	s.	1. (lógica) premissa 2. pressuposição; pré-requisito

序号 Nº	词语 VOCÁBULO	拼音 PINYIN	词性 CLASSE	译文 TRADUÇÃO
587	欠	qiàn	v.	1. dever (algo) a (alguém) 2. carecer de; faltar 3. erguer ligeiramente (uma parte do corpo)
588	枪	qiāng	s.	1. arma de fogo 2. objeto parecido com uma pistola na forma ou na função 3. tiro 4. lança
589	强度	qiángdù	s.	1. intensidade 2. resistência; força
590	墙壁	qiángbì	s.	parede
591	抢	qiǎng	v.	1. roubar; saquear; assaltar 2. agarrar; arrebatar 3. apressar-se em; correr a; lutar contra o tempo
592	抢救	qiǎngjiù	v.	resgatar; salvar
593	强迫	qiǎngpò	v.	forçar; obrigar; coagir
594	悄悄	qiāoqiāo	adv.	silenciosamente; sem fazer barulho
595	敲	qiāo	v.	1. bater; golpear 2. extorquir; chantagear
596	敲门	qiāo mén		bater à porta
597	瞧	qiáo	v.	1. olhar; ver 2. consultar médico 3. visitar
598	琴	qín	s.	1. nome genérico para certos instrumentos musicais 2. guqin, um antigo instrumento chinês de cordas
599	勤奋	qínfèn	adj.	laborioso; expedito
600	青	qīng	adj.	1. azul; azul escuro 2. verde 3. preto 4. jovem
601	清晨	qīngchén	s.	madrugada; manhã cedo
602	清理	qīnglǐ	v.	arrumar; colocar em ordem
603	情节	qíngjié	s.	1. trama; enredo 2. circunstâncias
604	情形	qíngxing	s.	situação; estado de coisas
605	晴朗	qínglǎng	adj.	ensolarado
606	区域	qūyù	s.	região; área; zona
607	全都	quándōu	adv.	todos; sem exceção
608	全世界	quán shìjiè		todo o mundo; mundo inteiro
609	泉	quán	s.	1. nascente (de água) 2. boca de nascente; fonte de água
610	劝	quàn	v.	aconselhar; persuadir
611	缺乏	quēfá	v.	faltar; carecer de

LISTA DE VOCABULÁRIO DO NÍVEL 5

Nº	VOCÁBULO	PINYIN	CLASSE	TRADUÇÃO
612	确立	quèlì	v.	estabelecer; implantar
613	群体	qúntǐ	s.	grupo; conjunto; população
614	群众	qúnzhòng	s.	1. massa popular; povo 2. pessoa sem filiação política
615	染	rǎn	v.	1. tingir; colorir 2. contrair (uma doença); contagiar-se
616	绕	rào	v.	1. enrolar 2. girar em volta de; dar voltas 3. fazer um desvio; desviar; rodear 4. confundir(-se)
617	热量	rèliàng	s.	calor
618	热门	rèmén	s.	favorito
619	人间	rénjiān	s.	mundo (humano); a Terra
620	人力	rénlì	s.	mão de obra
621	人士	rénshì	s.	figura pública; personalidade
622	人物	rénwù	s.	personagem
623	忍	rěn	v.	1. aguentar(-se); suportar 2. obrigar a si próprio a (fazer algo)
624	忍不住	rěn bu zhù		não suportar; não aguentar; não se conter
625	忍受	rěnshòu	v.	suportar; aguentar; tolerar
626	认	rèn	v.	1. conhecer; reconhecer 2. admitir; aceitar 3. estabelecer certo relacionamento com
627	认定	rèndìng	v.	1. acreditar; crer 2. confirmar; reconhecer; endossar
628	扔	rēng	v.	1. arremessar; lançar 2. jogar fora; abandonar
629	仍旧	réngjiù	adv.	(indica que a situação não mudou) ainda
630	如此	rúcǐ	pron.	assim; desta maneira
631	如同	rútóng	v.	ser igual a; ser como
632	如下	rúxià	v.	ser como o seguinte; conforme abaixo
633	入门	rù // mén	v., s.	<v.> aprender o básico de algo <s.> curso elementar; conhecimento básico
634	软	ruǎn	adj.	1. macio; mole 2. suave; gentil; brando 3. fraco; débil 4. facilmente influenciado; indeciso 5. pobre em habilidade, qualidade etc.

序号 Nº	词语 VOCÁBULO	拼音 PINYIN	词性 CLASSE	译文 TRADUÇÃO
635	软件	ruǎnjiàn	s.	1. (computador) software 2. qualidade do recurso humano, administração e serviço etc.
636	洒	sǎ	v.	1. borrifar, salpicar 2. derramar
637	散	sǎn	v.	desatar-se; dissolver(-se)
638	散文	sǎnwén	s.	1. prosa; ensaio 2. escrito literário que não observa regras de rima (comum na China antiga)
639	杀	shā	v.	1. matar; abater 2. lutar; combater; ir para batalha 3. diminuir; reduzir; enfraquecer
640	杀毒	shā // dú	v.	1. desinfetar; esterilizar; matar bactérias 2. (computador) usar software antivírus
641	沙漠	shāmò	s.	deserto
642	傻	shǎ	adj.	1. estúpido; de pouca inteligência 2. teimoso; inflexível
643	山区	shānqū	s.	zona montanhosa
644	扇	shān	v.	1. abanar 2. bater com um objeto plano (palma de mão etc.)
645	扇	shàn	cl., s.	<cl.> classificador para folhas de portas, janelas etc. <s.> 1. abano; leque 2. parte móvel de porta ou janela
646	扇子	shànzi	s.	abano; leque
647	商标	shāngbiāo	s.	marca; marca comercial
648	上级	shàngjí	s.	1. nível superior 2. autoridade superior; superior
649	上下	shàngxià	s.	1. parte de cima e de baixo 2. extensão de cima para baixo 3. todos; todas as pessoas 4. (após um número inteiro, indica quantidade aproximada) cerca de; por volta de 5. superioridade ou inferioridade relativa
650	上涨	shàngzhǎng	v.	subir (preço, nível de água etc.)
651	稍	shāo	adv.	um pouco; ligeiramente
652	稍微	shāowēi	adv.	um pouco; ligeiramente
653	蛇	shé	s.	cobra; serpente
654	舍不得	shěbude	v.	1. não querer separar-se de; relutar em desistir 2. relutar em; resistir a

Nº	VOCÁBULO	PINYIN	CLASSE	TRADUÇÃO
655	舍得	shěde	v.	1. estar disposto a separar-se de; desistir de 2. não poupar(-se) a
656	设想	shèxiǎng	v.	1. conceber; imaginar 2. levar em consideração
657	社	shè	s.	1. associação; sociedade 2. agência
658	社区	shèqū	s.	comunidade
659	射	shè	v.	1. atirar; disparar 2. jorrar; jogar (líquido) a jato 3. chutar (bola) 4. emitir (raios, luz, calor etc.)
660	射击	shèjī	v., s.	<v.> disparar; atirar <s.> tiro esportivo
661	摄像	shèxiàng	v.	gravar vídeo (com câmera)
662	摄像机	shèxiàngjī	s.	câmera de vídeo ou televisão
663	摄影	shèyǐng	v.	1. fotografar 2. gravar filme; filmar
664	摄影师	shèyǐngshī	s.	fotógrafo; cinegrafista
665	伸	shēn	v.	1. esticar; espreguiçar(-se) 2. estender-se; alongar-se
666	深处	shēnchù	s.	profundeza; o fundo; recôndito
667	深度	shēndù	s.	1. profundidade 2. estágio avançado de desenvolvimento
668	神	shén	s.	1. divindade; deus 2. espírito; mente; energia 3. expressão; semblante
669	神经	shénjīng	s.	1. nervo 2. doença mental
670	神奇	shénqí	adj.	mágico; milagroso; místico
671	神情	shénqíng	s.	expressão; feição
672	升高	shēnggāo		ir para cima; subir
673	生成	shēngchéng	v.	gerar; produzir; formar; desenvolver
674	声	shēng	s., cl.	<s.> 1. som; voz 2. mensagem; notícia 3. reputação; fama 4. tom; entonação 5. inicial consonantal de uma sílaba chinesa <cl.> classificador para ações percebidas pela audição: fala, chamado, grito, ruído etc.
675	胜负	shèngfù	s.	vitória ou derrota; sucesso ou fracasso
676	剩	shèng	v.	sobrar; restar
677	剩下	shèngxia		restar; sobrar

Nº	VOCÁBULO	PINYIN	CLASSE	TRADUÇÃO
678	失误	shīwù	v., s.	<v.> errar; falhar (por negligência, imperícia etc.) <s.> erro; falta
679	师傅	shīfu	s.	1. mestre; pessoa que domina ou ensina técnicas e habilidades 2. (tratamento respeitoso a essas pessoas)
680	诗歌	shīgē	s.	poemas; poesia
681	十足	shízú	adj.	1. puro 2. completo; pleno
682	时常	shícháng	adv.	frequentemente; muitas vezes
683	时光	shíguāng	s.	tempo; período de tempo
684	时机	shíjī	s.	oportunidade; momento oportuno
685	时事	shíshì	s.	assuntos atuais
686	实惠	shíhuì	adj., s.	<adj.> prático; vantajoso; conveniente <s.> benefício substancial
687	拾	shí	v.	1. pegar (do chão); coletar 2. arrumar; colocar em ordem
688	使得	shǐde	v.	1. fazer; deixar; fazer que 2. ser viável 3. causar
689	示范	shìfàn	v.	dar exemplo; demonstrar; mostrar
690	式	shì	s.	1. modelo; forma 2. tipo; estilo 3. cerimônia; rito 4. fórmula
691	势力	shìlì	s.	força; poder; influência
692	试图	shìtú	v.	tentar
693	视频	shìpín	s.	vídeo; videoclipe
694	视为	shìwéi		considerar como; ter por
695	收购	shōugòu	v.	comprar; adquirir
696	收集	shōují	v.	coletar; recolher; juntar
697	收拾	shōushi	v.	1. colocar em ordem; arrumar 2. consertar; emendar 3. punir; castigar
698	手段	shǒuduàn	s.	1. meio; método 2. truque 3. habilidade
699	手法	shǒufǎ	s.	1. técnica; habilidade 2. truque
700	寿司	shòusī	s.	sushi
701	受灾	shòu // zāi	v.	sofrer desastre; ser atingido por calamidade

№ / VOCÁBULO		PINYIN	CLASSE	TRADUÇÃO
702	瘦	shòu	adj.	1. magro; delgado 2. apertado; justo (roupa) 3. que tem pouca ou nenhuma gordura (carne)
703	书法	shūfǎ	s.	caligrafia
704	书柜	shūguì	s.	armário ou estante de livros
705	书桌	shūzhuō	s.	escrivaninha
706	输出	shūchū	v.	1. enviar 2. exportar 3. (computador) emitir
707	蔬菜	shūcài	s.	verdura; legume; hortaliça
708	熟悉	shúxi	v.	1. conhecer bem; estar familiarizado com 2. conhecer (algo) através de observação ou experiência
709	鼠	shǔ	s.	rato
710	鼠标	shǔbiāo	s.	mouse
711	数目	shùmù	s.	número; quantia
712	摔	shuāi	v.	1. jogar ou lançar para baixo com força 2. cair de certa altura 3. cair no chão; tombar 4. quebrar
713	摔倒	shuāidǎo		cair; tombar; perder o equilíbrio
714	率领	shuàilǐng	v.	liderar; comandar
715	双手	shuāng shǒu		ambas as mãos
716	水产品	shuǐchǎnpǐn	s.	produto aquático
717	水分	shuǐfèn	s.	1. umidade; teor de água 2. exagero; excesso
718	水库	shuǐkù	s.	reservatório
719	水灾	shuǐzāi	s.	inundação
720	睡眠	shuìmián	s.	sono
721	说法	shuō·fǎ	s.	1. opinião; ponto de vista; ideia 2. maneira de dizer; expressão
722	硕士	shuòshì	s.	mestrado; grau de mestre
723	私人	sīrén	s.	privado; pessoal; particular
724	思维	sīwéi	s.	pensamento; mentalidade
725	四周	sìzhōu	s.	todos os lados; redor
726	搜	sōu	v.	procurar
727	搜索	sōusuǒ	v.	procurar

序号 №	词语 VOCÁBULO	拼音 PINYIN	词性 CLASSE	译文 TRADUÇÃO
728	宿舍	sùshè	s.	dormitório
729	酸甜苦辣	suān-tián-kǔ-là		azedo, doce, amargo e picante (todos os sentimentos da vida)
730	随后	suíhòu	adv.	logo a seguir; em seguida
731	随意	suí // yì	v.	à vontade; aleatoriamente; como quiser
732	随着	suízhe	prep.	ao passo que; à medida que; à proporção que
733	岁月	suìyuè	s.	anos
734	碎	suì	adj.	1. incompleto; quebrado; fragmentário 2. prolixo; tagarela
735	损害	sǔnhài	v.	prejudicar; danificar
736	损失	sǔnshī	v., s.	<v.> perder; sofrer perda <s.> perda; dano; prejuízo
737	所在	suǒzài	s.	1. lugar 2. paradeiro
738	锁	suǒ	s., v.	<s.> fechadura; cadeado <v.> 1. trancar; fechar com chave 2. bloquear o acesso; limitar
739	台风	táifēng	s.	tufão
740	抬	tái	v.	1. levantar; erguer 2. (duas ou mais pessoas) carregar; levar
741	抬头	tái // tóu	v.	1. levantar a cabeça 2. ganhar força
742	太空	tàikōng	s.	espaço sideral
743	弹	tán	v.	1. bater; sacudir 2. tocar com dedo (um instrumento musical) 3. ricochetear
744	逃	táo	v.	1. fugir; escapar 2. esquivar(-se) de
745	逃跑	táopǎo	v.	fugir; escapar
746	逃走	táozǒu	v.	fugir; escapar
747	桃	táo	s.	1. pêssego 2. noz
748	桃花	táohuā	s.	flor de pêssego
749	桃树	táoshù	s.	árvore de pêssego; pessegueiro
750	讨厌	tǎo // yàn	adj. v.	<adj.> 1. chato; desagradável; odioso; aborrecido 2. problemático; difícil de lidar <v.> detestar; odiar
751	特定	tèdìng	adj.	1. especialmente designado 2. específico; dado

LISTA DE VOCABULÁRIO DO NÍVEL 5

Nº	VOCÁBULO	PINYIN	CLASSE	TRADUÇÃO
752	特性	tèxìng	s.	característica; peculiaridade
753	特有	tèyǒu	adj.	específico; próprio de; peculiar; característico
754	提倡	tíchàng	v.	promover; preconizar
755	提起	tíqǐ	v.	1. mencionar; falar de 2. despertar; provocar 3. apresentar
756	提示	tíshì	v.	apontar; dar uma dica
757	题材	tícái	s.	assunto; tema; temática
758	体积	tǐjī	s.	volume; dimensão
759	体力	tǐlì	s.	força física
760	天才	tiāncái	s.	1. talento; dom 2. gênio; prodígio
761	天然气	tiānránqì	s.	gás natural
762	天文	tiānwén	s.	astronomia
763	调节	tiáojié	v.	regular; ajustar; modular
764	调解	tiáojiě	v.	mediar; conciliar; fazer as pazes
765	厅	tīng	s.	1. sala (de reunião, concerto, visitas etc.) 2. departamento do governo; secretaria
766	停留	tíngliú	v.	ficar por algum tempo; permanecer
767	通用	tōngyòng	v.	1. ser de uso comum 2. ser intercambiável
768	偷	tōu	v., adv.	<v.> 1. furtar; roubar 2. tentar encontrar (tempo) <adv.> furtivamente; secretamente
769	偷偷	tōutōu	adv.	secretamente; sorrateiramente
770	突破	tūpò	v., s.	1. superar; quebrar 2. romper; abrir passagem à força
771	土豆	tǔdòu	s.	batata
772	吐	tǔ	v.	1. cuspir 2. dizer; falar 3. aparecer; brotar
773	吐	tù	v.	1. vomitar 2. (figurativo) desistir sem querer
774	兔	tù	s.	coelho; lebre
775	团长	tuánzhǎng	s.	1. chefe de um grupo ou delegação 2. comandante de regimento
776	推行	tuīxíng	v.	levar a cabo; aplicar; pôr em prática
777	脱离	tuōlí	v.	separar-se de; livrar-se de
778	外界	wàijiè	s.	mundo externo

№ / Nº	词语 / VOCÁBULO	拼音 / PINYIN	词性 / CLASSE	译文 / TRADUÇÃO
779	完了	wánle	*conj.*	fim; terminado; acabado
780	微博	wēibó	*s.*	microblog; weibo
781	为难	wéinán	*adj., v.*	<adj.> estar em uma situação difícil, delicada ou embaraçosa <v.> dificultar (a vida de alguém)
782	为期	wéiqī	*v.*	durar por um determinado período de tempo; ser concluído em uma data definida
783	为止	wéizhǐ	*v.*	até (algum momento)
784	为主	wéizhǔ	*v.*	priorizar; dar prioridade a
785	违法	wéi // fǎ	*v.*	infringir a lei; ser ilegal
786	违反	wéifǎn	*v.*	transgredir; infringir
787	违规	wéi // guī	*v.*	violar regulamentos; quebrar regras
788	围绕	wéirào	*v.*	1. girar em torno de; rodear 2. focar; concentrar(-se)
789	唯一	wéiyī	*adj.*	apenas; único
790	委托	wěituō	*v.*	incumbir; confiar
791	卫星	wèixīng	*s.*	satélite
792	胃	wèi	*s.*	estômago
793	慰问	wèiwèn	*v.*	visitar (pessoa em uma situação difícil); expressar simpatia por; estender cumprimentos a
794	温和	wēnhé	*adj.*	1. temperado; ameno (clima) 2. gentil; agradável (temperamento)
795	文艺	wényì	*s.*	literatura e arte
796	卧室	wòshì	*s.*	quarto; quarto de dormir
797	握	wò	*v.*	1. segurar (com a mão); agarrar 2. ter; controlar
798	污染	wūrǎn	*v.*	1. poluir; contaminar 2. exercer influências negativas; corromper
799	污水	wūshuǐ	*s.*	água poluída; água residual; esgoto
800	屋	wū	*s.*	1. casa; habitação 2. compartimento de uma casa; quarto
801	无奈	wúnài	*v., conj.*	<v.> ser obrigado a; não ter outra opção senão <conj.> mas; no entanto
802	无疑	wúyí	*v.*	ser indubitável; não ter dúvida

Nº	VOCÁBULO	PINYIN	CLASSE	TRADUÇÃO
803	舞	wǔ	s., v.	<s.> dança; coreografia <v.> 1. dançar; bailar 2. brandir; agitar 3. dançar com algo na mão; movimentar como dançar
804	物价	wùjià	s.	preço (de mercadoria)
805	物业	wùyè	s.	1. bem imóvel; propriedade 2. administradora de prédio ou condomínio
806	物质	wùzhì	s.	1. (física) matéria; substância 2. material; subsistência
807	误解	wùjiě	v., s.	<v.> entender mal; interpretar mal <s.> mal-entendido; desentendimento
808	西红柿	xīhóngshì	s.	tomate
809	西装	xīzhuāng	s.	1. roupa de estilo ocidental; terno 2. casaco; paletó
810	喜剧	xǐjù	s.	comédia
811	戏	xì	s.	teatro; drama
812	戏剧	xìjù	s.	drama; teatro; peça teatral
813	吓	xià	v.	assustar(-se); amedrontar(-se)
814	先后	xiānhòu	s., adv.	<s.> ordem de prioridade ou precedência <adv.> sucessivamente; um após o outro
815	先前	xiānqián	s.	algum tempo atrás; momento ou época passada
816	鲜艳	xiānyàn	adj.	de cor brilhante; alegremente colorido
817	闲	xián	adj.	1. desocupado; livre; ocioso 2. fora do uso 3. trivial; sem importância; irrelevante
818	显	xiǎn	v.	mostrar; revelar
819	现有	xiànyǒu		ter em mãos; prontamente disponível; existir
820	现状	xiànzhuàng	s.	situação atual; status quo
821	线索	xiànsuǒ	s.	vestígio; dica; pista
822	献	xiàn	v.	1. oferecer; presentear 2. mostrar; manifestar
823	乡	xiāng	s.	1. (subdivisão administrativa rural de município) comarca 2. campo; interior; área rural 3. terra natal
824	乡村	xiāngcūn	s.	aldeia; campo; área rural

Nº	VOCÁBULO	PINYIN	CLASSE	TRADUÇÃO
825	相等	xiāngděng	v.	ser igual ou equivalente
826	相应	xiāngyìng	v.	1. adaptar(-se); adequar(-se) 2. corresponder; ter coerência
827	香肠	xiāngcháng	s.	salsicha; linguiça
828	详细	xiángxì	adj.	detalhado; minucioso
829	享受	xiǎngshòu	v., s.	<v.> desfrutar; usufruir de <s.> deleite; satisfação
830	向导	xiàngdǎo	s.	guia
831	向前	xiàng qián		avançar; em diante; à frente
832	向上	xiàngshàng	v.	subir; avançar; progredir; ter uma atitude positiva
833	相声	xiàngsheng	s.	xiangsheng; diálogo cômico
834	象征	xiàngzhēng	v., s.	<v.> simbolizar; significar; representar <s.> símbolo
835	消除	xiāochú	v.	eliminar; remover; dissipar
836	消毒	xiāo // dú	v.	1. desinfetar; esterilizar 2. dissipar a influência perniciosa
837	消防	xiāofáng	v.	combate a incêndio
838	消费者	xiāofèizhě	s.	consumidor
839	消极	xiāojí	adj.	1. negativo 2. passivo; inativo
840	小偷儿	xiǎotōur	s.	ladrão; batedor de carteira
841	歇	xiē	v.	descansar; ter/fazer uma pausa; parar de trabalhar
842	协议	xiéyì	v., s.	<v.> discutir e concordar; negociar <s.> acordo; contrato
843	协议书	xiéyìshū	s.	documento do acordo; acordo por escrito
844	斜	xié	adj.	inclinado; oblíquo; torto
845	心态	xīntài	s.	estado mental; atitude; mentalidade
846	心疼	xīnténg	v.	1. amar muito 2. sentir-se angustiado
847	辛苦	xīnkǔ	adj., v.	<adj.> difícil; extenuante; penoso; laborioso <v.> (fórmula de cortesia para pedir ou agradecer um favor)
848	欣赏	xīnshǎng	v.	1. contemplar; apreciar 2. gostar de; admirar

序号 N°	词语 VOCÁBULO	拼音 PINYIN	词性 CLASSE	译文 TRADUÇÃO
849	信念	xìnniàn	s.	fé; convicção
850	信箱	xìnxiāng	s.	1. caixa de correio 2. caixa postal
851	行驶	xíngshǐ	v.	(veículo ou barco) ir; andar
852	形态	xíngtài	s.	1. forma; postura; estrutura 2. morfologia
853	性能	xìngnéng	s.	função (de uma máquina etc.); desempenho; propriedade
854	雄伟	xióngwěi	adj.	1. imponente; majestoso 2. alto e forte; grandioso
855	熊	xióng	s.	urso
856	休闲	xiūxián	v.	descansar; relaxar; distrair-se
857	修复	xiūfù	v.	reparar; restaurar
858	修建	xiūjiàn	v.	construir
859	修养	xiūyǎng	s.	1. maestria (em conhecimento, arte etc.) 2. cultivo moral; autodisciplina; desenvolvimento pessoal
860	虚心	xūxīn	adj.	modesto; humilde
861	许可	xǔkě	v.	permitir
862	选修	xuǎnxiū	v.	tomar como eletivo (curso)
863	学科	xuékē	s.	1. área do conhecimento; ramo de ciência 2. disciplina; curso
864	学位	xuéwèi	s.	título universitário; grau
865	学者	xuézhě	s.	estudioso; acadêmico; pessoa erudita
866	寻求	xúnqiú	v.	buscar; procurar
867	询问	xúnwèn	v.	perguntar sobre; investigar
868	押金	yājīn	s.	caução; depósito
869	鸭子	yāzi	s.	pato
870	亚军	yàjūn	s.	vice-campeão
871	延伸	yánshēn	v.	esticar; estender(-se); alongar
872	严厉	yánlì	adj.	severo; duro
873	严肃	yánsù	adj., v.	<adj.> 1. sério; solene 2. meticuloso; zeloso <v.> tornar rigoroso; aplicar estritamente
874	言语	yányǔ	s.	modo de falar; expressão verbal; palavras
875	研究所	yánjiūsuǒ	s.	instituto de pesquisa

序号 Nº	词语 VOCÁBULO	拼音 PINYIN	词性 CLASSE	译文 TRADUÇÃO
876	眼光	yǎnguāng	s.	1. visão; olhar 2. capacidade de observar e julgar; perspicácia 3. ponto de vista; maneira de ver coisas
877	邀请	yāoqǐng	v., s.	<v.> convidar <s.> convite
878	摇头	yáo // tóu	v.	abanar a cabeça
879	咬	yǎo	v.	1. morder; mastigar 2. pronunciar; articular 3. insistir em dizer 4. incriminar; comprometer
880	也好	yěhǎo	part.	1. tanto faz; também pode ser; seria melhor 2. (reduplicado) tanto... quanto...; seja... seja...
881	业务	yèwù	s.	trabalho profissional; negócio
882	夜间	yèjiān	s.	período noturno
883	一流	yīliú	s., adj.	<s.> da mesma classe; da mesma condição (pessoas) <adj.> de primeira linha; de primeira categoria
884	依法	yīfǎ	adv.	conforme a lei; baseado na lei
885	依旧	yījiù	v., adv.	<v.> permanecer o mesmo <adv.> como sempre; ainda
886	依据	yījù	v., s.	<v.> basear(-se) em <s.> fundamento; base
887	依照	yīzhào	v., prep.	<v.> atuar conforme; seguir; basear-se em <prep.> de acordo com; à luz de; conforme
888	一辈子	yíbèizi	s.	toda a vida
889	一带	yídài	s.	região e suas proximidades; redor
890	一旦	yídàn	s., adv.	<s.> um instante; curto momento <adv.> uma vez que; no caso de; se por acaso
891	一句话	yí jù huà		em suma; em uma palavra; em resumo
892	一路	yílù	s., adv.	<s.> 1. todo o caminho; toda a viagem 2. mesmo tipo <adv.> no mesmo caminho
893	一下儿	yíxiàr	adv.	1. num momento; num instante; rapidamente 2. (depois de verbo, indica uma tentativa) uma vez; um pouco
894	一下子	yíxiàzi	adv.	1. num momento; num instante; rapidamente 2. (depois de verbo, indica uma tentativa) uma vez; um pouco
895	一向	yíxiàng	adv.	1. sempre 2. recentemente

Nº	VOCÁBULO	PINYIN	CLASSE	TRADUÇÃO
896	乙	yǐ	s.	1. *yi*, o segundo dos dez Troncos Celestiais (天干) 2. o segundo item de uma enumeração; equivalente a "b" na série "a, b, c, d"
897	以便	yǐbiàn	*conj.*	para que; para; a fim de
898	以往	yǐwǎng	s.	passado
899	一口气	yìkǒuqì	*adv.*	sem interrupção; de uma só vez
900	一身	yìshēn	s.	1. corpo inteiro; todo o corpo 2. conjunto (de casaco e calça) 3. uma única pessoa
901	意识	yì·shí	*s., v.*	<s.> consciência <v.> estar consciente de; perceber
902	意味着	yìwèizhe	*v.*	significar
903	意志	yìzhì	s.	determinação; vontade
904	因而	yīn'ér	*conj.*	por isso; como resultado; por conseguinte
905	饮料	yǐnliào	s.	bebida; refrigerante
906	饮食	yǐnshí	s.	comida e bebida; dieta
907	印刷	yìnshuā	*v.*	imprimir
908	应	yìng	*v.*	1. responder a 2. aceitar; atender 3. lidar com
909	硬	yìng	*adj., adv.*	<adj.> 1. duro; rígido 2. (atitude, vontade etc.) forte; firme; difícil 3. de boa qualidade; capaz 4. rigoroso; inflexível <adv.> forçosamente; com insistência
910	硬件	yìngjiàn	s.	1. (computador) hardware 2. condições materiais
911	拥抱	yōngbào	*v.*	abraçar
912	拥有	yōngyǒu	*v.*	possuir; ter; dispor de
913	用不着	yòngbuzháo	*v.*	1. não precisar; não haver necessidade 2. não ter utilidade para; ser inútil
914	用户	yònghù	s.	usuário; cliente
915	用来	yònglái		servir como; ser usado para
916	用于	yòngyú		ser usado para; destinar(-se)
917	优惠	yōuhuì	*adj.*	favorável; preferencial
918	优先	yōuxiān	*v.*	ter prioridade; ter precedência
919	幽默	yōumò	*adj.*	humorístico; espirituoso

序号 №	词语 VOCÁBULO	拼音 PINYIN	词性 CLASSE	译文 TRADUÇÃO
920	尤其	yóuqí	*adv.*	particularmente; especialmente; em particular
921	由此	yóu cǐ		disso; daí; por isso
922	犹豫	yóuyù	*adj.*	hesitante; indeciso
923	游泳池	yóuyǒngchí	*s.*	piscina de natação
924	友谊	yǒuyì	*s.*	amizade
925	有毒	yǒu dú		venenoso; tóxico
926	有害	yǒu hài		prejudicial; nocivo
927	有力	yǒulì	*adj.*	forte; energético; vigoroso
928	有利于	yǒulì yú		beneficiar; em favor de
929	有着	yǒuzhe	*v.*	ter; possuir
930	羽毛球	yǔmáoqiú	*s.*	1. badminton (jogo) 2. peteca de badminton
931	羽绒服	yǔróngfú	*s.*	casaco com enchimento de plumas
932	雨水	yǔshuǐ	*s.*	água da chuva; chuva
933	预备	yùbèi	*v.*	preparar(-se); estar disposto a
934	预期	yùqī	*v.*	esperar; prever
935	元旦	Yuándàn	*s.*	dia de Ano-Novo
936	园林	yuánlín	*s.*	jardim; jardinagem
937	原理	yuánlǐ	*s.*	princípio; teoria
938	原始	yuánshǐ	*adj.*	1. primitivo 2. original; de primeira mão
939	原先	yuánxiān	*s.*	antes; anteriormente; inicialmente; no passado
940	原有	yuányǒu		já existia; preexistente
941	远处	yuǎnchù	*s.*	lugar distante
942	怨	yuàn	*v.*	1. sentir-se magoado (com); mostrar-se ressentido 2. reclamar; culpar
943	愿	yuàn	*v.*	1. estar disposto a; querer 2. desejar; esperar
944	约束	yuēshù	*v.*	restringir; limitar
945	月饼	yuèbing	*s.*	bolo da lua (especial para o Festival da Lua Cheia)
946	月球	yuèqiú	*s.*	Lua
947	阅览室	yuèlǎnshì	*s.*	sala de leitura

Nº	VOCÁBULO	PINYIN	CLASSE	TRADUÇÃO
948	运	yùn	v.	1. movimentar(-se); mover(-se) 2. carregar; transportar 3. usar; empregar
949	运行	yùnxíng	v.	operar; mover-se; funcionar
950	灾	zāi	s.	1. desastre; calamidade; catástrofe 2. infortúnio; adversidade; desgraça
951	灾害	zāihài	s.	calamidade; desastre
952	灾难	zāinàn	s.	acontecimento catastrófico; desastre; tragédia
953	灾区	zāiqū	s.	área atingida pelo desastre
954	再次	zàicì	adv.	mais uma vez
955	再也	zài yě		nunca mais
956	在场	zàichǎng	v.	estar presente
957	在内	zàinèi	v.	incluir; estar incluso
958	暂时	zànshí	adj.	temporário; por enquanto; para o momento
959	暂停	zàntíng	v.	suspender; pausar; parar temporariamente
960	糟	zāo	adj.	1. podre; deteriorado 2. ruim; em estado deplorável, em uma bagunça
961	糟糕	zāogāo	adj.	mau; ruim
962	早期	zǎoqī	s.	estágio ou fase inicial
963	增	zēng	v.	aumentar; adicionar
964	增产	zēng // chǎn	v.	aumentar a produção
965	增大	zēngdà	v.	aumentar
966	增多	zēngduō	v.	crescer em número ou quantidade
967	增强	zēngqiáng	v.	fortalecer; consolidar
968	赠	zèng	v.	presentear; dar de presente
969	赠送	zèngsòng	v.	dar (algo) como presente
970	摘	zhāi	v.	1. colher (flor, fruta, folha etc.); tirar 2. selecionar
971	展览	zhǎnlǎn	v., s.	<v.> expor; exibir <s.> exposição; exibição
972	展示	zhǎnshì	v.	mostrar; exibir
973	展现	zhǎnxiàn	v.	dar(-se) a conhecer; mostrar
974	占领	zhànlǐng	v.	ocupar; tomar; conquistar
975	占有	zhànyǒu	v.	apoderar-se de; ocupar; dominar; possuir

Nº	VOCÁBULO	PINYIN	CLASSE	TRADUÇÃO
976	涨	zhǎng	v.	(água, preço etc.) aumentar; subir
977	涨价	zhǎng // jià	v.	aumentar o preço
978	掌握	zhǎngwò	v.	1. conhecer bem; dominar (conhecimento) 2. ter em mãos; controlar
979	招生		v.	matricular novos alunos
980	招手	zhāo // shǒu	v.	acenar (com a mão)
981	珍贵	zhēnguì	adj.	precioso; valioso
982	珍惜	zhēnxī	v.	prezar; apreciar; valorizar; cuidar
983	珍珠	zhēnzhū	s.	pérola
984	真诚	zhēnchéng	adj.	sincero; franco
985	真理	zhēnlǐ	s.	verdade
986	真相	zhēnxiàng	s.	fatos reais; realidade; situação real
987	诊断	zhěnduàn	v.	diagnosticar
988	振动	zhèndòng	v.	vibrar; oscilar
989	震惊	zhènjīng	adj., v.	<adj.> chocado; surpreso <v.> surpreender; chocar
990	争议	zhēngyì	v.	debater; disputar
991	正版	zhèngbǎn	s.	cópia legítima; versão original; edição oficial
992	正规	zhèngguī	adj.	regular; oficial; autêntico; padronizado
993	正如	zhèngrú	v.	(fazer comparações entre duas coisas, indicando a semelhança) assim como; da mesma maneira que
994	正义	zhèngyì	s., adj.	<s.> justiça; equidade <adj.> justo; equitativo
995	证实	zhèngshí	v.	confirmar ou comprovar como real; corroborar
996	证书	zhèngshū	s.	certificado; credencial
997	挣	zhèng	v.	1. lutar para se libertar 2. ganhar (dinheiro, vida etc.)
998	挣钱			ganhar dinheiro
999	之内	zhīnèi	s.	dentro de; no interior de
1000	之外	zhīwài	s.	fora de; além de
1001	之下	zhīxià	s.	sob; abaixo

Nº	VOCÁBULO	PINYIN	CLASSE	TRADUÇÃO
1002	之中	zhīzhōng	s.	no meio de; dentro de
1003	支出	zhīchū	v., s.	<v.> desembolsar; despender; gastar <s.> despesa; gasto
1004	支配	zhīpèi	v.	1. organizar; distribuir 2. dominar; governar; controlar
1005	执行	zhíxíng	v.	efetuar; executar; cumprir
1006	直线	zhíxiàn	s., adj.	<s.> linha reta <adj.> 1. linear; direto 2. (aumento ou queda) íngreme; agudo
1007	值班	zhí // bān	v.	estar de plantão
1008	职能	zhínéng	s.	função
1009	职位	zhíwèi	s.	cargo; posição
1010	职务	zhíwù	s.	cargo; função
1011	只不过	zhǐbúguò	adv.	apenas; simplesmente; somente
1012	只见	zhǐ jiàn		ver-se apenas; só dar para ver
1013	指标	zhǐbiāo	s.	1. índice 2. alvo; meta
1014	指甲	zhǐjia	s.	unha
1015	指示	zhǐshì	s., v.	<s.> diretriz; instrução <v.> 1. indicar; apontar 2. instruir; dar ordem
1016	指责	zhǐzé	v.	acusar; criticar
1017	至	zhì	v.	chegar; alcançar
1018	制成	zhìchéng		ser produzido com; ser feito de
1019	制约	zhìyuē	v.	restringir; inibir; limitar
1020	治安	zhì'ān	s.	segurança pública
1021	治理	zhìlǐ	v.	1. administrar; governar 2. controlar; tratar de
1022	中断	zhōngduàn	v.	suspender; interromper
1023	中秋节	Zhōngqiū Jié	s.	Festival da Lua Cheia (o 15º dia da oitava lua)
1024	中央	zhōngyāng	s.	1. centro; meio 2. autoridades supremas de um país ou partido
1025	中药	zhōngyào	s.	medicamentos da medicina tradicional chinesa
1026	终点	zhōngdiǎn	s.	ponto final; destino
1027	终身	zhōngshēn	s.	toda a vida; para a vida

Nº	VOCÁBULO	PINYIN	CLASSE	TRADUÇÃO
1028	终止	zhōngzhǐ	v.	parar; terminar
1029	中毒	zhòng // dú	v.	ser envenenado
1030	众多	zhòngduō	adj.	muito; numeroso
1031	周期	zhōuqī	s.	1. ciclo 2. período do ciclo; duração periódica
1032	竹子	zhúzi	s.	bambu
1033	主办	zhǔbàn	v.	organizar; sediar; patrocinar
1034	主导	zhǔdǎo	v., s.	<v.> liderar; dominar; dirigir <s.> fator dominante; trabalho principal
1035	主观	zhǔguān	adj.	subjetivo
1036	主管	zhǔguǎn	v., s.	<v.> ser responsável por <s.> responsável; diretor
1037	主体	zhǔtǐ	s.	1. corpo principal; parte principal; esteio 2. (filosofia) sujeito 3. (direito) sujeito
1038	助理	zhùlǐ	s.	assistente
1039	助手	zhùshǒu	s.	assistente; ajudante
1040	注册	zhù // cè	v.	matricular-se; inscrever(-se); registrar
1041	注射	zhùshè	v.	(remédio) injetar
1042	注视	zhùshì	v.	observe atentamente; fixar os olhos em (algo); prestar atenção
1043	注重	zhùzhòng	v.	dar importância a; valorizar; dar prioridade a
1044	祝贺	zhùhè	v.	parabenizar; congratular; felicitar
1045	专辑	zhuānjí	s.	álbum especial
1046	专利	zhuānlì	s.	patente
1047	转化	zhuǎnhuà	v.	transformar(-se); converter(-se)
1048	转换	zhuǎnhuàn	v.	mudar; alternar; adaptar; ajustar
1049	转让	zhuǎnràng	v.	transferir a propriedade de; ceder (algo) em favor de
1050	转向	zhuǎnxiàng	v.	1. mudar a direção 2. virar e enfrentar; virar para
1051	装饰	zhuāngshì	v., s.	<v.> decorar; adornar <s.> decoração

序号 Nº	词语 VOCÁBULO	拼音 PINYIN	词性 CLASSE	译文 TRADUÇÃO
1052	撞	zhuàng	v.	1. chocar(-se); colidir; bater(-se) 2. encontrar-se por acaso; surpreender 3. tentar a sorte
1053	资本	zīběn	s.	capital; conjunto dos bens
1054	资产	zīchǎn	s.	patrimônio; propriedade; conjunto dos bens
1055	资助	zīzhù	v.	ajudar financeiramente; subsidiar
1056	子弹	zǐdàn	s.	bala; cartucho
1057	仔细	zǐxì	adj.	atento; cuidadoso; minucioso
1058	紫	zǐ	adj.	roxo; violeta
1059	自豪	zìháo	adj.	orgulhoso
1060	自杀	zìshā	v.	cometer suicídio; tirar a própria vida; matar-se
1061	自愿	zìyuàn	v.	voluntariar-se
1062	总裁	zǒngcái	s.	presidente da empresa ou partido político
1063	总数	zǒngshù	s.	total; soma total; número total
1064	总算	zǒngsuàn	adv.	1. afinal; por fim; finalmente 2. em geral; geralmente
1065	总体	zǒngtǐ	s.	geral; total
1066	阻碍	zǔ'ài	v., s.	<v.> impedir; bloquear; obstruir <s.> obstáculo; impedimento; barreira
1067	组织	zǔzhī	v., s.	<v.> organizar; formar <s.> 1. organização 2. (fisiologia) tecido
1068	醉	zuì	v.	1. embriagar-se; ficar bêbado 2. ser fanático por; estar apaixonado por 3. conservar ou embeber (alimento) em aguardente
1069	尊敬	zūnjìng	v., adj.	<v.> respeitar; estimar; venerar <adj.> ilustre; respeitável
1070	尊重	zūnzhòng	v.	estimar; respeitar; tratar seriamente
1071	遵守	zūnshǒu	v.	observar; cumprir

6.6 六级词汇表 | Lista de Vocabulário do Nível 6

Nº	VOCÁBULO	PINYIN	CLASSE	TRADUÇÃO
1	挨着	āizhe		ao lado de
2	挨	ái	v.	sofrer; passar por dificuldades; aguentar a contragosto
3	挨打	áidǎ	v.	levar uma surra; apanhar
4	安检	ānjiǎn	v.	fazer inspeção de segurança
5	罢工	bà // gōng	v., s.	<v.> fazer ou estar em greve <s.> greve
6	罢了	bàle	*part.*	(no final de uma oração afirmativa) isso é tudo; nada mais; apenas
7	白领	báilǐng	s.	colarinho-branco
8	百分点	bǎifēndiǎn	s.	pontos percentuais
9	办公	bàn // gōng	v.	ocupar-se de negócios oficiais; fazer trabalho de escritório
10	办事处	bànshìchù	s.	escritório; agência; filial
11	办学	bànxué	v.	administrar uma escola
12	半决赛	bànjuésài	s.	semifinal
13	傍晚	bàngwǎn	s.	o cair da noite; anoitecer
14	保健	bǎojiàn	v.	cuidar da saúde
15	报刊	bàokān	s.	jornais e revistas
16	报考	bàokǎo	v.	inscrever-se para uma prova
17	抱歉	bàoqiàn	*adj.*	arrependido; pesaroso
18	暴风雨	bàofēngyǔ	s.	tempestade; vendaval
19	暴力	bàolì	s.	violência; força
20	暴露	bàolù	v.	expor; revelar; desmascarar
21	暴雨	bàoyǔ	s.	chuva torrencial; tempestade
22	爆	bào	v.	1. explodir 2. tornar-se conhecido súbita e surpreendentemente 3. fritar ou ferver rapidamente
23	爆发	bàofā	v.	1. entrar em erupção 2. manifestar-se com intensidade; explodir
24	爆炸	bàozhà	v.	explodir; detonar
25	悲惨	bēicǎn	*adj.*	miserável; trágico

LISTA DE VOCABULÁRIO DO NÍVEL 6

Nº	VOCÁBULO	PINYIN	CLASSE	TRADUÇÃO
26	背心	bèixīn	s.	colete; camiseta regata
27	背着	bèizhe		pelas costas
28	被告	bèigào	s.	o acusado; réu
29	奔跑	bēnpǎo	v.	correr rapidamente
30	本	běn	pron., adv.	<pron.> próprio; este <adv.> originalmente; inicialmente
31	本地	běndì	s.	este local
32	本期	běn qī		período atual
33	本身	běnshēn	pron.	em si mesmo; em si próprio; por si só
34	本土	běntǔ	s.	terra natal
35	本质	běnzhì	s.	essência; natureza
36	逼	bī	v.	1. forçar; obrigar; pressionar 2. aproximar(-se) 3. extorquir
37	笔试	bǐshì	v.	responder a uma prova escrita
38	必将	bìjiāng	adv.	certamente; inevitavelmente
39	必修	bìxiū	adj.	(de curso, aula etc.) obrigatório
40	闭	bì	v.	1. fechar 2. bloquear; obstruir 3. concluir; encerrar
41	边缘	biānyuán	s.	borda; beira; margem
42	编制	biānzhì	v.	1. elaborar; formular 2. tecer; trançar
43	扁	biǎn	adj.	achatado
44	变更	biàngēng	v.	mudar; alterar; modificar
45	变换	biànhuàn	v.	variar; alterar; mudar
46	变形	biàn // xíng	v.	mudar de forma; deformar; transformar; transfigurar
47	便	biàn	adv., conj.	<adv.> 1. logo depois; assim que 2. então; nesse caso <conj.> apesar de que; embora
48	便是	biàn shì		é simplesmente; é apenas; nada mais do que
49	遍地	biàndì	adv.	por todo o lugar; em todos os lugares
50	表面上	biǎomiànshang		aparentemente
51	病房	bìngfáng	s.	enfermaria
52	病情	bìngqíng	s.	estado de doença; quadro de paciente
53	拨打	bōdǎ	v.	discar ou ligar (um número de telefone)

Nº	VOCÁBULO	PINYIN	CLASSE	TRADUÇÃO
54	波动	bōdòng	v.	flutuar; ondular
55	波浪	bōlàng	s.	onda
56	播	bō	v.	1. transmitir; espalhar 2. semear
57	不便	búbiàn	adj., v.	<adj.> inconveniente; inapropriado <v.> faltar dinheiro
58	不见	bújiàn	v.	1. não ver 2. desaparecer; não ser encontrado
59	不料	búliào	conj.	acontecer inesperadamente; ser contrário às expectativas
60	不再	búzài	v.	não existir mais
61	不至于	búzhìyú	v.	não a ponto de ser; não poder ser assim...; ser improvável
62	补考	bǔkǎo	v.	fazer exame suplementar ou prova de segunda chamada
63	补课	bǔ // kè	v.	1. compensar aula perdida; dar ou fazer aula de reposição 2. refazer
64	补习	bǔxí	v.	fazer curso de reforço escolar
65	补助	bǔzhù	v., s.	<v.> subsidiar <s.> subsídio
66	捕	bǔ	v.	pegar; prender; capturar
67	不成	bùchéng	v., adj.	<v.> 1. não funcionar; não dar certo 2. não ser permitido <adj.> 1. impossível; impraticável 2. incompetente; impróprio
68	不禁	bùjīn	adv.	não conseguir conter; não poder conter-se
69	不仅仅	bù jǐnjǐn		não apenas; mais do que
70	不通	bùtōng	v.	estar obstruído; estar intransitável
71	不怎么	bùzěnme	adv.	não muito; não particularmente
72	不怎么样	bùzěnmeyàng		ordinário; comum; não muito bom; apenas mais ou menos
73	不值	bùzhí	v.	não valer a pena; não ser digno (de)
74	布满	bùmǎn		estar coberto de; estar cheio de
75	部队	bùduì	s.	exército; tropas
76	采纳	cǎinà	v.	aceitar; adotar (plano, sugestão, proposta etc.)
77	踩	cǎi	v.	1. pisar 2. menosprezar

序号 №	词语 VOCÁBULO	拼音 PINYIN	词性 CLASSE	译文 TRADUÇÃO
78	参赛	cānsài	v.	participar de competição ou concurso
79	参展	cānzhǎn	v.	participar de uma exposição
80	餐	cān	cl.	classificador para refeições
81	残疾	cán·jí	s.	deficiência física
82	残疾人	cán·jírén	s.	pessoa com deficiência
83	残酷	cánkù	adj.	cruel; brutal; impiedoso; desumano
84	惨	cǎn	adj.	1. miserável; deplorável; trágico 2. desastroso; grave 3. cruel; brutal; impiedoso
85	仓库	cāngkù	s.	armazém; depósito; almoxarifado
86	藏	cáng	v.	1. esconder(-se); manter fora da vista 2. guardar; colocar num armazém ou depósito
87	操纵	cāozòng	v.	1. operar; controlar; dirigir (máquinas etc.) 2. manipular
88	厕所	cèsuǒ	s.	banheiro; sanitário
89	侧	cè	s., v.	<s.> lado <v.> inclinar para um lado; virar ou mover para os lados
90	测定	cèdìng	v.	medir; determinar; avaliar com precisão
91	策划	cèhuà	v.	planejar; tramar
92	策略	cèlüè	s.	tática; estratégia; plano
93	层面	céngmiàn	s.	1. alcance; escopo 2. nível; aspecto; camada
94	差异	chāyì	s.	dissimilaridade; discrepância; divergência
95	查出	cháchū	v.	descobrir (através de investigação ou pesquisa)
96	查看	chákàn	v.	inspecionar; examinar; verificar
97	拆迁	chāiqiān	v.	desapropriar; fazer desapropriação; demolir as casas e mudar os moradores
98	产量	chǎnliàng	s.	volume de produção; produção;
99	昌盛	chāngshèng	adj.	próspero; desenvolvido
100	长短	chángduǎn	s.	1. comprimento 2. acidente 3. certo e errado; vantagem e desvantagem
101	长假	chángjià	s.	feriado longo
102	长久	chángjiǔ	adj.	permanente; duradouro
103	长跑	chángpǎo	s.	corrida de longa distância

序号	词语	拼音	词性	译文
Nº	VOCÁBULO	PINYIN	CLASSE	TRADUÇÃO
104	长远	chángyuǎn	*adj.*	de longo prazo; de longo alcance
105	常规	chángguī	*s.*	regra geral; padrão regular; prática comum; rotina
106	常年	chángnián	*adv., s.*	<adv.> por muitos anos; perenemente <s.> 1. perenidade; o ano todo 2. ano mediano; ano comum
107	厂商	chǎngshāng	*s.*	fabricante; empresa produtora
108	场地	chǎngdì	*s.*	espaço; lugar
109	场馆	chǎngguǎn	*s.*	estádio e ginásio; instalações esportivas
110	场景	chǎngjǐng	*s.*	cena; circunstância; situação
111	畅通	chàngtōng	*adj.*	desbloqueado; desimpedido
112	超	chāo	*v.*	1. superar; ultrapassar 2. exceder; ultrapassar (um limite etc.) 3. estar acima do nível normal
113	超出	chāochū	*v.*	ultrapassar; ir além
114	炒	chǎo	*v.*	1. refogar; saltear; fritar 2. especular (na bolsa de valores etc.) 3. dar exposição excessiva na mídia 4. demitir
115	炒股	chǎo // gǔ	*v.*	especular na bolsa de valores
116	炒作	chǎozuò	*v.*	fazer sensacionalismo; aumentar a popularidade pela campanha publicitária; obter lucros através da especulação
117	车号	chēhào	*s.*	número de registro de um veículo; número da placa do carro
118	车牌	chēpái	*s.*	placa do carro
119	车展	chēzhǎn	*s.*	exposição automotiva
120	撤离	chèlí	*v.*	retirar(-se); evacuar; desocupar
121	撤销	chèxiāo	*v.*	cancelar; revogar; rescindir
122	撑	chēng	*v.*	1. sustentar; apoiar 2. empurrar; forçar (algo) a se mover 3. aguentar (com esforço) 4. encher a ponto de estourar
123	成	chéng	*cl.*	um décimo; dez por cento
124	成分	chéngfèn	*s.*	1. composição; ingrediente 2. classe profissional ou social
125	成品	chéngpǐn	*s.*	produto acabado; produto final

Nº	VOCÁBULO	PINYIN	CLASSE	TRADUÇÃO
126	承诺	chéngnuò	v.	prometer; comprometer-se a
127	城区	chéngqū	s.	zona urbana; área metropolitana
128	城乡	chéng xiāng	s.	a cidade e o campo; as zonas urbana e rural
129	城镇	chéngzhèn	s.	área urbana; cidade
130	持有	chíyǒu	v.	segurar
131	冲击	chōngjī	v., s.	<v.> 1. chocar-se com violência; colidir com; bater em 2. atacar com ímpeto; ter como objetivo 3. (figurativo) impactar; causar impacto <s.> impacto; choque
132	重建	chóngjiàn	v.	reconstruir; restabelecer
133	重组	chóngzǔ	v.	reestruturar; reorganizar; recombinar
134	崇拜	chóngbài	v.	adorar; idolatrar
135	宠物	chǒngwù	s.	animal de estimação
136	冲	chòng	prep., v.	<prep.> 1. em direção a; em confronto com 2. com base em; por causa de; devido a <v.> prensar
137	出场	chūchǎng	v.	subir no palco; entrar em cena; entrar em campo
138	出动	chūdòng	v.	mobilizar; enviar (a ação)
139	出访	chūfǎng	v.	visitar um país estrangeiro
140	出路	chūlù	s.	saída
141	出面	chū // miàn	v.	agir em nome de; aparecer pessoalmente
142	出名	chū // míng	v.	famoso; renomado; célebre
143	出入	chūrù	v., s.	<v.> entrar e sair <s.> discrepância; divergência
144	出事	chū // shì	v.	1. sofrer um acidente 2. ter um contratempo
145	出台	chū // tái	v.	1. aparecer no palco; subir no palco 2. aparecer publicamente; fazer uma aparição pública 3. lançar; anunciar (política, medida etc.)
146	出行	chūxíng	v.	iniciar uma viagem; ir em uma viagem
147	初等	chūděng	adj.	elementar; primário
148	除	chú	prep., v.	<prep.> exceto; além de <v.> 1. livrar-se; acabar com; eliminar; remover 2. efetuar operação de divisão; dividir

Nº	VOCÁBULO	PINYIN	CLASSE	TRADUÇÃO
149	厨师	chúshī	s.	cozinheiro; chefe de cozinha
150	储存	chǔcún	v.	armazenar; guardar; preservar
151	处处	chùchù	adv.	em toda parte; em todos os lugares
152	处长	chùzhǎng	s.	chefe de (divisão de um órgão público)
153	传出	chuánchū	v.	deixar sair; sair (notícia etc.)
154	传媒	chuánméi	s.	1. meios de comunicação; mídia 2. agentes transmissores de doenças
155	传输	chuánshū	v.	transmitir
156	传言	chuányán	s., v.	<s.> boato <v.> passar ou transmitir uma mensagem
157	船员	chuányuán	s.	tripulante de navio; membro da tripulação de um navio
158	船长	chuánzhǎng	s.	capitão; comandante de navio
159	船只	chuánzhī	s.	embarcação; navios e barcos
160	串	chuàn	cl., v.	<cl.> classificador para conjuntos de objetos unidos, como cacho de uvas, espetinho de carne assada, molho de chaves <v.> 1. colocar em fio 2. conspirar; colaborar 3. ir de um lugar para outro 4. misturar as coisas
161	窗口	chuāngkǒu	s.	janela; guichê
162	创办	chuàngbàn	v.	criar(-se); estabelecer(-se); fundar(-se)
163	创建	chuàngjiàn	v.	criar(-se); estabelecer(-se); fundar(-se)
164	创意	chuàngyì	s., v.	<s.> ideia original; criatividade <v.> criar uma ideia
165	此处	cǐ chù		este lugar; aqui
166	此次	cǐ cì		esta vez
167	此前	cǐqián	s.	antes disso
168	此事	cǐshì	s.	este assunto; tal coisa
169	此致	cǐzhì	v.	(como uma fórmula de saudação no final de uma carta formal, antes da assinatura) por meio deste apresento...
170	次数	cìshù	s.	número de vezes; frequência
171	从不	cóng bù		nunca (indica um hábito ou comportamento que não ocorre nem ocorreu)

Nº	VOCÁBULO	PINYIN	CLASSE	TRADUÇÃO
172	从没	cóng méi		nunca (indica um evento que não ocorreu no passado)
173	醋	cù	s.	1. vinagre 2. ciúme (em relacionamento amoroso)
174	村庄	cūnzhuāng	s.	aldeia
175	错过	cuòguò	v.	perder; deixar escapar
176	搭	dā	v.	1. pendurar; colocar (roupa, mão etc. sobre algum suporte) 2. pegar (meio de transporte) 3. montar; construir 4. combinar; juntar 5. conectar; ligar
177	搭档	dādàng	v., s.	<v.> trabalhar como parceiros; cooperar <s.> parceiro
178	搭配	dāpèi	v.	1. combinar (de forma harmoniosa) 2. cooperar
179	打动	dǎdòng	v.	causar comoção a; emocionar; comover
180	打断	dǎduàn	v.	1. interromper 2. quebrar
181	打发	dǎfa	v.	1. enviar; despachar 2. dispensar; mandar embora 3. matar o tempo
182	打官司	dǎ guānsi		entrar em litígio; processar na justiça
183	打牌	dǎpái	v.	jogar cartas ou *mahjong*
184	打印机	dǎyìnjī	s.	impressora
185	打造	dǎzào	v.	forjar; fazer; construir; criar
186	大道	dàdào	s.	1. estrada principal; estrada larga 2. ordem natural das coisas; as leis que governam o universo
187	大街	dàjiē	s.	rua principal; avenida
188	大力	dàlì	adv.	energeticamente; vigorosamente
189	大米	dàmǐ	s.	grão de arroz descascado; arroz
190	大批	dàpī	adj.	muito; numeroso; de grande quantidade
191	大赛	dàsài	s.	importante evento esportivo; grande competição

序号 N°	词语 VOCÁBULO	拼音 PINYIN	词性 CLASSE	译文 TRADUÇÃO
192	大师	dàshī	s.	1. (tratamento para pessoa de grande prestígio em alguma profissão) mestre; especialista 2. Grande Mestre (o mais alto título internacional de xadrez) 3. grande mestre (tratamento honorífico de se dirigir a um monge budista)
193	大使	dàshǐ	s.	embaixador
194	待会儿	dāihuìr		esperar um minuto
195	担忧	dānyōu	v.	preocupar-se com
196	单打	dāndǎ	s.	(termo esportivo que se refere a uma modalidade de jogo em que dois jogadores competem individualmente um contra o outro, usado em tênis, badminton, tênis de mesa etc.)
197	诞生	dànshēng	v.	nascer
198	党	dǎng	s.	1. partido político 2. o Partido Comunista da China 3. clique; facção
199	当	dàng	v.	1. ser igual a 2. considerar; tratar como 3. acreditar; achar 4. penhorar
200	当成	dàngchéng	v.	considerar; tratar como
201	当天	dàngtiān	s.	mesmo dia
202	当作	dàngzuò	v.	considerar; tratar como
203	档	dàng	s.	1. prateleira para arquivos 2. arquivo; pasta 3. classificação, categoria 4. balcão de atendimento; guichê
204	档案	dàng'àn	s.	arquivo; registro; dossiê
205	岛	dǎo	s.	ilha
206	到期	dào // qī	v.	chegar ao fim do prazo; ter a data-limite para; expirar
207	盗版	dàobǎn	s.	pirataria de direitos autorais; edição pirata
208	道教	Dàojiào	s.	taoísmo; religião taoísta
209	道歉	dào // qiàn	v.	pedir desculpas
210	低头	dī // tóu	v.	1. abaixar a cabeça 2. ceder a; submeter a
211	低温	dīwēn	s.	temperatura baixa
212	滴	dī	v., cl.	<v.> gotejar; pingar <cl.> classificador para porções diminutas de qualquer líquido; gota

Nº	VOCÁBULO	PINYIN	CLASSE	TRADUÇÃO
213	抵达	dǐdá	v.	chegar
214	抵抗	dǐkàng	v.	resistir; revoltar(-se); opor(-se)
215	地板	dìbǎn	s.	piso; pavimento
216	地名	dìmíng	s.	nome de lugar; topônimo
217	地下室	dìxiàshì	s.	subsolo; porão
218	电车	diànchē	s.	1. bonde elétrico 2. trólebus
219	电动	diàndòng	adj.	movido por eletricidade; elétrico
220	电力	diànlì	s.	energia elétrica
221	电器	diànqì	s.	1. dispositivo elétrico 2. eletrodoméstico
222	吊	diào	v.	1. suspender; pendurar 2. levantar com uma corda 3. lamentar; expressar pesar
223	调研	diàoyán	v.	pesquisar
224	跌	diē	v.	1. cair; tombar 2. (preço, produção etc.) sofrer queda; cair
225	定价	dìngjià	s.	preço fixo
226	定时	dìngshí	v., s.	<v.> definir o tempo <s.> horário fixo
227	定位	dìng // wèi	v., s.	<v.> posicionar; orientar(-se); localizar <s.> 1. localização; posicionamento 2. nicho (de produto etc.)
228	动画	dònghuà	s.	animação; desenho animado
229	斗争	dòuzhēng	v., s.	<v.> lutar; combater <s.> luta
230	都市	dūshì	s.	cidade; metrópole
231	毒品	dúpǐn	s.	narcótico; droga
232	赌	dǔ	v.	1. apostar dinheiro ou bens materiais em jogos de azar; jogar 2. aventurar; arriscar; expor à sorte
233	赌博	dǔbó	v.	jogo de azar
234	渡	dù	v.	1. atravessar; cruzar (rio, lago etc.) 2. passar por
235	端	duān	v.	segurar ou levar horizontalmente com as duas mãos
236	端午节	Duānwǔ Jié	s.	Festival do Barco-Dragão (o 5º dia da quinta lua)
237	短片	duǎnpiàn	s.	filme curto; curta-metragem

序号 Nº	词语 VOCÁBULO	拼音 PINYIN	词性 CLASSE	译文 TRADUÇÃO
238	队伍	duìwu	s.	1. tropa; força armada 2. contingente; grupamento; formação
239	对抗	duìkàng	v.	1. confrontar; antagonizar 2. opor(-se); resistir
240	对外	duìwài	v.	ter contato com o público, o exterior ou o estrangeiro
241	蹲	dūn	v.	1. agachar-se; ficar de cócoras 2. ficar (em algum lugar) por muito tempo
242	多半	duōbàn	n., adv.	<n.> mais da metade <adv.> muito provavelmente
243	多方面	duōfāngmiàn		de muitas maneiras; multifacetado
244	多媒体	duōméitǐ	s.	multimídia
245	夺	duó	v.	1. tomar à força; tirar com violência; arrebatar 2. competir ou lutar por 3. vencer; superar 4. privar de 5. decidir
246	夺取	duóqǔ	v.	1. capturar; arrebatar; tomar à força 2. lutar por
247	恩人	ēnrén	s.	benfeitor
248	儿科	érkē	s.	pediatria
249	发病	fā // bìng	v.	desencadear uma doença; ter um surto de uma doença; manifestar sintomas
250	发电	fā // diàn	v.	1. gerar eletricidade; produzir energia elétrica 2. enviar um telegrama
251	发放	fāfàng	v.	conceder; distribuir; emitir
252	发怒	fā // nù	v.	ficar com raiva; perder a paciência; ficar furioso
253	发起	fāqǐ	v.	iniciar; propor; desencadear; liderar
254	发言人	fāyánrén	s.	porta-voz
255	发炎	fāyán	v.	ficar inflamado; causar ou sofrer inflamação
256	法庭	fǎtíng	s.	tribunal da justiça
257	法语	Fǎyǔ	s.	língua francesa; francês
258	番	fān	cl.	1. classificador para ações, ocorrências 2. tipo (quando usado com o numeral 一)
259	番茄	fānqié	s.	tomate
260	凡是	fánshì	adv.	tudo; qualquer

LISTA DE VOCABULÁRIO DO NÍVEL 6

Nº	VOCÁBULO	PINYIN	CLASSE	TRADUÇÃO
261	繁殖	fánzhí	v.	procriar; reproduzir(-se); propagar(-se)
262	反抗	fǎnkàng	v.	lutar contra; rebelar-se contra; resistir; opor-se
263	反问	fǎnwèn	v.	fazer uma pergunta retórica; contestar com uma pergunta
264	反响	fǎnxiǎng	s.	eco; repercussão; reação
265	犯	fàn	v.	1. infringir; cometer (crime, erro etc.) 2. atacar; invadir 3. sofrer recorrência (de doença, vício etc.)
266	犯规	fàn // guī	v., s.	<v.> violar as regras <s.> (esportes) falta
267	犯罪	fàn // zuì	v.	cometer um crime
268	防范	fángfàn	v.	prevenir; tomar medidas preventivas
269	防守	fángshǒu	v.	defender; proteger
270	房价	fángjià	s.	preço da casa; valor da habitação
271	仿佛	fǎngfú	adv.	aparentemente; como se...
272	飞船	fēichuán	s.	nave espacial
273	飞行员	fēixíngyuán	s.	piloto; aviador
274	肺	fèi	s.	pulmão
275	分工	fēn // gōng	v., s.	<v.> dividir o trabalho <s.> divisão do trabalho
276	分裂	fēnliè	v.	dividir; separar (algo em partes ou pedaços menores)
277	愤怒	fènnù	adj.	raiva; indignação; fúria; ira
278	风暴	fēngbào	s.	vendaval; tempestade
279	峰会	fēnghuì	s.	cúpula (reunião, conferência)
280	奉献	fèngxiàn	v.	oferecer(-se); dedicar(-se)
281	佛	fó	s.	buda; budista
282	佛教	Fójiào	s.	budismo
283	服	fú	v.	1. tomar (remédio) 2. servir (no exército); cumprir (uma obrigação) 3. obedecer; submeter-se; aceitar; reconhecer 4. convencer 5. estar acostumado a
284	浮	fú	v.	1. flutuar 2. pairar; mover-se no ar 3. exceder; ser redundante

序号 №	词语 VOCÁBULO	拼音 PINYIN	词性 CLASSE	译文 TRADUÇÃO
285	父女	fùnǚ	s.	pai e filha
286	父子	fùzǐ	s.	pai e filho
287	负	fù	v.	1. carregar (nas costas) 2. assumir; sustentar 3. depender; confiar em 4. sofrer 5. aproveitar; usufruir 6. dever; estar em dívida 7. trair 8. fracassar; perder
288	妇女	fùnǚ	s.	mulher
289	复苏	fùsū	v.	voltar à vida; recobrar a consciência; ressuscitar
290	副	fù	adj.	1. assistente 2. vice-; sub-; adjunto 3. secundário; derivado
291	副	fù	cl.	1. classificador para objetos em pares; par 2. classificador para objetos em conjunto; jogo 3. classificador para expressões faciais (quando usado com o número 一)
292	富人	fùrén	s.	pessoa rica
293	富有	fùyǒu	adj., v.	<adj.> rico <v.> ser rico em; abundar em
294	改装	gǎizhuāng	v.	modificar (uma instalação, roupa, embalagem etc.)
295	干涉	gānshè	v.	interferir; intervir; intrometer-se
296	肝	gān	s.	fígado
297	杆	gǎn	s.	vara; haste
298	赶不上	gǎnbushàng	v.	1. ser incapaz de alcançar 2. não conseguir chegar a tempo 3. ser impossível de encontrar
299	赶忙	gǎnmáng	adv.	com pressa; apressadamente; às pressas
300	赶上	gǎn // shàng	v.	1. alcançar; chegar ao mesmo nível de 2. superar; ultrapassar 3. chegar a tempo 4. encontrar; deparar-se com
301	敢于	gǎnyú	v.	ter coragem de; ousar; atrever-se a; arriscar-se a
302	感人	gǎnrén	adj.	comovente; emocionante
303	刚好	gānghǎo	adv.	1. precisamente; exatamente; apenas 2. por acaso
304	岗位	gǎngwèi	s.	posto; posição; cargo
305	港口	gǎngkǒu	s.	porto

Nº	VOCÁBULO	PINYIN	CLASSE	TRADUÇÃO
306	高层	gāocéng	s., adj.	<s.> vários andares; muitos andares <adj.> 1. de vários andares 2. de alto escalão; de hierarquia superior; de nível mais alto
307	高档	gāodàng	adj.	de alta qualidade; refinado; luxuoso
308	高等	gāoděng	adj.	1. superior; avançado 2. mais elevado; mais sofisticado
309	高峰	gāofēng	s.	pico; cume
310	高考	gāokǎo	s.	vestibular; exame nacional de acesso ao ensino superior
311	高科技	gāokējì	s.	alta tecnologia
312	高手	gāoshǒu	s.	mestre; especialista
313	稿子	gǎozi	s.	1. rascunho; esboço 2. manuscrito; artigo (em jornal, revista etc.)
314	歌唱	gēchàng	v.	1. cantar 2. louvar; exaltar
315	歌词	gēcí	s.	letras de uma canção
316	歌星	gēxīng	s.	cantor famoso; astro da música
317	革新	géxīn	v., s.	<v.> inovar; melhorar; renovar; atualizar <s.> inovação; reforma
318	更是	gèng shì		ainda mais; além disso
319	工商	gōngshāng	s.	indústria e comércio
320	公	gōng	adj.	1. público; coletivo; oficial 2. comum; geralmente aceito 3. internacional; universal 4. aberto; público 5. justo; imparcial 6. macho
321	公安	gōng'ān	s.	1. segurança pública 2. agente de segurança pública
322	公鸡	gōngjī	s.	galo
323	公众	gōngzhòng	s.	o público; a população em geral
324	公主	gōngzhǔ	s.	princesa
325	攻击	gōngjī	v.	atacar; lançar uma ofensiva
326	供给	gōngjǐ	v.	fornecer; abastecer
327	宫	gōng	s.	1. palácio 2. templo 3. útero
328	巩固	gǒnggù	adj., v.	<adj.> consolidado; sólido; estável <v.> consolidar; reforçar

Nº	VOCÁBULO	PINYIN	CLASSE	TRADUÇÃO
329	贡献	gòngxiàn	v., s.	<v.> contribuir; dedicar; oferecer <s.> contribuição
330	构建	gòujiàn	v.	construir; estabelecer
331	孤独	gūdú	adj.	sozinho; solitário
332	孤儿	gū'ér	s.	órfão; órfã
333	姑姑	gūgu	s.	tia (irmã do pai)
334	古典	gǔdiǎn	adj.	clássico
335	股	gǔ	cl.	1. classificador para cheiros, força etc. 2. classificador para objetos estreitos e compridos 3. classificador para grupos de pessoas
336	股东	gǔdōng	s.	acionista
337	股票	gǔpiào	s.	ação; certificado de ação; cada uma das parcelas do capital (de uma empresa)
338	故障	gùzhàng	s.	falha; paralisação; problema
339	顾	gù	v.	1. virar e olhar; ver 2. cuidar de; levar em consideração 3. visitar
340	刮	guā	v.	1. arranhar; raspar 2. (vento) soprar 3. extorquir; fazer pilhagem 4. esfregar
341	拐	guǎi	v.	1. virar (uma direção); mudar a direção 2. raptar; sequestrar; enganar 3. mancar; coxear
342	关爱	guān'ài	v.	preocupar-se com; prestar atenção e demonstrar afeto; tratar com amor e carinho
343	关联	guānlián	v.	relacionar; estar conectado
344	观光	guānguāng	v.	visitar locais turísticos
345	官司	guānsi	s.	processo legal; caso judicial
346	管道	guǎndào	s.	tubulação; conduto
347	光辉	guānghuī	s., adj.	<s.> brilho; radiância; esplendor; glória; franqueza <adj.> brilhante; glorioso
348	广阔	guǎngkuò	adj.	vasto; amplo; espaçoso; extenso
349	轨道	guǐdào	s.	1. trilho 2. órbita 3. caminho; curso adequado
350	跪	guì	v.	ajoelhar(-se)

Nº	VOCÁBULO	PINYIN	CLASSE	TRADUÇÃO
351	国产	guóchǎn	*adj.*	produzido nacionalmente
352	国歌	guógē	*s.*	hino nacional
353	国会	guóhuì	*s.*	congresso; assembleia nacional; parlamento
354	国旗	guóqí	*s.*	bandeira nacional
355	国王	guówáng	*s.*	rei
356	果酱	guǒjiàng	*s.*	geleia
357	果树	guǒshù	*s.*	árvore frutífera
358	过渡	guòdù	*v.*	transitar
359	过后	guòhòu	*s.*	o período posterior (a um evento ou ação específica); depois; mais tarde
360	过时	guòshí	*adj.*	desatualizado; antiquado; fora de moda
361	海报	hǎibào	*s.*	cartaz
362	海底	hǎidǐ	*s.*	fundo do mar
363	海军	hǎijūn	*s.*	marinha
364	海浪	hǎilàng	*s.*	onda do mar
365	海外	hǎiwài	*s.*	fora do país
366	海湾	hǎiwān	*s.*	1. baía; golfo 2. Golfo Pérsico
367	海洋	hǎiyáng	*s.*	mares e oceanos; oceano
368	好（不）容易	hǎo (bù) róngyì	*adj.*	com grande dificuldade; nada fácil
369	好似	hǎosì	*v.*	parecer; ser como
370	好转	hǎozhuǎn	*v.*	mudar para melhor; melhorar
371	好学	hàoxué	*v.*	gostar de aprender; estar ávido por conhecimento; ser estudioso
372	合约	héyuē	*s.*	tratado; contrato
373	和谐	héxié	*adj.*	harmonioso
374	核心	héxīn	*s.*	núcleo; cerne; parte principal
375	黑夜	hēiyè	*s.*	noite
376	很难说	hěn nán shuō		difícil de dizer
377	狠	hěn	*adj.*	1. implacável 2. firme; resoluto
378	横	héng	*v., adj.*	<v.> colocar(-se) transversalmente; atravessar horizontalmente <adj.> 1. horizontal; transversal 2. de lado a lado

Nº	VOCÁBULO	PINYIN	CLASSE	TRADUÇÃO
379	衡量	héngliáng	v.	avaliar; mensurar; comparar
380	宏大	hóngdà	adj.	grandioso; vasto; majestoso
381	洪水	hóngshuǐ	s.	inundação; enchente
382	忽略	hūlüè	v.	negligenciar; omitir(-se)
383	壶	hú	s., cl.	<s.> chaleira; bule <cl.> medida de líquido contido em um bule
384	互动	hùdòng	v.	interagir
385	户外	hùwài	s.	ar livre
386	护	hù	v.	1. proteger; salvaguardar; preservar 2. ser parcial; encobrir
387	花费	huāfèi	v.	gastar; desembolsar
388	花瓶	huāpíng	s.	vaso de flores
389	花生	huāshēng	s.	amendoim
390	化解	huàjiě	v.	resolver um conflito; reconciliar
391	幻想	huànxiǎng	v., s.	<v.> fantasiar; sonhar; imaginar <s.> ilusão; fantasia
392	患者	huànzhě	s.	paciente
393	皇帝	huángdì	s.	imperador
394	回应	huíyìng	v.	responder
395	毁	huǐ	v.	1. destruir; arruinar; danificar 2. queimar 3. difamar
396	会见	huìjiàn	v.	encontrar com; ter uma reunião com
397	会长	huìzhǎng	s.	presidente (de uma associação)
398	绘画	huìhuà	v.	pintar; desenhar
399	昏	hūn	v.	perder consciência; desmaiar
400	混	hùn	v., adv.	<v.> 1. misturar-se; mesclar-se 2. passar por 3. conviver com <adv.> tolamente; misturar irresponsavelmente
401	混合	hùnhé	v.	misturar(-se)
402	混乱	hùnluàn	adj.	confuso; caótico; desordenado
403	活跃	huóyuè	adj., v.	<adj.> ativo; dinâmico <v.> animar; ativar
404	火箭	huǒjiàn	s.	foguete
405	机动车	jīdòngchē	s.	veículo motorizado

Nº	VOCÁBULO	PINYIN	CLASSE	TRADUÇÃO
406	机关	jīguān	s.	1. mecanismo; engrenagem 2. órgão público; instituição pública 3. estratagema; esquema; intriga
407	机械	jīxiè	s.	maquinaria; máquina; equipamento mecânico
408	基督教	Jīdūjiào	s.	cristianismo
409	激情	jīqíng	s.	paixão; entusiasmo
410	吉利	jílì	adj.	sortudo; auspicioso; propício; afortunado
411	吉祥	jíxiáng	adj.	auspicioso; propício; feliz; venturoso.
412	极端	jíduān	s., adj.	<s.> extremo; extremidade <adj.> extremo; radical
413	急救	jíjiù	v.	prestar primeiro socorro; dar tratamento de emergência
414	疾病	jíbìng	s.	doença
415	集	jí	s., cl.	<s.> 1. coletânea; antologia 2. feira livre <cl.> classificador para volumes, capítulos, episódios (de livros ou seriados de TV)
416	给予	jǐyǔ	v.	dar; conceder
417	加盟	jiāméng	v.	juntar-se a; aderir a
418	家电	jiādiàn	s.	eletrodoméstico
419	家园	jiāyuán	s.	casa; lar; pátria
420	嘉宾	jiābīn	s.	convidado especial; convidado de honra
421	假日	jiàrì	s.	feriado; folga
422	尖	jiān	adj.	1. pontiagudo; afiado 2. vanguardista; avançado 3. estridente; agudo 4. astuto; perspicaz; sensível 5. cáustico; mordaz
423	监测	jiāncè	v.	monitorar
424	监督	jiāndū	v., s.	<v.> supervisionar; monitorar <s.> 1. supervisão 2. supervisor; fiscal
425	捡	jiǎn	v.	recolher; pegar; apanhar
426	简介	jiǎnjiè	v., s.	<v.> apresentar brevemente <s.> breve apresentação; sinopse; resumo
427	剑	jiàn	s.	espada

№ VOCÁBULO	PINYIN	CLASSE	TRADUÇÃO
428 鉴定	jiàndìng	v., s.	<v.> 1. identificar; autenticar; determinar a autenticidade 2. avaliar; analisar <s.> avaliação; apreciação
429 箭	jiàn	s.	flecha
430 将军	jiāngjūn	s.	general
431 讲课	jiǎng // kè		ensinar; dar aula ou palestra
432 酱	jiàng	s.	1. molho grosso feito com a fermentação de soja, farinha etc. 2. pasta; geleia
433 酱油	jiàngyóu	s.	molho de soja
434 骄傲	jiāo'ào	adj., s.	<adj.> 1. orgulhoso 2. presunçoso; arrogante; altivo <s.> orgulho
435 焦点	jiāodiǎn	s.	1. ponto focal; foco 2. questão central; ponto crucial
436 脚印	jiǎoyìn	s.	pegada
437 觉	jiào	s.	sono; estado de repouso
438 教堂	jiàotáng	s.	igreja
439 教育部	jiàoyùbù	s.	Ministério da Educação
440 接收	jiēshōu	v.	1. receber 2. assumir (propriedade etc.) 3. acolher; aceitar; admitir
441 揭	jiē	v.	1. descobrir; levantar (tampa etc.) 2. expor; divulgar; revelar 3. descolar; retirar
442 街头	jiētóu	s.	rua
443 节	jié	v.	1. abreviar 2. restringir; limitar 3. economizar; poupar
444 节假日	jiéjiàrì	s.	feriado e festividade tradicional
445 节能	jiénéng	v.	economizar energia
446 节奏	jiézòu	s.	ritmo; tempo (música)
447 杰出	jiéchū	adj.	excelente; notável; eminente; proeminente
448 截止	jiézhǐ	v.	terminar; finalizar; concluir o prazo
449 截至	jiézhì	v.	terminar até (certa data)
450 解	jiě	v.	1. separar; dividir; dissecar 2. desamarrar; desfazer; desatar 3. libertar; dispensar 4. aliviar(-se) 5. explicar; interpretar 6. entender; compreender 7. resolver (problema matemático etc.)

Nº	VOCÁBULO	PINYIN	CLASSE	TRADUÇÃO
451	解说	jiěshuō	v.	explicar oralmente; comentar
452	界	jiè	s.	1. limite; fronteira; linha de demarcação 2. área; âmbito; campo 3. divisão tradicional do mundo sensível; reino
453	界（文艺界）	jiè(wényìjiè)	suf.	círculo; setor; comunidade (como no "círculo de literatura e arte")
454	借鉴	jièjiàn	v.	tomar como referência; aprender com experiência de outros
455	金额	jīn'é	s.	quantia de dinheiro
456	金钱	jīnqián	s.	dinheiro
457	金融	jīnróng	s.	finanças; sistema financeiro
458	尽	jìn	v., adv.	<v.> 1. esgotar; exaurir; acabar; chegar ao fim 2. esforçar-se ao máximo; fazer o melhor possível 3. alcançar o extremo; esgotar os meios <adv.> totalmente; completamente
459	进攻	jìngōng	v.	atacar
460	近日	jìnrì	s.	1. últimos dias 2. próximos dias
461	近视	jìnshì	adj.	míope
462	惊人	jīngrén	adj.	surpreendente; incrível
463	惊喜	jīngxǐ	adj., s.	<adj.> agradavelmente surpreendido <s.> surpresa agradável
464	精	jīng	adj.	1. refinado; polido 2. perfeito; excelente 3. delicado; requintado; meticuloso 4. inteligente; esperto; astuto 5. habilidoso; proficiente; especializado
465	精美	jīngměi	adj.	elegante; delicado; requintado
466	精品	jīngpǐn	s.	produto de qualidade; artigo refinado
467	井	jǐng	s.	poço
468	景	jǐng	s.	1. paisagem; vista 2. situação; condição 3. cenário; cena (em teatro, filme etc.)
469	景点	jǐngdiǎn	s.	ponto turístico; atração turística
470	净	jìng	adj., adv.	<adj.> 1. limpo 2. vazio; sem nada 3. neto; líquido; sem adições ou subtrações <adv.> apenas; nada além de; o tempo todo
471	纠纷	jiūfēn	s.	disputa; controvérsia; conflito

Nº	VOCÁBULO	PINYIN	CLASSE	TRADUÇÃO
472	纠正	jiūzhèng	v.	corrigir; retificar
473	酒水	jiǔshuǐ	s.	bebidas alcoólicas e refrigerantes
474	救命	jiù // mìng		salvar a vida
475	救援	jiùyuán	v.	resgatar; socorrer
476	救助	jiùzhù	v.	prestar assistência; socorrer; realizar salvamento
477	就是说	jiùshìshuō		isto é; em outras palavras
478	就算	jiùsuàn	conj.	ainda que; mesmo que; embora; caso
479	局	jú	cl.	classificador para etapas de uma partida esportiva; tempo; set
480	剧	jù	s.	drama; peça teatral
481	据	jù	prep..	de acordo com; com base em
482	捐	juān	v.	1. contribuir; doar 2. ceder; renunciar a
483	捐款	juānkuǎn	s.	doação; contribuição
484	捐赠	juānzèng	v.	doar; fazer uma doação
485	捐助	juānzhù	v.	doar; contribuir; dar (assistência financeira ou material)
486	决策	juécè	v., s.	<v.> tomar uma decisão, estratégia, política etc. <s.> decisão política; estratégia
487	觉悟	juéwù	v., s.	<v.> tornar-se consciente de; despertar para; perceber <s.> consciência; conhecimento; entendimento
488	绝	jué	adj., adv.	<adj.> 1. único; sem igual; incomparável 2. desesperado; sem saída <adv.> 1. extremamente; muitíssimo 2. (antes de negação) absolutamente; categoricamente
489	绝大多数	jué dàduōshù		a grande maioria
490	军队	jūnduì	s.	forças armadas; exército; tropas
491	军舰	jūnjiàn	s.	navio de guerra; navio militar
492	军事	jūnshì	s.	assunto militar
493	开创	kāichuàng	v.	começar; iniciar; abrir
494	开关	kāiguān	s.	1. interruptor 2. peça mecânica instalada em tubo para controlar o fluxo do líquido ou gás

Nº	VOCÁBULO	PINYIN	CLASSE	TRADUÇÃO
495	开设	kāishè	v.	1. abrir; instalar (uma loja, fábrica etc.) 2. oferecer; estabelecer (um curso acadêmico)
496	开通	kāitōng	v.	1. (comunicação e transporte) ser colocado em uso; estar aberto ao tráfego 2. (figurativo) orientar; inspirar; iluminar
497	开头	kāitóu	s.	começo; abertura
498	开夜车	kāi yèchē		1. dirigir um veículo à noite 2. trabalhar até tarde da noite
499	看	kān	v.	1. guardar; cuidar de 2. vigiar; ficar de olho em
500	看管	kānguǎn	v.	1. cuidar de 2. vigiar
501	看得见	kàndejiàn	v.	poder ver; notar
502	看得起	kàndeqǐ	v.	ter uma boa opinião sobre; pensar bem de
503	看好	kànhǎo	v.	1. ver com bons olhos; ter boa perspectiva 2. ver com favoritismo
504	看作	kànzuò	v.	considerar como; ver como; tratar como
505	康复	kāngfù	v.	regenerar(-se); recuperar (a saúde)
506	抗议	kàngyì	v.	protestar
507	考场	kǎochǎng	s.	sala de exames
508	考题	kǎotí	s.	questões de exame; folha de questões
509	科研	kēyán	v., s.	<v.> fazer pesquisa científica <s.> pesquisa científica
510	客车	kèchē	s.	1. trem ou vagão de passageiros 2. ônibus de passageiros
511	肯	kěn	v.	1. concordar; permitir 2. querer; estar disposto a
512	空军	kōngjūn	s.	força aérea; aeronáutica
513	口试	kǒushì	v.	fazer prova oral
514	扣	kòu	v.	1. abotoar; afivelar 2. deduzir; subtrair; descontar 3. colocar (recipiente) de boca para baixo; virar-se para baixo 4. deter; reter 5. golpear; bater (numa bola)
515	酷	kù	adj.	1. cruel; opressivo 2. em demasia; em excesso

№ / Nº	词语 / VOCÁBULO	拼音 / PINYIN	词性 / CLASSE	译文 / TRADUÇÃO
516	跨	kuà	v.	1. transpor; passar a passos largos 2. escarranchar-se; montar; cavalgar 3. cruzar; ir para além de
517	快车	kuàichē	s.	1. trem expresso 2. ônibus expresso
518	宽阔	kuānkuò	adj.	largo; amplo
519	矿	kuàng	s.	1. minério; mineral 2. mina
520	阔	kuò	adj.	1. largo; vasto 2. longo em distância ou tempo 3. rico
521	啦	la	part.	(fusão de 了 e 啊)
522	来往	láiwǎng	v.	vir e ir
523	赖	lài	v., adj.	<v.> 1. confiar; depender; contar com 2. ficar por longo tempo em um lugar 3. recusar-se a admitir algo; negar a responsabilidade 4. acusar; criticar <adj.> 1. desavergonhado; malandro 2. pobre; ruim
524	栏目	lánmù	s.	coluna (de jornal ou revista)
525	蓝领	lánlǐng	s.	trabalhador braçal; colarinho azul
526	蓝天	lán tiān		céu azul
527	懒	lǎn	adj.	1. preguiçoso 2. lânguido; sem ânimo
528	牢	láo	adj.	1. firme; durável 2. seguro; confiável
529	老乡	lǎoxiāng	s.	1. conterrâneo 2. (forma amigável de se dirigir a um camponês) amigo; companheiro
530	冷气	lěngqì	s.	1. ar frio 2. ar-condicionado
531	冷水	lěngshuǐ	s.	1. água fria 2. água não fervida
532	礼堂	lǐtáng	s.	auditório
533	理	lǐ	v., s.	<v.> 1. gerenciar; administrar 2. prestar atenção a; fazer caso de 3. colocar em ordem; arrumar <s.> 1. razão; lógica 2. textura (de madeira, pedra etc.) 3. ciência natural; física
534	理财	lǐ // cái	v., s.	<v.> gerir o patrimônio <s.> gestão de patrimônio
535	理智	lǐzhì	s., adj.	<s.> razão; faculdade racional <adj.> racional
536	力（影响力）	lì (yǐng xiǎnglì)	suf.	poder; força; habilidade (influência)

序号 № VOCÁBULO	词语	拼音 PINYIN	词性 CLASSE	译文 TRADUÇÃO
537	利	lì	s.	1. vantagem; benefício 2. lucro 3. juro
538	联盟	liánméng	s.	aliança; coalizão; liga; união
539	联赛	liánsài	s.	campeonato; liga esportiva
540	联手	liánshǒu	v.	juntar as mãos (fazer algo)
541	凉鞋	liángxié	s.	sandália
542	两侧	liǎngcè	s.	ambos os lados; dois lados
543	两手	liǎngshǒu	s.	1. habilidade 2. ambos os aspectos
544	聊	liáo	v.	1. conversar; bater papo 2. entediar(-se); enfastiar(-se)
545	聊天儿	liáo // tiānr		bater papo; jogar conversa fora
546	料	liào	v.	1. prever; supor 2. cuidar de; tratar (de)
547	料	liào	s.	1. material 2. ração; forragem 3. dados; material
548	裂	liè	v.	rachar; partir no meio
549	灵活	línghuó	adj.	1. ágil; rápido 2. flexível; maleável
550	领取	lǐngqǔ	v.	receber; pegar
551	领袖	lǐngxiù	s.	líder
552	另	lìng	pron., adv.	<pron.> outro(s) <adv.> adicionalmente; além disso
553	留言	liúyán	v., s.	<v.> deixar comentário; deixar mensagem <s.> mensagem; recado
554	流感	liúgǎn	s.	gripe
555	楼道	lóudào	s.	corredor
556	楼房	lóufáng	s.	prédio; edifício
557	露	lòu	v.	mostrar; revelar; expor
558	陆军	lùjūn	s.	exército; força terrestre
559	录像	lùxiàng	v., s.	<v.> gravar vídeo <s.> vídeo; gravação de vídeo
560	录音机	lùyīnjī	s.	gravador de som
561	路过	lùguò	v.	passar por
562	露	lù	v.	1. ficar ao ar livre 2. mostrar; revelar
563	旅店	lǚdiàn	s.	pousada; hostel
564	绿化	lǜhuà	v.	arborizar; florestar

Nº	VOCÁBULO	PINYIN	CLASSE	TRADUÇÃO
565	马车	mǎchē	s.	carroça puxada por cavalo
566	嘛	ma	part.	1. (indica que algo é óbvio) 2. (em fim de frase imperativa exprime esperança ou dar conselho) 3. (indica pausa numa frase para chamar a atenção)
567	埋	mái	v.	1. enterrar; cobrir (com terra, areia, neve etc.) 2. ocultar; esconder
568	馒头	mántou	s.	mantou (pão feito com massa fermentada e cozido no vapor)
569	慢车	mànchē	s.	trem lento
570	盲人	mángrén	s.	pessoa cega
571	梅花	méihuā	s.	flor de ameixa
572	美容	měiróng	v.	fazer tratamento de beleza; melhorar a aparência
573	蒙	mēng	v.	1. trapacear; enganar 2. dar um palpite; tentar acertar a resposta correta pela intuição ou contando com a sorte
574	蒙	méng	v.	1. tapar; cobrir 2. receber; encontrar com
575	猛	měng	adj.	1. feroz; violento 2. enérgico; vigoroso
576	棉	mián	s.	algodão
577	免得	miǎnde	conj.	de modo a não; para evitar
578	面对面	miàn - duìmiàn		cara a cara
579	面向	miànxiàng	v.	1. estar voltado para; virar o rosto para 2. estar direcionado a; estar destinado a; atender
580	妙	miào	adj.	1. excelente; maravilhoso; fantástico 2. delicado; fino; requintado 3. inteligente; engenhoso; genial
581	灭	miè	v.	1. apagar(-se); extinguir(-se) 2. desaparecer; perecer 3. aniquilar; acabar com; destruir 4. afogar; submergir
582	民歌	míngē	s.	canção popular
583	民工	míngōng	s.	1. trabalhador em um projeto público 2. trabalhador migrante
584	民警	mínjǐng	s.	policial (do povo)
585	民意	mínyì	s.	vontade do povo; opinião pública

Nº	VOCÁBULO	PINYIN	CLASSE	TRADUÇÃO
586	民主	mínzhǔ	s., adj.	<s.> democracia <adj.> democrático
587	名额	míng'é	s.	número de vagas
588	名胜	míngshèng	s.	lugar famoso e pitoresco; atração turística
589	名义	míngyì	s.	1. nome 2. forma; aparência
590	名誉	míngyù	s., adj.	<s.> fama; honra; reputação <adj.> honorário; emérito
591	明日	míngrì	s.	amanhã
592	命	mìng	s.	1. vida 2. destino; sorte
593	膜	mó	s.	1. membrana 2. película; fina camada; filme plástico
594	磨	mó	v.	1. polir; afiar 2. esfregar; desgastar(-se); consumir(-se) 3. sofrer; encontrar dificuldades ou reveses 4. perder (tempo)
595	没收	mòshōu	v.	confiscar; expropriar
596	墨水	mòshuǐ	s.	1. tinta (escrever) 2. aprendizagem; conhecimento
597	母	mǔ	adj., s.	<adj.> fêmeo <s.> 1. mãe 2. mulher mais velhas (na família ou entre parentes) 3. origem
598	母鸡	mǔjī	s.	galinha
599	母女	mǔnǚ	s.	mãe e filha
600	母子	mǔzǐ	s.	mãe e filho
601	墓	mù	s.	cova; túmulo
602	拿走	názǒu		pegar e levar embora
603	奶粉	nǎifěn	s.	leite em pó
604	奶牛	nǎiniú	s.	vaca leiteira
605	难忘	nánwàng	v.	ser difícil de esquecer; ser inesquecível; ser memorável
606	内地	nèidì	s.	interior; região interior
607	内外	nèiwài	s.	dentro e fora
608	内衣	nèiyī	s.	roupa de baixo; roupa íntima
609	能否	néngfǒu	v.	(em perguntas como forma educada de pedido) poderia... por favor
610	泥	ní	s.	1. lama; barro; lodo 2. purê

Nº	VOCÁBULO	PINYIN	CLASSE	TRADUÇÃO
611	扭	niǔ	v.	1. virar para um ou outro lado; girar 2. arrancar; contorcer; agarrar 3. torcer; sofrer uma torção 4. bambolear(-se); menear(-se) 5. virar(-se); voltar(-se)
612	排行榜	páiháng - bǎng	s.	lista de classificação
613	派出	pàichū		enviar; despachar
614	判	pàn	v.	1. distinguir; dividir 2. avaliar; decidir; determinar 3. condenar; sentenciar
615	盼望	pànwàng	v.	desejar; ansiar por
616	泡	pào	v., s.	<v.> 1. imergir num líquido; ensopar; pôr de molho 2. gastar ou perder o tempo; passar <s.> 1. bolha 2. objeto em forma de bolha
617	炮	pào	s.	1. canhão; artilharia 2. bombinha; panchão
618	陪同	péitóng	v.	acompanhar; estar na companhia de; ir com
619	配置	pèizhì	v.	alocar; destinar (algo ou alguém) para um fim específico
620	皮球	píqiú	s.	bola (de couro, borracha etc.)
621	偏	piān	adj., adv.	<adj.> 1. inclinado a um lado; torto 2. parcial; preferencial 3. incomum; raro 4. remoto; afastado <adv.> intencionalmente; deliberadamente; simplesmente
622	贫困	pínkùn	adj.	pobre; carente
623	品牌	pǐnpái	s.	marca
624	聘请	pìnqǐng	v.	convidar; contratar; nomear
625	平凡	píngfán	adj.	ordinário; comum
626	平方米	píngfāngmǐ	cl.	metro quadrado
627	平衡	pínghéng	adj.	equilibrado; balanceado
628	平台	píngtái	s.	1. terraço 2. plataforma
629	评	píng	v.	1. comentar; criticar 2. julgar; avaliar
630	评选	píngxuǎn	v.	avaliar e eleger; selecionar por meio de avaliação ou julgamento
631	屏幕	píngmù	s.	tela
632	坡	pō	s.	declive; encosta; rampa
633	扑	pū	v.	1. atirar-se 2. devotar; dedicar(-se) 3. bater; agitar

Nº	VOCÁBULO	PINYIN	CLASSE	TRADUÇÃO
634	铺	pū	v.	1. estender; desdobrar 2. pavimentar; colocar
635	欺负	qīfu	v.	intimidar; maltratar; abusar de (alguém física ou emocionalmente)
636	奇妙	qímiào	adj.	maravilhoso; fantástico; intrigante
637	企图	qǐtú	v., s.	<v.> tentar; pretender; planejar <s.> tentativa
638	起点	qǐdiǎn	s.	ponto de partida
639	起诉	qǐsù	v.	processar; acusar judicialmente
640	气氛	qì·fēn	s.	atmosfera; ar
641	恰当	qiàdàng	adj.	apropriado; adequado; correto
642	恰好	qiàhǎo	adv.	1. por coincidência; por acaso 2. exatamente; justamente
643	恰恰	qiàqià	adv.	exatamente; precisamente
644	牵	qiān	v.	1. puxar; levar 2. envolver(-se) 3. pensar em; preocupar-se com
645	铅笔	qiānbǐ	s.	lápis
646	谦虚	qiānxū	adj.	modesto; humilde
647	前方	qiánfāng	s.	1. frente 2. front; linha de frente; frente de batalha
648	前来	qiánlái	v.	vir
649	潜力	qiánlì	s.	potencial; potencialidade; capacidade latente
650	强盗	qiángdào	s.	bandido; assaltante
651	强化	qiánghuà	v.	fortalecer; intensificar; consolidar
652	强势	qiángshì	s., adj.	<s.> 1. forte tendência; grande impulso 2. posição forte <adj.> dominante; autoritário
653	强壮	qiáng - zhuàng	adj., v.	<adj.> forte; resistente; robusto <v.> fortalecer
654	桥梁	qiáoliáng	s.	ponte
655	巧妙	qiǎomiào	adj.	hábil; engenhoso; inteligente
656	茄子	qiézi	s.	berinjela
657	切实	qièshí	adj.	efetivo; eficaz; realista

№	VOCÁBULO	PINYIN	CLASSE	TRADUÇÃO
658	侵犯	qīnfàn	v.	1. invadir; ocupar pela força 2. infringir; violar
659	亲属	qīnshǔ	s.	parentes; familiar
660	亲眼	qīnyǎn	adv.	com os próprios olhos; (ver) pessoalmente
661	倾向	qīngxiàng	v., s.	<v.> tender a; inclinar-se a; preferir <s.> tendência; inclinação
662	清	qīng	adj., v.	<adj.> 1. (líquido ou gás) límpido; claro; transparente 2. esclarecido; explícito 3. puro; inocente 4. silencioso; quieto <v.> 1. limpar; purificar 2. contar; inventariar 3. liquidar (conta)
663	清洁	qīngjié	adj.	limpo
664	清洁工	qīngjiégōng	s.	limpador de rua; faxineiro
665	清明节	Qīngmíng Jié	s.	Festival Qingming; Dia da Limpeza dos Túmulos (data em que os chineses demonstram respeito por seus antepassados, limpando seus túmulos e fazendo-lhes oferendas)
666	清洗	qīngxǐ	v.	1. lavar; enxaguar; limpar 2. eliminar; remover
667	情绪	qíngxù	s.	1. estado emocional; humor 2. mau humor
668	求职	qiúzhí	v.	procurar emprego; candidatar-se a uma vaga de trabalho
669	球拍	qiúpāi	s.	raquete
670	球星	qiúxīng	s.	astro (de esportes de bola); jogador estrela
671	球员	qiúyuán	s.	jogador (esportes de bola)
672	区分	qūfēn	v.	diferenciar; distinguir
673	渠道	qúdào	s.	1. vala; canal de irrigação 2. (figurativo) canal; via; meio
674	取款	qǔkuǎn	v.	sacar dinheiro
675	取款机	qǔkuǎnjī	s.	caixa eletrônico
676	去掉	qùdiào		remover; eliminar
677	权	quán	s.	1. poder; autoridade 2. direito; privilégio 3. posição favorável
678	权力	quánlì	s.	1. poder; autoridade 2. influência; jurisdição

Nº	VOCÁBULO	PINYIN	CLASSE	TRADUÇÃO
679	全力	quánlì	s.	todas as forças; todos os esforços
680	全新	quánxīn	adj.	novo em folha; completamente novo
681	券	quàn	s.	certificado; título; cupom; bilhete
682	缺陷	quēxiàn	s.	defeito; imperfeição; deficiência
683	却是	què shì		mas; ainda
684	让座	ràng // zuò	v.	1. oferecer o assento (a outra pessoa) 2. convidar um convidado para se sentar
685	热点	rèdiǎn	s.	1. assunto de interesse geral; foco de atenção 2. ponto quente 3. hot spot (computador)
686	热水	rèshuǐ	s.	água quente
687	热水器	rèshuǐqì	s.	aquecedor de água
688	热线	rèxiàn	s.	1. linha direta (de telefone) 2. rota movimentada
689	人权	rénquán	s.	direitos humanos
690	认同	rèntóng	v.	1. aprovar; endossar 2. identificar(-se)
691	日夜	rìyè	s.	dia e noite
692	日语	Rìyǔ	s.	língua japonesa; japonês
693	融合	rónghé	v.	fundir; mesclar; integrar; misturar
694	融入	róngrù		fundir(-se); integrar(-se); misturar(-se)
695	如	rú	v., conj.	<v.> 1. parecer; ser igual a 2. (só nas sentenças negativas para fazer uma comparação) ser comparável com; ser tão... como... 3. citar como exemplo 4. corresponder a <conj.> se; caso
696	如一	rúyī	v.	ser idêntico; manter a coerência
697	乳制品	rǔzhìpǐn	s.	produto lácteo; laticínio
698	入	rù	v.	1. entrar em; ir de fora para dentro 2. ingressar; alistar-se 3. corresponder a; estar de acordo com
699	入学	rù // xué	v.	1. ingressar numa instituição de ensino 2. ser matriculado no ensino fundamental
700	若	ruò	conj.	se; caso
701	塞	sāi	v.	1. preencher; encher 2. obstruir; bloquear

序号 №	词语 VOCÁBULO	拼音 PINYIN	词性 CLASSE	译文 TRADUÇÃO
702	赛	sài	v.	1. competir; disputar; concorrer 2. ser melhor; superar
703	赛场	sàichǎng	s.	arena de competição; local do concurso
704	三明治	sānmíngzhì	s.	sanduíche
705	丧失	sàngshī	v.	deixar de possuir; perder
706	山峰	shānfēng	s.	pico da montanha
707	山谷	shāngǔ	s.	vale da montanha
708	山坡	shānpō	s.	encosta da montanha
709	伤口	shāngkǒu	s.	ferida; corte na pele
710	伤亡	shāngwáng	v., s.	<v.> ser morto ou ferido; causar ferimento ou morte <s.> mortos ou feridos
711	伤员	shāngyuán	s.	pessoa ferida; pessoa com ferimento
712	商城	shāngchéng	s.	centro comercial; shopping; hipermercado
713	上当	shàngdàng	v.	ser enganado
714	上帝	Shàngdì	s.	1. divindade suprema (da mitologia chinesa que cuida da sociedade humana e regula o funcionamento do universo) 2. Deus (no cristianismo)
715	上市	shàng // shì	v.	1. entrar no mercado; estar na venda 2. (economia) ser listado (na bolsa de valores); (empresa) abrir o capital
716	上台	shàng // tái	v.	1. aparecer no palco 2. assumir o poder; chegar ao poder
717	上演	shàngyǎn	v.	exibir no palco; encenar
718	勺	sháo	s.	colher; concha
719	少儿	shào'ér	s.	crianças
720	舌头	shétou	s.	(anatomia) língua
721	设计师	shèjìshī	s.	desenhista
722	涉及	shèjí	v.	referir-se a; dizer respeito a; envolver
723	深化	shēnhuà	v.	aprofundar(-se); levar adiante
724	深深	shēnshēn		profundamente
725	审查	shěnchá	v.	examinar; verificar; censurar

Nº	VOCÁBULO	PINYIN	CLASSE	TRADUÇÃO
726	升级	shēng // jí	v.	1. passar de ano (na escola) 2. avançar para um nível mais alto 3. sofrer escalada (guerra, conflito etc.)
727	升学	shēng // xué	v.	passar para um grau escolar mais avançado
728	升值	shēngzhí	v.	valorizar; aumentar o valor
729	生活费	shēnghuófèi	s.	custo de vida; despesas diárias
730	省钱	shěng // qián	v.	ser econômico; economizar
731	圣诞节	Shèng dàn Jié	s.	Natal (em 25 de dezembro)
732	盛行	shèngxíng	v.	estar em alta; estar na moda
733	师父	shīfu	s.	1. o mesmo que 师傅 2. (tratamento respeitoso para monge budista ou taoísta) mestre
734	师生	shīshēng	s.	professor(es) e aluno(s); corpo docente e discente
735	时而	shí'ér	adv.	1. às vezes; de tempos em tempos; de vez em quando 2. (reduplicado) ora... ora...; às vezes... às vezes...
736	时节	shíjié	s.	1. estação (marcada por certas condições meteorológicas, atividades etc.) 2. tempo específico; ocasião
737	时期	shíqī	s.	período; época
738	时时	shíshí	adv.	sempre; constantemente
739	时装	shízhuāng	s.	1. roupas da moda; última moda 2. traje contemporâneo (oposto ao traje antigo)
740	识	shí	v.	1. ter conhecimento de 2. saber; reconhecer
741	识字	shí // zì	v.	aprender a ler; tornar-se alfabetizado
742	实践	shíjiàn	v., s.	<v.> colocar em prática; levar a cabo; implementar <s.> prática
743	食欲	shíyù	s.	apetite
744	市民	shìmín	s.	residentes urbanos; moradores da cidade
745	事后	shìhòu	s.	após o ocorrido; depois do acontecido
746	试点	shìdiǎn	v., s.	<v.> fazer um experimento (em um ponto selecionado); lançar um projeto-piloto <s.> unidade experimental
747	适当	shìdàng	adj.	adequado; apropriado

Nº	VOCÁBULO	PINYIN	CLASSE	TRADUÇÃO
748	收藏	shōucáng	v.	colecionar; guardar
749	收取	shōuqǔ	v.	cobrar; coletar; receber
750	收养	shōuyǎng	v.	adotar; perfilhar
751	手续费	shǒuxùfèi	s.	taxa de serviço
752	首	shǒu	s.	1. cabeça 2. chefe; líder
753	首次	shǒucì		a primeira vez
754	首脑	shǒunǎo	s.	líder; chefe
755	首席	shǒuxí	s., adj.	<s.> assento de honra; cabeceira da mesa; o mais alto em uma hierarquia <adj.> da mais alta hierarquia; chefe
756	首相	shǒuxiàng	s.	primeiro-ministro
757	书房	shūfáng	s.	cômodo de uma casa destinado a estudo ou trabalho intelectual; escritório; estúdio
758	薯片	shǔpiàn	s.	batatas fritas em fatias finas
759	薯条	shǔtiáo	s.	batata frita em palitos
760	双打	shuāngdǎ	s.	(termo esportivo que se refere a uma modalidade de jogo em que duas equipes compostas por dois jogadores cada competem em um mesmo jogo, usado em tênis, badminton, tênis de mesa etc.)
761	爽	shuǎng	adj.	1. claro; nítido 2. franco; direto; coração aberto 3. agradável; confortável
762	水泥	shuǐní	s.	cimento
763	税	shuì	s.	imposto; tributo; encargo
764	顺	shùn	adj., v., prep.	<adj.> 1. bem-sucedido; satisfatório; feliz; sem problemas 2. claro e coerente; fluido <v.> 1. obedecer a 2. seguir; ir à mesma direção 3. colocar em ordem 4. ser adequado (para); estar de acordo (com) <prep.> ao longo de
765	说明书	shuōmíng-shū	s.	manual de instruções
766	说实话	shuō shíhuà		dizer a verdade
767	司长	sīzhǎng	s.	diretor-geral de um departamento (em um ministério)
768	死亡	sǐwáng	v.	morrer; falecer

Nº	VOCÁBULO	PINYIN	CLASSE	TRADUÇÃO
769	四处	sìchù	*s.*	todas as direções; todos os lugares
770	寺	sì	*s.*	1. templo budista 2. mesquita
771	送礼	sòng // lǐ	*v.*	dar um presente a (alguém)
772	送行	sòng // xíng	*v.*	1. acompanhar (alguém) até o lugar de embarque; despedir-se de (alguém no local de embarque) 2. dar uma festa de despedida
773	素质	sùzhì	*s.*	1. formação; qualidade 2. constituição física; condicionamento físico 3. natureza; propriedade
774	算了	suànle	*v.*	deixar estar; deixar para lá; bastar
775	算是	suànshì	*adv.*	afinal; finalmente
776	虽	suī	*conj.*	embora; apesar de (que); mesmo; mesmo que
777	岁数	suìshu	*s.*	idade
778	所	suǒ	*part.*	1. (antes de verbo para formar um substantivo) 2. (na construção da voz passiva)
779	踏实	tāshi	*adj.*	1. (atitude com trabalho ou estudo) estável; confiável 2. livre de preocupações; tranquilo
780	塔	tǎ	*s.*	1. pagode; estupa 2. edifício em forma de pagode; torre
781	踏	tà	*v.*	1. pisar; dar um passo 2. ir ao local (investigação ou pesquisa)
782	台灯	táidēng	*s.*	abajur
783	太阳能	tàiyángnéng	*s.*	energia solar
784	叹气	tàn // qì	*v.*	suspirar; deixar escapar um suspiro
785	探索	tànsuǒ	*v.*	explorar; sondar; buscar
786	探讨	tàntǎo	*v.*	discutir; inquirir; estudar
787	趟	tàng	*cl.*	1. classificador para percursos de ida e volta 2. classificador para serviços de ônibus ou trem
788	掏	tāo	*v.*	1. pegar; tirar (fora) 2. cavar (um buraco etc.)
789	特	tè	*adv.*	1. especialmente 2. muito; extremamente
790	特大	tèdà	*adj.*	extragrande

序号 №	词语 VOCÁBULO	拼音 PINYIN	词性 CLASSE	译文 TRADUÇÃO
791	特地	tèdì	*adv.*	especialmente
792	特快	tèkuài	*adj.*	expresso; muito rápido
793	特意	tèyì	*adv.*	com uma finalidade específica; especialmente
794	疼痛	téngtòng	*adj.*	dolorido; doloroso
795	踢	tī	*v.*	chutar
796	提交	tíjiāo	*v.*	enviar; entregar
797	提升	tíshēng	*v.*	1. nomear para (cargo ou categoria superior); promover 2. elevar
798	天然	tiānrán	*adj.*	natural
799	天堂	tiāntáng	*s.*	paraíso
800	天下	tiānxià	*s.*	1. terra sob o céu (refere-se a todo o mundo ou à China) 2. poder do Estado
801	添	tiān	*v.*	acrescentar; adicionar; aumentar
802	田	tián	*s.*	1. campo; terra agrícola; terra cultivada 2. campo com jazida mineral
803	田径	tiánjìng	*s.*	atletismo
804	跳水	tiàoshuǐ	*v.*	saltar na água; mergulhar na água; (preço) cair drasticamente
805	听取	tīngqǔ	*v.*	escutar; dar ouvidos a
806	通报	tōngbào	*v., s.*	<v.> 1. notificar; informar 2. circular um aviso ou despacho 3. dizer ou dar (o nome); apresentar-se <s.> boletim; circular
807	通道	tōngdào	*s.*	1. via; passagem; rota 2. canal
808	通红	tōnghóng	*adj.*	muito vermelho
809	通话	tōng // huà	*v.*	1. comunicar(-se) por telefone 2. conversar; comunicar(-se)
810	通行	tōngxíng	*v.*	1. passar; estar aberto ao tráfego 2. estar em uso comum
811	通讯	tōngxùn	*s.*	1. comunicação 2. matéria jornalística; artigo; reportagem
812	同	tóng	*adj., adv., prep.*	<adj.> 1. igual; idêntico; semelhante 2. ser o mesmo que <adv.> juntamente; em comum <prep.> 1. (indica comparação) 2. (indica o objeto da ação) com

LISTA DE VOCABULÁRIO DO NÍVEL 6

Nº	VOCÁBULO	PINYIN	CLASSE	TRADUÇÃO
813	同胞	tóngbāo	s.	1. irmão nascido dos mesmos pais 2. compatriota
814	同行	tóngháng	s.	pessoas do mesmo ofício ou profissão
815	同期	tóngqī	s.	1. mesmo período 2. mesmo ano de estudo ou formatura
816	同一	tóngyī	adj.	mesmo; igual; idêntico
817	铜牌	tóngpái	s.	medalha de bronze
818	头疼	tóuténg	adj.	problemático; espinhoso
819	投票	tóu // piào	v.	votar; depositar a cédula de voto
820	透露	tòulù	v.	divulgar; revelar
821	图书	túshū	s.	livros
822	徒弟	tú·dì	s.	aprendiz; discípulo
823	途径	tújìng	s.	via; caminho
824	土	tǔ	adj.	1. local; nativo 2. rústico; tosco; rude 3. tradicional; caseiro
825	团队	tuánduì	s.	grupo; equipe
826	推出	tuīchū	v.	lançar (ao público); introduzir; apresentar
827	退票	tuì // piào	v., s.	<v.> devolver ou cancelar ingresso ou passagem; solicitar reembolso de ingresso ou passagem <s.> passagem devolvida
828	吞	tūn	v.	1. engolir; devorar 2. anexar; tomar para si; apropriar-se de
829	托	tuō	v.	1. carregar na palma da mão 2. fazer sobressair; servir como contraste
830	拖	tuō	v.	1. arrastar; puxar 2. ter atrás do corpo 3. demorar(-se); procrastinar 4. alongar (som); falar pausadamente
831	拖鞋	tuōxié	s.	chinelos
832	挖	wā	v.	1. cavar; escavar 2. descobrir (com pesquisa ou investigação)
833	娃娃	wáwa	s.	bebê; criança
834	哇	wa	interj.	(o mesmo que 啊, após palavra terminada em /u, ao/)
835	外币	wàibì	s.	moeda estrangeira
836	外部	wàibù	s.	1. âmbito exterior 2. superfície; exterior

序号 №	词语 VOCÁBULO	拼音 PINYIN	词性 CLASSE	译文 TRADUÇÃO
837	外出	wàichū	v.	sair
838	外观	wàiguān	s.	aparência externa; aspecto exterior
839	外科	wàikē	s.	departamento cirúrgico; cirurgia
840	外来	wàilái	adj.	forasteiro
841	外头	wàitou	s.	lado de fora
842	外衣	wàiyī	s.	1. casaco; jaqueta; vestuário exterior 2. fachada; aparência ilusória
843	外资	wàizī	s.	capital ou investimento estrangeiro
844	弯曲	wānqū	adj.	curvado; tortuoso; dobrado
845	顽皮	wánpí	adj.	travesso; buliçoso
846	顽强	wánqiáng	adj.	indomável; firme; persistente
847	王后	wánghòu	s.	rainha
848	王子	wángzǐ	s.	príncipe
849	网吧	wǎngbā	s.	cibercafé; lan house
850	网页	wǎngyè	s.	página da internet
851	往后	wǎnghòu	s.	futuro
852	往来	wǎnglái	v.	1. ir e vir 2. trocar visitas
853	往年	wǎngnián	s.	anos anteriores
854	望见	wàng·jiàn	v.	ver ao longe; avistar
855	危机	wēijī	s.	crise
856	威胁	wēixié	v.	1. intimidar 2. colocar em perigo; ameaçar
857	微波炉	wēibōlú	s.	forno de micro-ondas
858	维生素	wéishēngsù	s.	vitamina
859	为此	wèicǐ	conj.	portanto; para este fim; por esta razão
860	为何	wèihé	adv.	por que; por qual razão
861	文娱	wényú	s.	recreação cultural; entretenimento
862	卧铺	wòpù	s.	leito de ônibus ou trem
863	乌云	wūyún	s.	1. nuvem escura 2. situação perigosa 3. cabelo escuro de uma mulher
864	无边	wúbiān	v.	não ter fronteiras ou limites; ser infinito
865	无关	wúguān	v.	não ter nada a ver com; não estar relacionado a

Nº	VOCÁBULO	PINYIN	CLASSE	TRADUÇÃO
866	无效	wúxiào	v.	ser inválido; não ter efeito; ser ineficaz
867	舞蹈	wǔdǎo	s.	dança
868	物品	wùpǐn	s.	objeto; coisa
869	误	wù	v.	1. perder; não chegar a tempo para 2. prejudicar
870	西班牙语	Xībānyáyǔ	s.	língua espanhola; espanhol
871	吸毒	xī // dú	v.	usar drogas
872	牺牲	xīshēng	v., s.	<v.> 1. sacrificar-se; dar a própria vida por (uma causa justa) 2. renunciar; desistir <s.> sacrifício
873	洗衣粉	xǐyīfěn	s.	sabão em pó
874	戏曲	xìqǔ	s.	1. ópera tradicional chinesa 2. letra de ópera tradicional chinesa
875	细胞	xìbāo	s.	célula
876	细菌	xìjūn	s.	bactéria; micróbio
877	先锋	xiānfēng	s.	vanguarda; pioneiro
878	嫌	xián	v.	1. desgostar; detestar 2. suspeitar
879	显出	xiǎnchū	v.	mostrar; revelar; parecer; dar impressão de
880	险	xiǎn	adj.	1. perigoso; arriscado 2. (topografia) íngreme; escarpado 3. sinistro; malicioso; traiçoeiro
881	线路	xiànlù	s.	1. (eletricidade) circuito; linha 2. rota; trajeto
882	陷入	xiànrù	v.	1. cair em; ficar em 2. estar mergulhado em (figurativo)
883	响声	xiǎngshēng	s.	som; barulho
884	想不到	xiǎngbudào	v.	não esperava; não imaginava; não pensava
885	消耗	xiāohào	v., s.	<v.> consumir; gastar; esgotar <s.> consumo
886	消灭	xiāomiè	v.	1. perecer; morrer 2. eliminar; exterminar
887	小费	xiǎofèi	s.	gorjeta
888	小麦	xiǎomài	s.	trigo
889	小于	xiǎoyú	v.	ser menor que
890	晓得	xiǎode	v.	saber; ter conhecimento

Nº	VOCÁBULO	PINYIN	CLASSE	TRADUÇÃO
891	笑脸	xiàoliǎn	s.	rosto sorridente
892	笑容	xiàoróng	s.	expressão sorridente; sorriso
893	笑声	xiàoshēng	s.	risada
894	协会	xiéhuì	s.	associação; federação; agremiação
895	协商	xiéshāng	v.	consultar; negociar
896	协调	xiétiáo	v., adj.	<v.> coordenar; harmonizar <adj.> harmonioso; coordenado; compatível
897	协助	xiézhù	v.	auxiliar; dar assistência a; fornecer ajuda para
898	写字楼	xiězìlóu	s.	prédio de escritórios
899	写字台	xiězìtái	s.	escrivaninha
900	心灵	xīnlíng	s.	coração; alma; espírito
901	心愿	xīnyuàn	s.	desejo; aspiração; sonho
902	心脏	xīnzàng	s.	1. coração 2. centro
903	心脏病	xīnzàngbìng	s.	cardiopatia; doença cardíaca
904	新人	xīnrén	s.	1. novato 2. recém-chegado; novo membro 3. recém-casado 4. pessoa de um novo tipo
905	新兴	xīnxīng	adj.	emergente; crescente; florescente
906	薪水	xīnshui	s.	salário; remuneração
907	信仰	xìnyǎng	v.	acreditar em (uma ideologia, fé ou religião); ter fé em
908	信用	xìnyòng	s.	1. confiabilidade; crédito; credibilidade; honra 2. (finanças) crédito
909	兴旺	xīngwàng	adj.	próspero; florescente; vigoroso
910	行程	xíngchéng	s.	1. rota ou distância de viagem; itinerário 2. progresso; percurso
911	形	xíng	s.	1. forma; figura 2. corpo; entidade
912	凶	xiōng	adj.	1. ominoso; nefasto 2. brutal; feroz 3. terrível, medonho
913	凶手	xiōngshǒu	s.	assassino
914	修车	xiū chē	v.	consertar carro ou bicicleta
915	袖珍	xiùzhēn	adj.	portátil

Nº	VOCÁBULO	PINYIN	CLASSE	TRADUÇÃO
916	悬	xuán	v.	1. pendurar; suspender; pairar 2. anunciar; tornar público 3. sentir-se ansioso; ficar preocupado 4. elevar; levantar
917	旋转	xuánzhuǎn	v.	girar; rodar
918	选拔	xuǎnbá	v.	selecionar; escolher
919	选举	xuǎnjǔ	v., s.	<v.> eleger (por votação) <s.> eleição
920	学会	xuéhuì	s.	sociedade de estudos; associação acadêmica; instituto
921	学员	xuéyuán	s.	estudante; estagiário
922	血管	xuèguǎn	s.	vaso sanguíneo
923	血液	xuèyè	s.	1. sangue 2. (figurativo) sangue; vigor; ânimo
924	循环	xúnhuán	v.	circular
925	压迫	yāpò	v.	1. oprimir; reprimir 2. pressionar; comprimir
926	烟花	yānhuā	s.	fogos de artifício
927	沿	yán	prep.	ao longo de; por
928	沿海	yánhǎi	s.	área costeira; litoral
929	沿着	yánzhe		1. seguir 2. ao longo de
930	研发	yánfā	v.	pesquisar e desenvolver
931	眼看	yǎnkàn	v., adv.	<v.> 1. assistir sem poder fazer nada 2. observar com os próprios olhos <adv.> logo; em um momento; em breve
932	演奏	yǎnzòu	v.	tocar (um instrumento musical); executar música
933	宴会	yànhuì	s.	banquete; jantar; festa
934	洋	yáng	adj.	1. estrangeiro 2. moderno
935	仰	yǎng	v.	1. ficar com o rosto para cima; olhar para cima 2. admirar; respeitar; adorar 3. depender de; contar com
936	养老	yǎng // lǎo	v.	1. cuidar dos idosos 2. aproveitar a terceira idade
937	氧气	yǎngqì	s.	oxigênio

序号 №	词语 VOCÁBULO	拼音 PINYIN	词性 CLASSE	译文 TRADUÇÃO
938	样	yàng	s., cl.	<s.> 1. forma; aparência 2. aparência (de uma pessoa) 3. amostra; modelo; padrão <cl.> classificador para tipos, variedades
939	药品	yàopǐn	s.	produtos farmacêuticos; medicamentos
940	要不然	yàobùrán	conj.	caso contrário; se não
941	要好	yàohǎo	adj.	1. em bons termos; amigo 2. ansioso por melhorar; esforçado para progredir
942	要么	yàome	conj.	ou... ou...
943	要素	yàosù	s.	fator; elemento essencial
944	野	yě	adj.	1. grosseiro; rude 2. inculto; não domesticado; indomado 3. desenfreado; indisciplinado 4. ilegal; ilegítimo
945	野生	yěshēng	adj.	selvagem; inculto
946	医药	yīyào	s.	medicina; tratamento médico e medicamento
947	依次	yīcì	adv.	sucessivamente; um por um
948	依赖	yīlài	v.	1. depender de 2. ser interdependente; ser dependente um do outro
949	一次性	yícìxìng	adj.	apenas uma vez; descartável
950	一代	yídài	s.	1. dinastia 2. era 3. toda a vida; geração
951	一道	yídào	adv.	juntamente; lado a lado
952	一贯	yíguàn	adj.	constante; coerente
953	一路上	yílù shang		todo o caminho; toda a jornada
954	仪器	yíqì	s.	instrumento; aparelho
955	仪式	yíshì	s.	cerimônia; rito; ritual
956	遗憾	yíhàn	adj., s.	<adj.> lamentável <s.> arrependimento; lamento; insatisfação
957	一番	yìfān	cl.	um tipo de; uma rodada de; uma vez
958	一模一样	yìmú-yíyàng		exatamente iguais; idênticos
959	一齐	yìqí	adv.	ao mesmo tempo; simultaneamente
960	一时	yìshí	s., adv.	<s.> 1. um período de tempo; algum tempo 2. curto tempo; um instante; um momento <adv.> 1. temporariamente; casualmente 2. ora... ora... às vezes
961	一同	yìtóng	adv.	juntamente; conjuntamente

LISTA DE VOCABULÁRIO DO NÍVEL 6

Nº	VOCÁBULO	PINYIN	CLASSE	TRADUÇÃO
962	一行	yìxíng	s.	grupo de viajantes
963	艺人	yìrén	s.	1. ator; cantor 2. artesão
964	议题	yìtí	s.	tópico para discussão
965	异常	yìcháng	adj., adv.	<adj.> incomum; anormal; estranho <adv.> extremamente; muito excessivamente
966	意想不到	yìxiǎng bú dào		inesperado; imprevisto
967	意愿	yìyuàn	s.	desejo; aspiração
968	因	yīn	prep., conj.	<prep.> 1. por motivo de; por causa de; por 2. de acordo com; à luz de; conforme <conj.> como; porque
969	因素	yīnsù	s.	1. elemento; fator 2. condição; requisito
970	阴谋	yīnmóu	s.	conspiração; trama; complô
971	阴影	yīnyǐng	s.	sombra
972	音量	yīnliàng	s.	(som) volume
973	音像	yīnxiàng	s.	áudio e vídeo
974	隐藏	yǐncáng	v.	esconder; encobrir
975	隐私	yǐnsī	s.	privacidade; intimidade
976	印	yìn	v.	1. imprimir; estampar 2. marcar; gravar 3. corresponder; confirmar
977	英雄	yīngxióng	s.	herói
978	迎来	yínglái		receber; dar boas-vindas a; encontrar
979	影迷	yǐngmí	s.	cinéfilo; entusiasta de cinema
980	影星	yǐngxīng	s.	estrela de cinema
981	应对	yìngduì	v.	lidar com; responder a; enfrentar; reagir a
982	应急	yìng // jí	v.	lidar com uma emergência; responder à emergência
983	用处	yòngchù	s.	utilidade; uso
984	用得着	yòngdezháo	v.	1. ser útil 2. precisar; necessitar
985	用法	yòngfǎ	s.	instruções de uso
986	用品	yòngpǐn	s.	utensílio; artigo de uso diário
987	用心	yòngxīn	s.	motivo; intenção
988	优质	yōuzhì	adj.	de alta qualidade
989	游人	yóurén	s.	visitante (de um parque etc.); turista

序号 Nº	词语 VOCÁBULO	拼音 PINYIN	词性 CLASSE	译文 TRADUÇÃO
990	游玩	yóuwán	v.	1. passear; viajar; visitar 2. divertir-se; brincar
991	游戏机	yóuxìjī	s.	console de jogos; videogame
992	游行	yóuxíng	v.	fazer passeata; desfilar; sair em procissão
993	有关	yǒuguān	v.	ter a ver com; estar relacionado a
994	有没有	yǒu méiyǒu		(fazer pergunta) ter ou não ter; existir ou não existir
995	有事	yǒushì	v.	1. ter algo para fazer; estar ocupado 2. ter problemas 3. ter algo em mente; estar preocupado
996	于	yú	prep.	1. (indica tempo ou local) em 2. (indica o objeto indireto) a; para 3. (indica início ou origem) de; desde 4. (indica o agente da ação) por 5. (indica direção; tendência ou meta) 6. (indica motivo ou objetivo) a, para
997	娱乐	yúlè	v., s.	<v.> divertir-se; entreter-se; recrear-se <s.> recreação; diversão; entretenimento; lazer
998	愉快	yúkuài	adj.	feliz; alegre
999	与	yǔ	prep., conj.	<prep.> com <conj.> e
1000	宇航员	yǔhángyuán	s.	astronauta
1001	雨衣	yǔyī	s.	capa de chuva
1002	预约	yùyuē	v.	marcar um horário (reunião, consulta etc.)
1003	元素	yuánsù	s.	elemento
1004	园	yuán	s.	1. horta; plantação 2. parque; jardim
1005	园地	yuándì	s.	1. (nome genérico para terreno cultivado, horta, pomar, jardim etc.) 2. (figurativo) espaço (de atividades)
1006	原	yuán	adj.	1. primário; original 2. não processado; bruto 3. anterior; não alterado
1007	原告	yuángào	s.	(jurídico) autor; pessoa que propõe demanda judicial contra outra; demandante
1008	原谅	yuánliàng	v.	perdoar; desculpar
1009	圆珠笔	yuánzhūbǐ	s.	caneta esferográfica
1010	援助	yuánzhù	v.	ajudar; assistir

LISTA DE VOCABULÁRIO DO NÍVEL 6

Nº	VOCÁBULO	PINYIN	CLASSE	TRADUÇÃO
1011	缘故	yuángù	s.	razão; causa
1012	远方	yuǎnfāng	s.	lugar distante
1013	远离	yuǎnlí	v.	ficar longe de
1014	远远	yuǎnyuǎn		muito distante; ao longe
1015	约定	yuēdìng	v.	concordar com; combinar
1016	乐曲	yuèqǔ	s.	composição musical; música
1017	晕	yūn	v., adj.	<v.> 1. desmaiar 2. sentir tontura <adj.> tonto; vertiginoso
1018	允许	yǔnxǔ	v.	permitir; autorizar; consentir
1019	运作	yùnzuò	v.	(organização, instituição etc.) funcionar; operar
1020	晕车	yùn // chē	v.	ficar com enjoo de movimento; cinetose
1021	杂	zá	adj.	1. diverso; misto; misturado 2. extra; irregular
1022	再生	zàishēng	v.	1. reviver; ressuscitar 2. regenerar 3. reciclar; reutilizar
1023	再说	zàishuō	v., conj.	<v.> deixar para falar ou tratar algum tempo depois <conj.> além disso; além do mais
1024	遭到	zāodào		sofrer; submeter-se a; ser vítima de
1025	遭受	zāoshòu	v.	sofrer; experimentar (algo ruim)
1026	遭遇	zāoyù	v., s.	<v.> encontrar ou sofrer (desgraça) inesperadamente <s.> experiência desgraçada
1027	早晚	zǎowǎn	s., adv.	<s.> 1. manhã e noite 2. tempo; momento <adv.> mais cedo ou mais tarde
1028	增进	zēngjìn	v.	promover; melhorar; fomentar
1029	增值	zēngzhí	v.	valorizar(-se); aumentar o valor
1030	扎	zhā	v.	1. espetar; picar 2. amarrar; atar 3. entrar em 4. aquartelar(-se)
1031	扎实	zhāshi	adj.	1. sólido; firme; robusto 2. confiável; com os pés no chão
1032	炸	zhà	v.	1. explodir; estourar 2. enfurecer-se
1033	炸弹	zhàdàn	s.	bomba
1034	炸药	zhàyào	s.	explosivo; dinamite

№	VOCÁBULO	PINYIN	CLASSE	TRADUÇÃO
1035	债	zhài	s.	dívida; empréstimo
1036	占据	zhànjù	v.	ocupar; dominar; controlar
1037	战场	zhànchǎng	s.	campo de batalha
1038	战略	zhànlüè	s.	estratégia
1039	战术	zhànshù	s.	tática
1040	战友	zhànyǒu	s.	camarada de armas; companheiro de guerra
1041	站台	zhàntái	s.	plataforma (em uma estação ferroviária)
1042	章	zhāng	cl.	classificador para capítulos, seções, divisões (de livro, documento, peça musical etc.)
1043	长（秘书长）	zhǎng	suf.	chefe; cabeça; líder (secretário-geral)
1044	掌声	zhǎngshēng	s.	aplauso
1045	账	zhàng	s.	1. conta 2. livro contábil 3. dívida
1046	账户	zhànghù	s.	conta
1047	涨	zhàng	v.	1. dilatar-se; inchar; engrossar 2. enrubescer; corar 3. ser mais ou maior do que o esperado
1048	障碍	zhàng'ài	s., v.	<s.> obstáculo; barreira <v.> impedir; obstruir
1049	招	zhāo	v.	1. acenar com a mão 2. atrair; incorrer 3. recrutar; alistar; matricular 4. provocar 5. confessar; admitir
1050	招聘	zhāopìn	v.	recrutar; contratar
1051	照样	zhàoyàng	adv.	igualmente; da mesma forma; como sempre
1052	照耀	zhàoyào	v.	brilhar; iluminar
1053	哲学	zhéxué	s.	filosofia
1054	这就是说	zhè jiùshì shuō		isso quer dizer
1055	镇	zhèn	v., s.	<v.> 1. pressionar com objeto pesado 2. acalmar(-se); tranquilizar 3. manter sob controle; conter 4. gelar <s.> cidade; distrito; entreposto comercial
1056	争夺	zhēngduó	v.	disputar por; competir com
1057	整顿	zhěngdùn	v.	retificar; consolidar; reorganizar
1058	整治	zhěngzhì	v.	1. reparar; reabilitar 2. punir; corrigir 3. executar; fazer

LISTA DE VOCABULÁRIO DO NÍVEL 6

Nº	VOCÁBULO	PINYIN	CLASSE	TRADUÇÃO
1059	正当	zhèngdàng	*adj.*	adequado; apropriado; legítimo; justificado
1060	政策	zhèngcè	*s.*	política; conjunto de conceitos e a prática (que orientam o gerenciamento)
1061	政党	zhèngdǎng	*s.*	partido político
1062	政权	zhèngquán	*s.*	1. poder político; poder do Estado; regime 2. órgão do poder do Estado
1063	症状	zhèng-zhuàng	*s.*	sintoma
1064	之类	zhīlèi	*s.*	algo semelhante; assim por diante
1065	支撑	zhīchēng	*v.*	1. manter(-se) firme; suportar 2. ser capaz de aguentar; mostrar firmeza, força etc.
1066	支援	zhīyuán	*v., s.*	<v.> auxiliar; ajudar; assistir <s.> apoio; auxílio; ajuda
1067	枝	zhī	*s., cl.*	<s.> ramo; galho <cl.> classificador para objetos em forma de bastão ou providos de haste
1068	知名	zhīmíng	*adj.*	célebre; famoso; renomado
1069	织	zhī	*v.*	1. tecer 2. fazer malha; tricotar 3. misturar; cruzar
1070	直升机	zhíshēngjī	*s.*	helicóptero
1071	职责	zhízé	*s.*	responsabilidade; alçada
1072	止	zhǐ	*v.*	1. parar; cessar; terminar 2. terminar até (uma data-limite)
1073	只得	zhǐdé	*adv.*	não ter escolha a não ser; ser obrigado a
1074	只顾	zhǐgù	*adv.*	obstinadamente; apenas
1075	只管	zhǐguǎn	*adv.*	simplesmente; apenas; somente
1076	指定	zhǐdìng	*v.*	apontar; indicar; designar; especificar
1077	指数	zhǐshù	*s.*	1. expoente 2. índice; indicador
1078	指头	zhǐtou	*s.*	dedo
1079	指着	zhǐzhe		apontar para
1080	至于	zhìyú	*v., prep.*	<v.> chegar a ponto de; conduzir a <prep.> quanto a; no que diz respeito a
1081	治病	zhì bìng		tratar uma doença; curar a doença
1082	智慧	zhìhuì	*s.*	sabedoria; inteligência

Nº	VOCÁBULO	PINYIN	CLASSE	TRADUÇÃO
1083	中等	zhōngděng	*adj.*	1. médio; moderado; regular; medíocre 2. secundário, intermediário
1084	中华	Zhōnghuá	s.	China
1085	中期	zhōngqī	s.	médio prazo; fase intermediária
1086	中外	zhōngwài	s.	China e países estrangeiros
1087	忠心	zhōngxīn	s.	lealdade; devoção
1088	钟头	zhōngtóu	s.	hora
1089	肿	zhǒng	v.	inchar; tornar-se inchado
1090	种种	zhǒngzhǒng	pron.	todos os tipos de; uma variedade de
1091	粥	zhōu	s.	mingau (feito de arroz, painço etc.)
1092	珠宝	zhūbǎo	s.	pérola e joias; joias
1093	诸位	zhūwèi	pron.	(se dirigir a um grupo de pessoas) senhoras e senhores
1094	主持人	zhǔchírén	s.	1. (em programa de TV e rádio, festa, cerimônia etc.) apresentador; mestre de cerimônias; âncora 2. (em uma conferência, reunião etc.) presidente; moderador
1095	主角	zhǔjué	s.	personagem principal; papel de liderança; protagonista; ator principal
1096	主流	zhǔliú	s.	principal corrente; tendência predominante
1097	煮	zhǔ	v.	ferver; cozinhar
1098	住宅	zhùzhái	s.	residência; habitação; morada
1099	驻	zhù	v.	1. residir; instalar-se; estabelecer-se 2. parar; ficar
1100	柱子	zhùzi	s.	coluna; pilar; poste
1101	祝愿	zhùyuàn	v.	desejar
1102	专用	zhuānyòng	v.	ser usado para uma finalidade especial
1103	转	zhuàn	v.	1. girar; virar 2. dar uma volta
1104	转动	zhuàndòng	v.	girar; virar
1105	赚	zhuàn	v.	obter lucro; ganhar
1106	赚钱	zhuànqián	v.	fazer dinheiro; obter lucro
1107	装备	zhuāngbèi	v., s.	<v.> equipar; fornecer <s.> equipamento
1108	壮观	zhuàngguān	*adj., s.*	<adj.> magnífico; espetacular <s.> visão magnífica

序号	词语	拼音	词性	译文
Nº	VOCÁBULO	PINYIN	CLASSE	TRADUÇÃO
1109	追究	zhuījiū	v.	investigar; descobrir
1110	捉	zhuō	v.	1. apanhar; capturar 2. segurar; agarrar
1111	咨询	zīxún	v.	consultar; pedir conselho
1112	自来水	zìláishuǐ	s.	água da torneira
1113	自我	zìwǒ	pron.	auto-; a si próprio; ego
1114	自学	zìxué	v.	ser autodidata; aprender por si mesmo; estudar sozinho
1115	自言自语	zìyán-zìyǔ		murmurar; pensar alto; falar consigo mesmo
1116	自在	zìzai	adj.	1. livre; desenfreado 2. confortável; à vontade
1117	宗教	zōngjiào	s.	religião
1118	总部	zǒngbù	s.	sede geral; centro administrativo
1119	总监	zǒngjiān	s.	supervisor; superintendente
1120	总经理	zǒngjīnglǐ	s.	gerente geral; diretor-gerente
1121	总量	zǒngliàng	s.	capacidade total; valor bruto
1122	走私	zǒu // sī	v.	contrabandear
1123	奏	zòu	v.	1. (música) tocar; executar 2. realizar; produzir
1124	租金	zūjīn	s.	aluguel (quantia)
1125	足	zú	adj., adv.	<adj.> suficiente; abundante <adv.> suficientemente; de maneira suficiente
1126	足以	zúyǐ	v.	ser suficiente para; bastar
1127	族	zú	s.	1. clã 2. raça; etnia
1128	族（上班族）	zú (shàng-bānzú)	suf.	classe ou grupo de coisas ou pessoas com características comuns
1129	祖父	zǔfù	s.	avô (paterno)
1130	祖国	zǔguó	s.	pátria
1131	祖母	zǔmǔ	s.	avó (paterna)
1132	钻	zuān	v.	1. furar; perfurar 2. estudar intensivamente; mergulhar (nos estudos) 3. atravessar; penetrar 4. buscar oportunidades ou meios (interesses pessoais)
1133	最佳	zuìjiā	adj.	o melhor; ótimo; primeira linha

Nº	VOCÁBULO	PINYIN	CLASSE	TRADUÇÃO
1134	最终	zuìzhōng	s.	final; fim; o último
1135	罪	zuì	s.	1. atividade ilegal; crime; delito 2. falha; erro 3. dor; sofrimento; miséria
1136	罪恶	zuì'è	s.	crime; mal; pecado
1137	作	zuò	v.	1. trabalhar; fabricar 2. fazer; realizar 3. considerar; tomar como 4. escrever; compor 5. incitar; provocar; intrigar 6. fingir(-se); disfarçar(-se)
1138	作废	zuòfèi	v.	cancelar; invalidar; anular
1139	作战	zuòzhàn	v.	batalhar; combater
1140	座谈会	zuòtánhuì	s.	fórum; simpósio; discussão informal

6.7 七—九级词汇表 | Lista de Vocabulário dos Níveis 7 a 9

序号 Nº	词语 VOCÁBULO	拼音 PINYIN	词性 CLASSE	译文 TRADUÇÃO
1	阿拉伯语	Ālābóyǔ	s.	língua árabe
2	哎	āi	int.	(exclamação de surpresa, alerta ou insatisfação)
3	哎呀	āiyā	int.	(exclamação de espanto, impaciência ou queixa)
4	哀求	āiqiú	v.	suplicar; implorar
5	挨家挨户	āijiā-āihù	adv.	de casa em casa; de porta em porta
6	癌	ái	s.	carcinoma; câncer
7	癌症	áizhèng	s.	câncer
8	艾滋病	àizībìng	s.	AIDS (Síndrome da Imunodeficiência Adquirida)
9	唉	ài	int.	(resposta a um chamado, uma ordem, etc.)
10	爱不释手	àibúshìshǒu		ser tão apegado a algo que não se quer largá-lo
11	爱理不理	àilǐ-bùlǐ		ser frio e indiferente
12	爱面子	ài miànzi		preocupar-se com a própria reputação; ser vaidoso
13	爱惜	àixī	v.	1. valorizar e usar com prudência; estimar; apreciar 2. ser muito apegado; amar muito; adorar
14	碍事	ài // shì	v.	1. causar problemas; atrapalhar; ser um empecilho 2. ser importante, ter relevância (geralmente usado na negativa)
15	安定	āndìng	adj., v.	<adj.> estável; tranquilo; estabelecido <v.> estabilizar
16	安抚	ānfǔ	v.	consolar; acalmar; apaziguar; confortar
17	安眠药	ānmiányào	s.	remédio para dormir
18	安宁	ānníng	adj.	1. pacífico; tranquilo 2. calmo; composto; livre de preocupações
19	安稳	ānwěn	adj.	1. suave e constante 2. em paz; sereno; tranquilo 3. calmo e equilibrado; reservado 4. seguro
20	安心	ānxīn	adj.	aliviado; livre de preocupações
21	安逸	ānyì	adj.	fácil e confortável

序号 N°	词语 VOCÁBULO	拼音 PINYIN	词性 CLASSE	译文 TRADUÇÃO
22	按键	ànjiàn	s.	botão; tecla; chave
23	按理说	ànlǐ shuō		em tese; teoricamente
24	按说	ànshuō	adv.	em teoria; em princípio
25	案件	ànjiàn	s.	caso (jurídico)
26	暗地里	àndì·lǐ	adv.	clandestinamente; às escondidas
27	暗杀	ànshā	v.	assassinar
28	暗中	ànzhōng	adv.	clandestinamente; às escondidas
29	昂贵	ángguì	adj.	caro; dispendioso; de preço elevado
30	凹	āo	adj.	côncavo; afundado; amassado
31	熬	áo	v.	1. cozinhar em água; cozinhar no fogo 2. resistir; suportar
32	熬夜	áo // yè	v.	ficar acordado até tarde; virar a noite
33	傲	ào	adj.	orgulhoso; altivo
34	傲慢	àomàn	adj.	arrogante; prepotente; orgulhoso; altivo
35	奥秘	àomì	s.	mistério; segredo; enigma
36	奥运会	Àoyùnhuì	s.	Jogos Olímpicos; Olimpíadas
37	八卦	bāguà	s.	1. oito trigramas do I Ching (livro de adivinhação) 2. fofoca
38	巴不得	bābu·dé	v.	esperar ansiosamente por; mal poder esperar por; desejar muito
39	扒	bā	v.	1. agarrar-se; segurar com força 2. puxar; abrir (os lados) 3. cavar; remover
40	芭蕾	bālěi	s.	balé
41	把柄	bǎbǐng	s.	alça; cabo
42	把关	bǎ // guān	v.	1. guardar uma passagem 2. inspecionar; examinar (em busca de erros)
43	把手	bǎshou	s.	alça; cabo; manípulo; maçaneta
44	靶子	bǎzi	s.	alvo; alvo de tiro
45	坝	bà	s.	1. barragem 2. dique 3. banco de areia 4. planície (em topônimos)
46	罢免	bàmiǎn	v.	remover; destituir; demitir; exonerar
47	罢休	bàxiū	v.	parar; desistir; deixar de lado; não continuar

Nº	VOCÁBULO	PINYIN	CLASSE	TRADUÇÃO
48	霸占	bàzhàn	v.	1. ocupar à força; tomar posse; apropriar-se 2. monopolizar; dominar
49	掰	bāi	v.	1. quebrar com as mãos 2. cortar (relações) 3. separar com os dedos 4. analisar; discutir
50	白白	báibái	adv.	em vão; sem sucesso
51	百分比	bǎifēnbǐ	s.	percentagem
52	百合	bǎihé	s.	lírio
53	百科全书	bǎikē quánshū	s.	enciclopédia
54	柏树	bǎishù	s.	cipreste
55	摆放	bǎifàng	v.	colocar; arrumar; dispor
56	摆平	bǎi // píng	v.	1. ser justo e imparcial com; tratar com justiça 2. punir 3. resolver; ajeitar; solucionar
57	摆设	bǎishe	s.	1. enfeite; ornamento; decoração 2. figurante; pessoa ou objeto com papel meramente figurativo
58	拜会	bàihuì	v.	(em contexto diplomático) visitar; fazer uma visita oficial
59	拜见	bàijiàn	v.	fazer uma visita formal
60	拜年	bài // nián	v.	fazer uma visita de Ano-Novo Chinês; dar votos de Ano-Novo Chinês
61	拜托	bàituō	v.	1. pedir um favor; solicitar; implorar 2. por favor
62	扳	bān	v.	1. puxar; virar; torcer 2. virar (uma situação desfavorável)
63	颁布	bānbù	v.	anunciar; promulgar; tornar público
64	颁发	bānfā	v.	1. emitir; promulgar 2. conceder; dar; atribuir
65	颁奖	bān // jiǎng	v.	dar um prêmio
66	斑点	bāndiǎn	s.	mancha; ponto; sinal; nódoa
67	搬迁	bānqiān	v.	mudar-se; transferir-se; remover para outro local
68	板块	bǎnkuài	s.	1. placa (de algum material); placa tectônica 2. (parte constituinte de um mercado ou economia) setor, área

Nº	VOCÁBULO	PINYIN	CLASSE	TRADUÇÃO
69	办不到	bàn bu dào		não ser capaz de fazer; ser impossível; ser impraticável
70	半边天	bànbiāntiān	s.	1. metade do céu 2. (figurado) mulheres
71	半场	bànchǎng	s.	1. meio tempo (em esportes) 2. meio da quadra; meia quadra (basquete)
72	半岛	bàndǎo	s.	península
73	半路	bànlù	s.	pelo caminho; no meio de uma atividade
74	半数	bànshù	s.	metade
75	半途而废	bàntú'érfèi		desistir na metade; abandonar antes de terminar
76	半信半疑	bànxìn-bànyí		encarar com certo ceticismo, acreditar e duvidar ao mesmo tempo
77	半真半假	bànzhēn-bànjiǎ		meio verdadeiro e meio falso; duvidoso
78	扮	bàn	v.	1. disfarçar-se; vestir-se de 2. desempenhar (um papel); fazer de conta
79	伴	bàn	v., s.	<v.> acompanhar; fazer companhia <s.> companheiro(a); parceiro(a)
80	伴侣	bànlǚ	s.	companheiro(a); parceiro(a); cônjuge
81	伴随	bànsuí	v.	acompanhar; seguir junto com
82	伴奏	bànzòu	v.	fazer o acompanhamento musical
83	拌	bàn	v.	1. misturar; agitar; mexer 2. brigar; discutir
84	帮手	bāngshou	s.	ajudante; auxiliar; colaborador
85	绑	bǎng	v.	amarrar; prender; atar
86	绑架	bǎngjià	v.	sequestrar; raptar; abduzir
87	榜样	bǎngyàng	s.	exemplo a ser seguido; modelo
88	棒球	bàngqiú	s.	beisebol
89	磅	bàng	cl., s.	<cl.> libra (medida de peso) <s.> balança
90	包袱	bāofu	s.	1. pano para embrulhar 2. embrulho; trouxa 3. fardo emocional 4. conclusão; remate de uma piada
91	包容	bāoróng	v.	1. tolerar; perdoar; aceitar 2. conter
92	包扎	bāozā	v.	1. fazer curativo; atar uma ferida 2. embalar; amarrar; atar

序号 / Nº	词语 / VOCÁBULO	拼音 / PINYIN	词性 / CLASSE	译文 / TRADUÇÃO
93	剥	bāo	v.	retirar a casca, pele, folhas ou outra camada exterior
94	煲	bāo	s., v.	<s.> panela funda <v.> cozinhar lentamente em fogo baixo
95	饱和	bǎohé	v.	saturar
96	饱满	bǎomǎn	adj.	1. cheio de vigor; robusto; forte 2. maduro e suculento (fruto)
97	宝库	bǎokù	s.	tesouro; depósito de objetos valiosos
98	宝藏	bǎozàng	s.	depósitos minerais preciosos; objetos valiosos escondidos
99	保管	bǎoguǎn	v., s.	<v.> cuidar; manter sob proteção; guardar <s.> guarda; guardador
100	保姆	bǎomǔ	s.	babá; ama de crianças; criada
101	保暖	bǎo // nuǎn	v.	manter aquecido
102	保鲜	bǎoxiān	v.	manter fresco
103	保修	bǎoxiū	v.	1. garantir manutenção ou reparo 2. fazer manutenção
104	保佑	bǎoyòu	v.	abençoar; proteger
105	保障	bǎozhàng	v., s.	<v.> garantir; proteger <s.> garantia; segurança
106	保质期	bǎozhìqī	v.	prazo de validade
107	保重	bǎozhòng	v.	cuidar-se; cuidar da própria saúde e segurança
108	堡垒	bǎolěi	s.	1. fortaleza; base fortificada 2. bastião; baluarte
109	报	bào	v.	1. relatar; informar 2. enviar um relatório a alguém 3. responder; reciprocar 4. retribuir; mostrar gratidão a alguém 5. retaliar; vingar-se
110	报仇	bào // chóu	v.	vingar-se
111	报酬	bàochou	s.	recompensa; salário; pagamento
112	报废	bào // fèi	v.	descartar; declarar obsoleto; inutilizar
113	报复	bào·fù	v.	vingar-se; retaliar
114	报社	bàoshè	s.	escritório ou sede de um jornal
115	报亭	bàotíng	s.	banca de jornal

№ VOCÁBULO	词语	拼音 PINYIN	词性 CLASSE	译文 TRADUÇÃO
116	报销	bàoxiāo	v.	1. reembolsar; solicitar reembolso 2. descartar; inutilizar
117	抱负	bàofù	s.	aspiração; ambição
118	豹	bào	s.	leopardo; pantera
119	暴风骤雨	bàofēng-zhòuyǔ		tempestade; chuva forte e ventos intensos
120	暴利	bàolì	s.	lucro excessivo; ganho desproporcional
121	暴躁	bàozào	adj.	irritado; impaciente; temperamental
122	曝光	bào // guāng	v.	1. (fotografia) expor 2. revelar; tornar público (algo negativo)
123	爆冷门	bào lěngmén		ganhar inesperadamente; alcançar resultado inesperado (em jogo)
124	爆满	bàomǎn	v.	estar lotado; estar completamente cheio
125	爆竹	bàozhú	s.	bombinha; rojão
126	卑鄙	bēibǐ	adj.	desprezível; vil; baixo; desonesto; ignóbil
127	悲哀	bēi'āi	adj.	triste; pesaroso; melancólico
128	悲观	bēiguān	adj.	pessimista
129	悲欢离合	bēihuān-líhé		alternância entre tristeza e alegria; encontros e separações; altos e baixos da vida
130	悲痛	bēitòng	adj.	aflito; entristecido
131	碑	bēi	s.	tablete; placa comemorativa; estela
132	贝壳	bèiké	s.	concha; caracol; búzio
133	备课	bèi // kè	v.	preparar aulas
134	备受	bèishòu	v.	receber, ser alvo de (críticas, elogios, atenção etc.)
135	备用	bèiyòng	v.	reservar; deixar de lado para uso futuro ou para um propósito especial
136	背面	bèimiàn	s.	parte de trás; verso; dorso
137	背叛	bèipàn	v.	trair; desertar; abandonar; renunciar; romper com a lealdade
138	背诵	bèisòng	v.	recitar; declamar de memória
139	被捕	bèibǔ	v.	ser preso; estar sob custódia policial
140	奔波	bēnbō	v.	correr de um lado para outro; estar muito ocupado

Nº	VOCÁBULO	PINYIN	CLASSE	TRADUÇÃO
141	奔赴	bēnfù	v.	apressar-se para (um lugar); ir às pressas para (um lugar)
142	本分	běnfèn	s., adj.	<s.> dever; parte; obrigação <adj.> contente com a própria sorte
143	本能	běnnéng	s.	instinto; intuição; predisposição natural
144	本钱	běnqián	s.	capital; investimento inicial
145	本色	běnsè	s.	qualidade inerente, verdadeira; traço distintivo
146	本性	běnxìng	s.	natureza; temperamento; caráter intrínseco
147	本意	běnyì	s.	verdadeira intenção; significado original
148	本着	běnzhe	prep.	de acordo com; seguindo; com base em
149	奔	bèn	v.	correr; apressar-se; fugir
150	笨蛋	bèndàn	s.	idiota; tolo; imbecil
151	笨重	bènzhòng	adj.	pesado; difícil de ser movido ou manuseado
152	崩溃	bēngkuì	v.	desmoronar; colapsar; ruir; desabar
153	绷	bēng	v.	1. apertar; esticar; tensionar 2. brotar; saltar 3. fazer algo com dificuldade 4. (gíria) roubar, tirar dinheiro de alguém por meio de ardil
154	绷带	bēngdài	s.	atadura; faixa; bandagem
155	蹦	bèng	v.	1. saltar; pular; dar um pulo 2. aparecer de repente
156	逼近	bījìn	v.	aproximar-se; chegar perto
157	逼迫	bīpò	v.	forçar; compelir; coagir
158	逼真	bīzhēn	adj.	1. realista; convincente; vívido 2. distinto, claro
159	鼻涕	bítì	s.	muco nasal; catarro
160	比比皆是	bǐbǐ-jiēshì		ser encontrado em toda parte; estar em todos os lugares
161	比不上	bǐ bu shàng	v.	não estar à altura de; não ser páreo para
162	比起	bǐqǐ		comparado a
163	比试	bǐshi	v.	1. competir; fazer um teste comparativo 2. fazer gestos
164	比喻	bǐyù	s., v.	<s.> comparação; analogia; metáfora <v.> comparar a

序号 №	词语 VOCÁBULO	拼音 PINYIN	词性 CLASSE	译文 TRADUÇÃO
165	鄙视	bǐshì	v.	desprezar; ter desdém por; menosprezar
166	必不可少	bìbùkěshǎo		essencial; imprescindível; indispensável
167	必定	bìdìng	adv.	com certeza; certamente; sem dúvida
168	碧绿	bìlǜ	adj.	verde-azulado; verde-água; ciano
169	弊病	bìbìng	s.	1. problema; defeito; mal 2. desvantagem
170	弊端	bìduān	s.	abuso; prática corrupta
171	壁画	bìhuà	s.	afresco; pintura mural
172	避难	bì // nàn	v.	refugiar-se; abrigar-se; procurar abrigo
173	避暑	bì // shǔ	v.	1. escapar do calor; passar o verão em um lugar mais fresco 2. evitar, proteger-se de insolação
174	边疆	biānjiāng	s.	fronteira; território fronteiriço
175	边界	biānjiè	s.	fronteira; limite
176	边远	biānyuǎn	adj.	afastado; remoto; longínquo
177	编号	biānhào	s.	número de série; registro em série
178	编剧	biānjù	s.	roteirista; autor do roteiro
179	编排	biānpái	v.	1. organizar; planejar 2. escrever, organizar e ensaiar (um evento, uma peça, uma apresentação etc.)
180	编写	biānxiě	v.	1. compilar 2. escrever; redigir; elaborar
181	编造	biānzào	v.	1. compilar; elaborar 2. fabricar; inventar; falsificar; forjar
182	鞭策	biāncè	v.	impulsionar; estimular; encorajar; incentivar
183	鞭炮	biānpào	s.	foguete; rojão
184	贬值	biǎnzhí	v.	desvalorizar; depreciar; perder o valor
185	变革	biàngé	v.	transformar; mudar; reformar; revolucionar
186	变幻莫测	biànhuàn-mòcè	v.	mudar de maneira imprevisível; oscilar
187	变迁	biànqiān	v., s.	<v.> mudar <s.> mudanças
188	变异	biànyì	v.	variar
189	变质	biàn // zhì	v.	1. deteriorar; estragar; decompor 2. (geologia) metamorfismo
190	便道	biàndào	s.	1. atalho; caminho mais curto 2. calçada 3. caminho provisório (numa obra)

№	VOCÁBULO	PINYIN	CLASSE	TRADUÇÃO
191	便饭	biànfàn	s.	refeição simples; comida leve
192	便捷	biànjié	adj.	1. prático; conveniente 2. rápido; ágil
193	便利店	biànlìdiàn	s.	loja de conveniência
194	遍布	biànbù	v.	espalhar-se, estar por toda parte
195	辨别	biànbié	v.	distinguir; discernir; identificar
196	辨认	biànrèn	v.	reconhecer; identificar; distinguir
197	辩	biàn	v.	debater; argumentar; discutir; contestar
198	辩护	biànhù	v.	defender; proteger; justificar
199	辩解	biànjiě	v.	explicar; justificar; defender-se; desculpar-se
200	辫子	biànzi	s.	trança
201	标	biāo	v.	etiquetar; rotular
202	标榜	biāobǎng	v.	1. enaltecer; exaltar 2. adular; lisonjear
203	标本	biāoběn	s.	1. sintomas e causa 2. espécime; amostra 3. amostra (laboratorial)
204	标签	biāoqiān	s.	etiqueta; rótulo; marca
205	标示	biāoshì	v.	marcar; indicar
206	标语	biāoyǔ	s.	slogan; lema; frase de efeito
207	标致	biāo·zhì	adj.	belo; atraente; elegante nos movimentos
208	飙升	biāoshēng	v.	aumentar rapidamente; disparar; subir abruptamente
209	表白	biǎobái	v.	declarar; confessar (geralmente sentimentos como amor)
210	表决	biǎojué	v.	votar; decidir por votação
211	表述	biǎoshù	v.	expressar; descrever; narrar
212	表率	biǎoshuài	s.	exemplo a seguir; modelo; padrão
213	表态	biǎo // tài	v.	declarar a posição; expressar a opinião; manifestar-se
214	表彰	biǎozhāng	v.	elogiar; honrar; premiar
215	憋	biē	v., adj.	<v.> 1. reprimir; segurar 2. sufocar; oprimir <adj.> 1. oprimido; abatido 2. ofendido; injustiçado; ressentido
216	别具匠心	biéjù-jiàngxīn		ter originalidade; ser criativo; ter talento artístico

序号 №	词语 VOCÁBULO	拼音 PINYIN	词性 CLASSE	译文 TRADUÇÃO
217	别看	biékàn	*conj.*	apesar de; ainda que; mesmo que
218	别墅	biéshù	*s.*	casa de campo; casa de veraneio; quinta
219	别说	biéshuō	*conj.*	não mencionar; nem pensar em; nem falar de
220	别提了	biétí le		nem fala; melhor nem falar
221	别致	biézhì	*adj.*	elegante; requintado; original
222	别扭	bièniu	*adj.*	1. desagradável; constrangedor; embaraçoso 2. teimoso; difícil 3. conflituoso; desarmonioso 4. confuso; pouco natural
223	彬彬有礼	bīnbīn-yǒulǐ		elegante; requintado; sofisticado
224	滨海	bīn hǎi		beira-mar
225	缤纷	bīnfēn	*adj.*	colorido; vibrante
226	冰棍儿	bīnggùnr	*s.*	sorvete no palito; picolé
227	冰山	bīngshān	*s.*	1. montanha de gelo 2. iceberg 3. (figurado) pessoa cujo apoio não pode ser tido como certo
228	丙	bǐng	*s.*	1. bing, o terceiro dos dez Troncos Celestiais (天干) 2. o terceiro item de uma enumeração; equivalente a "c" na série "a, b, c, d")
229	秉承	bǐngchéng	*v.*	seguir (um comando)
230	并非	bìngfēi	*v.*	(refutar) definitivamente não é; realmente não é
231	并购	bìnggòu	*v.*	realizar uma aquisição, fusão
232	并列	bìngliè	*v.*	ser disposto em fila; estar emparelhado; estar lado a lado
233	并行	bìngxíng	*v.*	1. caminhar lado a lado 2. ser executado simultaneamente; coexistir
234	病床	bìngchuáng	*s.*	leito de hospital
235	病症	bìngzhèng	*s.*	doença
236	拨	bō	*v.*	1. mover ou ajustar (com a mão, o pé, um bastão etc.) 2. arrancar; puxar 3. separar; reservar; guardar 4. girar; virar
237	拨款	bōkuǎn	*s.*	dinheiro alocado; dotação orçamentária

序号 / Nº	词语 / VOCÁBULO	拼音 / PINYIN	词性 / CLASSE	译文 / TRADUÇÃO
238	拨通	bōtōng		discar; estabelecer conexão telefônica
239	波及	bōjí	*v.*	afetar; envolver; estender-se a
240	波澜	bōlán	*s.*	grandes ondas; mar revolto
241	波涛	bōtāo	*s.*	grandes ondas; mar agitado
242	波折	bōzhé	*s.*	contratempos; reveses; dificuldades
243	剥夺	bōduó	*v.*	tirar; privar; confiscar
244	剥削	bōxuē	*v., s.*	<v.> explorar <s.> exploração
245	伯伯	bóbo	*s.*	1. tio (irmão mais velho do pai) 2. tio (termo genérico para um homem da mesma geração do pai)
246	伯父	bófù	*s.*	1. tio (irmão mais velho do pai) 2. tio (termo genérico para um homem da mesma geração do pai)
247	伯母	bómǔ	*s.*	tia (esposa do irmão mais velho do pai)
248	驳回	bóhuí	*v.*	rejeitar; negar; refutar (uma proposta etc.)
249	脖子	bózi	*s.*	pescoço
250	搏斗	bódòu	*v.*	lutar; brigar
251	不定	búdìng	*adj., adv.*	<adj.> inconstante; indefinido; indeterminado <adv.> sem certeza; difícil dizer
252	不见得	bújiàn·dé	*adv.*	não necessariamente; pode ser que não
253	不利于	búlì yú		desfavorável a; prejudicial a; não benéfico a
254	不慎	búshèn	*adj.*	incauto; descuidado
255	不适	búshì	*adj.*	1. inadequado 2. mal; indisposto
256	不算	bú suàn		não conta; não vale
257	不像话	búxiànghuà	*adj.*	1. irrazoável; inaceitável; absurdo; inapropriado 2. chocante; escandaloso; ultrajante
258	不屑	búxiè	*v.*	desprezar; não se importar; considerar insignificante
259	不懈	búxiè	*adj.*	incansável; perseverante; tenaz
260	不亚于	búyàyú	*v.*	não ser inferior a; equiparar-se a
261	不亦乐乎	búyìlèhū		extremamente prazeroso
262	不翼而飞	búyì'érfēi		desaparecer sem deixar vestígios; evaporar

№	VOCÁBULO	PINYIN	CLASSE	TRADUÇÃO
263	不用说	búyòngshuō		nem precisa dizer; sem dúvida
264	不正之风	búzhèngzhīfēng		práticas desonestas
265	补给	bǔjǐ	v., s.	<v.> fornecer; prover; suprir <s.> provisionamento; suprimento
266	补救	bǔjiù	v.	remediar; corrigir; solucionar
267	捕捉	bǔzhuō	v.	capturar; prender
268	哺育	bǔyù	v.	1. amamentar; nutrir 2. criar
269	不耻下问	bùchǐ-xiàwèn		não se envergonhar de perguntar a alguém com menos conhecimento; estar disposto a aprender com os subordinados
270	不辞而别	bùcí'érbié		sair sem se despedir; partir sem aviso
271	不得而知	bùdé'érzhī		não se pode saber; não se sabe
272	不得已	bùdéyǐ	adj.	não ter escolha; não ter alternativa
273	不妨	bùfáng	adv.	não faria mal; não ofende
274	不服	bùfú	v.	1. não aceitar como resultado final; contestar; desafiar 2. não estar acostumado com
275	不服气	bù fúqì		não estar satisfeito; não estar convencido; não aceitar
276	不假思索	bùjiǎ-sīsuǒ		(responder) sem pensar; impulsivamente
277	不解	bùjiě	v.	1. não entender; não compreender; estar confuso 2. ser irreconciliável
278	不经意	bùjīngyì	v.	não prestar atenção
279	不景气	bùjǐngqì	adj.	em crise; em recessão; em declínio econômico; não próspero
280	不堪	bùkān	v., adj.	<v.> 1. não aguentar; não suportar 2. ser incapaz de <adj.> 1. (após palavras de conotação negativa) extremamente 2. extremamente ruim, indesejável
281	不可避免	bùkě-bìmiǎn		inevitável
282	不可思议	bùkě-sīyì		incrível; inacreditável; inimaginável
283	不肯	bù kěn		não querer; relutar
284	不理	bù lǐ		não prestar atenção; ignorar; desconsiderar
285	不了了之	bùliǎo-liǎozhī		deixar por isso mesmo; concluir sem resolver; deixar sem solução

Nº	VOCÁBULO	PINYIN	CLASSE	TRADUÇÃO
286	不难	bù nán		fácil; não complicado; simples
287	不平	bùpíng	adj., s.	<adj.> 1. irregular; desnivelado 2. injusto 3. indignado; ressentido <s.> 1. injustiça 2. indignação; ressentimento
288	不起眼	bùqǐyǎn		insignificante; discreto; não chamativo
289	不容	bùróng	v.	não permitir; não tolerar; não aceitar; não admitir
290	不如说	bùrú shuō		melhor dizer; na verdade
291	不同寻常	bùtóng-xúncháng		incomum; fora do comum; excepcional
292	不为人知	bùwéirénzhī		desconhecido
293	不惜	bùxī	v.	1. não poupar; não economizar 2. não ter medo de; não hesitar
294	不相上下	bùxiāng-shàngxià		equiparável; da mesma categoria; de igual nível; tão bom quanto
295	不宜	bùyí	v.	não apropriado; inadequado
296	不已	bùyǐ	v.	(após verbos, para intensificar o significado) muito; infinitamente
297	不以为然	bùyǐwéirán		não concordar; não aprovar; não achar certo
298	不由得	bùyóude	v., adv.	<v.> não poder deixar de; não poder evitar <adv.> como consequência natural
299	不由自主	bùyóuzìzhǔ		involuntariamente; sem poder evitar; sem ter escolha
300	不予	bù yǔ		recusar; negar; não conceder
301	不约而同	bùyuē'értóng		concordar sem combinar; acontecer simultaneamente sem planejamento prévio
302	不知	bùzhī	v.	não saber; desconhecer; ignorar
303	不知不觉	bùzhī-bùjué		sem perceber; sem dar conta; inconscientemente
304	不准	bù zhǔn		proibir; não permitir; não autorizar
305	布局	bùjú	s., v.	<s.> 1. arranjo geral; disposição 2. composição 3. posição (das peças num tabuleiro) <v.> arranjar; organizar
306	步伐	bùfá	s.	passo; ritmo; andamento
307	步入	bùrù	v.	entrar; passar; pisar

Nº	VOCÁBULO	PINYIN	CLASSE	TRADUÇÃO
308	步骤	bùzhòu	s.	etapas; passos; procedimento
309	部件	bùjiàn	s.	peça; componente; conjunto de peças
310	部署	bùshǔ	v.	dispor; implantar; implementar
311	猜谜	cāi // mí	v.	1. adivinhar, resolver uma charada; brincar de charada 2. adivinhar (as reais intenções de alguém)
312	猜想	cāixiǎng	v.	conjecturar; supor; suspeitar
313	才华	cáihuá	s.	talento; habilidade; capacidade (literária ou artística)
314	财经	cáijīng	s.	finanças e economia
315	财力	cáilì	s.	capacidade ou recursos financeiros
316	财务	cáiwù	s.	1. questões financeiras; assuntos financeiros; finanças 2. pessoa encarregada de questões financeiras
317	财物	cáiwù	s.	bens; pertences; propriedade; patrimônio (exceto imobiliário)
318	财政	cáizhèng	s.	finanças públicas
319	裁	cái	v.	1. cortar (papel, tecido) 2. reduzir; diminuir; demitir 3. controlar; limitar 4. julgar; decidir; determinar 5. (literatura e arte) selecionar e planejar
320	裁定	cáidìng	v.	decidir judicialmente
321	裁决	cáijué	v.	determinar judicialmente; decidir
322	采	cǎi	v.	1. arrancar; colher 2. adotar; selecionar 3. juntar; recolher 4. minerar; extrair; escavar
323	采集	cǎijí	v.	coletar; reunir; juntar; recolher
324	采矿	cǎi // kuàng	v.	minerar; escavar
325	彩电	cǎidiàn	s.	televisão colorida
326	彩虹	cǎihóng	s.	arco-íris
327	彩霞	cǎixiá	s.	nuvens rosadas; cores rosadas do pôr do sol
328	菜市场	càishìchǎng	s.	mercado de gêneros alimentícios
329	参见	cānjiàn	v.	prestar homenagem ou respeito a (um superior etc.)
330	参军	cān // jūn	v.	ingressar no exército; alistar-se nas forças armadas

Nº	VOCÁBULO	PINYIN	CLASSE	TRADUÇÃO
331	参谋	cānmóu	v., s.	<v.> aconselhar; dar conselhos <s.> consultor; conselheiro
332	参照	cānzhào	v.	consultar; referir-se a; seguir
333	餐桌	cānzhuō	s.	mesa de jantar; mesa para refeições
334	残	cán	v.	danificar; ferir; torturar; perseguir
335	残留	cánliú	v.	restar; permanecer
336	残缺	cánquē	v.	1. estar incompleto; fragmentado; quebrado; falho 2. estar faltando
337	残忍	cánrěn	adj.	cruel; implacável; sanguinário; desumano
338	惭愧	cánkuì	adj.	envergonhado; constrangido
339	惨白	cǎnbái	adj.	1. triste; sombrio; sem graça (paisagem) 2. muito pálido; esbranquiçado (rosto)
340	惨痛	cǎntòng	adj.	muito doloroso; insuportável; amargo
341	惨重	cǎnzhòng	adj.	pesado; catastrófico; desastroso; calamitoso
342	灿烂	cànlàn	adj.	brilhante; esplêndido; resplandecente
343	苍蝇	cāngying	s.	mosca
344	沧桑	cāngsāng	s.	grandes mudanças; altos e baixos; vicissitudes da vida
345	舱	cāng	s.	cabine (de um avião ou navio)
346	藏匿	cángnì	v.	esconder-se; ocultar-se; ficar escondido
347	藏品	cángpǐn	s.	objeto de valor; artigo colecionado
348	藏身	cángshēn	v.	esconder-se; ficar fora de vista
349	操控	cāokòng	v.	controlar; manipular
350	操劳	cāoláo	v.	1. trabalhar muito; ser trabalhador 2. atender a; cuidar de
351	操心	cāo // xīn	v.	preocupar-se; estar ansioso; estar preocupado; dar-se ao trabalho; ter cuidado
352	槽	cáo	s.	1. manjedoura, comedor (de água, ração animal, vinho, tanque) 2. canal; vala; trincheira 3. sulco; junta em trabalho de madeira
353	草案	cǎo'àn	s.	esboço; rascunho (de projeto, lei etc.); protocolo (de tratado etc.)
354	草坪	cǎopíng	s.	gramado; relvado; campo de grama

№	VOCÁBULO	PINYIN	CLASSE	TRADUÇÃO
355	侧面	cèmiàn	s.	lateral; flanco; perfil
356	侧重	cèzhòng	v.	dar ênfase; dar destaque; dar importância a um aspecto específico
357	测算	cèsuàn	v.	medir e calcular
358	测验	cèyàn	v., s.	<v.> testar; avaliar <s.> teste; avaliação
359	层出不穷	céngchū-bùqióng		surgir incessantemente
360	蹭	cèng	v.	1. esfregar; raspar; arranhar 2. sujar ao encostar sem querer 3. usufruir sem pagar; pedir de graça; filar 4. mover-se devagar; arrastar os pés 5. fazer hora; protelar
361	差错	chācuò	s.	1. erro; engano; equívoco; lapso 2. falha; deslize
362	差额	chā'é	s.	diferença; saldo; margem
363	插手	chā // shǒu	v.	1. ajudar; dar uma mãozinha 2. envolver-se; participar 3. intrometer-se; meter o nariz
364	插图	chātú	s.	ilustração; figura
365	插嘴	chā // zuǐ	v.	interromper; intervir em uma conversa; meter-se na conversa; intrometer-se
366	茶道	chádào	s.	cerimônia do chá
367	茶馆儿	cháguǎnr	s.	casa de chá
368	查处	cháchǔ	v.	investigar e punir
369	查明	cháming	v.	descobrir; averiguar; apurar; esclarecer
370	查找	cházhǎo	v.	procurar; buscar; pesquisar
371	察觉	chájué	v.	estar ciente de; perceber; notar; observar
372	察看	chákàn	v.	observar; inspecionar; examinar; ver com cuidado
373	诧异	chàyì	adj.	surpreso; assombrado; perplexo
374	掺	chān	v.	misturar; adulterar
375	搀	chān	v.	sustentar alguém com a mão; ajudar alguém pelo braço
376	馋	chán	adj., v.	<adj.> 1. guloso; esfomeado; ávido 2. cobiçoso; invejoso; ansioso por <v.> 1. ser guloso 2. ter apetite por; desejar ansiosamente
377	禅杖	chánzhàng	s.	bastão de monge budista

序号 N°	词语 VOCÁBULO	拼音 PINYIN	词性 CLASSE	译文 TRADUÇÃO
378	缠	chán	v.	1. enrolar; embrulhar 2. importunar; assediar 3. lidar com; enfrentar
379	产	chǎn	v.	1. dar à luz; parir 2. fabricar; render 3. construir; criar; fabricar
380	产地	chǎndì	s.	local de produção; área produtora
381	产物	chǎnwù	s.	produto; resultado; efeito; consequência
382	产值	chǎnzhí	s.	valor de produção
383	铲	chǎn	v.	levantar ou mover com uma pá
384	铲子	chǎnzi	s.	pá
385	阐述	chǎnshù	v.	explicar; apresentar
386	颤抖	chàndǒu	v.	tremer; estremecer; agitar; oscilar; vibrar; arrepiar
387	猖狂	chāngkuáng	adj.	furioso; selvagem; desenfreado
388	长达	cháng dá		tão longo como; ter o comprimento de
389	长期以来	chángqī yǐlái		por muito tempo; há muito tempo
390	长效	chángxiào	s., adj.	<s.> efeito duradouro <adj.> de longa duração
391	长征	chángzhēng	s.	Longa Marcha (importante marcha militar do Exército Vermelho realizada entre 1934 e 1936 por onze províncias, cobrindo uma distância total de 12.500 km)
392	长足	chángzú	adj.	rápido
393	常理	chánglǐ	s.	regra geral; senso comum; raciocínio lógico
394	常人	chángrén	s.	pessoa comum; povo
395	常态	chángtài	s.	normalidade; condições normais; estado normal
396	常温	chángwēn	s.	1. temperatura atmosférica normal 2. homeotermia
397	偿还	chánghuán	v.	pagar de volta; reembolsar
398	嫦娥	Cháng'é	s.	1. Deusa da Lua (na mitologia chinesa, a mulher que tomou o elixir da imortalidade e voou para a Lua, onde se isolou para sempre) 2. beldade
399	厂家	chǎngjiā	s.	fábrica; fabricante; usina
400	敞开	chǎngkāi	v.	abrir largamente

Nº	VOCÁBULO	PINYIN	CLASSE	TRADUÇÃO
401	畅谈	chàngtán	v.	abrir-se; falar livremente e à vontade
402	畅销	chàngxiāo	v.	vender bem; ter boa saída; ter um mercado pronto; estar em grande demanda
403	倡议	chàngyì	v., s.	<v.> fazer uma proposta; propor <s.> primeira proposta; iniciativa
404	抄袭	chāoxí	v.	1. plagiar; copiar 2. contornar e atacar por trás; lançar um ataque surpresa ao inimigo fazendo um desvio; atacar a retaguarda ou os flancos do exército inimigo
405	钞票	chāopiào	s.	nota; cédula (de dinheiro)
406	超标	chāo // biāo	v.	exceder o padrão estabelecido
407	超车	chāo // chē	v.	ultrapassar; passar (um carro, caminhão etc.)
408	超前	chāoqián	adj., v.	<adj.> avançado <v.> 1. estar à frente do tempo 2. superar os antecessores
409	超速	chāosù	v.	exceder o limite de velocidade
410	朝代	cháodài	s.	dinastia; sequência de soberanos da mesma família
411	朝着	cháozhe		em direção a; em frente a; voltado para
412	嘲弄	cháonòng	v.	zombar; ridicularizar; caçoar
413	嘲笑	cháoxiào	v.	rir de; ridicularizar; caçoar
414	吵嘴	chǎo // zuǐ	v.	brigar; discutir; ter uma briga verbal
415	车道	chēdào	s.	faixa de tráfego; pista de rolamento
416	车祸	chēhuò	s.	acidente de trânsito; acidente de carro
417	车间	chējiān	s.	oficina; fábrica; setor de produção
418	车轮	chēlún	s.	roda de um veículo
419	车速	chēsù	s.	velocidade do veículo; velocidade do motor
420	车位	chēwèi	s.	vaga de estacionamento
421	车厢	chēxiāng	s.	1. vagão de trem 2. compartimento para cargas de um veículo
422	车型	chēxíng	s.	modelo de carro; tipo de motocicleta
423	车轴	chēzhóu	s.	eixo de um veículo
424	扯	chě	v.	1. puxar; arrastar 2. rasgar; desfazer 3. conversar; fofocar; falar bobagem

№ VOCÁBULO	PINYIN	CLASSE	TRADUÇÃO
425 彻夜	chèyè	*adv.*	a noite toda; desde o pôr do sol até o amanhecer
426 撤	chè	*v.*	1. remover; retirar; transferir; desocupar 2. retirar-se; recuar 3. reduzir (o odor, o peso etc.)
427 撤换	chèhuàn	*v.*	retirar e substituir; trocar; mudar
428 沉甸甸	chéndiàndiàn	*adj.*	pesado; maciço; volumoso
429 沉淀	chéndiàn	*v., s.*	<v.> 1. precipitar; depositar; sedimentar; decantar 2. acumular <s.> sedimento; depósito; borras
430 沉浸	chénjìn	*v.*	imerso; submerso; mergulhado; envolvido; absorto
431 沉闷	chénmèn	*adj.*	1. monótono; sombrio; deprimente (clima) 2. depressivo; apático; baixo astral (estado de espírito) 3. reservado; introvertido; recatado (personalidade)
432 沉迷	chénmí	*v.*	entregar-se a algo; viciar-se em algo; obcecar-se com algo
433 沉思	chénsī	*v.*	pensar profundamente; meditar; refletir
434 沉稳	chénwěn	*adj.*	estável; tranquilo; sereno; calmo
435 沉着	chénzhuó	*adj.*	calmo; sereno; imperturbável; equilibrado
436 陈旧	chénjiù	*adj.*	antiquado; obsoleto; ultrapassado
437 陈列	chénliè	*v.*	colocar em exposição; apresentar
438 陈述	chénshù	*v.*	declarar; explicar; narrar; representar; alegar
439 衬托	chèntuō	*v.*	destacar; fornecer um pano de fundo; servir de contraste
440 趁	chèn	*prep.*	aproveitando; valendo-se de
441 趁机	chènjī	*adv.*	aproveitar uma oportunidade
442 趁早	chènzǎo	*adv.*	o mais cedo possível; antes que seja tarde demais; enquanto ainda há tempo
443 趁着	chènzhe	*v.*	aproveitar
444 称呼	chēnghu	*v., s.*	<v.> chamar; dirigir-se a <s.> forma de tratamento
445 称作	chēngzuò		ser chamado
446 成才	chéngcái	*v.*	tornar-se alguém na vida

Nº	VOCÁBULO	PINYIN	CLASSE	TRADUÇÃO
447	成家	chéng // jiā	v.	1. (homem) casar-se; formar uma família própria 2. tornar-se um especialista reconhecido; tornar-se uma autoridade
448	成年	chéngnián	v.	crescer; tornar-se adulto; atingir a maioridade
449	成年	chéngnián	adv.	o ano todo; durante todo o ano
450	成千上万	chéngqiān-shàngwàn		milhares e milhares; dezenas de milhares
451	成群结队	chéngqún-jiéduì		em bandos ou multidões; em grandes números
452	成天	chéngtiān	adv.	o dia inteiro
453	成问题	chéngwèntí	v.	ser um problema; estar aberto a questionamento
454	成型	chéngxíng	v.	adquirir a forma desejada; estar em forma acabada (peças, produtos etc.)
455	呈现	chéngxiàn	v.	apresentar; assumir; aparecer; emergir; tomar forma
456	诚恳	chéngkěn	adj.	sincero; genuíno
457	诚心诚意	chéngxīn-chéngyì	s., adj.	<s.> sinceridade; desejo sincero; honestidade; probidade <adj.> sincero e honesto
458	诚意	chéngyì	s.	sinceridade; boa-fé
459	诚挚	chéngzhì	adj.	cordial; sincero; honesto; verdadeiro; genuíno
460	承包	chéngbāo	v.	fazer um contrato; assumir um contrato
461	承载	chéngzài	v.	suportar o peso (de algo)
462	城墙	chéngqiáng	s.	muralha da cidade
463	乘人之危	chéngrénzhīwēi		aproveitar a situação desfavorável de alguém
464	盛	chéng	v.	1. colocar em um recipiente 2. encher 3. segurar; conter; acomodar; comportar
465	惩处	chéngchǔ	v.	penalizar; punir; disciplinar
466	惩罚	chéngfá	v., s.	<v.> punir; penalizar; castigar; disciplinar; impor uma punição (a alguém); infligir uma penalidade (a alguém) <s.> punição

Nº	VOCÁBULO	PINYIN	CLASSE	TRADUÇÃO
467	澄清	chéngqīng	v., adj.	<v.> 1. purificar; purgar 2. esclarecer; elucidar; lançar luz sobre; deixar claro <adj.> claro; transparente; límpido
468	橙汁	chéngzhī	s.	suco de laranja
469	逞能	chěng // néng	v.	exibir, demonstrar, vangloriar-se de habilidade ou capacidade
470	逞强	chěng // qiáng	v.	mostrar, ostentar, demonstrar superioridade e força
471	秤	chèng	s.	balança
472	吃不上	chī bushàng	v.	1. não conseguir algo para comer; não ter o suficiente para comer 2. perder uma refeição
473	吃喝玩乐	chī-hē-wán-lè		comer, beber e buscar prazer sem limites; divertir-se com festas e todo tipo de entretenimento
474	吃苦	chī // kǔ	v.	enfrentar dificuldades
475	吃亏	chī // kuī	v.	1. sofrer perdas; sofrer um revés 2. estar em desvantagem; estar em uma situação desfavorável
476	痴呆	chīdāi	adj.	1. estúpido; aborrecido; lento; tolo; idiota; imbecil 2. insano; mentalmente perturbado
477	痴迷	chīmí	v.	estar obcecado; estar fascinado
478	痴心	chīxīn	s.	obsessão; paixão
479	池塘	chítáng	s.	lagoa; piscina; tanque
480	驰名	chímíng	v.	ser conhecido e famoso; ser amplamente reconhecido, renomado
481	迟迟	chíchí	adv.	devagar; com atraso
482	迟疑	chíyí	adj.	hesitante
483	迟早	chízǎo	adv.	mais cedo ou mais tarde; em algum momento
484	持	chí	v.	1. segurar; agarrar; ter algo na mão 2. manter; segurar; abrigar 3. estar encarregado de; gerir; executar; cuidar de 4. apoiar; manter 5. opor-se; estar em um impasse 6. controlar; dominar
485	持久	chíjiǔ	adj.	duradouro; persistente; prolongado; sustentado

七—九级词汇表

序号 Nº	词语 VOCÁBULO	拼音 PINYIN	词性 CLASSE	译文 TRADUÇÃO
486	持之以恒	chízhī-yǐhéng		perseverar; persistir; fazer esforços incessantes
487	尺度	chǐdù	s.	padrão; medida; escala
488	耻辱	chǐrǔ	s.	vergonha; desgraça; humilhação
489	耻笑	chǐxiào	v.	ridicularizar; zombar; caçoar
490	赤字	chìzì	s.	déficit; prejuízo; perda
491	翅膀	chìbǎng	s.	asa
492	冲刺	chōngcì	v.	1. acelerar; dar uma arrancada final 2. fazer um esforço na reta final
493	冲浪	chōnglàng	v.	surfar
494	冲洗	chōngxǐ	v.	1. enxaguar; lavar; esfregar 2. revelar (filme)
495	冲撞	chōngzhuàng	v.	1. colidir; bater; chocar 2. ofender 3. atacar; investir contra
496	充	chōng	v.	1. encher; abastecer 2. compensar uma deficiência 3. servir, atuar como 4. fazer-se passar por; posar como
497	充当	chōngdāng	v.	servir como; desempenhar o papel de
498	充沛	chōngpèi	adj.	abundante; repleto; cheio; completo; rico
499	充实	chōngshí	adj., v.	<adj.> farto; rico; substancial <v.> enriquecer; reabastecer; fortalecer; reforçar
500	重播	chóngbō	v.	1. retransmitir; repetir (um programa); reprisar 2. voltar a semear
501	重叠	chóngdié	v.	repetir; duplicar (o som de uma palavra)
502	重返	chóngfǎn	v.	retornar; voltar; regressar
503	重合	chónghé	v.	coincidir (matemática)
504	重申	chóngshēn	v.	reafirmar; reiterar
505	重现	chóngxiàn	v.	reaparecer; recorrer; reproduzir
506	崇高	chónggāo	adj.	elevado; sublime; alto; nobre
507	崇尚	chóngshàng	v.	defender; respeitar; enaltecer
508	宠	chǒng	v.	mimar (uma criança); conceder favores; paparicar
509	宠爱	chǒng'ài	v.	mimar; proteger; favorecer
510	抽签	chōu // qiān	v.	sortear; tirar na sorte

Nº	VOCÁBULO	PINYIN	CLASSE	TRADUÇÃO
511	抽屉	chōuti	s.	gaveta
512	抽象	chōuxiàng	adj.	abstrato
513	仇	chóu	s.	1. inimigo; adversário 2. ódio; inimizade; animosidade
514	仇恨	chóuhèn	v., s.	<v.> odiar <s.> ódio; hostilidade; animosidade; rancor
515	仇人	chóurén	s.	inimigo pessoal; adversário
516	稠	chóu	adj.	denso
517	稠密	chóumì	adj.	espesso; denso
518	愁眉苦脸	chóuméi-kǔliǎn		cara fechada; ar de preocupação
519	筹	chóu	v.	preparar; planejar
520	筹办	chóubàn	v.	fazer os preparativos para; planejar
521	筹备	chóubèi	v.	preparar; planejar
522	筹措	chóucuò	v.	arrecadar; levantar (recursos)
523	筹划	chóuhuà	v., s.	<v.> 1. planejar e preparar 2. levantar (recursos) <s.> plano
524	筹集	chóují	v.	reunir; coletar; juntar (dinheiro)
525	筹码	chóumǎ	s.	1. moeda; ficha (de jogos de azar) 2. trunfo; vantagem
526	丑恶	chǒu'è	adj.	feio; repugnante; detestável
527	丑陋	chǒulòu	adj.	feio; grotesco
528	丑闻	chǒuwén	s.	escândalo
529	瞅	chǒu	v.	olhar para
530	出版社	chūbǎnshè	s.	editora
531	出厂	chū // chǎng	v.	ser enviado da fábrica; sair da fábrica
532	出丑	chū // chǒu	v.	fazer papel de bobo; passar vergonha
533	出道	chū // dào	v.	fazer sua estreia; começar a carreira
534	出发点	chūfādiǎn	s.	ponto de partida de uma viagem, de uma discussão etc.
535	出风头	chū fēngtou		exibir-se; chamar atenção para si mesmo; roubar a cena
536	出境	chū // jìng	v.	sair do país ou da região; emigrar

序号 N°	词语 VOCÁBULO	拼音 PINYIN	词性 CLASSE	译文 TRADUÇÃO
537	出局	chū // jú	v.	ser eliminado (de um jogo, grupo, eleição etc.)
538	出具	chūjù	v.	fornecer; emitir (um documento)
539	出口成章	chūkǒu-chéngzhāng		falar com habilidade, clareza e eloquência
540	出卖	chūmài	v.	1. oferecer para venda; vender 2. trair; passar a perna em alguém
541	出毛病	chū máo·bìng		ir mal; dar defeito; quebrar
542	出难题	chū nántí		apresentar um desafio; ser um problema difícil
543	出人意料	chūrényìliào		superar as expectativas; surpreender
544	出任	chūrèn	v.	assumir um cargo ou posição; ser nomeado para um cargo
545	出山	chū // shān	v.	assumir um cargo oficial
546	出身	chūshēn	v., s.	<v.> nascer em (uma determinada família); ser descendente de; ter determinadas origens <s.> 1. origem familiar, profissional ou de classe 2. primeira nomeação na carreira
547	出示	chūshì	v.	1. mostrar; exibir 2. colocar um aviso
548	出手	chū // shǒu	v., s.	<v.> 1. vender; desfazer-se de bens 2. distribuir 3. gastar dinheiro 4. chegar às vias de fato <s.> 1. comprimento da manga 2. habilidade demonstrada ao iniciar uma empreitada
549	出头	chū // tóu	v., suf.	<v.> 1. libertar-se (de miséria, perseguição etc.) 2. ficar exposto; aflorar (do topo de algo) 3. aparecer em público; destacar-se <suf.> e poucos (após um número redondo)
550	出土	chū // tǔ	v.	1. ser desenterrado; ser descoberto 2. sair de baixo da terra
551	出息	chūxi	s.	1. perspectiva; futuro brilhante; promessa 2. lucro; ganhos; retorno
552	出血	chū // xiě	v.	gastar dinheiro
553	出演	chūyǎn	v.	1. atuar; fazer uma apresentação 2. fazer o papel de
554	出洋相	chū yángxiàng		fazer papel ridículo; pagar mico

Nº	VOCÁBULO	PINYIN	CLASSE	TRADUÇÃO
555	出游	chūyóu	v.	sair para um passeio turístico; fazer uma excursão
556	出众	chūzhòng	adj.	excepcional; fora do comum; destacado
557	出主意	chū zhǔyi		dar sugestões; fazer propostas; ter uma ideia
558	出资	chūzī	v.	fornecer recursos; investir dinheiro
559	出自	chūzì	v.	originar-se de; tem origem em; ser de autoria de
560	出走	chūzǒu	v.	deixar sua casa ou país por necessidade; fugir
561	初次	chūcì	s.	primeira vez
562	初衷	chūzhōng	s.	desejo ou intenção original
563	除此之外	chúcǐzhīwài		além disso; em todos os outros aspectos
564	除去	chúqù	v., prep.	<v.> eliminar; remover <prep.> exceto; além de
565	除外	chúwài	v.	excluir; não incluir
566	处方	chǔfāng	v., s.	<v.> escrever uma receita médica; prescrever <s.> prescrição
567	处境	chǔjìng	s.	situação (geralmente desfavorável)
568	处置	chǔzhì	v.	1. lidar com; gerenciar 2. punir
569	储备	chǔbèi	v., s.	<v.> armazenar para uso futuro; estocar <s.> estoque; reserva
570	储蓄	chǔxù	v., s.	<v.> poupar; depositar <s.> poupança; depósito
571	触动	chùdòng	v.	1. tocar algo e movê-lo ligeiramente 2. afetar; ofender; violar 3. mexer nas emoções; comover
572	触犯	chùfàn	v.	ofender; violar; ir contra
573	触觉	chùjué	s.	sensação tátil; sensação de toque
574	触摸	chùmō	v.	tocar; sentir; acariciar
575	触目惊心	chùmù-jīngxīn		chocante; aterrorizante
576	揣	chuāi	v.	1. esconder algo nas roupas 2. estar prenha; estar com filhotes (animais domésticos)
577	揣测	chuǎicè	v.	adivinhar; conjecturar; especular

序号 No	词语 VOCÁBULO	拼音 PINYIN	词性 CLASSE	译文 TRADUÇÃO
578	揣摩	chuǎimó	v.	tentar compreender; refletir; ponderar; pensar
579	踹	chuài	v.	1. chutar 2. pisar; pisotear
580	川流不息	chuānliú-bùxī		fluir em um fluxo contínuo; sem parar; sem fim
581	穿过	chuānguò	v.	atravessar
582	穿小鞋	chuān xiǎoxié		dificultar a vida de alguém com seu poder; causar problemas a alguém
583	穿越	chuānyuè	v.	cruzar; passar por; atravessar
584	穿着	chuānzhuó	s.	roupa; vestimenta
585	传承	chuánchéng	v.	transmitir e preservar (tradições); herdar e manter
586	传奇	chuánqí	s.	1. contos das dinastias Tang e Song (618-1279), com enredos fantásticos escritos em chinês clássico 2. dramas poéticos longos das dinastias Ming e Qing (1368-1911), geralmente compostos por 20 a 50 peças dramáticas 3. lendas; romances
587	传染	chuánrǎn	v.	infectar; ser contagioso
588	传染病	chuánrǎnbìng	s.	doença contagiosa
589	传人	chuánrén	s.	sucessor; herdeiro; discípulo
590	传授	chuánshòu	v.	passar (conhecimento, habilidade etc.); transmitir; ensinar
591	传闻	chuánwén	v., s.	<v.> reza a lenda; corre o boato <s.> rumores; boatos
592	船舶	chuánbó	s.	navios; embarcações
593	船桨	chuánjiǎng	s.	remo
594	喘	chuǎn	v.	respirar com dificuldade; ofegar
595	喘息	chuǎnxī	v.	respirar ofegantemente; respirar com dificuldade
596	串门	chuàn // mén	v.	fazer uma visita; passar na casa de alguém; dar um pulo na casa de alguém
597	创伤	chuāngshāng	s.	ferida; corte; traumatismo
598	床位	chuángwèi	s.	leito; cama (em um navio ou trem)
599	创	chuàng	v.	iniciar; realizar (algo pela primeira vez); criar; estabelecer

Nº	VOCÁBULO	PINYIN	CLASSE	TRADUÇÃO
600	创始人	chuàngshǐrén	s.	fundador; iniciador; originador; pioneiro
601	吹了	chuī le		falhar; não funcionar; desmoronar; fracassar
602	吹牛	chuī // niú	v.	gabar-se; ser orgulhoso e arrogante
603	吹捧	chuīpěng	v.	lisonjear; adular; exaltar; louvar alguém excessivamente
604	垂	chuí	v.	1. ficar caído; pendurado; pender 2. gotejar; escorrer (lágrimas etc.); babar 3. deixar um nome na história; legar para a posteridade 4. (os mais velhos) condescender
605	垂头丧气	chuítóu-sàngqì		estar desanimado; estar abatido
606	捶	chuí	v.	bater (com um bastão ou punho); bater; socar
607	锤子	chuízi	s.	martelo
608	纯粹	chúncuì	adj.	puro; sem adulteração; genuíno
609	纯洁	chúnjié	adj., v.	<adj.> inocente; puro; limpo; sincero e fiel <v.> purificar
610	纯朴	chúnpǔ	adj.	honesto; modesto; simples
611	醇厚	chúnhòu	adj.	rico; encorpado
612	蠢	chǔn	adj.	1. estúpido; tolo; burro 2. desajeitado; desastrado; pouco hábil
613	戳	chuō	v., s.	<v.> 1. cutucar; espetar; perfurar 2. causar uma torção; ficar embotado 3. ficar de pé; erigir <s.> selo
614	绰号	chuòhào	s.	apelido; alcunha
615	瓷	cí	s.	porcelana; cerâmica
616	瓷器	cíqì	s.	porcelana; cerâmica
617	辞	cí	v.	1. renunciar (ao cargo); demitir-se; demitir
618	辞呈	cíchéng	s.	carta de renúncia
619	辞去	cíqù	v.	renunciar; deixar; desistir
620	辞退	cítuì	v.	1. dispensar (alguém do trabalho); demitir; despedir 2. recusar educadamente
621	慈善	císhàn	adj.	caridoso; benevolente; filantrópico
622	慈祥	cíxiáng	adj.	amável; benigno; gentil
623	磁带	cídài	s.	fita magnética

Nº	VOCÁBULO	PINYIN	CLASSE	TRADUÇÃO
624	磁卡	cíkǎ	s.	cartão magnético
625	磁盘	cípán	s.	disco magnético
626	此起彼伏	cǐqǐ-bǐfú		ocorrer em sucessão; um após o outro; continuamente
627	次日	cìrì		no dia seguinte
628	伺候	cìhou	v.	servir; atender; cuidar de
629	刺耳	cì'ěr	adj.	estridente; irritante; desagradável aos ouvidos
630	刺骨	cìgǔ	v.	penetrar nos ossos; cortante; gélido
631	刺绣	cìxiù	v., s.	<v.> bordar <s.> bordado
632	赐	cì	v.	conceder; dar; oferecer; conceder um favor
633	赐教	cìjiào	v.	condescender em ensinar; dar conselhos ou instruções
634	匆匆	cōngcōng	adj.	rapidamente; às pressas; apressadamente
635	匆忙	cōngmáng	adj.	apressado; com pressa; às pressas
636	葱	cōng	s.	cebolinha
637	从今以后	cóng jīn yǐhòu		de agora em diante
638	从来不	cónglái bù		nunca
639	从容	cóngróng	adj.	1. calmo; sereno; tranquilo 2. abundante; suficiente
640	从容不迫	cóngróng-búpò		calmo; sem pressa; tranquilo
641	从头	cóngtóu	adv.	1. do início; desde o começo 2. de novo; outra vez
642	从未	cóngwèi	adv.	nunca; em nenhum momento no passado
643	从业	cóngyè	v.	trabalhar em uma determinada área; empregar-se em um negócio
644	从早到晚	cóngzǎo-dàowǎn		do amanhecer ao anoitecer; o dia inteiro
645	丛林	cónglín	s.	1. selva; floresta densa 2. mosteiro budista; templo taoísta
646	凑	còu	v.	1. juntar; reunir; colecionar 2. aproximar-se, juntar-se a 3. acontecer por acaso; aproveitar
647	凑合	còuhe	v.	1. juntar; reunir; colecionar 2. juntar; montar; remendar 3. quebrar o galho; aceitar algo não satisfatório

Nº	VOCÁBULO	PINYIN	CLASSE	TRADUÇÃO
648	凑巧	còuqiǎo	*adj.*	por coincidência; acaso
649	粗暴	cūbào	*adj.*	rude; grosseiro; violento
650	粗糙	cūcāo	*adj.*	1. áspero; rugoso; grosseiro 2. de baixa qualidade; de mau acabamento
651	粗鲁	cū·lǔ	*adj.*	bruto; grosseiro; rude
652	粗略	cūlüè	*adj.*	aproximado; não preciso
653	粗心大意	cūxīn-dàyì		descuidado; negligente; desleixado
654	促成	cùchéng	*v.*	1. contribuir para; ajudar a realizar; ajudar a concretizar 2. forçar
655	簇拥	cùyōng	*v.*	amontoar-se; juntar-se em grupo; aglomerar-se
656	窜	cuàn	*v.*	1. fugir; escapar; esquivar-se (bandidos, inimigos, animais etc.) 2. exilar; expulsar 3. fazer alterações na redação
657	催	cuī	*v.*	1. pressionar; apressar 2. acelerar; agilizar
658	催促	cuīcù	*v.*	pressionar; apressar; incentivar
659	催眠	cuīmián	*v.*	hipnotizar
660	摧毁	cuīhuǐ	*v.*	destruir; demolir; arruinar
661	脆弱	cuìruò	*adj.*	frágil; vulnerável; delicado
662	翠绿	cuìlǜ	*adj.*	verde-esmeralda; verde brilhante
663	存放	cúnfàng	*v.*	1. deixar sob a guarda de alguém; armazenar; guardar 2. depositar, guardar (dinheiro)
664	存心	cúnxīn	*v., adv.*	<v.> ter intenções; ter um plano <adv.> intencionalmente; deliberadamente; conscientemente; de propósito
665	存折	cúnzhé	*s.*	caderneta em que se registram as transações na conta bancária; caderneta bancária
666	搓	cuō	*v.*	friccionar; esfregar; torcer
667	磋商	cuōshāng	*v.*	discutir e negociar; trocar opiniões
668	挫折	cuòzhé	*v., s.*	<v.> frustrar; atrapalhar; derrotar <s.> obstáculo; revés; fracasso
669	措手不及	cuòshǒu-bùjí		estar despreparado; ser pego de surpresa
670	错别字	cuòbiézì	*s.*	erro ortográfico; erro de digitação

Nº	VOCÁBULO	PINYIN	CLASSE	TRADUÇÃO
671	错觉	cuòjué	s.	ilusão; percepção errônea
672	错位	cuò // wèi	v.	deslocar; virar de cabeça para baixo
673	错综复杂	cuòzōng-fùzá		complicado; intrincado; cheio de ramificações
674	搭乘	dāchéng	v.	embarcar; pegar um meio de transporte
675	搭建	dājiàn	v.	construir; montar; erguer (uma organização, empresa etc.)
676	达标	dábiāo	v.	estar em conformidade com o padrão; estar dentro do limite aceitável
677	答辩	dábiàn	v.	1. responder a uma acusação; dar uma resposta formal 2. defender um trabalho acadêmico
678	打岔	dǎ // chà	v.	interromper; intrometer-se
679	打倒	dǎ // dǎo	v.	1. derrubar; fazer cair 2. derrubar (um governo)
680	打盹儿	dǎ // dǔnr	v.	cochilar; tirar uma soneca
681	打交道	dǎ jiāodao		lidar com; negociar; interagir
682	打搅	dǎjiǎo	v.	1. incomodar; perturbar 2. desculpe ter incomodado! (na despedida, em agradecimento à hospitalidade)
683	打捞	dǎlāo	v.	resgatar; recuperar do fundo do mar ou rio
684	打量	dǎliang	v.	1. avaliar; olhar de cima a baixo; examinar; medir 2. pensar; supor
685	打猎	dǎ // liè	v.	caçar; perseguir animais
686	打磨	dǎmó	v.	polir; esfregar; lixar
687	打通	dǎ // tōng	v.	1. conectar; estabelecer uma conexão; abrir um caminho 2. completar uma chamada 3. passar por uma barreira
688	打仗	dǎ // zhàng	v.	lutar; travar uma batalha
689	打招呼	dǎ zhāohu		1. cumprimentar; dar oi; saudar 2. dar um aviso de antemão; lembrar
690	大包大揽	dàbāo-dàlǎn		assumir muitas responsabilidades; tomar conta de muitas coisas
691	大笔	dàbǐ	s.	uma grande quantia (dinheiro)
692	大臣	dàchén	s.	ministro; conselheiro

Nº	VOCÁBULO	PINYIN	CLASSE	TRADUÇÃO
693	大吃一惊	dàchī-yìjīng		ficar chocado; ficar surpreso
694	大大咧咧	dàdaliēliē	adj.	despreocupado; relaxado; sem cerimônia
695	大地	dàdì	s.	terra; solo; planeta
696	大队	dàduì	s.	equipe; esquadrão
697	大幅度	dà fúdù		uma grande margem; significativamente
698	大公无私	dàgōng-wúsī		justo; imparcial; sem interesse próprio
699	大家庭	dàjiātíng	s.	família grande, extensa; grupo grande de pessoas
700	大街小巷	dàjiē-xiǎoxiàng		em todos os lugares; em todo lugar
701	大惊小怪	dàjīng-xiǎoguài		exagerar; fazer um alarde de algo pequeno ou trivial
702	大局	dàjú	s.	situação geral; panorama; visão geral
703	大款	dàkuǎn	s.	magnata; pessoa rica e poderosa
704	大面积	dà miànjī		extenso; amplo; de grande área
705	大名鼎鼎	dàmíng-dǐngdǐng		famoso; renomado; de grande reputação
706	大模大样	dàmú-dàyàng		pomposo; pretensioso; exagerado
707	大棚	dàpéng	s.	estufa; casa de vegetação
708	大片	dàpiàn	s.	blockbuster; sucesso de bilheteria
709	大气	dàqì	s.	imponente; grandioso; majestoso
710	大厦	dàshà	s.	arranha-céu; edifício alto
711	大数据	dàshùjù	s.	big data; termo utilizado para descrever conjuntos de dados extremamente grandes e complexos
712	大肆	dàsì	adv.	descaradamente; sem reservas; sem moderação
713	大体	dàtǐ	adv.	geralmente; mais ou menos; em geral
714	大体上	dàtǐ shang		em geral; em linhas gerais; em termos gerais
715	大同小异	dàtóng-xiǎoyì		há mais semelhanças que diferenças; semelhante; quase o mesmo
716	大腕儿	dàwànr	s.	grande figura; pessoa importante e influente
717	大选	dàxuǎn	v.	eleição geral; votação
718	大雁	dàyàn	s.	ganso selvagem

序号 Nº	词语 VOCÁBULO	拼音 PINYIN	词性 CLASSE	译文 TRADUÇÃO
719	大意	dàyì	s.	significado geral; ideia principal; resumo
720	大意	dàyi	adj.	descuidado; negligente; desatento
721	大有可为	dàyǒu-kěwéi		promissor; ter grandes possibilidades
722	大宗	dàzōng	adj., s.	<adj.> principal; importante <s.> grande quantidade
723	歹徒	dǎitú	s.	criminoso; delinquente
724	逮	dǎi	v.	capturar; prender
725	代号	dàihào	s.	código; nome em código
726	代理人	dàilǐrén	s.	agente; representante; procurador
727	代言人	dàiyánrén	s.	porta-voz; representante
728	带队	dàiduì	v.	liderar uma equipe; comandar uma equipe
729	带路	dài // lù	v.	guiar; liderar; mostrar o caminho
730	带头	dài // tóu	v.	liderar; encabeçar; tomar a iniciativa
731	带头人	dàitóurén	s.	líder; chefe; figura principal
732	待	dài	v.	1. tratar; lidar 2. esperar 3. aguardar
733	怠工	dài // gōng	v.	trabalhar lentamente; fazer operação tartaruga
734	怠慢	dàimàn	v.	1. tratar com frieza, indiferença; tratar com negligência 2. peço desculpas por não lhe dar a devida atenção (na despedida, expressão de modéstia dita pelo anfitrião)
735	逮捕	dàibǔ	v.	prender; capturar; deter
736	担	dān	v.	1. levar no ombro 2. assumir; suportar
737	担当	dāndāng	v.	assumir; suportar; responsabilizar-se
738	担负	dānfù	v.	encarregar-se; assumir a responsabilidade
739	单边	dānbiān	adj.	unilateral; de um lado só
740	单薄	dānbó	adj.	fraco; delicado; frágil
741	单方面	dānfāngmiàn	s.	unilateralmente; de um lado só; sem considerar outros pontos de vista
742	单身	dānshēn	s.	solteiro; sem companheiro(a)
743	耽搁	dānge	v.	atrasar; adiar; retardar
744	耽误	dānwu	v.	1. atrasar; retardar; fazer perder tempo 2. perder (o trem, o voo etc.)

Nº	VOCÁBULO	PINYIN	CLASSE	TRADUÇÃO
745	胆怯	dǎnqiè	*adj.*	medroso; tímido; covarde
746	胆子	dǎnzi	*s.*	coragem; ousadia
747	但愿	dànyuàn	*v.*	quem dera
748	担	dàn	*cl.*	dan (unidade de peso equivalente a 50 kg); carga
749	担子	dànzi	*s.*	1. bastão com cargas penduradas de cada lado 2. fardo; carga; responsabilidade
750	诞辰	dànchén	*s.*	aniversário; dia de nascimento
751	淡化	dànhuà	*v.*	1. minimizar; atenuar; diminuir a importância 2. dessalinizar
752	淡季	dànjì	*s.*	baixa temporada; período de menor movimento
753	蛋白质	dànbáizhì	*s.*	1. clara do ovo 2. proteína
754	当即	dāngjí	*adv.*	imediatamente; logo em seguida
755	当今	dāngjīn	*s.*	1. atualmente; nos dias de hoje 2. o imperador reinante
756	当面	dāng // miàn	*v.*	cara a cara; frente a frente; pessoalmente
757	当日	dāngrì	*s.*	no mesmo dia; no dia em questão; naquela data
758	当事人	dāngshìrén	*s.*	parte envolvida; pessoa diretamente relacionada a um caso
759	当务之急	dāngwùzhījí		prioridade; tarefa urgente; questão importante e imediata
760	当下	dāngxià	*adv.*	no momento; imediatamente; neste momento
761	当心	dāngxīn	*v.*	ter cuidado; estar atento; tomar cuidado
762	当着	dāngzhe		diante de; em frente de; na presença de
763	当之无愧	dāngzhīwúkuì		merecidamente; justamente; sem dúvida merecido
764	当众	dāngzhòng	*adv.*	em público; diante de todos; à vista de todos
765	当晚	dàngwǎn	*s.*	naquela noite; na mesma noite
766	当真	dàngzhēn	*v., adv.*	<v.> levar a sério <adv.> com seriedade; de verdade
767	荡漾	dàngyàng	*v.*	ondular; balançar; oscilar

Nº	VOCÁBULO	PINYIN	CLASSE	TRADUÇÃO
768	档次	dàngcì	s.	nível; classe; categoria
769	导弹	dǎodàn	s.	míssil (guiado); projétil
770	导航	dǎoháng	v.	navegar; pilotar
771	导火索	dǎohuǒsuǒ	s.	1. pavio; rastilho 2. causa imediata
772	导师	dǎoshī	s.	orientador; tutor; mentor
773	导向	dǎoxiàng	v., s.	<v.> 1. levar a 2. conduzir; guiar <s.> direcionamento; orientação
774	岛屿	dǎoyǔ	s.	ilha; arquipélago
775	捣乱	dǎo // luàn	v.	causar confusão; criar problemas; bagunçar
776	倒卖	dǎomài	v.	revender; vender por preço mais alto que o de compra
777	倒霉	dǎo // méi	v.	ser azarado; ter azar
778	倒塌	dǎotā	v.	desmoronar; ruir; colapsar
779	倒下	dǎoxia	v.	cair; tombar; desabar
780	到头来	dàotóulái	adv.	no fim das contas; afinal; em última análise
781	到位	dào // wèi	v.	no lugar certo; na posição correta; adequado
782	倒计时	dàojìshí	v.	fazer contagem regressiva
783	倒数	dàoshǔ	v.	contar de trás para a frente
784	盗	dào	v.	roubar; furtar; subtrair
785	盗窃	dàoqiè	v.	furtar; roubar
786	悼念	dàoniàn	v.	lamentar; chorar a morte de alguém; fazer homenagens fúnebres
787	道具	dàojù	s.	adereço; objeto de cena; acessório
788	稻草	dàocǎo	s.	palha; capim seco
789	得不偿失	débùchángshī		não vale a pena; a perda é maior do que o ganho
790	得当	dédàng	adj.	apropriado; adequado; conveniente
791	得力	délì	adj.	1. competente; habilidoso; eficiente 2. forte
792	得失	déshī	s.	1. perdas e ganhos 2. prós e contras
793	得手	déshǒu	adj.	conveniente; fácil de usar
794	得体	détǐ	adj.	apropriado; adequado; elegante

Nº	VOCÁBULO	PINYIN	CLASSE	TRADUÇÃO
795	得天独厚	détiāndúhòu		favorecido pela natureza; ter muitas vantagens
796	得益于	déyì yú		beneficiar-se de; ter vantagem por causa de
797	得意扬扬	déyì-yángyáng		vangloriar-se; exibir-se; estar orgulhoso
798	得知	dézhī	v.	ficar sabendo; tomar conhecimento; ser informado
799	得罪	dézuì	v.	ofender; magoar; provocar
800	德	dé	s.	virtude; ética; moral
801	灯笼	dēnglong	s.	lanterna; luminária
802	灯泡	dēngpào	s.	lâmpada
803	登机	dēngjī	v.	embarcar em um avião; entrar no avião
804	登陆	dēng // lù	v.	1. desembarcar; pousar em terra firme 2. entrar no mercado de uma região
805	蹬	dēng	v.	1. pisar; apertar com o pé 2. calçar 3. dar um fora em alguém
806	凳子	dèngzi	s.	cadeira; banco
807	瞪	dèng	v.	1. abrir bem os olhos 2. olhar fixamente; encarar; fitar
808	低调	dīdiào	s., adj.	<s.> tom ou voz grave <adj.> discreto; comedido; reservado
809	低估	dīgū	v.	subestimar; menosprezar; julgar com pouco valor
810	低谷	dīgǔ	s.	1. vale baixo, profundo 2. ponto baixo; momento difícil; crise
811	低价	dījià	s.	preço baixo
812	低迷	dīmí	adj.	1. vago; indistinto; turvo 2. deprimido; moroso
813	低碳	dītàn	adj.	de baixa emissão de carbono; ambientalmente sustentável
814	低下	dīxià	adj.	1. mais baixo que o padrão 2. vulgar
815	堤	dī	s.	dique; aterro
816	堤坝	dībà	s.	barragem; dique
817	提防	dīfang	v.	prevenir; estar em guarda; tomar precauções contra
818	笛子	dízi	s.	flauta de bambu

Nº	VOCÁBULO	PINYIN	CLASSE	TRADUÇÃO
819	抵触	dǐchù	v.	estar em conflito; opor-se; entrar em choque
820	抵挡	dǐdǎng	v.	resistir; opor-se; enfrentar
821	抵消	dǐxiāo	v.	neutralizar; anular; compensar
822	抵押	dǐyā	v.	hipotecar; dar como garantia
823	抵御	dǐyù	v.	resistir; enfrentar; repelir
824	抵制	dǐzhì	v.	boicotar; opor-se; resistir
825	底层	dǐcéng	s.	1. andar térreo; primeiro andar 2. a classe social mais baixa
826	底线	dǐxiàn	s.	1. linha de base; linha do gol 2. agente infiltrado 3. padrão mínimo; condição ou limite
827	底蕴	dǐyùn	s.	1. detalhes exatos; informação privilegiada 2. expertise; habilidade intelectual
828	底子	dǐzi	s.	1. fundo 2. detalhes; meandros 3. fundamento; base 4. manuscrito; esboço
829	地步	dìbù	s.	1. situação; condição; estado 2. grau; extensão 3. margem de manobra
830	地道	dìdào	s.	túnel subterrâneo
831	地道	dìdao	adj.	autêntico; genuíno; nativo
832	地段	dìduàn	s.	área; região; bairro
833	地理	dìlǐ	s.	geografia
834	地毯	dìtǎn	s.	tapete; carpete
835	地下水	dìxiàshuǐ	s.	água subterrânea
836	地狱	dìyù	s.	inferno
837	地域	dìyù	s.	região; área; território
838	地质	dìzhì	s.	geologia
839	弟子	dìzǐ	s.	discípulo; seguidor; aluno
840	帝国	dìguó	s.	império
841	帝国主义	dìguó zhǔyì		imperialismo
842	递交	dìjiāo	v.	apresentar; entregar
843	第一手	dìyīshǒu	adj.	de primeira mão; diretamente obtido
844	第一线	dìyīxiàn	s.	linha de frente; posição principal

序号 Nº	词语 VOCÁBULO	拼音 PINYIN	词性 CLASSE	译文 TRADUÇÃO
845	颠倒	diāndǎo	v.	1. inverter; trocar; transpor 2. estar confuso, perturbado, apaixonado
846	颠覆	diānfù	v.	derrubar; subverter; revolucionar
847	巅峰	diānfēng	s.	pico; cume; ápice
848	典范	diǎnfàn	s.	modelo; exemplo; padrão
849	点火	diǎn // huǒ	v.	1. acender um fogo 2. provocar
850	点击率	diǎnjīlǜ	s.	taxa de cliques; número de cliques em relação às visualizações
851	点评	diǎnpíng	v., s.	<v.> comentar; avaliar; criticar <s.> comentário; avaliação
852	点心	diǎnxin	s.	petisco; iguaria; sobremesa
853	点缀	diǎnzhuì	v.	decorar; enfeitar; adornar
854	点子	diǎnzi	s.	1. gotas (de líquido) 2. ponto; mancha 3. (percussão) batida 4. ponto-chave 5. ideia; sugestão; inspiração
855	电报	diànbào	s.	telegrama; mensagem telegráfica
856	电铃	diànlíng	s.	campainha elétrica; sino elétrico
857	电网	diànwǎng	s.	rede elétrica; rede de energia
858	电线	diànxiàn	s.	fio elétrico; cabo elétrico
859	电信	diànxìn	s.	telecomunicação; comunicação por meio de sinais elétricos
860	电讯	diànxùn	s.	telegrama; mensagem enviada por meio de sinais elétricos
861	垫	diàn	v.	1. apoiar; suportar; colocar um calço 2. pagar adiantado
862	垫底	diàn // dǐ	v.	colocar algo no fundo; forrar a barriga; fazer o trabalho de base; ficar em último lugar
863	垫子	diànzi	s.	almofada; esteira; tapete
864	淀粉	diànfěn	s.	amido; fécula
865	惦记	diàn·jì	v.	pensar em alguém; preocupar-se com alguém; lembrar-se de alguém
866	奠定	diàndìng	v.	estabelecer; fundar; fixar
867	殿堂	diàntáng	s.	palácio; salão de honra; grande realização
868	刁难	diāonàn	v.	dificultar; criar problemas; ser capcioso

№	VOCÁBULO	PINYIN	CLASSE	TRADUÇÃO
869	叼	diāo	v.	carregar na boca; agarrar com a boca
870	雕	diāo	v.	entalhar; gravar; esculpir
871	雕刻	diāokè	v., s.	<v.> gravar; entalhar; esculpir <s.> escultura; talha; gravura
872	雕塑	diāosù	v., s.	<v.> esculpir <s.> escultura; estátua; imagem
873	吊销	diàoxiāo	v.	revogar; retirar; anular
874	钓鱼	diàoyú	v.	pescar
875	调度	diàodù	v., s.	<v.> 1. despachar 2. coordenar; gerenciar; planejar <s.> expedidor
876	掉队	diào // duì	v.	ficar para trás; perder o ritmo
877	掉头	diào // tóu	v.	1. virar a cabeça 2. (carro) fazer um retorno; fazer uma volta
878	爹	diē	s.	1. pai; papai 2. (tratamento respeitoso dado a homens mais velhos)
879	迭起	diéqǐ	v.	ocorrer repetidamente; acontecer frequentemente
880	叠	dié	v.	1. empilhar 2. repetir 3. dobrar
881	丁	dīng	s.	1. ding, o quarto dos dez Troncos Celestiais (天干) 2. o quarto item de uma enumeração; equivalente a "d" na série "a, b, c, d" 3. alimento (carne, legume etc.) cortado em cubo
882	叮嘱	dīngzhǔ	v.	avisar repetidamente; lembrar; instruir
883	盯	dīng	v.	observar atentamente; encarar
884	钉子	dīngzi	s.	prego; tacha; fixador
885	顶多	dǐngduō	adv.	na melhor das hipóteses; no máximo
886	顶级	dǐngjí	adj.	de primeira linha; topo de linha
887	顶尖	dǐngjiān	s., adj.	<s.> topo <adj.> de primeira categoria; de alta qualidade; líder de mercado
888	订单	dìngdān	s.	pedido; ordem de compra
889	订购	dìnggòu	v.	encomendar; fazer um pedido; solicitar
890	订婚	dìng // hūn	v.	noivar; ficar noivo
891	订立	dìnglì	v.	estabelecer; firmar; acordar
892	钉	dìng	v.	prender com um prego; fixar; cravar

序号 Nº	词语 VOCÁBULO	拼音 PINYIN	词性 CLASSE	译文 TRADUÇÃO
893	定金	dìngjīn	s.	depósito; adiantamento; entrada; caução
894	定居	dìng // jū	v.	estabelecer-se; fixar-se; instalar-se
895	定论	dìnglùn	s.	conclusão; veredito; determinação
896	定为	dìngwéi		designar como; definir como
897	定向	dìngxiàng	v.	direcionar; orientar; ajustar
898	定心丸	dìngxīnwán	s.	calmante; tranquilizante; alívio para a ansiedade
899	定义	dìngyì	s.	definição; descrição
900	定做	dìngzuò	v.	fazer sob medida; personalizar; encomendar
901	丢掉	diūdiào	v.	1. perder 2. jogar fora; descartar
902	丢脸	diū // liǎn	v.	fazer algo embaraçoso; ser humilhado
903	丢弃	diūqì	v.	abandonar; descartar; jogar fora
904	丢人	diū // rén	v.	fazer algo embaraçoso; passar vergonha
905	丢失	diūshī	v.	perder; extraviar
906	东奔西走	dōngbēn-xīzǒu		correr de um lado para o outro; andar de um lado para o outro
907	东道主	dōngdàozhǔ	s.	anfitrião; anfitriã; dono da casa
908	东张西望	dōngzhāng-xīwàng		olhar para todos os lados; olhar para um lado e para outro; observar em todas as direções
909	董事	dǒngshì	s.	diretor
910	董事会	dǒngshìhuì	s.	conselho de administração; diretoria; conselho executivo
911	董事长	dǒngshìzhǎng	s.	presidente do conselho de administração
912	懂事	dǒng // shì	v.	sensível; maduro; compreensivo
913	动不动	dòngbudòng	adv.	com frequência; facilmente; a todo momento; sem mais nem menos
914	动荡	dòngdàng	v., adj.	<v.> ondular <adj.> turbulento; agitado; instável
915	动感	dònggǎn	s.	vivacidade; realismo
916	动工	dòng // gōng	v.	iniciar uma obra; começar a construir; iniciar um projeto

№ VOCÁBULO	PINYIN	CLASSE	TRADUÇÃO
序号 词语	拼音	词性	译文
917 动静	dòngjing	s.	1. movimento; atividade; barulho 2. notícias; novidades
918 动脉	dòngmài	s.	artéria
919 动身	dòng // shēn	v.	partir; sair; começar
920 动弹	dòngtan	v.	mover-se; mexer-se
921 动听	dòngtīng	adj.	agradável ao ouvido; melodioso
922 动向	dòngxiàng	s.	tendência; orientação; rumo
923 动用	dòngyòng	v.	usar; empregar; mobilizar
924 冻结	dòngjié	v.	1. congelar (água) 2. congelar (preços); bloquear; suspender
925 栋	dòng	cl.	classificador para prédios ou edificações
926 栋梁	dòngliáng	s.	1. viga mestra; pilar; suporte 2. pessoa de grande habilidade
927 兜	dōu	v.	1. embrulhar e guardar 2. dar a volta ao redor de 3. solicitar; atrair (negócios) 4. responsabilizar-se por
928 兜儿	dōur	s.	bolso
929 兜售	dōushòu	v.	vender de porta em porta; oferecer à venda
930 抖	dǒu	v.	1. tremer 2. agitar; sacudir 3. animar 4. ficar cheio de si (tom sarcástico)
931 陡	dǒu	adj.	íngreme
932 斗	dòu	v.	lutar; brigar; combater
933 斗志	dòuzhì	s.	espírito de luta; vontade de vencer
934 豆浆	dòujiāng	s.	leite de soja
935 豆子	dòuzi	s.	legumes como feijão, vagem etc.
936 逗	dòu	v., adj.	<v.> provocar; estimular; brincar <adj.> engraçado
937 都会	dūhuì	s.	cidade grande; metrópole
938 督促	dūcù	v.	supervisionar e pressionar para a conclusão de algo
939 独	dú	adv.	1. sozinho 2. apenas; somente 3. de forma única, especial
940 独唱	dúchàng	v.	cantar solo; fazer uma performance solo
941 独家	dújiā	s.	exclusivo; fornecedor único

Nº	VOCÁBULO	PINYIN	CLASSE	TRADUÇÃO
942	独立自主	dúlì-zìzhǔ		independente e autônomo; sem interferência externa
943	独身	dúshēn	v.	solteiro; sem casamento ou companheiro(a)
944	独一无二	dúyī-wú'èr		único no mundo; sem igual; incomparável
945	堵塞	dǔsè	v.	bloquear; obstruir; entupir
946	杜绝	dùjué	v.	erradicar; acabar com; prevenir completamente
947	妒忌	dùjì	v.	sentir inveja, ciúme; sentir ressentimento pelo sucesso dos outros
948	度（知名度）	dù(zhīmíngdù)	suf.	grau; extensão; nível (de conhecimento ou popularidade)
949	度假	dùjià	v.	tirar férias; viajar para descanso
950	渡过	dùguò		atravessar; passar por (um período difícil ou desafiador)
951	端正	duānzhèng	adj., v.	<adj.> 1. correto; reto 2. adequado; íntegro <v.> ajeitar; consertar
952	短缺	duǎnquē	v.	estar em falta, escassez
953	短暂	duǎnzàn	adj.	breve; passageiro; efêmero
954	段落	duànluò	s.	1. parágrafo; divisão de um texto 2. fase; estágio
955	断定	duàndìng	v.	concluir; decidir; chegar a uma certeza
956	断断续续	duànduànxùxù	adj.	intermitente; com interrupções; de forma descontínua
957	断裂	duànliè	v.	quebrar; romper; separar em pedaços
958	堆砌	duīqì	v.	1. empilhar; acumular; fazer um monte 2. carregar a linguagem de floreios
959	队形	duìxíng	s.	formação; disposição (de um grupo ou equipe)
960	对白	duìbái	s.	diálogo; conversa; troca de falas entre personagens
961	对策	duìcè	s.	1. estratégia para administrar um país (como resposta de um candidato aos exames imperiais na China antiga) 2. plano de ação; medida tomada para lidar com um problema
962	对称	duìchèn	adj.	simétrico

№ / VOCÁBULO	拼音 / PINYIN	词性 / CLASSE	译文 / TRADUÇÃO
963 对得起	duìdeqǐ	v.	ser digno; não decepcionar; tratar justamente
964 对联	duìlián	s.	poema em duas partes que rimam; geralmente colocado em portas durante o Ano-Novo Chinês
965 对弈	duìyì	v.	jogar um jogo de tabuleiro; competir em jogos como xadrez ou go
966 对照	duìzhào	v.	comparar; contrastar; verificar diferenças e semelhanças
967 对峙	duìzhì	v.	enfrentar; ficar cara a cara; confrontar em uma situação tensa de impasse
968 对准	duìzhǔn		alinhar; mirar
969 兑换	duìhuàn	v.	trocar; converter
970 兑现	duìxiàn	v.	1. trocar por dinheiro (um cheque) 2. cumprir (uma promessa); realizar (um compromisso)
971 敦促	dūncù	v.	exortar; pressionar
972 敦厚	dūnhòu	adj.	sincero; honesto
973 炖	dùn	v.	cozinhar em fogo baixo; guisar; aquecer em banho-maria
974 顿时	dùnshí	adv.	imediatamente; de repente
975 多边	duōbiān	adj.	multilateral
976 多功能	duōgōngnéng	adj.	multifuncional
977 多亏	duōkuī	v.	graças a
978 多劳多得	duōláo-duōdé		quanto mais se trabalha, mais se recebe
979 多年来	duō nián lái		ao longo de muitos anos
980 多心	duō // xīn	v.	suspeito; desconfiado
981 多余	duōyú	v., adj.	<v.> estar em excesso <adj.> 1. excedente 2. supérfluo; desnecessário
982 多元	duōyuán	adj.	diversificado; variado; plural
983 哆嗦	duōsuo	v.	tremer; estremecer
984 夺冠	duó // guàn	v.	conquistar o campeonato, o primeiro lugar
985 夺魁	duó // kuí	v.	conquistar o campeonato, o primeiro lugar
986 躲避	duǒbì	v.	1. esconder-se 2. evitar; esquivar

LISTA DE VOCABULÁRIO DOS NÍVEIS 7 A 9

Nº	VOCÁBULO	PINYIN	CLASSE	TRADUÇÃO
987	躲藏	duǒcáng	v.	esconder-se; ocultar-se
988	舵手	duòshǒu	s.	1. timoneiro 2. líder
989	堕落	duòluò	v.	degenerar; corromper
990	讹诈	ézhà	v.	chantagear; extorquir
991	俄语	Éyǔ	s.	idioma russo
992	鹅	é	s.	ganso
993	额外	éwài	adj.	extra; adicional
994	厄运	èyùn	s.	má sorte; infortúnio; desgraça
995	恶	è	adj.	1. feroz 2. mau; vil; maligno
996	恶化	èhuà	v.	piorar; deteriorar; degradar
997	恶劣	èliè	adj.	terrível; péssimo; ruim; de má qualidade
998	恶性	èxìng	adj.	maligno; pernicioso; destrutivo
999	恶意	èyì	s.	má intenção; malícia
1000	遏制	èzhì	v.	conter; controlar; restringir
1001	鳄鱼	èyú	s.	crocodilo; jacaré
1002	恩赐	ēncì	v.	(imperador) dar presentes e favores
1003	恩惠	ēnhuì	s.	favor; benefício; graça
1004	恩情	ēnqíng	s.	gratidão; favor; bondade
1005	恩怨	ēnyuàn	s.	1. gratidão e rancor 2. rancor; ressentimento
1006	而已	éryǐ	part.	apenas; somente; meramente
1007	耳光	ěrguāng	s.	tapa na cara; bofetada
1008	耳目一新	ěrmù-yìxīn		fresco; novo; renovado; inovador
1009	耳熟能详	ěrshú-néngxiáng		famoso; conhecido; familiar
1010	耳闻目睹	ěrwén-mùdǔ		testemunhar pessoalmente; ver e ouvir por si mesmo
1011	二手车	èrshǒuchē	s.	carro usado
1012	二氧化碳	èryǎnghuàtàn	s.	dióxido de carbono
1013	发布会	fābùhuì	s.	evento de lançamento; conferência de imprensa
1014	发财	fā // cái	v.	enriquecer; fazer fortuna
1015	发愁	fā // chóu	v.	preocupar-se; ficar triste; afligir-se

Nº	VOCÁBULO	PINYIN	CLASSE	TRADUÇÃO
1016	发电机	fādiànjī	s.	gerador; dínamo
1017	发抖	fādǒu	v.	tremer; estremecer; agitar-se
1018	发愤图强	fāfèn-túqiáng		esforçar-se ao máximo para melhorar; dedicar-se com afinco
1019	发光	fā // guāng	v.	brilhar
1020	发火	fā // huǒ	v.	1. pegar fogo 2. detonar 3. ficar com raiva; irritar-se
1021	发酵	fā // jiào	v.	fermentar
1022	发掘	fājué	v.	escavar; descobrir
1023	发愣	fā // lèng	v.	ficar perplexo; ficar sem ação
1024	发脾气	fā píqi		ficar com raiva; ficar furioso
1025	发起人	fāqǐrén	s.	fundador; iniciador
1026	发热	fā // rè	v.	1. aquecer; gerar calor 2. ter febre 3. estar inchado e quente
1027	发誓	fā // shì	v.	fazer um juramento; jurar
1028	发泄	fāxiè	v.	desabafar; expressar emoções
1029	发扬	fāyáng	v.	promover; desenvolver
1030	发扬光大	fāyáng-guāngdà		promover e desenvolver ainda mais; exaltar
1031	发育	fāyù	v.	crescer; desenvolver-se
1032	发源地	fāyuándì	s.	fonte; nascente; origem
1033	发作	fāzuò	v.	1. atacar; iniciar uma crise 2. ter um ataque nervoso
1034	阀门	fámén	s.	válvula
1035	发型	fàxíng	s.	corte de cabelo
1036	帆	fān	s.	1. vela; pano de vela 2. veleiro
1037	帆船	fānchuán	s.	veleiro
1038	翻番	fān // fān	v.	dobrar; aumentar
1039	翻来覆去	fānlái-fùqù		1. virar de um lado para o outro 2. repetir várias vezes
1040	翻天覆地	fāntiān-fùdì		virar tudo de cabeça para baixo; mudar completamente; subverter
1041	凡	fán	adv.	todo; qualquer; cada
1042	烦闷	fánmèn	adj.	aborrecido; deprimido

Nº	VOCÁBULO	PINYIN	CLASSE	TRADUÇÃO
1043	烦恼	fánnǎo	*adj.*	angustiado; preocupado
1044	烦躁	fánzào	*adj.*	agitado; impaciente; angustiado
1045	繁华	fánhuá	*adj.*	prosperidade; florescência; riqueza
1046	繁忙	fánmáng	*adj.*	ocupado; agitado; movimentado
1047	繁体字	fántǐzì	*s.*	caracteres tradicionais
1048	繁重	fánzhòng	*adj.*	pesado; trabalhoso; cansativo
1049	反驳	fǎnbó	*v.*	refutar; rebater; contradizer
1050	反差	fǎnchā	*s.*	contraste; diferença; discrepância
1051	反常	fǎncháng	*adj.*	anormal; incomum; estranho
1052	反倒	fǎndào	*adv.*	pelo contrário
1053	反感	fǎngǎn	*adj., s.*	<adj.> avesso <s.> aversão; repulsa; antipatia
1054	反过来	fǎn ·guò·lái	*v., adv.*	<v.> fazer, dispor ao contrário <adv.> por outro lado
1055	反击	fǎnjī	*v.*	contra-atacar; revidar; retaliar
1056	反馈	fǎnkuì	*v.*	feedback; retorno; resposta
1057	反面	fǎnmiàn	*s., adj.*	<s.> verso; lado oposto; o outro lado <adj.> oposto; negativo
1058	反思	fǎnsī	*v.*	refletir; reconsiderar
1059	反弹	fǎntán	*v.*	ricochetear; rebater
1060	反省	fǎnxǐng	*v.*	refletir sobre si mesmo; autocriticar-se; autorreflexão
1061	返还	fǎnhuán	*v.*	devolver; retornar; restituir
1062	犯愁	fàn // chóu	*v.*	preocupar-se; inquietar-se; afligir-se
1063	饭碗	fànwǎn	*s.*	1. tigela de arroz 2. trabalho; emprego; sustento
1064	泛滥	fànlàn	*v.*	1. transbordar; inundar 2. proliferar; espalhar-se
1065	范畴	fànchóu	*s.*	categoria; domínio; âmbito; escopo
1066	贩卖	fànmài	*v.*	vender; comercializar; negociar
1067	方方面面	fāngfāngmiànmiàn	*s.*	todos os aspectos
1068	方向盘	fāngxiàngpán	*s.*	volante do carro

№	VOCÁBULO	PINYIN	CLASSE	TRADUÇÃO
1069	方言	fāngyán	s.	dialeto
1070	防盗	fángdào	v.	prevenir-se, proteger-se contra roubo
1071	防盗门	fángdàomén	s.	porta de segurança, porta antirroubo
1072	防护	fánghù	v.	proteger; abrigar
1073	防火墙	fánghuǒqiáng	s.	firewall
1074	防卫	fángwèi	v.	defender
1075	防汛	fángxùn	v.	prevenir, controlar inundações
1076	防疫	fángyì	v.	prevenir, controlar epidemias
1077	防御	fángyù	v.	proteger-se; defender-se
1078	妨碍	fáng'ài	v.	atrapalhar; impedir; obstruir
1079	妨害	fánghài	v.	prejudicar, danificar
1080	房地产	fángdìchǎn	s.	imóveis, propriedades imobiliárias
1081	仿	fǎng	v.	1. assemelhar-se 2. imitar; copiar
1082	仿制	fǎngzhì	v.	fazer uma cópia, reproduzir
1083	访谈	fǎngtán	v.	entrevistar
1084	纺织	fǎngzhī	v.	fiar e tecer
1085	放过	fàngguò	v.	perdoar, deixar passar
1086	放水	fàng // shuǐ	v.	1. abrir a água 2. retirar a água (de um reservatório etc.) 3. perder um jogo de propósito
1087	放肆	fàngsì	adj.	desenfreado, sem limites
1088	放映	fàngyìng	v.	exibir, projetar (um filme)
1089	放置	fàngzhì	v.	colocar, deixar em um lugar
1090	放纵	fàngzòng	v.	agir de acordo com as próprias vontades, sem limites
1091	飞速	fēisù	adv.	em alta velocidade
1092	飞往	fēiwǎng		voar em direção a, ir para
1093	飞翔	fēixiáng	v.	voar; planar
1094	飞跃	fēiyuè	v.	1. fazer grandes avanços 2. pular; saltar
1095	非（非金属）	fēi (fēijīnshǔ)	pref.	não (não metal)
1096	非得	fēiděi	adv.	precisar; ter de
1097	非法	fēifǎ	adj.	ilegal; não autorizado

Nº	VOCÁBULO	PINYIN	CLASSE	TRADUÇÃO
1098	非凡	fēifán	adj.	extraordinário; fora do comum
1099	绯闻	fēiwén	s.	rumor; escândalo (amoroso)
1100	肥料	féiliào	s.	fertilizante; adubo
1101	肥胖	féipàng	adj.	obeso; corpulento
1102	肥沃	féiwò	adj.	fértil; rico
1103	肥皂	féizào	s.	sabão
1104	诽谤	fěibàng	v.	calúnia; difamação
1105	废	fèi	adj., v.	\<adj.\> 1. inútil; inválido 2. incapacitado 3. deserto; baldio 4. desanimado \<v.\> 1. colapsar 2. perecer 3. desistir; abandonar 4. destronar
1106	废除	fèichú	v.	abolir; revogar
1107	废话	fèihuà	s.	conversa fiada; palavrório
1108	废品	fèipǐn	s.	refugo; sucata
1109	废寝忘食	fèiqǐn-wàngshí		trabalhar sem descanso; não dormir e não comer
1110	废物	fèiwù	s.	lixo; dejetos
1111	废墟	fèixū	s.	ruínas; escombros
1112	沸沸扬扬	fèifèiyángyáng	adj.	barulhento; rumoroso
1113	沸腾	fèiténg	v.	1. ferver; borbulhar 2. estar cheio de entusiasmo
1114	费劲	fèi // jìn	v.	fazer ou requerer muito esforço
1115	分辨	fēnbiàn	v.	distinguir; diferenciar
1116	分寸	fēncun	s.	sensatez; bom senso
1117	分担	fēndān	v.	dividir; partilhar
1118	分割	fēngē	v.	dividir; separar
1119	分红	fēn // hóng	v.	distribuir lucros; partilha de dividendos
1120	分化	fēnhuà	v.	1. dividir; fracionar 2. separar; desintegrar 3. (célula) diferenciar-se
1121	分泌	fēnmì	v.	secretar; expelir
1122	分明	fēnmíng	adj., adv.	\<adj.\> claro; evidente \<adv.\> claramente; evidentemente
1123	分歧	fēnqí	s., adj.	\<s.\> diferença de opinião; divergência \<adj.\> diferente; divergente

序号 NIº	词语 VOCÁBULO	拼音 PINYIN	词性 CLASSE	译文 TRADUÇÃO
1124	分赃	fēn // zāng	v.	dividir os espólios, despojos de um roubo
1125	分支	fēnzhī	s.	ramo; filial
1126	芬芳	fēnfāng	adj., s.	<adj.> perfumado; fragrante <s.> fragrância; aroma
1127	吩咐	fēn·fù	v.	dar ordens; instruir
1128	氛围	fēnwéi	s.	atmosfera; ambiente
1129	坟	fén	s.	túmulo; sepultura
1130	坟墓	fénmù	s.	túmulo; sepultura
1131	焚烧	fénshāo	v.	queimar; incinerar
1132	粉	fěn	s.	1. pó; (cosmético) pó para o rosto 2. farinha 3. macarrão feito de amido
1133	粉丝	fěnsī	s.	1. massa fina e quase transparente feita de amido de milho ou feijão 2. fã; admirador
1134	粉碎	fěnsuì	adj., v.	<adj.> pulverizante <v.> destruir completamente; quebrar em pedaços
1135	分量	fèn·liàng	s.	1. quantidade; peso; medida 2. influência
1136	分外	fènwài	adv.	particularmente; especialmente
1137	份额	fèn'é	s.	quota; participação; cota-parte
1138	奋力	fènlì	adv.	com esforço; com empenho
1139	奋勇	fènyǒng	v.	tomar coragem
1140	粪	fèn	s.	excremento; fezes
1141	粪便	fènbiàn	s.	excremento e urina; adubo
1142	丰富多彩	fēngfù-duōcǎi		abundante; rico; variado
1143	丰厚	fēnghòu	adj.	1. grosso; espesso 2. abundante; rico
1144	丰满	fēngmǎn	adj.	1. cheio, abundante 2. rechonchudo; carnudo
1145	丰盛	fēngshèng	adj.	suntuoso; opulento
1146	丰硕	fēngshuò	adj.	prolífico; abundante
1147	风波	fēngbō	s.	tempestade; agitação
1148	风采	fēngcǎi	s.	estilo; elegância (também em literatura)
1149	风餐露宿	fēngcān-lùsù		viver ao ar livre; passar a noite ao relento
1150	风范	fēngfàn	s.	estilo; carisma
1151	风风雨雨	fēngfēngyǔyǔ	s.	tempos difíceis; altos e baixos

Nº	VOCÁBULO	PINYIN	CLASSE	TRADUÇÃO
1152	风和日丽	fēnghé-rìlì		tempo bom; clima agradável; quente e ensolarado
1153	风浪	fēnglàng	s.	1. tempestade; onda forte 2. dificuldades
1154	风力	fēnglì	s.	1. força do vento; potência do vento 2. energia eólica
1155	风流	fēngliú	adj.	1. elegante; refinado; distinto 2. talentoso; desinibido 3. romântico; amoroso; licencioso
1156	风貌	fēngmào	s.	1. estilo e traços 2. aparência e comportamento; porte 3. vista; cenário
1157	风气	fēngqì	s.	atmosfera; clima; costume
1158	风情	fēngqíng	s.	1. informação sobre a direção e força do vento 2. comportamento; porte 3. gostos e interesses 4. sentimentos amorosos; expressões de flerte 5. costumes e hábitos locais
1159	风趣	fēngqù	s.	graça; humor; capacidade de provocar o riso
1160	风沙	fēngshā	s.	tempestade de areia; areia carregada pelo vento
1161	风尚	fēngshàng	s.	tendência; moda
1162	风水	fēng·shuǐ	s.	feng shui
1163	风味	fēngwèi	s.	sabor; estilo culinário
1164	风雨	fēngyǔ	s.	1. vento e chuva; tempestade 2. dificuldade 3. rumor; boato
1165	风云	fēngyún	s.	1. vento e nuvens 2. mudança significativa
1166	风筝	fēngzheng	s.	pipa; papagaio
1167	封顶	fēngdǐng	v.	1. parar de crescer (plantas) 2. finalizar um edifício 3. impor um teto
1168	封建	fēngjiàn	s., adj.	<s.> sistema feudal <adj.> feudal
1169	封面	fēngmiàn	s.	capa; cobertura
1170	封锁	fēngsuǒ	v.	bloquear; embargar
1171	疯子	fēngzi	s.	louco; doido
1172	峰回路转	fēnghuí-lùzhuǎn		reviravolta surpreendente e inesperada em uma situação ou história
1173	蜂蜜	fēngmì	s.	mel

Nº	VOCÁBULO	PINYIN	CLASSE	TRADUÇÃO
1174	逢	féng	v.	encontrar; encontrar-se com
1175	缝	féng	v.	costurar; dar ponto
1176	缝合	fénghé	v.	fazer sutura; costurar uma abertura ou ferida
1177	讽刺	fěngcì	v.	ridicularizar; zombar
1178	凤凰	fènghuáng	s.	fênix (ave mitológica chinesa)
1179	缝	fèng	s.	costura; rachadura; fresta
1180	否决	fǒujué	v.	rejeitar; vetar
1181	孵化	fūhuà	v.	chocar; incubar
1182	敷	fū	v.	1. aplicar (líquido, loção etc.) 2. espalhar 3. bastar
1183	扶持	fúchí	v.	1. dar apoio (com a mão) 2. ajudar; apoiar; sustentar
1184	服饰	fúshì	s.	roupas e acessórios
1185	服务器	fúwùqì	s.	servidor (computador central que gerencia recursos de rede para vários usuários)
1186	服用	fúyòng	v.	tomar medicamentos ou drogas por via oral
1187	俘获	fúhuò	v.	capturar; prender
1188	俘虏	fúlǔ	s.	prisioneiro de guerra
1189	浮力	fúlì	s.	empuxo; flutuabilidade
1190	浮现	fúxiàn	v.	1. (experiência passada) reaparecer diante dos olhos 2. aparecer; emergir
1191	浮躁	fúzào	adj.	impaciente; inquieto; impetuoso
1192	辐射	fúshè	v.	irradiar
1193	福气	fúqi	s.	boa sorte ou fortuna
1194	抚摸	fǔmō	v.	tocar suavemente; acariciar
1195	抚恤	fǔxù	v.	consolar alguém que sofreu perda ou dano
1196	抚养	fǔyǎng	v.	criar; cuidar de uma criança ou animal
1197	抚养费	fǔyǎngfèi	s.	custo de manutenção; dinheiro pago para sustentar a criação de um filho
1198	斧子	fǔzi	s.	machado; machadinha
1199	俯首	fǔshǒu	v.	1. baixar a cabeça 2. obedecer
1200	辅导	fǔdǎo	v.	ensinar; orientar

Nº	VOCÁBULO	PINYIN	CLASSE	TRADUÇÃO
1201	腐败	fǔbài	adj.	corrupto; apodrecido
1202	腐化	fǔhuà	v.	1. degenerar-se; corromper-se 2. corroer; corromper 3. decompor; apodrecer
1203	腐烂	fǔlàn	v., adj.	<v.> apodrecer; decompor <adj.> apodrecido; corrupto
1204	腐蚀	fǔshí	v.	1. corroer; erodir 2. corromper; degenerar; depravar
1205	腐朽	fǔxiǔ	adj.	1. apodrecido 2. decadente
1206	付费	fùfèi	v.	pagar uma taxa; pagar para acessar
1207	付款	fùkuǎn	v.	fazer um pagamento; pagar (uma quantia de dinheiro)
1208	负面	fùmiàn	adj.	negativo; desfavorável
1209	负有	fùyǒu		ter a responsabilidade por algo
1210	附	fù	v.	1. anexar; adicionar 2. estar perto de 3. depender de; confiar em
1211	附带	fùdài	v., adj.	<v.> anexar <adj.> suplementar; auxiliar
1212	附和	fùhè	v.	concordar com; apoiar; seguir
1213	附加	fùjiā	v.	adicionar; anexar; juntar
1214	附属	fùshǔ	v., adj.	<v.> estar afiliado a <adj.> sucursal; subsidiário; afiliado
1215	赴	fù	v.	1. dirigir-se a; ir para; comparecer 2. nadar
1216	复查	fùchá	v.	revisar; verificar novamente
1217	复发	fùfā	v.	sofrer uma reincidência, recidiva, recaída
1218	复合	fùhé	v.	formar um composto
1219	复活	fùhuó	v.	ressuscitar; reviver
1220	复兴	fùxīng	v.	revitalizar; reviver
1221	复原	fù // yuán	v.	1. recuperar a saúde 2. recuperar; restaurar; recuperar o estado original
1222	副作用	fùzuòyòng	s.	1. efeito colateral 2. consequência não intencional
1223	赋予	fùyǔ	v.	conferir, conceder
1224	富含	fùhán	v.	ser rico em; ser abundante em
1225	富豪	fùháo	s.	pessoa muito rica; magnata
1226	富强	fùqiáng	adj.	próspero e poderoso

序号 №	词语 VOCÁBULO	拼音 PINYIN	词性 CLASSE	译文 TRADUÇÃO
1227	富翁	fùwēng	s.	homem muito rico; milionário
1228	富裕	fùyù	adj.	rico; próspero; bem de vida
1229	富足	fùzú	adj.	rico; próspero
1230	腹部	fùbù	s.	abdômen
1231	腹泻	fùxiè	v.	ter diarreia
1232	覆盖	fùgài	v.	cobrir, encobrir
1233	该	gāi	pron.	este; esta; isto
1234	改版	gǎi // bǎn	v.	1. revisar a edição de uma publicação impressa ou eletrônica 2. corrigir a diagramação
1235	改编	gǎibiān	v.	1. adaptar; revisar 2. reorganizar; reconstituir; remodelar
1236	改动	gǎidòng	v.	alterar; mudar; modificar
1237	改革开放	gǎigé kāifàng		reforma e abertura econômica
1238	改良	gǎiliáng	v.	melhorar; reformar; aperfeiçoar
1239	改名	gǎimíng	v.	mudar de nome
1240	改日	gǎirì	adv.	em outro dia
1241	改为	gǎiwéi		mudar para
1242	改邪归正	gǎixié-guīzhèng		abandonar o mal e voltar ao bom caminho
1243	钙	gài	s.	cálcio
1244	盖子	gàizi	s.	1. tampa 2. casco (de tartaruga etc.)
1245	概况	gàikuàng	s.	visão geral, resumo
1246	概率	gàilǜ	s.	chance; probabilidade
1247	概论	gàilùn	s.	introdução (geralmente em títulos de livros acadêmicos)
1248	干戈	gāngē	s.	armas; guerra
1249	干旱	gānhàn	adj.	seco, sem umidade, ressecado
1250	干燥	gānzào	adj.	1. seco; árido 2. chato; maçante; entediante
1251	甘心	gānxīn	v.	1. estar disposto a; estar pronto para 2. estar satisfeito; estar contente
1252	肝脏	gānzàng	s.	fígado
1253	尴尬	gāngà	adj.	embaraçoso; constrangedor

Nº	VOCÁBULO	PINYIN	CLASSE	TRADUÇÃO
1254	赶赴	gǎnfù	v.	apressar-se para; ir rapidamente para algum lugar
1255	赶往	gǎnwǎng		apressar-se para; dirigir-se rapidamente para algum lugar
1256	敢情	gǎnqing	adv.	é claro; naturalmente; obviamente
1257	感（责任感）	gǎn (zérèngǎn)	suf.	sentimento; emoção; sensação (senso de responsabilidade)
1258	感触	gǎnchù	s.	sentimento; sensação
1259	感恩	gǎn // ēn	v.	sentir gratidão
1260	感激	gǎnjī	v.	ser grato a
1261	感慨	gǎnkǎi	v.	suspirar com sentimento profundo; reflexão emocional
1262	感染	gǎnrǎn	v.	1. contrair (doença) 2. infectar; contagiar
1263	感染力	gǎnrǎnlì	s.	1. infecciosidade 2. poder de influência
1264	感叹	gǎntàn	v.	suspirar; lamentar; exclamar
1265	感性	gǎnxìng	adj.	emocional
1266	干部	gànbù	s.	funcionário público; quadro do partido
1267	干事	gànshi	s.	encarregado
1268	刚毅	gāngyì	adj.	forte; corajoso; resiliente
1269	纲领	gānglǐng	s.	programa; plataforma; diretriz política
1270	纲要	gāngyào	s.	pontos principais; sumário; síntese
1271	钢	gāng	s.	aço
1272	缸	gāng	s.	tanque; recipiente; cilindro
1273	港	gǎng	s.	1. porto; ancoradouro; baía 2. aeroporto 3. abreviação de Hong Kong
1274	杠铃	gànglíng	s.	barra de levantamento de peso
1275	高昂	gāo'áng	v., adj.	<v.> manter a cabeça levantada <adj.> 1. alto; elevado; exaltado 2. caro; custoso; exorbitante
1276	高傲	gāo'ào	adj.	orgulhoso; arrogante
1277	高超	gāochāo	adj.	excelente; excepcional
1278	高低	gāodī	s.	1. estatura; altura (da voz) 2. superioridade ou inferioridade 3. bom senso; decência

序号 No	词语 VOCÁBULO	拼音 PINYIN	词性 CLASSE	译文 TRADUÇÃO
1279	高调	gāodiào	s.	1. palavrório; lábia 2. perfil elevado 3. destacado
1280	高额	gāo'é	adj.	caro; alto; custoso
1281	高尔夫球	gāo'ěrfūqiú	s.	golfe; bola de golfe
1282	高峰期	gāofēngqī	s.	pico; período de alta demanda
1283	高贵	gāoguì	adj.	1. nobre; distinto; elevado; virtuoso 2. privilegiado; de alta classe 3. valioso; precioso
1284	高空	gāokōng	s.	alta altitude; céu
1285	高龄	gāolíng	s., adj.	<s.> idade avançada <adj.> idoso
1286	高明	gāomíng	adj.	sábio; perspicaz
1287	高山	gāoshān	s.	montanha alta
1288	高效	gāoxiào	adj.	eficiente; de alta eficácia
1289	高新技术	gāoxīn-jìshù		tecnologia de ponta
1290	高血压	gāoxuèyā	s.	pressão alta
1291	高压	gāoyā	s.	1. alta voltagem; alta tensão 2. alta pressão atmosférica 3. pressão máxima
1292	高雅	gāoyǎ	adj.	elegante; refinado
1293	高涨	gāozhǎng	v., adj.	<v.> subir; disparar <adj.> ascendente; em alta
1294	搞鬼	gǎo // guǐ	v.	brincar; fazer travessuras
1295	搞笑	gǎoxiào	v.	ser engraçado, hilário; fazer rir
1296	告	gào	v.	1. relatar (autoridades) 2. informar; notificar 3. requisitar; solicitar 4. proclamar; anunciar 5. expressar; mostrar; indicar 6. processar; trazer alguém perante um tribunal 7. reclamar; fazer uma queixa; denunciar
1297	告辞	gàocí	v.	fazer uma despedida; dizer adeus
1298	告诫	gàojiè	v.	dar um aviso; precaver; advertir
1299	告示	gàoshi	s.	aviso; anúncio
1300	告知	gàozhī	v.	informar; notificar
1301	告状	gào // zhuàng	v.	processar; prestar uma queixa
1302	戈壁	gēbì	s.	deserto de Gobi

Nº	VOCÁBULO	PINYIN	CLASSE	TRADUÇÃO
1303	胳膊	gēbo	s.	braço
1304	鸽子	gēzi	s.	pomba
1305	搁	gē	v.	1. colocar; botar; por 2. adicionar 3. separar; guardar 4. segurar; conter
1306	搁浅	gē // qiǎn	v.	ficar preso, encalhado; não conseguir progredir
1307	搁置	gēzhì	v.	adiar, suspender temporariamente
1308	割	gē	v.	1. cortar 2. separar; dividir 3. desistir; abandonar
1309	歌剧	gējù	s.	ópera
1310	歌颂	gēsòng	v.	louvar, elogiar
1311	歌舞	gēwǔ	s.	música e dança
1312	歌咏	gēyǒng	v.	cantar em louvor
1313	革命	gémìng	v., adj.	<v.> 1. fazer uma revolução 2. mudar completamente <adj.> 1. revolucionário 2. da revolução chinesa
1314	格	gé	s.	1. quadrado; casa 2. grade; modelo 3. divisão
1315	格格不入	gégé-búrù		incompatível; discrepante; diferente
1316	格局	géjú	s.	estrutura; padrão; organização
1317	格式	géshi	s.	formato; modelo; padrão
1318	隔阂	géhé	s.	distância emocional ou social entre pessoas ou grupos
1319	隔离	gélí	v.	separar; quarentenar
1320	个案	gè'àn	s.	caso individual
1321	个头儿	gètóur	s.	tamanho ou estatura de uma pessoa
1322	各奔前程	gèbènqiánchéng		cada um vai para um lado
1323	各式各样	gèshì-gèyàng		de vários tipos
1324	根基	gēnjī	s.	1. raiz; base 2. fundação (de um edifício) 3. fortuna familiar; patrimônio
1325	根深蒂固	gēnshēn-dìgù		profundamente enraizado; arraigado
1326	根源	gēnyuán	s.	raiz; origem; causa
1327	根治	gēnzhì	v.	fazer uma cura radical; conseguir uma erradicação completa

Nº	VOCÁBULO	PINYIN	CLASSE	TRADUÇÃO
1328	跟不上	gēn bu shàng	v.	não ser capaz de acompanhar; ser inferior
1329	跟上	gēnshang	v.	alcançar; acompanhar
1330	跟踪	gēnzōng	v.	seguir; perseguir
1331	更改	gēnggǎi	v.	alterar; modificar
1332	更衣室	gēngyīshì	s.	vestiário
1333	耕地	gēngdì	s.	terra cultivável
1334	耿直	gěngzhí	adj.	honesto e direto
1335	工地	gōngdì	s.	local de construção; canteiro de obras
1336	工会	gōnghuì	s.	sindicato
1337	工科	gōngkē	s.	engenharia
1338	工商界	gōngshāngjiè	s.	setor empresarial
1339	工序	gōngxù	s.	processo de trabalho; etapa de produção
1340	工整	gōngzhěng	adj.	arrumado; organizado
1341	工作量	gōngzuòliàng	s.	carga de trabalho
1342	弓	gōng	s.	arco
1343	公安局	gōng'ānjú	s.	secretaria de segurança pública
1344	公车	gōngchē	s.	1. veículo governamental ou empresarial 2. ônibus
1345	公道	gōngdao	adj.	justo; imparcial
1346	公费	gōngfèi	s.	despesas públicas; custos cobertos pelo governo
1347	公共场所	gōnggòng chǎngsuǒ		local público
1348	公关	gōngguān	s.	relações públicas
1349	公函	gōnghán	s.	correspondência oficial
1350	公积金	gōngjījīn	s.	fundo de previdência público
1351	公开信	gōngkāixìn	s.	carta aberta
1352	公款	gōngkuǎn	s.	fundos públicos
1353	公立	gōnglì	adj.	público (como escola ou hospital)
1354	公墓	gōngmù	s.	cemitério público
1355	公仆	gōngpú	s.	funcionário público; servidor do Estado
1356	公顷	gōngqǐng	cl.	hectare

序号 Nº	词语 VOCÁBULO	拼音 PINYIN	词性 CLASSE	译文 TRADUÇÃO
1357	公然	gōngrán	adv.	abertamente, sem hesitação; sem disfarces
1358	公示	gōngshì	v.	informar ao público
1359	公事	gōngshì	s.	publicação, documento oficial
1360	公务	gōngwù	s.	tarefa ou dever oficial; serviço público
1361	公益	gōngyì	s.	bem-estar comum; interesse público
1362	公益性	gōngyìxìng	s.	que beneficia o interesse público
1363	公用	gōngyòng	v.	de uso público ou coletivo
1364	公寓	gōngyù	s.	1. prédio de apartamentos 2. apartamento
1365	公约	gōngyuē	s.	acordo ou contrato público
1366	公证	gōngzhèng	v.	autenticar (um documento)
1367	公职	gōngzhí	s.	cargo público ou emprego
1368	功	gōng	s.	1. realização; mérito 2. efeito; sucesso; resultado 3. técnica; habilidade 4. trabalho
1369	功臣	gōngchén	s.	1. funcionário que prestou serviços relevantes 2. figura importante que contribuiu para uma conquista ou realização
1370	功底	gōngdǐ	s.	habilidades e conhecimentos fundamentais em um campo ou disciplina
1371	功劳	gōngláo	s.	realização ou contribuição para uma tarefa ou objetivo
1372	功力	gōnglì	s.	1. eficácia; efetividade 2. habilidades e competências
1373	功率	gōnglǜ	s.	potência
1374	功效	gōngxiào	s.	efeito ou resultado; eficácia; efetividade
1375	攻	gōng	v.	1. atacar; investir contra 2. acusar; responsabilizar 3. estudar; especializar-se em
1376	攻读	gōngdú	v.	estudar intensivamente; fazer uma especialização
1377	攻关	gōngguān	v.	1. atacar uma passagem estratégica 2. enfrentar um obstáculo importante; resolver um problema crucial
1378	供	gōng	v.	oferecer; suprir
1379	供不应求	gōngbúyìngqiú		a demanda é maior que a oferta
1380	供暖	gōngnuǎn	v.	fornecer aquecimento

Nº	VOCÁBULO	PINYIN	CLASSE	TRADUÇÃO
1381	供求	gōngqiú	s.	oferta e demanda
1382	宫殿	gōngdiàn	s.	residência real; palácio
1383	宫廷	gōngtíng	s.	palácio; corte real; conjunto de funcionários do palácio
1384	恭维	gōng·wéi	v.	elogiar; adular
1385	恭喜	gōngxǐ	v.	expressar felicitações; parabenizar
1386	拱	gǒng	v.	1. juntar as mãos em frente ao peito, com uma mão cobrindo o outro punho cerrado 2. cobrir; cercar 3. arquear; dobrar
1387	共鸣	gòngmíng	v.	sentir empatia; identificar-se
1388	共识	gòngshí	s.	consenso; acordo
1389	共同体	gòngtóngtǐ	s.	comunidade; grupo que compartilha valores e objetivos
1390	共性	gòngxìng	s.	características comuns
1391	供奉	gòngfèng	v., s.	<v.> 1. fazer oferendas. sacrifícios 2. suprir; servir; auxiliar <s.> animadores do palácio imperial
1392	勾	gōu	v.	fazer um gancho; assinalar; esboçar; juntar-se com
1393	勾画	gōuhuà	v.	delinear; esboçar
1394	勾结	gōujié	v.	conspirar; unir-se para um objetivo comum
1395	钩	gōu	v.	1. fisgar; pegar 2. investigar; explorar 3. fazer crochê 4. costurar com pontos grandes
1396	钩子	gōuzi	s.	gancho; objeto com um gancho
1397	构思	gòusī	v.	idealizar; planejar; conceber
1398	构想	gòuxiǎng	v., s.	<v.> conceber <s.> ideia; concepção
1399	购	gòu	v.	comprar; adquirir
1400	够呛	gòuqiàng	adj.	1. improvável 2. terrível; insuportável
1401	估算	gūsuàn	v.	estimar o valor, tamanho, quantidade etc.
1402	沽名钓誉	gūmíng-diàoyù		buscar fama e elogios através de meios artificiais e enganosos
1403	孤单	gūdān	adj.	solitário; sozinho
1404	孤立	gūlì	adj., v.	<adj.> isolado; separado <v.> isolar

Nº	VOCÁBULO	PINYIN	CLASSE	TRADUÇÃO
1405	孤零零	gūlínglíng	adj.	solitário; sozinho
1406	孤陋寡闻	gūlòu-guǎwén		pessoa ignorante e de mentalidade estreita
1407	辜负	gūfù	v.	decepcionar; falhar em corresponder às expectativas de alguém
1408	古董	gǔdǒng	s.	1. antiguidade, especialmente de valor ou interesse artístico 2. velhote; pessoa antiquada
1409	古怪	gǔguài	adj.	excêntrico; peculiar
1410	古迹	gǔjì	s.	relíquia histórica; monumento antigo; lugar histórico
1411	古今中外	gǔjīn-zhōngwài		do passado e presente, tanto nacional quanto internacional
1412	古朴	gǔpǔ	adj.	simples e natural; sem ornamentos desnecessários
1413	古人	gǔrén	s.	antepassados
1414	股份	gǔfèn	s.	ação; parte de uma empresa
1415	股民	gǔmín	s.	investidor de ações
1416	股市	gǔshì	s.	mercado de ações
1417	骨干	gǔgàn	s.	parte essencial; estrutura principal
1418	骨气	gǔqì	s.	1. determinação; coragem moral 2. vigor dos traços (caligrafia)
1419	骨折	gǔzhé	v.	fraturar (osso)
1420	鼓动	gǔdòng	v.	1. inspirar; animar 2. incitar; instigar 3. abanar; sacudir
1421	鼓舞	gǔwǔ	v., adj.	<v.> 1. animar; motivar; encorajar 2. ser encorajado, inspirado <adj.> estimulante
1422	固然	gùrán	conj.	de fato; é verdade que; reconhecidamente
1423	固执	gùzhi	adj.	teimoso; inflexível
1424	故	gù	adv., conj.	<adv.> intencionalmente; deliberadamente <conj.> portanto; consequentemente
1425	顾不得	gùbu·dé	v.	não conseguir cuidar, lidar com algo
1426	顾不上	gùbushàng	v.	não ter tempo ou recursos para; não dar atenção a
1427	顾及	gùjí	v.	levar em conta; considerar

№	VOCÁBULO	PINYIN	CLASSE	TRADUÇÃO
1428	顾虑	gùlǜ	s., v.	<s.> preocupação; hesitação <v.> ter escrúpulos
1429	顾全大局	gùquán-dàjú		considerar o quadro geral
1430	雇	gù	v.	empregar; contratar
1431	雇佣	gùyōng	v.	empregar
1432	雇员	gùyuán	s.	funcionário; empregado
1433	雇主	gùzhǔ	s.	empregador; patrão
1434	瓜分	guāfēn	v.	dividir; repartir
1435	瓜子	guāzǐ	s.	semente de melão ou abóbora
1436	刮风	guā fēng		ventar
1437	寡妇	guǎfu	s.	viúva
1438	挂钩	guàgōu	s.	1. enganchar; prender 2. ter conexão; estar relacionado a
1439	挂号	guà // hào	v.	1. registrar-se para ser atendido (num hospital) 2. enviar correspondência registrada
1440	挂念	guàniàn	v.	sentir falta; preocupar-se; estar ansioso por
1441	挂失	guà // shī	v.	relatar como perdido ou roubado
1442	乖	guāi	adj.	1. obediente; dócil 2. insólito; anormal; irrazoável
1443	乖巧	guāiqiǎo	adj.	1. amável; fofo 2. astuto; inteligente
1444	拐弯	guǎi // wān	v., s.	<v.> 1. fazer uma curva; dobrar 2. mudar de curso <s.> esquina; curva
1445	拐杖	guǎizhàng	s.	bengala; bastão
1446	怪不得	guàibude		não é de admirar; não é surpresa
1447	怪物	guàiwu	s.	monstro; criatura estranha; excêntrico
1448	怪异	guàiyì	adj.	estranho; bizarro
1449	关掉	guāndiào	v.	desligar; fechar
1450	关节	guānjié	s.	1. articulação; junta 2. ponto, elo crucial 3. pessoa-chave
1451	关税	guānshuì	s.	imposto aduaneiro
1452	关头	guāntóu	s.	momento crítico; ponto de virada
1453	关照	guānzhào	v.	1. cuidar 2. notificar; informar

Nº	VOCÁBULO	PINYIN	CLASSE	TRADUÇÃO
1454	观测	guāncè	v.	1. observar (e medir) 2. olhar e analisar
1455	观感	guāngǎn	s.	impressão; percepção; opinião
1456	观摩	guānmó	v.	observar e aprender
1457	观赏	guānshǎng	v.	apreciar; admirar
1458	观望	guānwàng	v.	observar sem tomar uma ação
1459	官兵	guānbīng	s.	oficiais e soldados
1460	官吏	guānlì	s.	funcionário do governo
1461	官僚	guānliáo	s.	1. burocratas 2. burocracia
1462	官僚主义	guānliáo zhǔyì		burocracia; tendência a seguir regras e regulamentos excessivamente
1463	官员	guānyuán	s.	oficial do governo; funcionário
1464	棺材	guāncai	s.	caixão
1465	管家	guǎnjiā	s.	mordomo
1466	管教	guǎnjiào	v., s.	<v.> 1. disciplinar; instruir; controlar 2. reeducar por meio do trabalho (criminosos, jovens etc.) <s.> controle, disciplina
1467	管理费	guǎnlǐfèi	s.	taxa de administração
1468	管辖	guǎnxiá	v.	ter jurisdição; administrar
1469	管用	guǎn // yòng	adj.	eficaz; útil
1470	管子	guǎnzi	s.	cano; tubo
1471	贯彻	guànchè	v.	implementar; executar
1472	贯穿	guànchuān	v.	atravessar; percorrer; penetrar; conectar
1473	贯通	guàntōng	v.	1. entender profundamente 2. interligar; conectar
1474	惯	guàn	v.	1. acostumar-se; estar acostumado 2. mimar; paparicar
1475	惯例	guànlì	s.	costume; prática habitual; convenção
1476	惯性	guànxìng	s.	inércia
1477	灌	guàn	v.	1. irrigar; regar 2. encher com líquido 3. forçar alguém a beber (água, álcool etc.) 4. gravar (música, som)
1478	灌溉	guàngài	v.	irrigar ou regar plantas
1479	灌输	guànshū	v.	1. canalizar água 2. introduzir ideias; incutir; inculcar

Nº	VOCÁBULO	PINYIN	CLASSE	TRADUÇÃO
1480	罐	guàn	s.	lata; jarra; recipiente cilíndrico
1481	罐头	guàntou	s.	comida enlatada
1482	光彩	guāngcǎi	s., adj.	<s.> brilho, esplendor <adj.> radiante; honroso; glorioso
1483	光碟	guāngdié	s.	disco; CD
1484	光顾	guānggù	v.	visitar, frequentar
1485	光滑	guānghuá	adj.	liso, sem rugosidades; lustroso
1486	光环	guānghuán	s.	aura, aréola; fama
1487	光缆	guānglǎn	s.	cabo de fibra óptica
1488	光芒	guāngmáng	s.	raios de luz; brilho, resplandecência
1489	光明磊落	guāngmíng-lěiluò		honesto; íntegro
1490	光泽	guāngzé	s.	brilho; lustro
1491	广义	guǎngyì	s.	acepção ampla, genérica
1492	归根到底	guīgēn-dàodǐ		em última análise; no fim das contas
1493	归还	guīhuán	v.	devolver; restituir
1494	归结	guījié	v.	chegar a uma conclusão, solução
1495	归来	guīlái	v.	voltar; regressar
1496	归纳	guīnà	v.	1. inferir; deduzir; concluir; generalizar 2. resumir
1497	归属	guīshǔ	v.	pertencer; ser de algo ou alguém
1498	归宿	guīsù	s.	destino final
1499	龟	guī	s.	tartaruga; cágado
1500	规格	guīgé	s.	padrão; especificação
1501	规矩	guīju	s., adj.	<s.> 1. conjunto de regras e costumes estabelecidos socialmente 2. boas maneiras; etiqueta <adj.> 1. bem comportado; bem disciplinado; educado 2. honesto; cumpridor das leis
1502	闺女	guīnü	s.	1. menina 2. termo carinhoso para se referir a uma filha
1503	瑰宝	guībǎo	s.	tesouro raro e valioso
1504	轨迹	guǐjì	s.	1. trajeto; percurso 2. órbita 3. curso (da história, vida etc.) 4. trajetória

Nº	VOCÁBULO	PINYIN	CLASSE	TRADUÇÃO
1505	柜台	guìtái	s.	balcão onde são realizados serviços de atendimento ao público
1506	贵宾	guìbīn	s.	pessoa de alta posição ou prestígio, especialmente convidada para um evento
1507	贵重	guìzhòng	adj.	de grande valor ou preço
1508	贵族	guìzú	s.	1. nobre; aristocrata 2. nobreza; aristocracia
1509	桂花	guìhuā	s.	flor de uma árvore chamada osmanthus, muito usada na culinária chinesa e em perfumes
1510	滚动	gǔndòng	v.	1. rolar; rodar 2. acumular e expandir gradualmente
1511	棍	gùn	s.	1. objeto longo e fino utilizado como ferramenta ou arma 2. canalha; traidor
1512	棍子	gùnzi	s.	pau; bastão
1513	国宝	guóbǎo	s.	tesouro nacional de grande valor histórico ou cultural; patrimônio nacional
1514	国防	guófáng	s.	defesa nacional
1515	国画	guóhuà	s.	estilo de pintura tradicional chinesa
1516	国徽	guóhuī	s.	símbolo oficial de um país; emblema, insígnia ou brasão
1517	国情	guóqíng	s.	situação ou condição geral de um país
1518	国土	guótǔ	s.	território nacional
1519	国学	guóxué	s.	1. tradições culturais e literárias chinesas 2. Colégio Imperial
1520	国有	guóyǒu	v.	ser propriedade do Estado
1521	果断	guǒduàn	adj.	decisivo; resoluto
1522	果园	guǒyuán	s.	área plantada com árvores frutíferas; pomar
1523	果真	guǒzhēn	adv., conj.	<adv.> como esperado; realmente <conj.> caso verdadeiro
1524	裹	guǒ	v.	1. envolver; embalar 2. levar embora; carregar
1525	过半	guòbàn	v.	ser mais da metade
1526	过不去	guòbuqù	v.	1. incapaz de suportar uma situação difícil ou de seguir em frente 2. ser duro com alguém 3. sentir-se mal por alguém

Nº	VOCÁBULO	PINYIN	CLASSE	TRADUÇÃO
1527	过错	guòcuò	s.	erro; falha
1528	过道	guòdào	s.	corredor; passagem
1529	过关	guò // guān	v.	1. passar por um controle fronteiriço; passar por um obstáculo 2. ser aprovado em um exame ou teste; atingir certo nível ou padrão
1530	过奖	guòjiǎng	v.	exagerar em elogios a alguém
1531	过节	guò // jié	v., s.	<v.> celebrar um feriado ou festival <s.> ocasião festiva; festival
1532	过境	guò // jìng	v.	atravessar a fronteira de um país ou território; estar em trânsito
1533	过滤	guòlǜ	v.	filtrar
1534	过期	guò // qī	v.	estar fora da data de validade; estar atrasado em relação a um prazo
1535	过日子	guò rìzi		1. viver a vida cotidiana; gerir os aspectos práticos da vida diária 2. ser econômico
1536	过剩	guòshèng	v.	estar em excesso; ser mais do que o necessário ou demandado
1537	过失	guòshī	s.	1. erro; falha; negligência 2. crime não premeditado
1538	过头	guò // tóu	v.	excessivo; além do necessário ou apropriado
1539	过往	guòwǎng	v., s.	<v.> 1. ir e vir 2. ter relações amigáveis com; associar-se a <s.> passado
1540	过意不去	guòyìbúqù		sentir remorso ou arrependimento por algo que foi feito
1541	过瘾	guò // yǐn	v.	sentir prazer ou satisfação ao realizar algo
1542	过硬	guò // yìng	v.	muito forte e resistente; muito bom
1543	过早	guò zǎo	adj., v.	<adj.> cedo demais; antes do esperado; prematuro <v.> tomar café da manhã
1544	海岸	hǎi'àn	s.	costa; litoral
1545	海拔	hǎibá	s.	a altura acima do nível do mar
1546	海滨	hǎibīn	s.	uma área próxima ao mar; a costa
1547	海盗	hǎidào	s.	pirata
1548	海量	hǎiliàng	s.	uma grande quantidade; uma quantidade enorme

序号 № VOCÁBULO	词语	拼音 PINYIN	词性 CLASSE	译文 TRADUÇÃO
1549	海绵	hǎimián	s.	1. esponja do mar 2. plástico ou borracha semelhante à esponja
1550	海面	hǎimiàn	s.	a superfície do mar ou oceano
1551	海内外	hǎi nèiwài		dentro e fora do país; em todo o mundo
1552	海滩	hǎitān	s.	praia; beira-mar
1553	海峡	hǎixiá	s.	estreito; canal entre dois corpos
1554	海啸	hǎixiào	s.	tsunami; onda gigante no oceano causada por um terremoto ou erupção vulcânica
1555	海域	hǎiyù	s.	águas territoriais; área marítima
1556	海运	hǎiyùn	v.	transporte marítimo
1557	海藻	hǎizǎo	s.	alga marinha; planta aquática
1558	骇人听闻	hàiréntīngwén		chocante; assustador; aterrorizante
1559	害虫	hàichóng	s.	pragas; insetos danosos
1560	害臊	hài // sào	v.	envergonhado; tímido
1561	害羞	hài // xiū	v.	tímido; envergonhado
1562	酣畅	hānchàng	adj.	1. alegre e festivo; a contento 2. em sono profundo; dormindo bem relaxado 3. (caligrafia) com facilidade e energia
1563	酣睡	hānshuì	v.	dormir profundamente; dormir bem
1564	含糊	hánhu	adj.	1. vago; ambíguo; incerto 2. sem cuidados; de qualquer maneira 3. (geralmente na negativa) mostrar fraqueza ou covardia
1565	含蓄	hánxù	v., adj.	<v.> conter; abarcar <adj.> 1. implícito; sugerido; insinuado 2. reservado; reticente
1566	函授	hánshòu	v.	ensino por correspondência
1567	涵盖	hángài	v.	abranger; incluir; envolver
1568	涵义	hányì	s.	significado implícito; sentido subjacente
1569	罕见	hǎnjiàn	adj.	raro; incomum; excepcional
1570	汗水	hànshuǐ	s.	suor; transpiração
1571	旱	hàn	adj.	1. seco; árido 2. em terra
1572	旱灾	hànzāi	s.	desastre causado por seca; período prolongado sem chuva
1573	捍卫	hànwèi	v.	defender; proteger; manter
1574	焊	hàn	v.	soldar

序号 Nº	词语 VOCÁBULO	拼音 PINYIN	词性 CLASSE	译文 TRADUÇÃO
1575	行家	hángjia	s.	especialista; conhecedor; perito; entendido
1576	行列	hángliè	s.	fileiras
1577	行情	hángqíng	s.	tendência do mercado; situação atual do mercado; cotações
1578	航海	hánghǎi	v.	navegar; viagem por mar; navegação
1579	航天	hángtiān	v.	viagem espacial; exploração espacial; tecnologia espacial
1580	航天员	hángtiānyuán	s.	astronauta
1581	航行	hángxíng	v.	navegação
1582	航运	hángyùn	s.	transporte marítimo; navegação marítima
1583	毫不	háo bù		nem um pouco; absolutamente nada
1584	毫不犹豫	háo bù yóuyù		sem hesitação; sem vacilar
1585	毫无	háo wú		nada; sem; em absoluto
1586	豪华	háohuá	adj.	luxuoso; de alto padrão; extravagante
1587	好比	hǎobǐ	v.	pode ser comparado a; pode ser semelhante a
1588	好歹	hǎodǎi	s., adv.	<s.> 1. o bem e o mal; o bom e o mau 2. fatalidade; acidente; infortúnio <adv.> de qualquer modo; de qualquer forma; de um jeito ou de outro
1589	好感	hǎogǎn	s.	boa opinião; impressão favorável
1590	好坏	hǎohuài	s.	o que é bom e o que é mau
1591	好家伙	hǎojiāhuo	int.	meu Deus!
1592	好评	hǎopíng	s.	comentário favorável; boa avaliação
1593	好说	hǎoshuō	v.	1. expressão de cortesia em resposta a agradecimento ou elogio 2. expressão de possível concordância
1594	好笑	hǎoxiào	adj.	ridículo; engraçado; hilário
1595	好心	hǎoxīn	s.	coração bondoso; boa intenção
1596	好心人	hǎoxīnrén	s.	pessoa bondosa
1597	好意	hǎoyì	s.	boa intenção; bondade; boa-fé
1598	好在	hǎozài	adv.	felizmente; por sorte
1599	号称	hàochēng	v.	1. ser conhecido como 2. afirmar ser
1600	好客	hàokè	adj.	hospitaleiro

Nº	VOCÁBULO	PINYIN	CLASSE	TRADUÇÃO
1601	好奇心	hàoqíxīn	s.	curiosidade; desejo de aprender; temperamento curioso; interessado
1602	耗	hào	v.	1. consumir; gastar; esgotar 2. perder tempo
1603	耗费	hàofèi	v.	consumir; gastar; custar; desembolsar
1604	耗时	hàoshí	v.	levar tempo; ser demorado
1605	浩劫	hàojié	s.	grande desastre; calamidade; catástrofe; devastação
1606	呵护	hēhù	v.	1. abençoar 2. cuidar bem de; proteger; valorizar
1607	禾苗	hémiáo	s.	mudas de cereal; brotos de grãos
1608	合唱	héchàng	v.	coro; cantar em coro
1609	合乎	héhū	v.	conformar-se a; estar de acordo com
1610	合伙	héhuǒ	v.	formar uma parceria; entrar em sociedade
1611	合计	héjì	v.	somar o total; totalizar
1612	合情合理	héqíng-hélǐ		razoável; justo; adequado; fazer sentido
1613	合影	hé // yǐng	v., s.	<v.> tirar uma foto em grupo <s.> foto em grupo
1614	合资	hézī	v.	investir em conjunto; unir capital; formar parceria; fazer um empreendimento conjunto
1615	合作社	hézuòshè	s.	cooperativa; sociedade cooperativa
1616	何必	hébì	adv.	(em perguntas retóricas) por que razão; por quê; para quê; não há necessidade
1617	何处	hé chù		em que lugar; onde
1618	何苦	hékǔ	adv.	por que se dar ao trabalho; por que se esforçar tanto
1619	何况	hékuàng	conj.	1. que dirá; muito menos 2. além disso; além do mais
1620	何时	hé shí		quando; em que momento
1621	和蔼	hé'ǎi	adj.	amigável; gentil; afável
1622	和解	héjiě	v.	reconciliar-se; chegar a um acordo
1623	和睦	hémù	adj.	harmonioso; pacífico; em paz
1624	和平共处	hépíng gòngchǔ		convivência pacífica

序号 Nº	词语 VOCÁBULO	拼音 PINYIN	词性 CLASSE	译文 TRADUÇÃO
1625	和气	héqi	adj., s.	<adj.> 1. cortês; educado 2. amigável; amistoso <s.> amizade; harmonia
1626	和尚	héshang	s.	monge budista
1627	河流	héliú	s.	rio
1628	河畔	hépàn	s.	margem do rio
1629	荷花	héhuā	s.	lótus
1630	核	hé	s.	1. caroço 2. núcleo; cerne 3. núcleo atômico
1631	核电站	hédiànzhàn	s.	usina nuclear
1632	核对	héduì	v.	verificar; identificar; examinar
1633	核能	hénéng	s.	energia nuclear
1634	核实	héshí	v.	verificar; checar
1635	核桃	hétao	s.	noz
1636	核武器	héwǔqì	s.	arma nuclear; bomba atômica
1637	贺电	hèdiàn	s.	mensagem de felicitação
1638	贺信	hèxìn	s.	carta de felicitação
1639	喝彩	hè // cǎi	v.	aplaudir; aclamar
1640	赫然	hèrán	adv.	1. de modo inesperado; chocante; espantoso 2. furiosamente
1641	鹤立鸡群	hèlìjīqún		destacar-se entre a multidão; sobressair "como uma garça entre as galinhas"
1642	黑白	hēibái	s.	1. preto e branco 2. o certo e o errado
1643	黑客	hēikè	s.	hacker
1644	黑马	hēimǎ	s.	vencedor inesperado
1645	黑手	hēishǒu	s.	manipulador nas sombras; articulador invisível; força oculta; eminência parda
1646	黑心	hēixīn	adj., s.	<adj.> 1. malvado; perverso 2. ganancioso; avarento 3. (certos produtos) de má qualidade <s.> má intenção; má-fé
1647	嘿	hēi	int.	1. ei, oi (saudação, chamado) 2. ah (orgulho, satisfação) 3. hein? (surpresa)
1648	痕迹	hénjì	s.	rastro; vestígio
1649	恨不得	hènbude	v.	quem (me) dera; gostaria muito, se pudesse

Nº	VOCÁBULO	PINYIN	CLASSE	TRADUÇÃO
1650	哼	hēng	v.	1. resmungar ou grunhir baixinho, emitindo um som de descontentamento ou irritação 2. cantarolar ou entoar uma melodia de forma suave e baixa
1651	横七竖八	héngqī-shùbā		desorganizado; bagunçado
1652	横向	héngxiàng	adj.	atravessado; transversal; de um lado a outro; horizontal
1653	横	hèng	adj.	1. transversal; horizontal 2. de leste a oeste ou de oeste a leste 3. de um lado a outro; de fora a fora
1654	轰	hōng	v., onom.	<v.> 1. ribombar; bombardear; explodir 2. enxotar <onom.> bum (explosão, estrondo)
1655	轰动	hōngdòng	v.	causar sensação, agitação
1656	轰炸	hōngzhà	v.	bombardear
1657	哄	hōng	onom.	(som de gargalhadas ou conversas ruidosas)
1658	哄堂大笑	hōngtáng-dàxiào		risada estrondosa; todo mundo caiu na gargalhada
1659	烘干	hōnggān	v.	1. secar ao fogo; secar no calor 2. secar no forno
1660	烘托	hōngtuō	v.	1. (na pintura chinesa) adicionar sombreamento ao redor de um objeto para destacá-lo; realçar pelo contraste 2. realçar, destacar; servir como contraste
1661	弘扬	hóngyáng	v.	promover; propagar; divulgar
1662	红灯	hóngdēng	s.	1. luz vermelha 2. sinal vermelho (semáforo)
1663	红火	hónghuo	adj.	próspero, florescente
1664	红扑扑	hóngpūpū	adj.	ruborizado; corado
1665	红润	hóngrùn	adj.	corado; rosado
1666	红薯	hóngshǔ	s.	batata-doce
1667	红眼	hóngyǎn	v.	1. ficar furioso; ficar com sangue no olho 2. sentir ciúmes (de alguém); sentir inveja
1668	宏观	hóngguān	adj.	macro; macroscópico
1669	宏伟	hóngwěi	adj.	magnífico; grandioso; período posterior; serviço de retaguarda; logística
1670	洪亮	hóngliàng	adj.	sonoro; alto e claro

№ VOCÁBULO	PINYIN	CLASSE	TRADUÇÃO
序号 词语	拼音	词性	译文
1671 哄	hǒng	v.	1. enganar; ludibriar; embromar 2. convencer alguém através de argumentos ou elogios
1672 哄	hòng	v.	rugir; fazer barulho
1673 喉咙	hóu·lóng	s.	garganta
1674 吼	hǒu	v.	1. clamar, bradar (multidão agitada) 2. urrar; uivar (animais) 3. fazer muito barulho (ventania, canhão etc.)
1675 后备	hòubèi	adj., s.	<adj.> de reserva; extra; estepe <s.> reserva
1676 后备箱	hòubèixiāng	s.	porta-malas
1677 后代	hòudài	s.	1. períodos posteriores da História; épocas posteriores 2. gerações posteriores; descendentes; posteridade 3. prole; descendência
1678 后盾	hòudùn	s.	apoio; força de retaguarda; suporte; apoiador
1679 后顾之忧	hòugùzhīyōu		distúrbios na retaguarda; problemas em casa; preocupações familiares
1680 后期	hòuqī	s.	fase posterior
1681 后勤	hòuqín	s.	logística; serviço de apoio logístico
1682 后人	hòurén	s.	1. gerações futuras; posteridade 2. descendentes; prole
1683 后台	hòutái	s.	1. bastidores; camarim 2. apoiador nos bastidores; manipulador oculto; eminência parda
1684 后退	hòutuì	v.	retroceder; recuar; dar marcha à ré
1685 后续	hòuxù	adj.	subsequente
1686 后遗症	hòuyízhèng	s.	1. sequela 2. ressaca
1687 后裔	hòuyì	s.	descendentes; prole
1688 后者	hòuzhě	s.	este último
1689 厚道	hòudao	adj.	honesto e gentil; generoso
1690 厚度	hòudù	s.	espessura; grossura
1691 候选人	hòuxuǎnrén	s.	candidato; concorrente; postulante

序号 Nº	词语 VOCÁBULO	拼音 PINYIN	词性 CLASSE	译文 TRADUÇÃO
1692	呼风唤雨	hūfēng-huànyǔ		1. controlar o vento e a chuva; controlar as forças da natureza; exercer poderes mágicos 2. causar problemas
1693	呼唤	hūhuàn	v.	1. chamar 2. gritar
1694	呼救	hūjiù	v.	pedir socorro; clamar por ajuda
1695	呼声	hūshēng	s.	grito; voz
1696	呼应	hūyìng	v.	1. ecoar; trabalhar em sintonia com 2. coordenar; correlacionar (o conteúdo de um artigo ou o enredo de uma peça ou romance)
1697	呼吁	hūyù	v.	apelar; convocar
1698	忽高忽低	hūgāo-hūdī		oscilar; flutuar; variar
1699	忽悠	hūyou	v.	1. piscar; balançar 2. falar docemente; tapear
1700	胡闹	húnào	v.	agir de maneira descontrolada; pregar peças; causar problemas; fazer bagunça
1701	胡说	húshuō	v., s.	<v.> falar besteiras; dizer tolices; inventar histórias <s.> bobagem
1702	胡思乱想	húsī-luànxiǎng		imaginar coisas; entregar-se a devaneios
1703	湖泊	húpō	s.	lago; lagoa
1704	糊	hú	v.	colar
1705	糊涂	hútu	adj.	1. confuso; desorientado 2. bagunçado; desorganizado 3. vago; borrado
1706	互补	hùbǔ	v.	complementar; suplementar
1707	互访	hùfǎng	v.	fazer visitas recíprocas; trocar visitas
1708	互信	hùxìn	v.	confiar um no outro; ter confiança mútua
1709	互助	hùzhù	v.	dar assistência recíproca; ajudar um ao outro
1710	护理	hùlǐ	v.	cuidar de
1711	花瓣	huābàn	s.	pétala
1712	花卉	huāhuì	s.	1. flores e plantas ornamentais 2. pintura de flores e plantas no estilo tradicional chinês
1713	花纹	huāwén	s.	estampa; padrão decorativo
1714	花样	huāyàng	s.	1. padrão decorativo; design; variedade 2. tramoia

序号 N°	词语 VOCÁBULO	拼音 PINYIN	词性 CLASSE	译文 TRADUÇÃO
1715	划算	huásuàn	v., adj.	<v.> 1. calcular; pesar 2. ser lucrativo; valer a pena; ser rentável <adj.> vantajoso; que compensa; que vale a pena
1716	华丽	huálì	adj.	magnífico; esplêndido; deslumbrante
1717	华侨	huáqiáo	s.	chineses radicados fora da China; chineses de ultramar
1718	华裔	huáyì	s.	descendente de chineses
1719	哗变	huábiàn	v.	amotinar-se; rebelar-se
1720	哗然	huárán	adj.	em alvoroço; em comoção
1721	滑冰	huábīng	v.	patinar no gelo; fazer patinação no gelo
1722	滑稽	huá·jī	adj.	engraçado; cômico; divertido
1723	滑梯	huátī	s.	escorregador; tobogã
1724	滑雪	huáxuě	v.	esquiar; praticar esqui
1725	化肥	huàféi	s.	fertilizante químico
1726	化身	huàshēn	s.	encarnação; personificação; manifestação
1727	化纤	huàxiān	s.	fibra sintética
1728	化险为夷	huàxiǎnwéiyí		superar dificuldades; transformar perigos em segurança
1729	化验	huàyàn	v.	testar; fazer análise química
1730	化妆	huà // zhuāng	v.	maquiar; aplicar cosméticos; usar maquiagem
1731	划时代	huàshídài	adj.	marcante; revolucionário
1732	画册	huàcè	s.	álbum; galeria de imagens
1733	画龙点睛	huàlóng-diǎnjīng		1. pintar os olhos do dragão; dar o toque final; colocar a cereja do bolo 2. fechar com chave de ouro (uma argumentação)
1734	画蛇添足	huàshé-tiānzú		desenhar pés em cobra; arruinar o efeito acrescentando algo desnecessário; enfeitar o lírio
1735	画展	huàzhǎn	s.	exposição de arte; exposição de pinturas
1736	话费	huàfèi	s.	conta telefônica
1737	话筒	huàtǒng	s.	1. microfone 2. megafone
1738	话语	huàyǔ	s.	enunciado; discurso; comentário

Nº	VOCÁBULO	PINYIN	CLASSE	TRADUÇÃO
1739	怀抱	huáibào	v., s.	< v.> 1. segurar no colo 2. valorizar, nutrir (ambição, aspiração) < s.> 1. colo 2. ambição; aspiração
1740	怀旧	huáijiù	v.	recordar o passado ou velhos conhecidos; ser nostálgico
1741	怀里	huái li		no colo de; nos braços de
1742	怀孕	huái // yùn	v.	estar grávida
1743	怀着	huáizhe	v.	1. valorizar, nutrir (ambição, aspiração) 2. abrigar, estar imbuído de (certa emoção)
1744	槐树	huáishù	s.	acácia
1745	坏事	huàishì	s.	malfeitoria; ação maldosa
1746	欢呼	huānhū	v.	aclamar
1747	欢聚	huānjù	v.	ter uma reunião agradável; confraternizar
1748	欢快	huānkuài	adj.	alegre e despreocupado; animado
1749	欢声笑语	huānshēng-xiàoyǔ		alegria e risadas; conversação animada; vozerio alegre
1750	还款	huán kuǎn		reembolsar
1751	还原	huán // yuán	v.	1. retornar à condição ou forma original; restaurar 2. reduzir
1752	环球	huánqiú	v.	dar a volta ao mundo
1753	环绕	huánrào	v.	cercar; rodear; girar em torno de
1754	缓	huǎn	v.	1. atrasar; adiar; postergar 2. recuperar; reviver
1755	缓和	huǎnhé	v., adj.	<v.> amenizar; aliviar; mitigar <adj.> ameno; suavizado
1756	缓缓	huǎnhuǎn	adv.	devagar; suavemente
1757	缓慢	huǎnmàn	adj.	lento; vagaroso
1758	幻觉	huànjué	s.	alucinação; ilusão
1759	幻影	huànyǐng	s.	imagem irreal; miragem
1760	换成	huànchéng		substituir por
1761	换取	huànqǔ	v.	trocar por; obter em troca
1762	换位	huànwèi	v.	1. trocar posições 2. transpor
1763	换言之	huànyánzhī		em outras palavras; para colocar de forma diferente

Nº	VOCÁBULO	PINYIN	CLASSE	TRADUÇÃO
1764	唤起	huànqǐ	v.	1. incitar 2. evocar
1765	患	huàn	v.	1. estar aflito com; preocupar-se com 2. contrair (uma doença); sofrer de
1766	患病	huànbìng	v.	sofrer de uma doença; adoecer
1767	患有	huànyǒu		estar aflito com algo
1768	焕发	huànfā	v.	1. brilhar; resplandecer 2. mostrar vigor; animar-se
1769	荒	huāng	v.	estar abandonado; estar fora de uso; estar enferrujado
1770	荒诞	huāngdàn	adj.	absurdo; fantástico
1771	荒凉	huāngliáng	adj.	desolado; abandonado
1772	荒谬	huāngmiù	adj.	absurdo; contrário à razão
1773	慌乱	huāngluàn	adj.	agitado; alarmado e desnorteado
1774	慌张	huāng·zhāng	adj.	agitado; confuso; desesperado
1775	皇宫	huánggōng	s.	palácio imperial; palácio
1776	皇后	huánghòu	s.	imperatriz; rainha
1777	皇上	huángshang	s.	1. imperador 2. Sua Majestade Imperial
1778	皇室	huángshì	s.	1. família imperial; casa real 2. governo imperial; corte
1779	黄昏	huánghūn	s.	crepúsculo; entardecer; lusco-fusco
1780	恍然大悟	huǎngrán-dàwù		entender de repente; ter um estalo; ter uma iluminação
1781	晃	huǎng	v.	1. ofuscar 2. passar rapidamente
1782	谎话	huǎnghuà	s.	mentira; falsidade
1783	谎言	huǎngyán	s.	mentira; falsidade
1784	晃	huàng	v.	1. ofuscar 2. passar rapidamente
1785	晃荡	huàngdang	v.	1. balançar; sacudir; oscilar 2. andar por aí, vagabundear
1786	灰	huī	s., adj.	<s.> 1. cinza 2. poeira; pó 3. cal; argamassa <adj.> 1. cinzento; cinza 2. desanimado; desmotivado
1787	灰尘	huīchén	s.	cinza; poeira
1788	灰心	huī // xīn	v.	desanimar; ficar desencorajado; perder o ânimo

序号 Nº	词语 VOCÁBULO	拼音 PINYIN	词性 CLASSE	译文 TRADUÇÃO
1789	挥	huī	v.	1. agitar; brandir; empunhar 2. enxugar (lágrimas, suor) 3. comandar (um exército) 4. dispersar
1790	辉煌	huīhuáng	adj.	brilhante; esplêndido; glorioso; notável
1791	回归	huíguī	v.	retornar
1792	回扣	huíkòu	s.	comissão de vendas
1793	回馈	huíkuì	v.	1. retribuir 2. dar feedback
1794	回落	huíluò	v.	cair após um aumento; baixar
1795	回升	huíshēng	v.	aumentar após uma queda; voltar a subir
1796	回首	huíshǒu	v.	1. virar a cabeça; olhar para trás 2. recordar; relembrar
1797	回味	huíwèi	s., v.	<s.> gostinho; reminiscência do sabor de algo <v.> saborear uma recordação; ruminar um pensamento
1798	回想	huíxiǎng	v.	pensar no passado; recordar; relembrar
1799	回忆录	huíyìlù	s.	memória; lembrança; reminiscência
1800	悔恨	huǐhèn	v.	sentir profundo arrependimento; estar cheio de remorso
1801	毁坏	huǐhuài	v.	danificar seriamente; destruir; arruinar
1802	毁灭	huǐmiè	v.	destruir; aniquilar
1803	汇合	huìhé	v.	encontrar-se em um ponto comum; convergir
1804	汇集	huìjí	v.	1. reunir ou agrupar em um só lugar 2. juntar-se; reunir-se
1805	汇聚	huìjù	v.	convergir para um ponto específico; juntar-se; reunir-se
1806	会场	huìchǎng	s.	local onde ocorre uma reunião ou evento
1807	会面	huì // miàn	v.	encontrar-se ou reunir-se com alguém
1808	会晤	huìwù	v.	ter uma reunião; encontrar-se
1809	会意	huìyì	v.	entender; saber
1810	会诊	huì // zhěn	v.	realizar uma consulta em grupo (médicos)
1811	绘声绘色	huìshēng-huìsè		com detalhes vívidos; com grande expressividade
1812	贿赂	huìlù	v., s.	<v.> subornar <s.> suborno; propina

Nº	VOCÁBULO	PINYIN	CLASSE	TRADUÇÃO
1813	昏迷	hūnmí	v.	1. estar inconsciente ou desacordado 2. perder a consciência ou a clareza mental
1814	婚纱	hūnshā	s.	vestido de noiva
1815	婚姻	hūnyīn	s.	casamento; matrimônio
1816	浑身	húnshēn	s.	o corpo inteiro; (por) todo o corpo
1817	魂	hún	s.	1. alma; espírito 2. humor; estado mental 3. a essência nobre de uma nação
1818	混凝土	hùnníngtǔ	s.	concreto (material de construção)
1819	混淆	hùnxiáo	v.	confundir ou misturar coisas de forma a gerar confusão
1820	混浊	hùnzhuó	adj.	turvo; lamacento
1821	豁	huō	v.	1. rachar 2. pagar um preço muito alto; abrir mão de; sacrificar
1822	豁出去	huō // chuqu	v.	estar disposto a arriscar tudo; não ter medo de enfrentar consequências
1823	活该	huógāi		bem feito! (expressão de satisfação com algo negativo ocorrido a outrem)
1824	活期	huóqī	s.	conta corrente (banco)
1825	活儿	huór	s.	1. trabalho; tarefa física 2. produto
1826	火暴	huǒbào	adj.	agressivo; explosivo; irascível
1827	火锅	huǒguō	s.	prato típico chinês no qual fatias de carne e verduras são cozidas em caldo fervente em panela própria sobre um fogareiro no centro da mesa e consumidos com molhos variados; hot-pot
1828	火候	huǒhou	s.	1. temperatura ou tempo necessário para alcançar o ponto de cozimento desejado 2. nível de maestria 3. momento decisivo
1829	火花	huǒhuā	s.	1. faísca; brilho produzido por algo em chamas 2. figura em caixa de fósforos
1830	火炬	huǒjù	s.	tocha
1831	火辣辣	huǒlàlà	adj.	1. extremamente quente; escaldante 2. ruborizado; envergonhado 3. ousado; decidido 4. incisivo (linguagem)
1832	火热	huǒrè	adj.	1. fervente 2. fervoroso; apaixonado 3. íntimo 4. intenso

Nº	VOCÁBULO	PINYIN	CLASSE	TRADUÇÃO
1833	火山	huǒshān	s.	vulcão
1834	火速	huǒsù	adv.	em velocidade máxima; com rapidez
1835	火焰	huǒyàn	s.	chama; fogo
1836	火药	huǒyào	s.	pólvora
1837	伙食	huǒ·shí	s.	comida; alimentação; refeição
1838	或多或少	huòduō-huòshǎo		mais ou menos; em maior ou menor grau
1839	货币	huòbì	s.	moeda; dinheiro
1840	货车	huòchē	s.	1. trem de carga 2. camioneta; van de carga 3. caminhão
1841	货物	huòwù	s.	mercadoria; produto comercial
1842	货运	huòyùn	s.	transporte de mercadorias; frete
1843	获胜	huòshèng	v.	obter vitória; vencer; ganhar
1844	获悉	huòxī	v.	tomar conhecimento; ficar sabendo
1845	祸害	huòhai	s., v.	<s.> 1. desastre; calamidade 2. flagelo; maldição; desgraça <v.> causar desastre; destruir; arruinar
1846	霍乱	huòluàn	s.	1. cólera (doença) 2. gastroenterite; infecção intestinal
1847	豁达	huòdá	adj.	de mente aberta; tolerante; desprendido
1848	几率	jīlǜ	s.	probabilidade; chance
1849	讥笑	jīxiào	v.	zombar; ridicularizar
1850	饥饿	jī'è	adj.	faminto; famélico
1851	机舱	jīcāng	s.	1. casa de máquinas de um navio 2. cabine; compartimento de passageiros de uma aeronave
1852	机动	jīdòng	adj.	1. motorizado 2. flexível; adaptável 3. de reserva; sobressalente
1853	机灵	jīling	adj.	esperto; inteligente; astuto
1854	机密	jīmì	adj., s.	<adj.> confidencial; secreto <s.> segredo
1855	机智	jīzhì	adj.	perspicaz; esperto; sagaz
1856	肌肤	jīfū	s.	pele; músculo e pele (humana)
1857	积	jī	v.	acumular; armazenar

序号 No	词语 VOCÁBULO	拼音 PINYIN	词性 CLASSE	译文 TRADUÇÃO
1858	积淀	jīdiàn	v., s.	<v.> acumular; sedimentar <s.> sedimentos acumulados ao longo dos anos; acúmulo (de conhecimento, cultura, experiências etc.)
1859	积蓄	jīxù	v., s.	<v.> acumular; juntar; economizar <s.> poupança; economias
1860	基本功	jīběngōng	s.	habilidades básicas; conhecimento básico
1861	基层	jīcéng	s.	nível de base; nível inicial
1862	基因	jīyīn	s.	gene
1863	基于	jīyú	prep.	com base em; por causa de; em vista de; de acordo com
1864	基准	jīzhǔn	s.	1. referência; parâmetro 2. padrão; critério
1865	畸形	jīxíng	adj.	anormal; irregular
1866	激发	jīfā	v.	1. estimular; provocar; incitar 2. excitar
1867	激光	jīguāng	s.	laser
1868	激化	jīhuà	v.	intensificar; agravar
1869	激活	jīhuó	v.	1. ativar 2. estimular; energizar
1870	激励	jīlì	v.	1. incentivar 2. motivar
1871	激起	jīqǐ	v.	provocar; instigar; incitar
1872	激素	jīsù	s.	hormônio
1873	及	jí	conj.	e; bem como
1874	及其	jí qí		juntamente com; e seu(s)/sua(s)
1875	及早	jízǎo	adv.	o mais cedo possível; logo
1876	吉普	jípǔ	s.	jipe
1877	吉他	jítā	s.	violão
1878	吉祥物	jíxiángwù	s.	mascote (símbolo de boa sorte)
1879	级别	jíbié	s.	nível; categoria; patamar
1880	极度	jídù	adv.	extremamente; intensamente
1881	极力	jílì	adv.	com todo o empenho; ao máximo
1882	极少数	jí shǎoshù		uma pequena minoria; muito poucos
1883	极为	jíwéi	adv.	extremamente; muito
1884	极限	jíxiàn	s.	limite máximo; ponto máximo
1885	即	jí	adv.	1. imediatamente 2. precisamente 3. a saber; nomeadamente

Nº	VOCÁBULO	PINYIN	CLASSE	TRADUÇÃO
1886	即便	jíbiàn	*conj.*	mesmo que; ainda que; mesmo assim
1887	即可	jíkě	*v.*	poder; ser possível; ser suficiente; bastar
1888	急剧	jíjù	*adj.*	rápido; abrupto; drástico
1889	急迫	jípò	*adj.*	urgente; iminente; premente
1890	急性	jíxìng	*adj.*	agudo; súbito; de curta duração
1891	急需	jíxū	*v.*	necessitar urgentemente; precisar com urgência
1892	急于	jíyú	*v.*	estar ansioso para; estar com pressa de
1893	急诊	jízhěn	*v., s.*	<v.> prestar atendimento médico emergencial <s.> tratamento de emergência; pronto-socorro
1894	急转弯	jízhuǎnwān	*v.*	1. fazer uma curva fechada; fazer uma manobra brusca 2. fazer uma mudança radical
1895	棘手	jíshǒu	*adj.*	complicado; difícil; problemático
1896	集会	jíhuì	*s., v.*	<s.> reunião; encontro; assembleia <v.> reunir-se
1897	集结	jíjié	*v.*	reunir-se; agrupar-se; juntar-se
1898	集邮	jí // yóu	*v., s.*	<v.> colecionar selos <s.> filatelia
1899	集装箱	jízhuāngxiāng	*s.*	contêiner
1900	集资	jízī	*v.*	angariar fundos; levantar capital
1901	嫉妒	jídù	*v.*	sentir inveja; ter ciúmes
1902	挤压	jǐyā	*v.*	comprimir; apertar; espremer
1903	脊梁	jǐ·liáng	*s.*	espinha dorsal; coluna vertebral
1904	计	jì	*s., v.*	<s.> 1. ideia; plano; estratagema 2. contador; medidor <v.> 1. contar; calcular 2. totalizar 3. planejar 4. preocupar-se com; importar-se com (usualmente na negativa)
1905	计策	jìcè	*s.*	estratagema; tática; plano
1906	计较	jìjiào	*v.*	1. preocupar-se; ser demasiado exigente (com ninharias) 2. discutir 3. planejar
1907	计时	jìshí	*v.*	cronometrar; marcar o tempo
1908	记号	jìhao	*s.*	marca; sinal; anotação

№	VOCÁBULO	PINYIN	CLASSE	TRADUÇÃO
1909	记忆犹新	jìyì-yóuxīn		guardar uma lembrança vívida; estar fresco na memória
1910	纪录片	jìlùpiàn	s.	documentário (filme)
1911	纪念碑	jìniànbēi	s.	monumento; pedra memorial; cenotáfio
1912	纪念馆	jìniànguǎn	s.	museu memorial; memorial
1913	纪念日	jìniànrì	s.	dia comemorativo; aniversário
1914	纪实	jìshí	v., s.	<v.> registrar eventos reais <s.> registro de eventos reais
1915	技艺	jìyì	s.	habilidade; técnica; arte
1916	忌	jì	v.	ter ciúmes de; ter inveja de
1917	忌讳	jì·huì	v.	evitar; ter tabu; ter restrição
1918	忌口	jì // kǒu	v.	ter restrição alimentar; evitar certos alimentos por razões de saúde, convicções ou crença religiosa
1919	剂	jì	s., cl.	<s.> 1. preparado farmacêutico; medicamento manipulado 2. substância; componente 3. pequena porção de massa <cl.> classificador para doses (em receitas de medicina tradicional chinesa)
1920	迹象	jìxiàng	s.	sinal; indício; evidência
1921	继	jì	v.	1. herdar; suceder 2. seguir; continuar
1922	继而	jì'ér	conj.	em seguida; depois disso; consequentemente
1923	继父	jìfù	s.	padrasto; pai adotivo
1924	继母	jìmǔ	s.	madrasta; mãe adotiva
1925	祭	jì	v.	1. realizar um ritual; fazer uma oferenda 2. realizar uma cerimônia fúnebre 3. empunhar (um objeto mágico)
1926	祭奠	jìdiàn	v.	realizar uma cerimônia fúnebre
1927	祭祀	jìsì	v.	prestar culto a divindades ou ancestrais
1928	寄托	jìtuō	v.	1. confiar aos cuidados de alguém 2. depositar (esperanças) em
1929	寂静	jìjìng	adj.	silencioso; tranquilo; sereno
1930	寂寞	jìmò	adj.	1. solitário; melancólico 2. silencioso; tranquilo

Nº	VOCÁBULO	PINYIN	CLASSE	TRADUÇÃO
1931	加紧	jiājǐn	v.	intensificar; acelerar; apressar
1932	加剧	jiājù	v.	agravar; intensificar; aumentar
1933	加深	jiāshēn	v.	aprofundar; intensificar; aumentar
1934	加重	jiāzhòng	v.	1. aumentar o peso; tornar mais pesado 2. agravar
1935	佳节	jiājié	s.	festival; época festiva
1936	家伙	jiāhuo	s.	1. ferramenta; utensílio; arma 2. sujeito; cara 3. forma de tratamento familiar de um animal doméstico
1937	家家户户	jiājiāhùhù	s.	todos os domicílios; todos os lares; cada casa
1938	家教	jiājiào	s.	1. ensino domiciliar; homeschooling 2. preceptor(a); professor(a) particular
1939	家境	jiājìng	s.	situação familiar; condição financeira
1940	家禽	jiāqín	s.	aves domésticas; aves de criação
1941	家用	jiāyòng	s., adj.	<s.> despesas domésticas; dinheiro destinado à manutenção da casa <adj.> de uso doméstico, familiar, residencial
1942	家喻户晓	jiāyù-hùxiǎo		conhecido em todos os lares; amplamente conhecido
1943	家政	jiāzhèng	s.	gestão doméstica; economia doméstica
1944	家族	jiāzú	s.	família; clã; linhagem
1945	嘉年华	jiāniánhuá	s.	carnaval
1946	假定	jiǎdìng	v.	supor; presumir
1947	假冒	jiǎmào	v.	passar-se por; falsificar
1948	假设	jiǎshè	v., s.	<v.> 1. supor; pressupor 2. forjar; inventar <s.> hipótese
1949	假使	jiǎshǐ	conj.	se; caso
1950	假装	jiǎzhuāng	v.	fingir; simular; dissimular; fazer de conta
1951	价位	jiàwèi	s.	preço; faixa de preço
1952	价值观	jiàzhíguān	s.	valores; sistema de valores; ética
1953	驾	jià	v.	dirigir; conduzir; pilotar
1954	驾车	jià chē		dirigir um veículo; conduzir um carro
1955	驾驭	jiàyù	v.	controlar; dominar; manobrar

Nº	VOCÁBULO	PINYIN	CLASSE	TRADUÇÃO
1956	架势	jiàshi	s.	1. postura; atitude; pose 2. condição; situação
1957	架子	jiàzi	s.	1. suporte; prateleira; estante 2. estrutura; esqueleto 3. pose, postura afetada
1958	嫁	jià	v.	1. casar-se (mulher) 2. transferir; passar para outrem (culpa, responsabilidade etc.)
1959	嫁妆	jiàzhuang	s.	dote; bens dados como parte do casamento
1960	尖端	jiānduān	s., adj.	<s.> ponta; extremidade; topo <adj.> de ponta; avançado
1961	尖锐	jiānruì	adj.	1. pontiagudo 2. afiado; penetrante 3. agudo; estridente (voz, som etc.) 4. intenso
1962	奸诈	jiānzhà	adj.	astuto; malicioso; traiçoeiro
1963	歼灭	jiānmiè	v.	exterminar; aniquilar; eliminar completamente
1964	坚持不懈	jiānchí-búxiè	v.	persistir incansavelmente; ser perseverante
1965	坚韧	jiānrèn	adj.	tenaz; resistente; persistente
1966	坚实	jiānshí	adj.	sólido; firme; resistente; robusto
1967	坚守	jiānshǒu	v.	permanecer firme; manter-se fiel; defender
1968	坚信	jiānxìn	v.	acreditar firmemente; ter plena convicção
1969	坚硬	jiānyìng	adj.	duro; sólido; resistente
1970	肩膀	jiānbǎng	s.	ombro
1971	肩负	jiānfù	v.	assumir; carregar (responsabilidade); encarregar-se de
1972	艰巨	jiānjù	adj.	árduo; colossal; gigantesco
1973	艰苦奋斗	jiānkǔ-fèndòu	v.	empenhar-se arduamente; batalhar tenazmente
1974	艰险	jiānxiǎn	adj.	perigoso; arriscado; difícil
1975	艰辛	jiānxīn	adj.	árduo; difícil; penoso
1976	监察	jiānchá	v.	supervisionar; fiscalizar; monitorar
1977	监管	jiānguǎn	v.	supervisionar; controlar
1978	监护	jiānhù	v.	cuidar
1979	监控	jiānkòng	v.	monitorar; vigiar; controlar
1980	监视	jiānshì	v.	observar; vigiar; monitorar
1981	监狱	jiānyù	s.	prisão; penitenciária

Nº	VOCÁBULO	PINYIN	CLASSE	TRADUÇÃO
1982	兼	jiān	v.	acumular funções ou cargos
1983	兼顾	jiāngù	v.	conciliar; levar em consideração ambos; atender a ambos
1984	兼任	jiānrèn	v.	acumular funções ou cargos
1985	兼容	jiānróng	v.	ser compatível
1986	兼职	jiānzhí	s.	trabalho de meio período
1987	煎	jiān	v.	1. fritar em pouco óleo; fritar na chapa 2. ferver em fogo brando
1988	拣	jiǎn	v.	escolher; selecionar; pegar
1989	检察	jiǎnchá	v.	inspecionar; investigar; examinar
1990	检讨	jiǎntǎo	v.	1. fazer autocrítica 2. inspecionar; analisar
1991	减免	jiǎnmiǎn	v.	1. mitigar; anular (pena, punição etc.) 2. reduzir; isentar (taxação etc.)
1992	减弱	jiǎnruò	v.	enfraquecer; diminuir; reduzir
1993	减速	jiǎn // sù	v.	reduzir a velocidade; desacelerar
1994	减压	jiǎnyā	v.	aliviar a pressão; descomprimir
1995	简称	jiǎnchēng	v., s.	<v.> abreviar (nome) <s.> abreviação; abreviatura
1996	简短	jiǎnduǎn	adj.	curto; breve; conciso
1997	简化	jiǎnhuà	v.	simplificar
1998	简洁	jiǎnjié	adj.	conciso; sucinto; breve
1999	简陋	jiǎnlòu	adj.	simples; rudimentar; humilde
2000	简体字	jiǎntǐzì	s.	caracteres simplificados; escrita chinesa simplificada
2001	简要	jiǎnyào	adj.	sucinto; breve; conciso
2002	简易	jiǎnyì	adj.	1. fácil; descomplicado 2. simples; sem sofisticação
2003	见解	jiànjiě	s.	ponto de vista; opinião
2004	见钱眼开	jiànqián-yǎnkāi		ganancioso; interessado apenas em dinheiro
2005	见仁见智	jiànrén-jiànzhì		cada um tem sua própria opinião; questão de ponto de vista
2006	见识	jiànshi	v., s.	<v.> ganhar mais experiência; ampliar os conhecimentos <s.> experiência; conhecimento; discernimento

序号	词语	拼音	词性	译文
Nº	VOCÁBULO	PINYIN	CLASSE	TRADUÇÃO
2007	见外	jiànwài	*adj.*	desnecessariamente cerimonioso
2008	见效	jiànxiào	*v.*	produzir resultados; surtir efeito; ser eficaz
2009	见义勇为	jiànyì-yǒngwéi		agir corajosamente em defesa da justiça
2010	见证	jiànzhèng	*v., s.*	<v.> testemunhar; dar testemunho <s.> testemunha; testemunho
2011	间谍	jiàndié	*s.*	espião
2012	间断	jiànduàn	*v.*	ser interrompido; ser descontinuado
2013	间隔	jiàngé	*v., s.*	<v.> separar <s.> intervalo; espaçamento; lacuna
2014	间隙	jiànxì	*s.*	brecha; fenda; intervalo; espaço
2015	建交	jiàn // jiāo	*v.*	estabelecer relações diplomáticas
2016	建树	jiànshù	*v., s.*	<v.> contribuir; realizar conquistas <s.> contribuição; conquista; realização
2017	建筑师	jiànzhùshī	*s.*	arquiteto
2018	建筑物	jiànzhùwù	*s.*	edifício; construção; estrutura
2019	贱	jiàn	*adj.*	1. barato; de baixo valor 2. humilde; de baixo status 3. desprezível; reles 4. meu
2020	健美	jiànměi	*s., adj.*	<s.> fisiculturismo; musculação <adj.> atlético (corpo); com o físico moldado pela prática esportiva
2021	健壮	jiànzhuàng	*adj.*	robusto; forte; vigoroso
2022	溅	jiàn	*v.*	respingar; salpicar; espirrar
2023	鉴别	jiànbié	*v.*	identificar; distinguir; diferenciar
2024	鉴赏	jiànshǎng	*v.*	apreciar; valorizar; admirar
2025	鉴于	jiànyú	*prep.*	tendo em vista; considerando
2026	姜	jiāng	*s.*	gengibre
2027	僵	jiāng	*adj.*	1. rígido; imóvel; inflexível 2. num impasse
2028	僵化	jiānghuà	*v.*	enrijecer; perder a flexibilidade
2029	僵局	jiāngjú	*s.*	impasse; situação difícil de resolver
2030	讲解	jiǎngjiě	*v.*	explicar; interpretar
2031	讲述	jiǎngshù	*v.*	narrar; contar; relatar
2032	讲学	jiǎng // xué	*v.*	ministrar palestra ou conferência; fazer uma exposição sobre tema acadêmico

Nº	VOCÁBULO	PINYIN	CLASSE	TRADUÇÃO
2033	奖杯	jiǎngbēi	s.	troféu; taça; copa
2034	奖牌	jiǎngpái	s.	medalha
2035	奖品	jiǎngpǐn	s.	prêmio; objeto que se concede ao vencedor de competição, sorteio etc.
2036	奖项	jiǎngxiàng	s.	prêmio; distinção; premiação
2037	降临	jiànglín	v.	chegar; aparecer; descer
2038	交叉	jiāochā	v.	1. cruzar 2. entrelaçar 3. intercalar
2039	交锋	jiāo // fēng	v.	entrar em confronto; travar uma guerra
2040	交付	jiāofù	v.	1. pagar 2. entregar; transferir
2041	交集	jiāojí	v.	estar misturado; ocorrer simultaneamente (sentimentos)
2042	交接	jiāojiē	v.	passar; transferir; entregar
2043	交界	jiāojiè	v.	fazer fronteira com
2044	交纳	jiāonà	v.	pagar (a instituição ou Estado); desembolsar; contribuir
2045	交情	jiāoqing	s.	amizade; camaradagem
2046	交涉	jiāoshè	v.	negociar; discutir; intervir
2047	交谈	jiāotán	v.	conversar; falar; discutir
2048	交替	jiāotì	v.	1. substituir; suplantar 2. alternar; revezar
2049	交头接耳	jiāotóu-jiē'ěr		cochichar; sussurrar ao pé do ouvido
2050	交响乐	jiāoxiǎngyuè	s.	música sinfônica
2051	郊外	jiāowài	s.	periferia; área suburbana
2052	郊游	jiāoyóu	v.	passear; excursionar; sair da cidade (a passeio)
2053	浇	jiāo	v.	regar; irrigar; despejar líquido
2054	娇惯	jiāoguàn	v.	mimar; paparicar
2055	娇气	jiāo·qì	adj.	delicado; frágil
2056	胶囊	jiāonáng	s.	cápsula (pílula)
2057	胶片	jiāopiàn	s.	filme
2058	焦	jiāo	adj.	1. queimado; carbonizado 2. seco 3. crocante 4. preocupado; ansioso
2059	焦急	jiāojí	adj.	ansioso; angustiado; aflito
2060	焦距	jiāojù	s.	distância focal; foco

序号 Nº	词语 VOCÁBULO	拼音 PINYIN	词性 CLASSE	译文 TRADUÇÃO
2061	焦虑	jiāolǜ	*adj.*	ansioso; preocupado; inquieto
2062	焦躁	jiāozào	*adj.*	irritado; impaciente; agitado
2063	礁石	jiāoshí	*s.*	recife; rocha submersa; rochedo
2064	嚼	jiáo	*v.*	mastigar; morder; triturar
2065	角落	jiǎoluò	*s.*	1. canto, local onde se encontram duas linhas ou paredes 2. recanto
2066	狡猾	jiǎohuá	*adj.*	astuto; ardiloso
2067	绞	jiǎo	*v.*	1. torcer; retorcer 2. enroscar; enredar 3. enforcar (um criminoso) 4. enrolar 5. misturar 6. moer carne
2068	矫正	jiǎozhèng	*v.*	corrigir; retificar
2069	搅	jiǎo	*v.*	1. perturbar 2. mexer; misturar
2070	搅拌	jiǎobàn	*v.*	misturar; agitar; mexer
2071	缴	jiǎo	*v.*	1. pagar ou entregar por obrigação 2. capturar (armas do inimigo)
2072	缴费	jiǎofèi	*v.*	pagar taxa; pagar mensalidade; pagar a conta
2073	缴纳	jiǎonà	*v.*	pagar; contribuir
2074	叫板	jiào // bǎn	*v.*	1. na ópera tradicional chinesa, o ato de sinalizar os músicos prolongando a última palavra recitada antes de iniciar o acompanhamento instrumental 2. desafiar; confrontar; provocar
2075	叫好	jiào // hǎo	*v.*	aplaudir entusiasticamente; gritar "bravo" etc.; torcer
2076	轿车	jiàochē	*s.*	1. carruagem 2. carro; automóvel sedã
2077	较劲	jiào // jìn	*v.*	1. medir forças; competir 2. confrontar; desafiar 3. pedir grandes esforços
2078	较量	jiàoliàng	*v.*	competir; disputar
2079	教科书	jiàokēshū	*s.*	livro didático
2080	教条	jiàotiáo	*s., adj.*	<s.> dogma; doutrina <adj.> dogmático
2081	教养	jiàoyǎng	*v., s.*	<v.> educar; criar; formar <s.> educação; criação; formação
2082	阶层	jiēcéng	*s.*	camada social; classe social; estrato social

Nº	VOCÁBULO	PINYIN	CLASSE	TRADUÇÃO
2083	阶级	jiējí	s.	1. degrau 2. escalão (hierarquia) 3. classe (social)
2084	阶梯	jiētī	s.	escada; escadaria
2085	皆	jiē	adv.	todos; todo
2086	结	jiē	v.	produzir (fruto); formar (semente)
2087	结果	jiē // guǒ	v.	frutificar; dar frutos
2088	接班	jiē // bān	v.	assumir o cargo; suceder; substituir
2089	接班人	jiēbānrén	s.	sucessor
2090	接二连三	jiē'èr-liánsān		um após o outro; em rápida sucessão
2091	接轨	jiē // guǐ	v.	1. conectar os trilhos 2. integrar
2092	接济	jiējì	v.	dar assistência material ou financeira
2093	接见	jiējiàn	v.	receber; conceder entrevista ou audiência
2094	接力	jiēlì	v.	revezar
2095	接纳	jiēnà	v.	1. admitir (numa organização) 2. aceitar; acolher (proposta, conselho etc.)
2096	接手	jiēshǒu	v.	assumir (responsabilidades); encarregar-se
2097	接送	jiēsòng	v.	buscar e levar; transporte de ida e volta
2098	接替	jiētì	v.	substituir; tomar o lugar de; suceder
2099	接听	jiētīng	v.	atender (telefone); receber uma chamada
2100	接通	jiētōng	v.	conectar; estabelecer uma conexão; ligar
2101	揭发	jiēfā	v.	expor; desmascarar; trazer à tona
2102	揭露	jiēlù	v.	expor; desmascarar; revelar
2103	揭示	jiēshì	v.	1. anunciar; tornar público; divulgar 2. revelar
2104	揭晓	jiēxiǎo	v.	anunciar; revelar; divulgar
2105	节俭	jiéjiǎn	adj.	econômico; frugal
2106	节气	jié·qì	s.	1. termo solar (uma das divisões do ano no calendário tradicional chinês com duração aproximada de 15 dias) 2. a data inicial de um termo solar
2107	节水	jiéshuǐ	v.	economizar água
2108	节衣缩食	jiéyī-suōshí		viver frugalmente; economizar em roupa e comida

№	VOCÁBULO	PINYIN	CLASSE	TRADUÇÃO
2109	劫	jié	v.	1. assaltar; roubar 2. coagir
2110	劫持	jiéchí	v.	sequestrar; tomar como refém
2111	洁净	jiéjìng	adj.	limpo; asseado
2112	结冰	jiébīng	v.	congelar; formar gelo
2113	结晶	jiéjīng	s.	1. cristal 2. cristalização
2114	结局	jiéjú	s.	desfecho; conclusão; final
2115	结识	jiéshí	v.	conhecer; fazer amizade com; estabelecer contato
2116	结尾	jiéwěi	v., s.	\<v.\> finalizar; encerrar \<s.\> término
2117	截	jié	v., cl.	\<v.\> 1. cortar; seccionar 2. parar; impedir a passagem 3. até (certo horário) \<cl.\> classificador para segmentos, pedaços
2118	截然不同	jiérán-bùtóng		completamente diferente
2119	竭尽全力	jiéjìn-quánlì		dar o máximo; esgotar todos os recursos
2120	竭力	jiélì	adv.	com todas as forças; com máximo empenho
2121	解答	jiědá	v.	explicar; responder
2122	解读	jiědú	v.	1. decifrar; decodificar 2. interpretar; explicar
2123	解雇	jiěgù	v.	demitir; dispensar; despedir
2124	解救	jiějiù	v.	resgatar; salvar; libertar
2125	解剖	jiěpōu	v.	dissecar; autopsiar
2126	解散	jiěsàn	v.	dispensar; dissolver; dispersar
2127	解体	jiětǐ	v.	1. decompor-se (material orgânico) 2. desintegrar; desfazer-se
2128	解脱	jiětuō	v.	libertar-se; aliviar; desapegar-se
2129	解围	jiě // wéi	v.	1. romper o cerco 2. tirar alguém de uma situação difícil
2130	解析	jiěxī	v.	analisar
2131	介入	jièrù	v.	envolver-se; intervir; interferir
2132	介意	jiè // yì	v.	importar-se; ter objeção; ficar ofendido
2133	介于	jièyú	v.	estar situado entre; estar no meio de
2134	戒备	jièbèi	v.	estar em guarda; estar alerta; estar vigilante
2135	戒烟	jiè yān	v.	parar de fumar; abandonar o cigarro

Nº	VOCÁBULO	PINYIN	CLASSE	TRADUÇÃO
2136	戒指	jièzhi	s.	anel; aliança
2137	届时	jièshí	adv.	quando chegar o momento; na ocasião; na hora
2138	界定	jièdìng	v.	definir; delimitar; determinar
2139	界限	jièxiàn	s.	limite; divisa; fronteira
2140	界线	jièxiàn	s.	linha divisória; limite
2141	借口	jièkǒu	v., s.	<v.> usar como desculpa; com a desculpa de que; a pretexto de <s.> desculpa; pretexto; justificativa
2142	借条	jiètiáo	s.	promissória; nota de empréstimo
2143	借用	jièyòng	v.	1. tomar emprestado 2. usar algo para outro fim
2144	借助	jièzhù	v.	contar com; recorrer a; utilizar a ajuda de
2145	金属	jīnshǔ	s.	metal
2146	金子	jīnzi	s.	ouro
2147	金字塔	jīnzìtǎ	s.	pirâmide
2148	津津有味	jīnjīn-yǒuwèi	adv.	com gosto; com satisfação; com grande interesse
2149	津贴	jīntiē	s.	subsídio; benefício; auxílio
2150	筋	jīn	s.	1. tendão; nervo 2. músculo 3. veia saliente sob a pele 4. nervura
2151	禁不住	jīnbuzhù	v.	não resistir; não conseguir evitar
2152	仅次于	jǐn cì yú		ficar atrás somente de
2153	尽	jǐn	v., adv.	<v.> 1. tentar chegar ao máximo possível 2. priorizar <adv.> ao máximo; ao extremo; tanto quanto possível
2154	尽早	jǐnzǎo	adv.	o mais cedo possível; tão cedo quanto possível
2155	紧凑	jǐncòu	adj.	compacto; denso
2156	紧接着	jǐn jiēzhe		logo em seguida; imediatamente após
2157	紧迫	jǐnpò	adj.	urgente; premente; iminente
2158	紧缺	jǐnquē	adj.	escasso; em falta; deficitário
2159	紧缩	jǐnsuō	v.	apertar; reduzir; encolher

№ VOCÁBULO	词语	PINYIN	CLASSE	TRADUÇÃO
2160	锦旗	jǐnqí	s.	bandeira de seda; estandarte; bandeira de honra
2161	谨慎	jǐnshèn	adj.	cuidadoso; cauteloso; prudente
2162	尽情	jìnqíng	adv.	à vontade; o quanto quiser
2163	尽头	jìntóu	s.	fim; término; final
2164	进场	jìnchǎng	v.	1. entrar; adentrar (recinto, campo etc.) 2. aproximar-se de (pista de pouso)
2165	进程	jìnchéng	s.	processo
2166	进出	jìnchū	v.	entrar e sair
2167	进出口	jìn-chūkǒu	s.	importação e exportação; comércio exterior
2168	进度	jìndù	s.	andamento (projeto); cronograma
2169	进而	jìn'ér	conj.	e então; e consequentemente; e assim
2170	进修	jìnxiū	v.	fazer um curso de aperfeiçoamento
2171	近年来	jìnnián lái		nos últimos anos
2172	劲头	jìntóu	s.	1. energia; força 2. ímpeto; vigor 3. atitude
2173	晋升	jìnshēng	v.	promover (carreira); elevar a cargo superior
2174	浸泡	jìnpào	v.	imergir; mergulhar; embeber
2175	禁忌	jìnjì	s., v.	<s.> tabu <v.> abster-se de; evitar
2176	禁区	jìnqū	s.	1. zona proibida 2. área de preservação ambiental 3. partes do corpo consideradas de risco para procedimentos de acupuntura 4. área restrita; área de exclusão
2177	茎	jīng	s.	caule; haste; talo
2178	经	jīng	v.	1. gerenciar; administrar; ocupar-se de 2. passar por; vivenciar; sofrer 3. suportar; aguentar 4. enforcar-se
2179	经度	jīngdù	s.	longitude
2180	经久不息	jīngjiǔ-bùxī	v., adj.	<v.> durar muito tempo <adj.> duradouro e incessante
2181	经贸	jīngmào	s.	economia e comércio
2182	经商	jīng // shāng	v.	fazer negócios; comercializar; empreender
2183	经受	jīngshòu	v.	suportar; enfrentar; experimentar
2184	荆棘	jīngjí	s.	1. espinheiro 2. dificuldade; situação difícil
2185	惊	jīng	v.	surpreender; assustar; chocar

Nº	VOCÁBULO	PINYIN	CLASSE	TRADUÇÃO
2186	惊诧	jīngchà	*adj.*	surpreso; espantado; perplexo
2187	惊慌	jīnghuāng	*adj.*	assustado; alarmado; em pânico
2188	惊慌失措	jīnghuāng-shīcuò	*adj.*	assustado; alarmado; em pânico
2189	惊奇	jīngqí	*adj.*	surpreso; maravilhado
2190	惊叹	jīngtàn	*v.*	admirar; maravilhar-se
2191	惊天动地	jīngtiān-dòngdì	*adj.*	que abala o mundo
2192	惊险	jīngxiǎn	*adj.*	emocionante; eletrizante; arriscado; perigoso
2193	惊心动魄	jīngxīn-dòngpò		ser impactante; ser perturbador
2194	惊醒	jīngxǐng	*v.*	acordar assustado; despertar sobressaltado
2195	惊讶	jīngyà	*adj.*	surpreso; espantado; admirado
2196	晶莹	jīngyíng	*adj.*	cristalino; brilhante; translúcido
2197	兢兢业业	jīngjīngyèyè	*adj.*	meticuloso; criterioso
2198	精打细算	jīngdǎ-xìsuàn		planejamento minucioso; controle meticuloso de gastos
2199	精华	jīnghuá	*s.*	1. essência; quinta-essência; suprassumo 2. brilho; esplendor
2200	精简	jīngjiǎn	*v.*	simplificar; reduzir ao essencial; enxugar
2201	精练	jīngliàn	*adj.*	conciso; sucinto; breve; lacônico
2202	精妙	jīngmiào	*adj.*	requintado; delicado; genial
2203	精明	jīngmíng	*adj.*	astuto; perspicaz; inteligente
2204	精疲力竭	jīngpí-lìjié		exausto; esgotado; sem energia
2205	精确	jīngquè	*adj.*	preciso; exato
2206	精神病	jīngshénbìng	*s.*	doença mental; transtorno psíquico
2207	精髓	jīngsuǐ	*s.*	essência; ponto central; parte mais importante
2208	精通	jīngtōng	*v.*	dominar; ser proficiente em; ser especialista em
2209	精细	jīngxì	*adj.*	1. fino; detalhado; minucioso 2. perspicaz; cuidadoso
2210	精心	jīngxīn	*adj.*	feito com o máximo de cuidado; primoroso; meticuloso
2211	精益求精	jīngyìqiújīng		buscar a excelência; aprimorar-se continuamente

序号 №	词语 VOCÁBULO	拼音 PINYIN	词性 CLASSE	译文 TRADUÇÃO
2212	精英	jīngyīng	s.	elite; nata; essência
2213	精致	jīngzhì	adj.	requintado; delicado; refinado
2214	颈部	jǐngbù	s.	pescoço
2215	景观	jǐngguān	s.	paisagem; panorama; vista
2216	景区	jǐngqū	s.	área turística
2217	警车	jǐngchē	s.	viatura policial; carro de polícia
2218	警官	jǐngguān	s.	policial
2219	警惕	jǐngtì	v.	estar alerta; ficar atento; estar vigilante
2220	警钟	jǐngzhōng	s.	alarme; aviso; sinal de alerta
2221	净化	jìnghuà	v.	purificar; limpar; despoluir
2222	竞技	jìngjì	v.	disputar; competir; participar de um torneio esportivo
2223	竞相	jìngxiāng	adv.	em competição; em concorrência; disputando entre si
2224	竞选	jìngxuǎn	v.	concorrer; participar de eleições
2225	竟	jìng	adv.	1. afinal; no fim das contas 2. surpreendentemente; inesperadamente
2226	竟敢	jìnggǎn	v.	ousar; ter a audácia de; atrever-se
2227	敬	jìng	v.	1. respeitar; estimar 2. oferecer respeitosamente 3. ser devotado a
2228	敬爱	jìng'ài	v.	amar e respeitar; ter em alta estima
2229	敬而远之	jìng'éryuǎnzhī		manter-se a uma distância respeitosa
2230	敬酒	jìngjiǔ	v.	brindar; fazer um brinde; oferecer um brinde
2231	敬礼	jìng // lǐ	v.	1. prestar continência; fazer uma saudação militar 2. respeitosamente; atenciosamente (saudação de encerramento de cartas formais)
2232	敬佩	jìngpèi	v.	admirar; respeitar; ter grande estima por alguém
2233	敬请	jìngqǐng	v.	solicitar respeitosamente; pedir educadamente
2234	敬业	jìngyè	v.	ser dedicado ao trabalho; ser profissional
2235	敬意	jìngyì	s.	respeito; deferência; consideração

Nº	VOCÁBULO	PINYIN	CLASSE	TRADUÇÃO
2236	敬重	jìngzhòng	v.	respeitar profundamente; admirar; venerar
2237	静止	jìngzhǐ	v.	estar parado; não se mover; ficar imóvel
2238	境地	jìngdì	s.	condição; circunstância; situação difícil
2239	境界	jìngjiè	s.	nível; estágio; esfera; domínio
2240	境内	jìngnèi	s.	dentro das fronteiras
2241	境外	jìngwài	s.	fora das fronteiras
2242	境遇	jìngyù	s.	condição; circunstância; situação
2243	窘迫	jiǒngpò	adj.	1. empobrecido; carente; necessitado 2. constrangido; envergonhado
2244	纠缠	jiūchán	v.	1. enredar; envolver em conflito 2. preocupar; importunar
2245	揪	jiū	v.	agarrar; segurar firmemente; puxar
2246	久违	jiǔwéi	v.	estar ausente por muito tempo; não ver alguém por um longo período
2247	久仰	jiǔyǎng	v.	ter ouvido falar muito de alguém; admirar alguém há muito tempo
2248	酒精	jiǔjīng	s.	álcool
2249	酒楼	jiǔlóu	s.	restaurante
2250	救护车	jiùhùchē	s.	ambulância
2251	救济	jiùjì	v.	ajudar; socorrer; prestar assistência
2252	救治	jiùzhì	v.	socorrer um paciente; tirar (um paciente) de perigo; proporcionar tratamento médico emergencial ou intensivo
2253	就餐	jiùcān	v.	fazer uma refeição; almoçar ou jantar (formal)
2254	就地	jiùdì	adv.	no local
2255	就读	jiùdú	v.	estudar em uma instituição educacional; fazer um curso
2256	就近	jiùjìn	adv.	perto; nas proximidades
2257	就任	jiùrèn	v.	assumir um cargo; entrar em funções
2258	就医	jiù // yī	v.	procurar atendimento médico; consultar um médico
2259	就诊	jiù // zhěn	v.	consultar um médico; passar por uma consulta médica

Nº	VOCÁBULO	PINYIN	CLASSE	TRADUÇÃO
2260	就职	jiù // zhí	v.	assumir um cargo; entrar em exercício
2261	就座	jiù // zuò	v.	sentar-se; ocupar um assento
2262	舅舅	jiùjiu	s.	tio materno
2263	拘留	jūliú	v.	deter; prender; reter sob custódia
2264	拘束	jūshù	v., adj.	<v.> restringir; confinar; limitar <adj.> inibido; pouco à vontade
2265	居高临下	jūgāo-línxià		agir com ares de superioridade; ser presunçoso
2266	居民楼	jūmínlóu	s.	prédio de apartamentos
2267	鞠躬	jū // gōng	v.	fazer uma reverência; curvar-se em sinal de respeito
2268	局部	júbù	s.	parte; seção; área específica
2269	局势	júshì	s.	situação; conjuntura; estado das coisas
2270	局限	júxiàn	v.	limitar; restringir; confinar
2271	菊花	júhuā	s.	crisântemo
2272	橘子	júzi	s.	tangerina
2273	沮丧	jǔsàng	adj.	desanimado; desalentado; deprimido
2274	举报	jǔbào	v.	denunciar; dar queixa
2275	举措	jǔcuò	s.	medida; ação; iniciativa
2276	举例	jǔ // lì	v.	dar exemplos; ilustrar com casos específicos
2277	举世闻s.	jǔshì-wénmíng		mundialmente famoso; conhecido em todo o mundo
2278	举世无双	jǔshì-wúshuāng		sem igual no mundo; inigualável; sem rival
2279	举世瞩目	jǔshì-zhǔmù		atrair a atenção mundial; estar no centro das atenções
2280	举一反三	jǔyī-fǎnsān		usar um caso como um modelo para outros; aprender com um exemplo e aplicar em outros casos
2281	举止	jǔzhǐ	s.	comportamento; atitude; conduta
2282	举重	jǔzhòng	s.	levantamento de peso; halterofilismo
2283	巨额	jù'é	adj.	soma considerável; quantia vultosa; grande valor

Nº	VOCÁBULO	PINYIN	CLASSE	TRADUÇÃO
2284	巨人	jùrén	s.	gigante; pessoa de grande estatura; figura importante
2285	巨头	jùtóu	s.	magnata
2286	巨星	jùxīng	s.	superastro; celebridade famosa; figura proeminente
2287	巨型	jùxíng	adj.	gigantesco; imenso; colossal
2288	剧烈	jùliè	adj.	intenso; violento; forte
2289	剧目	jùmù	s.	programação de espetáculos; programação teatral
2290	剧情	jùqíng	s.	enredo de uma peça teatral ou ópera
2291	剧团	jùtuán	s.	companhia teatral; grupo de teatro
2292	剧院	jùyuàn	s.	teatro; casa de espetáculos
2293	剧组	jùzǔ	s.	equipe de produção de uma peça teatral ou filme
2294	据此	jùcǐ	v.	com base nisso; de acordo com isso
2295	据悉	jùxī	v.	segundo informações; de acordo com relatos
2296	距	jù	v.	estar a uma distância de; distar
2297	锯	jù	s., v.	<s.> serra (ferramenta) <v.> serrar
2298	聚集	jùjí	v.	reunir; aglomerar; juntar-se
2299	聚精会神	jùjīng-huìshén		concentrar-se intensamente; focar a atenção
2300	捐献	juānxiàn	v.	doar; contribuir; oferecer
2301	卷入	juǎnrù	v.	ser envolvido; ser arrastado para uma situação
2302	卷子	juànzi	s.	folha de papel contendo as questões de um exame; prova escrita
2303	圈	juàn	s.	chiqueiro; curral; cercado para animais de criação
2304	决议	juéyì	s.	resolução
2305	诀别	juébié	v.	despedir-se; dizer adeus
2306	诀窍	juéqiào	s.	dica; segredo; truque; chave do sucesso
2307	角逐	juézhú	v.	competir; disputar; rivalizar
2308	觉醒	juéxǐng	v.	despertar; acordar

七—九级词汇表

序号 Nº	词语 VOCÁBULO	拼音 PINYIN	词性 CLASSE	译文 TRADUÇÃO
2309	绝技	juéjì	s.	habilidade excepcional; talento extraordinário
2310	绝缘	juéyuán	v.	1. isolar; separar de todos 2. fazer o isolamento (elétrico, acústico, térmico etc.)
2311	绝招	juézhāo	s.	1. habilidade ímpar 2. golpe de mestre; jogada infalível; último recurso
2312	倔强	juéjiàng	adj.	teimoso; obstinado; determinado
2313	崛起	juéqǐ	v.	1. erguer-se, surgir no horizonte (montanhas etc.) 2. destacar-se; ganhar proeminência
2314	爵士	juéshì	s.	1. cavaleiro 2. senhor; sir 3. jazz
2315	倔	juè	adj.	1. teimoso; cabeça-dura 2. ríspido; indelicado
2316	军官	jūnguān	s.	oficial militar
2317	均衡	jūnhéng	adj.	equilibrado; harmonioso
2318	均匀	jūnyún	adj.	uniforme; regular; bem distribuído
2319	君子	jūnzǐ	s.	cavalheiro; homem virtuoso; pessoa honrada
2320	俊	jùn	adj.	bonito; atraente
2321	俊俏	jùnqiào	adj.	elegante; charmoso
2322	骏马	jùnmǎ	s.	cavalo de raça; cavalo rápido
2323	竣工	jùngōng	v.	concluir; terminar; finalizar (um projeto)
2324	卡车	kǎchē	s.	caminhão; veículo de carga
2325	卡片	kǎpiàn	s.	cartão
2326	卡通	kǎtōng	s.	1. desenho animado 2. cartum
2327	开办	kāibàn	v.	abrir; estabelecer; iniciar (um negócio, uma organização etc.)
2328	开采	kāicǎi	v.	extrair; explorar; minerar
2329	开场	kāi // chǎng	v.	começar; iniciar; abrir (um evento, uma reunião etc.)
2330	开场白	kāichǎngbái	s.	discurso de abertura; introdução; primeira fala
2331	开除	kāichú	v.	demitir; expulsar; dispensar
2332	开动	kāidòng	v.	1. ligar; acionar; dar a partida 2. começar os trabalhos; entrar em operação

序号 Nº	词语 VOCÁBULO	拼音 PINYIN	词性 CLASSE	译文 TRADUÇÃO
2333	开发区	kāifāqū	s.	zona de desenvolvimento econômico
2334	开发商	kāifāshāng	s.	incorporadora (imobiliária); construtora
2335	开工	kāi // gōng	v.	iniciar os trabalhos (produção fabril, construção etc.)
2336	开垦	kāikěn	v.	tornar arável; abrir para o cultivo (terra baldia)
2337	开口	kāi // kǒu	v., s., adj.	<v.> 1. abrir a boca (falar) 2. tocar no assunto (referente a um favor) 3. romper-se (uma barragem) <s.> abertura <adj.> aberto
2338	开阔	kāikuò	adj., v.	<adj.> 1. amplo; vasto 2. tolerante; de mente aberta <v.> alargar; expandir
2339	开朗	kāilǎng	adj.	1. amplo e iluminado (espaço) 2. extrovertido; otimista; alegre (temperamento)
2340	开辟	kāipì	v.	abrir; estabelecer; inaugurar; abrir caminho
2341	开启	kāiqǐ	v.	iniciar; começar; abrir
2342	开枪	kāi qiāng	v.	disparar; atirar; abrir fogo
2343	开天辟地	kāitiān-pìdì		1. separar o céu da terra; criar o mundo 2. grandioso e inédito; que marca uma era
2344	开拓	kāituò	v.	abrir novos caminhos (a agricultura); abrir (novos mercados); desenvolver (regiões remotas); abrir (novos horizontes)
2345	开销	kāi·xiāo	v., s.	<v.> 1. pagar despesas 2. demitir; dispensar; mandar embora <s.> custos; despesas; gastos
2346	开张	kāi // zhāng	v.	1. abrir (um negócio) 2. realizar a primeira venda do dia; iniciar o serviço 3. começar; iniciar (certas atividades)
2347	开支	kāizhī	s.	despesas; gastos; custos
2348	凯歌	kǎigē	s.	cântico de vitória; celebração triunfante
2349	楷模	kǎimó	s.	modelo; exemplo a ser seguido
2350	刊登	kāndēng	v.	publicar; inserir (em um jornal, revista etc.)
2351	刊物	kānwù	s.	publicação; periódico; revista
2352	看护	kānhù	v., s.	<v.> cuidar <s.> enfermeiro; cuidador
2353	勘探	kāntàn	v.	explorar; investigar; prospectar

序号 Nº	词语 VOCÁBULO	拼音 PINYIN	词性 CLASSE	译文 TRADUÇÃO
2354	堪称	kānchēng	v.	pode ser considerado; pode-se dizer que é
2355	侃大山	kǎn dàshān	v.	conversar informalmente; bater papo
2356	砍	kǎn	v.	cortar; derrubar
2357	看得出	kàndechū	v.	perceber; notar; discernir
2358	看热闹	kàn rènao		assistir a uma cena animada; observar algo divertido
2359	看似	kànsì	v.	aparentemente; à primeira vista; parece ser
2360	看台	kàntái	s.	arquibancada; bancada
2361	看样子	kàn yàngzi	v.	pelo jeito; aparentemente; parece que
2362	看中	kàn // zhòng	v.	ter preferência por; decidir-se por
2363	看重	kànzhòng	v.	valorizar; considerar importante; atribuir importância a
2364	慷慨	kāngkǎi	adj.	1. generoso; magnânimo 2. veemente; fervoroso
2365	扛	káng	v.	1. carregar no ombro 2. assumir (um fardo, dever etc.)
2366	抗衡	kànghéng	v.	competir; rivalizar
2367	抗拒	kàngjù	v.	resistir; desafiar
2368	抗生素	kàngshēngsù	s.	antibiótico
2369	抗争	kàngzhēng	v.	resistir; confrontar
2370	考量	kǎo·liáng	v.	levar em consideração; ponderar; avaliar
2371	烤	kǎo	v.	assar; grelhar; cozinhar no forno
2372	靠拢	kàolǒng	v.	aproximar-se
2373	苛刻	kēkè	adj.	exigente; rigoroso; severo
2374	科幻	kēhuàn	s.	ficção científica
2375	科目	kēmù	s.	1. disciplina; matéria 2. rubrica (contabilidade) 3. título de candidato aprovado nos exames imperiais
2376	科普	kēpǔ	s.	divulgação científica; popularização da ciência
2377	磕	kē	v.	bater; dar batidas
2378	壳	ké	s.	casca; concha; carapaça; crosta (terrestre)
2379	咳嗽	késou	v.	tossir

序号 / Nº	词语 / VOCÁBULO	拼音 / PINYIN	词性 / CLASSE	译文 / TRADUÇÃO
2380	可悲	kěbēi	*adj.*	lamentável; triste; deplorável
2381	可不是	kěbú·shi	*adv.*	exatamente; sem dúvida; com certeza
2382	可乘之机	kěchéngzhījī		oportunidade favorável; brecha; ocasião propícia
2383	可耻	kěchǐ	*adj.*	vergonhoso; desprezível; indigno
2384	可歌可泣	kěgē-kěqì		muito comovente; triste e inspirador
2385	可观	kěguān	*adj.*	considerável; notável; impressionante
2386	可贵	kěguì	*adj.*	valioso; estimável; digno de apreço
2387	可口	kěkǒu	*adj.*	saboroso; delicioso; apetitoso
2388	可谓	kěwèi	*v.*	pode-se dizer que é; pode ser chamado de
2389	可恶	kěwù	*adj.*	odioso; detestável; abominável
2390	可想而知	kěxiǎng'érzhī		é fácil de imaginar; pode-se imaginar
2391	可笑	kěxiào	*adj.*	ridículo; engraçado; cômico
2392	可信	kěxìn	*adj.*	confiável; digno de confiança; crível
2393	可行	kěxíng	*adj.*	viável; factível; praticável
2394	可疑	kěyí	*adj.*	suspeito; duvidoso; questionável
2395	克隆	kèlóng	*v.*	clonar
2396	克制	kèzhì	*v.*	controlar; restringir; conter
2397	刻苦	kèkǔ	*adj.*	trabalhador; dedicado; perseverante
2398	刻意	kèyì	*adv.*	intencionalmente; propositadamente; meticulosamente
2399	刻舟求剑	kèzhōu-qiújiàn		continuar uma ação que perdeu o sentido devido à mudança da situação; insistir em esforços inúteis
2400	客房	kèfáng	*s.*	quarto de hóspedes; quarto de hotel
2401	客机	kèjī	*s.*	avião de passageiros
2402	客流	kèliú	*s.*	fluxo de passageiros; movimento de pessoas
2403	客运	kèyùn	*s.*	transporte de passageiros; transporte de pessoas
2404	恳求	kěnqiú	*v.*	suplicar; implorar
2405	啃	kěn	*v.*	roer; morder
2406	坑	kēng	*v., s.*	<v.> enganar <s.> buraco
2407	空荡荡	kōngdàngdàng	*adj.*	vazio; deserto

序号	词语	拼音	词性	译文
Nº	VOCÁBULO	PINYIN	CLASSE	TRADUÇÃO
2408	空难	kōngnàn	s.	acidente aéreo
2409	空前	kōngqián	v.	sem precedentes; sem igual
2410	空想	kōngxiǎng	v., s.	<v.> devanear <s.> devaneio; fantasia; ilusão
2411	空虚	kōngxū	adj.	oco; vazio
2412	恐怖	kǒngbù	adj.	terror; medo
2413	恐吓	kǒnghè	v.	ameaçar; intimidar
2414	恐慌	kǒnghuāng	adj.	pânico; pavor
2415	恐惧	kǒngjù	adj.	medo; temor
2416	恐龙	kǒnglóng	s.	dinossauro
2417	空白	kòngbái	s.	espaço em branco; lacuna
2418	空地	kòngdì	s.	terreno vago; espaço livre
2419	空隙	kòngxì	s.	fenda; brecha
2420	控告	kònggào	v.	acusar; denunciar
2421	抠	kōu	v., adj.	<v.> 1. cavar com dedo 2. entalhar 3. ser desnecessariamente minucioso <adj.> sovina; pão-duro
2422	口碑	kǒubēi	s.	reputação; fama
2423	口才	kǒucái	s.	habilidade de falar; eloquência
2424	口吃	kǒuchī	v.	gaguejar; tartamudear
2425	口感	kǒugǎn	s.	textura (comida)
2426	口径	kǒujìng	s.	1. calibre; diâmetro 2. abordagem; linha de conduta
2427	口令	kǒulìng	s.	1. voz de comando 2. senha
2428	口气	kǒu·qì	s.	tom de voz; atitude
2429	口腔	kǒuqiāng	s.	cavidade bucal; boca
2430	口哨	kǒushào	s.	apito; assobio
2431	口水	kǒushuǐ	s.	saliva; cuspe
2432	口头	kǒutóu	adj.	oral; verbal
2433	口味	kǒuwèi	s.	sabor; preferência alimentar
2434	口香糖	kǒuxiāngtáng	s.	chiclete; goma de mascar
2435	口音	kǒuyīn	s.	sotaque; pronúncia

序号 Nº	词语 VOCÁBULO	拼音 PINYIN	词性 CLASSE	译文 TRADUÇÃO
2436	口罩	kǒuzhào	s.	máscara facial
2437	口子	kǒuzi	s.	abertura; fenda
2438	扣除	kòuchú	v.	deduzir; subtrair
2439	扣留	kòuliú	v.	reter; deter
2440	扣人心弦	kòurénxīnxián		empolgante; de tirar o fôlego
2441	扣押	kòuyā	v.	apreender; confiscar
2442	枯燥	kūzào	adj.	tedioso; monótono
2443	哭泣	kūqì	v.	chorar; soluçar
2444	哭笑不得	kūxiào-bùdé		não saber se deve rir ou chorar
2445	窟窿	kūlong	s.	buraco; cavidade
2446	苦力	kǔlì	s.	trabalhador braçal; peão; cule
2447	苦练	kǔliàn		treinar arduamente; praticar diligentemente
2448	苦难	kǔnàn	s.	sofrimento; adversidade; aflição
2449	苦恼	kǔnǎo	adj.	preocupado; angustiado
2450	苦笑	kǔxiào	v.	sorrir amargamente; rir forçado
2451	苦心	kǔxīn	s., adv.	<s.> esforço árduo; empenho intenso <adv.> dedicadamente
2452	酷似	kùsì	v.	parecer-se muito com; assemelhar-se muito a
2453	夸	kuā	v.	1. elogiar 2. gabar-se
2454	夸大	kuādà	v.	exagerar; amplificar
2455	夸奖	kuājiǎng	v.	elogiar; louvar
2456	夸夸其谈	kuākuā-qítán		fanfarronar; falar com exagero
2457	夸耀	kuāyào	v.	exibir; vangloriar-se
2458	夸张	kuāzhāng	adj.	exagerado; extravagante
2459	垮	kuǎ	v.	desmoronar; colapsar
2460	挎	kuà	v.	carregar pendurado no ombro; segurar com o braço
2461	跨国	kuàguó	adj.	transnacional; multinacional
2462	跨越	kuàyuè	v.	atravessar; ultrapassar
2463	快捷	kuàijié	adj.	rápido; ágil; eficiente

Nº	VOCÁBULO	PINYIN	CLASSE	TRADUÇÃO
2464	宽敞	kuānchang	*adj.*	espaçoso; amplo
2465	宽泛	kuānfàn	*adj.*	amplo; generalizado
2466	宽厚	kuānhòu	*adj.*	generoso; tolerante
2467	宽容	kuānróng	*v.*	tolerar; ser leniente
2468	宽恕	kuānshù	*v.*	perdoar; desculpar
2469	宽松	kuān·sōng	*adj.*	folgado; largo; frouxo
2470	款式	kuǎnshì	*s.*	estilo; design; padrão
2471	款项	kuǎnxiàng	*s.*	1. quantia; fundo 2. artigos e parágrafos (leis, acordos, tratados etc.)
2472	筐	kuāng	*s.*	cesto; cesta
2473	狂欢	kuánghuān	*s.*	folia; farra
2474	狂欢节	kuánghuānjié	*s.*	carnaval
2475	狂热	kuángrè	*adj.*	apaixonado; entusiasmado; fervoroso
2476	旷课	kuàng // kè	*v.*	faltar às aulas; matar aula
2477	况且	kuàngqiě	*conj.*	além disso; ademais
2478	矿藏	kuàngcáng	*s.*	reserva mineral; jazida
2479	框	kuàng	*s., v.*	<s.> moldura; quadro <v.> 1. grifar algo marcando ou cercando com um quadro ou caixa (palavra, figura etc.) 2. restringir
2480	框架	kuàngjià	*s.*	estrutura; esqueleto; armação
2481	亏本	kuī // běn	*v.*	ter prejuízo; operar no vermelho
2482	亏损	kuīsǔn	*v.*	ter prejuízo financeiro; perder dinheiro
2483	昆虫	kūnchóng	*s.*	inseto
2484	捆	kǔn	*v., cl.*	<v.> amarrar <cl.> classificador para objetos reunidos em maços ou feixes
2485	困惑	kùnhuò	*adj., v.*	<adj.> confuso; perplexo; desconcertado <v.> ficar perplexo
2486	困境	kùnjìng	*s.*	situação difícil; impasse
2487	扩	kuò	*v.*	expandir; ampliar; estender
2488	扩建	kuòjiàn	*v.*	expandir construindo; ampliar por meio de construção
2489	扩散	kuòsàn	*v.*	dispersar; difundir; propagar
2490	扩张	kuòzhāng	*v.*	expandir; estender; ampliar

Nº	VOCÁBULO	PINYIN	CLASSE	TRADUÇÃO
2491	括弧	kuòhú	s.	parêntese
2492	阔绰	kuòchuò	adj.	generoso; luxuoso; magnífico
2493	拉动	lādòng	v.	puxar; impulsionar; estimular
2494	拉拢	lā·lǒng	v.	atrair; conquistar; trazer para perto
2495	拉锁	lāsuǒ	s.	fecho de correr; zíper
2496	啦啦队	lālāduì	s.	equipe de líderes de torcida
2497	喇叭	lǎba	s.	1. trombeta 2. buzina 3. alto-falante
2498	腊月	làyuè	s.	décimo segundo mês lunar; último mês do ano lunar
2499	蜡	là	s.	cera
2500	蜡烛	làzhú	s.	vela (iluminação)
2501	辣椒	làjiāo	s.	pimenta
2502	来宾	láibīn	s.	visitante; convidado
2503	来电	láidiàn	v., s.	<v.> 1. atender uma chamada telefônica; receber um telegrama 2. restaurar o abastecimento de energia elétrica <s.> telefonema ou telegrama recebido
2504	来访	láifǎng	v.	vir visitar
2505	来回	láihuí	adv., s.	<adv.> num vai e volta constante <s.> viagem de ida e volta
2506	来历	láilì	s.	origem; histórico; antecedentes
2507	来临	láilín	v.	aproximar-se; chegar; estar iminente
2508	来龙去脉	láilóng-qùmài		origem e desenvolvimento; história
2509	来年	láinián	s.	próximo ano; ano seguinte
2510	来源于	láiyuán yú		originar-se em; ter origem em
2511	拦	lán	v.	bloquear; interromper; barrar
2512	栏	lán	s.	trave; grade; cerca
2513	栏杆	lángān	s.	corrimão; guarda-corpo
2514	蓝图	lántú	s.	projeto; plano
2515	揽	lǎn	v.	1. segurar com o braço 2. agarrar 3. assumir uma responsabilidade
2516	缆车	lǎnchē	s.	teleférico
2517	懒得	lǎnde	v.	não ter vontade de; não se sentir disposto a

序号 N°	词语 VOCÁBULO	拼音 PINYIN	词性 CLASSE	译文 TRADUÇÃO
2518	懒惰	lǎnduò	*adj.*	preguiçoso; indolente
2519	滥用	lànyòng	*v.*	abusar; usar de forma excessiva
2520	狼	láng	*s.*	lobo
2521	狼狈	lángbèi	*adj.*	embaraçoso; constrangedor; em apuros
2522	朗诵	lǎngsòng	*v.*	recitar em voz alta; declamar
2523	浪	làng	*s.*	onda
2524	捞	lāo	*v.*	1. tirar algo da água 2. obter por meios impróprios
2525	劳动力	láodònglì	*s.*	força de trabalho; mão de obra
2526	劳累	láolèi	*adj.*	cansado; fatigado; exausto
2527	劳务	láowù	*s.*	serviço ou trabalho contratado
2528	牢固	láogù	*adj.*	sólido; estável; firme
2529	牢记	láojì	*v.*	lembrar-se firmemente; ter em mente
2530	牢牢	láoláo		firmemente; de forma segura
2531	唠叨	láodao	*v.*	tagarelar; falar sem parar
2532	老伴儿	lǎobànr	*s.*	parceiro(a) de vida; cônjuge (idoso)
2533	老大	lǎodà	*s., adv.*	<s.> 1. filho primogênito 2. capitão de barco 3. líder; chefe <adv.> muito; extremamente
2534	老汉	lǎohàn	*s.*	homem idoso; velho
2535	老化	lǎohuà	*v.*	envelhecimento; deterioração
2536	老人家	lǎorenjia	*s.*	pessoa idosa; senhor(a); ancião/anciã
2537	老实说	lǎoshishuō		para ser sincero; francamente; falando honestamente
2538	老远	lǎo yuǎn		de longe; de uma distância considerável
2539	老字号	lǎozìhao	*s.*	marca antiga; estabelecimento tradicional
2540	姥姥	lǎolao	*s.*	avó materna; vovó
2541	姥爷	lǎoye	*s.*	avô materno; vovô
2542	涝	lào	*adj.*	alagado; inundado
2543	乐意	lèyì	*v., adj.*	<v.> estar disposto a; ficar feliz em <adj.> contente; satisfeito
2544	乐园	lèyuán	*s.*	1. parque de diversões 2. paraíso
2545	勒	lēi	*v.*	apertar; estrangular; sufocar

LISTA DE VOCABULÁRIO DOS NÍVEIS 7 A 9

序号 Nº	词语 VOCÁBULO	拼音 PINYIN	词性 CLASSE	译文 TRADUÇÃO
2546	雷同	léitóng	adj.	semelhante; idêntico; copiado
2547	累积	lěijī	v.	acumular
2548	累计	lěijì	v.	somar; totalizar
2549	类别	lèibié	s.	categoria; classificação; tipo
2550	棱角	léngjiǎo	s.	aresta; ângulo
2551	冷淡	lěngdàn	adj., v.	<adj.> 1. moroso 2. frio; indiferente; distante <v.> tratar com frieza
2552	冷冻	lěngdòng	v.	congelar; refrigerar
2553	冷酷	lěngkù	adj.	implacável; insensível
2554	冷酷无情	lěngkù-wúqíng		frio e impiedoso; cruel
2555	冷落	lěngluò	adj., v.	<adj.> ermo; deserto <v.> tratar com frieza
2556	冷门	lěngmén	s.	1. profissão ou especialidade de baixa demanda 2. resultado inesperado em competição esportiva ou jogo de azar
2557	冷漠	lěngmò	adj.	indiferente; apático; frio
2558	冷笑	lěngxiào	v.	rir friamente; sorrir ironicamente
2559	冷战	lěngzhàn	s.	guerra fria
2560	愣	lèng	v., adj.	<v.> ficar atordoado; dar branco <adj.> ríspido
2561	离谱儿	lí // pǔr	v.	fora de linha; ultrajante; absurdo
2562	离奇	líqí	adj.	estranho; bizarro; surpreendente
2563	离职	lí // zhí	v.	sair do emprego; demitir-se
2564	黎明	límíng	s.	amanhecer; aurora
2565	礼服	lǐfú	s.	traje formal; vestido de gala
2566	礼品	lǐpǐn	s.	presente; lembrança
2567	礼仪	lǐyí	s.	etiqueta; protocolo; cerimônia
2568	里程碑	lǐchéngbēi	s.	marco; ponto de referência; etapa importante
2569	理睬	lǐcǎi	v.	prestar atenção a; reconhecer; dar atenção
2570	理会	lǐhuì	v.	levar em consideração; atender; dar importância
2571	理科	lǐkē	s.	ciência e tecnologia; campo científico
2572	理念	lǐniàn	s.	conceito; ideia; princípio

序号 Nº	词语 VOCÁBULO	拼音 PINYIN	词性 CLASSE	译文 TRADUÇÃO
2573	理事	lǐshì	s., v.	<s.> membro do conselho; diretor; supervisor <v.> cuidar dos assuntos
2574	理所当然	lǐsuǒdāngrán		naturalmente
2575	理性	lǐxìng	adj., s.	<adj.> racional <s.> razão; senso comum
2576	理直气壮	lǐzhí-qìzhuàng		com razão e confiança; estar seguro de si
2577	力不从心	lìbùcóngxīn		não ser capaz de corresponder às expectativas
2578	力度	lìdù	s.	intensidade; força; vigor
2579	力求	lìqiú	v.	esforçar-se para; procurar
2580	力所能及	lìsuǒnéngjí		dentro das capacidades; fazer o que se pode
2581	力争	lìzhēng	v.	lutar por; esforçar-se para
2582	历程	lìchéng	s.	processo; curso; trajetória
2583	历届	lìjiè	adj.	em todas as realizações anteriores (congresso etc.); em todas as turmas anteriores (formando)
2584	历经	lìjīng	v.	passar por; experimentar; vivenciar
2585	历来	lìlái	adv.	sempre; ao longo da história; desde sempre
2586	历时	lìshí	v., adj.	<v.> durar (certo período de tempo) <adj.> diacrônico
2587	立方	lìfāng	s., cl.	<s.> 1. ao cubo 2. cubo <cl.> metro cúbico
2588	立方米	lìfāngmǐ	cl.	metro cúbico
2589	立功	lì // gōng	v.	prestar um serviço relevante; realizar um ato de bravura; desempenhar um papel importante
2590	立交桥	lìjiāoqiáo	s.	viaduto; interseção elevada
2591	立体	lìtǐ	adj.	1. tridimensional 2. multinível 3. estereoscópico
2592	立足	lìzú	v.	1. estabelecer-se; firmar-se 2. basear-se
2593	励志	lìzhì	v.	estar determinado a (realizar aspirações)
2594	利害	lìhài	s.	vantagem e desvantagem; prós e contras
2595	利率	lìlǜ	s.	taxa de juros
2596	利索	lìsuo	adj.	hábil; ágil; eficiente
2597	粒	lì	cl.	classificador para objetos em forma de grão

序号 Nº	词语 VOCÁBULO	拼音 PINYIN	词性 CLASSE	译文 TRADUÇÃO
2598	连滚带爬	liángǔn-dàipá		rolar e rastejar; ir embora com pressa; sair às pressas
2599	连绵	liánmián	v.	ser contínuo; ser ininterrupto; estender-se longamente (montanhas, rios etc.)
2600	连任	liánrèn	v.	ser reeleito
2601	连锁	liánsuǒ	adj.	em rede; em cadeia
2602	连锁店	liánsuǒdiàn	s.	loja de franquia; cadeia de lojas
2603	连夜	liányè	adv.	1. na mesma noite; a noite toda 2. por várias noites seguidas
2604	怜惜	liánxī	v.	ter pena de; sentir compaixão por
2605	帘子	liánzi	s.	cortina
2606	莲子	liánzǐ	s.	semente de lótus
2607	联邦	liánbāng	s.	federação
2608	联欢	liánhuān	v.	celebrar em conjunto; ter uma festa; comemorar
2609	联网	lián // wǎng	v.	conectar-se à internet; estar online
2610	廉价	liánjià	adj.	barato; de baixo custo; acessível
2611	廉洁	liánjié	adj.	honesto; íntegro; incorruptível
2612	廉正	liánzhèng	adj.	honesto; honrado; virtuoso
2613	廉政	liánzhèng	v.	governar de forma limpa e honesta
2614	脸颊	liǎnjiá	s.	bochecha
2615	炼	liàn	v.	1. refinar; purificar 2. fundir
2616	恋恋不舍	liànliàn-bùshě		relutante em se separar; relutante em deixar algo ou alguém
2617	良	liáng	adj.	bom; excelente
2618	良心	liángxīn	s.	consciência; boa consciência
2619	良性	liángxìng	adj.	1. benigno 2. favorável; positivo
2620	凉爽	liángshuǎng	adj.	fresco; refrescante
2621	两口子	liǎngkǒuzi	s.	casal; marido e mulher
2622	两栖	liǎngqī	v.	1. ser anfíbio 2. atuar em dois campos
2623	亮点	liàngdiǎn	s.	destaque; ponto de destaque
2624	亮丽	liànglì	adj.	brilhante; esplêndido; deslumbrante

Nº	VOCÁBULO	PINYIN	CLASSE	TRADUÇÃO
2625	亮相	liàng // xiàng	v.	1. entrar em cena (ópera tradicional) 2. aparecer em público
2626	谅解	liàngjiě	v.	compreender; perdoar; desculpar
2627	辽阔	liáokuò	adj.	vasto; extenso; amplo
2628	疗法	liáofǎ	s.	terapia; tratamento médico
2629	疗效	liáoxiào	s.	efeito terapêutico; resultado do tratamento
2630	寥寥无几	liáoliáo-wújǐ		muito poucos; escassos; quase nenhum
2631	潦草	liáocǎo	adj.	1. ilegível; garranchoso (letra) 2. desleixado; descuidado
2632	了结	liǎojié	v.	resolver; concluir; encerrar
2633	了却	liǎoquè	v.	acabar; concluir; realizar
2634	料到	liàodào		prever; antecipar; esperar
2635	料理	liàolǐ	v., s.	<v.> cuidar de; administrar; tratar-se <s.> cozinha; culinária
2636	咧嘴	liě // zuǐ	v.	esticar a boca em ambas as direções
2637	列举	lièjǔ	v.	listar; enumerar
2638	劣势	lièshì	s.	desvantagem; inferioridade
2639	劣质	lièzhì	adj.	de má qualidade; inferior; ruim
2640	烈士	lièshì	s.	herói; mártir
2641	猎犬	lièquǎn	s.	cão de caça
2642	猎人	lièrén	s.	caçador
2643	裂缝	lièfèng	s.	fissura; rachadura
2644	裂痕	lièhén	s.	rachadura; fenda
2645	拎	līn	v.	segurar ou carregar com a mão
2646	邻国	línguó	s.	país vizinho
2647	临	lín	v., prep.	<v.> 1. estar de frente para; ser voltado para 2. chegar; estar presente 3. copiar (caligrafia ou pintura) <prep.> prestes a
2648	临床	línchuáng	v.	clinicar; atender paciente diretamente
2649	临街	línjiē	v.	estar voltado para a rua; estar de frente para a rua
2650	临近	línjìn	v.	aproximar-se; estar próximo de
2651	淋	lín	v.	escorrer; pingar; derramar

Nº	VOCÁBULO	PINYIN	CLASSE	TRADUÇÃO
2652	灵	líng	adj.	1. ágil 2. inteligente 3. eficaz
2653	灵感	línggǎn	s.	ideia criativa; inspiração (trabalho artístico ou científico)
2654	灵魂	línghún	s.	alma; espírito
2655	灵机一动	língjī-yídòng		ter um lampejo de inspiração; ter um insight repentino
2656	灵敏	língmǐn	adj.	ágil; sensível; perspicaz
2657	灵巧	língqiǎo	adj.	habilidoso; ágil; astuto
2658	灵通	língtōng	adj.	bem informado
2659	凌晨	língchén	s.	madrugada; primeiras horas da manhã
2660	零花钱	línghuāqián	s.	dinheiro de bolso; mesada
2661	零件	língjiàn	s.	peça; componente
2662	零钱	língqián	s.	troco; dinheiro trocado
2663	零售	língshòu	v.	vender a varejo
2664	领队	lǐngduì	v., s.	<v.> liderar uma equipe <s.> líder da equipe
2665	领会	lǐnghuì	v.	compreender; entender; captar
2666	领军	lǐngjūn	v.	liderar; estar na vanguarda
2667	领略	lǐnglüè	v.	1. apreciar 2. compreender; ter uma ideia de
2668	领事	lǐngshì	s.	cônsul
2669	领事馆	lǐngshìguǎn	s.	consulado
2670	领土	lǐngtǔ	s.	território; área territorial
2671	领悟	lǐngwù	v.	compreender; perceber; captar
2672	领养	lǐngyǎng	v.	1. adotar como filho(a) 2. assumir responsabilidade por
2673	领域	lǐngyù	s.	1. território; domínio (onde o Estado exerce a soberania) 2. campo; esfera (de estudo acadêmico ou atividades sociais)
2674	溜	liū	v.	1. deslizar 2. esgueirar-se; escapulir 3. passar os olhos; dar uma olhada rápida
2675	溜达	liūda	v.	passear; dar uma volta
2676	浏览	liúlǎn	v.	dar uma olhada; folhear; navegar (internet)
2677	浏览器	liúlǎnqì	s.	navegador (informática)

序号 N°	词语 VOCÁBULO	拼音 PINYIN	词性 CLASSE	译文 TRADUÇÃO
2678	留恋	liúliàn	v.	ter saudades de; sentir-se relutante em partir
2679	留念	liúniàn	v.	deixar como lembrança
2680	留神	liú // shén	v.	ter cuidado; ficar alerta; ficar de olho
2681	留心	liú // xīn	v.	prestar atenção; ficar atento
2682	留意	liú // yì	v.	ser cuidadoso; tomar cuidado
2683	流畅	liúchàng	adj.	fluido
2684	流程	liúchéng	s.	1. distância percorrida por uma corrente de água; extensão de um rio 2. processo; fluxo de trabalho ou produção
2685	流浪	liúlàng	v.	vadiar; vagabundear
2686	流泪	liúlèi	v.	derramar lágrimas; chorar
2687	流量	liúliàng	s.	1. taxa de fluxo 2. fluxo de tráfego 3. tráfego de dados (informática)
2688	流露	liúlù	v.	revelar involuntariamente (pensamentos ou sentimentos)
2689	流氓	liúmáng	s.	1. pessoa desordeira, irresponsável ou criminosa 2. comportamento indecente; indecência
2690	流入	liúrù	v.	1. entrar em um fluxo ou corrente 2. introduzir; ser introduzido
2691	流失	liúshī	v.	1. ser levado pela água; ser erodido 2. escorrer; esgotar; drenar 3. deixar a localidade; sair da unidade (pessoa)
2692	流水	liúshuǐ	s.	1. água corrente; corrente 2. faturamento (economia)
2693	流淌	liútǎng	v.	fluir; correr
2694	流向	liúxiàng	s.	1. direção de uma corrente 2. direção do fluxo (de pessoas, mercadorias etc.)
2695	流血	liúxuè	v.	1. sangrar; derramar ou perder sangue 2. ser ferido ou morrer
2696	流域	liúyù	s.	bacia hidrográfica
2697	流转	liúzhuǎn	v.	1. estar em movimento; passar; fluir 2. circular (bens, capital etc.) 3. ser fluido e natural (escrita)
2698	柳树	liǔshù	s.	salgueiro

序号 Nº	词语 VOCÁBULO	拼音 PINYIN	词性 CLASSE	译文 TRADUÇÃO
2699	遛	liù	v.	1. passear; dar uma volta 2. levar para passear, passear com (um cachorro etc.)
2700	龙舟	lóngzhōu	s.	barco-dragão
2701	聋	lóng	adj.	surdo
2702	聋人	lóngrén	s.	deficiente auditivo; pessoa surda
2703	笼子	lóngzi	s.	1. gaiola; galinheiro 2. cesta
2704	隆重	lóngzhòng	adj.	grandioso; solene; cerimonioso
2705	垄断	lǒngduàn	v.	monopolizar
2706	笼统	lǒngtǒng	adj.	geral; amplo; genérico
2707	笼罩	lǒngzhào	v.	envolver; cobrir
2708	搂	lǒu	v.	abraçar; segurar alguém ou algo nos braços
2709	露面	lòu // miàn	v.	mostrar o rosto; mostrar-se; aparecer em público
2710	芦花	lúhuā	s.	flor de junco
2711	炉灶	lúzào	s.	fogão
2712	炉子	lúzi	s.	termo genérico para dispositivos de aquecimento; fogão; forno; fornalha
2713	卤味	lǔwèi	s.	variedade de alimentos cozidos em marinada de molho de soja e especiarias, geralmente servidos frios como entrada
2714	鲁莽	lǔmǎng	adj.	precipitado; imprudente
2715	录制	lùzhì	v.	gravar (conteúdo audiovisual); fazer uma gravação
2716	鹿	lù	s.	cervo
2717	路程	lùchéng	s.	distância percorrida; percurso
2718	路灯	lùdēng	s.	lâmpada de rua
2719	路段	lùduàn	s.	seção de rodovia ou ferrovia
2720	路况	lùkuàng	s.	condições da estrada
2721	路面	lùmiàn	s.	superfície da estrada; pavimento
2722	路人	lùrén	s.	1. transeunte 2. estranho
2723	路途	lùtú	s.	1. rota; caminho 2. distância percorrida; jornada
2724	路子	lùzi	s.	1. modo; método; maneira 2. conexões sociais

Nº	VOCÁBULO	PINYIN	CLASSE	TRADUÇÃO
2725	露天	lùtiān	s.	espaço aberto; ao ar livre; a céu aberto
2726	旅程	lǚchéng	s.	itinerário; jornada; viagem
2727	旅途	lǚtú	s.	viagem; jornada
2728	铝	lǚ	s.	alumínio
2729	屡	lǚ	adv.	repetidamente; frequentemente
2730	屡次	lǚcì	adv.	com frequência; muitas vezes; repetidas vezes
2731	缕	lǚ	cl.	classificador para mechas, meadas etc.
2732	履行	lǚxíng	v.	executar; cumprir
2733	率（成功率）	lǜ (chénggōnglǜ)	suf.	taxa; proporção (ex: taxa de sucesso)
2734	绿灯	lǜdēng	s.	sinal verde
2735	绿地	lǜdì	s.	área verde; espaço verde
2736	孪生	luánshēng	adj.	gêmeos; nascidos de um mesmo parto
2737	卵	luǎn	s.	óvulo; ovo
2738	乱七八糟	luànqībāzāo	adj.	em total confusão; caótico; bagunçado
2739	掠夺	lüèduó	v.	saquear; pilhar; roubar
2740	略	lüè	v., adj.	<v.> capturar; dominar <adj.> abreviado; resumido
2741	略微	lüèwēi	adv.	ligeiramente; um pouco
2742	抡	lūn	v.	1. brandir; balançar 2. gastar descontroladamente
2743	伦理	lúnlǐ	s.	ética; princípios morais
2744	轮换	lúnhuàn	v.	revezar; alternar(-se)
2745	轮廓	lúnkuò	s.	1. contorno; silhueta 2. ideia geral
2746	轮流	lúnliú	v.	revezar; fazer por turnos; alternar(-se)
2747	轮胎	lúntāi	s.	pneu
2748	论述	lùnshù	v.	discutir; expor
2749	论坛	lùntán	s.	fórum; tribuna
2750	论证	lùnzhèng	v.	argumentar; provar

Nº	VOCÁBULO	PINYIN	CLASSE	TRADUÇÃO
2751	罗	luó	s., v.	<s.> 1. rede para capturar pássaros 2. peneira 3. tecido de seda leve e transparente <v.> 1. coletar; reunir 2. exibir; espalhar 3. peneirar 4. capturar pássaros com uma rede
2752	萝卜	luóbo	s.	rabanete; nabo
2753	螺丝	luósī	s.	parafuso
2754	裸	luǒ	v.	estar nu; estar exposto
2755	裸露	luǒlù	v.	estar à mostra; estar exposto
2756	络绎不绝	luòyì-bùjué		estar em um fluxo interminável (pessoas, tráfego)
2757	落差	luòchā	s.	1. diferença de altura ou nível 2. disparidade; discrepância
2758	落地	luò // dì	v.	1. cair no chão 2. (um bebê) nascer 3. (avião) pousar
2759	落户	luò // hù	v.	1. estabelecer-se 2. registrar-se para residência permanente
2760	落下	luòxia	v.	cair
2761	麻	má	s.	1. nome genérico de cânhamo, linho, juta etc. 2. fibra dessas plantas para materiais têxteis 3. gergelim 4. marca na pele
2762	麻	má	adj.	1. áspero; rugoso 2. salpicado; marcado 3. dormente; com sensação de formigamento
2763	麻痹	mábì	v.	1. entorpecer(-se); embotar 2. baixar a guarda; afrouxar a vigilância
2764	麻将	májiàng	s.	majongue (jogo de mesa chinês)
2765	麻辣	málà	adj.	picante e formigante (sabor)
2766	麻木	mámù	adj.	1. entorpecido; dormente 2. apático; insensível; indolente
2767	麻醉	mázuì	v.	1. anestesiar 2. estragar; corromper (a mente)
2768	马后炮	mǎhòupào	s.	ação ou conselho tardio
2769	马虎	mǎhu	adj.	descuidado; desleixado
2770	马力	mǎlì	cl.	cavalo-vapor (unidade de potência)
2771	马桶	mǎtǒng	s.	1. penico 2. vaso sanitário
2772	马戏	mǎxì	s.	circo; show de circo

序号 Nº	词语 VOCÁBULO	拼音 PINYIN	词性 CLASSE	译文 TRADUÇÃO
2773	码	mǎ	v.	amontoar; empilhar
2774	码	mǎ	s., cl.	<s.> número; código; cifra <cl.> 1. classificador para assuntos ou acontecimentos do mesmo tipo 2. jarda (unidade de medida equivalente a aproximadamente 91 cm)
2775	埋藏	máicáng	v.	1. enterrar 2. ocultar; esconder 3. colocar implante subcutâneo
2776	埋伏	mái·fú	v.	1. emboscar; esperar em emboscada 2. esconder; ficar à espreita
2777	埋没	máimò	v.	1. enterrar; cobrir (com terra, areia, neve etc.) 2. negligenciar; subestimar
2778	买不起	mǎi bu qǐ		não poder pagar; não ter dinheiro suficiente para comprar algo
2779	迈	mài	v.	dar um passo; transpor
2780	迈进	màijìn	v.	ir em frente; avançar a passos largos
2781	卖弄	màinong	v.	ostentar; mostrar(-se); exibir(-se)
2782	脉搏	màibó	s.	pulso
2783	脉络	màiluò	s.	1. vasos sanguíneos (artérias e veias) 2. linha de raciocínio; sequência de ideias
2784	埋怨	mányuàn	v.	queixar-se; reclamar
2785	蛮	mán	adv.	bastante; muito; bem (intensidade)
2786	瞒	mán	v.	ocultar; esconder; manter em segredo
2787	满怀	mǎnhuái	v.	com o coração cheio de; repleto de (emocionalmente)
2788	蔓延	mànyán	v.	espalhar-se; propagar-se; alastrar-se
2789	漫	màn	v.	1. transbordar; inundar 2. espalhar-se; estar em todo lugar
2790	漫游	mànyóu	v.	1. vaguear; deambular 2. (telefonia móvel) fazer roaming
2791	慢慢来	mànmàn lái		não tenha pressa
2792	慢性	mànxìng	adj.	1. crônico 2. demorado (efeito)
2793	忙活	mánghuo	v.	estar ocupado fazendo algo
2794	忙碌	mánglù	adj.	ocupado
2795	忙乱	mángluàn	adj.	de maneira apressada e desordenada

Nº	VOCÁBULO	PINYIN	CLASSE	TRADUÇÃO
2796	盲目	mángmù	adj.	cego; sem discernimento,
2797	茫然	mángrán	adj.	1. desorientado; perdido 2. desapontado; frustrado
2798	矛头	máotóu	s.	ponta de lança
2799	茅台（酒）	Máotái(jiǔ)	s.	Moutai (marca de bebida alcoólica)
2800	茂密	màomì	adj.	denso; exuberante (vegetação)
2801	茂盛	màoshèng	adj.	1. luxuriante (vegetação) 2. próspero
2802	冒充	màochōng	v.	fingir ser; passar-se por
2803	冒犯	màofàn	v.	afrontar; ofender
2804	冒昧	màomèi	adj.	ousado; precipitado; tomar a liberdade (de)
2805	冒险	mào // xiǎn	v.	arriscar-se; enfrentar os perigos; correr os riscos
2806	没劲	méijìn	adj.	desinteressante; entediante
2807	没说的	méishuōde		1. perfeito; impecável 2. não há o que discutir 3. não há problema
2808	没完没了	méiwán-méiliǎo		interminável; sem fim
2809	没意思	méi yìsi		1. entediado 2. entediante; desinteressante 3. mesquinho (pessoa)
2810	没辙	méi // zhé	v.	não ter solução; não ter saída; sem alternativa
2811	没准儿	méi // zhǔnr	v.	talvez; provavelmente
2812	玫瑰	méigui	s.	1. roseira 2. rosa (flor)
2813	枚	méi	cl.	1. classificador para objetos pequenos como moedas, medalhas, selos etc. 2. classificador para armamentos explosivos
2814	眉开眼笑	méikāi-yǎnxiào		estar todo sorridente; estar radiante
2815	眉毛	méimao	s.	sobrancelha
2816	煤矿	méikuàng	s.	mina de carvão
2817	煤炭	méitàn	s.	carvão
2818	每当	měidāng	prep.	sempre que
2819	每逢	měiféng	v.	toda vez que; cada vez que; sempre que
2820	美德	měidé	s.	virtude
2821	美观	měiguān	adj.	bonito (de se ver); agradável aos olhos

Nº	VOCÁBULO	PINYIN	CLASSE	TRADUÇÃO
2822	美化	měihuà	v.	embelezar; tornar bonito
2823	美景	měijǐng	s.	bela paisagem; bela visão
2824	美满	měimǎn	adj.	feliz; plenamente satisfatório
2825	美妙	měimiào	adj.	maravilhoso; belo; esplêndido
2826	美人	měirén	s.	mulher bonita; beldade
2827	美味	měiwèi	s.	comida deliciosa; iguaria
2828	美中不足	měizhōng-bùzú		única falha em algo que poderia ser perfeito
2829	美滋滋	měizīzī	adj.	de grande satisfação ou contentamento
2830	魅力	mèilì	s.	charme; carisma
2831	闷	mēn	adj., v.	<adj.> abafado <v.> 1. abafar 2. ficar trancado em casa 3. manter-se em silêncio
2832	门当户对	méndāng-hùduì		ter uma posição socioeconômica compatível (casamento); famílias de origens semelhantes
2833	门槛	ménkǎn	s.	1. soleira; limiar 2. limiar (figurativo)
2834	门铃	ménlíng	s.	campainha
2835	门路	ménlu	s.	1. know-how; maneira 2. conexões sociais
2836	闷	mèn	adj.	1. deprimido; baixo-astral 2. hermeticamente fechado
2837	萌发	méngfā	v.	1. brotar; germinar 2. surgir; emergir
2838	萌芽	méngyá	v., s.	<v.> brotar; germinar <s.> germe; rudimento; embrião
2839	盟友	méngyǒu	s.	aliado
2840	朦胧	ménglóng	adj.	1. nebuloso (luar) 2. obscuro; vago; tênue
2841	猛烈	měngliè	adj.	vigoroso; feroz; vigoroso
2842	猛然	měngrán	adv.	de repente
2843	梦幻	mènghuàn	s.	sonho; ilusão; devaneio
2844	弥补	míbǔ	v.	compensar; remediar
2845	弥漫	mímàn	v.	espalhar-se; permear; impregnar
2846	迷惑	mí·huò	adj., v.	<adj.> confuso; perplexo <v.> confundir; enganar
2847	迷惑不解	míhuò-bùjiě		ficar muito perplexo; ficar desnorteado
2848	迷恋	míliàn	v.	estar obcecado; estar apaixonado

№ / VOCÁBULO	PINYIN	CLASSE	TRADUÇÃO
2849 迷路	mí // lù	v.	perder-se
2850 迷失	míshī	v.	1. charada 2. enigma; mistério; quebra-cabeça
2851 谜	mí	s.	resposta ou solução para um enigma
2852 谜底	mídǐ	s.	dúvidas e suspeitas; enigma; mistério
2853 谜团	mítuán	s.	charada
2854 谜语	míyǔ	s.	maravilhoso; belo; esplêndido
2855 秘方	mìfāng	s.	fórmula ou receita secreta
2856 秘诀	mìjué	s.	segredo (de); chave (para)
2857 密不可分	mìbùkěfēn		inseparável; intrinsecamente ligado
2858 密度	mìdù	s.	1. densidade 2. espessura; grossura
2859 密封	mìfēng	v.	selar ou fechar hermeticamente
2860 密集	mìjí	v., adj.	<v.> concentrar; reunir <adj.> denso; intensivo
2861 蜜	mì	s.	mel
2862 蜜蜂	mìfēng	s.	abelha
2863 蜜月	mìyuè	s.	lua de mel
2864 棉花	mián·huā	s.	1. algodão (planta) 2. algodão (produto)
2865 免	miǎn	v.	1. escusar alguém de algo; isentar; liberar 2. remover de um posto; aliviar (fardo) 3. evitar; escapar de 4. não ser permitido; proibir
2866 免不了	miǎnbuliǎo	v.	ser inevitável ou inescapável
2867 免除	miǎnchú	v.	1. evitar; prevenir 2. escusar; isentar; remir
2868 免疫	miǎnyì	v.	imunizar
2869 免职	miǎn // zhí	v.	remover de um posto; demitir
2870 勉强	miǎnqiǎng	adj., v.	<adj.> relutante; sem vontade; constrangido; forçado 2. inadequado; não convincente <v.> 1. forçar alguém a fazer algo 2. fazer com dificuldade
2871 缅怀	miǎnhuái	v.	estimar a memória de; lembrar-se com afeto
2872 面部	miànbù	s.	rosto
2873 面粉	miànfěn	s.	farinha de trigo

序号 Nº	词语 VOCÁBULO	拼音 PINYIN	词性 CLASSE	译文 TRADUÇÃO
2874	面红耳赤	miànhóng-ěrchì		ficar vermelho até as orelhas (por vergonha, raiva, excitação etc.)
2875	面面俱到	miànmiàn-jùdào		cuidar de todos os aspectos de algo; ser muito meticuloso
2876	面目全非	miànmù-quánfēi		extremamente alterado; mudado a ponto de ser irreconhecível
2877	苗	miáo	s.	1. plântula; planta jovem 2. descendente 3. broto (certos vegetais de caule macio) 4. sintoma de uma tendência; sinais de novo desenvolvimento 5. os filhotes de alguns animais domésticos 6. vacina 7. algo que lembre uma planta jovem 8. grupo étnico Miao
2878	苗条	miáotiao	adj.	esbelta; magra (mulher)
2879	苗头	miáotou	s.	primeiros sinais (de algo); sintoma de uma tendência; sinais de novo desenvolvimento
2880	描绘	miáohuì	v.	1. retratar; descrever; representar; desenhar ou pintar um retrato 2. desenhar; pintar
2881	瞄准	miáo // zhǔn	v.	1. mirar em; apontar para 2. orientar-se para; ter como objetivo
2882	渺小	miǎoxiǎo	adj.	insignificante; negligenciável; ínfimo; desprezível
2883	庙	miào	s.	1. templo 2. corte real ou imperial 3. título póstumo de um imperador 4. feira (templo)
2884	庙会	miàohuì	s.	feira de templo; quermesse
2885	灭绝	mièjué	v.	1. aniquilar; exterminar; tornar-se extinto 2. perder por completo
2886	灭亡	mièwáng	v.	ser destruído; tornar-se extinto; ser exterminado
2887	民办	mínbàn	adj.	administrado pelo povo local; administrado de modo privado
2888	民俗	mínsú	s.	costume popular
2889	民用	mínyòng	adj.	civil; de uso civil
2890	民众	mínzhòng	s.	massas; povo comum
2891	敏捷	mǐnjié	adj.	ágil; ligeiro; veloz
2892	敏锐	mǐnruì	adj.	sagaz; perspicaz; arguto

Nº	VOCÁBULO	PINYIN	CLASSE	TRADUÇÃO
2893	名副其实	míngfùqíshí		fazer jus à reputação; ser digno da reputação
2894	名贵	míngguì	adj.	raro; precioso; famoso e valioso
2895	名利	mínglì	s.	fama e lucro; fama e riqueza
2896	名气	míngqi	s.	fama; renome; reputação; eminência; distinção; prestígio
2897	名声	míngshēng	s.	fama; renome; distinção; reputação; prestígio
2898	名言	míngyán	s.	frase famosa; dito famoso
2899	名著	míngzhù	s.	obra ou livro famoso; obra-prima
2900	明朗	mínglǎng	adj.	1. limpo e claro 2. claro; óbvio; inequívoco 3. alegre
2901	明媚	míngmèi	adj.	1. clara e bela (paisagem); radiante e encantadora 2. brilhante ou reluzente (olhos)
2902	明智	míngzhì	adj.	sensato; sagaz; judicioso; sábio
2903	铭记	míngjì	v.	gravar na memória; trazer em mente; lembrar-se para sempre
2904	命	mìng	v.	1. ordenar; comandar; instruir; decretar 2. atribuir (título, nome etc.)
2905	命名	mìng // míng	v.	nomear; dar nome a
2906	命题	mìng // tí	v., s.	<v.> atribuir uma questão ou tópico; pôr um problema <s.> 1. (mat.) proposição; problema 2. (lógica) proposição
2907	摸索	mō·suǒ	v.	1. tatear 2. buscar descobrir
2908	模拟	mónǐ	v.	imitar; simular
2909	磨合	móhé	v.	1. fazer funcionar maquinário ou motor novo durante algum tempo para ajustar seu funcionamento; amaciar 2. aprender a lidar; adaptar-se um ao outro (pessoas) 3. discutir e negociar
2910	磨难	mónàn	s.	dificuldade; sofrimento; adversidade
2911	磨损	mósǔn	v.	desgastar
2912	蘑菇	mógu	s.	cogumelo
2913	魔鬼	móguǐ	s.	demônio; diabo; monstro

序号 Nº	词语 VOCÁBULO	拼音 PINYIN	词性 CLASSE	译文 TRADUÇÃO
2914	魔术	móshù	s.	mágica; encanto; ilusionismo; prestidigitação
2915	抹	mǒ	v.	1. esfregar; friccionar; aplicar 2. remover
2916	末日	mòrì	s.	1. Apocalipse; Dia do Julgamento (cristianismo) 2. ruína; fim
2917	没落	mòluò	v.	decair; declinar; degenerar; estar em declínio
2918	陌生	mòshēng	adj.	estranho; desconhecido; estrangeiro
2919	莫非	mòfēi	adv.	será que; será possível que
2920	莫过于	mòguòyú	v.	nada ou ninguém supera; nada é mais... que; nada é melhor que
2921	莫名其妙	mòmíngqímiào		1. além de qualquer explicação 2. inexplicável
2922	漠然	mòrán	adj.	apático; indiferente; desinteressado
2923	墨	mò	s.	1. tinta chinesa; bastão de tinta 2. palavra usada em substituição a poesias, ensaios, caligrafias ou pinturas 3. conhecimento 4. tinta; pigmento 5. moísmo; escola moísta
2924	默读	mòdú	v.	ler em silêncio
2925	默默无闻	mòmò-wúwén		desconhecido do público; sem atrair atenção pública
2926	默契	mòqì	adj., s.	<adj.> acordo ou entendimento tácito; bem coordenado <s.> acordo secreto
2927	谋害	móuhài	v.	1. planejar matar 2. planejar incriminar alguém
2928	谋求	móuqiú	v.	buscar; perseguir; esforçar-se por; estar em busca de
2929	谋生	móushēng	v.	buscar meios de subsistência; ganhar a vida
2930	牡丹	mǔdan	s.	peônia
2931	亩	mǔ	cl.	mu (unidade chinesa de medida de área equivalente a 0,0667 hectare ou 667 m²)
2932	木板	mùbǎn	s.	tábua
2933	木材	mùcái	s.	madeira
2934	木匠	mù·jiàng	s.	carpinteiro
2935	木偶	mù'ǒu	s.	1. fantoche; marionete 2. imagem de madeira; figura entalhada

№	VOCÁBULO	PINYIN	CLASSE	TRADUÇÃO
2936	目不转睛	mùbùzhuǎnjīng		encarar de modo constante; ser incapaz de tirar os olhos
2937	目瞪口呆	mùdèng-kǒudāi		estupefato; atônito
2938	目的地	mùdìdì	s.	destino (lugar)
2939	目睹	mùdǔ	v.	ver com os próprios olhos; testemunhar
2940	目录	mùlù	s.	1. catálogo; lista 2. tabela de conteúdo 3. pasta (computação)
2941	目中无人	mùzhōng-wúrén		considerar a todos como indignos de atenção; ter nariz empinado; ser desdenhoso; ser presunçoso
2942	沐浴露	mùyùlù	s.	gel de banho
2943	牧场	mùchǎng	s.	1. pastagem; pasto 2. fazenda de gado
2944	牧民	mùmín	s.	pastor (animais)
2945	募捐	mù // juān	v.	coletar doações; solicitar ou coletar contribuições
2946	墓碑	mùbēi	s.	lápide; pedra tumular
2947	墓地	mùdì	s.	cemitério
2948	幕	mù	s.	1. tenda; dossel 2. cortina; biombo 3. ato de uma peça
2949	幕后	mùhòu	s.	bastidores; por trás das cenas; atrás de portas fechadas
2950	穆斯林	mùsīlín	s.	muçulmano
2951	拿手	náshǒu	adj.	perito ou especialista em
2952	哪知道	nǎ zhīdào		como poderia saber? como poderia imaginar?
2953	呐喊	nàhǎn	v.	gritar bem alto
2954	纳闷儿	nà // mènr	v.	sentir-se intrigado; estar perplexo
2955	纳入	nàrù	v.	encaixar em; integrar a; incorporar a
2956	纳税	nà // shuì	v.	pagar taxas ou impostos
2957	纳税人	nàshuìrén	s.	contribuinte
2958	乃	nǎi	adv.	1. assim; portanto 2. só depois; então
2959	乃至	nǎizhì	conj.	até mesmo; chegar a ponto de
2960	耐	nài	v.	ser capaz de aguentar ou suportar; resistir

序号 Nº	词语 VOCÁBULO	拼音 PINYIN	词性 CLASSE	译文 TRADUÇÃO
2961	耐人寻味	nàirénxúnwèi		ser intrigante; fazer pensar; fornecer material para reflexão
2962	耐性	nàixìng	s.	paciência; tolerância; perseverança
2963	南瓜	nán·guā	s.	abóbora
2964	难处	nánchù	s.	dificuldade; problema
2965	难得一见	nándé yí jiàn		extremamente raro
2966	难点	nándiǎn	s.	ponto difícil; dificuldade; obstáculo
2967	难怪	nánguài	adv., v.	<adv.> não surpreende que <v.> ser perdoável; ser compreensível
2968	难关	nánguān	s.	barreira; crise; dificuldade
2969	难堪	nánkān	v., adj.	<v.> sentir-se constrangido <adj.> 1. intolerável; insuportável 2. constrangido; constrangedor; ofensivo; embaraçoso
2970	难说	nánshuō	v.	1. ser difícil de dizer ou prever 2. considerar difícil ou embaraçoso de dizer
2971	难为情	nánwéiqíng	adj.	1. tímido; envergonhado; inquieto 2. embaraçoso; desconcertante 3. temeroso de ferir os sentimentos de outrem
2972	难以想象	nányǐ-xiǎngxiàng		difícil de se imaginar; inimaginável
2973	难以置信	nányǐ-zhìxìn		difícil de se acreditar; inacreditável; incrível
2974	挠	náo	v.	1. coçar 2. impedir 3. dobrar-se; submeter-se; render-se
2975	恼羞成怒	nǎoxiū-chéngnù		tornar a vergonha em fúria; explodir de raiva a partir da vergonha ou embaraço
2976	脑海	nǎohǎi	s.	cérebro; mente
2977	脑筋	nǎojīn	s.	1. cérebro; mente; cabeça 2. forma de pensar; ideias
2978	闹事	nào // shì	v.	causar ou fomentar uma confusão; criar ou causar problemas
2979	闹着玩儿	nàozhewánr	v.	1. brincar; divertir-se; entreter-se 2. gracejar; provocar; fazer algo por brincadeira 3. ser uma piada ou brincadeira
2980	内存	nèicún	s.	1. armazenamento interno 2. memória interna; memória RAM (computação)
2981	内阁	nèigé	s.	gabinete (conselho de ministros)

Nº	VOCÁBULO	PINYIN	CLASSE	TRADUÇÃO
2982	内涵	nèihán	s.	1. conotação; conteúdo implícito; subtexto; mensagem subjacente; significado profundo 2. autocontrole; autoaprimoramento; profundo conhecimento e senso de moralidade
2983	内行	nèiháng	adj.	especialista; perito; conhecedor
2984	内幕	nèimù	s.	fatos internos; bastidores
2985	内向	nèixiàng	adj.	1. de orientação doméstica 2. introvertido
2986	内需	nèixū	s.	demanda doméstica
2987	嫩	nèn	adj.	1. delicado; suave 2. claro (algumas cores) 3. novato; imaturo; inexperiente 4. macio (alimento cozido)
2988	能耗	nénghào	s.	consumo de energia
2989	能耐	néngnai	s.	habilidade; capacidade
2990	能人	néngrén	s.	pessoa capaz ou hábil
2991	能源	néngyuán	s.	fonte de energia; recurso energético; energia
2992	尼龙	nílóng	s.	nylon
2993	泥潭	nítán	s.	1. atoleiro; lamaçal; lodaçal 2. situação difícil; crise
2994	泥土	nítǔ	s.	1. terra; solo 2. argila
2995	拟	nǐ	v.	1. comparar 2. imitar 3. planejar; pretender 4. projetar; inventar; esboçar; elaborar 5. supor
2996	拟定	nǐdìng	v.	1. elaborar; esboçar 2. supor; conjecturar; inferir
2997	逆	nì	v.	1. encontrar; acolher; dar as boas-vindas 2. ir contra; desobedecer; desafiar; opor-se 3. desobedecer; ofender; opor-se 4. rebelar-se; trair
2998	匿名	nìmíng	v.	não revelar o nome; ocultar a verdadeira identidade
2999	年画	niánhuà	s.	pinturas típicas do Ano-Novo Chinês
3000	年迈	niánmài	adj.	idoso; velho; de idade avançada
3001	年限	niánxiàn	s.	prazo (em anos)
3002	年薪	niánxīn	s.	salário anual; anuidade

序号 Nº	词语 VOCÁBULO	拼音 PINYIN	词性 CLASSE	译文 TRADUÇÃO
3003	年夜饭	niányèfàn	s.	jantar em família na véspera do Ano-Novo Chinês
3004	年终	niánzhōng	s.	fim do ano
3005	黏	nián	adj.	viscoso; pegajoso; glutinoso; grudento
3006	念念不忘	niànniàn-búwàng		trazer constantemente em mente; sempre ter em mente; ser obsessivamente preocupado com
3007	念书	niàn // shū	v.	1. ler; estudar 2. estar na escola; frequentar a escola
3008	念头	niàntou	s.	ideia; intenção; pensamento
3009	娘	niáng	s.	1. mãe; mamãe 2. tia (tratamento dado a mulheres casadas mais velhas) 3. garota; jovem mulher
3010	酿造	niàngzào	v.	fazer ou produzir (vinho, vinagre, etc); fazer cerveja
3011	鸟巢	niǎocháo	s.	1. ninho de aves 2. Ninho de Pássaro (apelido do Estádio Nacional de Beijing)
3012	尿	niào	v., s.	<v.> urinar <s.> urina
3013	捏	niē	v.	1. beliscar; segurar entre os dedos polegar e indicador ou entre duas coisas que pressionam ao mesmo tempo 2. amassar; modelar; dar forma 3. juntar 4. inventar; fabricar 5. apertar
3014	拧	níng	v.	1. torcer; retorcer 2. entender errado 3. discordar; divergir
3015	凝固	nínggù	v.	solidificar; coagular
3016	凝聚	níngjù	v.	1. condensar (vapor) 2. destilar; cristalizar
3017	拧	nǐng	v.	1. torcer 2. beliscar; beliscar ou torcer com força
3018	宁可	nìngkě	adv.	preferiria; seria melhor
3019	宁愿	nìngyuàn	adv.	preferiria
3020	扭曲	niǔqū	v.	contorcer; distorcer; torcer; deformar
3021	扭头	niǔ // tóu	v.	1. virar a cabeça 2. virar-se
3022	扭转	niǔzhuǎn	v.	1. virar 2. mudar; reverter
3023	纽带	niǔdài	s.	ligação; elo; vínculo
3024	纽扣	niǔkòu	s.	botão

Nº	VOCÁBULO	PINYIN	CLASSE	TRADUÇÃO
3025	农场	nóngchǎng	s.	fazenda
3026	农历	nónglì	s.	calendário tradicional chinês; calendário lunar
3027	农民工	nóngmíngōng	s.	trabalhador rural; trabalhador migrante
3028	农作物	nóngzuòwù	s.	colheita; safra; cultura
3029	浓厚	nónghòu	adj.	1. densa; grossa (neblina, nuvens etc.) 2. forte; intenso; pronunciado (cores, mentalidade, atmosfera, cheiros etc.) 3. grande; entusiástico; forte; intenso (interesses etc.)
3030	浓缩	nóngsuō	v.	condensar; engrossar
3031	浓郁	nóngyù	adj.	1. forte (cheiro de flores etc.) 2. denso; espesso 3. rico; forte 4. entusiástico; forte; intenso
3032	浓重	nóngzhòng	adj.	denso; espesso; forte
3033	弄虚作假	nòngxū-zuòjiǎ		fraudar; trapacear; enganar
3034	奴隶	núlì	s.	escravo
3035	女婿	nǚxu	s.	1. genro 2. marido
3036	暖烘烘	nuǎnhōnghōng	adj.	aconchegante; confortável
3037	虐待	nüèdài	v.	maltratar; destratar
3038	挪	nuó	v.	1. mover; mudar; transferir 2. apropriar-se indevidamente; desviar
3039	诺言	nuòyán	s.	promessa
3040	哦	ò	int.	(interjeição de dúvida)
3041	殴打	ōudǎ	v.	bater; acertar
3042	呕吐	ǒutù	v.	vomitar
3043	趴	pā	v.	1. deitar-se de bruços 2. curvar-se sobre; inclinar-se sobre
3044	拍板	pāi // bǎn	v.	1. marcar o ritmo com a mão ou palmas 2. bater o martelo (negócios) 3. ter a palavra final; fazer a decisão final
3045	拍卖	pāimài	v.	1. leiloar; pôr em leilão 2. vender com preços reduzidos; estar em liquidação
3046	拍戏	pāi // xì	v.	fazer um filme; gravar um filme; gravar uma produção de TV

序号 №	词语 VOCÁBULO	拼音 PINYIN	词性 CLASSE	译文 TRADUÇÃO
3047	排斥	páichì	v.	repelir; excluir; rejeitar; resistir; rechaçar; condenar ao ostracismo
3048	排放	páifàng	v.	1. emitir; expelir; soltar 2. ovular; botar ovos 3. ejacular (animais) 4. pôr ou arrumar ou dispor ou exibir em ordem
3049	排练	páiliàn	v.	ensaiar; praticar; recapitular
3050	徘徊	páihuái	v.	1. vagar; andar de um lado para outro; demorar-se em; ficar em torno de 2. hesitar; titubear; não saber o que fazer 3. flutuar; oscilar
3051	牌照	páizhào	s.	licença; permissão; placa de carro
3052	派别	pàibié	s.	grupo; escola; seita; facção
3053	派遣	pàiqiǎn	v.	enviar; despachar
3054	攀	pān	v.	1. subir; escalar; montar 2. puxar para baixo 3. buscar conexões em altos escalões 4. envolver; implicar
3055	攀升	pānshēng	v.	aumentar; ascender (quantidade etc.)
3056	盘	pán	v.	1. enrolar 2. construir (uma cama de alvenaria etc.) 3. checar; examinar; interrogar 4. transferir a propriedade de (fábricas ou empresas) 5. carregar; transportar
3057	盘算	pánsuan	v.	calcular; imaginar; pensar sobre; considerar; planejar; deliberar; revirar na mente
3058	判处	pànchǔ	v.	condenar; sentenciar
3059	判定	pàndìng	v.	julgar; decidir; determinar
3060	判决	pànjué	v.	dar o veredito; pronunciar uma decisão; decidir judicialmente; sentenciar; julgar
3061	盼	pàn	v.	1. almejar; esperar; desejar 2. olhar
3062	叛逆	pànnì	v., s.	<v.> rebelar-se ou revoltar-se contra <s.> rebelde
3063	庞大	pángdà	adj.	colossal; gigante; gigantesco; enorme
3064	旁观	pángguān	v.	ser espectador; ser observador

序号 №	词语 VOCÁBULO	拼音 PINYIN	词性 CLASSE	译文 TRADUÇÃO
3065	抛	pāo	v.	1. jogar; lançar; arremessar; atirar 2. abandonar; pôr de lado; deixar para trás 3. mostrar; aparecer 4. vender em grandes quantias e/ou a preços baixos
3066	抛开	pāokāi		1. pôr de lado 2. jogar fora 3. livrar-se de
3067	抛弃	pāoqì	v.	abandonar; descartar; renunciar a; dispensar
3068	刨	páo	v.	aplainar; descascar; cortar
3069	跑车	pǎochē	s.	1. bicicleta ou carro de corrida; carro esportivo 2. veículo de transporte de madeira em área florestais
3070	跑道	pǎodào	s.	1. pista de pouso e decolagem (aeroporto) 2. pista; raia (corrida ou atletismo) 3. pista; circuito (corrida de carros) 4. hipódromo; cinódromo
3071	跑龙套	pǎo lóngtào		1. ter um papel secundário (no palco) 2. ter um papel menor; ser coadjuvante; ser figurante; fazer coisas insignificantes
3072	泡沫	pàomò	s.	espuma; borbulha; efervescência
3073	胚胎	pēitāi	s.	1. embrião 2. início; estágio inicial
3074	陪伴	péibàn	v.	acompanhar; fazer companhia a alguém
3075	陪葬	péizàng	v.	1. ser enterrado vivo junto ao morto 2. ser enterrado com o morto (imagens e tesouros) 3. ser enterrada próxima da tumba do esposo (esposas e concubinas, após a morte) 4. ser enterrado próximo ao seu soberano (ministros de um monarca, após a morte)
3076	赔钱	péi // qián	v.	1. ter prejuízo; perder dinheiro nos negócios 2. indenizar
3077	佩服	pèi·fú	v.	admirar; ter admiração por
3078	配件	pèijiàn	s.	1. parte acessória; componente; subconjunto 2. reposição
3079	配偶	pèi'ǒu	s.	1. cônjuge (geralmente em documentação legal) 2. par (animais)
3080	配送	pèisòng	v.	distribuição (bens)
3081	配音	pèi // yīn	v.	dublar

Nº	VOCÁBULO	PINYIN	CLASSE	TRADUÇÃO
3082	喷泉	pēnquán	s.	fonte; chafariz
3083	抨击	pēngjī	v.	atacar ou agredir (na fala ou escrita); insultar
3084	烹调	pēngtiáo	v.	cozinhar
3085	蓬勃	péngbó	adj.	vigoroso; próspero
3086	鹏程万里	péngchéng-wànlǐ		ter futuro ou carreira brilhante
3087	膨胀	péngzhàng	v.	1. expandir; dilatar; inflar 2. inchar
3088	捧	pěng	v.	1. segurar ou carregar com as duas mãos; segurar na palma das mãos 2. elogiar; exaltar; enaltecer; cumprimentar
3089	捧场	pěng // chǎng	v.	1. ser parte de uma torcida; torcer por alguém 2. elogiar; cantar os louvores de alguém
3090	碰钉子	pèng dīngzi		ser recusado; ser rejeitado; ter reveses; encontrar empecilhos
3091	碰巧	pèngqiǎo	adv.	acidentalmente; coincidentemente; por acaso
3092	碰上	pèngshang	v.	encontrar por acaso
3093	碰撞	pèngzhuàng	v.	1. colidir; chocar-se com; bater em 2. ofender; afrontar
3094	批发	pīfā	v.	1. vender por atacado 2. estar autorizado para despachar (em documentos oficiais)
3095	批判	pīpàn	v.	criticar; censurar
3096	披露	pīlù	v.	1. publicar; anunciar; tornar público 2. mostrar; revelar; divulgar
3097	劈	pī	v.	1. cortar (verticalmente); partir; fender 2. estar cindido; estar quebrado 3. golpear
3098	皮带	pídài	s.	1. cinto de couro 2. correia ou esteira transportadora (maquinário)
3099	疲惫	píbèi	adj.	cansado; fatigado; exausto
3100	疲惫不堪	píbèi-bùkān		estar extremamente exausto
3101	疲倦	píjuàn	adj.	cansado e sonolento
3102	疲劳	píláo	adj.	fatigado; cansado
3103	脾	pí	s.	baço
3104	匹配	pǐpèi	v.	casar; ser igual

Nº	VOCÁBULO	PINYIN	CLASSE	TRADUÇÃO
3105	媲美	pìměi	v.	rivalizar com; ser comparável a
3106	僻静	pìjìng	adj.	isolado; solitário
3107	譬如	pìrú	v.	tomar como exemplo
3108	譬如说	pìrú shuō		por exemplo
3109	片子	piānzi	s.	1. rolo de filme 2. filme 3. disco de vinil 4. radiografia; imagem de raio X
3110	偏差	piānchā	s.	1. desvio; erro 2. (ângulo de) desvio; declinação
3111	偏方	piānfāng	s.	fórmula especial; prescrição ou tratamento popular (medicina tradicional chinesa)
3112	偏见	piānjiàn	s.	preconceito; enviesamento; opinião enviesada; visão unilateral
3113	偏僻	piānpì	adj.	remoto; desolado
3114	偏偏	piānpiān	adv.	1. teimosamente; insistentemente; persistentemente 2. contrariamente às expectativas; inesperadamente 3. apenas; somente
3115	偏向	piānxiàng	v., s.	<v.> 1. ser parcial quanto a; dar preferência 2. preferir; favorecer; ter inclinação a <s.> desvio; tendência errada
3116	偏远	piānyuǎn	adj.	remoto; longínquo
3117	篇幅	piān·fú	s.	1. tamanho ou comprimento (texto) 2. espaço (em uma página impressa)
3118	片段	piànduàn	s.	parte; fragmento; excerto; passagem
3119	骗人	piàn rén		1. fazer brincadeiras com alguém; fazer alguém de bobo 2. trapacear ou enganar pessoas; praticar fraude
3120	漂	piāo	v.	flutuar; boiar; estar à deriva
3121	飘	piāo	v., adj.	<v.> balançar ao vento; tremular; flutuar (no ar); planar; esvoaçar <adj.> 1. instável; fraco 2. complacente; frívolo
3122	票房	piàofáng	s.	guichê; bilheteria
3123	撇	piě	v., s.	<v.> 1. lançar; arremessar; lançar 2. esticar os lábios fechados para os lados; curvar os lábios (demonstrar desdém) <s.> traço horizontal com inclinação à esquerda na caligrafia chinesa

Nº	VOCÁBULO	PINYIN	CLASSE	TRADUÇÃO
3124	拼搏	pīnbó	v.	esforçar-se muito; lutar
3125	拼命	pīn // mìng	v.	1. arriscar a vida; dar-se ao máximo apesar dos riscos 2. agir com toda a capacidade; dar o seu melhor; esforçar-se ao máximo
3126	贫富	pín fù		ricos e pobres; riqueza e pobreza
3127	贫穷	pínqióng	adj.	pobre; necessitado; destituído; em penúria
3128	频率	pínlǜ	s.	frequência
3129	频频	pínpín	adv.	repetidamente; constantemente
3130	品尝	pǐncháng	v.	provar; experimentar; saborear
3131	品德	pǐndé	s.	fibra ou qualidade moral; integridade
3132	品位	pǐnwèi	s.	gosto (estético)
3133	品行	pǐnxíng	s.	comportamento; conduta moral
3134	聘	pìn	v.	contratar; empregar
3135	聘任	pìnrèn	v.	nomear para uma posição; contratar para
3136	聘用	pìnyòng	v.	empregar; contratar; recrutar
3137	乒乓球	pīngpāngqiú	s.	tênis de mesa; pingue-pongue
3138	平常心	píngchángxīn	s.	calma; equilíbrio emocional; a capacidade de lidar com problemas difíceis como se fossem coisas triviais
3139	平淡	píngdàn	adj.	insípido; sem graça; trivial; desinteressante
3140	平和	pínghé	adj., v.	<adj.> 1. gentil; amigável; tranquilo 2. leve; moderado (medicamentos) 3. pacífico; calmo <v.> acalmar (disputa, tumulto etc.)
3141	平价	píngjià	v., s.	<v.> estabilizar preços <s.> 1. preços estabilizados ou moderados ou fixados; preço baixo ou justo 2. paridade (câmbio)
3142	平面	píngmiàn	s.	1. plano; superfície plana
3143	平民	píngmín	s.	pessoa comum; civil; plebeu
3144	平日	píngrì	s.	dias normais ou comuns (sem feriados); situações comuns
3145	平息	píngxī	v.	1. acalmar 2. suprimir (uma rebelião); reprimir; debelar
3146	评定	píngdìng	v.	avaliar; julgar; aferir
3147	评论员	pínglùnyuán	s.	comentarista

序号 / Nº	词语 / VOCÁBULO	拼音 / PINYIN	词性 / CLASSE	译文 / TRADUÇÃO
3148	评判	píngpàn	v.	julgar (uma competição); avaliar; determinar
3149	评审	píngshěn	v.	avaliar e estimar; julgar e determinar
3150	评委	píngwěi	s.	membro de um comitê avaliador; juiz
3151	凭借	píngjiè	v.	depender de; contar com
3152	凭着	píngzhe		com base em; contando com
3153	凭证	píngzhèng	s.	1. evidência; prova 2. recibo; comprovante
3154	瓶颈	píngjǐng	s.	1. gargalo (garrafa) 2. gargalo (situação problemática que impede o avanço)
3155	萍水相逢	píngshuǐ-xiāng-féng		(desconhecidos) encontrar-se por total acaso
3156	泼冷水	pō lěngshuǐ		jogar um balde de água fria; diminuir o entusiasmo; desencorajar
3157	颇	pō	adv.	consideravelmente; muito; bastante
3158	迫不及待	pòbùjídài		estar muito impaciente; aguardar ansiosamente para fazer algo; ser incapaz de se segurar
3159	迫害	pòhài	v.	perseguir; oprimir
3160	迫使	pòshǐ	v.	coagir; forçar; compelir
3161	破案	pò // àn	v.	resolver um caso (criminal)
3162	破除	pòchú	v.	abolir; eliminar; erradicar; livrar-se
3163	破解	pòjiě	v.	1. analisar e explicar 2. decodificar; desvendar 3. resolver 4. craquear (um software) 5. evitar (uma calamidade, um infortúnio etc.) por meio de magia
3164	破旧	pòjiù	adj.	gasto; esfarrapado; maltrapilho
3165	破裂	pòliè	v.	1. romper; fraturar; fissurar (coisas) 2. romper; dar errado (relações, emoções, negociações etc.)
3166	破灭	pòmiè	v.	ser destruído (sonhos, esperança etc.); evaporar
3167	破碎	pòsuì	v.	quebrar; destruir; partir em pedaços
3168	魄力	pòlì	s.	ousadia; audácia
3169	扑克	pūkè	s.	pôquer; baralho

Nº	VOCÁBULO	PINYIN	CLASSE	TRADUÇÃO
3170	扑面而来	pūmiàn-érlái		diretamente sobre o rosto de alguém; algo que ataca os sentidos; chamativo
3171	铺路	pū // lù	v.	1. pavimentar (uma rua, estrada etc.) 2. pavimentar o caminho; criar as condições para
3172	菩萨	pú·sà	s.	1. Bodisatva (budismo) 2. Buda; ídolo budista 3. pessoa bondosa
3173	朴实	pǔshí	adj.	1. simples; sem ostentação 2. sincero e honesto; despretensioso 3. sem afetação
3174	朴素	pǔsù	adj.	1. simples (cor, estilo, roupa etc.) 2. frugal; parcimonioso (modo de vida) 3. ingênuo 4. sem afetação; simples; sem adornos
3175	普通人	pǔtōng rén		pessoa média; pessoa comum
3176	谱	pǔ	v., s.	<v.> compor (música); musicar (um poema etc.) <s.> 1. registros para referência facilitada (tabelas, gráficos, listas etc.) 2. manual; guia 3. partitura musical 4. algo em que se basear; algo em que confiar 5. pretensão; pose; ostentação
3177	瀑布	pùbù	s.	cachoeira; queda d'água
3178	七嘴八舌	qīzuǐ-bāshé		discussão em que todos tentam falar ao mesmo tempo
3179	沏	qī	v.	fazer infusão em água quente
3180	凄凉	qīliáng	adj.	1. desolado; ermo; lúgubre 2. miserável; infeliz; triste
3181	期盼	qīpàn	v.	esperar por; aguardar; ansiar
3182	欺骗	qīpiàn	v.	enganar; trapacear; ludibriar
3183	欺诈	qīzhà	v.	enganar; burlar; fraudar
3184	漆	qī	s., v.	<s.> 1. laca; pintura 2. laca chinesa (árvore) <v.> cobrir com laca ou verniz; envernizar
3185	齐心协力	qíxīn-xiélì		trabalhar em conjunto como uma só pessoa; coordenar esforços por um fim comum
3186	其后	qíhòu	s.	depois; posteriormente
3187	其间	qíjiān	s.	1. entre ou no meio de; em 2. tempo; período
3188	奇花异草	qíhuā-yìcǎo		flores e plantas raras; algo raramente visto

Nº	VOCÁBULO	PINYIN	CLASSE	TRADUÇÃO
3189	奇迹	qíjì	s.	milagre; maravilha
3190	奇特	qítè	adj.	peculiar; singular; incomum
3191	歧视	qíshì	v.	discriminar
3192	祈祷	qídǎo	v.	rezar; orar
3193	棋	qí	s.	1. xadrez ou qualquer outro jogo de tabuleiro 2. peças de jogo
3194	棋子	qízǐ	s.	1. peça de jogo de tabuleiro 2. pessoa manipulada por outrem
3195	旗袍	qípáo	s.	vestido tradicional chinês; cheongsam
3196	旗帜	qízhì	s.	1. bandeira; estandarte; flâmula 2. modelo; bom exemplo 3. bandeira (representativo do pensamento ou posicionamento político)
3197	乞丐	qǐgài	s.	mendigo; pedinte
3198	乞求	qǐqiú	v.	implorar; suplicar
3199	乞讨	qǐtǎo	v.	mendigar
3200	岂有此理	qǐyǒucǐlǐ		ultrajante; absurdo
3201	启迪	qǐdí	v.	inspirar; estimular
3202	启蒙	qǐméng	v.	1. dar instrução básica a iniciantes 2. instruir
3203	启示	qǐshì	v., s.	<v.> inspirar <s.> inspiração; moral da história; lição
3204	起步	qǐbù	v.	1. começar a mover 2. começar a fazer algo
3205	起草	qǐ // cǎo	v.	esboçar (documentos, planos etc.)
3206	起程	qǐchéng	v.	partir; sair em uma jornada
3207	起初	qǐchū	s.	originalmente; inicialmente; a princípio; no começo
3208	起伏	qǐfú	v.	1. ondular; mover-se para cima e para baixo 2. oscilar; flutuar (emoções, relações etc.)
3209	起劲	qǐjìn	adj.	enérgico; vigoroso; entusiasmado
3210	起跑线	qǐpǎoxiàn	s.	1. linha de partida (de uma corrida); linha de demarcação (salto, arremesso, corrida de revezamento) 2. nível; padrão; ponto de partida
3211	起源	qǐyuán	v., s.	<v.> originar em ou de; derivar de <s.> origem; proveniência; gênese
3212	气愤	qìfèn	adj.	indignado; furioso

序号 No	词语 VOCÁBULO	拼音 PINYIN	词性 CLASSE	译文 TRADUÇÃO
3213	气管	qìguǎn	s.	traqueia
3214	气馁	qìněi	adj.	abatido; desencorajado
3215	气派	qìpài	s., adj.	<s.> postura ou atitude imponente <adj.> de aparência impressionante
3216	气泡	qìpào	s.	bolha (ar ou gás)
3217	气魄	qìpò	s.	1. visão ousada; espírito audaz 2. postura imponente; ímpeto
3218	气势	qìshì	s.	vigor; ímpeto; postura imponente
3219	气味	qìwèi	s.	1. cheiro; odor; aroma 2. ter cheiro de (algo prejudicial); feder a
3220	气息	qìxī	s.	1. respiração 2. cheiro; odor; aroma
3221	气质	qìzhì	s.	1. temperamento 2. aptidões; qualidades
3222	迄今	qìjīn	v.	até hoje; até aqui; até agora
3223	迄今为止	qìjīn-wéizhǐ		até agora
3224	契机	qìjī	s.	1. momento (filosofia) 2. momento decisivo; ponto crítico
3225	契约	qìyuē	s.	contrato; escritura; título
3226	器材	qìcái	s.	equipamento; material
3227	器械	qìxiè	s.	1. aparato; instrumento 2. arma
3228	掐	qiā	v.	1. beliscar 2. remover com os dedos (flores etc.) 3. segurar; prender
3229	卡	qiǎ	v.	emperrar; entalar; ficar preso
3230	卡子	qiǎzi	s.	1. grampo; clipe 2. posto de controle
3231	洽谈	qiàtán	v.	discutir em conjunto; ter conversação; negociar
3232	恰到好处	qiàdào-hǎochù		ser perfeito (o propósito ou ocasião); ser na medida certa
3233	恰恰相反	qiàqià xiāngfǎn		pelo contrário
3234	恰巧	qiàqiǎo	adv.	por coincidência; por sorte; por acaso
3235	恰如其分	qiàrú-qífèn		adequado; apropriado; na medida certa
3236	千变万化	qiānbiàn-wànhuà		estar sempre mudando; ser volátil
3237	千方百计	qiānfāng-bǎijì		de mil e uma maneiras; por todos os meios possíveis
3238	千家万户	qiānjiā-wànhù		todas as famílias; todos os lares

LISTA DE VOCABULÁRIO DOS NÍVEIS 7 A 9

序号 No	词语 VOCÁBULO	拼音 PINYIN	词性 CLASSE	译文 TRADUÇÃO
3239	千军万马	qiānjūn-wànmǎ		um exército poderoso; uma enorme força militar
3240	千钧一发	qiānjūn-yífà		estar por um fio; estar em perigo iminente
3241	迁	qiān	v.	1. mudar (posição ou localização) 2. mover 3. mudar a posição de trabalho
3242	迁就	qiānjiù	v.	ceder a; acomodar-se com; abrir mão
3243	迁移	qiānyí	v.	mudar; migrar
3244	牵扯	qiānchě	v.	envolver; implicar
3245	牵挂	qiānguà	v.	preocupar-se; importar-se com
3246	牵涉	qiānshè	v.	envolver; implicar
3247	牵头	qiān // tóu	v.	tomar a frente; liderar; guiar
3248	牵制	qiānzhì	v.	conter (o inimigo); restringir; impedir
3249	铅	qiān	s.	1. chumbo (Pb) 2. grafite (lápis)
3250	谦逊	qiānxùn	adj.	modesto; despretensioso
3251	签	qiān	s.	1. pedaço de bambu usado para adivinhação 2. pedaço fino e pontudo de bambu ou madeira 3. rótulo; etiqueta
3252	签署	qiānshǔ	v.	assinar; aprovar; endossar
3253	前辈	qiánbèi	s.	pessoa da geração mais velha; precursor; veterano; sênior
3254	前不久	qiánbùjiǔ	s.	1. ultimamente 2. há pouco tempo
3255	前赴后继	qiánfù-hòujì		avançar ininterruptamente em ondas sucessivas
3256	前期	qiánqī	s.	período ou estágio anterior
3257	前任	qiánrèn	s.	1. predecessor; anterior (em um cargo) 2. ex- (esposa, marido etc.)
3258	前所未有	qiánsuǒwèiyǒu		sem precedentes; nunca antes visto
3259	前台	qiántái	s.	1. palco 2. proscênio; parte anterior do palco 3. primeiro plano (em oposição aos bastidores) 4. recepção (hotel ou companhia) 5. front-end (computação)
3260	前无古人	qiánwúgǔrén		sem precedentes; sem paralelos
3261	前夕	qiánxī	s.	véspera
3262	前线	qiánxiàn	s.	linha de frente; frente (batalha)

序号 No	词语 VOCÁBULO	拼音 PINYIN	词性 CLASSE	译文 TRADUÇÃO
3263	前沿	qiányán	s.	1. (militar) posição avançada 2. fronteira (ciência, tecnologia etc.)
3264	前仰后合	qiányǎng-hòuhé		balançar para frente e para trás (por sono, embriaguez, riso etc.)
3265	前者	qiánzhě	s.	o anterior
3266	虔诚	qiánchéng	adj.	devoto; religioso
3267	钱财	qiáncái	s.	riqueza; dinheiro
3268	钳子	qiánzi	s.	1. pinça; tenaz; fórceps 2. brincos
3269	潜能	qiánnéng	s.	1. potencial; capacidade latente 2. (física) energia latente
3270	潜水	qiánshuǐ	v.	mergulhar
3271	潜艇	qiántǐng	s.	submarino
3272	潜移默化	qiányí-mòhuà		influenciar imperceptivelmente; exercer influência sutil sobre alguém
3273	潜在	qiánzài	adj.	latente; potencial
3274	谴责	qiǎnzé	v.	condenar; censurar; condenar
3275	欠缺	qiànquē	v., s.	<v.> faltar; carecer de <s.> deficiência; imperfeição; falta
3276	欠条	qiàntiáo	s.	certificado de débito
3277	歉意	qiànyì	s.	arrependimento; desculpa
3278	呛	qiāng	v.	engasgar (com comida ou líquido)
3279	枪毙	qiāngbì	v.	1. executar a tiros 2. rejeitar (um projeto, pedido etc.)
3280	腔	qiāng	s.	1. cavidade (no corpo); câmara 2. afinação; tom 3. sotaque 4. fala
3281	强加	qiángjiā	v.	forçar a; impor
3282	强劲	qiángjìng	adj.	forte; poderoso
3283	强项	qiángxiàng	s.	ponto forte (atleta ou equipe)
3284	强行	qiángxíng	adv.	à força
3285	强硬	qiángyìng	adj.	firme; inflexível
3286	强占	qiángzhàn	v.	ocupar à força
3287	强制	qiángzhì	v.	compelir; forçar; coagir
3288	抢夺	qiǎngduó	v.	1. tomar; pilhar; rapinar 2. competir por 3. lançar-se sobre

Nº	VOCÁBULO	PINYIN	CLASSE	TRADUÇÃO
3289	抢劫	qiǎngjié	v.	saquear; roubar; pilhar
3290	抢眼	qiǎngyǎn	adj.	atraente; que chama a atenção
3291	敲边鼓	qiāo biāngǔ		dar apoio a alguém; ajudar ou apoiar alguém estando fora da situação
3292	敲诈	qiāozhà	v.	extorquir; chantagear
3293	乔装	qiáozhuāng	v.	disfarçar; fazer-se de
3294	瞧不起	qiáobuqǐ	v.	desprezar; desdenhar; menosprezar
3295	巧合	qiǎohé	s.	coincidência
3296	窍门	qiàomén	s.	jeito (algo); chave (um problema)
3297	翘	qiào	v.	manter para cima; deixar ereto
3298	撬	qiào	v.	1. forçar 2. espiar
3299	切除	qiēchú	v.	amputar; remover (medicina)
3300	切断	qiēduàn		romper; cortar
3301	切割	qiēgē	v.	1. cortar 2. cortar metais (em torno etc.)
3302	且	qiě	adv.	e; tanto... quanto...
3303	且	qiě	conj.	ademais; além disso
3304	切身	qièshēn	adj.	1. de interesse imediato para alguém; intimamente relacionado a alguém 2. pessoal; individual
3305	窃取	qièqǔ	v.	usurpar; roubar; arrebatar
3306	钦佩	qīnpèi	v.	admirar; estimar; respeitar
3307	侵害	qīnhài	v.	1. invadir 2. prejudicar à força ou por meios ilícitos
3308	侵略	qīnlüè	v.	agredir (um país); invadir
3309	侵权	qīnquán	v.	violar os direitos de
3310	侵占	qīnzhàn	v.	1. apropriar-se indevidamente de algo 2. invadir e ocupar
3311	亲和力	qīnhélì	s.	1. afinidade (química) 2. cordialidade; amabilidade
3312	亲近	qīnjìn	adj., v.	<adj.> íntimo de <v.> aproximar-se de (alguém); buscar ou querer a amizade de
3313	亲朋好友	qīnpéng-hǎoyǒu		amigos e família
3314	亲戚	qīnqi	s.	parente; familiar

序号 №	词语 VOCÁBULO	拼音 PINYIN	词性 CLASSE	译文 TRADUÇÃO
3315	亲情	qīnqíng	s.	amor familiar; afeto; laço emocional
3316	亲热	qīnrè	adj., v.	<adj.> afetuoso; carinhoso <v.> demonstrar afeto por meio de ações
3317	亲身	qīnshēn	adj.	pessoal; individual
3318	亲生	qīnshēng	adj.	biológico (não adotivo)
3319	亲手	qīnshǒu	adv.	com as próprias mãos; pessoalmente
3320	亲友	qīnyǒu	s.	parentes e amigos
3321	勤工俭学	qíngōng-jiǎnxué		programa de trabalho e estudo (adotado em algumas escolas na China como modo de pagamento pela educação)
3322	勤快	qínkuai	adj.	diligente; trabalhador
3323	勤劳	qínláo	adj.	diligente; trabalhador; aplicado
3324	寝室	qǐnshì	s.	quarto (em um dormitório)
3325	青春期	qīngchūnqī	s.	puberdade; adolescência
3326	青蛙	qīngwā	s.	rã
3327	轻而易举	qīng'éryìjǔ		fácil de ser feito
3328	轻蔑	qīngmiè	v.	menosprezar; desprezar; desdenhar
3329	轻微	qīngwēi	adj.	trivial; insignificante; banal; leve
3330	轻型	qīngxíng	adj.	de tipo leve (veículos, maquinário etc.)
3331	倾家荡产	qīngjiā-dàngchǎn		perder a fortuna da família; levar a família à bancarrota
3332	倾诉	qīngsù	v.	pôr para fora (preocupações, problemas); abrir o coração
3333	倾听	qīngtīng	v.	ouvir atentamente
3334	倾销	qīngxiāo	v.	vender a preço muito baixo
3335	倾斜	qīngxié	v.	1. inclinar (parede, solo etc.) 2. dar preferência a; tratar com favoritismo
3336	清除	qīngchú	v.	eliminar; remover; excluir
3337	清脆	qīngcuì	adj.	1. limpo e melodioso; aveludado (som, voz etc.) 2. crocante (alimento)
3338	清单	qīngdān	s.	inventário; lista detalhada
3339	清淡	qīngdàn	adj.	1. fraco; claro; delicado (cores, odores etc.) 2. suave; leve (alimento) 3. fresco e elegante (estilo) 4. fraco (negócios)

Nº	VOCÁBULO	PINYIN	CLASSE	TRADUÇÃO
3340	清静	qīngjìng	adj.	quieto; tranquilo; sereno (ambiente)
3341	清凉	qīngliáng	adj.	1. refrescante 2. curto; revelador (roupas)
3342	清明	qīngmíng	adj.	1. bem ordenada (situação política) 2. calmo e sóbrio 3. claro e brilhante
3343	清晰	qīngxī	adj.	distinto; claro
3344	清新	qīngxīn	adj.	1. fresco; refrescante 2. original (estilo)
3345	清真寺	qīngzhēnsì	s.	mesquita
3346	情	qíng	s.	1. sentimento; emoção 2. razão; sentido 3. situação; circunstância; condição; contexto 4. desejo sexual; luxúria; volúpia 5. amor; paixão 6. gentileza; favor 7. gosto; interesse
3347	情报	qíngbào	s.	informação; inteligência
3348	情不自禁	qíngbúzìjīn		não conseguir evitar fazer algo; ser incapaz de se controlar; agir sob impulso incontrolável
3349	情调	qíngdiào	s.	sentimento; apelo emocional
3350	情怀	qínghuái	s.	emoções; sentimentos
3351	情结	qíngjié	s.	complexo (psicologia)
3352	情侣	qínglǚ	s.	namorados; casal
3353	情人	qíngrén	s.	pessoa amada; amor
3354	情谊	qíngyì	s.	amizade; sentimento amistoso; camaradagem
3355	情愿	qíngyuàn	v., adv.	<v.> 1. estar disposto a 2. preferir <adv.> ser preferível; melhor
3356	请柬	qǐngjiǎn	s.	carta de convite
3357	请帖	qǐngtiě	s.	carta de convite
3358	庆典	qìngdiǎn	s.	celebração; festividades
3359	庆贺	qìnghè	v.	congratular; celebrar
3360	庆幸	qìngxìng	v.	alegrar-se; rejubilar; congratular-se (por algo)
3361	丘陵	qiūlíng	s.	colinas
3362	囚犯	qiúfàn	s.	prisioneiro
3363	求婚	qiú // hūn	v.	propor casamento
3364	求救	qiújiù	v.	pedir aconselhamento; buscar opiniões

Nº	VOCÁBULO	PINYIN	CLASSE	TRADUÇÃO
3365	求学	qiúxué	v.	1. ir à escola; seguir os estudos 2. buscar conhecimento
3366	求医	qiúyī	v.	ir ao médico; consultar um médico
3367	求证	qiúzhèng	v.	buscar provar; procurar confirmação
3368	求助	qiúzhù	v.	pedir ajuda; procurar socorro
3369	曲线	qūxiàn	s.	1. curva; linha curva 2. curvas (corpo)
3370	曲折	qūzhé	adj.	1. tortuoso; sinuoso; em espiral 2. complicado
3371	驱动	qūdòng	v., s.	<v.> impelir; mover <s.> driver (computação)
3372	驱逐	qūzhú	v.	expulsar; banir; expelir
3373	屈服	qūfú	v.	render-se; curvar-se a; sujeitar-se a
3374	趋于	qūyú	v.	tender a
3375	曲	qǔ	s.	1. canção; melodia 2. música (canção)
3376	取代	qǔdài	v.	substituir; suplantar
3377	取缔	qǔdì	v.	banir; proibir; suprimir
3378	取而代之	qǔ'érdàizhī		remover e substituir; suplantar
3379	取经	qǔ // jīng	v.	1. aprender com as experiências de outros 2. ir em peregrinação em busca de escrituras sagradas (budismo)
3380	取决于	qǔjué yú		depender de; ser decidido por
3381	取暖	qǔnuǎn	v.	aquecer-se (ao fogo etc.)
3382	取胜	qǔshèng	v.	triunfar; vencer; ter sucesso
3383	取笑	qǔxiào	v.	rir de; ridicularizar; gracejar com
3384	娶	qǔ	v.	casar-se com (uma mulher); tomar como esposa
3385	去除	qùchú	v.	remover
3386	去处	qùchù	s.	1. local aonde alguém foi; paradeiro 2. lugar; local
3387	去向	qùxiàng	s.	direção à qual alguém foi; paradeiro
3388	趣味	qùwèi	s.	1. interesse; diversão; prazer 2. gosto; preferência
3389	圈套	quāntào	s.	armadilha; arapuca

Nº	VOCÁBULO	PINYIN	CLASSE	TRADUÇÃO
3390	圈子	quānzi	s.	1. círculo (geometria); escopo 2. círculo (social)
3391	权衡	quánhéng	v.	pesar (uma questão, prós e contras); mensurar; considerar
3392	权威	quánwēi	s.	1. autoridade; prestígio 2. pessoa de grande influência ou conhecimento em determinada área; autoridade
3393	权益	quányì	s.	direitos e interesses
3394	全长	quáncháng	s.	tamanho total
3395	全程	quánchéng	s.	percurso completo
3396	全方位	quánfāngwèi	s.	abrangente; holístico; onidirecional
3397	全局	quánjú	s.	situação geral; situação como um todo
3398	全力以赴	quánlìyǐfù		não poupar esforços; dar tudo de si
3399	全能	quánnéng	adj.	onipotente; todo-poderoso
3400	全文	quánwén	s.	texto completo ou integral
3401	全心全意	quánxīn-quányì		de todo o coração; de coração e alma
3402	拳	quán	s., v.	<s.> 1. punho 2. boxe; pugilismo <v.> enrolar; ondular
3403	拳头	quán·tóu	s.	punho
3404	劝告	quàngào	v., s.	<v.> aconselhar; exortar; admoestar <s.> conselho; exortação
3405	劝说	quànshuō	v.	persuadir; aconselhar
3406	劝阻	quànzǔ	v.	dissuadir; avisar alguém para não fazer algo
3407	缺口	quēkǒu	s.	1. brecha; vão; abertura 2. falta; déficit (de fundos, materiais etc.)
3408	缺失	quēshī	s., v.	<s.> deficiência; imperfeição <v.> carecer; não possuir
3409	缺席	quē // xí	v.	ausentar-se (compromisso, evento etc.)
3410	确切	quèqiè	adj.	1. preciso; exato 2. real; verdadeiro; confiável
3411	确信	quèxìn	v.	estar convencido de; acreditar firmemente; estar certo de
3412	确凿	quèzáo	adj.	irrefutável; inegável; conclusivo
3413	确诊	quèzhěn	v.	diagnosticar de modo definitivo

序号 №	词语 VOCÁBULO	拼音 PINYIN	词性 CLASSE	译文 TRADUÇÃO
3414	燃放	ránfàng	v.	soltar (fogos, bombinhas, rojões etc.)
3415	燃气	ránqì	s.	gás combustível
3416	燃油	rányóu	s.	combustível
3417	嚷	rǎng	v.	1. gritar; berrar 2. tumultuar
3418	让步	ràng // bù	v.	ceder; fazer concessões
3419	饶	ráo	v.	1. dar algo extra; ter algo a mais 2. perdoar; deixar passar
3420	饶恕	ráoshù	v.	perdoar; desculpar
3421	扰乱	rǎoluàn	v.	perturbar; incomodar; transtornar; criar confusão
3422	绕行	ràoxíng	v.	1. fazer um desvio; dar uma volta 2. circular 3. orbitar
3423	惹	rě	v.	1. provocar (algo indesejável); criar 2. ofender; irritar; importunar 3. atrair; causar
3424	热潮	rècháo	s.	entusiasmo ou fervor massivo; surto; onda; campanha massiva
3425	热带	rèdài	s.	os trópicos
3426	热气	rèqì	s.	1. vapor 2. ar quente 3. entusiasmo
3427	热气球	rèqìqiú	s.	balão de ar quente
3428	热腾腾	rèténgténg	adj.	muito quente; fervendo; pelando
3429	热衷	rèzhōng	v.	1. ser obcecado por 2. gostar muito de; ter grande interesse por
3430	人次	réncì	cl.	quantidade de vezes que uma pessoa é contada ou registrada em determinado contexto, usa-se para medir o número de visitantes, participantes, usuários ou passageiros em eventos, serviços ou transporte
3431	人道	réndào	s., adj.	<s.> humanidade; empatia <adj.> humano
3432	人格	réngé	s.	1. personalidade; qualidade moral 2. dignidade
3433	人工智能	réngōng-zhìnéng		inteligência artificial
3434	人均	rénjūn	v.	per capita; por pessoa
3435	人品	rénpǐn	s.	1. caráter; qualidade moral 2. aparência; postura

Nº	VOCÁBULO	PINYIN	CLASSE	TRADUÇÃO
3436	人气	rénqì	s.	1. popularidade; apoio público 2. personalidade; caráter
3437	人情	rénqíng	s.	1. sentimentos humanos; natureza humana; simpatia 2. sentimentos 3. favor 4. etiqueta; cortesia; relações humanas
3438	人身	rénshēn	s.	corpo humano; pessoa
3439	人事	rénshì	s.	1. questões humanas; ocorrências da vida 2. assuntos relacionados às pessoas 3. como as coisas são 4. o mundo externo (em contraste com o mental) 5. aquilo que é humanamente possível
3440	人手	rénshǒu	s.	mão de obra; funcionários
3441	人体	réntǐ	s.	corpo humano
3442	人为	rénwéi	adj.	artificial
3443	人文	rénwén	s.	cultura humana
3444	人行道	rénxíngdào	s.	calçada; passeio público
3445	人性	rénxìng	s.	natureza humana; humanidade
3446	人选	rénxuǎn	s.	candidato
3447	人缘儿	rényuánr	s.	popularidade; relações com outras pessoas
3448	人造	rénzào	adj.	artificial; sintético
3449	人质	rénzhì	s.	refém
3450	仁慈	réncí	adj.	benevolente; gentil
3451	忍饥挨饿	rěnjī-ái'è		sofrer de fome
3452	忍耐	rěnnài	v.	praticar a paciência; conter-se; suportar
3453	忍心	rěn // xīn	v.	1. ter coração duro 2. ser paciente
3454	认错	rèn // cuò	v.	1. admitir um erro 2. desculpar-se
3455	认证	rènzhèng	v.	legalizar; certificar; atestar; autenticar
3456	认知	rènzhī	s., adj., v.	<s.> cognição <adj.> cognitivo <v.> conhecer; reconhecer; perceber
3457	任命	rènmìng	v.	nomear
3458	任期	rènqī	s.	mandato; prazo no cargo
3459	任人宰割	rènrén-zǎigē		estar à mercê de outrem
3460	任意	rènyì	adv.	arbitrariamente; intencionalmente; deliberadamente

Nº	VOCÁBULO	PINYIN	CLASSE	TRADUÇÃO
3461	任职	rèn // zhí	v.	estar em um cargo ou posto; assumir uma função
3462	韧性	rènxìng	s.	1. tenacidade; maleabilidade; ductilidade (objetos) 2. tenacidade; resiliência (pessoas)
3463	日程	rìchéng	s.	agenda; programação
3464	日复一日	rìfùyírì		um dia após o outro
3465	日后	rìhòu	s.	algum dia (no futuro); em algum momento
3466	日前	rìqián	s.	1. há alguns dias 2. em um outro dia
3467	日趋	rìqū	adv.	dia a dia; progressivamente; gradativamente
3468	日新月异	rìxīn-yuèyì		mudar para melhor a cada dia; mudar rapidamente
3469	日益	rìyì	adv.	aumentar dia a dia; cada vez mais
3470	荣获	rónghuò	v.	ser premiado; ser honrado com
3471	荣幸	róngxìng	adj.	honrado
3472	荣誉	róngyù	s.	honra; glória
3473	容光焕发	róngguāng-huàn fā		ter aparência radiante de vitalidade
3474	容量	róngliàng	s.	capacidade; volume
3475	容纳	róngnà	v.	1. acomodar; conter; ter a capacidade (número de assentos ou lugares) 2. aceitar; tolerar
3476	容忍	róngrěn	v.	aguentar; suportar; tolerar
3477	容许	róngxǔ	v.	permitir; tolerar; conceder
3478	容颜	róngyán	s.	aparência
3479	溶解	róngjiě	v.	dissolver
3480	融	róng	v.	1. derreter 2. fundir; misturar 3. circular (dinheiro)
3481	融化	rónghuà	v.	derreter; dissolver
3482	融洽	róngqià	adj.	harmonioso; amistoso
3483	冗长	rǒngcháng	adj.	prolixo; longo e tedioso
3484	柔和	róuhé	adj.	suave; gentil; fraco
3485	柔软	róuruǎn	adj.	suave; macio

Nº	VOCÁBULO	PINYIN	CLASSE	TRADUÇÃO
3486	揉	róu	v.	1. esfregar com as mãos; massagear 2. amassar (massas, papéis etc.) 3. curvar; dobrar
3487	如果说	rúguǒ shuō		supondo que
3488	如实	rúshí	adv.	preciso; verdadeiro; de acordo com os fatos
3489	如意	rú // yì	v., s.	<v.> ser satisfatório; ser como se deseja <s.> 1. cetro ornamental curvado 2. talismã para atrair a realização dos desejos
3490	如愿以偿	rúyuànyǐcháng		obter o que se deseja; realizar um desejo
3491	如醉如痴	rúzuì-rúchī		extasiado por; fascinado por
3492	儒家	Rújiā	s.	confucianismo; confucionismo (escola de pensamento surgida no período das Primaveras e Outonos e dos Estados Combatentes)
3493	儒学	rúxué	s.	1. ensinamentos confucianos; confucianismo; confucionismo 2. escolas de educação confuciana patrocinadas pelo Estado durantes as dinastias Yuan, Ming e Qing
3494	入场	rù // chǎng	v.	entrar (no local de um evento)
3495	入场券	rùchǎngquàn	s.	1. bilhete (entrada); tíquete 2. qualificação ou precondição para participar de uma competição
3496	入境	rù // jìng	v.	entrar em um país
3497	入侵	rùqīn	v.	invadir
3498	入手	rùshǒu	v.	1. iniciar; começar 2. obter; adquirir
3499	入选	rùxuǎn	v.	ser selecionado; ser escolhido
3500	软弱	ruǎnruò	adj.	fraco; débil
3501	软实力	ruǎnshílì	s.	soft power; poder brando; poder suave
3502	瑞雪	ruìxuě	s.	neve auspiciosa
3503	润	rùn	adj., v.	<adj.> 1. úmido 2. lustroso; liso <v.> 1. umedecer; lubrificar; hidratar 2. polir; lustrar; enfeitar
3504	若干	ruògān	pron.	um certo número ou quantidade; (em questões) quantos
3505	弱点	ruòdiǎn	s.	ponto fraco; fraqueza; deficiência

序号 №	词语 VOCÁBULO	拼音 PINYIN	词性 CLASSE	译文 TRADUÇÃO
3506	弱势	ruòshì	s.	1. em desvantagem; situação desvantajosa; vulnerável 2. o desfavorecido
3507	撒	sā	v.	1. soltar; deixar partir 2. soltar-se
3508	撒谎	sā // huǎng	v.	mentir
3509	赛车	sàichē	s.	veículo de corrida (carro, moto, bicicleta)
3510	赛跑	sàipǎo	v.	correr (em competição)
3511	三番五次	sānfān-wǔcì		repetidamente; uma vez atrás da outra
3512	三角	sānjiǎo	s., adj.	<s.> 1. trigonometria 2. algo em forma de triângulo <adj.> triangular; que envolve três pessoas ou partes
3513	三维	sānwéi	adj.	tridimensional
3514	散布	sànbù	v.	disseminar; espalhar; propagar
3515	散发	sànfā	v.	1. distribuir; entregar 2. emitir
3516	桑拿	sāngná	s.	sauna
3517	嗓子	sǎngzi	s.	1. garganta; laringe 2. voz; habilidade vocal (no canto etc.)
3518	丧生	sàng // shēng	v.	ser morto
3519	骚乱	sāoluàn	v.	tumultuar; criar problemas
3520	骚扰	sāorǎo	v.	molestar; assediar; perturbar
3521	扫除	sǎochú	v.	1. limpar 2. remover; eliminar
3522	扫描	sǎomiáo	v.	1. escanear 2. passar os olhos
3523	扫墓	sǎo // mù	v.	varrer um túmulo para prestar respeito
3524	扫兴	sǎo // xìng	v.	1. ficar ou estar desapontado 2. estragar a diversão; jogar um balde de água fria
3525	嫂子	sǎozi	s.	1. cunhada (esposa do irmão mais velho) 2. esposa de um amigo
3526	僧人	sēngrén	s.	monge budista
3527	杀害	shāhài	v.	matar; assassinar
3528	杀手	shāshǒu	s.	1. assassino 2. jogador formidável (esportes) 3. causa da morte; aquilo que mata
3529	沙龙	shālóng	s.	salão
3530	沙滩	shātān	s.	praia (areia)

序号 №	词语 VOCÁBULO	拼音 PINYIN	词性 CLASSE	译文 TRADUÇÃO
3531	纱	shā	s.	1. gaze; pedaço limpo de pano ou algodão 2. produtos têxteis 3. fio 4. produtos semelhantes à gaze
3532	刹车	shāchē	s.	frear; brecar
3533	砂糖	shātáng	s.	açúcar granulado
3534	鲨鱼	shāyú	s.	tubarão
3535	傻瓜	shǎguā	s.	estúpido; tolo; simplório
3536	筛	shāi	v.	1. peneirar 2. servir vinho 3. aquecer vinho ao fogo
3537	筛选	shāixuǎn	v.	selecionar; escolher; peneirar
3538	晒太阳	shài tàiyáng		tomar banho de sol
3539	山川	shānchuān	s.	montanhas e rios; terra; paisagem
3540	山顶	shāndǐng	s.	topo; cume
3541	山冈	shāngāng	s.	colinas; morros; montes
3542	山岭	shānlǐng	s.	cadeia montanhosa; serra
3543	山路	shānlù	s.	trilha ou caminho nas montanhas
3544	山寨	shānzhài	s.	1. fortaleza nas montanhas 2. vila nas montanhas 3. produto falsificado; imitação
3545	删	shān	v.	apagar; deletar
3546	删除	shānchú	v.	anular; remover; deletar
3547	煽动	shāndòng	v.	instigar; provocar
3548	闪烁	shǎnshuò	v.	1. cintilar; tremeluzir; bruxulear 2. hesitar (na fala); ser evasivo
3549	善	shàn	adj.	1. bom; virtuoso; gentil 2. amigável 3. familiar
3550	善意	shànyì	s.	boa vontade; boa intenção
3551	擅长	shàncháng	v.	ser bom em; ser especialista em
3552	擅自	shànzì	adv.	arbitrariamente; sem permissão
3553	膳食	shànshí	s.	dieta; refeição
3554	赡养	shànyǎng	v.	prover; amparar; fornecer apoio a
3555	伤残	shāngcán	v.	ter uma deficiência (pessoa); estar danificado (objeto)
3556	伤感	shānggǎn	adj.	triste; melancólico

序号 N°	词语 VOCÁBULO	拼音 PINYIN	词性 CLASSE	译文 TRADUÇÃO
3557	伤痕	shānghén	s.	ferida; cicatriz
3558	伤脑筋	shāng nǎojīn		ser complicado; dar dor de cabeça (se resolver)
3559	伤势	shāngshì	s.	condição ou situação de um ferimento
3560	商贩	shāngfàn	s.	1. vendedor ambulante; mascate 2. pequeno comerciante
3561	商贾	shānggǔ	s.	comerciante
3562	商讨	shāngtǎo	v.	deliberar; discutir
3563	上报	shàngbào	v.	1. submeter um relatório 2. aparecer nos jornais
3564	上场	shàng // chǎng	v.	1. subir ao palco; entrar 2. entrar em campo (esporte)
3565	上方	shàngfāng	s.	posição elevada; sobre
3566	上岗	shàng // gǎng	v.	1. ir ao posto (trabalho) 2. receber ou assumir um trabalho
3567	上火	shàng // huǒ	v.	1. irritar; zangar 2. sofrer de excesso de calor interno (medicina tradicional chinesa)
3568	上空	shàngkōng	s.	o ar ou céu sobre um determinado lugar
3569	上流	shàngliú	s.	curso superior (rio)
3570	上期	shàng qī		período anterior (semana, mês, trimestre etc.)
3571	上任	shàng // rèn	v., s.	<v.> assumir um posto ou cargo <s.> predecessor
3572	上述	shàngshù	adj.	supracitado; sobredito
3573	上司	shàngsi	s.	chefe; superior
3574	上诉	shàngsù	v.	apelar (a instâncias superiores)
3575	上调	shàngtiáo	v.	1. ser promovido; ser transferido a um posto superior 2. transferir ou ajustar bens ou fundos a um nível superior; ajustar para cima (preço, salário etc.)
3576	上头	shàngtou	s.	1. autoridade superior; quem está acima 2. lugar alto ou elevado 3. sobre; em cima
3577	上限	shàngxiàn	s.	limite máximo; teto
3578	上旬	shàngxún	s.	período dos primeiros dez dias de um mês

Nº	VOCÁBULO	PINYIN	CLASSE	TRADUÇÃO
3579	上瘾	shàng // yǐn	v.	1. ser viciado em; ser dependente de 2. viciar
3580	上映	shàngyìng	v.	exibir (filmes); projetar; passar
3581	上游	shàngyóu	s.	1. curso superior (rio) 2. posição avançada
3582	尚	shàng	v., adv., s.	<v.> estimar; dar valor <adv.> ainda; até aqui <s.> costume; hábito
3583	尚未	shàngwèi	adv.	ainda não
3584	捎	shāo	v.	levar ou trazer algo para alguém; entregar
3585	烧毁	shāohuǐ	v.	queimar; destruir com fogo
3586	烧烤	shāokǎo	s.	churrasco
3587	稍后	shāohòu	adv.	em um momento
3588	稍候	shāohòu	v.	aguardar um momento
3589	稍稍	shāoshāo	adv.	um pouquinho
3590	少不了	shǎobuliǎo	v.	1. ser indispensável; não poder faltar 2. ser inevitável 3. ser muito mais do que esperado
3591	少见	shǎojiàn	v., adj.	<v.> há quanto tempo não nos vemos! (cumprimento) <adj.> raramente visto; raro; incomum
3592	少量	shǎoliàng	adj.	pequenas quantidades; um pouco
3593	少有	shǎoyǒu		raro
3594	少林寺	Shàolín Sì	s.	Templo Shaolin (localizado no monte Song, na província de Henan)
3595	少女	shàonǚ	s.	garota jovem
3596	奢侈	shēchǐ	adj.	extravagante; suntuoso; luxuoso
3597	奢望	shēwàng	v., s.	<v.> ter esperanças exageradas <s.> esperanças exageradas; desejos extravagantes
3598	设	shè	v.	1. colocar 2. estabelecer; fundar 3. preparar 4. supor; presumir
3599	设定	shèdìng	v.	estabelecer; definir
3600	设法	shèfǎ	v.	pensar em um meio; fazer algo a respeito; tentar
3601	社会主义	shèhuì zhǔyì		socialismo
3602	社交	shèjiāo	s.	contato ou relação social; interação

Nº	VOCÁBULO	PINYIN	CLASSE	TRADUÇÃO
3603	社论	shèlùn	s.	editorial (em um jornal)
3604	社团	shètuán	s.	1. comunidade; grupo social 2. organização de massas; sociedade
3605	涉嫌	shèxián	v.	ser um suspeito (envolvimento em algo)
3606	摄氏度	shèshìdù	cl.	graus Celsius (°C)
3607	谁知道	shéi zhīdào		quem sabe; vai saber
3608	申办	shēnbàn	v.	candidatar-se a
3609	申报	shēnbào	v.	1. declarar (à alfândega) 2. reportar a um órgão superior 3. candidatar-se
3610	申领	shēnlǐng	v.	solicitar (obter algo)
3611	伸手	shēn // shǒu	v.	1. esticar a mão 2. pedir (dinheiro, ajuda, favor etc.) 3. intrometer-se
3612	伸缩	shēnsuō	v.	1. expandir e contrair; aumentar e diminuir 2. ser flexível; ser ajustável
3613	伸张	shēnzhāng	v.	1. defender (justiça, virtudes); promover 2. expandir; esticar
3614	身不由己	shēnbùyóujǐ		involuntariamente; compulsoriamente
3615	身价	shēnjià	s.	1. preço de alguém (jogadores etc.) 2. status social; prestígio 3. valor (ações, mercadorias etc.)
3616	身躯	shēnqū	s.	estatura; corpo
3617	身心	shēnxīn	s.	corpo e mente; corpo e espírito
3618	身影	shēnyǐng	s.	silhueta; forma (do corpo)
3619	身子	shēnzi	s.	1. corpo 2. gravidez
3620	绅士	shēnshì	s.	cavalheiro
3621	深奥	shēn'ào	adj.	abstruso; obscuro; oculto; de difícil compreensão
3622	深切	shēnqiè	adj.	1. perspicaz; penetrante 2. profundo; de coração
3623	深情	shēnqíng	s., adj.	<s.> sentimento ou afeto profundo <adj.> afetuoso; carinhoso
3624	深入人心	shēnrù-rénxīn		criar raízes no coração das pessoas; ter grande impacto entre as pessoas
3625	深受	shēnshòu	v.	ser profundamente afetado
3626	深思	shēnsī	v.	ponderar; refletir; pensar profundamente

Nº	VOCÁBULO	PINYIN	CLASSE	TRADUÇÃO
3627	深信	shēnxìn	v.	acreditar firmemente; estar plenamente convencido; ter convicção
3628	深夜	shēnyè	s.	madrugada; tarde da noite
3629	深远	shēnyuǎn	adj.	profundo e duradouro; de longo alcance
3630	神气	shén·qì	s., adj.	<s.> expressão; jeito; maneira <adj.> 1. vigoroso; vivaz 2. presunçoso; arrogante
3631	神圣	shénshèng	adj.	divino; sagrado; consagrado
3632	神态	shéntài	s.	expressão; aparência; porte
3633	神仙	shén·xiān	s.	1. ser sobrenatural; imortal 2. clarividente 3. pessoa livre das preocupações mundanas
3634	审	shěn	v.	1. examinar; inspecionar 2. interrogar; julgar (em tribunal)
3635	审定	shěndìng	v.	examinar e decidir; avaliar
3636	审核	shěnhé	v.	checar; examinar e verificar
3637	审美	shěnměi	v.	apreciar a beleza
3638	审判	shěnpàn	v.	julgar; levar à corte
3639	审批	shěnpī	v.	endorsar; examinar e aprovar
3640	审视	shěnshì	v.	examinar de perto; escrutar
3641	肾	shèn	s.	1. rim 2. testículos (medicina tradicional chinesa)
3642	甚至于	shènzhìyú	adv.	chegar a ponto de; até mesmo
3643	渗	shèn	v.	vazar; escorrer
3644	渗透	shèntòu	v., s.	<v.> 1. permear; penetrar; infiltrar 2. infiltrar; permear <s.> osmose (físico-química)
3645	慎重	shènzhòng	adj.	cauteloso; cuidadoso; prudente
3646	升温	shēngwēn	v.	1. aquecer; esquentar 2. intensificar; aumentar
3647	生机	shēngjī	s.	1. chance de vida; esperança de vida 2. vida; vigor; vitalidade
3648	生理	shēnglǐ	s.	fisiologia
3649	生命线	shēngmìngxiàn	s.	alma ou essência (aquilo de que se depende de modo vital)
3650	生怕	shēngpà	v.	por receio de; de modo a evitar que

序号 Nº	词语 VOCÁBULO	拼音 PINYIN	词性 CLASSE	译文 TRADUÇÃO
3651	生平	shēngpíng	s.	1. a vida inteira 2. pela vida inteira
3652	生前	shēngqián	s.	antes do falecimento; durante a vida (alguém que faleceu)
3653	生死	shēngsǐ	v.	<v.> 1. viver e morrer 2. enfrentar juntos tudo que for preciso
3654	生态	shēngtài	s.	ecologia
3655	生物	shēngwù	s.	seres vivos; organismos
3656	生效	shēng // xiào	v.	entrar em vigor; passar a vigorar
3657	生涯	shēngyá	s.	carreira; profissão; modo de vida
3658	生硬	shēngyìng	adj.	1. pouco natural (escrita); forçado; afetado 2. duro; rígido; rijo
3659	生育	shēngyù	v.	1. dar à luz 2. criar (uma criança)
3660	声称	shēngchēng	v.	alegar; professar; declarar
3661	声望	shēngwàng	s.	popularidade; renome; fama; prestígio
3662	声誉	shēngyù	s.	reputação; fama; prestígio
3663	牲畜	shēngchù	s.	1. pecuária 2. rebanho; termo geral para animais de criação
3664	绳子	shéngzi	s.	corda
3665	省略	shěnglüè	v.	omitir (propósito); deixar de fora
3666	省事	shěng // shì	v.	simplificar (problemas); facilitar; poupar trabalho
3667	圣贤	shèngxián	s.	sábios; homens de grande virtude; santo
3668	胜出	shèngchū	v.	derrotar um oponente; vencer
3669	胜任	shèngrèn	v.	ser qualificado para; ser competente para
3670	盛大	shèngdà	adj.	magnífico; majestoso; grandioso
3671	盛会	shènghuì	s.	grande encontro; cerimônia distinta
3672	盛开	shèngkāi	v.	(flores) desabrochar; florescer
3673	盛气凌人	shèngqì-língrén		dominador; autoritário; arrogante
3674	剩余	shèngyú	v.	sobrar; restar
3675	尸体	shītǐ	s.	cadáver; carcaça
3676	失传	shīchuán	v.	ter-se perdido; não existir mais
3677	失控	shīkòng	v.	perder o controle; sair do controle
3678	失利	shī // lì	v.	ser derrotado; sofrer um revés

序号 Nº	词语 VOCÁBULO	拼音 PINYIN	词性 CLASSE	译文 TRADUÇÃO
3679	失恋	shī // liàn	v.	ter o coração partido; sofrer decepção no amor
3680	失灵	shīlíng	v.	não funcionar (máquinas, instrumentos etc.)
3681	失落	shīluò	v., adj.	<v.> 1. derrubar; deixar cair; perder 2. sentir-se perdido <adj.> perdido; abandonado
3682	失眠	shī // mián	v., s.	<v.> ter ou sofrer de insônia <s.> insônia
3683	失明	shī // míng	v.	perder a visão; ficar cego
3684	失效	shī // xiào	v.	perder a eficiência ou eficácia; deixar de valer (tratado, acordo etc.)
3685	失业率	shīyèlǜ	s.	taxa de desemprego
3686	失踪	shī // zōng	v.	desaparecer (sem deixar traços); sumir
3687	师范	shīfàn	s.	1. Escola Normal; magistério 2. modelo; exemplo
3688	师长	shīzhǎng	s.	1. professor 2. (militar) comandante de divisão
3689	师资	shīzī	s.	pessoas qualificadas a ensinar; professores (em sentido amplo, como reserva de trabalho)
3690	狮子	shīzi	s.	leão
3691	施工	shī // gōng	v.	construir; reformar
3692	施加	shījiā	v.	exercer (pressão, influência)
3693	施行	shīxíng	v.	implementar; executar; exercer; pôr em prática
3694	施压	shīyā	v.	pressionar
3695	湿度	shīdù	s.	1. umidade 2. nível de umidade
3696	湿润	shīrùn	adj.	úmido
3697	十字路口	shízì lùkǒu		cruzamento; interseção; encruzilhada
3698	时不时	shíbùshí	adv.	frequentemente; comumente; de tempos em tempos
3699	时段	shíduàn	s.	período de tempo
3700	时隔	shí gé		em um certo período ou espaço de tempo
3701	时好时坏	shíhǎo-shíhuài		alternar entre bom e ruim; às vezes bom, às vezes ruim

Nº	VOCÁBULO	PINYIN	CLASSE	TRADUÇÃO
3702	时间表	shíjiānbiǎo	s.	cronograma; agenda
3703	时空	shíkōng	s.	1. tempo e espaço 2. espaço-tempo (física)
3704	时髦	shímáo	adj.	na moda; em voga
3705	时尚	shíshàng	adj., s.	<adj.> da moda; na moda <s.> moda
3706	时速	shísù	s.	velocidade por hora
3707	识别	shíbié	v.	distinguir; identificar; discernir
3708	实地	shídì	adv.	1. no local; in loco 2. de modo prático
3709	实话	shíhuà	s.	verdade
3710	实话实说	shíhuà-shíshuō		para falar a verdade; dizendo a verdade; sendo franco
3711	实况	shíkuàng	s.	1. o que está acontecendo; a situação real 2. transmissão ou gravação ao vivo
3712	实事求是	shíshì-qiúshì		buscar a verdade nos fatos; ser realista e prático
3713	实体	shítǐ	s.	1. substância (filosofia) 2. entidade
3714	实物	shíwù	s.	1. objeto real ou material ou concreto 2. matéria (física) 3. produtos como pagamento (no lugar de dinheiro)
3715	实质	shízhì	s.	essência
3716	食宿	shísù	s.	acomodações; alimentação e hospedagem
3717	食用	shíyòng	v., adj.	<v.> comer; consumir (como alimento) <adj.> comestível
3718	史无前例	shǐwúqiánlì		sem precedentes na história
3719	使唤	shǐhuan	v.	1. ser mandão; dar ordens 2. usar; manusear
3720	使命	shǐmìng	s.	missão; tarefa
3721	使者	shǐzhě	s.	emissário; enviado
3722	士气	shìqì	s.	moral
3723	示威	shìwēi	v.	1. mostrar força 2. manifestar; protestar
3724	示意	shìyì	v.	indicar; sinalizar; insinuar; sugerir
3725	世代	shìdài	s.	1. muitos anos; longo período de tempo 2. por gerações 3. eras
3726	世故	shìgu	adj.	esperto; sagaz; sofisticado; com experiência ou sabedoria do mundo

Nº	VOCÁBULO	PINYIN	CLASSE	TRADUÇÃO
3727	世界级	shìjiè jí		de nível ou classe mundial; entre os melhores do mundo
3728	世袭	shìxí	v.	herdar
3729	市场经济	shìchǎng jīngjì		economia de mercado
3730	势必	shìbì	adv.	certamente; com certeza; indubitavelmente
3731	势不可当	shìbùkědāng		força implacável; irresistível; que não se pode parar ou impedir
3732	势头	shìtou	s.	1. ímpeto 2. tendência; sinais
3733	事迹	shìjì	s.	feito; conquista; realização; façanha
3734	事态	shìtài	s.	situação; estado das coisas
3735	事务	shìwù	s.	1. trabalho; afazer; negócios 2. assuntos gerais
3736	事务所	shìwùsuǒ	s.	escritório
3737	事项	shìxiàng	s.	assunto; questão
3738	事宜	shìyí	s.	questões relacionadas a; preparações
3739	侍候	shìhòu	v.	servir a; atender a; estar a serviço de
3740	试探	shìtan	v.	1. buscar saber (sobre algo) 2. explorar; sondar; examinar
3741	试行	shìxíng	v.	testar
3742	试用	shìyòng	v.	tentar; pôr à prova
3743	试用期	shìyòngqī	s.	período de testes
3744	视察	shìchá	v.	inspecionar; observar; examinar
3745	视角	shìjiǎo	s.	1. ângulo visual 2. ponto de vista; perspectiva
3746	视觉	shìjué	s.	visão (sentido)
3747	视力	shìlì	s.	visão; vista
3748	视线	shìxiàn	s.	1. linha de visão 2. atenção
3749	视野	shìyě	s.	campo de visão
3750	柿子	shìzi	s.	1. caqui 2. caquizeiro
3751	是非	shìfēi	s.	1. certo e errado 2. disputa; contenda
3752	适度	shìdù	adj.	moderado; apropriado
3753	适量	shìliàng	adj.	quantia apropriada
3754	适时	shìshí	adj.	momento oportuno

Nº	VOCÁBULO	PINYIN	CLASSE	TRADUÇÃO
3755	适宜	shìyí	adj.	adequado; apropriado
3756	逝世	shìshì	v.	falecer; morrer
3757	释放	shìfàng	v.	soltar; liberar
3758	嗜好	shìhào	s.	1. hobby 2. vício
3759	收复	shōufù	v.	recuperar; retomar; recapturar
3760	收据	shōujù	s.	recibo; comprovante
3761	收敛	shōuliǎn	v.	1. desaparecer; enfraquecer 2. conter-se; restringir-se 3. (medicina) adstringir
3762	收留	shōuliú	v.	albergar; acolher (alguém)
3763	收买	shōumǎi	v.	1. comprar 2. subornar; comprar favores
3764	收视率	shōushìlǜ	s.	nível de audiência
3765	收缩	shōusuō	v.	1. contrair; encolher 2. sístole
3766	收支	shōuzhī	s.	receita e despesa
3767	手臂	shǒubì	s.	1. braço 2. ajudante; braço direito
3768	手册	shǒucè	s.	1. manual; guia; livro de instruções 2. livro de registro
3769	手动	shǒudòng	adj.	manual; operado à mão (maquinário)
3770	手脚	shǒujiǎo	s.	1. mãos e pés 2. movimento 3. truque; método escuso
3771	手帕	shǒupà	s.	lenço
3772	手枪	shǒuqiāng	s.	pistola; revólver
3773	手势	shǒushì	s.	gesto; sinal com a mão
3774	手术室	shǒushùshì	s.	sala de operações
3775	手头	shǒutóu	s.	1. nas mãos; ao alcance das mãos 2. situação financeira 3. habilidade (escrita etc.)
3776	手腕	shǒuwàn	s.	1. pulso 2. truque; artifício
3777	手艺	shǒuyì	s.	1. perícia manual 2. artesanato; ofício
3778	手掌	shǒuzhǎng	s.	palma da mão
3779	守候	shǒuhòu	v.	1. aguardar; esperar 2. manter vigília
3780	守护	shǒuhù	v.	1. defender; guardar 2. vigiar
3781	守株待兔	shǒuzhū-dàitù		esperar por oportunidades sem fazer nada; confiar na sorte e não agir; esperar cair do céu

Nº	VOCÁBULO	PINYIN	CLASSE	TRADUÇÃO
3782	首创	shǒuchuàng	v.	originar; iniciar
3783	首府	shǒufǔ	s.	capital (de região autônoma)
3784	首批	shǒupī		primeiro grupo; primeiro (em algo)
3785	首饰	shǒu·shì	s.	1. acessórios para a cabeça 2. joias
3786	首要	shǒuyào	adj.	1. principal; chave; de maior importância 2. líder; chefe
3787	寿命	shòumìng	s.	1. duração da vida; expectativa de vida 2. vida útil (maquinário)
3788	受过	shòu // guò	v.	assumir a culpa (por outrem); ser bode expiatório
3789	受害	shòu // hài	v.	sofrer; ser vítima de
3790	受害人	shòuhàirén	s.	vítima
3791	受贿	shòu // huì	v.	aceitar ou receber propina
3792	受惊	shòu // jīng	v.	assustar-se; amedrontar-se
3793	受苦	shòu // kǔ	v.	sofrer (dificuldades)
3794	受理	shòulǐ	v.	1. lidar com (um serviço) 2. aceitar um caso (jurídico)
3795	受骗	shòu // piàn	v.	ser enganado; ser tapeado; cair num golpe
3796	受益	shòuyì	v.	beneficiar-se; lucrar
3797	授权	shòuquán	v.	autorizar; delegar; dar poderes a; dar autoridade a
3798	授予	shòuyǔ	v.	outorgar; conferir; conceder
3799	售价	shòujià	s.	preço (venda)
3800	售票	shòupiào	v.	vender tíquetes ou bilhetes ou ingressos
3801	书橱	shūchú	s.	estante de livros
3802	书籍	shūjí	s.	livros; obras; literatura (sobre um tema)
3803	书记	shūjì	s.	1. secretário (político) 2. funcionário
3804	书面	shūmiàn	adj.	1. escrito 2. próprio da língua escrita
3805	书写	shūxiě	v.	escrever
3806	抒情	shūqíng	v.	expressar ou transmitir as emoções
3807	枢纽	shūniǔ	s.	eixo; pivô; posição central; sustentáculo; fulcro
3808	梳	shū	v.	pentear

序号 Nº	词语 VOCÁBULO	拼音 PINYIN	词性 CLASSE	译文 TRADUÇÃO
3809	梳理	shūlǐ	v.	1. pentear 2. organizar; pôr em ordem (problemas) 3. cardar (têxtil)
3810	梳子	shūzi	s.	pente
3811	舒畅	shūchàng	adj.	livre de preocupações; feliz
3812	疏导	shūdǎo	v.	1. dragar; remover obstáculos 2. guiar (por persuasão); dirigir
3813	疏忽	shūhu	v.	ser negligente; ser descuidado
3814	疏散	shūsàn	adj., v.	<adj.> esparso; disperso <v.> dispersar; espalhar
3815	疏通	shūtōng	v.	1. dragar 2. mediar entre dois grupos
3816	输家	shūjiā	s.	perdedor (em jogo de azar)
3817	输送	shūsòng	v.	transportar; carregar; transferir
3818	输血	shū // xuè	v.	transfundir sangue (em um paciente)
3819	输液	shū // yè	v.	1. aplicar ou receber medicação intravenosa
3820	赎	shú	v.	1. redimir; reparar; expiar 2. pagar um resgate
3821	暑期	shǔqī	s.	férias de verão
3822	属性	shǔxìng	s.	1. atributo; propriedade; qualidade 2. propriedades (computação)
3823	曙光	shǔguāng	s.	1. alvorada; amanhecer
3824	束缚	shùfù	v.	amarrar; algemar; prender; restringir
3825	树立	shùlì	v.	estabelecer; fundar
3826	树木	shùmù	s.	árvores
3827	树梢	shùshāo	s.	topo ou cimo de árvore
3828	树荫	shùyīn	s.	sombra de uma árvore
3829	树枝	shùzhī	s.	galho; graveto
3830	竖	shù	v., adj.	<v.> erigir; erguer; pôr em pé <adj.> vertical; perpendicular; em pé
3831	数额	shù'é	s.	cota; número fixo ou determinado
3832	数据库	shùjùkù	s.	banco de dados
3833	刷新	shuāxīn	v.	1. renovar; reformar 2. superar; sobrepujar 3. atualizar uma página (computação)
3834	耍	shuǎ	v.	1. brincar 2. aprontar; gracejar; pregar peças 3. exibir-se

Nº	VOCÁBULO	PINYIN	CLASSE	TRADUÇÃO
3835	耍赖	shuǎlài	v.	1. agir descaradamente 2. fazer-se de desentendido; fingir que algo não aconteceu
3836	衰减	shuāijiǎn	v.	1. enfraquecer; piorar 2. enfraquecer; atenuar (física)
3837	衰竭	shuāijié	s.	insuficiência (renal, cardíaca etc.); exaustão; prostração (medicina)
3838	衰老	shuāilǎo	adj.	deteriorado pela idade; senil; decrépito
3839	衰弱	shuāiruò	adj.	fraco; débil
3840	衰退	shuāituì	v., s.	<v.> diminuir; decair; retroceder; recuar <s.> recessão (economia)
3841	摔跤	shuāi // jiāo	v., s.	<v.> 1. tropeçar e cair 2. cometer um deslize <s.> luta corpo a corpo; luta livre
3842	甩	shuǎi	v.	1. balançar; mover para frente e para trás; brandir 2. lançar; arremessar 3. abandonar; pôr de lado; deixar para trás
3843	率	shuài	v.	1. liderar; comandar 2. obedecer; seguir
3844	拴	shuān	v.	1. prender; fixar; firmar; amarrar 2. estar preso ou amarrado a algo
3845	涮	shuàn	v.	1. enxaguar 2. escaldar fatias finas de carne em água fervente 3. enganar
3846	双胞胎	shuāngbāotāi	s.	gêmeos
3847	双边	shuāngbiān	adj.	bilateral
3848	双重	shuāngchóng	adj.	duplo; dual
3849	双向	shuāngxiàng	adj.	1. bidirecional; de mão dupla 2. interativo
3850	双赢	shuāngyíng	v.	benéfico para ambas as partes envolvidas; ganha-ganha
3851	霜	shuāng	s.	geada
3852	爽快	shuǎngkuai	adj.	1. confortável; refrescado 2. franco; direto 3. rápido e contente
3853	水槽	shuǐcáo	s.	1. pia 2. reservatório retangular para água
3854	水稻	shuǐdào	s.	1. arroz 2. arrozal
3855	水管	shuǐguǎn	s.	1. cano; tubulação 2. sifão
3856	水壶	shuǐhú	s.	1. garrafa d'água 2. chaleira
3857	水货	shuǐhuò	s.	produto falsificado; produto pirateado

序号 №	词语 VOCÁBULO	拼音 PINYIN	词性 CLASSE	译文 TRADUÇÃO
3858	水晶	shuǐjīng	s.	cristal; quartzo
3859	水利	shuǐlì	s.	1. conservação de água 2. obras hidráulicas 3. obras de irrigação
3860	水灵灵	shuǐlínglíng	adj.	1. fresco e suculento (alimentos, especialmente frutas) 2. cheia de vida (pessoa) 3. bela e radiante; saudável (aparência)
3861	水龙头	shuǐlóngtóu	s.	torneira
3862	水落石出	shuǐluò-shíchū		a verdade vem à tona; tudo fica claro
3863	水面	shuǐmiàn	s.	1. superfície da água 2. área de um corpo de água
3864	水手	shuǐshǒu	s.	marinheiro; marujo; navegante
3865	水温	shuǐwēn	s.	temperatura da água
3866	水域	shuǐyù	s.	águas; região de águas; corpo de água
3867	水源	shuǐyuán	s.	1. nascente de rio 2. fonte de água
3868	水涨船高	shuǐzhǎng-chuángāo		mudar de acordo com a situação geral
3869	水准	shuǐzhǔn	s.	1. nível; qualidade 2. nível da água
3870	税收	shuìshōu	s.	receita (impostos)
3871	税务	shuìwù	s.	administração fiscal; receita (federal)
3872	睡袋	shuìdài	s.	saco de dormir
3873	顺便	shùnbiàn	adv.	de passagem; convenientemente; sem muito esforço extra
3874	顺差	shùnchā	s.	balança favorável; excedente; superávit
3875	顺畅	shùnchàng	adj.	desimpedido; sem dificuldade; sem entraves
3876	顺从	shùncóng	v.	obedecer; submeter-se a; aquiescer
3877	顺理成章	shùnlǐ-chéngzhāng		lógico e bem estruturado (texto, argumento etc.)
3878	顺路	shùnlù	adj., adv.	<adj.> direto (caminho); sem desvios <adv.> a caminho; no caminho
3879	顺其自然	shùnqízìrán		deixar que algo siga seu curso; ir de acordo com a natureza
3880	顺势	shùnshì	adv.	1. aproveitar uma oportunidade ou abertura 2. convenientemente; sem esforço a mais; de passagem

Nº	VOCÁBULO	PINYIN	CLASSE	TRADUÇÃO
3881	顺手	shùnshǒu	adj., adv.	<adj.> fácil; sem dificuldade; sem problemas <adv.> sem esforço a mais; convenientemente
3882	顺心	shùn // xīn	v.	satisfatório; de acordo com o que se deseja
3883	顺应	shùnyìng	v.	aquiescer; conformar-se a; seguir
3884	顺着	shùnzhe	v.	1. seguir; obedecer 2. ir junto a
3885	瞬间	shùnjiān	s.	instante; momento; piscar de olhos
3886	说白了	shuōbáile		falar francamente ou diretamente
3887	说不上	shuōbushàng	v.	1. ser incapaz de dizer 2. não ser digno de se mencionar
3888	说到底	shuōdàodǐ		no fim das contas; ao fim e ao cabo
3889	说道	shuōdao	v., s.	<v.> 1. falar; dizer 2. discutir <s.> razão; motivo
3890	说干就干	shuō gàn jiù gàn		agir sem demora
3891	说谎	shuō // huǎng	v.	mentir
3892	说老实话	shuō lǎoshi huà		dizer a verdade; não mentir; ser honesto
3893	说起来	shuō·qǐ·lái		1. por falar em 2. mencionar; falar em
3894	说情	shuō // qíng	v.	interceder; intervir (em favor de alguém)
3895	说闲话	shuō xiánhuà		1. bater papo; jogar conversa fora 2. fofocar; reclamar
3896	说真的	shuō zhēnde		falar sinceramente
3897	硕果	shuòguǒ	s.	grande conquista; enorme sucesso; grandes frutos
3898	司法	sīfǎ	s.	judiciário; justiça; administração da justiça
3899	司空见惯	sīkōng-jiànguàn		nada de surpreendente; algo corriqueiro
3900	司令	sīlìng	s.	comandante
3901	丝	sī	s.	1. seda (natural) 2. filamento; qualquer objeto filiforme 3. instrumentos de corda
3902	丝绸	sīchóu	s.	seda (tecido)
3903	丝毫	sīháo	adj.	a menor quantidade; o menor grau; o mínimo (geralmente em negativas)
3904	私房钱	sī·fángqián	s.	economias privadas (membro da família)
3905	私家车	sījiāchē	s.	carro particular

序号 №	词语 VOCÁBULO	拼音 PINYIN	词性 CLASSE	译文 TRADUÇÃO
3906	私立	sīlì	v., adj.	<v.> administrar (escola, hospital etc.) <adj.> privado; de administração privada; não governamental
3907	私事	sīshì	s.	assuntos pessoais ou privados
3908	私下	sīxià	adv.	1. privadamente; secretamente; confidencialmente 2. sem os procedimentos adequados
3909	私营	sīyíng	adj.	privado; de administração privada
3910	私有	sīyǒu	v.	possuir privadamente
3911	私自	sīzì	adv.	privadamente; secretamente
3912	思路	sīlù	s.	linha de raciocínio; modo de pensar
3913	思念	sīniàn	v.	sentir saudades; sentir falta de
3914	思前想后	sīqián-xiǎnghòu		refletir a respeito diversas vezes
3915	思索	sīsuǒ	v.	ponderar; pensar profundamente
3916	撕	sī	v.	rasgar
3917	死心	sǐ // xīn	v.	abandonar a ideia; desistir
3918	死心塌地	sǐxīn-tādì		irredutível; completamente determinado a
3919	四合院	sìhéyuàn	s.	residência tradicional formada por quatro alas em torno de um pátio retangular
3920	四季	sìjì	s.	as quatro estações
3921	四面八方	sìmiàn-bāfāng		todos os lados; todas as direções
3922	寺庙	sìmiào	s.	templo; mosteiro; local de culto
3923	似曾相识	sìcéng-xiāngshí		aparência familiar (pessoas)
3924	似是而非	sìshì-érfēi		capcioso; enganoso; parecer correto, mas não o ser
3925	伺机	sìjī	v.	aguardar pela oportunidade
3926	饲料	sìliào	s.	forragem
3927	饲养	sìyǎng	v.	criar (um animal)
3928	松绑	sōng // bǎng	v.	1. desamarrar (alguém) 2. livrar alguém ou algo de restrições; relaxar; liberar
3929	松弛	sōngchí	adj.	1. flácido; mole 2. relaxado; frouxo 3. tranquilo e relaxado
3930	耸立	sǒnglì	v.	erigir; elevar a grande altura
3931	送别	sòng // bié	v.	1. despedir-se 2. dar o adeus (mortos)

序号 Nº	词语 VOCÁBULO	拼音 PINYIN	词性 CLASSE	译文 TRADUÇÃO
3932	搜查	sōuchá	v.	procurar; buscar; revistar
3933	搜集	sōují	v.	colecionar; coletar
3934	搜救	sōujiù	v.	buscar e resgatar
3935	搜寻	sōuxún	v.	procurar por; buscar
3936	艘	sōu	cl.	classificador para embarcações
3937	苏醒	sūxǐng	v.	recuperar a consciência
3938	酥	sū	adj.	1. crocante 2. folhado (massas) 3. fraco (membros)
3939	俗	sú	adj.	1. popular; comum 2. vulgar; de mau gosto
3940	俗话	súhuà	s.	dito popular; provérbio
3941	俗话说	súhuà shuō		de acordo com o provérbio; como dizem
3942	俗语	súyǔ	s.	adágio popular
3943	诉苦	sù // kǔ	v.	desabafar; pôr para fora
3944	诉说	sùshuō	v.	relatar; contar; narrar
3945	诉讼	sùsòng	v.	processar (na justiça)
3946	素	sù	adj., s.	<adj.> 1. branco; de cor natural 2. simples; sem adereços 3. vegetariano 4. nativo; natural; sem processamento <s.> 1. elemento básico 2. comida sem carne
3947	素不相识	sùbùxiāngshí		ser completos desconhecidos; nunca ter se encontrado antes
3948	素材	sùcái	s.	material (literatura e arte)
3949	素描	sùmiáo	s.	esboço (pintura e literatura); rascunho
3950	素食	sùshí	s.	refeição vegetariana
3951	素养	sùyǎng	s.	realização (pessoal); qualidades
3952	塑造	sùzào	v.	1. moldar; modelar 2. retratar
3953	蒜	suàn	s.	alho
3954	算计	suàn·jì	v.	1. calcular; computar 2. planejar; pensar sobre 3. achar; considerar 4. tramar; maquinar; conspirar
3955	算盘	suàn·pán	s.	1. ábaco 2. cálculo; plano; trama
3956	算账	suàn // zhàng	v.	1. fazer as contas ou os cálculos 2. acertar as contas (com alguém); ficar quite
3957	虽说	suīshuō	conj.	embora; apesar de

序号 №	词语 VOCÁBULO	拼音 PINYIN	词性 CLASSE	译文 TRADUÇÃO
3958	随处可见	suíchù kě jiàn		que pode ser visto em todos os lugares
3959	随大溜	suí dàliù		seguir a tendência geral; seguir a multidão; seguir os outros cegamente; ir com a maré; deixar-se levar
3960	随机	suíjī	adj.	1. aleatório (estatística) 2. estocástico (matemática)
3961	随即	suíjí	adv.	imediatamente (após); logo
3962	随身	suíshēn	adj.	que se leva consigo
3963	随时随地	suíshí-suídì		em todo ou qualquer momento e lugar
3964	随心所欲	suíxīnsuǒyù		seguir os arbítrios do coração; fazer como se deseja; agir arbitrariamente
3965	遂心	suì // xīn	v.	como se deseja; satisfatoriamente
3966	隧道	suìdào	s.	túnel
3967	损	sǔn	v.	1. diminuir; reduzir; perder 2. prejudicar; debilitar 3. satirizar; tirar sarro
3968	损坏	sǔnhuài	v.	danificar; avariar; estragar
3969	损人利己	sǔnrén-lìjǐ		prejudicar os outros para benefício próprio
3970	损伤	sǔnshāng	v.	prejudicar; debilitar
3971	缩	suō	v.	1. encolher; contrair 2. recuar; retrair; retroceder 3. reduzir (despesas)
3972	缩水	suō // shuǐ	v.	1. (roupas) encolher 2. encolher (os lucros)
3973	缩影	suōyǐng	s.	1. miniatura 2. epítome; versão resumida
3974	所属	suǒshǔ	adj.	subordinado a; pertencente a; administrado por
3975	所谓	suǒwèi	adj.	1. assim chamado 2. conhecido por 3. pretenso
3976	所作所为	suǒzuò-suǒwéi		comportamento e ações de alguém; tudo que se faz
3977	索赔	suǒpéi	v.	exigir reparação ou indenização
3978	索取	suǒqǔ	v.	pedir por; exigir; extorquir
3979	索性	suǒxìng	adv.	simplesmente; apenas
3980	锁定	suǒdìng	v.	1. trancar; travar 2. bloquear (um documento para edição); restringir o acesso (a uma rede de computadores) 3. focar a atenção

Nº	VOCÁBULO	PINYIN	CLASSE	TRADUÇÃO
3981	他人	tārén	*pron.*	outra pessoa; outrem; os outros
3982	塌	tā	*v.*	1. cair; desabar (edifícios, represas etc.) 2. afundar; retroceder 3. voltar-se para baixo; baixar; prostrar 4. acalmar; livrar-se de preocupações 5. cair; diminuir (moral, vigor etc.)
3983	踏上	tàshang	*v.*	pôr o pé em; dar início a; embarcar em (uma jornada)
3984	胎	tāi	*s., cl.*	<s.> 1. feto; embrião 2. nascimento 3. fonte; origem 4. enchimento (roupa de cama etc.); preenchimento 5. pneu <cl.> classificador para nascimentos
3985	胎儿	tāi'ér	*s.*	feto; embrião
3986	台球	táiqiú	*s.*	1. bilhar; sinuca 2. bola de bilhar ou sinuca 3. tênis de mesa; pingue-pongue
3987	太极	tàijí	*s.*	o Supremo Absoluto (origem do todo em algumas interpretações da mitologia chinesa)
3988	太极拳	tàijíquán	*s.*	tai chi ou taiji; tai chi chuan ou taiji quan (arte marcial de movimentos lentos e circulares com ênfase em equilíbrio e coordenação, buscando o controle e bem-estar mental e físico, além da defesa pessoal)
3989	太平	tàipíng	*adj.*	pacífico e seguro; em boa ordem social
3990	泰斗	tàidǒu	*s.*	pessoa de grande distinção; autoridade em sua área
3991	贪	tān	*v.*	1. cobiçar; ambicionar; desejar 2. ser corrupto; praticar corrupção 3. ter desejo insaciável por algo
3992	贪婪	tānlán	*adj.*	avaro; ganancioso; ávido; voraz
3993	贪玩儿	tānwánr	*v.*	ter grande gosto por entretenimento; entreter-se de modo descontrolado; querer apenas se divertir
3994	贪污	tānwū	*v.*	desviar; roubar; praticar corrupção

序号 №	词语 VOCÁBULO	拼音 PINYIN	词性 CLASSE	译文 TRADUÇÃO
3995	摊	tān	v., s., cl.	<v.> 1. espalhar; desdobrar 2. dividir; assumir uma parte da divisão 3. acontecer (coisas indesejáveis) 4. cozinhar em uma camada fina (panquecas etc.) <s.> quiosque; banca (vendedor); barraca <cl.> classificador para líquidos espessos ou pastas
3996	瘫	tān	v.	ser ou estar fisicamente paralisado
3997	瘫痪	tānhuàn	v.	1. ser ou estar fisicamente paralisado 2. estar paralisado (transportes, sistemas etc.)
3998	坛	tán	s.	1. altar (sacrifícios etc.) 2. espaço de terra elevado para plantação de flores etc. 3. círculo (atividade); arena; mundo 4. plataforma; tribuna 5. jarra de barro ou argila
3999	谈不上	tán bu shàng		fora de questão; não se pode discutir
4000	谈到	tándào	v.	falar ou conversar ou discutir sobre; referir-se a
4001	谈论	tánlùn	v.	discutir; conversar sobre
4002	谈起	tánqǐ	v.	mencionar; falar sobre
4003	弹性	tánxìng	s.	elasticidade; flexibilidade; resiliência
4004	痰	tán	s.	catarro
4005	坦白	tǎnbái	adj., v.	<adj.> franco; honesto; sincero <v.> confessar; admitir
4006	坦诚	tǎnchéng	adj.	honesto e sincero; cândido
4007	坦克	tǎnkè	s.	tanque (guerra)
4008	坦然	tǎnrán	adj.	calmo; imperturbável; sem apreensão
4009	坦率	tǎnshuài	adj.	franco; direto; aberto
4010	毯子	tǎnzi	s.	cobertor; coberta
4011	炭	tàn	s.	1. carvão (vegetal ou mineral) 2. substância semelhante a carvão
4012	探	tàn	v.	1. explorar; sondar; buscar descobrir 2. espionar; observar 3. visitar 4. esticar à frente 5. intrometer-se
4013	探测	tàncè	v.	explorar; sondar
4014	探亲	tàn // qīn	v.	visitar a casa dos pais; visitar a família

序号 N°	词语 VOCÁBULO	拼音 PINYIN	词性 CLASSE	译文 TRADUÇÃO
4015	探求	tànqiú	v.	buscar; procurar; perseguir; investigar
4016	探望	tànwàng	v.	1. olhar ao redor; dar uma olhada 2. visitar (geralmente vindo de longe)
4017	探险	tàn // xiǎn	v.	explorar; aventurar-se
4018	碳	tàn	s.	carbono (química)
4019	汤圆	tāngyuán	s.	bolinhos de massa de arroz glutinoso servidos em caldo (comumente consumidos no Festival das Lanternas)
4020	堂	táng	s., cl.	<s.> salão <cl.> 1. classificador para conjuntos de mobília 2. classificador para aulas escolares
4021	糖果	tángguǒ	s.	bala; doce
4022	糖尿病	tángniàobìng	s.	diabetes
4023	倘若	tǎngruò	conj.	no caso de; supondo que; se
4024	淌	tǎng	v.	pingar; gotejar; escorrer; verter (lágrima)
4025	烫	tàng	v., adj.	<v.> 1. queimar; escaldar 2. aquecer (em água quente) 3. fazer permanente (nos cabelos) <adj.> escaldante; fervente
4026	掏钱	tāo qián	v.	pagar (uma conta); gastar dinheiro
4027	滔滔不绝	tāotāo-bùjué		falar sem parar
4028	逃避	táobì	v.	fugir; escapar; evitar; esquivar-se a
4029	逃生	táoshēng	v.	fugir de um perigo mortal; escapar com vida
4030	逃亡	táowáng	v.	1. tornar-se fugitivo 2. exilar-se
4031	陶瓷	táocí	s.	cerâmica e porcelana
4032	陶冶	táoyě	v.	1. fazer cerâmica e derreter metais 2. exercer uma influência positiva (sobre o caráter de alguém etc.); moldar; formar; cultivar; educar
4033	陶醉	táozuì	v.	estar intoxicado (alegria, felicidade etc.); estar encantado
4034	淘	táo	v.	1. lavar (arroz, feijão etc.) 2. procurar e comprar em loja de usados 3. dragar; limpar (ralo, esgoto etc.); remover dejetos
4035	淘气	táo // qì	v.	arteiro; travesso; levado

序号 №	词语 VOCÁBULO	拼音 PINYIN	词性 CLASSE	译文 TRADUÇÃO
4036	淘汰	táotài	v.	1. eliminar em uma competição 2. cair em desuso; tornar-se obsoleto
4037	讨	tǎo	v.	1. enviar forças armadas para reprimir ou suprimir 2. condenar; denunciar 3. pedir; exigir 4. discutir; estudar 5. casar-se (com uma mulher) 6. causar; atrair
4038	讨好	tǎo // hǎo	v.	1. bajular; adular 2. (geralmente na negativa) ter resultados (pelo trabalho); obter frutos
4039	讨价还价	tǎojià-huánjià		barganhar; negociar preço
4040	讨人喜欢	tǎo rén xǐhuan		atrair a afeição das pessoas; ser adorável ou amável
4041	特产	tèchǎn	s.	especialidade local ou regional
4042	特长	tècháng	s.	ponto forte; talento; especialidade
4043	特例	tèlì	s.	caso especial ou particular ou excepcional; exemplo isolado; exceção
4044	特权	tèquán	s.	privilégio; prerrogativa
4045	特邀	tèyāo	v.	convidar especialmente
4046	特制	tèzhì	v.	feito especialmente para (um propósito determinado); feito de um modo específico
4047	特质	tèzhì	s.	(pessoas) qualidade especial
4048	腾	téng	v.	1. subir às alturas; elevar 2. galopar; saltar 3. virar; voltar-se 4. ceder espaço; tornar vago; liberar 5. (após certos verbos, indica ação repetida)
4049	藤椅	téngyǐ	s.	cadeira de vime
4050	剔除	tīchú	v.	descartar; rejeitar; eliminar; livrar-se de
4051	梯子	tīzi	s.	escada
4052	提拔	tíbá	v.	promover; elevar
4053	提炼	tíliàn	v.	extrair e purificar (metais etc.); refinar; purificar; processar
4054	提名	tí // míng	v.	nomear; indicar (para tarefa, cargo etc.)
4055	提速	tí // sù	v.	acelerar; aumentar a velocidade
4056	提心吊胆	tíxīn-diàodǎn		estar com o coração apertado; extremamente apreensivo e incapaz de se acalmar; ansioso

Nº	VOCÁBULO	PINYIN	CLASSE	TRADUÇÃO
4057	提议	tíyì	v., s.	<v.> propor; sugerir <s.> proposta; sugestão; proposição
4058	提早	tízǎo	v.	1. antecipar 2. acontecer antes do esperado
4059	体谅	tǐliàng	v.	ser compreensivo; ser tolerante; empatizar
4060	体面	tǐmiàn	s., adj.	<s.> dignidade <adj.> 1. decente; honrado; respeitável 2. bonito 3. apresentável
4061	体能	tǐnéng	s.	energia (física); capacidade ou força física
4062	体贴	tǐtiē	v.	ser atencioso; ser solícito; ter consideração
4063	体温	tǐwēn	s.	temperatura corporal
4064	体系	tǐxì	s.	sistema
4065	体制	tǐzhì	s.	1. sistema (organização); estrutura 2. forma ou estilo de escrita literária
4066	体质	tǐzhì	s.	constituição física; físico
4067	剃	tì	v.	remover pelos; depilar
4068	替换	tìhuàn	v.	substituir; trocar; assumir o lugar de
4069	替身	tìshēn	s.	1. bode expiatório 2. substituto 3. dublê (cinema)
4070	天长地久	tiāncháng-dìjiǔ		eterno e imutável
4071	天地	tiāndì	s.	1. céu e terra; o mundo 2. campo de atuação; escopo de atividade 3. condição difícil; apuro
4072	天鹅	tiān'é	s.	cisne
4073	天分	tiānfèn	s.	talento inato; dom
4074	天赋	tiānfù	v., s.	<v.> ser inato; ser de nascença <s.> talento nato; dom
4075	天经地义	tiānjīng-dìyì		correto e apropriado; perfeitamente justificável
4076	天平	tiānpíng	s.	balança
4077	天桥	tiānqiáo	s.	passarela; passagem elevada
4078	天生	tiānshēng	adj.	natural; inato; de nascença
4079	天使	tiānshǐ	s.	1. anjo 2. emissário imperial
4080	天线	tiānxiàn	s.	antena
4081	天性	tiānxìng	s.	instinto; tendência inata
4082	天主教	tiānzhǔjiào	s.	catolicismo

序号 №	词语 VOCÁBULO	拼音 PINYIN	词性 CLASSE	译文 TRADUÇÃO
4083	添加	tiānjiā	v.	acrescentar; adicionar
4084	甜美	tiánměi	adj.	1. doce; adocicado 2. agradável 3. revigorante
4085	甜蜜	tiánmì	adj.	feliz; doce
4086	甜头	tiántou	s.	1. doce sabor (do sucesso, poder etc.) 2. benefício; vantagem
4087	填补	tiánbǔ	v.	preencher (vaga, vazio etc.)
4088	填充	tiánchōng	v.	1. encher; preencher 2. preencher espaços em branco (em uma prova)
4089	填写	tiánxiě	v.	preencher (formulário etc.); escrever
4090	舔	tiǎn	v.	lamber
4091	挑剔	tiāoti	v.	buscar defeitos em excesso; ser exigente; ser melindroso; ser difícil de agradar
4092	条款	tiáokuǎn	s.	cláusula (em documentos); artigo; provisão
4093	条例	tiáolì	s.	regulamento; regra; estatuto
4094	条约	tiáoyuē	s.	tratado; pacto
4095	调侃	tiáokǎn	v.	ridicularizar
4096	调控	tiáokòng	v.	regular e controlar
4097	调料	tiáoliào	s.	tempero; condimento
4098	调试	tiáoshì	v.	1. testar; passar por teste de funcionamento (maquinários, instrumentos etc.) 2. depurar (computação)
4099	挑起	tiǎoqǐ	v.	incitar; provocar; fomentar
4100	挑衅	tiǎoxìn	v.	provocar
4101	跳槽	tiào // cáo	v.	trocar de trabalho; pular de um emprego para outro
4102	跳动	tiàodòng	v.	pulsar; palpitar; bater
4103	跳伞	tiào // sǎn	v., s.	<v.> pular de paraquedas <s.> paraquedismo
4104	跳跃	tiàoyuè	v.	pular; saltar
4105	贴近	tiējìn	v., adj.	<v.> aproximar; chegar perto <adj.> íntimo; próximo
4106	贴切	tiēqiè	adj.	(palavras, expressões etc.) apropriado; adequado

序号 №	词语 VOCÁBULO	拼音 PINYIN	词性 CLASSE	译文 TRADUÇÃO
4107	帖子	tiězi	s.	1. convite (escrito) 2. cartão com nome, idade e outras informações 3. nota; bilhete 4. postagem; fio (internet)
4108	听从	tīngcóng	v.	obedecer; seguir
4109	听话	tīng // huà	v.	1. ouvir; escutar 2. obedecer
4110	停泊	tíngbó	v.	ancorar; atracar
4111	停车位	tíngchēwèi	s.	vaga para estacionar
4112	停电	tíngdiàn	v.	1. cortar a eletricidade 2. ter apagão ou blecaute ou queda de eletricidade
4113	停顿	tíngdùn	v.	1. parar; estar parado 2. pausa (na fala)
4114	停放	tíngfàng	v.	1. estacionar; parar (um veículo) 2. pôr (um objeto)
4115	停业	tíng // yè	v.	fechar um negócio (permanente ou temporariamente)
4116	通畅	tōngchàng	adj.	desobstruído; circulando sem dificuldades
4117	通车	tōng // chē	v.	1. estar aberta ao tráfego (estrada, ferrovia etc.) 2. prover serviço de transporte
4118	通风	tōng // fēng	v.	1. ventilar; circular o ar 2. divulgar informações em segredo
4119	通告	tōnggào	v., s.	<v.> anunciar em público; proclamar <s.> anúncio público; circular
4120	通缉	tōngjī	v.	1. emitir um mandado de prisão 2. pôr alguém como procurado
4121	通顺	tōngshùn	adj.	clara e coerente; fluente (escrita)
4122	通俗	tōngsú	adj.	popular; comum
4123	通通	tōngtōng	adv.	completamente; inteiramente
4124	通往	tōngwǎng	v.	levar a; conduzir a
4125	通宵	tōngxiāo	s.	a noite inteira; por toda a noite
4126	通行证	tōngxíngzhèng	s.	passe; permissão (para passar ou entrar); salvo-conduto
4127	同伴	tóngbàn	s.	companheiro; colega
4128	同步	tóngbù	v.	1. sincronizar 2. manter o mesmo passo
4129	同等	tóngděng	adj.	de mesmo nível ou classe; igual
4130	同感	tónggǎn	s.	o mesmo sentimento ou impressão

Nº	VOCÁBULO	PINYIN	CLASSE	TRADUÇÃO
4131	同伙	tónghuǒ	v., s.	<v.> conspirar; colaborar (em más ações) <s.> cúmplice; parceiro
4132	同类	tónglèi	adj., s.	<adj.> similar; do mesmo tipo <s.> pessoas ou coisas do mesmo tipo
4133	同盟	tóngméng	v., s.	<v.> aliar-se <s.> aliança
4134	同年	tóngnián	s., v.	<s.> o mesmo ano <v.> ser da mesma idade
4135	同人	tóngrén	s.	colega de trabalho
4136	同志	tóngzhì	s.	1. camarada 2. homossexual (gíria)
4137	同舟共济	tóngzhōu-gòngjì		estar no mesmo barco; ter de se unir para superar a dificuldade
4138	铜	tóng	s.	1. cobre (química) 2. bronze
4139	统筹	tǒngchóu	v.	fazer planos abrangentes; fazer uma planificação geral
4140	统统	tǒngtǒng	adv.	inteiramente; completamente; totalmente
4141	统治	tǒngzhì	v.	1. governar 2. dominar
4142	捅	tǒng	v.	1. cutucar; estocar; espetar 2. empurrar; cotovelar 3. expor (um segredo); divulgar; revelar
4143	桶	tǒng	s.	barril; tonel; balde
4144	筒	tǒng	s.	1. parte de bambu grosso 2. objetos grossos em forma de tubo 3. parte cilíndrica de uma roupa
4145	痛	tòng	v., adv.	<v.> 1. doer 2. lamentar; estar triste <adv.> amargamente; extremamente
4146	痛心	tòngxīn	adj.	doloroso; angustiante; aflitivo; pesaroso
4147	偷看	tōukàn		espiar; dar uma olhada; olhar furtivamente
4148	偷窥	tōukuī	v.	observar em segredo; espiar
4149	偷懒	tōu // lǎn	v.	ser indolente no trabalho; ser preguiçoso
4150	头部	tóubù	s.	cabeça
4151	头顶	tóudǐng	s.	topo da cabeça
4152	头号	tóuhào	adj.	1. o número um; o primeiro entre outros; o maior 2. melhor; de primeira qualidade
4153	头条	tóutiáo	s.	manchete (jornal)
4154	头头是道	tóutóu-shìdào		claro e lógico; coerente e convincente

Nº	VOCÁBULO	PINYIN	CLASSE	TRADUÇÃO
4155	头衔	tóuxián	s.	título (posto, cargo, profissão etc.)
4156	头晕	tóuyūn	v.	sentir tontura; sentir vertigem
4157	投奔	tóubèn	v.	buscar refúgio (com alguém); buscar asilo
4158	投稿	tóu // gǎo	v.	enviar texto para publicação (em jornal, revista etc.)
4159	投机	tóujī	adj., v.	<adj.> cordato; com visões compatíveis <v.> especular; ser oportunista
4160	投射	tóushè	v.	1. lançar (um projétil); arremessar 2. projetar (luz)
4161	投身	tóushēn	v.	devotar-se a; lançar-se em
4162	投降	tóuxiáng	v.	render-se; capitular
4163	透彻	tòuchè	adj.	completo; penetrante; profundo; minucioso; incisivo
4164	透过	tòuguò	v., prep.	<v.> 1. atravessar; infiltrar (líquidos) 2. penetrar <prep.> por meio de
4165	透气	tòu // qì	v.	1. ventilar 2. respirar livremente 3. divulgar; vazar (informação)
4166	透支	tòuzhī	v.	1. usar ou entrar no cheque especial 2. gastar mais do que se tem 3. adiantar o salário
4167	凸	tū	adj.	1. saliente; convexo; em alto-relevo 2. macho (conectores, plugues etc.)
4168	凸显	tūxiǎn	v.	salientar; realçar; destacar
4169	秃	tū	adj.	1. calvo; careca; sem pelos 2. nu; despido 3. cego (lâminas); sem ponta 4. insatisfatório; incompleto (escrita)
4170	突发	tūfā	v.	surgir de repente; irromper
4171	突击	tūjī	v.	1. atacar súbita e violentamente 2. concentrar-se para terminar um trabalho rapidamente; trabalhar com urgência
4172	突破口	tūpòkǒu	s.	brecha; vão
4173	突如其来	tūrú-qílái		aparecer de repente; surgir do nada
4174	图表	túbiǎo	s.	gráfico; tabela
4175	图像	túxiàng	s.	1. imagem; foto 2. foto do perfil (internet)
4176	图形	túxíng	s.	1. gráfico (imagem); figura 2. figura geométrica

№ VOCÁBULO	PINYIN	CLASSE	TRADUÇÃO
4177 图纸	túzhǐ	s.	planta (construção); desenho técnico; diagrama
4178 徒步	túbù	adv.	a pé
4179 涂	tú	v.	1. aplicar (tinta etc.); pintar (um desenho); besuntar 2. apagar 3. rabiscar
4180 屠杀	túshā	v.	massacrar; chacinar; trucidar
4181 土匪	tǔfěi	s.	bandido; salteador
4182 土壤	tǔrǎng	s.	solo
4183 土生土长	tǔshēng-tǔzhǎng		nascido e criado (em certo lugar)
4184 团伙	tuánhuǒ	s.	gangue; bando
4185 团聚	tuánjù	v.	1. reunir; ter uma reunião 2. unir; juntar
4186 团员	tuányuán	s.	membro (grupo)
4187 团圆	tuányuán	v.	reunir (família)
4188 推测	tuīcè	v.	inferir; supor; especular; conjeturar
4189 推辞	tuīcí	v.	recusar (convite, nomeação etc.)
4190 推断	tuīduàn	v.	deduzir; inferir
4191 推翻	tuī // fān	v.	1. derrubar (um governo etc.) 2. cancelar; repudiar
4192 推荐	tuījiàn	v.	recomendar
4193 推理	tuīlǐ	v.	raciocinar; inferir
4194 推敲	tuīqiāo	v.	refletir; ponderar; pesar os prós e os contras
4195 推算	tuīsuàn	v.	calcular; computar
4196 推卸	tuīxiè	v.	esquivar-se (responsabilidades); fugir; escapar
4197 推选	tuīxuǎn	v.	eleger; escolher
4198 推移	tuīyí	v.	1. passar; decorrer (tempo) 2. desenvolver-se (situações etc.)
4199 颓废	tuífèi	adj., s.	<adj.> abatido; desanimado; decadente <s.> decadência
4200 退回	tuìhuí	v.	1. devolver; enviar de volta 2. dar a volta; retornar
4201 退却	tuìquè	v.	recuar; bater em retirada

№ VOCÁBULO		PINYIN	CLASSE	TRADUÇÃO
4202	退让	tuìràng	v.	1. sair do caminho 2. ceder; fazer concessões; conceder
4203	退缩	tuìsuō	v.	recuar; retroceder; fugir
4204	退休金	tuìxiūjīn	s.	pensão; aposentadoria
4205	退学	tuì // xué	v.	abandonar os estudos
4206	退役	tuì // yì	v.	1. ser dispensado de serviço militar após tempo de serviço; desmobilizar 2. deixar de ser usado (armamento) 3. aposentar-se (atletas)
4207	屯	tún	s.	vilarejo (geralmente usado em topônimos)
4208	托付	tuōfù	v.	confiar a; pôr sob os cuidados de alguém
4209	拖累	tuōlěi	v.	1. ser um fardo; onerar; sobrecarregar 2. implicar; envolver
4210	拖欠	tuōqiàn	v.	atrasar o pagamento
4211	拖延	tuōyán	v.	procrastinar; demorar-se; tardar
4212	脱节	tuō // jié	v.	separar-se; ser ou estar desconexo ou desconectado
4213	脱口而出	tuōkǒu'érchū		deixar escapar; falar sem pensar; dar com a língua nos dentes
4214	脱落	tuōluò	v.	1. cair (cabelos etc.); soltar; sair 2. omitir; deixar de fora
4215	脱身	tuō // shēn		livrar-se; fugir; escapar; esquivar-se (das obrigações)
4216	脱颖而出	tuōyǐng'érchū		revelar seus talentos; elevar-se acima dos outros
4217	驮	tuó	v.	carregar sobre as costas
4218	妥	tuǒ	adj.	1. apropriado; adequado 2. pronto; resolvido
4219	妥当	tuǒ·dàng	adj.	apropriado; adequado
4220	妥善	tuǒshàn	adj.	apropriado; adequado; bem organizado
4221	妥协	tuǒxié	v.	ceder; chegar a um acordo
4222	拓宽	tuòkuān	v.	alargar; estender
4223	拓展	tuòzhǎn	v.	expandir; aumentar; desenvolver
4224	唾液	tuòyè	s.	saliva
4225	挖掘	wājué	v.	1. escavar; desenterrar 2. sondar; investigar

序号	词语	拼音	词性	译文
Nº	VOCÁBULO	PINYIN	CLASSE	TRADUÇÃO
4226	挖苦	wāku	v.	1. falar sarcástica ou ironicamente 2. zombar
4227	瓦	wǎ	s.	1. telha 2. objetos de argila ou barro 3. abreviação de watt (W)
4228	歪	wāi	adj.	1. torto; inclinado; oblíquo 2. impróprio; desonesto 3. autoritário; mandão
4229	歪曲	wāiqū	v.	distorcer; deturpar; desvirtuar
4230	外表	wàibiǎo	s.	aparência exterior; superfície
4231	外公	wàigōng	s.	avô materno
4232	外行	wàiháng	adj., s.	<adj.> leigo; amador <s.> amador
4233	外号	wàihào	s.	apelido
4234	外籍	wàijí	s.	nacionalidade estrangeira
4235	外贸	wàimào	s.	comércio exterior
4236	外貌	wàimào	s.	aparência; visual
4237	外婆	wàipó	s.	avó materna
4238	外企	wàiqǐ	s.	empresa estrangeira
4239	外星人	wàixīngrén	s.	extraterrestre; alienígena
4240	外形	wàixíng	s.	forma; contorno; aparência externa
4241	外援	wàiyuán	s.	1. ajuda estrangeira 2. jogador estrangeiro
4242	丸	wán	s., cl.	<s.> 1. bola; pelota 2. pílula; pastilha <cl.> classificador para pílulas da medicina tradicional chinesa
4243	完备	wánbèi	adj.	completo; inteiro; perfeito
4244	完毕	wánbì	v.	terminar; completar; finalizar
4245	完蛋	wán // dàn	v.	estar acabado; não ter mais jeito
4246	完好	wánhǎo	adj.	intacto; inteiro; em boas condições; sem danos
4247	玩耍	wánshuǎ	v.	brincar (como criança); divertir-se
4248	玩意儿	wányìr	s.	1. brinquedo 2. apresentação; performance (acrobacia, ilusionismo etc.) 3. coisa
4249	顽固	wángù	adj.	1. teimoso; obstinado; cabeça-dura 2. linha-dura; avesso à mudança 3. crônico

序号 Nº	词语 VOCÁBULO	拼音 PINYIN	词性 CLASSE	译文 TRADUÇÃO
4250	挽	wǎn	v.	1. puxar 2. dobrar para cima (mangas); arregaçar 3. reverter; recuperar 4. lamentar (a morte de alguém) 5. segurar (o braço de alguém)
4251	挽回	wǎnhuí	v.	reverter; redimir; recuperar
4252	挽救	wǎnjiù	v.	salvar; resgatar
4253	晚间	wǎnjiān	s.	(à) noite
4254	晚年	wǎnnián	s.	velhice; os anos que restam de vida
4255	晚期	wǎnqī	s.	período ou época final; estágio terminal (doença)
4256	惋惜	wǎnxī	adj.	sentir-se mal (por alguém); lamentar
4257	万分	wànfēn	adv.	extremamente
4258	万古长青	wàngǔ-chángqīng		durar para sempre; ser eterno
4259	万能	wànnéng	adj.	1. onipotente; todo-poderoso 2. universal; de uso geral
4260	万万	wànwàn	adv.	(em negativas) absolutamente; nunca; de modo algum
4261	万无一失	wànwú-yìshī		sem qualquer risco de dar errado; perfeitamente seguro
4262	汪洋	wāngyáng	adj.	1. vasto; sem limites (corpo de água) 2. magnânimo; de mente aberta
4263	亡羊补牢	wángyáng-bǔláo		agir quando já é tarde; antes tarde do que nunca
4264	王国	wángguó	s.	reino
4265	王牌	wángpái	s.	ás; carta na manga
4266	网点	wǎngdiǎn	s.	1. rede (estabelecimentos comerciais, serviço etc.) 2. nó (em uma rede de computadores)
4267	网民	wǎngmín	s.	internauta; netizen
4268	往常	wǎngcháng	s.	como sempre no passado; como de costume
4269	往返	wǎngfǎn	v.	ir e voltar
4270	往日	wǎngrì	s.	dias passados
4271	往事	wǎngshì	s.	eventos passados; o passado
4272	妄想	wàngxiǎng	v., s.	<v.> esperar em vão <s.> 1. esperança vã 2. delírio (medicina)

序号 №	词语 VOCÁBULO	拼音 PINYIN	词性 CLASSE	译文 TRADUÇÃO
4273	忘不了	wàng bu liǎo		inesquecível
4274	忘掉	wàng // diào	v.	esquecer; escapar da memória
4275	旺	wàng	adj.	1. próspero; vigoroso; florescente 2. abundante
4276	旺季	wàngjì	s.	1. alta temporada 2. estação de colheita
4277	旺盛	wàngshèng	adj.	exuberante; vigoroso
4278	望	wàng	v.	1. olhar à distância; ver ao longe 2. observar; examinar 3. esperar; aguardar 4. visitar 5. odiar; ressentir-se 6. aproximar-se; estar próximo de (idade)
4279	望远镜	wàngyuǎnjìng	s.	telescópio
4280	危及	wēijí	v.	pôr em perigo; arriscar; comprometer
4281	危急	wēijí	adj.	crítico; em perigo iminente; desesperada (situação)
4282	威风	wēifēng	s., adj.	<s.> força e prestígio; poder <adj.> imponente; impressionante
4283	威力	wēilì	s.	força; poder
4284	威慑	wēishè	v.	dissuadir; intimidar (por meio de força)
4285	威信	wēixìn	s.	reputação; prestígio; confiança pública
4286	微不足道	wēibùzúdào		insignificante demais para se mencionar; sem importância; negligível; trivial
4287	微观	wēiguān	adj.	microcósmico
4288	微妙	wēimiào	adj.	sutil; delicado
4289	微弱	wēiruò	adj.	fraco; débil
4290	微型	wēixíng	adj.	miniatura; micro-; mini-
4291	为人	wéirén	v., s.	<v.> comportar-se; portar-se <s.> comportamento
4292	违背	wéibèi	v.	violar; infringir; contrariar
4293	违约	wéi // yuē	v.	1. violar um tratado; quebrar um acordo 2. quebrar uma promessa; romper um noivado; voltar atrás na palavra 3. inadimplir uma dívida
4294	违章	wéi // zhāng	v.	quebrar ou violar as regras
4295	围墙	wéiqiáng	s.	muro (que cerca e delimita uma área)
4296	唯	wéi	adv.	apenas; somente

№	VOCÁBULO	PINYIN	CLASSE	TRADUÇÃO
4297	唯独	wéidú	adv.	apenas; somente
4298	伪造	wěizào	v.	falsificar; forjar
4299	伪装	wěizhuāng	v., s.	<v.> fingir; dissimular <s.> 1. disfarce; máscara 2. camuflagem (militar)
4300	尾气	wěiqì	s.	gás de exaustão ou escapamento
4301	尾声	wěishēng	s.	1. epílogo 2. fim 3. coda (música)
4302	纬度	wěidù	s.	latitude
4303	委屈	wěiqu	adj., v., s.	<adj.> injustiçado <v.> causar inconveniência; fazer outros se sentirem injustiçados <s.> queixa; injustiça
4304	委婉	wěiwǎn	adj.	com tato; diplomático; moderado; brando
4305	委员	wěiyuán	s.	membro de comitê ou comissão ou conselho
4306	委员会	wěiyuánhuì	s.	comitê; comissão; conselho
4307	萎缩	wěisuō	v.	1. murchar (plantas) 2. encolher (economia) 3. atrofiar (medicina)
4308	卫视	wèishì	s.	TV por satélite
4309	未	wèi	adv.	não; ainda não
4310	未成年人	wèichéngniánrén	s.	menor de idade
4311	未经	wèijīng	v.	ainda não; sem
4312	未免	wèimiǎn	adv.	1. um tanto; bastante 2. inevitável
4313	未知数	wèizhīshù	s.	1. número desconhecido; incógnita (matemática) 2. algo desconhecido; incerteza
4314	位子	wèizi	s.	1. assento 2. posição; posto
4315	味精	wèijīng	s.	glutamato monossódico (realçador de sabor)
4316	畏惧	wèijù	v.	temer; ter medo
4317	畏缩	wèisuō	v.	recuar (dificuldades); fugir
4318	胃口	wèikǒu	s.	1. apetite 2. gosto 3. ambição; apetite
4319	喂养	wèiyǎng	v.	1. criar (animais) 2. alimentar (crianças, animais etc.)
4320	慰劳	wèiláo	v.	demonstrar apreço por serviços prestados (por meio de presentes, palavras gentis etc.)

序号 N°	词语 VOCÁBULO	拼音 PINYIN	词性 CLASSE	译文 TRADUÇÃO
4321	温度计	wēndùjì	s.	termômetro
4322	温泉	wēnquán	s.	fonte termal
4323	温柔	wēnróu	adj.	gentil; doce (geralmente como atributo feminino)
4324	温室	wēnshì	s.	estufa
4325	温习	wēnxí	v.	revisar (uma lição etc.)
4326	温馨	wēnxīn	adj.	1. caloroso 2. confortável 3. amena e perfumada
4327	瘟疫	wēnyì	s.	pandemia; praga; pestilência
4328	文	wén	s.	1. cultura; civilização 2. língua; língua escrita 3. composição literária; escrita 4. chinês clássico 5. humanidades; artes liberais
4329	文具	wénjù	s.	produtos de papelaria
4330	文科	wénkē	s.	ciências humanas e sociais; artes liberais
4331	文盲	wénmáng	s.	analfabeto; iletrado
4332	文凭	wénpíng	s.	diploma
4333	文人	wénrén	s.	pessoa de letras; letrado; literato
4334	文物	wénwù	s.	relíquia cultural ou histórica
4335	文献	wénxiàn	s.	literatura (sobre um tema); documentos
4336	文雅	wényǎ	adj.	refinado; elegante; polido
4337	闻名	wénmíng	v.	1. ser famoso; ser renomado 2. conhecer por reputação; conhecer de nome
4338	蚊帐	wénzhàng	s.	mosquiteiro
4339	蚊子	wénzi	s.	mosquito; pernilongo; muriçoca
4340	吻	wěn	s., v.	<s.> 1. lábio 2. focinho; tromba <v.> beijar
4341	吻合	wěnhé	adj., v.	<adj.> idêntico; coincidente <v.> 1. ser idêntico a; coincidir 2. ajustar-se 3. conectar por anastomose (medicina)
4342	紊乱	wěnluàn	adj.	caótico; desordenado; confuso
4343	稳固	wěngù	adj., v.	<adj.> firme; estável; sólido <v.> estabilizar
4344	稳健	wěnjiàn	adj.	confiável; sério; estável; firme;
4345	稳妥	wěntuǒ	adj.	seguro; confiável
4346	稳重	wěnzhòng	adj.	estável; sério; sóbrio

№ Nº	词语 VOCÁBULO	拼音 PINYIN	词性 CLASSE	译文 TRADUÇÃO
4347	问卷	wènjuàn	s.	questionário
4348	问世	wènshì	v.	1. ser publicado 2. ir a público; estar no mercado
4349	窝	wō	s.	1. ninho; toca; cova (aves, insetos e animais em geral) 2. covil; esconderijo (malfeitores) 3. cavidade do corpo
4350	卧	wò	v.	1. deitar-se (pessoas) 2. sentar-se; agachar-se; deitar-se (animais) 3. dormir 4. viver recluso 5. cozinhar (ovos)
4351	污秽	wūhuì	adj., s.	<adj.> imundo; sórdido <s.> imundice; sujeira
4352	巫婆	wūpó	s.	bruxa; feiticeira
4353	呜咽	wūyè	v.	choramingar; soluçar
4354	屋顶	wūdǐng	s.	telhado
4355	无比	wúbǐ	v.	incomparável; sem paralelo; sem igual
4356	无不	wúbù	adv.	todos; sem exceção
4357	无偿	wúcháng	adj.	grátis; de graça; gratuito
4358	无敌	wúdí	v.	não ter rival; ser inigualável
4359	无恶不作	wú'è-búzuò		ser capaz de cometer todo tipo de crime ou atrocidade; ser extremamente maligno
4360	无非	wúfēi	adv.	há apenas; há somente; não há senão
4361	无辜	wúgū	adj., s.	<adj.> inocente <s.> pessoa inocente
4362	无故	wúgù	adv.	sem motivo; gratuitamente
4363	无关紧要	wúguān-jǐnyào		indiferente; insignificante; sem importância
4364	无话可说	wúhuà-kěshuō		não ter nada a dizer
4365	无济于事	wújìyúshì		incapaz de ajudar; não ter serventia; inútil
4366	无家可归	wújiā-kěguī		não ter um teto; não ter para onde retornar
4367	无精打采	wújīng-dǎcǎi		apático; desanimado; indiferente
4368	无可奉告	wúkěfènggào		não ter nada a dizer; sem comentários
4369	无可厚非	wúkěhòufēi		não totalmente sem culpa, porém perdoável; compreensível
4370	无可奈何	wúkěnàihé		não ter alternativa; aceitar por falta de escolha; não ter outro jeito

序号 №	词语 VOCÁBULO	拼音 PINYIN	词性 CLASSE	译文 TRADUÇÃO
4371	无理	wúlǐ	adj.	1. irracional; injustificável 2. irracional (matemática)
4372	无力	wúlì	v.	não ter forças
4373	无论如何	wúlùn-rúhé		aconteça o que for; de qualquer modo; por todos os meios
4374	无能	wúnéng	adj.	incompetente; incapaz
4375	无能为力	wúnéngwéilì		não poder fazer nada a respeito; ser impotente diante uma situação; incapaz de agir
4376	无情	wúqíng	adj.	1. sem sentimentos; sem coração 2. impiedoso; cruel; implacável
4377	无情无义	wúqíng-wúyì		desprovido de sentimentos e senso de justiça; frio e implacável
4378	无穷	wúqióng	v.	infinito; inexaurível
4379	无私	wúsī	adj.	altruísta; generoso; desinteressado
4380	无所事事	wúsuǒshìshì		não ter nada para fazer; ser desocupado
4381	无所作为	wúsuǒzuòwéi		não fazer nada; não ter iniciativa; ser inativo; não tentar nada e não alcançar nada
4382	无条件	wútiáojiàn	v.	ser incondicional
4383	无微不至	wúwēi-búzhì		meticuloso; de todo modo possível; com grande consideração ou atenção ou cuidado
4384	无线	wúxiàn	adj.	sem fio; wireless
4385	无线电	wúxiàndiàn	s.	rádio; radiodifusão
4386	无形	wúxíng	adj.	intangível; invisível; imaterial; virtual
4387	无形中	wúxíngzhōng	adv.	imperceptivelmente; inconscientemente; virtualmente
4388	无须	wúxū	adv.	não ser necessário
4389	无意	wúyì	v., adv.	<v.> não ter intenção ou vontade (de fazer algo) <adv.> inadvertidamente; acidentalmente; sem querer
4390	无忧无虑	wúyōu-wúlǜ		sem nenhuma preocupação
4391	无缘	wúyuán	v., adv.	<v.> 1. não ter tido a sorte de; não ser destinado a 2. não quis o destino que <adv.> não ter como (fazer algo)
4392	无知	wúzhī	adj.	ignorante

Nº	VOCÁBULO	PINYIN	CLASSE	TRADUÇÃO
4393	无足轻重	wúzú-qīngzhòng		ser insignificante; não ter importância
4394	五花八门	wǔhuā-bāmén		com grande variedade; de todos os tipos
4395	五星级	wǔxīngjí	*adj.*	cinco estrelas
4396	武力	wǔlì	*s.*	1. força (física ou violenta) 2. força armada ou militar
4397	武装	wǔzhuāng	*s., v.*	<s.> 1. uniforme ou roupa militar 2. forças armadas 3. armas; equipamento militar <v.> armar; equipar ou suprir com armas
4398	侮辱	wǔrǔ	*v.*	1. insultar; humilhar 2. assediar; molestar
4399	捂	wǔ	*v.*	cobrir; tampar; abafar
4400	舞厅	wǔtīng	*s.*	salão de dança ou baile
4401	勿	wù	*adv.*	não (em proibições etc.); nunca
4402	务必	wùbì	*adv.*	ter de; ter a certeza de
4403	务实	wùshí	*adj.*	pragmático; prático
4404	物流	wùliú	*s.*	logística; distribuição
4405	物体	wùtǐ	*s.*	substância; corpo; objeto
4406	物证	wùzhèng	*s.*	evidência material ou física
4407	物资	wùzī	*s.*	bens e materiais; suprimentos
4408	误差	wùchā	*s.*	erro
4409	误导	wùdǎo	*v.*	induzir ao erro; enganar
4410	误区	wùqū	*s.*	equívoco persistente; ideia errada
4411	雾	wù	*s.*	1. névoa; neblina; bruma 2. borrifo fino
4412	吸纳	xīnà	*v.*	1. absorver; receber 2. aceitar; adotar
4413	吸取	xīqǔ	*v.*	absorver (líquidos, gases etc.); assimilar (informação, conhecimento etc.)
4414	昔日	xīrì	*s.*	dias ou tempos passados
4415	息息相关	xīxī-xiāngguān		ser intimamente relacionado
4416	稀	xī	*adj.*	1. esparso; disperso 2. raro; escasso; incomum 3. aguado; aquoso
4417	稀罕	xīhan	*adj., v.*	<adj.> raro; escasso; incomum <v.> valorizar; estimar; tratar como raridade
4418	稀奇	xīqí	*adj.*	peculiar; estranho; raro; peculiar
4419	稀少	xīshǎo	*adj.*	escasso; raro; pouco

Nº	VOCÁBULO	PINYIN	CLASSE	TRADUÇÃO
4420	锡	xī	s.	estanho; lata
4421	熙熙攘攘	xīxī-rǎngrǎng	adj.	fervilhante com a atividade de pessoas
4422	熄火	xī // huǒ	v.	1. apagar-se; parar de queimar (uma chama por falta de combustível) 2. morrer; parar de funcionar (motores etc.) 3. desligar (um motor); cortar o combustível
4423	膝盖	xīgài	s.	joelho
4424	嬉笑	xīxiào	v.	rir e brincar
4425	习俗	xísú	s.	costume; prática convencional; tradição local
4426	席	xí	s.	1. esteira 2. assento 3. banquete; jantar
4427	席位	xíwèi	s.	assento (em uma conferência, assembleia etc.)
4428	袭击	xíjī	v.	atacar ou assaltar de surpresa; fazer incursões
4429	媳妇	xífu	s.	1. nora 2. esposa de um parente de geração mais jovem
4430	洗涤剂	xǐdíjì	s.	detergente
4431	洗礼	xǐlǐ	s.	1. batismo 2. teste severo; batismo de fogo; iniciação
4432	喜出望外	xǐchūwàngwài		muito feliz (por algo inesperado)
4433	喜好	xǐhào	v., s.	<v.> gostar; amar <s.> gosto; interesse
4434	喜酒	xǐjiǔ	s.	1. banquete de casamento 2. bebidas alcoólicas do casamento
4435	喜怒哀乐	xǐ-nù-āi-lè		felicidade, raiva, tristeza e alegria; todo tipo de emoção
4436	喜庆	xǐqìng	adj., s.	<adj.> jubiloso; feliz <s.> evento ou ocasião feliz
4437	喜事	xǐshì	s.	1. evento ou ocasião feliz 2. casamento
4438	喜糖	xǐtáng	s.	doces de casamento
4439	喜洋洋	xǐyángyáng	adj.	radiante de felicidade; jubiloso
4440	喜悦	xǐyuè	adj.	feliz; alegre
4441	细腻	xìnì	adj.	1. fino e delicado 2. meticuloso 3. requintado

序号 Nº	词语 VOCÁBULO	拼音 PINYIN	词性 CLASSE	译文 TRADUÇÃO
4442	细微	xìwēi	*adj.*	sutil; quase imperceptível; de pouca importância
4443	细心	xìxīn	*adj.*	atento; cuidadoso; meticuloso
4444	虾	xiā	*s.*	camarão
4445	瞎	xiā	*v., s., adj., adv.*	<v.> 1. ser cego; cegar 2. embaraçar (cabelos, fios etc.) <s.> pessoa cega <adj.> cego <adv.> cegamente; despropositadamente
4446	侠义	xiáyì	*adj.*	cavalheiro
4447	峡谷	xiágǔ	*s.*	desfiladeiro; ribanceira; ravina profunda; cânion
4448	狭隘	xiá'ài	*adj.*	1. estreito 2. tacanho (pensamento, mentalidade etc.)
4449	狭小	xiáxiǎo	*adj.*	pequeno e estreito; apertado
4450	狭窄	xiázhǎi	*adj.*	1. estreito; apertado 2. estreito e limitado (experiência, mentalidade etc.)
4451	下场	xiàchǎng	*s.*	1. próxima partida, apresentação etc. 2. desfecho; sina; consequência
4452	下跌	xiàdiē	*v.*	cair; baixar (preços, nível de água etc.)
4453	下岗	xià // gǎng	*v.*	1. perder o emprego; ser demitido 2. terminar o turno de vigia ou sentinela
4454	下功夫	xià gōngfu		concentrar esforços; investir tempo e energia
4455	下海	xià // hǎi	*v.*	1. ir ao mar (nadar etc.) 2. ir pescar no mar 3. profissionalizar-se (amadores em ópera tradicional) 4. abandonar um emprego seguro e lançar-se aos negócios 5. tornar-se prostituta (obsoleto)
4456	下级	xiàjí	*s.*	1. inferior hierárquico; baixo na hierarquia 2. subordinado
4457	下决心	xià juéxīn		tomar uma decisão firme; determinar-se a
4458	下令	xià // lìng	*v.*	ordenar; comandar
4459	下落	xiàluò	*s., v.*	<s.> paradeiro <v.> cair; pousar
4460	下期	xià qī		período seguinte (semana, mês, bimestre etc.)
4461	下棋	xià // qí	*v.*	jogar xadrez; jogar go ou weiqi

Nº	VOCÁBULO	PINYIN	CLASSE	TRADUÇÃO
4462	下山	xià // shān	v.	1. descer de uma montanha 2. pôr-se; descer atrás das montanhas (sol)
4463	下手	xià // shǒu	v., s.	<v.> agir; fazer; começar <s.> 1. assento à direita (sem prioridade) 2. ajudante; assistente
4464	下属	xiàshǔ	s.	subordinado
4465	下台	xià // tái	v.	1. descer do palco, pódio ou plataforma 2. perder o poder; deixar o cargo 3. (geralmente na negativa) escapar de uma situação vergonhosa
4466	下调	xiàtiáo	v.	ajustar para baixo (preço, salário etc.)
4467	下乡	xià // xiāng	v.	ir para o campo ou área rural
4468	下旬	xiàxún	s.	período dos últimos dez dias de um mês
4469	下一代	xià yí dài		geração seguinte
4470	下意识	xiàyì·shí	s., adv.	<s.> subconsciente <adv.> subconscientemente
4471	下游	xiàyóu	s.	1. curso inferior de um rio 2. posição inferior ou em desvantagem
4472	下坠	xiàzhuì	v.	cair
4473	吓唬	xiàhu	v.	assustar; intimidar
4474	吓人	xià // rén	v.	assustador; apavorante
4475	夏令营	xiàlìngyíng	s.	acampamento de verão
4476	仙鹤	xiānhè	s.	1. grou-da-manchúria; grou-japonês 2. grou criado e montado por imortais na mitologia chinesa
4477	仙女	xiānnǚ	s.	mulher celestial; jovem imortal
4478	先例	xiānlì	s.	precedente
4479	先天	xiāntiān	s.	1. congênito 2. a priori; inato (filosofia)
4480	纤维	xiānwéi	s.	fibra
4481	掀	xiān	v.	1. erguer; levantar; abrir (uma tampa) 2. virar para cima
4482	掀起	xiānqǐ	v.	1. erguer; levantar 2. começar (um movimento etc.)
4483	鲜活	xiānhuó	adj.	1. fresco (flores, peixes etc.) 2. vívido

Nº	VOCÁBULO	PINYIN	CLASSE	TRADUÇÃO
4484	鲜美	xiānměi	adj.	1. delicioso; saboroso 2. fresco e belo (flores, grama etc.)
4485	鲜血	xiānxuè	s.	sangue
4486	弦	xián	s.	1. corda (arco, instrumento musical etc.) 2. hipotenusa (matemática)
4487	衔接	xiánjiē	v.	conectar; ligar
4488	嫌弃	xiánqì	v.	detestar e evitar; dar as costas; desprezar e afastar-se
4489	嫌疑	xiányí	s.	suspeita
4490	显而易见	xiǎn'éryìjiàn		evidentemente; claramente; sem dúvidas
4491	显赫	xiǎnhè	adj.	célebre; ilustre; distinto
4492	显示器	xiǎnshìqì	s.	monitor (computador); tela; ecrã
4493	显现	xiǎnxiàn	v.	manifestar-se; revelar-se; aparecer; surgir
4494	显眼	xiǎnyǎn	adj.	vistoso; chamativo
4495	现成	xiànchéng	adj.	pronto para uso
4496	现任	xiànrèn	v., adj.	<v.> ocupar um posto; estar em um cargo <adj.> atualmente no cargo ou posto de
4497	现行	xiànxíng	adj.	1. atual; em vigor 2. em flagrante
4498	限	xiàn	v.	limitar; restringir
4499	限定	xiàndìng	v.	determinar um limite
4500	限度	xiàndù	s.	limite; limitação
4501	限于	xiànyú	v.	confinar a; limitar a
4502	线条	xiàntiáo	s.	1. linha (em desenho, caligrafia etc.) 2. contorno (cabelo, corpo, carros etc.); silhueta
4503	宪法	xiànfǎ	s.	constituição (lei)
4504	陷	xiàn	v.	1. ficar preso; ficar atolado 2. afundar 3. ser capturado; cair (cidade etc.) 4. incriminar
4505	陷阱	xiànjǐng	s.	armadilha; emboscada
4506	馅儿	xiànr	s.	recheio
4507	羡慕	xiànmù	v.	admirar; invejar
4508	献血	xiànxiě	v.	doar sangue
4509	腺	xiàn	s.	glândula

序号 Nº	词语 VOCÁBULO	拼音 PINYIN	词性 CLASSE	译文 TRADUÇÃO
4510	乡亲	xiāngqīn	s.	1. conterrâneo; pessoa da mesma cidade ou vilarejo 2. pessoas locais
4511	乡下	xiāngxia	s.	campo; área rural
4512	相伴	xiāngbàn	v.	fazer companhia um ao outro
4513	相比之下	xiāngbǐ zhī xià		por comparação ou contraste
4514	相差	xiāngchà	v.	diferir; ser diferente; contrastar
4515	相传	xiāngchuán	v.	1. diz a lenda ou tradição que 2. transmitir por tradição 3. passar de boca em boca
4516	相当于	xiāngdāngyú	v.	ser equivalente ou igual a; corresponder a
4517	相对	xiāngduì	v., adj.	<v.> ser ou estar oposto ou de frente um ao outro <adj.> relativo
4518	相对而言	xiāngduì-éryán		relativamente falar
4519	相辅相成	xiāngfǔ-xiāngchéng		complementar-se mutuamente
4520	相继	xiāngjì	adv.	sucessivamente; um após o outro
4521	相连	xiānglián	v.	unir; ligar; conectar
4522	相识	xiāngshí	v.	conhecer-se mutuamente
4523	相提并论	xiāngtí-bìnglùn		(geralmente na negativa) equiparar; comparar
4524	相通	xiāngtōng	v.	comunicar; interligar
4525	相依为命	xiāngyī-wéimìng		depender um do outro para sobreviver; ser interdependente
4526	相遇	xiāngyù	v.	encontrar; cruzar com
4527	相约	xiāngyuē	v.	chegar a acordo sobre o local de um encontro ou compromisso
4528	香料	xiāngliào	s.	1. perfume 2. agentes aromatizantes; tempero
4529	香水	xiāngshuǐ	s.	perfume (produto); colônia
4530	香味	xiāngwèi	s.	fragrância; aroma; cheiro
4531	香烟	xiāngyān	s.	1. fumaça de incenso 2. cigarro
4532	香油	xiāngyóu	s.	óleo de gergelim
4533	镶	xiāng	v.	1. embutir; incrustar; inserir 2. seguir o contorno de; pôr algo que contorne
4534	镶嵌	xiāngqiàn	v.	embutir; incrustar; inserir

Nº	VOCÁBULO	PINYIN	CLASSE	TRADUÇÃO
4535	详尽	xiángjìn	adj.	completo e detalhado; exaustivo; abrangente
4536	祥和	xiánghé	adj.	1. auspicioso e harmonioso (atmosfera, humor etc.) 2. gentil; afável
4537	享	xiǎng	v.	aproveitar; ter o benefício de
4538	享有	xiǎngyǒu	v.	desfrutar (direitos, prestígio); possuir
4539	响亮	xiǎngliàng	adj.	alto e claro; retumbante
4540	响起	xiǎngqǐ	v.	soar; fazer um som
4541	响应	xiǎngyìng	v.	responder (geralmente positiva ou favoravelmente); atender
4542	想方设法	xiǎngfāng-shèfǎ		fazer todo o possível; tentar de todos os modos
4543	向来	xiànglái	adv.	(desde) sempre
4544	向往	xiàngwǎng	v.	ter grande desejo por; ansiar por; almejar; aspirar a
4545	向着	xiàngzhe	v.	1. voltar-se em direção a; virar-se para; defrontar 2. ser parcial quanto a
4546	项链	xiàngliàn	s.	colar; gargantilha
4547	像	xiàng	s.	1. retrato; foto; estátua 2. imagem (física)
4548	像样	xiàng // yàng	v.	apresentável; decente; à altura
4549	橡胶	xiàngjiāo	s.	borracha
4550	橡皮	xiàngpí	s.	1. borracha (escolar) 2. borracha vulcanizada
4551	削	xiāo	v.	1. descascar (com uma faca ou lâmina); apontar (um lápis) 2. cortar (em esportes como vôlei, tênis etc.)
4552	消	xiāo	v.	1. desaparecer; sumir 2. eliminar; remover; dissipar 3. passar o tempo (em lazer); entreter-se 4. gastar; usar; precisar
4553	消沉	xiāochén	adj.	abatido; deprimido; triste
4554	消遣	xiāoqiǎn	v., s.	<v.> 1. divertir-se; entreter-se; passar o tempo 2. zombar <s.> entretenimento; passatempo; diversão
4555	萧条	xiāotiáo	adj., s.	<adj.> desolado; sombrio <s.> depressão (economia)

Nº	VOCÁBULO	PINYIN	CLASSE	TRADUÇÃO
4556	销	xiāo	v.	1. derreter (metal); fundir 2. anular; cancelar 3. vender; comercializar 4. fechar com uma trava; trancar 5. gastar
4557	销毁	xiāohuǐ	v.	destruir (geralmente com fogo); obliterar
4558	销量	xiāoliàng	s.	volume de vendas
4559	潇洒	xiāosǎ	adj.	(comportamento, porte, aparência etc.) natural e sem afetação; com confiança e naturalidade
4560	小丑	xiǎochǒu	s.	1. palhaço; bufão 2. patife; vilão 3. pessoa piadista
4561	小贩	xiǎofàn	s.	camelô; vendedor ambulante
4562	小看	xiǎokàn	v.	menosprezar; desdenhar; desprezar; subestimar
4563	小康	xiǎokāng	adj.	(da vida) confortável; moderadamente afluente
4564	小路	xiǎolù	s.	senda; vereda; caminho secundário; atalho
4565	小品	xiǎopǐn	s.	obra artística simples ou curta como ensaios, esboços ou esquetes
4566	小气	xiǎoqi	adj.	1. avarento; sovina; muquirana 2. tacanho
4567	小区	xiǎoqū	s.	1. distrito; vizinhança 2. conjunto residencial
4568	小曲	xiǎoqǔ	s.	canção popular
4569	小人	xiǎorén	s.	1. pessoa comum ou sem distinção; plebeu 2. pessoa de má índole; vilão; mau-caráter
4570	小提琴	xiǎotíqín	s.	violino
4571	小溪	xiǎoxī	s.	riacho; córrego
4572	小心翼翼	xiǎoxīn-yìyì		com grande cuidado
4573	小卒	xiǎozú	s.	1. soldado de infantaria 2. peão do jogo de xadrez 3. pessoa sem importância
4574	孝敬	xiàojìng	v.	1. demonstrar respeito ou obediência filial 2. oferecer presentes como demonstração de respeito (superiores ou pessoas mais velhas)
4575	孝顺	xiào·shùn	v.	demonstrar respeito ou obediência filial; cumprir as obrigações filiais
4576	肖像	xiàoxiàng	s.	retrato
4577	效仿	xiàofǎng	v.	imitar; copiar

序号 Nº	词语 VOCÁBULO	拼音 PINYIN	词性 CLASSE	译文 TRADUÇÃO
4578	效力	xiàolì	s.	1. efeito; eficácia; eficiência 2. servir a; trabalhar para
4579	效益	xiàoyì	s.	benefício; resultado positivo
4580	效应	xiàoyìng	s.	efeito (fenômeno científico)
4581	协定	xiédìng	s., v.	<s.> acordo <v.> chegar a um acordo
4582	协同	xiétóng	v.	cooperar; agir coordenadamente; colaborar
4583	协作	xiézuò	v.	cooperar; combinar esforços
4584	邪	xié	adj.	1. maligno; nefasto 2. estranho
4585	邪恶	xié'è	adj.	sinistro; perverso; malévolo
4586	挟持	xiéchí	v.	segurar alguém dos dois lados com os braços; render; sequestrar
4587	携带	xiédài	v.	carregar; levar ou trazer consigo
4588	携手	xiéshǒu	v.	1. dar as mãos 2. colaborar
4589	写照	xiězhào	v., s.	<v.> retratar <s.> retrato; imagem
4590	泄	xiè	v.	1. soltar (líquido ou gás) 2. dar vazão a (raiva) 3. vazar (informações); revelar (segredos)
4591	泄漏	xièlòu	v.	1. vazar (líquido ou gás) 2. vazar (informações); revelar (segredos)
4592	泄露	xièlòu	v.	vazar (informações); revelar (segredos)
4593	泄密	xiè // mì	v.	revelar (segredos de Estado etc.)
4594	泄气	xiè // qì	v., adj.	<v.> 1. desanimar-se; desencorajar-se 2. vazar (gás) 3. murchar (pneu) <adj.> frustrante; desapontador; patético
4595	泻	xiè	v.	1. correr com força para baixo 2. ter diarreia
4596	卸	xiè	v.	1. desatrelar 2. aliviar de uma carga; descarregar 3. desmontar; remover partes 4. livrar-se
4597	心爱	xīn'ài	adj.	amado; querido
4598	心安理得	xīn'ān-lǐdé		ter a consciência tranquila
4599	心病	xīnbìng	s.	1. preocupação; aflição 2. problema secreto 3. doença cardíaca
4600	心肠	xīncháng	s.	1. coração; disposição 2. humor

序号 №	词语 VOCÁBULO	拼音 PINYIN	词性 CLASSE	译文 TRADUÇÃO
4601	心得	xīndé	s.	1. aquilo que se aprendeu (por meio de estudo, trabalho etc.) 2. conhecimento; compreensão; entendimento
4602	心慌	xīn // huāng	adj., v.	<adj.> nervoso; apreensivo <v.> 1. palpitar (coração) 2. estar assustado
4603	心急如焚	xīnjí-rúfén		extremamente ansioso; com grande sentimento de urgência
4604	心里话	xīnlǐhuà	s.	pensamentos e sentimentos internos; os verdadeiros sentimentos
4605	心灵手巧	xīnlíng-shǒuqiǎo		inteligente e hábil
4606	心目	xīnmù	s.	1. humor; disposição 2. memória 3. imagem mental
4607	心声	xīnshēng	s.	1. aspiração; desejo; sentimentos 2. voz interior
4608	心事	xīnshì	s.	preocupação; peso
4609	心思	xīnsi	s.	1. ideia; pensamento 2. humor; vontade; disposição
4610	心酸	xīn // suān	v.	triste; infeliz
4611	心想事成	xīnxiǎng-shìchéng		todos os desejos se tornarem realidade
4612	心胸	xīnxiōng	s.	1. ambição; aspiração 2. mente; grandeza de espírito
4613	心血	xīnxuè	s.	trabalho árduo (por um fim)
4614	心眼儿	xīnyǎnr	s.	1. coração; espírito 2. intenção 3. inteligência; esperteza 4. desconfiança infundada 5. tolerância
4615	心意	xīnyì	s.	intenção; propósito
4616	芯片	xīnpiàn	s.	circuito integrado; chip (eletrônica)
4617	辛勤	xīnqín	adj.	trabalhador; industrioso
4618	辛酸	xīnsuān	adj.	1. triste; amargo 2. pungente (sabor)
4619	欣慰	xīnwèi	adj.	satisfeito; contente
4620	欣喜	xīnxǐ	adj.	feliz; alegre; contente;
4621	欣欣向荣	xīnxīn-xiàngróng		próspero; vicejante
4622	新潮	xīncháo	s., adj.	<s.> nova tendência ou moda <adj.> na moda; fashion

Nº	VOCÁBULO	PINYIN	CLASSE	TRADUÇÃO
4623	新陈代谢	xīnchén-dàixiè		1. metabolismo (biologia) 2. o novo suplantar o antigo
4624	新房	xīnfáng	s.	1. casa nova (construída ou comprada) 2. quarto nupcial
4625	新款	xīnkuǎn	s.	novo estilo ou modelo
4626	新奇	xīnqí	adj.	novo; curioso; singular
4627	新生	xīnshēng	adj., s.	<adj.> recém-nascido <s.> 1. nova vida; renascimento; regeneração 2. novo estudante; calouro
4628	新式	xīnshì	adj.	novo estilo; último modelo
4629	新手	xīnshǒu	s.	novato; iniciante
4630	新颖	xīnyǐng	adj.	novo e original
4631	信贷	xìndài	s.	crédito (economia)
4632	信件	xìnjiàn	s.	correspondência; carta
4633	信赖	xìnlài	v.	confiar; contar com
4634	信誉	xìnyù	s.	prestígio; reputação; confiança; crédito
4635	兴奋剂	xīngfènjì	s.	1. estimulante 2. doping (esportes)
4636	兴建	xīngjiàn	v.	construir; estabelecer
4637	兴起	xīngqǐ	v.	1. surgir; crescer 2. ser provocado (a agir); ser incitado
4638	星座	xīngzuò	s.	1. constelação (astronomia) 2. signo (astrologia)
4639	猩猩	xīngxing	s.	orangotango
4640	腥	xīng	adj.	cheirando a peixe
4641	刑法	xíngfǎ	s.	1. código penal 2. punição física; tortura
4642	行使	xíngshǐ	v.	exercer (direitos etc.)
4643	行政	xíngzhèng	s.	administração (governo); executivo (poder)
4644	行走	xíngzǒu	v.	andar; caminhar
4645	形形色色	xíngxíngsèsè	adj.	de todos os tipos
4646	形影不离	xíngyǐng-bùlí		ser inseparável; ser como unha e carne
4647	醒来	xǐnglai	v.	despertar
4648	醒目	xǐngmù	adj.	chamativo (escrita ou imagens)

Nº	VOCÁBULO	PINYIN	CLASSE	TRADUÇÃO
4649	醒悟	xǐngwù	v.	tomar consciência da verdade; despertar para a realidade
4650	兴高采烈	xìnggāo-cǎiliè		jubilante; exultante
4651	兴致	xìngzhì	s.	interesse
4652	幸存	xìngcún	v.	sobreviver (a um desastre ou acidente)
4653	幸好	xìnghǎo	adv.	felizmente; por sorte
4654	幸亏	xìngkuī	adv.	felizmente; por sorte; graças a
4655	幸免	xìngmiǎn	v.	escapar por sorte (algo ruim)
4656	性价比	xìngjiàbǐ	s.	relação custo-benefício
4657	性命	xìngmìng	s.	vida
4658	性情	xìngqíng	s.	temperamento; natureza
4659	姓氏	xìngshì	s.	sobrenome; nome de família
4660	凶残	xiōngcán	adj.	feroz e cruel; brutal; impiedoso
4661	凶恶	xiōng'è	adj.	feroz; apavorante
4662	凶狠	xiōnghěn	adj.	1. cruel; malévolo 2. poderoso
4663	凶猛	xiōngměng	adj.	violento. feroz
4664	汹涌	xiōngyǒng	v.	levantar-se ou fluir com violência (rios, lagos, mares etc.)
4665	胸膛	xiōngtáng	s.	peito
4666	胸有成竹	xiōngyǒuchéng-zhú		ter um plano bem traçado antecipadamente
4667	雄厚	xiónghòu	adj.	abundante; amplo
4668	休克	xiūkè	v., s.	<v.> entrar em choque (medicina) <s.> estado de choque
4669	休眠	xiūmián	v.	1. estar em dormência (biologia) 2. estar adormecido 3. hibernar (computação)
4670	休想	xiūxiǎng	v.	não imagine que
4671	休养	xiūyǎng	v.	1. recuperar-se; convalescer 2. recuperar; restaurar (a força da nação)
4672	修补	xiūbǔ	v.	reparar; remendar
4673	修长	xiūcháng	adj.	magro e alto; esguio
4674	修订	xiūdìng	v.	revisar
4675	修路	xiū // lù	v.	reparar ou construir uma estrada

Nº	VOCÁBULO	PINYIN	CLASSE	TRADUÇÃO
4676	修正	xiūzhèng	v.	revisar; corrigir
4677	羞愧	xiūkuì	adj.	envergonhado; embaraçado
4678	秀丽	xiùlì	adj.	belo
4679	秀美	xiùměi	adj.	belo; elegante
4680	袖手旁观	xiùshǒu-pángguān		ficar de braços cruzados; não levantar um dedo; ficar apenas olhando e não fazer nada
4681	绣	xiù	v.	bordar
4682	锈	xiù	s., v.	<s.> 1. ferrugem 2. ferrugem (tipo de fungo em plantas) <v.> enferrujar
4683	嗅觉	xiùjué	s.	olfato
4684	须	xū	v., s.	<v.> 1. ter de 2. aguardar <s.> barba
4685	虚	xū	adj., adv.	<adj.> 1. vazio; vago; desocupado 2. modesto; humilde 3. fraco; frágil 4. nominal; falso 5. teoria; principio <adv.> em vão
4686	虚构	xūgòu	v.	fabricar; criar; inventar
4687	虚幻	xūhuàn	adj.	ilusório; imaginário; fantástico
4688	虚假	xūjiǎ	adj.	falso; fictício; irreal
4689	虚拟	xūnǐ	v., adj.	<v.> 1. inventar 2. emular (computação) <adj.> 1. fictício 2. virtual 3. simulado 4. subjuntivo (linguística)
4690	虚弱	xūruò	adj.	1. frágil; debilitado (saúde) 2. fraco; de pouca força
4691	虚伪	xūwěi	adj.	falso; hipócrita
4692	需	xū	v.	precisar; necessitar
4693	徐徐	xúxú	adv.	vagarosamente; gentilmente
4694	许	xǔ	v., adv.	<v.> 1. permitir 2. prometer 3. aprovar; elogiar 4. estar noiva <adv.> 1. talvez 2. cerca de
4695	许可证	xǔkězhèng	s.	licença; autorização; permissão
4696	旭日	xùrì	s.	sol nascente
4697	序	xù	s.	1. ordem; sequência 2. prefácio
4698	序幕	xùmù	s.	prólogo; prelúdio
4699	叙述	xùshù	v.	narrar; relatar; contar

序号 Nº	词语 VOCÁBULO	拼音 PINYIN	词性 CLASSE	译文 TRADUÇÃO
4700	酗酒	xùjiǔ	v.	beber em excesso
4701	续	xù	v.	1. continuar; estender; juntar 2. acrescentar; adicionar
4702	絮叨	xùdao	adj.	falante; tagarela
4703	宣称	xuānchēng	v.	afirmar; declarar; professar
4704	宣读	xuāndú	v.	ler (em público)
4705	宣告	xuāngào	v.	proclamar; declarar; anunciar
4706	宣誓	xuān // shì	v.	prestar ou fazer um juramento
4707	宣泄	xuānxiè	v.	1. escoar (líquidos) 2. desabafar; pôr para fora
4708	宣言	xuānyán	s.	manifesto; declaração; proclamação
4709	宣扬	xuānyáng	v.	propagar; divulgar; advogar
4710	喧哗	xuānhuá	v., adj.	<v.> fazer algazarra ou alvoroço; tumultuar <adj.> tumultuoso
4711	喧闹	xuānnào	adj.	barulhento
4712	玄	xuán	adj.	1. preto; escuro 2. profundo; secreto; obscuro 3. duvidoso; incrível
4713	玄机	xuánjī	s.	(religiões) mistério profundo
4714	悬挂	xuánguà	v.	suspender; pendurar; hastear (bandeira)
4715	悬念	xuánniàn	s.	suspense
4716	悬殊	xuánshū	adj.	com grande disparidade
4717	悬崖	xuányá	s.	precipício
4718	旋律	xuánlǜ	s.	melodia
4719	旋涡	xuánwō	s.	redemoinho; turbilhão; vórtex
4720	选民	xuǎnmín	s.	eleitor
4721	选项	xuǎnxiàng	s.	alternativa; opção
4722	选用	xuǎnyòng	v.	escolher para uso
4723	炫耀	xuànyào	v.	exibir; ostentar; pavonear
4724	削弱	xuēruò	v.	enfraquecer; exaurir
4725	靴子	xuēzi	s.	bota
4726	穴位	xuéwèi	s.	1. ponto de acupuntura; acuponto 2. local de um túmulo
4727	学历	xuélì	s.	histórico escolar ou acadêmico

序号 Nº	词语 VOCÁBULO	拼音 PINYIN	词性 CLASSE	译文 TRADUÇÃO
4728	学士	xuéshì	s.	1. bacharel 2. letrado
4729	学说	xuéshuō	s.	teoria; doutrina
4730	学堂	xuétáng	s.	escola
4731	学业	xuéyè	s.	estudos; tarefas escolares
4732	学艺	xuéyì	v.	aprender um ofício
4733	学子	xuézǐ	s.	estudante
4734	雪山	xuěshān	s.	montanha coberta de neve
4735	雪上加霜	xuěshàng - jiāshuāng		um desastre atrás do outro; deixar as coisas ainda piores
4736	血脉	xuèmài	s.	1. vasos sanguíneos 2. relação de sangue
4737	血栓	xuèshuān	s.	trombo (medicina)
4738	血压	xuèyā	s.	pressão arterial
4739	血缘	xuèyuán	s.	laços de sangue; consanguinidade
4740	勋章	xūnzhāng	s.	medalha; ordem (distinção)
4741	熏	xūn	v.	1. defumar (carnes etc.) 2. fumigar
4742	熏陶	xūntáo	v.	influenciar gradativamente (de modo positivo)
4743	寻	xún	v.	procurar; buscar
4744	寻常	xúncháng	adj.	comum; usual
4745	寻觅	xúnmì	v.	procurar por
4746	巡逻	xúnluó	v.	patrulhar
4747	循序渐进	xúnxù-jiànjìn		avançar ordenada e progressivamente
4748	训	xùn	v.	1. repreender; admoestar; ralhar; passar um sermão 2. treinar (computação)
4749	驯	xùn	v.	domesticar; domar
4750	逊色	xùnsè	adj.	inferior
4751	丫头	yātou	s.	garota; menina
4752	压倒	yādǎo		prevalecer sobre; subjugar
4753	压缩	yāsuō	v.	1. comprimir 2. reduzir (gastos, pessoal etc.) 3. comprimir; zipar (computação)
4754	压抑	yāyì	v.	1. inibir; sufocar 2. reprimir (emoções)

序号 Nº	词语 VOCÁBULO	拼音 PINYIN	词性 CLASSE	译文 TRADUÇÃO
4755	压制	yāzhì	v.	1. reprimir; sufocar 2. neutralizar (o inimigo) 3. fazer por meio de pressão (maquinários)
4756	押	yā	v.	1. assinar; dar visto (em documentos oficiais e contratos) 2. penhorar 3. deter; prender 4. escoltar
4757	鸦雀无声	yāquè-wúshēng		completo silêncio
4758	牙齿	yáchǐ	s.	dente
4759	牙膏	yágāo	s.	creme dental; pasta de dente
4760	芽	yá	s.	broto; botão
4761	哑	yǎ	adj.	1. mudo 2. rouco; áspero 3. falhar na explosão (bombas etc.)
4762	咽喉	yānhóu	s.	1. garganta; laringe e faringe (anatomia) 2. passagem ou local de extrema importância
4763	烟囱	yāncōng	s.	chaminé
4764	烟火	yānhuǒ	s.	1. fumaça e fogo 2. comida cozida 3. chamas da guerra 4. fogos de artifício
4765	淹	yān	v.	1. encharcar 2. inundar; submergir 3. irritar a pele (suor, lágrimas etc.)
4766	延	yán	v.	1. prolongar; estender 2. adiar; atrasar 3. convidar; chamar
4767	延缓	yánhuǎn	v.	adiar; protelar; postergar
4768	延误	yánwù	v.	sofrer uma perda em decorrência de atraso
4769	严谨	yánjǐn	adj.	1. rigoroso; meticuloso; cuidadoso 2. compacto
4770	严禁	yánjìn	v.	ser estreitamente proibido
4771	严峻	yánjùn	adj.	severo; duro; rigoroso; rígido
4772	严密	yánmì	adj., v.	<adj.> estrito (vigilância, organização etc.); firme <v.> endurecer; tornar mais rígido
4773	言辞	yáncí	s.	palavras de alguém; aquilo que alguém diz
4774	言论	yánlùn	s.	opinião (sobre questões públicas e políticas); expressão; discurso
4775	言行	yánxíng	s.	palavras e ações; o que se diz e o que se faz
4776	岩石	yánshí	s.	rocha
4777	炎热	yánrè	adj.	escaldante (do calor); ardente

序号 Nº	词语 VOCÁBULO	拼音 PINYIN	词性 CLASSE	译文 TRADUÇÃO
4778	炎症	yánzhèng	s.	inflamação
4779	沿岸	yán'àn	s.	1. litoral; costa; região costeira 2. ribeirinho
4780	沿途	yántú	s., adv.	<s.> a área ao longo do caminho <adv.> ao longo do caminho
4781	沿线	yánxiàn	s.	junto à linha (ferroviária, rodoviária, aérea etc.)
4782	研讨	yántǎo	v.	deliberar; estudar e discutir
4783	阎王	Yánwang	s.	1. Yama; rei Yan, o soberano do mundo dos mortos (budismo) 2. pessoa cruel; tirano
4784	衍生	yǎnshēng	v.	1. derivar (química) 2. desenvolver; produzir
4785	掩盖	yǎngài	v.	1. cobrir; espalhar-se sobre 2. esconder; ocultar; cobrir
4786	掩护	yǎnhù	v.	resguardar; proteger; encobrir; acobertar
4787	掩饰	yǎnshì	v.	esconder (erros etc.); ocultar; encobrir
4788	眼红	yǎnhóng	adj.	1. invejoso 2. furioso
4789	眼界	yǎnjiè	s.	campo de visão; perspectiva
4790	眼色	yǎnsè	s.	1. olhar significativo; indicação dada com os olhos 2. discernimento
4791	眼神	yǎnshén	s.	1. expressão nos olhos; olhar 2. visão; olhos 3. olhar significativo; indicação dada com os olhos
4792	眼下	yǎnxià	s.	agora; no momento
4793	演变	yǎnbiàn	v.	evoluir; desenvolver
4794	演播室	yǎnbōshì	s.	estúdio de transmissão
4795	演技	yǎnjì	s.	atuação; execução; performance de palco
4796	演练	yǎnliàn	v.	treinar; exercitar
4797	演示	yǎnshì	v.	demonstrar
4798	演说	yǎnshuō	v., s.	<v.> discursar <s.> discurso
4799	演习	yǎnxí	v., s.	<v.> exercitar; treinar; manobrar <s.> manobra; exercício
4800	演戏	yǎn // xì	v.	1. atuar 2. fingir
4801	演艺圈	yǎnyìquān	s.	show business; indústria de entretenimento
4802	演绎	yǎnyì	s., v.	<s.> (lógica) dedução <v.> 1. deduzir 2. desenvolver (técnicas etc.) 3. desdobrar (história etc.) 4. descrever em detalhes

序号 №	词语 VOCÁBULO	拼音 PINYIN	词性 CLASSE	译文 TRADUÇÃO
4803	厌烦	yànfán	v.	estar cansado de; detestar
4804	厌倦	yànjuàn	v.	cansar; estar cheio de
4805	咽	yàn	v.	1. engolir 2. engasgar
4806	艳丽	yànlì	adj.	belo e muito colorido; vistoso
4807	验	yàn	v.	1. provar-se efetivo por meio de testes 2. verificar; testar; examinar
4808	验收	yànshōu	v.	verificar e aceitar; inspecionar e aprovar
4809	验证	yànzhèng	v.	validar (uma teoria); provar
4810	焰火	yànhuǒ	s.	fogos de artifício
4811	燕子	yànzi	s.	andorinha
4812	秧歌	yāngge	s.	yangge (dança folclórica)
4813	扬	yáng	v.	1. erguer 2. separar (grãos); joeirar 3. espalhar; tornar conhecido
4814	阳性	yángxìng	s.	1. positivo (medicina) 2. masculino (linguística)
4815	杨树	yángshù	s.	álamo; choupo
4816	洋溢	yángyì	v.	estar permeado de; estar cheio de
4817	养活	yǎnghuo	v.	1. alimentar 2. criar (animais)
4818	养老金	yǎnglǎojīn	s.	aposentadoria; pensão por idade
4819	养老院	yǎnglǎoyuàn	s.	asilo
4820	养生	yǎngshēng	v.	cuidar da saúde; manter-se saudável
4821	养殖	yǎngzhí	v.	cultivar (produtos aquáticos); criar
4822	氧	yǎng	s.	(química) oxigênio (O)
4823	痒	yǎng	adj., s..	<adj.> coçar <s.> coceira
4824	样本	yàngběn	s.	(estatística) amostra; espécime
4825	样品	yàngpǐn	s.	amostra (produto)
4826	妖怪	yāoguài	s.	monstro; demônio; youkai
4827	邀	yāo	v.	1. convidar 2. solicitar 3. interceptar
4828	窑	yáo	s.	1. forno 2. mina de carvão 3. caverna (como habitação) 4. bordel
4829	谣言	yáoyán	s.	rumor
4830	摇摆	yáobǎi	v.	sacudir; balançar; vacilar; oscilar

序号 N°	词语 VOCÁBULO	拼音 PINYIN	词性 CLASSE	译文 TRADUÇÃO
4831	摇滚	yáogǔn	s.	rock and roll (estilo musical)
4832	摇晃	yáo·huàng	v.	balançar; embalar (uma criança)
4833	摇篮	yáolán	s.	berço
4834	摇摇欲坠	yáoyáo-yùzhuì		por um fio; à beira do colapso
4835	遥控	yáokòng	v.	controlar remotamente
4836	遥远	yáoyuǎn	adj.	remoto; distante; longínquo
4837	药材	yàocái	s.	droga; material para medicamentos
4838	药方	yàofāng	s.	1. prescrição 2. receita (médica)
4839	要不	yàobù	conj.	1. que tal se (sugestão) 2. ou então 3. ou A ou B
4840	要不是	yàobúshì	conj.	não fosse por
4841	要点	yàodiǎn	s.	1. ponto principal 2. ponto importante
4842	要害	yàohài	s.	1. parte vital (do corpo); parte crucial 2. ponto estratégico
4843	要紧	yàojǐn	adj.	1. importante; essencial; vital 2. crítico 3. ansioso
4844	要领	yàolǐng	s.	1. ponto principal 2. essência
4845	要命	yào // mìng	v., adv.	<v.> 1. levar alguém à morte 2. ser um estorvo ou incômodo (em reclamações) <adv.> extremamente; terrivelmente
4846	要强	yàoqiáng	adj.	determinado; exigente consigo; desejoso de progredir; ansioso por fazer bem feito; não querer ficar para trás
4847	钥匙	yàoshi	s.	chave
4848	耀眼	yàoyǎn	adj.	deslumbrante
4849	椰子	yēzi	s.	1. coqueiro 2. coco (fruta)
4850	也就是说	yějiùshìshuō		em outras palavras
4851	野餐	yěcān	v., s.	<v.> fazer um piquenique <s.> piquenique
4852	野炊	yěchuī	v.	cozinhar ao ar livre
4853	野蛮	yěmán	adj.	1. incivilizado; bárbaro 2. brutal; cruel
4854	野兽	yěshòu	s.	fera; animal selvagem
4855	野外	yěwài	s.	campo aberto
4856	野心	yěxīn	s.	grande ambição; carreirismo

Nº	VOCÁBULO	PINYIN	CLASSE	TRADUÇÃO
4857	野营	yěyíng	v.	acampar
4858	业（服务业）	yè (fúwùyè)	suf.	indústria; campo de trabalho
4859	业绩	yèjì	s.	1. conquista; sucesso; resultado 2. performance (empresa, funcionários etc.)
4860	夜班	yèbān	s.	turno da noite
4861	夜市	yèshì	s.	feira ou mercado noturno
4862	夜晚	yèwǎn	s.	noite
4863	夜校	yèxiào	s.	escola noturna
4864	夜以继日	yèyǐjìrì		dia e noite; com esforço contínuo
4865	夜总会	yèzǒnghuì	s.	clube noturno; boate; balada
4866	液晶	yèjīng	s.	cristal líquido
4867	液体	yètǐ	s.	líquido
4868	一把手	yībǎshǒu		1. participante; membro 2. pessoa hábil
4869	一线	yīxiàn	s.	linha de frente
4870	一一	yīyī	adv.	um após o outro; um por um
4871	伊斯兰教	Yīsīlánjiào	s.	islã; islamismo
4872	衣食住行	yī-shí-zhù-xíng		roupa, alimento, habitação e transporte; as necessidades básicas
4873	医务	yīwù	s.	serviço médico
4874	依	yī	v., prep.	<v.> 1. apoiar-se em 2. depender de 3. consentir com <prep.> de acordo com; conforme
4875	依托	yītuō	v.	1. depender de 2. agir sob um pretexto (alcançar um propósito)
4876	依依不舍	yīyī-bùshě		relutar para partir; partir a contragosto
4877	一不小心	yí bù xiǎoxīn		distrair-se por um instante; deixar de prestar atenção por um momento
4878	一刹那	yíchànà	s.	um instante; um piscar de olhos
4879	一大早	yídàzǎo	s.	ao alvorecer; no início da manhã
4880	一动不动	yídòng-búdòng		imóvel; sem se mexer
4881	一度	yídù	adv.	1. uma vez 2. por algum tempo
4882	一概	yígài	adv.	tudo; sem exceção

№ VOCÁBULO	词语 VOCÁBULO	拼音 PINYIN	词性 CLASSE	译文 TRADUÇÃO
4883	一概而论	yígài'érlùn		(geralmente na negativa) tratar como igual; generalizar
4884	一个劲儿	yígejìnr	adv.	incessantemente; continuamente; persistentemente
4885	一晃	yíhuàng	v.	passar em um instante ou em um piscar de olhos
4886	一技之长	yíjìzhīcháng		proficiente (em uma área específica); especialista
4887	一面	yímiàn	s., adv.	<s.> 1. um lado 2. um aspecto <adv.> simultaneamente; ao mesmo tempo
4888	一目了然	yímù-liǎorán		entender tudo com um olhar
4889	一事无成	yíshì-wúchéng		dar tudo errado; não chegar a lugar nenhum; fracassar completamente
4890	一瞬间	yíshùnjiān	s.	um instante; uma fração de segundo; um piscar de olhos
4891	一味	yíwèi	adv.	cegamente; teimosamente
4892	一系列	yíxìliè	adj.	uma série de
4893	一阵	yízhèn		1. um breve período de tempo 2. ataque súbito (tosse etc.)
4894	仪表	yíbiǎo	s.	1. aparência; porte 2. medidor
4895	怡然自得	yírán-zìdé		feliz e satisfeito com a própria situação
4896	姨	yí	s.	1. cunhada (irmã da esposa) 2. tia
4897	移交	yíjiāo	v.	1. transferir 2. passar para um sucessor
4898	移植	yízhí	v.	transplantar (plantas, órgãos); adaptar
4899	遗留	yíliú	v.	ficar para trás (vestígios etc.)
4900	遗弃	yíqì	v.	1. abandonar 2. renunciar (à família)
4901	遗体	yítǐ	s.	restos mortais
4902	遗忘	yíwàng	v.	esquecer
4903	遗物	yíwù	s.	objetos deixados pelos mortos; relíquia; artefato
4904	遗愿	yíyuàn	s.	desejo não realizado em vida; último desejo
4905	遗址	yízhǐ	s.	ruína; lugar (em que algo esteve no passado); sítio arqueológico
4906	遗嘱	yízhǔ	s.	(direito) testamento

Nº	VOCÁBULO	PINYIN	CLASSE	TRADUÇÃO
4907	疑点	yídiǎn	s.	ponto incerto ou questionável
4908	疑惑	yíhuò	v.	sentir-se incerto; suspeitar
4909	疑虑	yílǜ	v., s.	<v.> estar apreensivo <s.> receio; dúvida
4910	以	yǐ	prep., conj.	<prep.> 1. com; por meio de 2. de acordo com 3. por causa de 4. em (data ou período determinado) <conj.> 1. para que; de modo a 2. e também; assim como
4911	以免	yǐmiǎn	conj.	de modo a evitar
4912	以身作则	yǐshēn-zuòzé		dar um bom exemplo; servir como modelo
4913	以至于	yǐzhìyú	conj.	a ponto de; de tal modo que
4914	以致	yǐzhì	conj.	(geralmente com resultados negativos) de modo que
4915	矣	yǐ	part.	(partícula final do chinês clássico semelhante ao 了, indicando ação completa)
4916	倚	yǐ	v.	1. apoiar-se em 2. contar com; usar de
4917	一长一短	yì cháng yì duǎn		falar sem parar; ser prolixo
4918	一成不变	yìchéng-búbiàn		imutável; inalterável
4919	一筹莫展	yìchóu-mòzhǎn		não saber o que fazer; ser incapaz de encontrar uma solução
4920	一帆风顺	yìfān-fēngshùn		1. ir de vento em popa; tudo correr bem 2. boa viagem
4921	一干二净	yìgān-èrjìng		completamente
4922	一鼓作气	yìgǔ-zuòqì		aproveitar o ímpeto inicial para terminar de uma vez
4923	一锅粥	yìguōzhōu	s.	uma completa bagunça
4924	一回事	yìhuíshì	s.	1. a mesma coisa 2. uma coisa (diferente de outra)
4925	一家人	yìjiārén	s.	uma família; todos da mesma família
4926	一经	yìjīng	adv.	assim que; no momento em que
4927	一举	yìjǔ	s., adv.	<s.> uma ação; um golpe; um lance <adv.> de uma só vez; em um só movimento
4928	一举一动	yìjǔ-yídòng		cada ação e movimento; o comportamento como um todo
4929	一卡通	yìkǎtōng	s.	1. cartão universal (transporte público etc.) 2. cartão de crédito ou débito universal

Nº	VOCÁBULO	PINYIN	CLASSE	TRADUÇÃO
4930	一揽子	yìlǎnzi	*adj., s.*	<adj.> indiscriminado <s.> pacote (medidas, acordos etc.)
4931	一连	yìlián	*adv.*	sucessivamente; em sequência
4932	一连串	yìliánchuàn	*adj.*	sucessivo
4933	一毛不拔	yìmáo-bùbá		avarento; sovina
4934	一年到头	yìnián-dàotóu		ao longo do ano; por todo o ano
4935	一旁	yìpáng	*s.*	um lado
4936	一如既往	yìrú-jìwǎng		como sempre
4937	一声不吭	yìshēng-bùkēng		manter-se em silêncio; não dizer nenhuma palavra
4938	一手	yìshǒu	*s., adv.*	<s.> 1. habilidade; perícia 2. truque; artifício <adv.> sozinho; por conta própria
4939	一塌糊涂	yìtāhútú		em completa desordem; em péssimo estado
4940	一体	yìtǐ	*s.*	1. todos os envolvidos 2. um todo orgânico
4941	一天到晚	yìtiān-dàowǎn		o dia inteiro; de manhã até a noite
4942	一头	yìtóu	*adv., s.*	<adv.> 1. ao mesmo tempo 2. de repente 3. de cabeça 4. junto de <s.> 1. uma cabeça 2. um lado 3. um grupo
4943	一无所有	yìwúsuǒyǒu		não possuir absolutamente nada
4944	一无所知	yìwúsuǒzhī		não saber absolutamente nada; completamente ignorante (algo)
4945	一心	yìxīn	*adv.*	de todo coração
4946	一心一意	yìxīn-yíyì		de corpo e alma
4947	一言不发	yìyán-bùfā		manter-se em silêncio
4948	一言一行	yìyán-yìxíng		aquilo que alguém diz e fez; palavras e ações
4949	一眼	yìyǎn		um olhar; uma olhada
4950	一应俱全	yìyīng-jùquán		possuir tudo que é necessário; ter de todos os tipos
4951	一早	yìzǎo	*s.*	ao amanhecer; de manhãzinha
4952	义工	yìgōng	*s.*	1. trabalho voluntário; voluntariado 2. voluntário
4953	议	yì	*v.*	discutir; trocar opiniões sobre
4954	议程	yìchéng	*s.*	agenda
4955	议会	yìhuì	*s.*	parlamento; assembleia legislativa

Nº	VOCÁBULO	PINYIN	CLASSE	TRADUÇÃO
4956	议员	yìyuán	s.	parlamentar; membro da assembleia
4957	屹立	yìlì	v.	1. estar em posição altaneira 2. manter-se ereto
4958	亦	yì	adv.	também
4959	异口同声	yìkǒu-tóngshēng		em uníssono
4960	异想天开	yìxiǎng-tiānkāi		deixar-se levar pela imaginação
4961	异性	yìxìng	adj., s.	<adj.> diferente em natureza <s.> sexo oposto
4962	异议	yìyì	s.	objeção; divergência; oposição
4963	抑扬顿挫	yìyáng-dùncuò		cadenciado; em harmonia
4964	抑郁	yìyù	adj.	deprimido; abatido
4965	抑郁症	yìyùzhèng	s.	depressão (medicina)
4966	抑制	yìzhì	v.	1. restringir; controlar; refrear; conter 2. inibir (psicologia)
4967	译	yì	v.	1. traduzir; interpretar 2. decifrar; decodificar
4968	易拉罐	yìlāguàn	s.	lata de bebida (com anel para abrir)
4969	疫苗	yìmiáo	s.	vacina
4970	益处	yìchù	s.	benefício; vantagem
4971	意料	yìliào	v.	antecipar; esperar
4972	意料之外	yìliào zhī wài		inesperado; contrário às expectativas
4973	意图	yìtú	s.	intenção; propósito
4974	意向	yìxiàng	s.	intenção; propósito; inclinação
4975	溢	yì	v.	1. transbordar 2. revelar; mostrar
4976	毅力	yìlì	s.	força de vontade; perseverança; resistência
4977	毅然	yìrán	adv.	firmemente; resolutamente; sem hesitação
4978	因人而异	yīnrén'éryì		variar de pessoa para pessoa
4979	阴暗	yīn'àn	adj.	escuro; sombrio
4980	阴性	yīnxìng	s.	1. negativo (medicina) 2. feminino (linguística)
4981	音响	yīnxiǎng	s.	som; acústica
4982	殷勤	yīnqín	adj.	atencioso; solícito
4983	银幕	yínmù	s.	tela para projeção

LISTA DE VOCABULÁRIO DOS NÍVEIS 7 A 9

序号 Nº	词语 VOCÁBULO	拼音 PINYIN	词性 CLASSE	译文 TRADUÇÃO
4984	引发	yǐnfā	v.	1. ativar; causar; iniciar 2. suscitar (emoções)
4985	引经据典	yǐnjīng-jùdiǎn		citar os clássicos; citar uma obra de autoridade
4986	引领	yǐnlǐng	v.	1. liderar; guiar 2. esperar ansiosamente
4987	引擎	yǐnqíng	s.	motor
4988	引人入胜	yǐnrén-rùshèng		fascinante; encantador, cativante (paisagens, obras literárias etc.)
4989	引人注目	yǐnrén-zhùmù		notório; chamativo; que atrai a atenção
4990	引入	yǐnrù	v.	1. levar ou trazer a 2. introduzir de fora
4991	引用	yǐnyòng	v.	1. citar; mencionar 2. recomendar; nomear
4992	引诱	yǐnyòu	v.	1. atrair (a uma armadilha); aliciar 2. tentar; seduzir
4993	饮水	yǐn shuǐ	v., s.	<v.> beber água <s.> água potável
4994	饮用水	yǐnyòngshuǐ	s.	água potável
4995	隐蔽	yǐnbì	v., adj.	<v.> esconder-se; proteger-se <adj.> escondido; oculto
4996	隐患	yǐnhuàn	s.	perigo oculto; mal invisível
4997	隐瞒	yǐnmán	v.	ocultar; esconder
4998	隐情	yǐnqíng	s.	motivos ocultos; fatos que se deseja ocultar
4999	隐身	yǐnshēn	v.	1. esconder-se; ocultar-se 2. ficar invisível (status na internet)
5000	隐形	yǐnxíng	adj.	invisível
5001	隐性	yǐnxìng	adj.	(biologia) recessivo
5002	隐约	yǐnyuē	adj.	vago; indistinto
5003	瘾	yǐn	s.	1. vício 2. forte interesse
5004	印刷术	yìnshuāshù	s.	impressão (uma das quatro grandes invenções chinesas)
5005	印章	yìnzhāng	s.	selo; sinete
5006	印证	yìnzhèng	v., s.	<v.> corroborar; confirmar <s.> evidência (confirmar algo)
5007	应有尽有	yīngyǒu-jìnyǒu		ter tudo o que se poderia desejar
5008	英镑	yīngbàng	s.	libra esterlina
5009	英俊	yīngjùn	adj.	1. belo 2. talentoso; brilhante

Nº	VOCÁBULO	PINYIN	CLASSE	TRADUÇÃO
5010	婴儿	yīng'ér	s.	bebê
5011	鹰	yīng	s.	gavião; falcão; águia
5012	迎	yíng	v.	1. receber; saudar 2. encarar (problemas etc.); ir em frente
5013	迎合	yínghé	v.	satisfazer os desejos de outrem; buscar agradar
5014	荧光	yíngguāng	s.	luz fluorescente; fluorescência
5015	盈利	yínglì	v., s.	<v.> lucrar <s.> lucro; ganhos
5016	营救	yíngjiù	v.	socorrer; salvar; resgatar
5017	营造	yíngzào	v.	construir
5018	赢家	yíngjiā	s.	vencedor (em jogo de azar)
5019	影像	yǐngxiàng	s.	1. imagem 2. retrato 3. silhueta
5020	应酬	yìngchou	v., s.	<v.> 1. socializar 2. tratar com cortesia <s.> atividades sociais (como festas, jantares etc.); socialização
5021	应付	yìngfu	v.	1. lidar com 2. fazer por mera formalidade 3. contentar-se
5022	应聘	yìngpìn	v.	aceitar uma oferta de emprego
5023	应邀	yìngyāo	v.	aceitar um convite
5024	映	yìng	v.	1. refletir (luz); espelhar 2. brilhar; iluminar 3. projetar
5025	硬币	yìngbì	s.	moeda; espécie
5026	硬朗	yìnglang	adj.	(idosos) em boa saúde; robusto; firme e forte
5027	硬盘	yìngpán	s.	disco rígido; HD
5028	拥护	yōnghù	v.	endossar; apoiar
5029	拥挤	yōngjǐ	v., adj.	<v.> empurrar <adj.> cheio; lotado
5030	庸俗	yōngsú	adj.	vulgar; baixo
5031	永不	yǒng bù		nunca
5032	永恒	yǒnghéng	adj.	eterno; perpétuo
5033	永久	yǒngjiǔ	adj.	permanente; perpétuo; para sempre
5034	勇往直前	yǒngwǎng-zhíqián		avançar bravamente
5035	勇于	yǒngyú	v.	ter coragem de; ousar

序号 Nº	词语 VOCÁBULO	拼音 PINYIN	词性 CLASSE	译文 TRADUÇÃO
5036	涌	yǒng	v.	1. jorrar; irromper; fluir 2. emergir; surgir; brotar
5037	涌入	yǒngrù	v.	despejar em; verter
5038	涌现	yǒngxiàn	v.	emergir em grandes números
5039	踊跃	yǒngyuè	v., adj.	<v.> saltar; pular <adj.> entusiasmado
5040	用餐	yòng // cān	v.	fazer a refeição; comer
5041	用功	yònggōng	adj.	diligente (nos estudos); esforçado; estudioso
5042	用力	yòng // lì	v.	esforçar-se (fisicamente); usar de força para algo
5043	用人	yòng // rén	v., s.	<v.> 1. escolher alguém para um trabalho 2. fazer uso das pessoas <s.> servo
5044	用意	yòngyì	s.	intenção; propósito
5045	优	yōu	adj.	1. excelente; superior 2. amplo; abundante
5046	优化	yōuhuà	v.	otimizar
5047	优雅	yōuyǎ	adj.	1. elegante; refinado (roupas e adornos) 2. gracioso
5048	优异	yōuyì	adj.	excepcional; excelente
5049	优越	yōuyuè	adj.	favorável; vantajoso; superior
5050	忧愁	yōuchóu	adj.	aflito; preocupado
5051	忧虑	yōulǜ	v.	preocupar-se
5052	忧郁	yōuyù	adj.	melancólico; angustiado
5053	悠久	yōujiǔ	adj.	de longo tempo; antiga
5054	悠闲	yōuxián	adj.	calmo e despreocupado
5055	尤为	yóuwéi	adv.	especialmente; particularmente
5056	由此看来	yóucǐ-kànlái		vendo deste modo; julgando a partir disso
5057	由此可见	yóucǐ-kějiàn		pode-se ver que
5058	由来	yóulái	s.	origem; proveniência
5059	由衷	yóuzhōng	v.	vindo do fundo do coração
5060	邮编	yóubiān	s.	código postal; CEP
5061	邮政	yóuzhèng	s.	serviço postal; correios
5062	犹如	yóurú	v.	ser como; ser igual a
5063	犹豫不决	yóuyù-bùjué		hesitar; ser incapaz de se decidir

Nº	VOCÁBULO	PINYIN	CLASSE	TRADUÇÃO
5064	油画	yóuhuà	s.	pintura a óleo
5065	游船	yóuchuán	s.	navio de cruzeiro
5066	游览	yóulǎn	v.	visitar (lugares turísticos); fazer turismo
5067	友情	yǒuqíng	s.	amizade
5068	友人	yǒurén	s.	amigo
5069	友善	yǒushàn	adj.	amigável; amistoso
5070	有待	yǒudài	v.	estar aguardando
5071	有的放矢	yǒudì-fàngshǐ		ter um alvo ou objetivo claro em mente
5072	有机	yǒujī	adj.	1. orgânico (química) 2. intrínseco; orgânico
5073	有口无心	yǒukǒu-wúxīn		falar da boca para fora; dizer palavras duras, mas sem más intenções
5074	有两下子	yǒu liǎngxiàzi		ser bom no que faz; saber o que está fazendo
5075	有声有色	yǒushēng-yǒusè		expressivo; vívido e dramático
5076	有所	yǒusuǒ	v.	ter um tanto de; ter algum
5077	有所不同	yǒusuǒ bù tóng		ter certa diferença
5078	有望	yǒuwàng	v.	ser promissor; ter esperança
5079	有效期	yǒuxiàoqī	s.	período de validade
5080	有幸	yǒuxìng	adv.	felizmente; por sorte
5081	有序	yǒuxù	adj.	ordenado; sistemático; metódico
5082	有益	yǒuyì	adj.	benéfico; lucrativo
5083	有意	yǒuyì	v., adv.	<v.> 1. estar disposto a; ter a intenção de 2. ter interesse amoroso em <adv.> intencionalmente; deliberadamente
5084	有朝一日	yǒuzhāo-yírì		em algum dia no futuro
5085	有助于	yǒuzhùyú	v.	contribuir para; ajudar em; favorecer
5086	幼稚	yòuzhì	adj.	1. jovem 2. infantil; pueril 3. ingênuo
5087	诱饵	yòu'ěr	s.	isca; chamariz
5088	诱发	yòufā	v.	1. levar a acontecer; trazer à tona (algo latente ou potencial) 2. causar (uma doença)
5089	诱惑	yòuhuò	v., s.	<v.> 1. tentar; seduzir 2. fascinar; atrair <s.> tentação

Nº	VOCÁBULO	PINYIN	CLASSE	TRADUÇÃO
5090	诱人	yòurén	*adj.*	fascinante; encantador; sedutor; atraente
5091	余	yú	*v., s.*	<v.> sobrar <s.> 1. excesso; sobra 2. tempo após certo evento
5092	余地	yúdì	*s.*	1. espaço adicional 2. margem de manobra
5093	余额	yú'é	*s.*	1. vagas a serem ocupadas 2. balanço (contas); excedente
5094	渔船	yúchuán	*s.*	embarcação pesqueira
5095	渔民	yúmín	*s.*	pescador
5096	逾期	yú // qī	*v.*	passar do prazo; exceder o limite de tempo
5097	愚蠢	yúchǔn	*adj.*	estúpido; tolo
5098	愚公移山	yúgōng-yíshān		fazer o que se pensava impossível por perseverança
5099	舆论	yúlùn	*s.*	opinião pública
5100	与此同时	yǔcǐ-tóngshí		enquanto isso; ao mesmo tempo
5101	与否	yǔ fǒu		se sim ou não (em fim de frase)
5102	与其	yǔqí	*conj.*	em vez de; no lugar de
5103	与日俱增	yǔrì-jùzēng		aumentar dia após dia
5104	与时俱进	yǔshí-jùjìn		seguir progredindo de acordo com os tempos
5105	与众不同	yǔzhòng-bùtóng		fora do comum; extraordinário
5106	予以	yǔyǐ	*v.*	oferecer; fornecer; dar
5107	宇宙	yǔzhòu	*s.*	1. universo; cosmo 2. mundo (filosofia)
5108	语气	yǔqì	*s.*	1. tom; modo de falar 2. modo (indicativo, subjuntivo etc.)
5109	浴室	yùshì	*s.*	1. banheiro 2. banho público
5110	预定	yùdìng	*v.*	programar com antecedência
5111	预感	yùgǎn	*v., s.*	<v.> prenunciar; pressentir <s.> pressentimento; premonição
5112	预告	yùgào	*v., s.*	<v.> avisar sobre algo futuro <s.> aviso sobre algo futuro
5113	预见	yùjiàn	*v., s.*	<v.> prever; predizer <s.> predição; previsão
5114	预料	yùliào	*v., s.*	<v.> antecipar; esperar; prever <s.> expectativa

序号 Nº	词语 VOCÁBULO	拼音 PINYIN	词性 CLASSE	译文 TRADUÇÃO
5115	预赛	yùsài	v., s.	<v.> disputar eliminatórias <s.> (esportes) eliminatórias
5116	预示	yùshì	v.	pressagiar; prenunciar; anunciar
5117	预售	yùshòu	v.	pré-vender; reservar (venda)
5118	预算	yùsuàn	s.	orçamento
5119	预先	yùxiān	adv.	antecipadamente
5120	预言	yùyán	v., s.	<v.> profetizar; predizer <s.> profecia; predição
5121	预兆	yùzhào	s., v.	<s.> presságio; augúrio; sinal <v.> pressagiar; indicar; ser um sinal de
5122	欲望	yùwàng	s.	desejo; anseio
5123	遇难	yù // nàn	v.	1. morrer (em um acidente) 2. encontrar perigo
5124	遇上	yùshang	v.	encontrar; cruzar com
5125	遇险	yù // xiǎn	v.	encontrar dificuldades; estar em perigo
5126	寓言	yùyán	s.	fábula; parábola; alegoria
5127	寓意	yùyì	s.	alusão; sentido implícito; moral da história; lição
5128	愈合	yùhé	v.	curar (um ferimento); sarar; cicatrizar
5129	愈来愈	yù lái yù		cada vez mais
5130	愈演愈烈	yùyǎn-yùliè		intensificar (situação, condição etc.); ir de mal a pior
5131	冤	yuān	s., adj.	<s.> 1. caso de injustiça; queixa 2. amargura; inimizade; rancor <adj.> desvantajoso; que não vale a pena
5132	冤枉	yuānwang	v., adj.	<v.> tratar injustamente <adj.> ser perda de tempo; não valer a pena
5133	渊源	yuānyuán	s.	origem; fonte
5134	元老	yuánlǎo	s.	oficial veterano ou sênior
5135	元首	yuánshǒu	s.	1. soberano; monarca 2. chefe de Estado
5136	元宵节	Yuánxiāo Jié	s.	Festival das Lanternas (dia 15 do primeiro mês do calendário lunar)
5137	原本	yuánběn	adv.	originalmente; a princípio
5138	原材料	yuáncáiliào	s.	matéria-prima; materiais não processados

Nº	VOCÁBULO	PINYIN	CLASSE	TRADUÇÃO
5139	原创	yuánchuàng	v.	criar (algo novo); originar; iniciar
5140	原地	yuándì	s.	1. o mesmo lugar 2. lugar de origem
5141	原型	yuánxíng	s.	protótipo; arquétipo; modelo original
5142	原汁原味	yuánzhī-yuánwèi		sabor original ou autêntico
5143	原装	yuánzhuāng	adj.	na embalagem original
5144	圆形	yuánxíng	s., adj.	<s.> círculo <adj.> circular; redondo
5145	缘分	yuán·fèn	s.	1. relação predestinada (superstição) 2. destino (budismo)
5146	源泉	yuánquán	s.	1. fonte (água) 2. fonte (força, conhecimento etc.)
5147	源头	yuántóu	s.	nascente; fonte; origem
5148	源于	yuányú		originar-se em
5149	源源不断	yuányuán-búduàn		continuamente; sem parar
5150	远程	yuǎnchéng	adj.	1. de longo alcance; de longa distância 2. remoto (computação)
5151	远见	yuǎnjiàn	s.	discernimento; perspicácia; previsão
5152	远近闻名	yuǎnjìn-wénmíng		ser conhecido em todos os lugares
5153	怨恨	yuànhèn	v., s.	<v.> ressentir-se; guardar rancor de; detestar <s.> ressentimento; rancor
5154	怨气	yuànqì	s.	queixa; ressentimento; mágoa
5155	怨言	yuànyán	s.	reclamação
5156	院士	yuànshì	s.	acadêmico; intelectual; estudioso
5157	曰	yuē	v.	1. dizer 2. chamar de; nomear
5158	约定俗成	yuēdìng-súchéng		estabelecido pelo uso popular; aceito pelo costume
5159	月初	yuèchū	s.	início do mês
5160	月票	yuèpiào	s.	bilhete ou tíquete mensal
5161	乐器	yuèqì	s.	instrumento musical
5162	岳父	yuèfù	s.	sogro; pai da esposa
5163	岳母	yuèmǔ	s.	sogra; mãe da esposa
5164	阅历	yuèlì	v., s.	<v.> experienciar; ver ou ouvir por si mesmo <s.> experiência
5165	悦耳	yuè'ěr	adj.	agradável aos ouvidos; bonito (sons)

Nº	VOCÁBULO	PINYIN	CLASSE	TRADUÇÃO
5166	越发	yuèfā	adv.	1. ainda mais 2. cada vez mais
5167	越过	yuè // guò	v.	cruzar; transpor; passar por
5168	晕倒	yūndǎo		desmaiar
5169	陨石	yǔnshí	s.	(astronomia) aerólito; meteorito
5170	孕妇	yùnfù	s.	gestante
5171	孕育	yùnyù	v.	1. dar à luz; originar 2. nutrir (desenvolvimento, arte etc.) 3. estar cheio de
5172	运河	yùnhé	s.	canal
5173	运送	yùnsòng	v.	transportar
5174	运营	yùnyíng	v.	1. estar em operação (transporte etc.) 2. estar em funcionamento (instituições); estar aberto (negócios)
5175	运转	yùnzhuǎn	v.	1. girar (em torno de) 2. funcionar; rodar (maquinário) 3. funcionar; operar (organizações)
5176	酝酿	yùnniàng	v.	1. fermentar (álcool) 2. fermentar (problemas, discussões etc.) 3. deliberar sobre; fazer preparos
5177	韵味	yùnwèi	s.	1. qualidade de um som 2. apelo; atração; charme
5178	蕴藏	yùncáng	v.	conter; possuir
5179	蕴涵	yùnhán	v.	1. acarretar; implicar (lógica) 2. conter
5180	杂技	zájì	s.	malabarismo; acrobacia
5181	杂交	zájiāo	v.	hibridizar; cruzar (biologia)
5182	杂乱无章	záluàn-wúzhāng		confuso e desordenado; sem coerência
5183	砸	zá	v.	1. pisar; socar; apertar 2. quebrar; despedaçar; arrebentar 3. falhar; fracassar
5184	栽	zāi	v.	1. plantar; cultivar 2. inserir; pôr 3. impor; forçar 4. cair 5. fracassar
5185	栽培	zāipéi	v.	1. cultivar (plantas) 2. criar; educar 3. ajudar no avanço profissional de alguém
5186	宰	zǎi	v.	1. governar 2. abater; matar 3. cobrar um valor excessivo por algo; extorquir
5187	再度	zàidù	adv.	novamente; mais uma vez

Nº	VOCÁBULO	PINYIN	CLASSE	TRADUÇÃO
5188	再现	zàixiàn	v.	reproduzir (um evento passado); ressurgir; reaparecer
5189	在线	zàixiàn	v.	(computação) online
5190	在意	zài // yì	v.	(geralmente na negativa) importar-se; dar atenção
5191	在职	zàizhí	v.	estar empregado; ocupar um posto
5192	载体	zàitǐ	s.	1. veículo; meio 2. vetor (biologia)
5193	攒	zǎn	v.	acumular; reservar; guardar
5194	暂	zàn	adv.	temporariamente; brevemente; por agora
5195	赞不绝口	zànbùjuékǒu		elogiar sem cessar
5196	赞美	zànměi	v.	elogiar; exaltar; enaltecer
5197	赞叹	zàntàn	v.	exclamar em admiração
5198	赞叹不已	zàntàn-bùyǐ		elogiar profusamente
5199	赞同	zàntóng	v.	endossar; aprovar; concordar com
5200	赞许	zànxǔ	v.	enaltecer; louvar; elogiar
5201	赞扬	zànyáng	v.	aclamar; louvar; exaltar
5202	葬	zàng	v.	enterrar (os mortos)
5203	葬礼	zànglǐ	s.	funeral; enterro
5204	遭殃	zāo // yāng	v.	sofrer uma calamidade
5205	凿	záo	v., s.	<v.> perfurar; fazer um buraco; cavar <s.> cinzel
5206	早年	zǎonián	s.	1. no passado; há muitos anos 2. adolescência; juventude
5207	早日	zǎorì	adv., s.	<adv.> logo; cedo; prontamente <s.> antes; no passado
5208	枣	zǎo	s.	jujuba
5209	造福	zàofú	v.	beneficiar
5210	造假	zàojiǎ	v.	falsificar; forjar
5211	造价	zàojià	s.	custo (construção ou fabricação)
5212	造就	zàojiù	v., s.	<v.> fomentar; criar <s.> conquistas; resultados (alcançados por jovens)
5213	造纸术	zàozhǐshù	s.	fabricação de papel (uma das quatro grandes invenções chinesas)

Nº	VOCÁBULO	PINYIN	CLASSE	TRADUÇÃO
5214	噪声	zàoshēng	s.	1. ruído; barulho 2. estática (em sinais)
5215	噪音	zàoyīn	s.	1. ruído; barulho 2. estática (em sinais)
5216	则	zé	conj.	1. (indica sequência) 2. (indica contraste) 3. (indica causa, condição etc.) 4. (indica concessão entre duas palavras iguais)
5217	则	zé	cl.	classificador para textos como notícias, artigos etc.
5218	责备	zébèi	v.	repreender; censurar; reprovar; criticar
5219	责怪	zéguài	v.	culpar
5220	贼	zéi	s.	1. traidor; inimigo 2. bandido
5221	增收	zēngshōu	v.	1. acrescentar; aumentar 2. aumentar os ganhos
5222	增添	zēngtiān	v.	adicionar; aumentar
5223	扎根	zhā // gēn	v.	criar raízes; enraizar-se
5224	渣子	zhāzi	s.	1. resíduo; sobra 2. escória; ralé
5225	闸	zhá	s.	1. comporta; eclusa 2. catraca
5226	炸	zhá	v.	1. fritar (mergulhado em óleo) 2. escaldar
5227	眨眼	zhǎ // yǎn	v., adv.	<v.> piscar <adv.> em um piscar de olhos
5228	诈骗	zhàpiàn	v.	trapacear (obter algo de alguém); defraudar
5229	榨	zhà	v.	1. espremer; comprimir; extrair (caldo, óleo etc.) 2. extorquir
5230	窄	zhǎi	adj.	1. estreito 2. pequeno; tacanho 3. em dificuldades
5231	债务	zhàiwù	s.	débito; dívida
5232	占卜	zhānbǔ	v.	praticar adivinhação
5233	沾	zhān	v.	1. molhar; encharcar 2. manchar 3. beneficiar-se (por associação com algo ou alguém) 4. estar bem; estar ok
5234	沾光	zhān // guāng	v.	beneficiar-se (por associação com algo ou alguém)
5235	粘	zhān	v.	colar; grudar
5236	瞻仰	zhānyǎng	v.	olhar com reverência; admirar
5237	斩	zhǎn	v.	1. cortar 2. decapitar; matar

Nº	VOCÁBULO	PINYIN	CLASSE	TRADUÇÃO
5238	斩草除根	zhǎncǎo-chúgēn		cortar pela raiz; eliminar por completo
5239	盏	zhǎn	cl.	classificador para lâmpadas
5240	展出	zhǎnchū	v.	expor; exibir; mostrar
5241	展览会	zhǎnlǎnhuì	s.	exposição
5242	展望	zhǎnwàng	v.	1. olhar à frente; olhar ao futuro 2. olhar à distância 3. prever
5243	崭新	zhǎnxīn	adj.	novo em folha; completamente novo
5244	占用	zhànyòng	v.	ocupar e utilizar
5245	站立	zhànlì	v.	ficar ou estar em pé
5246	绽放	zhànfàng	v.	desabrochar; florescer
5247	蘸	zhàn	v.	mergulhar (em molho, tinta etc.)
5248	张灯结彩	zhāngdēng-jiécǎi		decorar festivamente; decorar com lanternas e bandeiras
5249	张贴	zhāngtiē	v.	afixar (pôster, aviso etc.); colar na parede
5250	张扬	zhāngyáng	v.	tornar público; divulgar
5251	长辈	zhǎngbèi	s.	membro mais velho da família; idoso
5252	长相	zhǎngxiàng	s.	aparência
5253	掌管	zhǎngguǎn	v.	administrar; ser responsável por
5254	帐篷	zhàngpeng	s.	tenda; barraca
5255	帐子	zhàngzi	s.	mosquiteiro; tela
5256	账单	zhàngdān	s.	conta; fatura
5257	账号	zhànghào	s.	número da conta
5258	胀	zhàng	v.	1. expandir 2. inchar
5259	招标	zhāo // biāo	v.	licitar; buscar participantes para licitação
5260	招待	zhāodài	v.	receber (convidados); entreter; servir (clientes)
5261	招待会	zhāodàihuì	s.	recepção; conferência
5262	招揽	zhāolǎn	v.	atrair (clientes ou negócios); angariar
5263	招募	zhāomù	v.	recrutar; alistar
5264	招牌	zhāopai	s.	1. letreiro; tabuleta 2. reputação (negócio, produto etc.)
5265	招收	zhāoshōu	v.	contratar; recrutar

序号 Nº	词语 VOCÁBULO	拼音 PINYIN	词性 CLASSE	译文 TRADUÇÃO
5266	招数	zhāoshù	s.	1. movimento (xadrez, artes marciais etc.) 2. truque
5267	朝气蓬勃	zhāoqì-péngbó		cheio de vitalidade
5268	朝三暮四	zhāosān-mùsì		instável; errático; inconsistente; que muda de ideia constantemente
5269	朝夕相处	zhāoxī-xiāngchǔ		passar o dia inteiro junto
5270	着迷	zháo // mí	v.	fascinado; cativado
5271	沼泽	zhǎozé	s.	turfeira; charco; pântano
5272	召集	zhàojí	v.	convocar; reunir
5273	兆头	zhàotou	s.	sinal; portento; augúrio
5274	照办	zhào // bàn	v.	agir de acordo com; seguir as instruções de
5275	照常	zhàocháng	adv.	como sempre; como de costume
5276	照例	zhàolì	adv.	por via de regra; como sempre
5277	照料	zhàoliào	v.	cuidar; tomar conta de
5278	照明	zhàomíng	v.	iluminar
5279	罩	zhào	v., s.	<v.> cobrir; envolver <s.> cobertura; invólucro
5280	肇事	zhàoshì	v.	causar problemas; perturbar
5281	折腾	zhēteng	v.	1. virar de um lado para o outro 2. fazer algo repetidamente 3. atormentar (física ou psicologicamente) 4. esbanjar
5282	遮	zhē	v.	1. esconder dos olhos de outrem; ocultar 2. obstruir; bloquear
5283	遮盖	zhēgài	v.	1. cobrir; espalhar 2. esconder (rastros, erros etc.)
5284	折叠	zhédié	v.	dobrar
5285	折合	zhéhé	v.	1. converter em 2. equivaler a
5286	折扣	zhékòu	s.	desconto; abatimento
5287	折磨	zhé·mó	v.	atormentar; torturar; causar sofrimento (físico ou mental)
5288	折射	zhéshè	v.	1. refratar (física) 2. refletir; revelar
5289	这会儿	zhèhuìr	pron.	agora; neste momento
5290	这样一来	zhèyàng-yìlái		sendo assim; neste caso

Nº	VOCÁBULO	PINYIN	CLASSE	TRADUÇÃO
5291	针锋相对	zhēnfēng-xiāngduì		em pé de igualdade; sem diferença entre a força das partes; na mesma moeda
5292	针灸	zhēnjiǔ	s.	acupuntura e moxibustão
5293	侦察	zhēnchá	v.	observar; verificar; investigar; patrulhar
5294	珍藏	zhēncáng	v., s.	<v.> colecionar (livros raros, arte etc.) <s.> coleção de objetos raros e valiosos
5295	珍视	zhēnshì	v.	estimar; valorizar; dar importância a
5296	珍重	zhēnzhòng	v.	1. ter em grande conta; valorizar 2. cuide-se (expressão ao se despedir)
5297	真假	zhēnjiǎ	s.	verdadeiro e falso
5298	真空	zhēnkōng	s.	(física) vácuo
5299	真情	zhēnqíng	s.	1. situação real; a verdade 2. verdadeiros sentimentos
5300	真是的	zhēnshide		realmente! (expressão de desagrado ou irritação)
5301	真心	zhēnxīn	adj.	sincero; de todo o coração
5302	真挚	zhēnzhì	adj.	cordial; sincero
5303	诊所	zhěnsuǒ	s.	clínica
5304	枕头	zhěntou	s.	travesseiro
5305	阵容	zhènróng	s.	1. formação de batalha 2. arranjo 3. escalação (esportes)
5306	阵营	zhènyíng	s.	campo (e pessoas com mesmo interesse); lado
5307	振奋	zhènfèn	adj., v.	<adj.> inspirado; entusiasmado <v.> inspirar; estimular
5308	振兴	zhènxīng	v.	desenvolver com vigor; fazer prosperar; promover
5309	振作	zhènzuò	adj., v.	<adj.> muito animado <v.> animar-se; agitar-se
5310	震	zhèn	v.	1. tremer; vibrar 2. chocar; surpreender
5311	震动	zhèndòng	v.	sacudir; agitar; balançar; tremer; vibrar
5312	震撼	zhènhàn	v.	balançar; sacudir; chocar
5313	镇定	zhèndìng	adj., v.	<adj.> calmo; sereno <v.> acalmar-se
5314	争吵	zhēngchǎo	v.	brigar; discutir

Nº	VOCÁBULO	PINYIN	CLASSE	TRADUÇÃO
5315	争端	zhēngduān	s.	conflito; disputa; questão controversa
5316	争分夺秒	zhēngfēn-duómiǎo		correr contra o tempo ou relógio; fazer cada segundo contar
5317	争光	zhēng // guāng	v.	obter glória ou honra para
5318	争气	zhēng // qì	v.	1. buscar avançar; trabalhar duro por 2. trazer honra para
5319	争先恐后	zhēngxiān-kǒnghòu		buscar ser o melhor e não ser deixado para trás
5320	争执	zhēngzhí	v.	ter desavença; contestar; disputar; discutir; manter a própria opinião
5321	征	zhēng	v.	1. partir em jornada 2. partir em expedição ou campanha 3. recrutar tropas 4. coletar impostos 5. provar; demonstrar
5322	征集	zhēngjí	v.	1. coletar 2. recrutar tropas
5323	征收	zhēngshōu	v.	coletar (impostos e taxas)
5324	挣扎	zhēngzhá	v.	esforçar-se; lutar com dificuldade
5325	症结	zhēngjié	s.	1. tumor no abdômen (medicina tradicional chinesa) 2. ponto crucial
5326	睁	zhēng	v.	abrir (os olhos)
5327	蒸	zhēng	v.	1. evaporar 2. cozinhar no vapor
5328	拯救	zhěngjiù	v.	salvar; resgatar
5329	整合	zhěnghé	v.	integrar; unir; reorganizar e consolidar
5330	整洁	zhěngjié	adj.	limpo e arrumado; asseado
5331	整数	zhěngshù	s.	1. número inteiro (matemática) 2. número arredondado
5332	正面	zhèngmiàn	s., adj.	<s.> frente; fachada; anverso <adj.> direto
5333	正能量	zhèngnéngliàng	s.	positividade; energia positiva
5334	正视	zhèngshì	v.	encarar (fatos, dificuldades etc.)
5335	正直	zhèngzhí	adj.	honesto; correto; decente;
5336	正宗	zhèngzōng	s., adj.	<s.> escola ortodoxa <adj.> autêntico; genuíno
5337	证人	zhèng·rén	s.	1. testemunha 2. autenticador
5338	郑重	zhèngzhòng	adj.	solene; sério; zeloso

LISTA DE VOCABULÁRIO DOS NÍVEIS 7 A 9

Nº	VOCÁBULO	PINYIN	CLASSE	TRADUÇÃO
5339	之	zhī	pron.	1. isso; aquilo 2. (como objeto de um verbo em referência a algo já mencionado)
5340	之	zhī	part.	1. (liga um atributo à palavra modificada) 2. (entre o sujeito e o predicado, transforma a estrutura original em frase nominal) 3. (usado em algumas frases sem designação definida)
5341	之所以	zhīsuǒyǐ	conj.	o motivo pelo qual
5342	支票	zhīpiào	s.	cheque (bancário)
5343	支柱	zhīzhù	s.	pilar; sustentação
5344	汁	zhī	s.	suco; refresco
5345	芝麻	zhīma	s.	gergelim
5346	芝士	zhīshì	s.	queijo
5347	知己	zhījǐ	adj., s.	<adj.> íntimo <s.> amigo íntimo; confidente
5348	知觉	zhījué	s.	1. consciência 2. percepção (psicologia)
5349	知识分子	zhīshi fènzǐ		intelectual; intelligentsia
5350	知足	zhīzú	adj.	satisfeito; contente com o que se tem
5351	肢体	zhītǐ	s.	membros (do corpo); membros e tronco
5352	脂肪	zhīfáng	s.	gordura
5353	执法	zhífǎ	v.	aplicar ou fazer cumprir a lei; administrar a justiça
5354	执意	zhíyì	adv.	determinadamente; insistentemente
5355	执照	zhízhào	s.	licença (documento); permissão; autorização
5356	执着	zhízhuó	adj.	1. persistente 2. teimoso
5357	直奔	zhíbèn	v.	ir diretamente a
5358	直达	zhídá	v.	ir de modo expresso; ir sem parar ou diretamente
5359	直观	zhíguān	adj.	1. perceptível pelos sentidos; audiovisual 2. gráfico; visual; representativo
5360	直径	zhíjìng	s.	diâmetro
5361	直觉	zhíjué	s.	1. consciência 2. intuição (psicologia)
5362	直视	zhíshì	v.	olhar à frente
5363	直至	zhízhì	adv.	até que; até o momento em que

序号 Nº	词语 VOCÁBULO	拼音 PINYIN	词性 CLASSE	译文 TRADUÇÃO
5364	值钱	zhíqián	adj.	valioso; precioso; caro
5365	职权	zhíquán	s.	autoridade (cargo); poder
5366	职业病	zhíyèbìng	s.	doença ocupacional
5367	职员	zhíyuán	s.	funcionário; empregado
5368	止步	zhǐ // bù	v.	parar; não avançar
5369	止咳	zhǐ ké		segurar a tosse
5370	止血	zhǐxuè	v.	parar ou estancar um sangramento
5371	旨在	zhǐzài	v.	visar a; ter o propósito de
5372	指点	zhǐdiǎn	v.	1. instruir; aconselhar; mostrar como fazer 2. fofocar sobre os defeitos de alguém
5373	指教	zhǐjiào	v.	1. aconselhar; tecer comentários sobre 2. treinar; instruir
5374	指令	zhǐlìng	s.	instrução; ordem; diretiva
5375	指南	zhǐnán	s.	guia (algo)
5376	指南针	zhǐnánzhēn	s.	bússola (uma das quatro grandes invenções chinesas)
5377	指手画脚	zhǐshǒu-huàjiǎo		1. gesticular enquanto fala; explicar com as mãos 2. fazer críticas ou comentários indiscretos
5378	指望	zhǐ·wàng	v., s.	<v.> contar com; esperar <s.> esperança; expectativa
5379	指向	zhǐxiàng	v., s.	<v.> apontar para <s.> direção
5380	指引	zhǐyǐn	v.	mostrar o caminho; guiar; conduzir
5381	至此	zhìcǐ	v.	1. chegar até aqui 2. chegar a este ponto
5382	至关重要	zhìguān-zhòngyào		extremamente importante; crucial; essencial
5383	志气	zhì·qì	s.	ambição; aspiração; determinação
5384	制	zhì	v.	1. fabricar; fazer 2. formular 3. restringir; controlar
5385	制裁	zhìcái	v.	impor sanções; punir
5386	制服	zhìfú	s., v.	<s.> uniforme (escola, exército etc.) <v.> pôr sob controle
5387	制品	zhìpǐn	s.	1. produtos; bens 2. artefato (computação)
5388	制止	zhìzhǐ	v.	refrear; inibir; parar

Nº	VOCÁBULO	PINYIN	CLASSE	TRADUÇÃO
5389	质地	zhìdì	s.	1. textura; qualidade de um material 2. caráter (alguém)
5390	质朴	zhìpǔ	adj.	simples e sem adornos; natural; singelo
5391	质问	zhìwèn	v.	interrogar; questionar; exigir explicações
5392	质疑	zhìyí	v.	questionar (veracidade ou validade); pôr em dúvida
5393	治学	zhìxué	v.	fazer pesquisa acadêmica; estudar em nível avançado
5394	治愈	zhìyù	v.	curar (uma doença)
5395	致	zhì	v.	1. enviar; mandar 2. oferecer 3. causar; resultar em 4. devotar ou dedicar (esforços etc.)
5396	致辞	zhì // cí	v.	discursar; fazer um pronunciamento
5397	致富	zhìfù	v.	enriquecer
5398	致敬	zhìjìng	v.	saudar; prestar homenagem ou respeito a
5399	致力于	zhìlì yú		dedicar-se ou devotar-se a; engajar-se em
5400	致命	zhìmìng	v.	1. ser fatal ou letal; causar a morte 2. sacrificar a vida
5401	致使	zhìshǐ	v., conj.	<v.> causar; resultar em <conj.> deste modo; assim sendo
5402	秩序	zhìxù	s.	ordem; sequência
5403	窒息	zhìxī	v.	sufocar; asfixiar
5404	智商	zhìshāng	s.	quociente de inteligência (QI)
5405	滞后	zhìhòu	v.	ficar para trás; não ter avanço
5406	滞留	zhìliú	v.	deter-se; parar; não avançar
5407	置	zhì	v.	1. instalar; estabelecer 2. pôr; colocar 3. comprar
5408	中国画	zhōngguóhuà	s.	pintura chinesa
5409	中立	zhōnglì	v.	ser neutro; manter a neutralidade
5410	中途	zhōngtú	s.	meio do caminho
5411	中型	zhōngxíng	adj.	mediano; de médio porte
5412	中性	zhōngxìng	adj.	1. neutro (química) 2. neutro; nem derrogatório, nem elogioso (linguagem) 3. unissex (roupas etc.)

№	VOCÁBULO	PINYIN	CLASSE	TRADUÇÃO
5413	中旬	zhōngxún	s.	período dos dez dias no meio de um mês
5414	中庸	zhōngyōng	s., adj.	<s.> 1. doutrina do meio; caminho do meio (confucianismo) 2. A Doutrina do Meio (um dos quatro clássicos do confucianismo) <adj.> mediano; medíocre; comum
5415	中止	zhōngzhǐ	v.	suspender; descontinuar; interromper
5416	忠诚	zhōngchéng	adj., s.	<adj.> leal; fiel <s.> lealdade
5417	忠实	zhōngshí	adj.	1. leal; fiel 2. confiável; verídico
5418	忠于	zhōngyú	v.	ser leal ou fiel a
5419	忠贞	zhōngzhēn	adj.	firme e leal
5420	终结	zhōngjié	v.	terminar
5421	终究	zhōngjiū	adv.	finalmente; no fim das contas
5422	终生	zhōngshēng	s.	toda a vida
5423	衷心	zhōngxīn	adj.	cordial; sincero; de coração
5424	肿瘤	zhǒngliú	s.	tumor
5425	种族	zhǒngzú	s.	raça
5426	仲裁	zhòngcái	v.	arbitrar; mediar
5427	众人	zhòngrén	s.	todos; todo mundo
5428	众所周知	zhòngsuǒzhōuzhī		como todos sabem
5429	众志成城	zhòngzhì-chéngchéng		união é força
5430	重创	zhòngchuāng	v.	ferir gravemente; causar dano sério
5431	重量级	zhòngliàngjí	adj.	peso-pesado (esportes)
5432	重任	zhòngrèn	s.	tarefa importante; grande responsabilidade
5433	重伤	zhòngshāng	s.	ferimento grave
5434	重心	zhòngxīn	s.	1. baricentro; centro de massa; centro de gravidade 2. centro; núcleo; parte principal
5435	重型	zhòngxíng	adj.	de tipo pesado (veículos, maquinário etc.)
5436	重中之重	zhòng zhōng - zhīzhòng		prioritário; de maior importância
5437	周边	zhōubiān	s.	1. vizinhança; redondeza; região ao redor 2. periféricos (computação)
5438	周到	zhōudào	adj.	minucioso; atencioso

Nº	VOCÁBULO	PINYIN	CLASSE	TRADUÇÃO
5439	周密	zhōumì	*adj.*	meticuloso; atento; cuidadoso
5440	周旋	zhōuxuán	*v.*	1. circular 2. socializar; misturar-se com outras pessoas 3. enfrentar; combater; lidar com
5441	昼夜	zhòuyè	*s.*	dia e noite; o tempo todo
5442	皱	zhòu	*v., s.*	<v.> enrugar; amassar; vincar; franzir <s.> 1. ruga; linha de expressão 2. vinco; dobra; amassado; franzido
5443	骤然	zhòurán	*adv.*	abruptamente; subitamente; de repente
5444	朱红	zhūhóng	*adj.*	escarlate; vermelhão; vermelho forte
5445	株	zhū	*cl.*	classificador para árvores
5446	诸多	zhūduō	*adj.*	(com substantivos abstratos) grande quantia de; muitos
5447	诸如此类	zhūrú-cǐlèi		coisas desse tipo; coisas assim
5448	竹竿	zhúgān	*s.*	vara de bambu
5449	逐年	zhúnián	*adv.*	ano após ano; anualmente
5450	主	zhǔ	*s.*	1. dono 2. mestre; senhor 3. anfitrião 4. pessoa ou parte envolvida 5. Allah 6. Deus
5451	主编	zhǔbiān	*s., v.*	<s.> editor-chefe <v.> editar ou supervisionar (um livro, publicação etc.)
5452	主妇	zhǔfù	*s.*	1. anfitriã; dona da ou de casa 2. esposa principal
5453	主力	zhǔlì	*s.*	força principal
5454	主权	zhǔquán	*s.*	soberania
5455	主人公	zhǔréngōng	*s.*	protagonista
5456	主食	zhǔshí	*s.*	alimento básico; comida principal (lugar)
5457	主题歌	zhǔtígē	*s.*	música-tema
5458	主演	zhǔyǎn	*v., s.*	<v.> estrelar; atuar no papel principal <s.> protagonista; estrela
5459	主页	zhǔyè	*s.*	(computação) página inicial ou principal
5460	主义	zhǔyì	*s.*	1. teoria sistemática; doutrina 2. sistema político; sistema econômico
5461	主宰	zhǔzǎi	*v., s.*	<v.> dominar; controlar; governar <s.> força dominante; mestre
5462	拄	zhǔ	*v.*	apoiar-se sobre (cajado, bengala etc.)

序号 Nº	词语 VOCÁBULO	拼音 PINYIN	词性 CLASSE	译文 TRADUÇÃO
5463	嘱咐	zhǔ·fù	v.	exortar; advertir; mandar
5464	瞩目	zhǔmù	v.	fixar os olhos sobre; focar a atenção em
5465	助威	zhù // wēi	v.	torcer por; encorajar; animar; aumentar a moral
5466	住处	zhùchù	s.	residência; habitação; alojamento; acomodação
5467	住户	zhùhù	s.	residente; morador; habitante
5468	住宿	zhùsù	v.	alojar-se; ficar em (hotel etc.)
5469	住址	zhùzhǐ	s.	endereço
5470	贮藏	zhùcáng	v.	1. armazenar; guardar; reservar 2. conter; possuir
5471	注	zhù	s., v.	<s.> 1. aposta (em jogos de azar) 2. anotação <v.> 1. cair em torrentes; verter 2. fixar (os olhos); prestar atenção 3. anotar; explicar com notas 4. registrar
5472	注定	zhùdìng	v.	estar condenado ou destinado a
5473	注入	zhùrù	v.	1. desaguar em 2. injetar; introduzir (líquidos) 3. investir (dinheiro)
5474	铸造	zhùzào	v.	fundir (metais)
5475	筑	zhù	v.	construir
5476	爪子	zhuǎzi	s.	garra; unhas (animais)
5477	拽	zhuài	v.	lançar; jogar; arremessar; atirar
5478	专长	zhuāncháng	s.	especialidade; ponto forte; conhecimento ou habilidade especial
5479	专程	zhuānchéng	adv.	(viagem) especialmente para
5480	专柜	zhuānguì	s.	balcão de vendas para tipos específicos de produtos
5481	专栏	zhuānlán	s.	coluna especial (em revistas e jornais)
5482	专卖店	zhuānmàidiàn	s.	1. loja especialidade 2. loja franqueada
5483	专人	zhuānrén	s.	pessoa encarregada para determinada função específica
5484	专职	zhuānzhí	s.	de tempo integral; profissional
5485	专制	zhuānzhì	v.	agir autocrática ou despoticamente
5486	专注	zhuānzhù	adj.	focado em; concentrado em; absorto

Nº	VOCÁBULO	PINYIN	CLASSE	TRADUÇÃO
5487	专著	zhuānzhù	s.	texto especializado sobre algo; tratado; monografia
5488	砖	zhuān	s.	tijolo
5489	转播	zhuǎnbō	v.	retransmitir
5490	转达	zhuǎndá	v.	transmitir; passar a
5491	转机	zhuǎnjī	s.	melhora na situação
5492	转交	zhuǎnjiāo	v.	transmitir; entregar a outrem
5493	转型	zhuǎnxíng	v.	(estruturas culturais, socioeconômicas etc.) transformar
5494	转学	zhuǎn // xué	v.	(estudantes) transferir-se; mudar de escola
5495	转眼	zhuǎnyǎn	v.	virar ou piscar de olhos
5496	转载	zhuǎnzǎi	v.	republicar; reimprimir
5497	转折	zhuǎnzhé	v.	virar (em eventos, enredo etc.)
5498	转折点	zhuǎnzhédiǎn	s.	ponto de ruptura; ponto de virada; momento decisivo
5499	传	zhuàn	s.	1. comentário nos clássicos 2. biografia 3. história ou romance (em título de obras)
5500	传记	zhuànjì	s.	biografia
5501	转悠	zhuànyou	v.	passear; vagar; perambular; andar
5502	撰写	zhuànxiě	v.	escrever (artigos curtos, comentários etc.); redigir; compor
5503	庄稼	zhuāngjia	s.	colheita; cultura; produtos agrícolas
5504	庄严	zhuāngyán	adj.	solene; respeitável; digno
5505	庄园	zhuāngyuán	s.	grande residência rural; casa de campo; quinta; fazenda
5506	桩	zhuāng	s., cl.	<s.> estaca; poste; suporte <cl.> classificador para assuntos, negócios, eventos etc.
5507	装扮	zhuāngbàn	v.	1. arrumar-se; adornar-se 2. disfarçar-se; fingir-se
5508	壮	zhuàng	adj., v.	<adj.> 1. forte; robusto 2. grandioso; magnífico <v.> fortalecer; melhorar
5509	壮大	zhuàngdà	v., adj.	<v.> expandir; fortalecer <adj.> forte; firme
5510	壮胆	zhuàng // dǎn	v.	encorajar; dar coragem a

№	VOCÁBULO	PINYIN	CLASSE	TRADUÇÃO
5511	壮丽	zhuànglì	*adj.*	magnífico; majestoso; esplêndido; glorioso
5512	壮实	zhuàngshi	*adj.*	robusto; forte; vigoroso
5513	状元	zhuàngyuan	*s.*	1. o melhor (em qualquer área) 2. O Primeiro (título dado ao primeiro colocado nos exames imperiais)
5514	撞击	zhuàngjī	*v.*	colidir; bater; chocar-se
5515	幢	zhuàng	*cl.*	classificador para casas ou edifícios
5516	追悼会	zhuīdàohuì	*s.*	cerimônia fúnebre; cerimônia em memória de; funeral
5517	追赶	zhuīgǎn	*v.*	1. acelerar (alcançar); apressar o passo 2. alcançar
5518	追溯	zhuīsù	*v.*	remontar a; datar de
5519	追随	zhuīsuí	*v.*	seguir; acompanhar
5520	追尾	zhuī // wěi	*s., v.*	<s.> traseira (veículo) <v.> 1. seguir outro carro de perto 2. bater na traseira
5521	追问	zhuīwèn	*v.*	questionar rigorosamente; investigar em detalhes
5522	追逐	zhuīzhú	*v.*	perseguir; buscar com vigor
5523	追踪	zhuīzōng	*v.*	seguir os rastros de; rastrear; perseguir
5524	坠	zhuì	*v., s.*	<v.> 1. cair 2. arquear com o peso <s.> peso; objeto pendurado
5525	准许	zhǔnxǔ	*v.*	permitir; deixar; autorizar
5526	准则	zhǔnzé	*s.*	norma; diretriz; padrão
5527	拙劣	zhuōliè	*adj.*	inábil; desajeitado; ruim
5528	捉迷藏	zhuōmícáng	*s., v.*	<s.> esconde-esconde <v.> 1. brincar de esconde-esconde 2. fazer rodeios; ser evasivo
5529	灼热	zhuórè	*adj.*	abrasador; ardente
5530	卓越	zhuóyuè	*adj.*	excepcional; esplêndido; incrível
5531	酌情	zhuóqíng	*v.*	levar as circunstâncias em consideração e usar do próprio arbítrio ou discernimento
5532	着力	zhuólì	*v.*	esforçar-se para ou em
5533	着落	zhuóluò	*s., v.*	<s.> 1. paradeiro 2. fonte segura (recursos) <v.> 1. estar com; repousar sobre (responsabilidade) 2. resolver

序号 Nº	词语 VOCÁBULO	拼音 PINYIN	词性 CLASSE	译文 TRADUÇÃO
5534	着实	zhuóshí	adv.	1. de fato; realmente 2. severamente; duramente
5535	着手	zhuóshǒu	v.	começar a fazer; iniciar uma tarefa; pôr a mão na massa
5536	着想	zhuóxiǎng	v.	ter em conta (os interesses de outrem); considerar
5537	着眼	zhuóyǎn	v.	1. ter em mente 2. ter os olhos sobre (um objetivo)
5538	着眼于	zhuóyǎn yú		ter os olhos sobre; concentrar a atenção sobre
5539	着重	zhuózhòng	v.	enfatizar; salientar
5540	姿势	zīshì	s.	postura; porte
5541	姿态	zītài	s.	1. postura; porte 2. atitude; comportamento
5542	兹	zī	pron.	este; aqui; agora
5543	资本主义	zīběn zhǔyì	s.	capitalismo
5544	资历	zīlì	s.	experiência; qualificação e antecedente de serviço
5545	资深	zīshēn	adj.	veterano (em uma área); sênior; de grande experiência
5546	资讯	zīxùn	s.	informação
5547	滋润	zīrùn	adj., v.	<adj.> 1. úmido 2. confortável <v.> umedecer
5548	滋味	zīwèi	s.	sabor; gosto; sensação
5549	子弟	zǐdì	s.	1. filhos e irmãos mais novos 2. jovens; geração jovem
5550	子孙	zǐsūn	s.	filhos e netos; descendência; prole
5551	自卑	zìbēi	adj.	1. com baixa autoestima 2. com sentimento de inferioridade
5552	自称	zìchēng	v.	autoproclamar-se; pretender-se; professar
5553	自发	zìfā	adj.	espontâneo
5554	自费	zìfèi	v.	pagar por conta própria; arcar com os próprios gastos
5555	自负	zìfù	v., adj.	<v.> ser responsável pelos próprios atos <adj.> convencido; presunçoso; pretensioso
5556	自理	zìlǐ	v.	1. tomar conta de si 2. resolver por si

Nº	VOCÁBULO	PINYIN	CLASSE	TRADUÇÃO
5557	自力更生	zìlì-gēngshēng		regenerar-se pelos próprios esforços; contar com as próprias forças; ser autossuficiente
5558	自立	zìlì	v.	sustentar a si mesmo; ser independente
5559	自强不息	zìqiáng-bùxī		buscar se fortalecer ou melhorar incessantemente
5560	自然而然	zìrán'érrán		naturalmente; espontaneamente; automaticamente
5561	自然界	zìránjiè	s.	natureza; mundo natural
5562	自如	zìrú	adj.	1. com facilidade; com leveza 2. calmo; controlado; sereno; senhor de si
5563	自始至终	zìshǐ-zhìzhōng		do começo ao fim
5564	自私	zìsī	adj.	egoísta; egocêntrico
5565	自私自利	zìsī-zìlì	adj., s.	<adj.> egoísta; egocêntrico <s.> egoísmo
5566	自卫	zìwèi	v.	defender-se;
5567	自相矛盾	zìxiāng-máodùn		contradizer-se; ser contraditório
5568	自信心	zìxìnxīn	s.	autoconfiança
5569	自行	zìxíng	adv.	1. por si próprio; por conta própria 2. por vontade própria; voluntariamente
5570	自以为是	zìyǐwéishì		considerar-se sempre certo; não admitir erros
5571	自由自在	zìyóu-zìzài		livre e tranquilo; despreocupado; sem problemas
5572	自责	zìzé	v.	culpar-se
5573	自助	zìzhù	v.	depender de si mesmo; ser autônomo ou independente
5574	自尊	zìzūn	v.	respeitar-se; ter autoestima; ter amor próprio
5575	自尊心	zìzūnxīn	s.	autoestima; amor próprio
5576	字迹	zìjì	s.	escrita (à mão); caligrafia; letra
5577	字幕	zìmù	s.	legenda (filmes, séries etc.)
5578	字体	zìtǐ	s.	1. fonte (letras) 2. estilo de caligrafia 3. caligrafia; letra
5579	字眼	zìyǎn	s.	palavras; expressão

Nº	VOCÁBULO	PINYIN	CLASSE	TRADUÇÃO
5580	宗	zōng	cl.	classificador para assuntos, casos, itens negociados etc.
5581	宗旨	zōngzhǐ	s.	propósito; missão; objetivo
5582	综上所述	zōngshàng-suǒshù		resumir; pôr em poucas palavras
5583	总的来说	zǒngde lái shuō		em resumo; em poucas palavras
5584	总额	zǒng'é	s.	montante; valor total
5585	总而言之	zǒng'éryánzhī		para resumir; em resumo
5586	总计	zǒngjì	v.	totalizar
5587	纵观	zòngguān	v.	inspecionar de modo amplo
5588	纵横交错	zònghéng-jiāocuò		entrecruzar; interseccionar
5589	纵然	zòngrán	conj.	mesmo que; ainda que
5590	纵容	zòngróng	v.	ser conivente com; tolerar; consentir
5591	纵深	zòngshēn	s.	(militar) profundidade (da vanguarda à retaguarda; em um território etc.)
5592	粽子	zòngzi	s.	pamonha chinesa (feita de arroz e geralmente consumida no Festival do Barco do Dragão)
5593	走过场	zǒu guòchǎng		1. cruzar o palco sem parar (na ópera tradicional) 2. fazer por mera formalidade; fazer para inglês ver
5594	走后门	zǒu hòumén		agir por baixo dos panos; obter vantagens por meio de influência ou conexões
5595	走近	zǒujìn		aproximar-se
5596	走廊	zǒuláng	s.	corredor
5597	走投无路	zǒutóu-wúlù		chegar a um beco sem saída; estar em um impasse
5598	走弯路	zǒu wānlù		1. fazer um desvio; seguir uma rota sinuosa 2. perder tempo por usar um método errado
5599	奏效	zòu // xiào	v.	mostrar-se efetivo; ter sucesso; obter os resultados desejados
5600	揍	zòu	v.	1. bater; surrar 2. quebrar em pedaços
5601	租赁	zūlìn	v.	alugar (outrem)
5602	足迹	zújì	s.	vestígios; pegadas
5603	足智多谋	zúzhì-duōmóu		sábio e engenhoso; pleno de estratagemas

Nº	VOCÁBULO	PINYIN	CLASSE	TRADUÇÃO
5604	阻挡	zǔdǎng	v.	obstruir; parar; resistir; bloquear
5605	阻拦	zǔlán	v.	fechar o caminho; obstruir
5606	阻力	zǔlì	s.	1. obstrução; resistência; obstáculo 2. arrasto; resistência
5607	阻挠	zǔnáo	v.	frustrar; impedir; atravancar; obstruir
5608	组建	zǔjiàn	v.	formar (um grupo); organizar
5609	组装	zǔzhuāng	v.	reunir; combinar; juntar
5610	祖传	zǔchuán	v.	transmitido de geração em geração; passado de pai para filho
5611	祖籍	zǔjí	s.	local de residência original; terra ancestral da família
5612	祖先	zǔxiān	s.	ancestrais; antepassados
5613	祖宗	zǔzong	s.	ancestrais; antepassados
5614	钻空子	zuān kòngzi		explorar uma brecha; obter vantagens em virtude de uma falha; aproveitar uma oportunidade (fazer algo ruim)
5615	钻研	zuānyán	v.	estudar intensivamente; mergulhar (nos estudos)
5616	钻石	zuànshí	s.	1. diamante 2. joia (incrustada em um relógio)
5617	嘴唇	zuǐchún	s.	lábios
5618	罪犯	zuìfàn	s.	criminoso; condenado
5619	罪魁祸首	zuìkuí-huòshǒu		principal responsável por um crime
5620	尊贵	zūnguì	adj.	honrável; respeitável
5621	尊严	zūnyán	s.	honra; dignidade
5622	遵循	zūnxún	v.	seguir; aderir a
5623	遵照	zūnzhào	v.	obedecer; seguir (regras); agir de acordo com
5624	琢磨	zuómo	v.	1. esculpir e polir jade 2. ponderar; pensar a respeito; refletir 3. melhorar (obras literárias); refinar 4. moldar a si mesmo
5625	左顾右盼	zuǒgù-yòupàn		olhar ao redor
5626	佐料	zuǒliào	s.	condimento; tempero
5627	作弊	zuò // bì	v.	fraudar; trapacear; praticar corrupção

Nº	VOCÁBULO	PINYIN	CLASSE	TRADUÇÃO
5628	作对	zuò // duì	v.	1. opor-se a 2. formar pares 3. casar-se
5629	作风	zuòfēng	s.	1. jeito; forma 2. estilo (escritor)
5630	作客	zuò // kè	v.	1. visitar; permanecer como visitante (em algum lugar) 2. estar como hóspede (com alguém)
5631	作物	zuòwù	s.	colheita; cultura
5632	坐落	zuòluò	v.	(construções) estar situado em; localizar-se em
5633	座谈	zuòtán	v.	discutir informalmente
5634	座右铭	zuòyòumíng	s.	lema; mote; máxima
5635	做生意	zuò shēngyi		fazer negócios
5636	做证	zuò // zhèng	v.	1. usar como evidência 2. testemunhar; dar testemunho de

附 录 A | Anexo A
（规范性）语法等级大纲
EMENTA GRAMATICAL (NORMATIVA)*

A.1 一级语法点
A.1 EMENTA GRAMATICAL DO NÍVEL 1

A.1.1 词类
A.1.1 Classes de palavras

A.1.1.1 名词
A.1.1.1 SUBSTANTIVOS

【一 01】　　　方位名词：上、下、里、外、前、后、左、右、东、南、西、北；上边、下边、里边、外边、前边、后边、左边、右边、东边、南边、西边、北边

【Nível 1 — 01】　　*Substantivos locativos*

上 cima (a parte superior)	上边 cima
下 baixo (a parte inferior)	下边 baixo
里 dentro	里边 dentro
外 fora	外边 fora
前 frente	前边 frente
后 trás	后边 trás
左 esquerda	左边 esquerda
右 direita	右边 direita
东 leste	东边 leste
南 sul	南边 sul

---

* Esta obra adere aos conceitos e classificações da gramática chinesa. É importante ressaltar que, devido às particularidades de cada idioma, nem sempre existe correspondência direta entre as terminologias e as categorias gramaticais do chinês e do português. Assim, é natural que o leitor experimente algum estranhamento durante o processo de familiarização com um sistema gramatical diferente.

西 oeste　　　　　　　　　　西边 oeste
北 norte　　　　　　　　　　北边 norte

桌子上 em cima da mesa

树下 embaixo da árvore

房间里 dentro do quarto

门外 do lado de fora da porta

楼前 em frente ao prédio

门后 atrás da porta

桌子上边 em cima da mesa

书包里边 dentro da mochila

饭店的前边 em frente ao restaurante

图书馆的北边 o (lado) norte da biblioteca

东边的车站 a estação a leste

南边的房子 a casa ao sul

书在桌子上。
O livro está em cima da mesa.

手机在书包里。
O celular está dentro da mochila.

房间里没有人。
Não há ninguém dentro do quarto.

他去东边的车站。
Ele foi à estação que fica no leste.

A.1.1.2 动词
A.1.1.2 VERBOS

【一 02】 能愿动词：会、能
【Nível 1 — 02】 *Verbos modais*

会 saber; ser capaz de; ter a habilidade de (fazer algo)
能 poder; conseguir; estar em condições de; poderia (por favor)

我不会说中文。
Não sei falar chinês.

明天你能来吗？
Você poderia vir amanhã?

【一 03】 能愿动词：想、要
【Nível 1 — 03】 *Verbos modais*

想 1. desejar; querer; ter vontade de 2. gostaria de
要 1. querer 2. precisar; necessitar 3. pedir; exigir 4. dever; ter que

---

我想学中文。
Quero estudar chinês.

他要去书店。
Ele quer ir à livraria.

A.1.1.3 代词
A.1.1.3 PRONOMES

【一 04】 疑问代词：多、多少、几、哪、哪儿、哪里、哪些、什么、谁、怎么
【Nível 1 — 04】 *Pronomes interrogativos*

多 quanto (quantidade, idade, medida, distância etc.)

多少 quanto; quantos (quantidade)

几 quantos (pequenas quantidades, horas, datas)

哪 qual; que

哪儿 onde

哪里 onde

哪些 quais

什么 que; o que

谁 quem

怎么 como

他多大？
Quantos anos ele tem?

你们班有多少个学生？
Quantos estudantes tem a sua turma?

现在几点？
Que horas são agora?

你喜欢哪个电影？
De qual filme você gosta?

你们去哪儿？
Aonde vocês vão?

车站在哪里？
Onde fica a estação?

你们班有哪些国家的学生？
Sua turma tem estudantes de quais países?

你买什么？
O que você quer comprar?

谁是老师？
Quem é o professor?

你怎么去医院？
Como você vai ao hospital?

【一 05】　　　　人称代词：我、你、您、他、她、我们、你们、他们、她们
【Nível 1 — 05】　　*Pronomes pessoais*

我 eu	我们 nós
你 você	你们 vocês
您 você, o senhor, a senhora (formal)	他们 eles
他 ele	她们 elas
她 ela	

你好，我要两个本子。
Olá, eu quero dois cadernos.

您好！
Bom dia / Boa tarde / Boa noite (formal)

他想喝水。
Ele quer beber água.

她很高。
Ela é muito alta.

我们去书店，你们去哪儿？
Vamos à livraria, aonde vocês vão?

他们是学生。
Eles são estudantes.

她们是我的同学。
Elas são minhas colegas.

【一 06】 指示代词：这、那、这儿、那儿、这里、那里、这些、那些、别的、有的

【Nível 1 — 06】 Pronomes demonstrativos

这 este(a); isto
那 aquele(a); aquilo
这儿 aqui
那儿 lá; ali
这里 aqui

那里 lá; ali
这些 esses(as)
那些 aqueles(as)
别的 outro
有的 uns; alguns

这是谁的手机？
De quem é este celular?

她喜欢那个书包。
Ela gosta daquela mochila.

这儿很好。
Aqui é muito bom.

我去那儿学习。
Vou lá para estudar.

你坐这里，弟弟坐那里。
Você se senta aqui e seu irmão se senta lá.

这些书很新。
Estes livros são muito novos.

那些东西都很贵。
Aquelas coisas são muito caras.

你还要别的东西吗？
Você quer mais alguma coisa?

有的同学在休息，有的同学在看书。
Uns colegas estão descansando, outros colegas estão lendo livro.

A.1.1.4 数词

A.1.1.4 NUMERAIS

【一 07】 一、二 / 两、三、四、五、六、七、八、九、零；十、百；半

【Nível 1 — 07】 Numerais

一 um
二 / 两 dois
三 três
四 quatro
五 cinco
六 seis
七 sete

八 oito
九 nove
零 zero
十 dez
百 cem (centena)
半 metade / meio

五 cinco
十五 quinze
一百一十五 cento e quinze

六 seis

二百六（十）duzentos e sessenta

二百零六 duzentos e seis

十二 doze

二十 vinte

二百 duzentos

两百 duzentos

两个人 duas pessoas

两本书 dois livros

八点半 oito e meia (oito horas e trinta minutos)

半个小时 meia hora

A.1.1.5　量词
A.1.1.5　CLASSIFICADORES

【一 08】　　名量词：杯、本、个、家、间、口、块、页
【Nível 1 — 08】　Classificadores nominais

杯 medida de líquido contida em copo, xícara etc.

本 livros, encadernações, exemplares etc.

个 substantivos sem classificador específico

家 famílias, empresas, estabelecimentos comerciais

间 cômodos de casa

口 pessoas da família

块 1. pedaços (de bolo, pão, terra etc.) 2. unidades monetárias

页 páginas; folhas

两杯牛奶 dois copos de leite

三本书 três livros

四个学生 quatro estudantes

五家商店 cinco lojas

六间房子 seis quartos, seis cômodos

三口人 três pessoas da família

七块面包 sete pedaços de pão

A.1.1.6 副词
A.1.1.6 ADVÉRBIOS

【一 09】　　　程度副词：非常、很、太、真、最
【Nível 1 — 09】　Advérbios de intensidade

非常 muito; extremamente
很 muito
太 demasiado; extremamente
真 realmente; de verdade; mesmo (de fato)
最 o mais (superlativo)

我非常喜欢这本书。
Gosto muito deste livro.

那个本子很好看。
Aquele caderno é muito bonito.

这里太冷了。
Aqui está frio demais.

你的房间真干净！
Seu quarto está limpo mesmo!

我最喜欢打球。
Gosto mais de jogar bola.

【一 10】 范围、协同副词：都¹、一块儿、一起
【Nível 1 — 10】 *Advérbios de escopo e concomitância*

都¹ todos; ambos
一块儿 juntos; junto com
一起 juntos; junto com

同学们都很认真。
Todos os alunos são muito aplicados.

我们常一块儿玩儿。
Geralmente passeamos juntos.

明天他们一起去图书馆。
Eles vão juntos à biblioteca amanhã.

【一 11】 时间副词：马上、先、有时、在、正、正在
【Nível 1 — 11】 *Advérbios de tempo*

马上 logo; agora mesmo; já (futuro imediato)
先 1. antes; primeiro; anterior; 2. anteriormente; antigamente
有时 às vezes; de vez em quando
在 (antes de verbo, indica aspecto progressivo)
正 1. (antes de verbo, indica aspecto progressivo); 2. justamente; exatamente; precisamente
正在 (antes de verbo, indica aspecto progressivo)

医生马上来。
O médico já vem.

老师，我先说吧。
Professor, vou falar primeiro, pode ser?

他有时晚上上课。
Ele às vezes tem aula de noite.

我在看电视呢。
Estou assistindo TV.

你等一下儿，他正吃饭呢。
Espere um pouco, ele está comendo.

他们正在唱歌。
Eles estão cantando.

【一 12】　　　频率、重复副词：常、常常、再[1]
【Nível 1 — 12】　Advérbios de frequência e repetição

常 frequentemente; habitualmente
常常 frequentemente; habitualmente
再[1] de novo; outra vez (antes de verbo, indica que a ação se repetirá no futuro)

他常去饭店吃饭。
Ele habitualmente vai comer no restaurante.

她常常不吃早饭。
Ela muitas vezes não toma café da manhã.

今天的电影太好看了，我们明天再去看吧。
O filme de hoje foi muito bom, vamos assistir de novo amanhã.

【一 13】　　　　关联副词：还[1]、也
【Nível 1 — 13】　*Advérbios conectivos*

还[1] também; além de; ainda (além disso)
也 também

他要去上海，还要去北京。
Ele vai a Shanghai e ainda vai a Beijing.

他是学生，我也是学生。
Ele é estudante, eu também sou estudante.

【一 14】　　　　否定副词：别、不、没、没有
【Nível 1 — 14】　*Advérbios de negação*

别 não (negação no imperativo)
不 não
没 1. não ter (negação do verbo 有 "ter" e dos adjetivos formados por este verbo)
　　2. não (negação dos aspectos conclusivo 了 e experiencial 过)
没有 não ter; não haver

你别进来。
Não entre.

今天不热。
Hoje não está quente.

他昨天没上课。
Ele não foi à aula ontem.

我今天没有吃早饭。

Não tomei café da manhã hoje.

A.1.1.7 介词

A.1.1.7 PREPOSIÇÕES

A.1.1.7.1 引出时间、处所

A.1.1.7.1 Preposições que introduzem tempo ou lugar

【一 15】　　　从[1]

【Nível 1 — 15】　　de; desde; a partir de (ponto de partida)

我们从星期一到星期五工作。

Trabalhamos de segunda a sexta-feira.

你从哪儿来？

De onde você vem?

【一 16】　　　在

【Nível 1 — 16】　　em (tempo, local, escopo etc.)

哥哥在北京学中文。

Meu irmão estuda chinês em Beijing.

他在手机上看电影。

Ele assiste a filmes no celular.

A.1.1.7.2 引出对象
A.1.1.7.2 Preposições que introduzem complemento

【一 17】　　　　跟[1]、和[1]
【Nível 1 — 17】　　a; para; com

他跟老师请假了。
Ele pediu licença ao professor.

我没和姐姐一起去中国。
Não fui à China com minha irmã.

【一 18】　　　　比
【Nível 1 — 18】　　... do que... (comparativo)

哥哥比弟弟高。
O irmão mais velho é mais alto do que o irmão mais novo.

这个房间比那个房间大。
Este quarto é maior do que aquele quarto.

A.1.1.8 连词
A.1.1.8 CONJUNÇÕES

【一 19】　　　　连接词或短语：跟[2]、还是、和[2]
【Nível 1 — 19】　　Conjunções que conectam palavras ou sintagmas

跟[2] junto com; e
还是 ou
和[2] e; junto com

爸爸跟妈妈都不在家。

Papai e mamãe não estão em casa.

你喝茶还是喝水？

Você quer beber chá ou água?

我和弟弟都学习中文。

Eu e meu irmão estudamos chinês.

A.1.1.9 助词

A.1.1.9 PARTÍCULAS

【一 20】 结构助词：的[1]、地

【Nível 1 — 20】 *Partículas estruturais*

的[1] (indica posse)

地 (indica modo)

你的衣服很好看。

Sua roupa é muito bonita.

他高兴地说："我明天回家。"

Ele disse alegremente: "Volto para casa amanhã".

【一 21】 动态助词：了[1]

【Nível 1 — 21】 *Partícula aspectual*

了[1] (após um verbo, indica ação concluída; sua negação é construída com 没)

他买了一本书。/ 他没买书。

Ele comprou um livro. / Ele não comprou livros.

我写了两个汉字。／我没写汉字。
Escrevi dois caracteres chineses. / Não escrevi caracteres chineses.

【一 22】　　　　语气助词：吧¹、了²、吗、呢
【Nível 1 — 22】　*Partículas modais*

吧¹ (no final de uma oração imperativa, indica sugestão ou pedido)

了² (no final de uma oração declarativa, indica mudança de situação ou de estado)

吗 (no final de uma oração interrogativa, indica pergunta fechada, *i.e.* respondida por "sim" ou "não")

呢 1. (no final de uma oração interrogativa, indica pergunta especial, alternativa ou retórica) 2. (no final de uma oração declarativa, indica a continuidade de uma ação ou estado) 3. (no final de uma oração declarativa, enfatiza uma afirmação) 4. (marca pausa na fala)

我们走吧。
Vamos embora.

我累了。
Estou cansado.

她是医生吗？
Ela é médica?

他是哪国人呢？
De que país ele é?

我在看书呢。
Estou lendo um livro.

A.1.2 短语
A.1.2 Sintagmas

A.1.2.1 结构类型
A.1.2.1 CLASSIFICAÇÃO POR ESTRUTURA

【一 23】　　　　数量短语
【Nível 1 — 23】　Sintagma numeral-classificador

> 一个 um
> 两杯 dois copos (de)
> 三本 três volumes (de livros)
> 四包 quatro sacolas
> 五块 cinco pedaços

A.1.3 句子成分
A.1.3 Termos da oração

A.1.3.1 主语
A.1.3.1 SUJEITO

【一 24】　　　　名词、代词或名词性短语作主语
【Nível 1 — 24】　Sujeito formado por substantivo, pronome ou sintagma nominal

> 衣服很好看。
> A roupa é muito bonita.

> 他在看电视。
> Ele está assistindo TV.

> 这个房间很干净。
> Este quarto está muito limpo.

A.1.3.2 谓语
A.1.3.2 PREDICADO

【一 25】 动词或动词性短语、形容词或形容词性短语作谓语
【Nível 1 — 25】 *Predicado formado por verbo ou sintagma verbal, adjetivo ou sintagma adjetival*

他病了。
Ele está doente.

我们学中文。
Estudamos chinês.

今天不冷。
Hoje não está frio.

这个菜很好吃。
Este prato é delicioso.

A.1.3.3 宾语
A.1.3.3 OBJETO

【一 26】 名词、代词或名词性短语作宾语
【Nível 1 — 26】 *Objetos formados por substantivos, pronomes ou sintagmas nominais*

他吃面包。
Ele come pão.

妈妈来看我了。
Mamãe veio me ver.

她买了一个手机。
Ela comprou um celular.

A.1.3.4 定语
A.1.3.4 ADJUNTOS ADNOMINAIS

【一 27】 名词性词语、形容词性词语、数量短语作定语

【Nível 1 — 27】 *Adjuntos adnominais formados por substantivos ou sintagmas nominais, adjetivos ou sintagmas adjetivais, ou sintagma numeral--classificador*

他在看中文书。
Ele está lendo um livro em chinês.

新书包很好看。
A mochila nova é muito bonita.

我喜欢干净的房间。
Gosto do quarto limpo.

她看了两本书。
Ela leu dois livros.

A.1.3.5 状语
A.1.3.5 ADJUNTOS ADVERBIAIS

【一 28】 副词、形容词作状语；表示时间、处所的词语作状语

【Nível 1 — 28】 *Adjuntos adverbiais formados por advérbios ou adjetivos, palavras ou sintagmas que indicam tempo ou lugar*

他不吃包子。
Ele não come *baozi*.

这个房间非常干净。
Este quarto está muito limpo.

你认真写！
Escreva com seriedade!

他十点睡觉。
Ele dorme às dez horas.

我们下午去吧。
Vamos de tarde.

她在网上买了两本书。
Ela comprou dois livros na internet.

哥哥从北京回来了。
Meu irmão retornou de Beijing.

A.1.4　句子的类型
A.1.4　Tipos de oração

A.1.4.1　句型
A.1.4.1　PADRÕES SINTÁTICOS

A.1.4.1.1　单句
A.1.4.1.1　Orações simples

【一 29】　　　主谓句 1：动词谓语句
【Nível 1 — 29】　Orações com sujeito e predicado 1: orações com predicado verbal

我买一个面包。
Compro um pão.

他不去医院。
Ele não vai ao hospital.

【一 30】　　　　主谓句 2：形容词谓语句

【Nível 1 — 30】　*Orações com sujeito e predicado 2: orações com predicado adjetival*

房间很干净。

O quarto está muito limpo.

这个学生最认真。

Este aluno é o mais aplicado.

【一 31】　　　　非主谓句

【Nível 1 — 31】　*Orações sem sujeito ou sem predicado*

下雨了。

Choveu.

车！

O carro!

※ 复句（见"A.1.4.4　复句"）

※ Períodos compostos (*v.* A.1.4.4　Períodos compostos)

A.1.4.2　句类

A.1.4.2　CLASSIFICAÇÃO DAS ORAÇÕES EM TERMOS FUNCIONAIS

【一 32】　　　　陈述句

【Nível 1 — 32】　*Orações declarativas*

妈妈做晚饭。

A mamãe está fazendo a janta.

我不喜欢看电视。

Não gosto de assistir TV.

【一 33】 疑问句
【Nível 1 — 33】 Orações interrogativas

（1）是非问句
Perguntas sim-não com partícula interrogativa

他是老师吗？
Ele é professor?

那儿现在热吗？
Lá está quente agora?

（2）特指问句
Perguntas parciais (quem, qual, o quê etc.)

谁跟你一起去书店？
Quem foi com você à livraria?

你想买什么？
Você quer comprar o quê?

（3）选择问句
Perguntas alternativas

你爸爸是老师还是医生？
Seu pai é professor ou médico?

你们坐火车去还是坐飞机去？
Vocês vão de trem ou de avião?

（4）正反问句
Perguntas sim-não sem partícula interrogativa

你喝不喝牛奶？
Você bebe leite?

你吃没吃早饭？
Você tomou café da manhã?

你吃早饭了没有？
Você tomou café da manhã?

今天冷不冷？
Hoje está frio?

这个房间干净不干净？
Este quarto está limpo?

【一 34】　　　祈使句
【Nível 1 — 34】　Orações imperativas

请进！
Entre!

别说了！
Não fale mais!

【一 35】　　　感叹句
【Nível 1 — 35】　Orações exclamativas

今天太热了！
Hoje está quente demais!

这水果真好吃！
Esta fruta está realmente deliciosa!

A.1.4.3 特殊句型
A.1.4.3 PADRÕES SINTÁTICOS ESPECIAIS

【一 36】 "是"字句
【Nível 1 — 36】 Orações com 是

(1) 表示等同或类属
Indicando equivalência ou categoria

他是我的老师。
Ele é meu professor.

这是他的书。
Este é o livro dele.

(2) 表示说明或特征
Indicando explicação ou característica

花是白的。
A flor é branca.

衣服是干净的。
A roupa está limpa.

(3) 表示存在
Indicando existência ou presença

车站东边是一个学校。
A leste da estação há uma escola.

教学楼西边不是图书馆。
A biblioteca não fica a oeste do prédio de ensino.

【一 37】 "有"字句 1
【Nível 1 — 37】 Orações com 有 1

（1）表示领有
Indicando posse

我有很多书。
Tenho muitos livros.

他没有哥哥。
Ele não tem irmão.

一个星期有七天。
Uma semana tem sete dias.

（2）表示存在
Indicando existência ou presença

房间里有两张桌子。
Há duas mesas no quarto.

房间里没有桌子。
Não há mesas no quarto.

【一 38】 比较句 1
【Nível 1 — 38】 Orações comparativas 1

（1）A 比 B + 形容词
A 比 B + adjetivo

我朋友比我高。
Meu amigo é mais alto do que eu.

这个手机比那个贵。
Este celular é mais caro do que aquele.

（2）A 没有 B + 形容词
A 没有 B + adjetivo

昨天没有今天热。
Ontem não estava tão quente como hoje.

这个书包没有那个好看。
Esta mochila não é tão bonita quanto aquela.

A.1.4.4　复句
A.1.4.4　PERÍODOS COMPOSTOS

【一 39】　　　　并列复句
【Nível 1 — 39】　Períodos compostos por coordenação

（1）不用关联词语
Assindéticos (sem conectivos)

我喜欢看电视，弟弟喜欢打球。
Eu gosto de assistir TV e meu irmão gosta de jogar bola.

他有一个哥哥，没有姐姐。
Ele tem um irmão, não tem irmã.

（2）用关联词语：一边……，一边……；……，也……
Sindéticos (com conectivos)

一边……，一边……　enquanto (indica ações concomitantes)
……，也……　também

他一边走路，一边唱歌。

Ele canta enquanto anda.

哥哥一边看电视，一边吃东西。

Meu irmão come enquanto assiste TV.

我喜欢唱歌，弟弟也喜欢唱歌。

Eu gosto de cantar e meu irmão também gosta de cantar.

这个房间很大，也很干净。

Este quarto é muito grande e está muito limpo.

A.1.5 动作的态
A.1.5 Aspectos verbais

【一 40】　　　变化态：用语气助词"了²"表示

【Nível 1 — 40】　Aspecto de mudança: indicado pela partícula modal "了²"

她病了。/ 她没病。

Ela ficou doente. / Ela não ficou doente.

雨小了。/ 雨没小。

A chuva diminuiu. / A chuva não diminuiu.

他吃早饭了。/ 他没吃早饭。

Ele tomou café da manhã. / Ele não tomou café da manhã

【一 41】　　　完成态：用动态助词"了¹"表示

【Nível 1 — 41】　Aspecto perfectivo: indicado pela partícula aspectual "了¹"

他买了两个面包。/ 他没买面包。

Ele comprou dois pães. / Ele não comprou pão.

我喝了很多水。/ 我没喝水。

Bebi muita água. / Não bebi água.

【一 42】　　　　进行态

【Nível 1 — 42】　Aspecto progressivo

　　（1）……在 / 正在 + 动词

……在 / 正在 + verbo

孩子在睡觉，你别说话。

A criança está dormindo, não fique falando.

外边正在下雨。

Lá fora está chovendo.

　　（2）……在 / 正 / 正在 + 动词…… + 呢

……在 / 正 / 正在 + verbo … + 呢

你等一下儿，他在打电话呢。

Espere um pouco, ele está ao telefone.

老师进来的时候，我正听歌呢。

Quando o professor entrou, eu estava ouvindo música.

同学们正在考试呢。

Os colegas estão fazendo prova.

　　（3）……呢

……呢

我没看电视，看书呢。

Não estou assistindo TV, estou lendo um livro.

甲：你在做什么？
乙：我洗衣服呢。

A: O que você está fazendo?

B: Estou lavando roupas.

A.1.6 特殊表达法

A.1.6 Expressões especiais

A.1.6.1 数的表示法

A.1.6.1 EXPRESSÕES QUANTITATIVAS

【一 43】　　　钱数表示法

【Nível 1 — 43】　Valores monetários

　　九块三（毛）（9.30 元）9,30 yuan
　　十五块六毛三（分）（15.63 元）15,63 yuan
　　二十五块零八（分）（25.08 元）25,08 yuan
　　一百五十（元）一百五十（块）（150 元）150,00 yuan
　　一百零五（元）一百零五（块）（105 元）105,00 yuan

A.1.6.2 时间表示法

A.1.6.2 EXPRESSÕES DE TEMPO

【一 44】　　　时间表示法

【Nível 1 — 44】　Expressões de tempo

　（1）年、月、日、星期表示法

Datas e dias da semana

2020 年 12 月 25 日 25 de dezembro de 2020

七月十号 10 de julho

星期一 segunda-feira

星期二 terça-feira

星期三 quarta-feira

星期四 quinta-feira

星期五 sexta-feira

星期六 sábado

星期日 / 星期天 domingo

（2）钟点表示法

Horas

两点（2:00）

两点二十五（分）（2:25） 三点零五（分）（3:05）

五点半（5:30）

差两分八点（7:58）faltam dois minutos para as oito horas

A.1.7 提问的方法
A.1.7 Formas interrogativas

【一 45】 用"吗"提问

【Nível 1 — 45】 Perguntas com 吗

他是老师吗？

Ele é professor?

这包子好吃吗？

Esse *baozi* é gostoso?

【一 46】 用"多、多少、几、哪、哪儿、哪里、哪些、什么、谁、怎么"提问

【Nível 1 — 46】 Perguntas com 多、多少、几、哪、哪儿、哪里、哪些、什么、谁、怎么

你哥哥多大？

Quantos anos tem seu irmão?

车上有多少个人？

Quantas pessoas estão no carro?

你家有几口人？

Sua família tem quantas pessoas?

她是哪国人？

De que país ela é?

我们在哪儿见面？

Onde os encontramos?

你去哪里了？

Aonde você foi?

你看了哪些书？

Que livros você leu?

你星期天做什么？

O que você faz aos domingos?

谁要喝茶？

Quem gostaria de tomar chá?

这个字怎么读？

Como se lê este caractere?

【一 47】　　　用"还是"提问

【Nível 1 — 47】　　Perguntas com 还是

她妈妈是老师还是医生？

A mãe dela é professora ou médica?

你喝水还是喝牛奶？

Você toma água ou leite?

【一 48】　　　　用正反疑问形式提问
【Nível 1 — 48】　Perguntas sim-não sem partícula interrogativa

这本书贵不贵？
Este livro é caro?

电影好看不好看？
O filme é bom?

你吃不吃包子？
Você come *baozi*?

他去没去图书馆？
Ele foi à biblioteca?

他回家了没有？
Ele voltou para casa?

你饿了没有？
Você está com fome?

A.2　二级语法点
A.2　EMENTA GRAMATICAL DO NÍVEL 2

A.2.1　词类
A.2.1　Classes de palavras

A.2.1.1　动词
A.2.1.1　VERBOS

【二 01】　　　　能愿动词
【Nível 2 — 01】　Verbos modais

（1）可能 ser provável; ser possível; conseguir

他可能出去了。
Ele provavelmente saiu.

我今天不可能写完这么多作业。
Não vou conseguir terminar de escrever tantas lições hoje.

（2）可以 1. poder; ser capaz de 2. poder; ser permitido 3. valer a pena

老师，我可以进来吗？
Professor, posso entrar?

这儿不可以停车。
Não pode estacionar aqui.

【二 02】　　　　能愿动词
【Nível 2 — 02】　　Verbos modais

该 1. dever; precisar (fazer algo) 2. merecer; ser digno de 3. chegar a vez de 4. haver possibilidade; haver probabilidade (de algo ocorrer)

应该 dever (verbo auxiliar)

你该吃药了。
Você tem que tomar remédio.

你们应该去检查一下儿身体。
Vocês devem ir fazer um exame médico.

【二 03】　　　　能愿动词
【Nível 2 — 03】　　Verbos modais

愿意 1. querer; desejar 2. estar disposto a; concordar em

581

她很愿意帮助同学。

Ela está muito disposta a ajudar os colegas.

我不愿意去外地工作。

Não quero ir trabalhar em outra cidade.

【二 04】 动词重叠：AA、A一A、A了A、ABAB

【Nível 2 — 04】 Duplicação de verbos: AA, A — A, A 了 A, ABAB (ações tentativas, relaxadas ou breves)

我能用用你的手机吗？

Posso usar um pouco seu celular?

你想一想这个字的意思。

Pense um pouco sobre o significado deste caractere.

他看了看我，没说话。

Ele me olhou de relance, mas não disse nada.

请介绍介绍你的朋友。

Fale um pouco sobre seu amigo.

A.2.1.2 代词

A.2.1.2 PRONOMES

【二 05】 疑问代词：多久、为什么、怎么样、怎样

【Nível 2 — 05】 Pronomes interrogativos

多久 por quanto tempo
为什么 por que
怎么样 como, que tal
怎样 como

你多久去一次超市？

Com que frequência você vai ao supermercado?

你为什么不去上课？

Por que você não vai à aula?

爸爸的身体怎么样？

Como está a saúde do papai?

这个字怎样写？

Como se escreve este caractere?

【二 06】　　　　人称代词：别人、大家、它、它们、咱、咱们、自己

【Nível 2 — 06】　　*Pronomes pessoais*

别人 outrem; outra(s) pessoa(s); os outros
大家 todos; todo mundo; toda a gente
它 ele(a) (seres inanimados ou não humanos)
它们 eles(as) (seres inanimados ou não humanos)
咱 1. nós; a gente (incluindo o interlocutor) 2. eu
咱们 1. nós; a gente (incluindo o interlocutor) 2. eu
自己 próprio; mesmo

我想听听别人的意见。

Gostaria de ouvir a opinião dos outros.

大家一起唱歌吧。

Vamos cantar juntos.

那个书包很好看，我喜欢它的颜色。

Aquela mochila é muito bonita, eu gosto da cor dela.

我家有猫有狗，它们都是我的朋友。
Na minha casa temos gatos e cachorros, todos eles são meus amigos.

咱一起走吧。
Vamos juntos.

明天咱们去动物园，怎么样？
Que tal irmos ao zoológico amanhã?

你一定要相信自己。
Você deve acreditar em si mesmo.

自己的事自己做。
Fazer suas próprias tarefas.

【二 07】　　　指示代词：那么、那样、这么、这样
【Nível 2 — 07】　Pronomes demonstrativos

那么 tão; tanto; como; daquela maneira
那样 tal; tão
这么 assim; deste modo; tanto; tão
这样 assim; deste modo; de tal maneira

你女朋友有她那么漂亮吗？
Sua namorada é tão bonita quanto ela?

筷子不能那样拿。
Não é para segurar os palitos assim.

他哥哥有你这么高。
O irmão dele é tão alto quanto você.

这个汉字这样写。
Este caractere é escrito assim.

A.2.1.3 形容词
A.2.1.3 ADJETIVOS

【二 08】　　　　形容词重叠：AA、AABB
【Nível 2 — 08】　Duplicação de adjetivos: AA e AABB (ênfase afetiva)

那个女孩儿高高的个子，大大的眼睛，非常漂亮。
Aquela moça é <u>bem alta</u> e tem olhos <u>bem grandes</u>, é muito bonita.

这个房间干干净净的。
Este quarto está <u>limpinho</u>.

他高高兴兴地回家了。
Ele voltou para casa <u>todo feliz</u>.

A.2.1.4 数词
A.2.1.4 NUMERAIS

【二 09】　　　　千、万、亿
【Nível 2 — 09】　Numerais

千 mil (milhar)
万 dez mil (dezena de milhares)
亿 cem milhões (centena de milhões)

一千三百五十二 mil trezentos e cinquenta e dois
三千五（百）três mil e quinhentos
三千零五十 três mil e cinquenta
三千零五 três mil e cinco

585

两万一千四百六十五 vinte e um mil quatrocentos e sessenta e cinco

五万六（千）cinquenta e seis mil

五万零六百 cinquenta mil e seiscentos

五万零六 cinquenta mil e seis

四亿五千万 quatrocentos e cinquenta milhões

四亿五千六百七十二万 quatrocentos e cinquenta e seis milhões e setenta e dois mil

※ 序数词（见"【二 72】 序数表示法"）
※ Numerais ordinais (*vide* 【Nível 2 — 72】 Expressões com numerais ordinais)

A.2.1.5 量词
A.2.1.5 CLASSIFICADORES

【二 10】　　　　名量词：层、封、件、条、位
【Nível 2 — 10】 *Classificadores nominais*

层 andares, camadas
封 objetos contidos em envelopes, como cartas etc.
件 peças ou itens como roupas, documentos etc.
条 objetos ou animais longos como ruas, cordas, peixes, cobras, cães maiores etc.
位 pessoas (tratamento honorífico)

两层楼 dois andares
一封信 uma carta
一件衣服 uma peça de roupa
一条河 um rio
一位老师 um professor

【二 11】　　　　动量词：遍、次、场、回、下
【Nível 2 — 11】 *Classificadores verbais*

遍 vez (ação realizada do início ao fim)
次 vez (ocorrência)

场 sessão, partida (espetáculos e competições)

回 vez (ocorrência, o mesmo que 次)

下 vez (repetição)

看两遍 ver duas vezes

去一次 ir uma vez

哭一场 abrir o berreiro (chorar alto e continuamente)

来两回 vir duas vezes

打一下 bater uma vez

【二 12】　　　时量词：分钟、年、天、周

【Nível 2 — 12】　*Classificadores temporais*

分钟 minuto

年 ano

天 dia

周 semana

十分钟 dez minutos

两年 dois anos

五天 cinco dias

三周 três semanas

A.2.1.6 副词
A.2.1.6 ADVÉRBIOS

【二 13】　　　程度副词：多、多么、好、更、十分、特别、挺、有（一）点儿

【Nível 2 — 13】　*Advérbios de intensidade*

多 tão; muito

多么 tão; como (exclamativo)

好 que (exclamativo)
更 ainda mais
十分 absolutamente; totalmente
特别 especialmente; particularmente
挺 muito; bastante
有（一）点儿 um pouco; um tanto

这孩子多可爱啊！
Esta criança é tão fofa!

那些花儿多么漂亮啊！
Como são lindas aquelas flores!

这个教室好大啊！
Esta sala de aula é muito grande!

他很高，他弟弟更高。
Ele é muito alto e seu irmão é ainda mais alto.

这包子十分好吃。
Este *baozi* está absolutamente delicioso.

王老师的儿子特别可爱。
O filho do(a) professor(a) Wang é muito fofo.

那儿挺安静的。
Lá é muito tranquilo.

今天天气有（一）点儿热。
O clima de hoje está um pouco quente.

【二 14】　　　　范围、协同副词：全、一共、只
【Nível 2 — 14】　*Advérbios de escopo e concomitância*

全 completamente
一共 no total
只 só; somente; apenas

同学们全来了。
Todos os colegas vieram.

我们班一共有二十人。
Nossa turma tem vinte pessoas no total.

卡里只有二百块钱。
Tem apenas duzentos yuan (de crédito) no cartão.

【二 15】　　　　时间副词：刚、刚刚、还², 忽然、一直、已经
【Nível 2 — 15】　*Advérbios de tempo*

刚 agora há pouco; ainda há pouco; acabar de
刚刚 agora há pouco; ainda há pouco; acabar de
还² ainda
忽然 de repente; subitamente
一直 sempre; o tempo todo
已经 já (passado)

我刚从学校回到家。
Acabei de voltar da escola para casa.

白老师刚刚从国外回来。
O professor Bai acabou de retornar do exterior.

589

外边还在下雨呢。
Ainda está chovendo lá fora.

街上的灯忽然都亮了。
As luzes da rua de repente se acenderam.

她一直在说话。
Ela está falando sem parar.

校长已经下班了。
O diretor da escola já encerrou o expediente.

【二 16】 频率、重复副词：重新、经常、老、老是、又
【Nível 2 — 16】 Advérbios de frequência e repetição

重新 novamente; de novo
经常 frequentemente; regularmente; sempre
老 sempre; o tempo todo
老是 sempre; o tempo todo
又 mais uma vez; outra vez

这篇作文我要重新写一遍。
Vou reescrever este texto.

我经常看见他在图书馆学习。
Sempre o vejo estudando na biblioteca.

这个汉字有点儿难，我老写错。
Este caractere é um pouco difícil, eu sempre o escrevo errado.

这个月北京老是下雨。
Neste mês, chove o tempo todo em Beijing.

我们队又进了一个球。
Nosso time fez mais um gol.

【二 17】 关联副词：就 [1]
【Nível 2 — 17】 Advérbios conectivos

就[1] então (usualmente em construções condicionais)

如果明天天气好，我就去爬山。
Se o tempo estiver bom amanhã, (então) vou fazer trilha.

你有时间的话，我们就一起出去走走吧。
Se vocês tiverem tempo, (então) vamos sair juntos para passear.

【二 18】 方式副词：故意
【Nível 2 — 18】 Advérbio de modo

故意 de propósito; intencionalmente

说话的时候，他故意提高声音，这样大家都能听见。
Quando ele está falando, aumenta a voz intencionalmente para que todos possam ouvi-lo.

我不是故意弄坏电脑的。
Não quebrei o computador de propósito.

【二 19】 情态副词：必须、差不多、好像、也许
【Nível 2 — 19】 Advérbios oracionais

必须 necessariamente; indispensavelmente
差不多 aproximadamente; quase

好像 aparentemente; ao que tudo indica; parece que

也许 talvez

要取得好成绩，大家必须努力学习。
Para conseguir boas notas, é indispensável que vocês estudem com diligência.

机票差不多要两千块钱。
A passagem de avião vai custar aproximadamente dois mil yuan.

今天好像要下雨。
Parece que vai chover hoje.

我今年也许会去中国学习中文。
Talvez eu vá à China para estudar chinês neste ano.

【二 20】　　　语气副词：才[1]、都[2]、就[2]、正好
【Nível 2 — 20】　　Advérbios modais

才[1] só (mais tarde ou mais demorado do que a expectativa)

都[2] já (mais cedo ou mais rápido que a expectativa)

就[2] já (havia algum tempo)

正好 por coincidência; por casualidade

我今天八点才起床。
Hoje, eu me levantei só às oito horas.

她一百块钱才买了两本书。
Ela comprou só dois livros com cem yuan.

都十二点了，我们该睡觉了。
Já é meia-noite, temos que dormir.

班长七点半就到教室了。
Às sete e meia, o monitor já havia chegado à sala de aula.

他一遍就听懂了这个很长的句子。
Ele já havia entendido essa longa oração de primeira.

今年我的生日正好是星期天。
O meu aniversário deste ano coincidentemente será no domingo.

A.2.1.7 介词
A.2.1.7 PREPOSIÇÕES

A.2.1.7.1 引出时间
A.2.1.7.1 Preposições que introduzem tempo

【二 21】 当
【Nível 2 — 21】 1. quando; no momento de 2. no mesmo lugar / tempo de

当他进来的时候，我们正在看电视。
Quando ele entrou, estávamos assistindo TV.

当爸爸回来的时候，妈妈已经做好晚饭了。
Quando papai voltou, mamãe já havia feito o jantar.

A.2.1.7.2 引出方向、路径
A.2.1.7.2 Preposições que introduzem direção ou percurso

【二 22】 往
【Nível 2 — 22】 a; para; em direção a

你往左走，就能看见洗手间。
Vá para a esquerda e já verá o lavabo.

你往前走一百米就到了。
Siga em frente por cem metros e já chegará.

【二 23】　　　向[1]
【Nível 2 — 23】　　a; para (direção)

你向西边看，看见西山了吗？
Olhe para oeste, consegue ver Xishan?

他向图书馆走去了。
Ele foi em direção à biblioteca.

【二 24】　　　从[2]
【Nível 2 — 24】　　de; desde (origem); por; por via de; através de; por perto de (movimento)

你从这儿走，五分钟就到书店了。
Indo por aqui você chega à livraria em cinco minutos.

这路公交车从我们学校门口过。
Este ônibus passa na porta da nossa escola.

A.2.1.7.3 引出对象
A.2.1.7.3 Preposições que introduzem complemento

【二 25】　　　对
【Nível 2 — 25】　　1. para; com (beneficiário da ação verbal) 2. em relação a

她对顾客非常热情。
Ela é muito acolhedora com os clientes.

这件事你对他说了吗？
Você falou desse assunto com ele?

ANEXO A: EMENTA GRAMATICAL (NORMATIVA)

【二 26】　　　　　给

【Nível 2 — 26】　　*para; a (beneficiário da ação verbal)*

我晚上要给女朋友打电话。

À noite vou ligar para minha namorada.

她后天过生日，我们给她送什么礼物呢？

O aniversário dela é depois de amanhã, que presente daremos a ela?

【二 27】　　　　　离

【Nível 2 — 27】　　*de (distância espacial ou temporal)*

这儿离车站有点儿远。

Este lugar é um pouco longe da estação.

现在离放假有一个星期的时间。

Agora falta uma semana para entrarmos em férias.

A.2.1.7.4 引出目的、原因

A.2.1.7.4 Preposições que introduzem causa ou finalidade

【二 28】　　　　　为[1]

【Nível 2 — 28】　　*1. a, para 2. por; para (que); a fim de (que)*

为大家的健康干杯！

Brindemos à saúde de todos!

我们都为你的好成绩高兴。

Estamos felizes com suas boas notas.

595

A.2.1.8 连词
A.2.1.8 CONJUNÇÕES

【二 29】 连接词或短语：或、或者

【Nível 2 — 29】 *Conjunções que conectam palavras ou sintagmas*

或 ou
或者 ou

星期天我想去看电影或听音乐会。
No domingo, eu quero ir assistir a um filme ou a um concerto musical.

我下午去打球或者去爬山。
À tarde vou jogar bola ou fazer trilha.

【二 30】 连接分句或句子：不过、但、但是、而且、那、如果、虽然、只要

【Nível 2 — 30】 *Conjunções que conectam orações ou frases*

不过 mas; contudo; porém
但 1. só; apenas 2. mas; contudo
但是 mas; contudo
而且 e; além disso; além do mais
那 então; nesse caso
如果 se; caso (condicional)
虽然 embora; mesmo que; ainda que
只要 sempre que; desde que

现在已经是冬天了，但北京还不太冷。
Já estamos no inverno, mas ainda não está tão frio em Beijing.

你不去，那我就一个人去。
Se você não for, então eu vou sozinho.

("不过、但是、而且、如果、虽然、只要"例句参见复句部分)
(Para mais exemplos, v. "Períodos compostos")

A.2.1.9 助词
A.2.1.9 PARTÍCULAS

【二 31】　　　　结构助词：得
【Nível 2 — 31】　Partícula estrutural

> 得 1. (depois de verbo ou adjetivo, expressa possibilidade ou capacidade) 2. (liga verbo ou adjetivo a complemento que descreve estado, modo, intensidade, potencialidade etc.)

他走得有点儿快。
Ele anda um pouco rápido.

她篮球打得很不错。
Ela joga basquete muito bem.

【二 32】　　　　动态助词：过
【Nível 2 — 32】　Partícula aspectual

> 过 (aspecto experiencial: experiência vivida em momento indefinido no passado)

我去过一次中国。／我没去过中国。
Fui à China uma vez. / Nunca fui à China.

他学过一点儿中文。／他没学过中文。
Ele estudou um pouco de chinês. / Ele nunca estudou chinês.

【二 33】 动态助词：着
【Nível 2 — 33】 Partícula aspectual

着 1. (aspecto contínuo de ação durativa, ex. 唱着 cantando) 2. (aspecto resultativo de ação momentânea, ex. 开着 aberto, ligado)

门关着。/ 门没关着。
A porta está fechada. / A porta não está fechada.

电视开着呢。/ 电视没开着。
A TV está ligada. / A TV não está ligada.

他穿着一件黑大衣。
Ele está vestindo um casaco preto.

孩子们在教室里高兴地唱着歌。
As crianças estão cantando felizes na sala de aula.

【二 34】 语气助词：啊¹、吧²、的²
【Nível 2 — 34】 Partículas modais

啊¹ 1. (expressa admiração, aversão ou anuência) 2. (após sugestão ou pedido, expressa urgência)
吧² (expressa a intenção de confirmar uma resposta já deduzida)
的² (depois de verbo, enfatiza agente, tempo, local ou modo de uma ação ocorrida no passado)

今天真冷啊!
Hoje está muito frio!

您是老师吧?
Você é o professor, não é?

我是昨天来的。
Foi ontem que eu vim.

【二 35】　　　　其他助词：的话、等
【Nível 2 — 35】　Outras partículas

的话 se (demarca o final de uma oração condicional)
等 1. etc.; e outros 2. (indica o final de uma listagem)

你要来的话，就给我打个电话，我去接你。
Se você vier, me telefone e eu vou te buscar.

我去超市买了很多东西，有酒、水果、牛奶等。
Fui ao mercado comprar muitas coisas: bebidas, frutas, leite etc.

A.2.1.10　叹词
A.2.1.10　INTERJEIÇÃO

【二 36】　　　　喂
【Nível 2 — 36】　alô

喂，是王老师吗？
Alô, é o professor Wang?

喂，您找哪位？
Alô, com quem quer falar?

A.2.2 短语
A.2.2 Sintagma

A.2.2.1 结构类型
A.2.2.1 CLASSIFICAÇÃO POR ESTRUTURA

【二 37】 基本结构类型
【Nível 2 — 37】 *Estruturas fundamentais*

(1) 联合短语
Sintagmas coordenados

北京上海 Beijing e Shanghai
我和他 eu e ele
又大又干净 grande e também limpo
去不去 ir ou não ir

(2) 偏正短语
Sintagmas modificador-modificado

新衣服 roupa nova
学校的图书馆 biblioteca da escola
认真学习 estudar seriamente
特别开心 especialmente feliz

(3) 动宾短语
Sintagmas verbo-objeto

买东西 comprar coisas
吃水果 comer frutas
学习中文 estudar chinês
进教室 entrar na sala de aula

（4）动补短语
Sintagmas verbo-complemento

听清楚 ouvir claramente
走来 vir andando
说得很高兴 falou com muita alegria
听两遍 ouvir duas vezes

（5）主谓短语
Sintagmas sujeito-predicado

我休息 eu descanso
他出国 ele vai ao exterior
教室很大 a sala de aula é grande
学习认真 estuda seriamente

【二 38】　　其他结构类型 1
【Nível 2 — 38】　　*Outros tipos de estrutura 1*

（1）"的"字短语
Sintagmas com 的
我的 meu
黑色的 preto
新的 novo
吃的 comida
他买的 que ele comprou

（2）连谓短语
Sintagmas predicado-predicado

去买东西 ir comprar coisas
哭着说 falar chorando

坐飞机去北京 ir a Beijing de avião

去图书馆借书 ir à biblioteca pedir um livro emprestado

A.2.2.2 功能类型
A.2.2.2 CLASSIFICAÇÃO POR FUNÇÃO

【二 39】　　名词性短语
【Nível 2 — 39】　Sintagmas nominais

新书 livro novo
我的衣服 minha roupa
中文水平 nível de língua chinesa
一条河 um rio
两本 dois livros
这件 este (item)

【二 40】　　动词性短语
【Nível 2 — 40】　Sintagmas verbais

买水果 comprar frutas
写完 terminar de escrever
拿出来 pôr (para fora)
常常休息 descansar frequentemente
可以去 poder ir

【二 41】　　形容词性短语
【Nível 2 — 41】　Sintagmas adjetivais

很舒服 muito confortável
非常高兴 extremamente feliz
大一点儿 um pouco maior
又漂亮又可爱 tanto bonito quanto encantador

A.2.2.3 固定短语
A.2.2.3 EXPRESSÕES FIXAS

A.2.2.3.1 其他
A.2.2.3.1 Outras

【二 42】 不一会儿
【Nível 2 — 42】 *1. logo depois; logo; em breve 2. num instante*

今天的作业我不一会儿就做完了。
Terminei a lição de hoje num instante.

我们走到车站,不一会儿,公交车就来了。
Chegamos à parada e logo veio o ônibus.

【二 43】 什么的
【Nível 2 — 43】 *e assim por diante; e coisas assim*

考试前多做点儿练习什么的。
Antes da prova, faça alguns exercícios e outras coisas do tipo.

我去超市买了一些水果、面包什么的。
Fui ao mercado comprar frutas, pão e coisas assim.

【二 44】 越来越
【Nível 2 — 44】 *cada vez mais*

天气越来越热了。
O clima está cada vez mais quente.

我越来越喜欢学习中文。
Gosto cada vez mais de estudar chinês.

A.2.3 固定格式
A.2.3 Estruturas fixas

【二 45】　　　还是……吧
【Nível 2 — 45】　é melhor (sugestão)

打车太贵了，你还是坐地铁吧。
Pegar táxi é caro, é melhor você ir de metrô.

外边下雨了，我们还是在房间看电视吧。
Lá fora está chovendo, é melhor ficarmos no quarto assistindo TV.

【二 46】　　　又……又……
【Nível 2 — 46】　(ser; estar)... e...; não só... como também...

这个饭馆的菜又好吃又便宜。
Os pratos deste restaurante são gostosos e baratos.

这球鞋又贵又不好看。
Este tênis é caro e feio.

【二 47】　　　（在）……以前 / 以后 / 前 / 后
【Nível 2 — 47】　(estar; ficar) antes / depois...

在来中国以前，我只学过一点儿中文。
Antes de vir à China, eu só estudei um pouco de língua chinesa.

吃完午饭以后，我常常会睡一会儿。
Depois almoçar, eu geralmente durmo um pouco.

你运动前应该活动一下儿身体。
Antes de fazer exercícios físicos, você deve aquecer o corpo.

我明天下课后就去你那儿。

Amanhã depois da aula, eu vou aí (onde você está).

A.2.4 句子成分
A.2.4 Termos da oração

A.2.4.1 谓语
A.2.4.1 PREDICADO

【二 48】 名词、代词、数词、数量短语、名词性短语作谓语

【Nível 2 — 48】 Predicado formado por substantivo, pronome, numeral, sintagma numeral-classificador ou sintagma nominal

今天晴天。

Hoje o céu está limpo.

明天星期五。

Amanhã é sexta-feira.

这儿怎么样？

Como é aqui?

他四十，女儿十六。

Ele tem quarenta e sua filha tem dezesseis.

这本中文书二十五块。

Este livro de chinês custa vinte e cinco yuan.

我北京人，今年二十五岁。

Sou de Beijing, neste ano completo vinte e cinco anos.

她高个子，黄头发，很漂亮。

Ela é alta, tem cabelos loiros, é muito bonita.

A.2.4.2 补语
A.2.4.2 COMPLEMENTOS

【二 49】 结果补语 1：动词 + 错 / 懂 / 干净 / 好 / 会 / 清楚 / 完

【Nível 2 — 49】 *Complemento resultativo 1: verbo* + 错 / 懂 / 干净 / 好 / 会 / 清楚 / 完

写错 escrever errado
看懂 ler; entender
洗干净 lavar até ficar limpo
做好 fazer direito, fazer bem feito; concluir
学会 aprender
听清楚 ouvir claramente
吃完 terminar de comer

你写错了两个汉字。
Você escreveu <u>errado</u> dois caracteres.

这个句子我没看懂。
Não <u>entendi</u> esta frase.

衣服我洗干净了。
<u>Lavei</u> as roupas.

这道题你学会了没有？
Você <u>aprendeu</u> esta questão?

这道题我没学会。
Não <u>aprendi</u> esta questão.

你听清楚老师的话了吗？
Você ouviu <u>claramente</u> o que o professor disse?

老师的话我听清楚了。

Ouvi claramente o que o professor disse.

【二 50】　　　　趋向补语 1：简单趋向补语的趋向意义用法

【Nível 2 — 50】　Complemento de direção 1: indica a direção da ação

（1）动词 + 来 / 去

Verbo + 来 / 去

你看，他向这边走来了。

Veja, ele está vindo nesta direção.

甲：这件礼物怎么给他？

乙：你给他带去吧。

A: Como vamos dar este presente a ele?

B: Leve para ele.

我明天带一个相机来。

Amanhã vou trazer uma câmera fotográfica.

他昨天带来了一个相机。

Ontem, ele trouxe uma câmera fotográfica.

甲：你的词典呢？

乙：不好意思，我没拿来。

A: E o seu dicionário?

B: Desculpa, eu não trouxe.

（2）动词 + 上 / 下 / 进 / 出 / 起 / 过 / 回 / 开

Verbo + 上 / 下 / 进 / 出 / 起 / 过 / 回 / 开

你爬上十九楼了没有？

Você subiu dezenove andares?

我没爬上十九楼，到十楼就不行了。
Não subi os dezenove andares, no décimo já não aguentava mais.

爸爸从车上拿下电脑，放回房间。
O papai tirou o computador do carro e o colocou de volta no quarto.

妈妈走上二楼，从包里拿出一封信。
Mamãe subiu ao segundo andar e tirou uma carta da bolsa.

车开进学校了，我们快过去吧。
O carro já entrou na escola, vamos rápido.

你打开包给我看看。
Abra o pacote e me mostre.

【二 51】　　　　状态补语 1：动词 + 得 + 形容词性词语
【Nível 2 — 51】　Complemento de modo 1: verbo + 得 + sintagma adjetival

她跑得很快。
Ela corre muito rápido.

我们玩儿得很高兴。
Nós nos divertimos muito.

【二 52】　　　　数量补语 1：动词 + 动量补语
【Nível 2 — 52】　Complemento de quantidade 1: verbo + complemento de frequência

我去过一次。
Fui uma vez.

我们休息一下儿。
Vamos descansar um pouquinho.

【二 53】　　　　数量补语2：形容词 + 数量补语
【Nível 2 — 53】　*Complemento de quantidade 2: adjetivo + complemento de quantidade*

比弟弟大两岁。
Sou dois anos mais velho do que meu irmão.

天很热，今天凉快一点儿。
Ontem estava muito quente, hoje está <u>um pouco mais</u> fresco.

她的中文比我流利一些。
O chinês dela está <u>pouco mais</u> fluente do que o meu.

A.2.5　句子的类型
A.2.5　Tipos de oração

A.2.5.1　句型
A.2.5.1　PADRÕES SINTÁTICOS

【二 54】　　　　主谓句 3：名词谓语句
【Nível 2 — 54】　*Orações com sujeito e predicado 3: orações com predicado nominal*

明天阴天。
Amanhã <u>estará nublado</u>.

他中国人。
Ele <u>é chinês</u>.

现在八点二十分。
Agora, <u>são oito horas e vinte minutos</u>.

A.2.5.2 特殊句型
A.2.5.2 PADRÕES SINTÁTICOS ESPECIAIS

【二 55】 "有"字句 2
【Nível 2 — 55】 Orações com 有 2

(1) 表示评价、达到
Indicando qualidade ou quantidade

他有一米八高。
Ele tem um metro e oitenta de altura.

他有三十多岁。
Ele tem trinta anos de idade.

(2) 表示比较（见【二 58】 "比较句 2-（4）"）
Indicando comparação (v. 【Nível 2 — 58】 Orações comparativas 2-(4))

【二 56】 存现句 1：表示存在
【Nível 2 — 56】 Orações existenciais 1: indicando existência

(1) 处所 + 有 + 数量短语 + 名词（见【一 37】 "'有'字句 1-(2)"）
Lugar + 有 + sintagma numeral-classificador + substantivo (v. 【Nível 1 — 37】 Orações com 有 1-(2))

(2) 处所 + 动词 + 着（+ 数量短语）+ 名词
Lugar + verbo + 着 (+ sintagma numeral-classificador) + substantivo

桌子上放着一本词典。
Há um dicionário sobre a mesa.

教室前边站着一位老师。
Há um professor de pé na frente da sala de aula.

桌子上放着书、笔和本子。
Há livros, canetas e cadernos.

【二 57】 连动句 1：表示前后动作先后发生
【Nível 2 — 57】 *Construções com verbos seriais 1: indicando sequência de ações*

他开门出去了。
Ele abriu a porta e saiu.

我们吃完饭去图书馆吧。
Depois de almoçar, vamos à biblioteca.

【二 58】 比较句 2
【Nível 2 — 58】 *Orações comparativas 2*

（1）A 比 B + 形容词 + 数量补语
A 比 B + adjetivo + complemento de quantidade: *A é mais ... do que B*

姐姐比我大两岁。
Minha irmã é dois anos mais velha do que eu.

房间外边比里边凉快一些。
Fora do quarto está um pouco mais fresco do que dentro.

（2）A 比 B + 更 / 还 + 形容词
A 比 B + 更 / 还 + adjetivo: *A é mais ... do que B*

他的手机比我的更贵。
O celular dele é muito mais caro do que o meu.

今天比昨天还凉快。
Hoje está mais fresco do que ontem.

（3）A 不如 B（+ 形容词）

A 不如 B (+ adjetivo) : *A não é tão ... quanto B / B é mais... do que A*

我的中文成绩不如班长。

Minhas notas de língua chinesa não são tão boas quanto as do monitor.

火车不如飞机快。

O trem não é tão rápido quanto o avião. / O avião é mais rápido do que o trem.

（4）A 有 B（+ 这么 / 那么）+ 形容词

A 有 B（+ 这么 / 那么） + adjetivo: *A é tão ... quanto B*

你哥哥有你高吗？

Seu irmão é tão alto quanto você?

她家的院子有篮球场那么大。

O quintal da casa dela é tão grande quanto uma quadra de basquete.

【二 59】　　比较句 3

【*Nível 2 — 59*】　　*Orações comparativas 3*

（1）A 跟 B 一样 / 相同

A 跟 B 一样 / 相同: *A e B são iguais / são os mesmos*

我的爱好跟姐姐一样。

Meus passatempos são iguais aos da minha irmã.

他的想法跟我相同。

Ele e eu temos a mesma opinião.

哥哥的手机跟我的不一样。

O celular do meu irmão não é igual ao meu.

我跟她一样，都是这个学校的学生。
Sou estudante desta escola assim como ela.

（2）A 跟 B 一样 + 形容词
A 跟 B 一样 + adjetivo: *A é tão ... quanto B*

姐姐跟妹妹一样可爱。
A irmã mais velha é tão fofa quanto a mais nova.

哥哥和弟弟不一样高。
O irmão não tem a mesma altura que o mais novo.

【二 60】 "是……的"句 1：强调时间、地点、方式、动作者
【Nível 2 — 60】 *Construções com* 是……的 *1: enfatizando tempo, lugar, modo ou agente*

我是昨天到北京的。
Foi ontem que cheguei a Beijing.

他是在网上买的手机。
Foi na internet que ele comprou o celular.

我们是坐飞机来的。
Foi de avião que nós viemos.

这件事是老师告诉我的。
Foi o professor que me contou sobre este assunto.

【二 61】 双宾语句
【Nível 2 — 61】 *Orações com duplo objeto*

（1）主语 + 动词 + 宾语 1 + 宾语 2
Sujeito + verbo + objeto 1 + objeto 2

我给妹妹一本书。
Dei um livro a minha irmã.

爸爸送我一辆汽车。
Meu pai me deu um carro.

（2）主语 + 动词 + 给 + 宾语1 + 宾语2
Sujeito + verbo + 给 + objeto 1 + objeto 2

朋友借给我一千块钱。
Meu amigo me emprestou mil yuan.

姐姐送给我一个手机。
Minha irmã me deu um celular.

A.2.5.3 复句
A.2.5.3 PERÍODOS COMPOSTOS

【二 62】承接复句
【Nível 2 — 62】 Períodos sequenciais

（1）不用关联词语
Assindéticos (sem conectivos)

吃了晚饭，我们出去走走。
Depois de jantar, vamos sair para caminhar.

他回房间拿了衣服，去教室上课了。
Ele voltou ao quarto pegou o casaco e foi para a aula.

（2）用关联词语：先……，再/然后……
Sindéticos (com conectivos): 先……，再/然后……

你先去超市买东西，再回家。
Primeiro vá fazer as compras no mercado, depois volte para casa.

我先去吃午饭，然后回房间休息。
Vou almoçar primeiro e depois voltar ao quarto para descansar.

【二 63】　　　　递进复句
【Nível 2 — 63】　Períodos gradativos

　　（1）不用关联词语
Assindéticos (sem conectivos)

那个地方我去过了，去过两次了。
Já fui àquele lugar, fui duas vezes.

他弟弟会说中文，说得很流利。
O irmão dele fala chinês, fala fluentemente.

　　（2）用关联词语：……，更/还……；不但……，而且……
Sindéticos (com conectivos): ……，更/还……；不但……，而且……

昨天很冷，今天更冷了。
Ontem estava frio, mas hoje está bem mais frio.

班长学习很好，还经常帮助同学。
O monitor é muito bom nos estudos e ainda ajuda os colegas frequentemente.

她不但会说中文，而且说得很好。
Ela não só fala chinês, como também fala muito bem.

【二 64】　　　选择复句
【Nível 2 — 64】　Períodos alternativos

（1）不用关联词语
Assindéticos (sem conectivos)

这次旅行你坐火车，坐飞机？
Nesta viagem você vai de trem ou de avião?

我们星期六去，星期天去？
Vamos no sábado ou no domingo?

（2）用关联词语：（是）……，还是……
Sindéticos (com conectivos)：（是）……，还是……、

你是坐火车来的，还是坐飞机来的？
Você veio de trem ou de carro?

周末你们想去打排球，还是想去打篮球？
No final de semana, vocês querem jogar vôlei ou basquete?

【二 65】　　　转折复句
【Nível 2 — 65】　Períodos adversativos

（1）不用关联词语
Assindéticos (sem conectivos)

这件衣服样子不错，有点儿贵。
Essa roupa é bonita, mas é um pouco cara.

这次去饭店，我们花钱不多，吃得很不错。
Nesta ida ao restaurante, nós não gastamos muito, mas comemos muito bem.

（2）用关联词语：虽然……，但是 / 可是……；……，不过……
Sindéticos (com conectivos): 虽然……，但是 / 可是……；……，不过……

那个公园虽然不大，但是非常漂亮。
Aquele parque, apesar de não ser grande, é muito bonito.

虽然明天可能下雨，可是我还是想去那儿看看。
Talvez chova amanhã, ainda assim quero ir lá dar uma olhada.

这个房间不太大，不过住着很舒服。
Este quarto não é tão grande, mas é muito confortável para morar.

【二 66】　　　　假设复句
【Nível 2 — 66】　　Períodos hipotéticos

（1）不用关联词语
Assindéticos (sem conectivos)

明天下雨，我们在家休息。
Se chover amanhã, vamos ficar em casa.

明天不下雨，我们出去玩儿。
Se não chover amanhã, sairemos para passear.

（2）用关联词语：如果……，就……；……的话，就……
Sindéticos (com conectivos): 如果……，就……；……的话，就……

如果你下午有时间，我们就一起去超市吧。
Se você tiver tempo de tarde, vamos juntos ao supermercado.

明天天气不好的话，我就不去公园了。
Se o clima não estiver bom amanhã, não irei ao parque.

【二 67】　　　　　条件复句：只要……，就……
【Nível 2 — 67】　　Períodos condicionais: 只要……，就……

只要你认真学习，就一定能取得好成绩。
É só você estudar com dedicação, com certeza terá boas notas.

只要你通过这次考试，我就送你一件礼物。
Contanto que você passe nesta prova, eu lhe enviarei um presente.

【二 68】　　　　　因果复句
【Nível 2 — 68】　　Períodos causais

　　(1) 不用关联词语
Assindéticos (sem conectivos)

我今天太忙了，午饭都没吃。
Estou tão ocupada hoje que nem consegui almoçar.

那个学生病了，没来上课。
O aluno faltou à aula porque está doente.

　　(2) 用关联词语：因为……，所以……
Sindéticos (com conectivos): 因为……，所以……

因为很累，所以我今天不想做饭了。
Como estou cansado, não quero cozinhar hoje.

因为明天有考试，所以我想早一点儿睡觉。
Como tem prova amanhã, quero dormir mais cedo.

【二 69】　　　　紧缩复句：一……就……

【Nível 2 — 69】　　Períodos elípticos: 一……就……

他一起床就去洗脸。

Ao se levantar da cama, ele foi lavar o rosto.

我一喝酒就脸红。

Ao beber álcool, fico com o rosto vermelho.

A.2.6　动作的态
A.2.6　Aspectos verbais

【二 70】　　　　持续态：动词 + 着

【Nível 2 — 70】　　Aspecto imperfectivo: verbo + 着

（1）表示状态的持续

Indica a continuidade de um estado

灯一直亮着。/ 灯没亮着。

A luz está acesa o tempo todo. / A luz não está acesa.

电脑开着。/ 电脑没开着。

O computador está ligado. / O computador não está ligado.

（2）表示动作的持续

Indica a continuidade de uma ação

外边下着雪呢。/ 外边没下雪。

Está nevando lá fora. / Não está nevando lá fora.

他们说着、笑着，不一会儿就到学校了。

Eles foram conversando e rindo e logo chegaram à escola.

【二 71】　　　　　经历态：用动态助词"过"表示
【Nível 2 — 71】　　Aspecto experiencial: verbo + 过

他学过中文。/ 他没学过中文。
Ele já estudou chinês. / Ele nunca estudou chinês.

我吃过饺子。/ 我没吃过饺子。
Já comi jiaozi. / Nunca comi jiaozi.

A.2.7 特殊表达法
A.2.7 Expressões especiais

【二 72】　　　　　序数表示法
【Nível 2 — 72】　　Numerais ordinais

第一 primeiro
第三 terceiro
第七 sétimo
二楼 segundo andar
三层 terceiro andar
13 号楼 prédio n.3
205 房间 quarto 205
302 路公交车 ônibus 302

【二 73】　　　　　概数表示法 1
【Nível 2 — 73】　　Expressões aproximativas 1

（1）数词 + 多 + 量词
Número redondo + 多 + classificador (indica um número maior do que o mencionado, mas menor do que o próximo número redondo)

三十多本 mais de trinta livros
五十多斤 mais de cinquenta *jin* (vinte e cinco quilos)

（2）数词 + 量词 + 多

Número terminado em 1 a 9 + classificador + 多 (indica um número maior do que o mencionado, mas menor do que o próximo número inteiro)

三块多 mais de três yuan

四米多 mais de quatro metros

七斤多 mais de sete *jin* (três quilos e meio)

A.2.8 强调的表示法
A.2.8 Expressões de ênfase

【二 74】　　　用"就"表示强调

【*Nível 2 — 74*】　就

教学楼就在前边。

O prédio de ensino é logo ali na frente.

你看，这就是我们上课的教室。

Veja, esta aqui é a sala onde temos aula.

＊ "是……的"表示强调（见【二 60】 "是……的"句 1 和【四 42】 "是……的"句 2）

＊ 是……的 indicando ênfase (v.【Nível 2 — 60】 Construções com 是……的 1 e 【Nível 4 — 42】 Construções com 是……的 2)

A.2.9 提问的方法
A.2.9 Formas interrogativas

【二 75】　　　用"好吗 / 可以吗 / 行吗 / 怎么样"提问

【*Nível 2 — 75*】　*Perguntas com* 好吗 / 可以吗 / 行吗 / 怎么样

我们明天八点出发，好吗？

Partimos amanhã às oito horas, tudo bem?

你明天早点儿来，可以吗？
Amanhã você vem mais cedo, pode ser?

你的词典借我用用，行吗？
Pode me emprestar seu dicionário rapidinho?

我们今天吃面条儿，怎么样？
Que tal nós comermos macarrão hoje?

【二 76】 用"什么时候、什么样、为什么、怎么样、怎样"提问
【Nível 2 — 76】 *Perguntas com* 什么时候、什么样、为什么、怎么样、怎样

你们什么时候见面？
Quando vocês vão se encontrar?

你喜欢什么样的朋友？
Que tipo de amigos você prefere?

你为什么没去上课？
Por que você não foi à aula?

明天天气怎么样？
Como vai estar o clima amanhã?

你明天怎样去学校？
Como você vai à escola amanhã?

【二 77】 用"呢"构成的省略式疑问句"代词 / 名词 + 呢？"提问
【Nível 2 — 77】 *Perguntas com* 呢: *pronome / substantivo* + 呢?

我去医院，你呢？
Vou ao hospital e você?

书在桌子上，笔呢？
O livro está na mesa e a caneta?

【二 78】　　　用"是不是"提问
【Nível 2 — 78】　Perguntas com 是不是

你要去体育馆打球，是不是？
Você vai jogar bola no ginásio, não vai?

是不是你拿了我的笔？
Foi você que pegou minha caneta?

你是不是有很多中国朋友？
Você tem muitos amigos chineses, não tem?

【二 79】　　　用"吧"提问
【Nível 2 — 79】　Perguntas com 吧

您是经理吧？
Você é gerente né?

你以前学过中文吧？
Você já estudou chinês né?

A.2.10 口语格式
A.2.10 Estruturas coloquiais

【二 80】　　　该……了
【Nível 2 — 80】　*ter que; estar na hora de...*

十一点了，该睡觉了。
São dez horas, está na hora de dormir.

明天有听写，我该复习生词了。
Amanhã vai ter ditado, tenho que revisar o vocabulário.

【二 81】　　　　要 / 快要 / 就要……了
【Nível 2 — 81】　　(futuro imediato)

要下雨了。
Vai chover.

我们快要放假了。
Entraremos de férias logo.

他们明天就要考试了。
Eles já vão fazer a prova amanhã.

A.3　三级语法点
A.3　EMENTA GRAMATICAL DO NÍVEL 3

A.3.1　语素
A.3.1　Morfologia

A.3.1.1　前缀
A.3.1.1　PREFIXOS

【三 01】　　　　前缀：第-、老-、小-
【Nível 3 — 01】　　Prefixos

第 (marcador de numerais ordinais)

老 1. (compõe certos nomes de animais e plantas) 2. (antes de sobrenome, expressa tratamento amistoso e informal a interlocutores mais velhos) 3. (antes de 大, 二, 三, 四 etc., indica a ordem de nascimento entre os irmãos ou a ordem de importância dentro de um grupo)

小 (antes de sobrenome, expressa tratamento amistoso e informal a interlocutores mais jovens)

第一 primeiro
第三 terceiro
老二 o segundo filho mais velho
老王 Lao Wang (velho Wang)
小李 Xiao Li (jovem Li)
小王 Xiao Wang (jovem Wang)

A.3.1.2 后缀
A.3.1.2 SUFIXOS

【三 02】 -儿、-家、- 们、- 头、-子
【Nível 3 — 02】 Sufixos

儿 1. adicionado a certos substantivos, indica diminutivo afetivo 2. adicionado a certos substantivos, forma um novo substantivo com significado diferente 3. adicionado a certos verbos, adjetivos ou classificadores, forma substantivos 4. parte integrante de certos verbos 5. terminação de certos adjetivos reduplicados

家 após certos substantivos, indica um grupo específico de pessoas

们 1. plural de pronomes pessoais e substantivos que designam pessoas 2. antes de um nome próprio, indica pessoas da mesma categoria ou seus associados

头 1. parte integrante de certos substantivos 2. parte integrante de palavras que designam posição 3. adicionado a certos verbos e adjetivos, forma substantivos

子 1. parte integrante de certos substantivos 2. parte integrante de certos classificadores

---

画儿 pintura
空儿 tempo livre
画家 pintor
作家 escritor
朋友们 amigos
老师们 professores
石头 pedra
里头 dentro

瓶子 garrafa

屋子 quarto; cômodo

A.3.2 词类
A.3.2 Classes de palavras

A.3.2.1 动词
A.3.2.1 VERBOS

【三 03】　　　　能愿动词：敢
【Nível 3 — 03】　Verbos modais

敢 ter coragem de (fazer algo); ousar; atrever-se a

这儿有两米高，你敢跳下去吗？
Aqui tem dois metros de altura, você tem coragem de saltar?

我不敢在河里游泳。
Não tenho coragem de nadar no rio.

【三 04】　　　　能愿动词：需要
【Nível 3 — 04】　Verbos modais

需要 precisar de; ter necessidade de

她生病了，需要休息。
Ela está doente, precisa descansar.

我们不需要买吃的，家里有很多。
Não precisamos comprar comida, temos muita em casa.

【三 05】　　　　动宾式离合词：帮忙、点头、放假、干杯、见面、结婚、看病、睡觉、洗澡、理发、说话

【*Nível 3 — 05*】　　*Verbos separáveis formados por verbo + objeto*

帮忙 ajudar; auxiliar; fazer um favor

点头 1. assentir ou cumprimentar com um movimento de cabeça 2. aprovar; permitir

放假 estar de férias; dar férias

干杯 brindar; fazer um brinde

见面 ver-se; encontrar-se

结婚 casar-se

看病 1. ir ao médico 2. prestar serviços médicos; tratar o paciente

睡觉 dormir

洗澡 tomar banho

理发 cortar o cabelo

说话 1. falar; dizer; 2. bater papo; conversar

他经常帮我的忙。

Ele me ajuda frequentemente.

他点了一下儿头，表示同意。

Ele acenou com a cabeça indicando consentimento.

我想放了假就去旅行。

Quero ir viajar assim que entrar de férias.

来，我们一起干一杯。

Vem, vamos brindar.

来中国以后，我们只见过一次面。

Depois de vir à China, nós só nos encontramos uma vez.

结了婚以后，她就不工作了。
Depois de se casar, ela não trabalhou mais.

病人看完病就去取药了。
Depois de consultar o médico, o paciente foi retirar os remédios.

楼下那么吵，让我睡不了觉。
Lá embaixo está tão barulhento que eu não consigo dormir.

工作任务完成后，他只想赶快去洗个澡，理个发。
Depois de concluir a tarefa de trabalho, ele só queria ir tomar um banho e cortar o cabelo.

大家七嘴八舌的，我都说不上话。
Com tanta gente falando ao mesmo tempo, eu não consegui falar nada.

【三 06】　　动补式离合词：打开、看见、离开、完成
【Nível 3 — 06】　Verbos separáveis formados por verbo + complemento resultativo

打开 1. abrir 2. ligar; acionar (televisão etc.)
看见 ver; enxergar
离开 deixar; abandonar
完成 cumprir; concluir; levar a cabo

你的文件我打不开，你能再给我发一下儿吗？
Não consigo abrir seu arquivo, pode me enviar novamente?

黑板上的字很小，我们都看不见。
As letras da lousa estão muito pequenas, não conseguimos enxergar.

放心吧，孩子这么大，离得开妈妈了。
Não se preocupe, crianças dessa idade já conseguem ficar longe da mãe.

我们完不成这个任务。
Não conseguimos concluir esta tarefa.

A.3.2.2 代词
A.3.2.2 PRONOMES

【三 07】 疑问代词的非疑问用法
【Nível 3 — 07】 Uso dos pronomes interrogativos como pronomes indefinidos

（1）任指用法
Para expressar totalidade

a) 疑问代词 + 都……
pronome interrogativo + 都……

谁都喜欢她。
Todo mundo gosta dela.

我吃什么都行。
Posso comer qualquer coisa.

你什么时候来都可以。
Você pode vir a qualquer momento.

我哪儿都没去过。
Nunca fui a lugar nenhum.

你想怎么去都没问题。
Você pode ir do jeito que quiser.

b) 疑问代词……疑问代词……
pronome interrogativo + pronome interrogativo

你们随便吃，想吃什么吃什么。
Sirvam-se à vontade, comam o que quiserem.

谁想参加比赛谁就报名参加。
Quem quiser participar da competição pode se inscrever.

他们几点来就几点开始。
Vamos começar na hora em que eles chegarem.

你怎么做，我就怎么做。
Vou fazer o que você fizer.

他们各做各的，谁也不帮谁。
Cada um faz o seu, ninguém ajuda ninguém.

（2）不定指用法
Para expressar indeterminação

我好像在哪儿见过你。
Acho que já te vi antes em algum lugar.

你们先吃点儿什么再去公园吧。
Comam alguma coisa antes de ir ao parque.

要是你一个人搬不动，就请谁来帮一下吧。
Se você não conseguir carregar sozinho, chame alguém para ajudar.

【三 08】 指示代词：各、各位、各种、每、任何
【Nível 3 — 08】 Pronomes demonstrativos

各 todo; cada
各位 todas as pessoas; prezados; senhoras e senhores (tratamento honorífico)

各种 todos os tipos
每 cada; todo; por
任何 qualquer

我们班的同学来自世界各国。
Os colegas da nossa turma vieram de todas as partes do mundo.

各位朋友，下午好！
Prezados amigos, boa tarde!

这儿有各种颜色的花。
Aqui há flores de todas as cores.

我每个星期天都去爬山。
Faço trilha todos os domingos.

我们任何时候都要注意保护环境。
Temos de estar sempre atentos à proteção ambiental.

A.3.2.3 量词
A.3.2.3 CLASSIFICADORES

【三 09】 名量词：把、行、架、群、束、双、台、张、支、只、种
【Nível 3 — 09】 *Classificadores nominais*

把 1. punhado (quantidades contidas em uma mão, ex. um punhado de arroz etc.) 2. objetos com cabo ou que podem ser manuseados, como faca, escova de dente, cadeira etc. 3. certas ideias abstratas, como força, energia etc.

行 fileira

架 aeronaves, máquinas, equipamentos ou instrumentos em tripé ou suporte

群 grupo; bando

束 ramalhete; buquê

双 par

台 certos equipamentos, instrumentos, máquinas etc.

张 objetos de superfície plana como camas, mesas, folhas de papel etc.

支 objetos longos, finos e inflexíveis, como caneta etc.

只 1. (certos animais) 2. (objetos em pares) 3. (certos utensílios) 4. (barcos)

种 tipo

一把椅子 uma cadeira

两行汉字 duas linhas de caracteres chineses

一架飞机 um avião

一群学生 um grupo de estudantes

两束花 dois ramalhetes de flores

一双球鞋 um par de tênis

两台电脑 dois computadores

一张桌子 uma mesa

一支笔 uma caneta

三只鸡 três frangos

两种颜色 duas cores

【三 10】　　　动量词：顿、口、眼

【Nível 3 — 10】　*Classificadores verbais*

顿 (refeição, bronca, surra etc.)

口 (uma bocada, um gole)

眼 (uma olhada, um vislumbre)

批评一顿 dar uma bronca, repreender

喝一口 dar um gole

看一眼 dar uma olhada

ANEXO A: EMENTA GRAMATICAL (NORMATIVA)

【三 11】　　　　量词重叠：AA
【Nível 3 — 11】　Classificadores reduplicados: AA

家家 todas as famílias; todos os lares
件件 todos os itens; todas as peças
条条 todas faixas, ruas etc.
次次 todas as vezes
回回 todas as vezes
顿顿 todas as refeições
天天 todos os dias
年年 todos os anos

A.3.2.4 副词
A.3.2.4 ADVÉRBIOS

【三 12】　　　　程度副词：比较、更加、还³、相当
【Nível 3 — 12】　Advérbios de intensidade

比较 comparativamente; relativamente
更加 mais; ainda mais
还³ ainda mais
相当 bastante; consideravelmente

我比较喜欢游泳。
Gosto mais de nadar.

她以前学习就很努力，现在更加努力了。
Antes ela já era dedicada aos estudos, agora é ainda mais dedicada.

这个房间不干净，那个房间还干净一些。
Este quarto não está limpo, aquele quarto está um pouco mais limpo.

这个公园的景色相当漂亮。
A paisagem deste parque é muito bonita.

【三 13】　　　　范围、协同副词：光、仅、仅仅、就³、至少
【Nível 3 — 13】　Advérbios de escopo e concomitância

光 apenas; somente; unicamente
仅 só; somente; apenas
仅仅 só; somente; apenas
就³ apenas; somente
至少 pelo menos; ao menos

他每天光玩儿不学习。
Todos os dias, ele só brinca e não estuda.

今天来上课的仅有五个学生。
Hoje só cinco alunos vieram à aula.

这次旅行仅仅花了三千块。
Nesta viagem gastamos só três mil yuan.

我们班就他知道这个消息。
Na nossa turma só ele sabia desta informação.

我就拿了一支笔。
Só peguei uma caneta.

教室里至少有五十个人。
Há pelo menos mais de cinquenta pessoas na sala de aula.

ANEXO A: EMENTA GRAMATICAL (NORMATIVA)

【三 14】 时间副词：本来、才², 曾经、从来、赶紧、赶快、立刻、连忙、始终、已、早已

【Nível 3 — 14】 *Advérbios de tempo*

本来 1. originalmente; em princípio 2. naturalmente

才² só (indica que algo acontece mais tarde do que a expectativa)

曾经 outrora; já

从来 sempre; nunca

赶紧 depressa; sem demora

赶快 depressa; imediatamente

立刻 imediatamente; de imediato

连忙 de imediato; imediatamente; prontamente

始终 do começo ao fim; do princípio ao fim; sempre

已 já

早已 há muito tempo

会议本来在星期一举行，但是现在改时间了。
A reunião originalmente seria realizada na segunda-feira, mas agora mudou de data.

他才起床，让我们等一下儿。
Ele só acordou agora, nos deixou esperando um pouco.

你怎么才来就要走？
Como você vem só agora e já vai embora?

我曾经学过一年中文。
Já estudei um ano de língua chinesa.

他从来不喝酒。
Ele nunca bebe álcool.

听到这个消息，他赶紧跑回家去了。
Ao ouvir a notícia, ele correu imediatamente de volta para casa.

听到有人叫他的名字，他赶紧开门。
Ao ouvir alguém chamando seu nome, ele abriu a porta depressa.

他很不舒服，我们要赶快送他去医院。
Ele não está se sentindo bem, nós temos que levá-lo ao hospital depressa.

经理来电话，叫我立刻去她的办公室。
A gerente telefonou pedindo que eu vá imediatamente ao seu escritório.

看到一位老人上车，我连忙站起来让他坐。
Ao ver que um idoso entrou no veículo, eu prontamente cedi a ele o assento.

她在中国留学的时候，始终坚持每天说中文。
Quando ela estava fazendo intercâmbio na China, sempre persistia em falar chinês.

我们已做好下个月的工作计划。
Já fizemos o plano de trabalho do próximo mês.

他早已离开北京了。
Ele foi embora de Beijing há muito tempo.

【三 15】　　　　频率、重复副词：通常、往往、总、总是
【Nível 3 — 15】　*Advérbios de frequência e repetição*

通常 normalmente; geralmente; de modo geral
往往 frequentemente; com frequência
总 1. sempre 2. cedo ou tarde; de qualquer modo 3. provavelmente
总是 sempre

李经理通常很早就到公司。
O gerente Li normalmente chega cedo ao escritório.

为了记住一个汉字，他往往要写很多遍。
Para memorizar um caractere, ele frequentemente o escreve várias vezes.

我总弄不明白什么时候用"把"字句，常常一说就错。
Nunca consegui entender quando usar a construção com 把 e sempre falo errado.

他去机场总是提前两个小时出发。
Para ir ao aeroporto ele sempre sai com duas horas de antecedência.

【三 16】　　　关联副词：再²
【Nível 3 — 16】　Advérbios conectivos

再² depois de; só então (indica uma ação a ser realizada só após a conclusão de outra ação)

我们做完作业再玩儿游戏。
Primeiro vamos terminar a lição e, depois, jogar um jogo.

你洗了手再吃水果。
Primeiro lave as mãos e, depois, coma a fruta.

【三 17】　　　方式副词：互相、尽量、亲自、相互
【Nível 3 — 17】　Advérbio de modo

互相 reciprocamente; mutuamente; um ao outro
尽量 o máximo possível; o quanto possível
亲自 pessoalmente; em pessoa
相互 mutuamente; reciprocamente

大家要互相帮助。
Todos precisam ajudar-se mutuamente.

志愿者要尽量自己克服困难。
Os voluntários precisam superar as dificuldades o máximo possível por si mesmos.

校长亲自联系学生实习的公司。
O diretor da escola contatou pessoalmente a empresa onde os estudantes fazem estágio.

我们要相互关心，相互照顾。
Precisamos cuidar uns dos outros.

【三 18】 情态副词：大概、恐怕
【Nível 3 — 18】 *Advérbios oracionais*

大概 aproximadamente; provavelmente; talvez
恐怕 talvez; porventura

他病了，今天大概不会来上课了。
Ele está doente, provavelmente não virá à aula hoje.

天这么阴，大概要下雨。
O céu está nublado, talvez chova.

我头有点儿疼，恐怕是感冒了。
Estou com um pouco de dor de cabeça, talvez vá ficar gripado.

他出国恐怕已经有三年多了吧。
Acho que já faz mais de três anos que ele saiu do país.

【三 19】　　　　语气副词：白、并¹、当然、到底、反正、根本、果然、简直、绝对、难道、其实、千万、确实、只好、终于

【*Nível 3 — 19*】　*Advérbios modais*

白 1. inutilmente; em vão; à toa 2. gratuitamente; grátis

并¹ nada; de modo algum

当然 claro; naturalmente; logicamente

到底 1. afinal; finalmente; enfim 2. (ênfase em interrogativas) 3. apesar de tudo; no final das contas

反正 de qualquer maneira; de qualquer modo

根本 1. absolutamente; nunca; em tempo algum (com negativa) 2. radicalmente; pela raiz; completamente

果然 de fato; realmente

简直 simplesmente; realmente

绝对 absolutamente; completamente

难道 por acaso; será que

其实 de fato; na realidade

千万 ter que; custe o que custar

确实 verdadeiramente; realmente; deveras

只好 não ter escolha; não ter opção

终于 finalmente; por fim

老师不在办公室，我白去了。
O professor não estava no escritório, eu fui lá à toa.

这次考试并没有他们说的那么简单。
Esta prova não estava tão fácil quanto eles disseram.

学生当然应该做作业。
É claro que os estudantes devem fazer a lição de casa.

他到底是老师还是学生？
Afinal, ele é estudante ou professor?

我不知道是谁做的，反正不是我做的。
Não sei quem foi que fez, de qualquer maneira não fui eu.

她根本不相信我。
Ela nunca acreditou em mim.

天气预报说要下雨，你看果然下了。
A previsão do tempo disse que ia chover e de fato choveu.

这纸花太漂亮了，简直跟真花一样。
Esta flor de papel é bonita demais, parece simplesmente uma flor de verdade.

他绝对不会干这种事，我相信他。
Ele nunca fará uma coisa dessas, eu acredito nele.

别人都能学会，难道我就学不会吗？
Todas as outras pessoas conseguem aprender, por acaso eu não vou conseguir?

大家以为他回国了，其实他去南方旅行了。
Todos acharam que ele havia voltado ao seu país de origem, mas na verdade ele viajou para o Sul.

你明天千万要早点儿回来。
Amanhã você tem que voltar mais cedo.

这次情况确实非常紧急。
Esta situação é realmente urgente.

我生病了，只好跟老师请假。
Estou doente, não tenho opção a não ser pedir dispensa ao professor.

他努力复习了一个月，终于顺利地通过了所有的考试。
Ele dedicou-se à revisão por um mês, por fim, passou em todas as provas.

A.3.2.5 介词
A.3.2.5 PREPOSIÇÕES

A.3.2.5.1 1引出时间、处所
A.3.2.5.1 Preposições que introduzem tempo ou lugar

【三 20】　　　　由 [1]
【Nível 3 — 20】　　1. por causa de; devido a 2. por 3. através de 4. de; desde

这路公交车由北京机场出发。
Este ônibus sai do aeroporto de Beijing.

我们由南门进入公园。
Entramos no parque pelo portão sul.

【三 21】　　　　自从
【Nível 3 — 21】　　desde

自从修了公路，这儿的交通就方便多了。
Desde que construíram a estrada, o transporte aqui ficou muito mais fácil.

自从来到中国，他就喜欢上了中国菜。
Desde que ele chegou à China, já gostou da comida chinesa.

A.3.2.5.2 引出方向、路径
A.3.2.5.2 Preposições que introduzem direção ou percurso

【三 22】　　　　朝
【Nível 3 — 22】　　em direção a; voltado para

大门朝南开。
O portão está voltado para o sul.

他朝左边看了一下儿。
Ele olhou em direção à esquerda.

他朝我大喊："小心！"
Ele gritou para mim: Cuidado!

A.3.2.5.3 引出对象

A.3.2.5.3 Preposições que introduzem complemento

【三 23】　　　为 ²
【Nível 3 — 23】　a; para

妈妈每天为我们做饭。
Mamãe cozinha para nós todos os dias.

他为我买了一束花。
Ele me comprou um buquê de flores.

【三 24】　　　向 ²
【Nível 3 — 24】　a; com

我们要向班长学习。
Devemos aprender com o monitor da turma.

如果不能来上课，你要向老师请假。
Se não puder vir à aula, você deve pedir dispensa ao professor.

A.3.2.5.4 引出目的、原因

A.3.2.5.4 Preposições que introduzem causa ou finalidade

【三 25】　　　由于 ¹、因为
【Nível 3 — 25】　Preposições

由于 ¹ por causa de; devido a; por
因为 porque; por causa de

由于各种原因，大家没有接受他的意见。
Por razões diversas, ninguém aceitou as sugestões dele.

他因为这件事一直不跟我说话。
Por causa desse incidente, ele não está falando comigo.

【三 26】　　　　为了
【Nível 3 — 26】　para que; a fim de

妈妈为了健康坚持每天跑步。
Mamãe corre todos os dias para manter a saúde.

他为了新工作不断学习新知识。
Ele constantemente aprende novos conhecimentos para o seu novo trabalho.

A.3.2.5.5　引出施事、受事

A.3.2.5.5　Preposições que introduzem agente ou paciente

【三 27】　　　　把、被、叫、让
【Nível 3 — 27】　Preposições

> 把 (posiciona o objeto antes do verbo nas seguintes condições: a) o sujeito é um ser capaz de realizar uma ação, como pessoas ou animais etc.; b) o predicado é constituído por verbo transitivo que altera o lugar, o estado ou a característica do objeto; c) o objeto é definido; e d) há um elemento complementar depois do verbo, que pode ser a partícula 了 ou 着, uma palavra ou grupo de palavras que esclareça a influência da ação sobre o objeto)
>
> 被　por (indica a voz passiva, introduz o agente ou a ação, se o agente estiver omitido)
>
> 叫　por (indica a voz passiva na linguagem coloquial)
>
> 让　por (indica a voz passiva na linguagem coloquial)

我看见你把手机放在书包里了。
Vi você pegar o celular e colocá-lo na mochila.

裙子被我弄脏了。
A saia foi sujada por mim.

手机叫我弄坏了。
O celular foi quebrado por mim.

我的车让朋友借走了。
O meu carro foi emprestado para um amigo.

A.3.2.5.6 表示排除

A.3.2.5.6 Preposições de exclusão

【三 28】　　　除了

【Nível 3 — 28】　1. exceto; com exceção de 2. além de

除了英文，他还会说中文。
Além de inglês, ele também sabe falar chinês.

除了他，我们都是留学生。
Todos nós somos estudantes intercambistas, com exceção dele.

A.3.2.5.7 引出凭借、依据

A.3.2.5.7 Preposições que introduzem motivação ou fundamentação

【三 29】　　　按、按照

【Nível 3 — 29】　conforme; de acordo com; segundo

房租按天或者按月计算。
O aluguel da casa é calculado por dia ou por mês.

他们按照地图找到了全部东西，顺利完成了任务。
Eles encontraram tudo de que precisavam de acordo com o mapa e concluíram a tarefa com sucesso.

A.3.2.6 连词
A.3.2.6 CONJUNÇÕES

【三 30】 连接分句或句子：并且、不光、不仅、另外、要是、因此、由于 [2]、只有

【*Nível 3 — 30*】 *Conjunções que conectam orações ou frases*

并且 1. e 2. além disso; também

不光 não somente

不仅 não só; não somente

另外 além disso; além do mais

要是 se; caso; no caso de

因此 por isso; portanto

由于 [2] por causa de; devido a

只有 só; somente

这星期我很忙，要上课，要准备考试，另外，还要参加一些学校活动。
Estou ocupada esta semana, tenho que ir à aula, me preparar para a prova e participar de uma atividade da escola.

这次晚会他们准备了很多吃的、喝的，另外，还准备了不少礼物。
Para esta festa, eles prepararam muitas comidas e bebidas, além de muitos presentes.

("并且、不光、不仅、要是、因此、由于、只有"例句参见复句部分)
(*v. exemplos com* 并且、不光、不仅、要是、因此、由于、只有 *na seção Períodos compostos*)

A.3.2.7 拟声词
A.3.2.7 ONOMATOPEIA

【三 31】　　　　哈哈
【Nível 3 — 31】　haha (risada)

我还没进门就听到同学们哈哈的声音了。
Eu ainda não havia entrado na sala e já ouvia a risada dos colegas.

听了他的话，我们都哈哈地笑了起来。
Ao ouvir o que ele dizia, todos nós gargalhamos.

A.3.3 短语
A.3.3 Sintagmas

A.3.3.1 结构类型
A.3.3.1 CLASSIFICAÇÃO POR ESTRUTURA

【三 32】　　　　其他结构类型 2
【Nível 3 — 32】　*Outros tipos de estrutura 2*

(1) 介宾短语
Sintagma prepositivo

在房间 na sala
从前边 da frente
往左 à esquerda
把他 pegá-lo para (fazer algo)
按照规定 de acordo com as regras

(2) 方位短语
Sintagma locativo

教室里 na sala de aula
桌子上边 sobre a mesa
学校的东边 oeste da escola
起床后 depois de se levantar
睡觉以前 antes de dormir

（3）兼语短语
Sintagma pivô

请他进来 convidá-lo para entrar
叫他上车 chamá-lo para entrar no carro
通知他开会 avisá-lo da reunião
建议大家休息 sugerir que todos descansem

（4）同位短语
Sintagma apositivo

我的朋友小张 meu amigo, Xiao Zhang
他妈妈李老师 a mãe dele, professora Li
游泳这种运动 o esporte da natação

【三 33】	数量重叠：数词 + 量词 + 数词 + 量词
【Nível 3 — 33】	*Repetição de numeral e classificador: numeral + classificador + numeral + classificador*

图书馆里放着一排一排的书架。
A biblioteca tem fileiras e fileiras de estantes.

老师让学生两个两个地进教室。
O professor deixou os alunos entrarem na sala de aula de dois em dois.

妈妈一遍一遍地告诉我要注意安全。
Mamãe me disse várias vezes para tomar cuidado.

日子一天一天过去了。
O tempo passou <u>dia após dia</u>.

A.3.3.2　固定短语

A.3.3.2　Expressões fixas

A.3.3.2.1　四字格

A.3.3.2.1　Padrões quadrissílabos

【三 34】　　　　不A不B

【Nível 3 — 34】　nem A nem B

不大不小 nem grande nem pequeno
不长不短 nem longo nem curto
不冷不热 nem frio nem quente
不多不少 nem muito nem pouco
不早不晚 nem cedo nem tarde

A.3.3.2.2　其他

A.3.3.2.2　Outras

【三 35】　　　　看起来

【Nível 3 — 35】　parecer

这些苹果看起来很好吃。
Estas maçãs parecem apetitosas.

她工作了一天，看起来有点儿累。
Ela trabalhou o dia todo, parece um pouco cansada.

【三 36】　　　　看上去
【Nível 3 — 36】　　*parecer*

这件衣服看上去很不错。
Esta roupa parece ótima.

那沙发看上去非常结实。
Aquele sofá parece muito resistente.

【三 37】　　　　有的是
【Nível 3 — 37】　　*o que mais tem é / são; ter em grande quantidade*

咱们图书馆有的是书，你可以多看看。
O que mais tem em nossa biblioteca são livros, você pode ler mais.

这儿水果有的是，你多拿一点儿。
O que mais tem aqui são frutas, pegue mais um pouco.

A.3.4　固定格式
A.3.4　Estruturas fixas

【三 38】　　　　除了……（以外），……还 / 也 / 都……
【Nível 3 — 38】　　*além de ... também ... ; exceto..., ...*

除了上课，我还要参加各种活动。
Além das aulas, ainda tenho que participar de várias atividades.

除了我，我姐姐和弟弟也会说中文。
Além de mim, minha irmã e meu irmão também sabem falar chinês.

除了北京以外，中国的其他城市我都没去过。
Exceto Beijing, não conheço outras cidades da China.

附 录 A：(规范性) 语法等级大纲

【三 39】从……起
【Nível 3 — 39】 *de... em diante; a partir de...*

从现在起，你要努力学习了。
De agora em diante, você precisa se dedicar aos estudos.

从今天起，我就用这台新电脑了。
A partir de hoje, vou usar este computador novo.

【三 40】对……来说
【Nível 3 — 40】 *para...*

对日本留学生来说，汉字不太难。
Para os estudantes japoneses, os caracteres não são tão difíceis.

对专家来说，这个问题很容易解决。
Para os especialistas, este problema é fácil de resolver.

【三 41】一……也 / 都 + 不 / 没……
【Nível 3 — 41】 *nem sequer; nem um(a); nenhum(a)*

他一句中文也不会说。
Ele não sabe falar nem sequer uma oração em chinês.

我上午一口水也没喝，现在渴极了。
De manhã, eu não bebi nem um copo de água, agora estou com muita sede.

他一个汉字都不认识。
Ele não conhece nenhum caractere.

这个公园我一次都没去过。
Não fui a esse parque uma vez sequer.

【三 42】　　　　越……越……
【Nível 3 — 42】　*quanto mais... mais...*

中文越学越有意思。
Quanto mais se estuda a língua chinesa, mais interessante ela fica.

衣服的牌子越有名，价钱越贵。
Quanto mais famosa é a marca da roupa, mais alto é o preço.

A.3.5 句子成分
A.3.5 Termos da oração

A.3.5.1 主语
A.3.5.1 SUJEITO

【三 43】　　　　动词或动词性短语、形容词或形容词性短语作主语
【Nível 3 — 43】　*Sujeito formado por verbo ou sintagma verbal, adjetivo ou sintagma adjetival*

哭对身体有好处。
Chorar é bom para a saúde.

早一点儿来比较合适。
É melhor vir mais cedo.

紧张有什么用？
De que adianta ficar nervoso?

太冷了不好，太热了也不好。
Muito frio não é bom, muito calor também não é.

A.3.5.2 宾语
A.3.5.2 OBJETO

【三 44】 动词或动词性短语、形容词或形容词性短语和主谓短语作宾语

【Nível 3 — 44】 *Objeto formado por verbo ou sintagma verbal, adjetivo ou sintagma adjetival e sintagma sujeito-predicado*

我打算去上海。
Estou planejando ir a Shanghai.

她喜欢安静。
Ela gosta de tranquilidade.

我感到不舒服。
Estou me sentindo desconfortável.

老师希望大家都能取得好成绩。
O professor espera que todos consigam boas notas.

A.3.5.3 定语
A.3.5.3 ADJUNTOS ADNOMINAIS

【三 45】 动词或动词性短语、主谓短语作定语

【Nível 3 — 45】 *Adjuntos adnominais formados por verbo ou sintagma verbal e sintagma sujeito-predicado*

你看见那个跳舞的女孩儿了吗？
Você viu aquela menina que está dançando?

观看演出的观众请从右边的门进去。
Espectadores que vão assistir ao show, por favor, entrem pela porta que está à direita.

小白讲的故事很有意思。
A história que o Xiao Bai contou é muito interessante.

A.3.5.4 补语
A.3.5.4 COMPLEMENTOS

【三 46】 结果补语 2：动词 + 到 / 住 / 走

【Nível 3 — 46】 *Complemento resultativo 2: verbo + 到 / 住 / 走*

他终于买到火车票了。

Finalmente comprei a passagem de trem.

我把球传给他，可是他没接住。

Passei a bola para ele, mas ele não pegou.

那本书他取走了吗？

Ele retirou aquele livro?

【三 47】 趋向补语 2：复合趋向补语的趋向意义用法

动词 + 出来 / 出去 / 过来 / 过去 / 回来 / 回去 / 进来 / 进去 / 起来 / 上来 / 上去 / 下来 / 下去

【Nível 3 — 47】 *Complemento de direção 2: uso do complemento de direção composto indicando a direção da ação*

verbo + 出来 / 出去 / 过来 / 过去 / 回来 / 回去 / 进来 / 进去 / 起来 / 上来 / 上去 / 下来 / 下去

他从书包里拿了一本书出来。

Ele retirou um livro da mochila.

他从书包里拿出一本书来。

Ele retirou um livro da mochila.

他从书包里拿出来一本书。

Ele retirou um livro da mochila.

他慢慢地走出教室去了。

Ele saiu da sala de aula vagarosamente.

汽车开过来了，咱们准备上车。
O ônibus está vindo, vamos nos preparar para embarcar.

他在桥那边，我们走过去吧。
Ele está naquela ponte, vamos até lá.

我昨天买回来了一些水果。
Comprei umas frutas ontem.

这儿离学校很近，我们走回去吧。
Aqui é bem perto da escola, vamos voltar andando.

外边的桌子你搬进来了没有？
Você levou para dentro as mesas que estavam lá fora?

桌子我还没搬进来。
Ainda não levei as mesas para dentro.

这些书不能放在外边，应该拿进去。
Estes livros não podem ficar aqui fora, devemos levá-los para dentro.

你站起来。
Levante-se.

你的电脑拿上来了没有？
Você trouxe seu computador?

他突然跑上二楼去了。
Ele subiu para o segundo andar de repente.

他从二楼走下来了。
Ele desceu do segundo andar.

行李你帮我拿下去吧。
Ajude-me a trazer as malas para baixo.

【三 48】　　　　可能补语 1：动词 + 得 / 不 + 动词 / 形容词；动词 + 得 / 不 + 了
【Nível 3 — 48】　*Complemento de potencialidade: verbo + 得 / 不 + verbo / adjetivo + 了; verbo + 得 / 不 + 了*

老师的话我都听得懂。
Consigo entender tudo o que o professor diz.

这件衣服太脏了，洗不干净了。
Esta roupa está muito suja, não dá para lavar.

明天的比赛你参加得了吗？
Você vai conseguir participar da competição amanhã?

我病了，明天上不了课。
Estou doente, amanhã não conseguirei ir à aula.

【三 49】　　　　程度补语 1：形容词 / 心理动词 + 得很 / 极了 / 死了
【Nível 3 — 49】　*Complemento de intensidade 1: adjetivo / verbo psicológico + 得 / 不 + 了*

我累得很。
Estou muito cansado.

外面冷极了。
Lá fora está frio demais.

这个游戏孩子们喜欢极了。
As crianças gostam demais deste jogo.

他们今天忙死了。
Hoje, eles estão ocupados demais.

【三 50】　　　　　数量补语3（动词 + 动量补语）：宾语和动量补语共现
【Nível 3 — 50】　Complemento de quantidade 3 (verbo + complemento de frequência): co-ocorrência de objeto e complemento de frequência

我找了他两次。
Eu o procurei duas vezes.

我来过中国一次。
Vim à China uma vez.

我去过两次上海。
Fui a Shanghai duas vezes.

他读了三遍课文。
Ele leu o texto três vezes.

【三 51】　　　　　数量补语4（动词 + 时量补语）：表示动作持续的时间
【Nível 3 — 51】　Complemento de quantidade 4 (verbo + complemento de duração): indica a duração da ação

我学中文学了两年。
Estudei chinês por dois anos.

我学了两年中文。
Estudei chinês por dois anos.

我等他等了半个多小时。
Eu o esperei por mais de meia hora.

我等了他半个多小时。
Eu o esperei por mais de meia hora.

他游泳游了四十分钟。
Ele nadou por quarenta minutos.

他游了四十分钟的泳。

Ele nadou por quarenta minutos.

【三 52】 数量补语5（动词 + 时量补语）：表示动作结束后到某个时间点的间隔时间

【Nível 3 — 52】 *Complemento de quantidade 5 (verbo + complemento de duração): indica o intervalo de tempo entre o fim de uma ação e um determinado ponto no tempo*

他们来中国两个月了。

Eles chegaram à China há dois meses.

哥哥去北京一个星期了。

O meu irmão foi à China há uma semana.

我父母结婚二十年了。

Meus pais casaram-se há vinte anos.

A.3.6 句子的类型
A.3.6 Tipos de oração

A.3.6.1 句型
A.3.6.1 PADRÕES SINTÁTICOS

【三 53】 主谓句 4：主谓谓语句

【Nível 3 — 53】 *Orações com sujeito e predicado 4: orações com sintagma sujeito--predicado como predicado (construções tópico-comentário)*

奶奶身体非常好。

[Quanto à] Vovó, a saúde dela está ótima.

这件衣服颜色很好看。

[Quanto a] Esta roupa, a cor é muito bonita.

那本书我没看过。
Aquele livro eu não li.

这电影我看了三遍了。
Esse filme eu vi três vezes.

A.3.6.2 特殊句型
A.3.6.2 PADRÕES SINTÁTICOS ESPECIAIS

【三 54】 "把"字句 1：表处置
【Nível 3 — 54】 A construção com 把 1: indicando manejo ou direcionamento do objeto

(1) 主语 + 把 + 宾语 + 动词 + 在 / 到 + 处所
sujeito + 把 + objeto + verbo + 在 / 到 + lugar

老师把书放在桌子上了。
O professor pôs o livro na mesa.

我把朋友送到车站了。
Levei meu amigo à estação.

(2) 主语 + 把 + 宾语 1 + 动词（+ 给）+ 宾语 2
sujeito + 把 + objeto 1 + verbo (+ 给) + objeto 2

爸爸把新买的手机送妹妹了。
O papai deu o celular novo a minha irmã.

他们把作业交给老师了。
Eles entregaram a lição de casa ao professor.

(3) 主语 + 把 + 宾语 + 动词 + 结果补语 / 趋向补语 / 状态补语
sujeito + 把 + objeto + verbo + complemento resultativo, de direção ou de modo

你把书架上的书放整齐。
Você arrumou os livros da estante.

他把洗好的衣服拿回来了。
Ele trouxe as roupas lavadas.

孩子们把手洗得干干净净的。
As crianças lavaram bem as mãos.

【三 55】 被动句 1：主语 + 被 / 叫 / 让 + 宾语 + 动词 + 其他成分
【Nível 3 — 55】 *Orações na voz passiva 1: sujeito + 被 / 叫 / 让 + objeto + verbo + outros elementos*

那个手机早被我用坏了。
O celular foi danificado por mim faz tempo.

我的词典叫弟弟弄脏了。
O meu dicionário foi sujado pelo meu irmão.

他完全让这位姑娘迷住了。
Ele ficou completamente encantado pela garota.

【三 56】 连动句 2
【Nível 3 — 56】 *Construções com verbos seriais 2*

(1) 前一动作是后一动作的方式
a primeira ação indica o modo da segunda

他笑着说："没事儿。"
Ele disse a sorrir: "não faz mal".

我明天坐飞机去北京。
Amanhã, eu vou de avião a Beijing.

（2）后一动作是前一动作的目的
a segunda ação indica o objetivo da primeira

他去超市买水果。
Ele foi ao mercado comprar frutas.

我来中国学习中文。
Vim à China estudar chinês.

【三 57】 兼语句 1
表使令：主语 + 叫 / 派 / 请 / 让…… + 宾语 1 + 动词 + 宾语 2

【Nível 3 — 57】 Orações pivô 1
Expressam ordem ou pedido: sujeito + 叫 *mandar; pedir* / 派 *enviar; mandar (alguém a algum lugar)* / 请 *solicitar; convidar* / 让 *mandar; pedir* … + objeto 1 + verbo + objeto 2

经理叫他介绍一下中国市场情况。
O gerente pediu para ele falar sobre o mercado chinês.

公司派我来中国学习中文。
A empresa me mandou à China para estudar chinês.

我请他去我家玩儿。
Convidei-o para me visitar em casa.

老师叫同学们回答问题。
O professor mandou os alunos responderem as perguntas.

【三 58】 比较句 4
【Nível 3 — 58】 *Orações comparativas 4*

（1）A 比 B + 动词 + 得 + 形容词
A 比 B + verbo + 得 + adjetivo

我比他跑得快。

Corro mais rápido do que ele.

我说中文比妹妹说得流利。

Falo chinês mais fluentemente do que minha irmã.

（2）A 不比 B + 形容词

A 不比 B + adjetivo

我姐姐不比我高。

Minha irmã não é mais alta do que eu.

这个笔记本不比那个大。

Este caderno não é maior do que aquele.

（3）A + 动词 + 得 + 比 + B + 形容词

A + verbo + 得 + 比 + B + adjetivo

我跑得比他快。

Corro mais rápido do que ele.

姐姐中文说得比我流利。

O chinês da minha irmã é mais fluente do que o meu.

（4）A比 B + 多 / 少 / 早 / 晚 + 动词 + 数量短语

A 比 B + 多 / 少 / 早 / 晚 + verbo + sintagma numeral-classificador

我比他多吃了五个饺子。

Comi cinco *jiaozi* a mais do que ele.

他比我少买一个苹果。

Ele comprou uma maçã a menos do que eu.

我比姐姐早回来十分钟。
Voltei dez minutos mais cedo do que minha irmã.

哥哥昨天比前天晚睡半个小时。
Ontem meu irmão dormiu meia hora mais tarde do que anteontem.

【三 59】　　　重动句：主语 + 动词 + 宾语 + 动词 + 补语
【Nível 3 — 59】　Orações com reduplicação verbal: sujeito + verbo + objeto + verbo + complemento

他打篮球打得很好。
Ele joga basquete muito bem.

她游泳游得很快。
Ela nada muito rápido.

她走路走累了。
Ela se cansou de andar.

我看电视看了两个小时。
Assisti TV por duas horas.

A.3.6.3 复句
A.3.6.3 PERÍODOS COMPOSTOS

A.3.6.3.1 并列复句
A.3.6.3.1 Períodos compostos por coordenação

【三 60】　　　（也）……, 也……
【Nível 3 — 60】　também

篮球他喜欢，排球他也喜欢。
Ele gosta de basquete e também de vôlei.

面条儿我也爱吃，米饭我也爱吃。
Amo macarrão e também arroz.

【三 61】　　　　一会儿……，一会儿……
【Nível 3 — 61】　　ora..., ora...

最近天气有点儿奇怪，一会儿冷，一会儿热。
Ultimamente, o clima está um pouco estranho, ora faz frio, ora faz calor.

他们在晚会上一会儿唱歌，一会儿跳舞，玩得很开心。
Na festa, eles ora cantaram, ora dançaram e se divertiram muito.

【三 62】　　　　一方面……，另一方面……
【Nível 3 — 62】　　por um lado..., por outro lado...

我们一方面要看到他们的优点，另一方面也要指出他们的缺点。
Por um lado, precisamos ver as qualidades deles, por outro, devemos apontar seus defeitos.

他们在实习中一方面可以增加工作经验，另一方面可以学习新的知识。
No estágio que estão fazendo, por um lado, podem ganhar mais experiência e, por outro lado, podem aprender coisas novas.

【三 63】　　　　又……，又……
【Nível 3 — 63】　　... e...

晚会上大家又唱歌，又跳舞，高兴极了。
Na festa, todo mundo cantou e dançou com muita alegria.

这件衣服样子又好看，价格又便宜。
Esta roupa é bonita e está barata.

A.3.6.3.2 承接复句
A.3.6.3.2 Períodos sequenciais

【三 64】　　　　首先……，然后……
【Nível 3 — 64】　primeiro... , depois, ...

同学们首先读了一遍课文，然后认真地回答了黑板上的问题。
Primeiro, os colegas leram um texto, depois, eles responderam atentamente às perguntas da lousa.

我们首先要找到科学的练习方法，然后坚持每天练习。
Primeiro precisamos encontrar os métodos da prática científica, depois, precisamos manter uma prática diária.

A.3.6.3.3 递进复句
A.3.6.3.3 Períodos gradativos

【三 65】　　　　……，并且……
【Nível 3 — 65】　..., e...

专家们对这个问题进行了讨论，并且提出了解决办法。
Os especialistas discutiram esta questão e propuseram soluções.

这种办法可以保存食物，并且能保存很久。
Este método preserva o alimento e o faz por bastante tempo.

【三 66】　　　　不仅/不光……，还/而且……
【Nível 3 — 66】　não só... , como (também)...

那个地方我不仅去过，还去过好几次呢。
Não só já fui àquele lugar, como já fui várias vezes.

不光我会说中文，而且我姐姐也会说中文。
Não só eu sei falar chinês, como também minha irmã sabe.

A.3.6.3.4 选择复句
A.3.6.3.4 Períodos alternativos

【三 67】　　　　不是……，就是……
【Nível 3 — 67】　*se não são / estão..., são / estão...*

他不是在办公室，就是在实验室。
Se ele não está no escritório, está no laboratório.

这些衣服都不合适，不是太大，就是太小。
Nenhuma destas roupas está adequada, se não são grandes, são pequenas.

A.3.6.3.5 转折复句
A.3.6.3.5 Períodos adversativos

【三 68】　　　　……X 是 X，就是 / 不过……
【Nível 3 — 68】　*..., mas...*

这件衣服好看是好看，就是有点儿贵。
Esta roupa é bonita, mas é um pouco cara.

坐公交车方便是方便，不过人太多了。
Andar de ônibus é prático, mas tem muita gente.

A.3.6.3.6 假设复句
A.3.6.3.6 Períodos hipotéticos

【三 69】　　　　要是……，就……
【Nível 3 — 69】　*se..., então...*

要是不开心，我就会大声唱歌。
Se não estou feliz, então canto bem alto.

要是你明天有时间，就跟我一起去长城吧。
Se amanhã você tiver tempo, venha comigo à Grande Muralha.

A.3.6.3.7 条件复句
A.3.6.3.7 Períodos condicionais

【三 70】　　　只有……，才……
【Nível 3 — 70】　só ... (para poder)...

只有认真检查，我们才会发现问题、解决问题。
Só com a inspeção atenta vamos descobrir os problemas e resolvê-los.

只有多听多说，你才能提高中文水平。
Só ouvindo e falando mais para você conseguir melhorar o seu nível de chinês.

A.3.6.3.8 因果复句
A.3.6.3.8 Períodos causais

【三 71】　　　（由于）……，所以 / 因此……
【Nível 3 — 71】　(como)..., (por isso)...

由于身体不好，所以爸爸打算提前退休。
Como a saúde não estava boa, papai planejou se aposentar mais cedo.

他工作很努力，因此取得了很大的成功。
Ele trabalhou com dedicação, por isso alcançou grande sucesso.

A.3.6.3.9 目的复句
A.3.6.3.9 Períodos finais

【三 72】　　　为了……，……
【Nível 3 — 72】　para / a fim de

为了保持健康，他每天坚持运动。
Para cuidar da saúde, ele continua se exercitando todos os dias.

为了学好中文，我每天都要看中国电视剧。

Para aprender chinês, eu assisto a séries chinesas todos os dias.

A.3.6.3.10 紧缩复句

A.3.6.3.10 Períodos elípticos

【三 73】　　　　……了……（就）……

【Nível 3 — 73】　logo / assim que

他下了课就去图书馆。

Ele foi à biblioteca logo que terminou a aula.

他喝了酒就会脸红。

O rosto dele fica vermelho assim que ele bebe álcool.

A.3.7　特殊表达法
A.3.7　Expressões especiais

【三 74】　　　　概数表示法 2

【Nível 3 — 74】　Expressões aproximativas 2

（1）用"大概、大约、几"表示概数

Com 大概, 大约 ou 几

这个手机大概两千块。

Este celular custa aproximadamente dois mil yuan.

我的中文老师大约三十岁。

Meu professor de chinês tem cerca de trinta anos.

我上网买了几本书。

Comprei uns livros pela internet.

（2）相邻数词连用表示概数
Com numerais adjacentes

三四（个） uns três ou quatro
十五六（岁） uns quinze ou dezesseis (anos)
七八十（个人） umas setenta ou oitenta (pessoas)
五六百（块钱） uns quinhentos ou seiscentos (yuan)

（3）用"左右、前后"表示概数
Com 左右 ou 前后

三十岁左右 por volta de trinta anos
八点左右 aproximadamente oito horas
春节前后 na época do Festival da Primavera
五一前后 em torno do dia primeiro de maio

A.3.8 强调的方法
A.3.8 Expressões de ênfase

【三 75】 用"一点儿也不……"表示强调
【Nível 3 — 75】 *não é nem um pouco / nada…*

中文一点儿也不简单。
A língua chinesa não é nem um pouco fácil.

这双球鞋穿着一点儿也不舒服。
Este par de tênis não é nada confortável.

【三 76】 用反问句表示强调
反问句 1：不是……吗？/ 难道……吗？
【Nível 3 — 76】 *Perguntas retóricas 1: será que / por acaso…?*

今天不是星期天吗？
Por acaso hoje não é domingo?

难道你没去过长城吗？
Será que você nunca foi à Grande Muralha?

【三 77】　　　　用"是"强调
【Nível 3 — 77】　　mesmo; de fato

你说得对，这位经理是很负责。
Você falou muito bem, este gerente é mesmo muito responsável.

我同意，那电影是很有意思。
Concordo, aquele filme é muito interessante mesmo.

A.3.9 提问的方法
A.3.9 Formas interrogativas

【三 78】　　　　用疑问语调表示疑问
【Nível 3 — 78】　　*Indicadas pela entonação interrogativa*

今天是星期六？
Hoje é sábado?

你打算去旅行？
Você planeja viajar?

A.3.10 口语格式
A.3.10 Estruturas coloquiais

【三 79】　　　　都……了
【Nível 3 — 79】　　*já...*

都十一点了，你别看电视了。
Já são onze horas, pare de assistir televisão.

都三天了，他怎么还没回来？
Já se passaram três dias, como ele ainda não voltou?

【三 80】　　　　X 就 X（点儿）吧
【Nível 3 — 80】　que... (tudo bem se...)

慢就慢吧，他能完成任务就很不错了。
Não tem problema que seja devagar, se ele conseguir concluir a tarefa já estará ótimo.

忙就忙点儿吧，我们过几天就能休息了。
Tudo bem estarmos um pouco mais ocupados agora, daqui a uns dias poderemos descansar.

【三 81】　　　　X 什么（啊）
【Nível 3 — 81】　está X o quê? que X que nada!

玩儿什么，我们赶快工作吧。
Ainda está enrolando? Vamos logo trabalhar.

舒服什么啊，办公室空调坏了。
Que conforto o quê! O ar-condicionado do escritório está quebrado.

A.4　四级语法点
A.4　EMENTA GRAMATICAL DO NÍVEL 4

A.4.1　词类
A.4.1　Classes de palavras

A.4.1.1　动词
A.4.1.1　VERBOS

【四 01】　　　　能愿动词：得
【Nível 4 — 01】　Verbos modais

得　1. precisar 2. ter que 3. (expressa ação inevitável no futuro próximo) 4. (expressa permissão ou possibilidade, geralmente na forma negativa)

今天下课我得早点儿回家。

Hoje, depois de terminar a aula, eu tenho que voltar mais cedo para casa.

时间不早了，我得回家了。

Já é tarde, nós temos que voltar para casa.

你再忙也得好好吃饭啊！

Mesmo ocupado, você precisa comer direito.

A.4.1.2 代词
A.4.1.2 PRONOMES

【四 02】　　　　人称代词：人家

【*Nível 4 — 02*】　　*Pronome pessoal*

人家 1. outro(s); outrem 2. eles(as) 3. eu

人家也是为你好啊。

Eles fazem isso para o seu bem.

人家现在有困难，咱们应该帮他。

Ele está em dificuldade agora, devemos ajudá-lo.

你看人家经常锻炼，身体多好。

Veja quem faz exercício físico regularmente como está saudável.

A.4.1.3 量词
A.4.1.3 CLASSIFICADORES

【四 03】　　　　名量词：打、袋、根、卷、棵、批

【*Nível 4 — 03*】　　*Classificadores nominais*

打 dúzia

袋 quantidades contidas em saco, sacola ou pacote

根 objetos longos e finos, como fios, cigarros etc.
卷 objetos enrolados, rolos
棵 árvores e plantas
批 grupo; lote; carga

一打啤酒 uma dúzia de cervejas
一袋米 um saco de arroz
一根头发 um fio de cabelo
一卷纸 um rolo de papel
一棵树 uma árvore
一批学生 um grupo de estudantes

【四 04】　　　　借用量词
【Nível 4 — 04】　Classificadores emprestados

(1) 名量词：碗、脸、手、屋子、桌子
Classificadores nominais

碗 tigela
脸 rosto
手 mão
屋子 sala; cômodo
桌子 mesa

一碗汤 uma tigela de sopa
一脸水 água em todo o rosto
一手油 um punhado de óleo
一屋子人 uma sala cheia de gente
一桌子书 uma mesa de livros

(2) 动量词：刀、针
Classificadores verbais

刀 ação de cortar com faca

针 ação de perfurar com agulha

切两刀 cortar duas vezes

打一针 tomar uma injeção

A.4.1.4 副词
A.4.1.4 ADVÉRBIOS

【四 05】 程度副词：格外、极、极其

【Nível 4 — 05】 *Advérbios de intensidade*

格外 extraordinariamente

极 extremamente; demais

极其 extremamente

老师今天格外开心。

O professor estava felicíssimo hoje.

这些字极小，我都看不清楚。

Estes caracteres são pequenos demais, eu não consigo ver direito.

校长是一个极其负责的人。

O diretor é uma pessoa extremamente responsável.

【四 06】 范围、协同副词：共

【Nível 4 — 06】 *Advérbios de escopo e concomitância*

共 1. junto; na companhia de 2. no total

673

共有三十人出席会议。
No total, trinta pessoas compareceram à reunião.

这本书共十五课。
Este livro tem quinze lições no total.

【四 07】　　　时间副词：按时、即将、急忙、渐渐、尽快
【Nível 4 — 07】　*Advérbios de tempo*

按时 a tempo; pontualmente
即将 em breve; logo; a ponto de
急忙 apressadamente; precipitadamente
渐渐 gradualmente; paulatinamente
尽快 o mais rápido possível

你要按时吃药。
Você deve tomar o remédio pontualmente.

同学们即将毕业。
Os colegas vão se formar em breve.

快上课了，他急忙跑进教室。
A aula estava prestes a começar e ele entrou apressado na sala de aula.

春天来了，天气渐渐暖和了。
A primavera chegou, o clima vai esquentar aos poucos.

你尽快给他回个电话。
Retorne o telefonema dele o mais rápido possível.

【四 08】　　　频率、重复副词：一再、再三
【Nível 4 — 08】　*Advérbios de frequência e repetição*

一再 repetidamente; repetidas vezes
再三 repetidamente; repetidas vezes

他一再表示自己不会出席这次会议。
Ele disse repetidas vezes que não participaria desta reunião.

我再三解释，他还是不相信。
Expliquei diversas vezes e ele ainda não acredita.

【四 09】 关联副词：却
【Nível 4 — 09】 *Advérbios conectivos*

却 mas; no entanto

我来了，他却没来。
Eu cheguei, mas ele não chegou.

同学们都出去活动了，他却坐在教室里面不动。
Todos os colegas saíram para se exercitar, mas ele ficou sentado sem se mover na sala de aula.

【四 10】 否定副词：未必
【Nível 4 — 10】 *Advérbios de negação*

未必 provavelmente não; talvez não; não dever

这个消息未必可靠，咱们再等等吧。
Esta informação talvez não seja confiável, vamos esperar mais um pouco.

别等了，他未必会来。
Não espere mais, talvez ele não venha.

【四 11】 情态副词：几乎、似乎
【Nível 4 — 11】 *Advérbios oracionais*

几乎 1. quase; aproximadamente 2. quase; por pouco
似乎 aparentemente

他的话我几乎都没听懂。
Não entendi quase nada do que ele disse.

她似乎对自己的表现很不满意。
Ela parecia insatisfeita com seu desempenho.

【四 12】　　语气副词：的确、反而、还[4]、竟然、究竟
【Nível 4 — 12】　Advérbios modais

的确 realmente; mesmo; de fato
反而 ao contrário de; em vez de
还[4] 1. (expressa sarcasmo em oração negativa) 2. (indica algo inesperado)
竟然 inesperadamente
究竟 1. afinal; no fim das contas 2. enfim; finalmente

这的确是我的错。
O erro foi meu mesmo.

风不但没停，反而越来越大。
O vento não só não parou, como ficou cada vez mais forte.

他还真有办法，问题马上就解决了。
Ele conseguiu mesmo uma solução e o problema foi imediatamente resolvido.

这道题很简单，同学们竟然都做错了。
Esta questão é muito simples, mas, por incrível que pareça, todos os colegas erraram.

明天的晚会你究竟去不去？
Afinal, vocês vão à festa amanhã de noite, ou não?

A.4.1.5 介词
A.4.1.5 PREPOSIÇÕES

A.4.1.5.1 引出时间、处所
A.4.1.5.1 Preposições que introduzem tempo ou lugar

【四 13】 自
【Nível 4 — 13】 *de; desde*

自 1978 年以来，中国发生了很大的变化。
Desde 1978 grandes mudanças ocorreram na China.

我们的航班准时自北京出发。
Nosso voo partirá de Beijing no horário.

A.4.1.5.2 引出对象
A.4.1.5.2 Preposições que introduzem complemento

【四 14】 对于
【Nível 4 — 14】 *quanto a; em relação a; para*

对于任何一种语言来说，文字的出现都是十分重要的。
Para qualquer língua, o surgimento da escrita é muito importante.

对于美术和音乐，她很有研究。
No que se refere a arte e música, ela tem muito conhecimento.

对于这个问题，我们还得认真讨论。
Quanto a essa questão, precisamos discutir mais seriamente.

【四 15】　　　　关于
【Nível 4 — 15】　　sobre; quanto a; acerca de; a respeito de

我读了几本关于环境保护的书。
Li vários livros sobre proteção ambiental.

关于明天的考试，学校做了具体的规定。
A escola definiu regras específicas para a prova de amanhã.

这是一部关于战争的电影。
Este é um filme sobre guerra.

【四 16】　　　　替
【Nível 4 — 16】　　por; com

你别替我担心了，我自己处理。
Não se preocupe comigo, vou resolver isso sozinho.

取得这么好的成绩，大家都替你感到高兴。
Todos estão felizes por você ter conseguido notas tão boas.

A.4.1.5.3 引出凭借、依据
A.4.1.5.3 Preposições que introduzem motivação ou fundamentação

【四 17】　　　　根据
【Nível 4 — 17】　　de acordo com; conforme; segundo

学校根据学生的中文水平分班。
A escola dividiu as turmas de acordo com o nível de chinês dos estudantes.

根据大家的意见，我们修改了计划。
Revisamos o planejamento conforme as sugestões de todos.

【四 18】 作为
【Nível 4 — 18】 como; na qualidade de

他作为教师代表参加了这次会议。
Ele participou desta reunião na qualidade de representante dos professores.

作为学生，你应该按时完成作业。
Como estudante, você deve concluir a lição de casa dentro do prazo.

A.4.1.6 连词

A.4.1.6 CONJUNÇÕES

【四 19】 连接词或词组：并², 以及
【Nível 4 — 19】 *Conjunções que conectam palavras ou sintagmas*

并² 1. e 2. além disso; também
以及 e; assim como; bem como

他们同意并支持我们的建议。
Eles concordam e apoiam a nossa proposta.

小王、小李以及另外三名同学都通过了考试。
Xiao Wang, Xiao Li e três outros colegas passaram na prova.

【四 20】 连接分句或句子：此外、而¹、而是、既然、可见、甚至、假如、总之
【Nível 4 — 20】 *Conjunções que conectam orações ou frases*

此外 além disso
而¹ 1. e 2. mas 3. até 4. (antepõe ao verbo os termos que expressam tempo e modo)
而是 mas
既然 já que

可见 pode-se ver que

甚至 até; inclusive

假如 se; no caso de

总之 1. em suma; enfim 2. de qualquer maneira; em todo caso

我们要认真听讲，此外还要积极完成作业。
Devemos ouvir a palestra com atenção, além disso, devemos concluir as tarefas ativamente.

为什么北方下雪越来越少，而南方下雪越来越多？
Por que no norte está nevando cada vez menos e no sul cada vez mais?

听说重要，读写也很重要，总之，这四项能力都很重要。
Compreensão auditiva e expressão oral são importantes, leitura e escrita também são; em suma, essas quatro habilidades são muito importantes.

("而是、既然、可见、甚至、假如"例句参见复句部分)
(v. exemplos com 而是、既然、可见、甚至、假如 na seção Períodos compostos)

A.4.1.7　助词
A.4.1.7　PARTÍCULAS

【四 21】　　　　其他助词：似的
【Nível 4 — 21】　Outras partículas

似的 como; como se

她俩好像从来没见过似的。
Parece que elas duas nunca se encontraram antes.

这里的景色像画儿似的。
A paisagem daqui é como uma pintura.

他的中文说得跟中国人似的。

O chinês dele é como o de um chinês.

A.4.1.8 叹词
A.4.1.8 INTERJEIÇÕES

【四 22】　　啊[2]

【Nível 4 — 22】　1. ah (surpresa, admiração) 2. hein? 3. como? 4. ah (concordância) 5. ah! (entendimento)

啊，你怎么在这里？

Hein? O que você está fazendo aqui?

啊，我明白了。

Ah, agora entendi.

啊！太美了！

Ah! Que lindo!

A.4.2 短语
A.4.2 Sintagmas

A.4.2.1 固定短语
A.4.2.1 EXPRESSÕES FIXAS

A.4.2.1.1 四字格
A.4.2.1.1 Padrões quadrissílabos

【四 23】　　大A大B

【Nível 4 — 23】　(exageradamente)

你这大吃大喝的毛病对身体不好，一定要改改。

Essa sua gulodice não faz bem para saúde, você deve mudar isso.

她心情不好，为一点儿小事就大吵大闹。
Ela está de mau humor, armou a maior confusão por uma coisinha.

【四 24】　　　　一A一B
【Nível 4 — 24】　(minimamente, nos mínimos detalhes)

这是别人的东西，我们一针一线都不能拿。
São pertences de outra pessoa, não podemos pegar nem um fio.

他一五一十地把情况汇报给了老师。
Ele reportou a situação ao professor tintim por tintim.

A.4.2.1.2 其他
A.4.2.1.2 Outras

【四 25】　　　　看来
【Nível 4 — 25】　parecer que; ser considerado como

看来他是个好人。
Parece que ele é um bom homem.

看来明天不会再下雨了。
Parece que amanhã não vai chover mais.

看来这次考试他能通过。
Parece que ele vai passar nesta prova.

【四 26】　　　　来得及 / 来不及
【Nível 4 — 26】　dar tempo / não dar tempo

你别着急，时间来得及。
Não se preocupe, ainda dá tempo.

现在刚六点半，你马上去还来得及。
Acabou de dar seis e meia, se você for agora ainda dá tempo.

来不及了，我们快走吧。
Não vai dar tempo, vamos logo.

时间还早，不会来不及的。
Ainda é cedo, vai dar tempo.

【四 27】　　　说不定
【Nível 4 — 27】　　talvez; não ter certeza

下雨了，说不定他今天不来了。
Está chovendo, talvez ele não venha hoje.

这件事说不定就是他干的。
Talvez tenha sido ele quem fez isso.

今年能不能去中国现在还说不定。
Ainda não tenho certeza se neste ano conseguirei ir à China.

【四 28】　　　一般来说
【Nível 4 — 28】　　em geral

一般来说，选手参加了比赛是不能退出的。
Em geral, depois de participar da competição, os competidores não podem sair.

一般来说，这么重要的场合他是不会迟到的。
Em geral, ele não se atrasaria para um evento tão importante.

一般来说，跟青年人相比，老年人的经验更丰富。
Em geral, a experiência dos mais velhos é muito maior do que a dos mais jovens.

A.4.3 固定格式
A.4.3 Estruturas fixas

【四 29】　　　　一 + 量词 + 比 + 一 + 量词
【Nível 4 — 29】　一 + classificador + 比 + 一 + classificador

这些球鞋一双比一双好看。
Cada par de tênis é mais lindo que o outro.

他的演出一次比一次精彩。
A performance dele melhora a cada apresentação.

天气一天比一天暖和。
O clima está ficando mais quente dia após dia.

【四 30】　　　　（自）……以来
【Nível 4 — 30】　desde…

自去年以来，我一直生活在北京。
Estou morando em Beijing desde o ano passado.

上大学以来，他一直坚持学习中文。
Ele se mantém firme no estudo do chinês desde que entrou na faculdade.

自有了孩子以来，她每天都很忙。
Desde que ela teve um filho, está ocupada todos os dias.

【四 31】　　　　由……组成
【Nível 4 — 31】　é formado / composto por…

我们班由两位老师和二十位学生组成。
Nossa turma é formada por dois professores e vinte estudantes.

这篇文章由三个部分组成。
Este artigo é composto por três partes.

这张试卷是由十道选择题和一道写作题组成的。
Esta prova é composta por dez questões alternativas e uma questão dissertativa.

【四 32】　　　　在……方面
【Nível 4 — 32】　　na área de...; sobre, em... (determinado campo de conhecimento ou atuação)

在这方面，我没有什么经验。
Não tenho nenhuma experiência nesta área.

在历史方面，他知道得很多。
Ele sabe muito sobre história.

在修理电脑方面，她是个专家。
Ela é uma especialista em conserto de computadores.

【四 33】　　　　在……上 / 下 / 中
【Nível 4 — 33】　　em, por (v. exemplos)

在这件事情上，最好多听听父母的意见。
Neste caso, é melhor ouvir a opinião dos pais.

在他的影响下，我喜欢上了中文。
Passei a gostar da língua chinesa por influência dele.

在这篇课文中，我们一共学了三十个生词。
Aprendemos ao todo trinta novas palavras neste texto.

A.4.4 句子成分
A.4.4 Termos da oração

A.4.4.1 主语

A.4.4.1 SUJEITO

【四 34】 主谓短语作主语

【Nível 4 — 34】 *Sujeito formado por sintagma sujeito-predicado*

他不去也可以。
Não faz mal se ele não for.

身体健康很重要。
Ter boa saúde é muito importante.

我参加中文水平考试是为了获得奖学金去中国留学。
Eu fiz o exame HSK para conseguir uma bolsa de estudos na China.

【四 35】 受事主语

【Nível 4 — 35】 *Sujeito paciente (objeto topicalizado)*

饭都吃光了。
A comida já comi toda.

作业我做完了。
A lição de casa eu já terminei.

这本书我已经看过三遍了。
Esse livro eu já li três vezes.

A.4.4.2 定语
A.4.4.2 ADJUNTOS ADNOMINAIS

【四 36】 多项定语
【Nível 4 — 36】 Adjuntos adnominais complexos

我有一条漂亮的红围巾。
Tenho um belo cachecol vermelho.

我那两件白色长衬衫放在哪里了？
Onde estão minhas duas camisas brancas longas?

那位戴着眼镜的白头发高个子老人就是我们的校长。
Aquele senhor alto de cabelos brancos e óculos é o diretor da nossa escola.

A.4.4.3 补语
A.4.4.3 COMPLEMENTO

【四 37】 趋向补语 3
表示结果意义（引申用法）：动词 + 上 / 出 / 起 / 下
【Nível 4 — 37】 Complemento de direção 3
Indica resultado (uso estendido): verbo + 上 / 出 / 起 / 下

请同学们离开教室时关上窗户。
Colegas, por favor, antes de deixar a sala de aula, fechem as janelas.

他向父母说出了自己的愿望。
Ele contou seu desejo para os pais.

他终于想起了当时的情况。
Ele finalmente se lembrou da situação daquela época.

他们建立起了亲密的朋友关系。
Eles estabeleceram uma estreita amizade.

请留下你的地址和手机号。
Por favor, deixe seu endereço e número de telefone.

A.4.5 句子的类型
A.4.5 Tipos de oração

A.4.5.1 特殊句型
A.4.5.1 PADRÕES SINTÁTICOS ESPECIAIS

【四 38】 "把"字句 2：表处置
【Nível 4 — 38】 A construção com 把 2: indicando manejo ou direcionamento do objeto

（1）主语 + 把 + 宾语 + 动词（+ 一 / 了）+ 动词
sujeito + 把 + objeto + verbo （+ 一 / 了）+ verbo

同学们再把试卷检查检查。
Alunos, verifiquem a folha de respostas mais uma vez.

你把地扫扫，我把桌子擦一擦。
Você varre o chão e eu limpo a mesa.

他把冬天的衣服晒了晒，收在箱子里。
Ele colocou as roupas de inverno para tomar sol e as guardou na caixa.

（2）主语 + 把 + 宾语（+ 给）+ 动词 + 了 / 着
sujeito + 把 + objeto （+ 给）+ verbo + 了 / 着

他把学过的生词都忘了。
Ele esqueceu todo o novo vocabulário que estudou.

他拿不了了，你帮他把这些东西给拿着。
Ele não consegue levar as coisas, ajude-o a levá-las.

你别忘了把护照带着。
Não se esqueça de levar o passaporte.

（3）主语 + 把 + 宾语 + 动词 + 动量补语 / 时量补语
sujeito + 把 + objeto + verbo + complemento de frequência ou duração

老师把他批评了一顿。
O professor deu uma bronca nele.

他把文章读了好几遍。
Ele leu o artigo várias vezes.

他把这个问题认真地考虑了好几天。
Ele ponderou seriamente sobre este problema por vários dias.

【四 39】　　　　　被动句 2：主语 + 被 + 动词 + 其他成分
【Nível 4 — 39】　*Orações na voz passiva 2: sujeito + 被 + verbo + outros elementos*

王老师被请去开会了。
O professor Wang foi chamado para a reunião.

教室的灯早就被关上了。
A lâmpada da sala de aula já foi apagada faz tempo.

那张画儿被买走了。
Aquela pintura foi comprada.

【四 40】　　　　　存现句 2
【Nível 4 — 40】　*Orações existenciais 2*

（1）表示出现：处所词 + 动词 + 趋向补语 / 结果补语 + 动态助词（了）+ 数量短语 + 人 / 物
Indicando surgimento: lugar + verbo + complemento de direção ou resultado + partícula aspectual （了）+ sintagma numeral-classificador + pessoa / coisa

前边开来一辆车。
Lá na frente vem um carro.

我家昨天来了几位客人，带了不少礼物。
Lá em casa vieram algumas visitas ontem e trouxeram muitos presentes.

对面走来一位老人。
Ali na frente vem vindo um idoso.

教室里走出来一位老师。
Um professor saiu da sala de aula.

（2）表示消失：处所词 + 动词 + 结果补语 + 动态助词（了）+ 数量短语 + 人/物
Indicando desaparecimento: lugar + verbo + complemento resultativo + partícula aspectual （了）+ sintagma numeral-classificador + pessoa ou coisa

我们班里转走了一个学生。
Um aluno foi transferido da nossa turma

阳台上吹跑了一条裙子。
Uma saia saiu voando da varanda.

院子里搬走了两家人。
Duas famílias se mudaram do pátio.

公司调走了几名员工。
A empresa transferiu vários funcionários.

【四 41】　　　兼语句 2
【Nível 4 — 41】　Orações pivô 2

（1）表爱憎义：主语 + 表扬/批评 + 宾语 1 + 动词 + 宾语 2
Indicando agrado ou desagrado: sujeito + 表扬 elogiar / 批评 criticar + objeto 1 + verbo + objeto 2

老师表扬他帮助同学。

O professor o elogiou por ele ter ajudado os colegas.

妈妈总是批评我不整理房间。

Mamãe sempre me chama a atenção por eu não arrumar o quarto.

（2）表称谓或认定义：主语 + 叫 / 称（呼）/ 说 / 收 / 选 + 宾语1 + 做 / 为 / 当 / 是 + 宾语2

Indicando forma de tratamento ou reconhecimento: sujeito + 叫 / 称（呼）/ 说 / 收 / 选 + objeto 1 + 做 / 为 / 当 / 是 + objeto 2

大家都称他为先生。

Todos o chamam de senhor.

老师们都说她是好学生。

Todos os professores dizem que ele é bom aluno.

王教授收我做研究生。

O professor Wang me aceitou como orientando.

同学们都选他当班长。

Todos os colegas o escolheram como monitor da sala.

【四 42】　　　"是……的"句 2：强调说话人的看法或态度

【Nível 4 — 42】　　Construções com 是……的 2: enfatizando a opinião do falante

这个问题是可以解决的。

Este problema pode ser resolvido.

这道题是很简单的。

Esta questão é muito simples.

那样的事情是绝对不会发生的。

Coisas assim nunca vão acontecer.

A.4.5.2 复句
A.4.5.2 PERÍODOS COMPOSTOS

A.4.5.2.1 并列复句
A.4.5.2.1 Períodos compostos por coordenação

【四 43】　　　不是……，而是……
【Nível 4 — 43】　não..., (mas)...

我不是不想去，而是没时间。
Não é que eu não queira ir, é que eu não tenho tempo.

这不是我的书，而是他的。
Esse não é o meu livro, é o dele.

这件事错的不是我，而是他。
O erro não é meu, é dele.

【四 44】　　　既……，又/也……
【Nível 4 — 44】　... e ...

这件新衣服既好看，又暖和。
Esta roupa nova é bonita e quentinha.

他既会学习，又会玩儿。
Ele gosta de estudar e também de brincar.

他既是我们的老师，也是我们的朋友。
Ele é o nosso professor e também é nosso amigo.

A.4.5.2.2 承接复句
A.4.5.2.2 Períodos sequenciais

【四 45】　　　　首先……，其次……
【Nível 4 — 45】　*primeiramente..., em seguida...*

首先我们要读一遍课文，其次我们要根据课文做一个练习。
Primeiro, nós vamos ler um texto, em seguida, vamos fazer um exercício com base nesse texto.

我们球队问题很多，首先是队员不够团结，其次是训练时间很短。
Os problemas do nosso time são muitos: primeiro, os jogadores estão pouco unidos; além disso, o tempo dos treinos é muito curto.

评价一个学生，首先看品质，其次看成绩。
Para avaliar um aluno, primeiro veja seu caráter, depois, suas notas.

【四 46】　　　　……，于是……
【Nível 4 — 46】　*..., então...*

风停了，下起雨来，于是人们纷纷打起了雨伞。
O vento parou e começou a chover, então as pessoas abriram os guarda-chuvas.

他不喜欢这个工作，于是离开了这家公司。
Ele não gostava do trabalho, então saiu da empresa.

离开会的时间还早，于是我们去逛了逛书店。
Estava cedo para a reunião, então fomos dar uma olhada na livraria.

A.4.5.2.3 递进复句
A.4.5.2.3 Períodos gradativos

【四 47】 ……，甚至……
【Nível 4 — 47】 ... nem / até...

他什么都不会，甚至连最简单的汉字也写不了。
Ele não sabe nada, nem sabe escrever o caractere mais simples.

她病得很严重，甚至要做手术。
Ela ficou tão doente que até precisou de cirurgia.

妈妈真的很生气，甚至晚饭都没有吃。
Mamãe ficou tão brava que nem jantou.

A.4.5.2.4 选择复句
A.4.5.2.4 Períodos alternativos

【四 48】 或者……，或者……
【Nível 4 — 48】 (ou)... ou...

这件事或者赶快停止，或者重新开始。
Pare logo com isso ou comece de novo.

暑假或者去上海，或者去杭州，反正得出去旅行。
Nas férias de verão vou a Shanghai ou a Hangzhou, de qualquer jeito vou viajar.

咱们三个人，或者你去，或者我去，或者他去，谁去都可以。
De nós três, ou vai você, ou vou eu, ou vai ele, qualquer um pode ir.

A.4.5.2.5 转折复句
A.4.5.2.5 Períodos adversativos

【四 49】 ……，然而……
【Nível 4 — 49】 …, mas…

我知道中文很有用，然而中文也太难了。
Sei que o chinês é muito útil, mas é difícil demais.

他说他不喜欢这部电影，然而我觉得很有意思。
Ele disse que não gosta deste filme, mas eu acho bem interessante.

A.4.5.2.6 假设复句
A.4.5.2.6 Períodos hipotéticos

【四 50】 ……，否则……
【Nível 4 — 50】 …, do contrário…

我要认真复习，否则考试会不及格的。
Preciso estudar com seriedade, do contrário não vou passar na prova.

记得带卡，否则进不了办公室。
Lembre-se de levar o cartão, do contrário não conseguirá entrar no escritório.

上课前一定要预习好生词和课文，否则就听不懂老师讲的。
Antes da aula, é fundamental estudar o vocabulário e o texto, caso contrário não conseguirá entender o que o professor está dizendo.

【四 51】 假如……，（就）……
【Nível 4 — 51】 Se…, (então)…

假如有困难，你一定要告诉我。
Se você tiver dificuldades, deve me dizer.

假如能通过这个考试，我就可以拿到学校的奖学金了。
Se eu passar nesta prova, posso obter a bolsa de estudos da escola.

【四 52】 万一……，（就）……
【Nível 4 — 52】 se, por acaso,...

万一我没来，你就自己先去吧。
Se, por acaso, eu não vier, você pode ir sozinho.

一定要把你们的护照带上，万一需要，没带就麻烦了。
Não se esqueçam de levar o passaporte. Se, por acaso, precisarem e não estiverem com ele, será um problema.

A.4.5.2.7 条件复句
A.4.5.2.7 Períodos condicionais

【四 53】 不管……，都/也……
【Nível 4 — 53】 não importa (se, o que, o quanto)...

不管明天是否下雨，我都要去看他。
Chova ou não, vou visitá-lo amanhã.

不管有多难，我也会坚持学下去。
Não importa o quanto seja difícil, vou persistir no estudo.

【四 54】 无论……，都/也……
【Nível 4 — 54】 independentemente de...

无论学习多么紧张，我都坚持每天锻炼一个小时。
Independentemente do volume de estudos, faço questão de me exercitar uma hora todos os dias.

无论他怎么说，也没有人相信他。
Independentemente do que ele diga, ninguém acredita nele.

A.4.5.2.8 因果复句
A.4.5.2.8 Períodos causais

【四 55】　　　　既然……，就……
【Nível 4 — 55】　já que... (então)...

既然这事你已经决定了，我就不说什么了。
Já que sua decisão está tomada, não tenho mais nada a dizer.

既然外面下雨了，我们就明天再去吧。
Já que está chovendo, nós vamos amanhã.

【四 56】　　　　……，可见……
【Nível 4 — 56】　..., o que mostra / demonstra / evidencia...

他的中文水平很高，可见他在留学期间学习是多么努力。
O nível de chinês dele é alto, o que mostra o quanto ele se dedicou aos estudos durante o intercâmbio.

他在我困难的时候一直帮助我，可见他是我多么好的朋友。
Ele sempre me ajudou quando eu estava em dificuldades, o que mostra que ele é um bom amigo.

A.4.5.2.9 让步复句
A.4.5.2.9 Períodos concessivos

【四 57】　　　　哪怕……，也/还……
【Nível 4 — 57】　mesmo que..., ...

哪怕明天下雨，足球比赛也要继续进行。
Mesmo que chova amanhã, o campeonato de futebol vai continuar.

哪怕再难，我也要坚持学下去。
Mesmo que seja difícil, vou continuar estudando.

哪怕机会不大，我还是要去试一试。
Mesmo que a chance não seja grande, vou tentar.

A.4.5.2.10 目的复句
A.4.5.2.10 Períodos finais

【四 58】　　……，好……
【Nível 4 — 58】　… para …

老师布置了听写作业，好帮助学生练习汉字。
O professor passou um ditado como lição de casa para ajudar os alunos a praticar os caracteres.

我们应该不断地引导他，好让他对自己有信心。
Devemos continuar a orientá-lo para que ele tenha mais confiança em si mesmo.

她每天都给家里打电话，好让父母放心。
Todos os dias ela liga para casa para deixar os pais tranquilos.

A.4.5.2.11 紧缩复句
A.4.5.2.11 Períodos elípticos

【四 59】　　无标记
【Nível 4 — 59】　Períodos elípticos sem marcadores

你有事你先走。
Você pode ir na frente se estiver ocupado.

你不怕我怕。
Se você não tem medo, eu também não tenho.

你想去你去。
Se você quer ir, vá.

【四 60】　　　　　不……也……
【Nível 4 — 60】　　… mesmo que…

今天晚上我不睡觉也要把这篇作文写完。
Vou terminar essa redação hoje de noite mesmo que eu não durma.

他不吃饭也要帮我修电脑。
Ele vai me ajudar a consertar o computador mesmo que fique sem comer.

他不休息也要玩儿手机游戏。
Ele vai jogar no celular mesmo que fique sem descansar.

A.4.6 特殊表达法
A.4.6 Expressões especiais

A.4.6.1 数的表示法
A.4.6.1 EXPRESSÕES QUANTITATIVAS

【四 61】　　　　　概数表示法 3：数词 + 来 + 量词
【Nível 4 — 61】　　*Expressões aproximativas 3: numeral + 来 + classificador*

十来本 cerca de dez livros
五十来斤 cerca de cinquenta *jin* (vinte e cinco quilos)
一百来辆 cerca de cem veículos

【四 62】　　　　　小数、分数、百分数、倍数的表示法
【Nível 4 — 62】　　*Expressões com decimais, frações, porcentagens e múltiplos*

零点三　0.3　(zero ponto três)
三分之二　⅔ (dois terços)
百分之五十　50% (cinquenta por cento)
五倍　cinco vezes

这一百个汉字，我认识三分之二。
Destes cem caracteres, conheço dois terços.

这支笔的价格比原来降低了百分之五十。
O preço desta caneta abaixou em 50% do preço original.

三班男生人数是女生人数的三倍。
A turma 3 tem três vezes mais alunos que alunas.

A.4.7 强调的方法
A.4.7 Expressões de ênfase

【四 63】　　用反问句表示强调
　　　　　　反问句 2：由疑问代词构成的反问句
【Nível 4 — 63】　*Perguntas retóricas 2: usando pronomes interrogativos*

他这么有名，谁不知道他啊？
Ele é tão famoso, quem não o conhece?

他去哪儿，我怎么会知道呢？
Como é que eu vou saber onde é que ele foi?

作业这么多，我哪儿有时间出去玩儿？
Com esse tanto de lição de casa, como vou ter tempo de sair para passear?

【四 64】　　用双重否定表示强调
【Nível 4 — 64】　*Dupla negação*

没有孩子不喜欢玩儿。
Não há criança que não goste de brincar.

这么重要的活动我不可能不参加。
Não há como eu não ir a uma atividade tão importante.

老师不会不答应我们的请求。

Não há como o professor não aceitar o nosso pedido.

我们家没有不喜欢唱歌的。

Na nossa família não há quem não goste de cantar.

【四 65】 用"一 + 量词（nsn˘ĭ˝ + 名词）+ 也（都）／也没（不）……"表示强调

【Nível 4 — 65】 一 + classificador (+ substantivo) + 也（都）／也没（不）nem; nem sequer um(a)

我一本中文书也没看过。

Nunca vi um livro sequer em chinês.

我累得一步路都走不动了。

Estou tão cansado que nem consigo dar um passo.

上海我一次也没去过。

Não fui a Shanghai uma vez sequer.

刚来中国时，他一句中文也听不懂。

Assim que ele chegou à China, não entendia uma palavra em chinês.

【四 66】 用"连……也／都……"表示强调

【Nível 4 — 66】 nem; nem mesmo

他连这个作家的名字也没听说过。

Ele nunca ouviu falar nem o nome deste escritor.

我连最简单的汉字都写不出来。

Nem o caractere mais simples eu consigo escrever.

A.4.8 口语格式
A.4.8 Estruturas coloquiais

【四 67】 不X白不X
【Nível 4 — 67】 perder uma chance à toa

今天班长请客，咱们不吃白不吃。
Hoje o monitor vai nos pagar o almoço, se não formos, vamos perder uma chance à toa.

这个电影是免费的，我们为什么不去看电影？不看白不看。
O filme é de graça, por que não vamos assistir? Se não formos, vamos perder uma chance à toa.

【四 68】 动词 + 一X是一X
【Nível 4 — 68】 verbo + 一X是一X fazer uma coisa de cada vez

虽然日子过得很难，但也不能过一天是一天。
Mesmo que a vida seja difícil, não dá para levar um dia de cada vez.

事情实在太多了，能做一件是一件吧。
Temos muitas coisas a fazer, vamos fazer uma de cada vez.

做一道题是一道题，你一定能做完。
Resolva uma questão por vez e vai conseguir terminar.

【四 69】 （没）有什么（好）X的
【Nível 4 — 69】 não há nada...

这才刚刚开始，没有什么好激动的。
É apenas o começo, não há nada para se entusiasmar.

你还是别担心了，有什么好害怕的。
Não se preocupe, não há nada a temer.

有什么好难过的，这是我们早就想到的结果。

Não há por que ficar triste, este era o resultado que prevíamos.

【四 70】　　　　X 是 X, Y 是 Y

【Nível 4 — 70】　　X é X, Y é Y

一是一，二是二，这要分清楚。

Um é um, dois são dois, isso tem que ficar claro.

他是他，我是我，意见不同很正常。

Ele é ele, eu sou eu, é normal que tenhamos opiniões diferentes.

昨天是昨天，今天是今天，你得交作业。

Ontem foi ontem, hoje é hoje, você tem que entregar a lição de casa.

【四 71】　　　　X 也得 X, 不 X 也得 X

【Nível 4 — 71】　　querendo ou não, vai ter que...

这件事很重要，你做也得做，不做也得做。

Isso é muito importante, querendo ou não você vai ter que fazer.

你吃也得吃，不吃也得吃，不能浪费粮食。

Querendo ou não, você vai ter que comer, não pode desperdiçar comida.

都病成这样了，医院你去也得去，不去也得去。

Doente desse jeito, querendo ou não, você vai ter que ir ao hospital.

【四 72】　　　　X 就是了

【Nível 4 — 72】　　simplesmente; de uma vez

你别浪费时间了，直接说就是了。

Não perca mais tempo, fale de uma vez.

你不要生气，以后别跟他说话就是了。
Não precisa ficar bravo, simplesmente não fale mais com ele.

【四 73】　　　　还X呢
【Nível 4 — 73】　　isso lá é...? (em tom sarcástico)

还名牌儿呢，我听都没听过。
Isso lá é uma marca famosa? Nunca ouvi falar.

还有名的专家呢，这水平还没我高。
Isso lá é um especialista famoso? Até eu sei mais do que ele.

还著名诗人呢，这诗写的我都看不懂。
Isso lá é um poeta renomado? Não entendo nada do que ele escreve.

【四 74】　　　　你X你的吧
【Nível 4 — 74】　　continue o que estava fazendo (e não se preocupe comigo)

你吃你的吧，别给我留。
Coma sua comida, não precisa deixar para mim.

没有什么事，你休息你的吧！
Não é nada, descanse à vontade!

你忙你的吧，我跟孩子玩儿一会儿。
Pode continuar o que estava fazendo, eu brinco um pouco com as crianças.

【四 75】　　　　让/叫你X你就X
【Nível 4 — 75】　　se pediram para / mandaram você X, você X

让你做你就做，别多问了。
Se pediram para você fazer, então faça, sem muitas perguntas.

叫你吃你就吃，其他的你别管。
Se mandaram você comer, então coma, não se preocupe com o resto.

让你安静你就安静，别那么多话。
Se te pediram para ficar quieto, fique, pare de falar tanto.

【四 76】 说什么/怎么（着）也得 X
【*Nível 4 — 76*】 *seja como for, é preciso*

他生病了，我说什么也得去看看他。
Ele está doente. Seja como for, preciso ir visitá-lo.

这么重要的活动，你怎么也得来一下。
De todo jeito você precisa comparecer a uma atividade importante como essa.

没时间了，说什么也得走了。
Não temos mais tempo. De qualquer maneira, precisamos sair já.

A.5 五级语法点
A.5 EMENTA GRAMATICAL DO NÍVEL 5

A.5.1 词类
A.5.1 Partes do discurso

A.5.1.1 代词
A.5.1.1 PRONOMES

【五 01】 指示代词：彼此、如此
【*Nível 5 — 01*】 *Pronomes demonstrativos*

彼此 1. um ao outro 2. (reduplicado em resposta de cortesia) igualmente
如此 tão, assim, desta maneira

朋友之间应该彼此信任。
Os amigos devem confiar um no outro.

我们是多年的好朋友，不分彼此。
Somos bons amigos há muito tempo, não diferenciamos o que é de um ou do outro.

十年后，两座城市的发展状况如此不同。
Depois de dez anos, o desenvolvimento das duas cidades foi tão diferente.

他如此认真地锻炼是为了有个健康的身体。
É para ter saúde que ele leva o exercício tão a sério.

A.5.1.2 量词
A.5.1.2 CLASSIFICADORES

【五 02】 名量词：册、朵、幅、届、颗、匹、扇
【Nível 5 — 02】 *Classificadores nominais*

册 livros, tomos
朵 flores, nuvens etc.
幅 pinturas, fotos, tecidos etc.
届 eventos recorrentes como congressos, turmas de formatura etc.
颗 objetos pequenos e arredondados
匹 1. cavalos, mulas etc. 2. rolos de tecido
扇 portas, janelas etc.

一册书　um livro
一朵花　uma flor
一幅画　uma pintura
一届学生　uma turma de alunos
一颗糖　um doce

一匹布 um rolo de tecido

一扇窗户 uma janela

A.5.1.3 副词
A.5.1.3 ADVÉRBIOS

【五 03】　　程度副词：过于、可¹、稍、稍微、尤其

【Nível 5 — 03】　*Advérbios de intensidade*

过于 demais

可¹ muito, demais (ênfase em orações afirmativas e exclamativas)

稍 ligeiramente, um pouquinho

稍微 ligeiramente, um pouquinho

尤其 particularmente, especialmente

这件事发生得过于突然了。

Aconteceu muito de repente.

他女朋友可漂亮了！

A namorada dele é linda demais!

这幅画再挂得稍高一点儿。

Pendure o quadro um pouquinho mais alto.

稍微坚持一下儿，马上就结束了。

Aguente mais um pouquinho, já está quase acabando.

她喜欢运动，尤其是游泳。

Ela gosta de esportes, especialmente de natação.

附录 A：(规范性) 语法等级大纲

【五 04】　　　　范围副词：大都
【Nível 5 — 04】　Advérbio de escopo

大都 a maior parte, a maioria

参加划船比赛的大都是女生。
A maioria das participantes da competição de canoagem é mulher.

我们班的学生大都很爱学习。
A maior parte dos alunos da nossa turma gosta de estudar.

小孩儿大都喜欢吃甜的。
A maioria das crianças gosta de comer doces.

【五 05】　　　　时间副词：不时、将、将要、仍旧、时常、时刻、依旧、一向
【Nível 5 — 05】　Advérbios de tempo

不时 de vez em quando
将 / 将要 (futuro próximo)
仍旧 ainda; continuar na mesma situação
依旧 ainda; continuar na mesma situação
时常 frequentemente; sempre
时刻 constantemente; sempre
一向 sempre

我不时想起过去的事情。
De vez em quando penso no passado.

明年我们将去国外考察。
No próximo ano, vamos fazer uma viagem de estudos ao exterior.

电视剧将要开始了。
A novela já vai começar.

二十年过去了，他仍旧没结婚。
Vinte anos se passaram e ele ainda não se casou.

长大以后，我时常怀念我的故乡。
Depois que cresci, sempre tenho saudades da minha terra.

在国外，我时刻想念着国内的亲人。
Quando estou no exterior, sempre sinto saudades da minha família.

十年过去了，他依旧住在那里。
Dez anos se passaram e ele continua morando lá.

他一向不爱说话。
Ele sempre foi assim, calado.

【五 06】　　　　频率、重复副词：偶尔、再次
【Nível 5 — 06】　*Advérbios de frequência e repetição*

偶尔 ocasionalmente, de vez em quando
再次 novamente, de novo

他不常请假，只是偶尔迟到一次。
Ele raramente faltava, só chegava atrasado de vez em quando.

我们决不让类似的事情再次发生。
Nunca deixaremos algo assim acontecer novamente.

【五 07】　　　　方式副词：偷偷
【Nível 5 — 07】　*Advérbios de modo*

偷偷 em segredo, às escondidas, discretamente, sem que niguém visse

---

我偷偷送给他一件礼物。
Dei-lhe um presente sem que ninguém visse.

她偷偷地从窗户向外看。
Ela deu uma espiada pela janela.

【五08】　　　语气副词：毕竟、不免、差（一）点儿、倒是、干脆、就⁴、居然、可²、明明、总算

【Nível 5 — 08】　Advérbios modais

毕竟　afinal; no fim das contas
不免　inevitavelmente; não consigo evitar
差（一）点儿　quase; por pouco
倒是　realmente; ao contrário do esperado
干脆　simplesmente; de uma vez
就⁴　exatamente
居然　surpreendentemente; por incrível que pareça
可²　talvez
明明　claramente; obviamente
总算　finalmente

不要怪他，他毕竟还小。
Não o culpe, afinal ele é apenas uma criança.

第一次参加考试，不免有些紧张。
Estou fazendo a prova pela primeira vez, é inevitável ficar um pouco nervoso.

我今天上学差点儿迟到。
Quase cheguei atrasado para a aula hoje.

这种做法倒是怪新鲜的，从来没见过。
Essa abordagem é realmente muito nova, nunca vi antes.

这个人不讲道理，我们干脆不和他合作了。
É uma pessoa difícil, vamos simplesmente parar de trabalhar com ele.

别劝我，我就要去。
Eu faço questão de ir, nem tente me convencer do contrário.

没想到，这件事居然是她干的。
Eu não esperava, mas, por incrível que pareça, foi ela quem fez isso.

我可记不住这么多生词。
Acho que não consigo memorizar tantas palavras assim.

明明是你做的，为什么要说是别人做的？
Está claro que foi você quem fez, por que diz que foi outra pessoa?

这本书总算学完了。
Finalmente terminamos de estudar este livro.

A.5.1.4 介词
A.5.1.4 PREPOSIÇÕES

A.5.1.4.1 引出时间、处所
A.5.1.4.1 Preposições que introduzem tempo ou lugar

【五 09】　　　随着
【Nível 5 — 09】　　*com; à medida que*

随着时间的推进，我慢慢理解了他的做法。
Com o tempo, fui entendendo o que ele fazia.

随着冬天的到来，房间越来越冷。
Com a chegada do inverno, o quarto ficava cada vez mais frio.

A.5.1.4.2 引出施事、受事
A.5.1.4.2 Preposições que introduzem agente ou paciente

【五 10】　　　将
【Nível 5 — 10】　　*(com a mesma função de* 把*)*

父母将他送到中国留学。
Os pais mandaram-no à China para estudar.

禁止将书带出阅览室。
É proibido levar os livros para fora da sala de leitura.

【五 11】　　由²
【Nível 5 — 11】　1. (feito) por; indica o responsável por uma ação 2. por meio de 3. devido a; por causa de

这道题由你来回答吧。
Essa pergunta deve ser respondida por você.

这件事情由班长负责。
Isso é responsabilidade do monitor.

A.5.1.4.3　引出凭借、依据
A.5.1.4.3　Preposições que introduzem motivação ou fundamentação

【五 12】　　凭
【Nível 5 — 12】　com base em; considerando

凭他的水平，通过这次考试没有问题。
Considerando o nível dele, não terá problemas em passar neste exame.

凭经验进行判断往往是不准确的。
Geralmente é impreciso fazer avaliações com base na experiência.

【五 13】　　依据
【Nível 5 — 13】　com base em; de acordo com

要依据事实办事。
As ações devem ser guiadas pelos fatos.

警察依据线索抓住了坏人。
A polícia prendeu os criminosos com base em pistas encontradas.

【五 14】 依照
【Nível 5 — 14】 *segundo; conforme*

他想依照自己喜欢的方式去生活。
Ele quer viver do jeito que gosta.

依照学校的规定，学生要按时上课，不能迟到。
Segundo as regras da escola, os alunos devem ser pontuais, não podem se atrasar

A.5.1.5 连词
A.5.1.5 CONJUNÇÕES

【五 15】 连接分句或句子：从而、加上、完了、一旦
【Nível 5 — 15】 *Conjunções que conectam orações ou frases*

从而 assim, portanto
加上 além disso
完了 depois disso
一旦 uma vez que

他努力学习，从而实现了当翻译的理想。
Ele estudou com afinco e, assim, realizou seu sonho de se tornar tradutor.

今天天气不太好，加上你还有很多作业，我们还是别去公园了吧。
O tempo não está muito bom hoje, além disso você ainda tem muita lição de casa, é melhor não irmos ao parque.

你快点儿写作业，完了我们去公园玩儿。
Termine logo a lição de casa, depois disso vamos ao parque.

你要想好了，一旦选择了就不能放弃。
Você precisa pensar bem, porque uma vez feita a escolha, não pode voltar atrás.

A.5.1.6 助词
A.5.1.6 PARTÍCULAS

【五 16】　　　其他助词：也好
【Nível 5 — 16】　Outras: 也好 1. pode ser; seria bom 2. tanto faz

让他亲自在现场试一试也好。
Pode ser bom deixá-lo tentar por si mesmo no local.

你来也好，不来也好，随便吧。
Tanto faz se você vem ou não, faça como preferir.

多学一门语言也好，将来可以凭此找份工作。
Seria bom aprender mais uma língua para poder encontrar trabalho no futuro

A.5.2
A.5.2 Sintagmas

A.5.2.1 固定短语
A.5.2.1 EXPRESSÕES FIXAS

A.5.2.1.1 四字格
A.5.2.1.1 Padrões quadrissílabos

【五 17】　　　*A 来 A 去*
【Nível 5 — 17】　*fazer algo repetidamente*

想来想去，还是小王最合适。
Depois de pensar muito, concluímos que Xiao Wang era o mais indicado.

大家讨论来讨论去，最后还是没解决。
Ficamos discutindo, mas no final não encontramos uma solução.

她是一名导游，经常在世界各地飞来飞去。
Ela é guia turística, está sempre voando pelo mundo.

【五 18】　　　　A 着 A 着
【Nível 5 — 18】　enquanto A

她说着说着就哭起来了。
Enquanto ia falando, ela começou a chorar.

我躺在床上看电视，看着看着就睡着了。
Eu estava deitado na cama vendo TV e acabei dormindo enquanto assistia.

【五 19】　　　　没 A 没 B
【Nível 5 — 19】　nem A, nem B

一上午没吃没喝，我要饿死了。
Não comi nem bebi nada de manhã e agora estou morrendo de fome.

这孩子说话没大没小的，一点儿礼貌都没有。
Essa criança não demonstra respeito por ninguém, não tem um pingo de educação.

【五 20】　　　　说 A 就 A
【Nível 5 — 20】　agir decididamente

为什么人生需要有一次说走就走的旅行？
Por que precisamos viajar sem pensar duas vezes pelo menos uma vez na vida?

说干就干，只有干才能找到办法。
Faça de uma vez, só na prática é que vai encontrar uma solução.

【五 21】　　　　有 A 有 B
【Nível 5 — 21】　　ter tanto A quanto B (indica variedade de elementos)

下课了，同学们有说有笑地走出了教室。
Depois da aula, os alunos saíram da sala conversando animadamente.

这里的农村有山有水，空气好，农民们过上了好日子。
Aqui o campo tem belas paisagens, o ar é puro e os camponeses levam uma vida boa.

节日的公园里有男有女，有老有少，十分热闹。
Durante o feriado o parque fica muito movimentado com gente de todas as idades.

A.5.2.1.2　其他
A.5.2.1.2　Outras

【五 22】　　　　不得了
【Nível 5 — 22】　　impressionante; desastroso

你又考了第一名，真是不得了！
Você tirou o primeiro lugar de novo, é realmente impressionante!

不得了了，房间里进水了。
Que desastre, o quarto está inundado.

完了完了，不得了了，电脑坏了。
Já era, não tem mais jeito, o computador pifou.

【五 23】　　　　不敢当
【Nível 5 — 23】　　não estou à altura; não é para tanto (indica modéstia)

这样的奖励我真是不敢当。
Realmente não mereço esse prêmio.

不敢当，我只是做了我应该做的事情。
Não é para tanto, só fiz o que tinha de ser feito.

您千万别这样说，我实在是不敢当。
Não diga isso, realmente não estou à altura.

【五 24】 得了
【Nível 5 — 24】 1. expressa consentimento, está bem 2. expressa proibição, já chega 3. expressa frustração, esquece

麻烦别人还不如你自己去得了。
É melhor você mesmo fazer em vez de incomodar os outros.

得了吧，他不可能帮助别人的。
Esquece, ele não tem como ajudar ninguém.

你可得了吧，谁能这么想呢？
Ah faça-me o favor! Quem poderia pensar assim?

【五 25】 用不着
【Nível 5 — 25】 não precisa

你有话可以直接说，用不着害怕。
Se você tem algo a dizer, pode falar diretamente, não precisa ter medo.

用不着听他的，他什么都不懂。
Não precisa dar ouvidos a ele, ele não entende nada.

孩子们都工作了，您用不着担心了。
Seus filhos já têm emprego, você não precisa mais se preocupar.

A.5.3 固定格式
A.5.3 Estruturas fixas

【五 26】 从……来看
【Nível 5 — 26】 *considerando; com base em*

从这个角度来看，很多问题都可以解决。
Por esse ponto de vista, muitos problemas podem ser resolvidos.

从他的考试成绩来看，他平时根本没有认真学习。
Considerando suas notas, ele normalmente não leva o estudo a sério.

从以往的经验来看，这件事基本上没有问题。
Pela nossa experiência, isso não vai ser problema.

【五 27】 到……为止
【Nível 5 — 27】 *até*

到目前为止，他还没有出过什么错。
Até agora ele não cometeu nenhum erro.

我的报告到此为止，谢谢！
Termino aqui o meu relatório, obrigado!

到昨天为止，这个项目已经完成了一半。
Metade do projeto já tinha sido concluída até ontem.

【五 28】 够……的
【Nível 5 — 28】 *suficiente; bastante*

眼前这几件事就够他忙的了。
Essas poucas coisas diante dele já são suficientes para mantê-lo ocupado.

他可真够聪明的，竟然抓住了这个机会。
Ele foi bastante inteligente e aproveitou essa oportunidade.

这本书够难的，他肯定看不懂。
Este livro é bastante difícil, ele certamente não conseguirá entender.

【五 29】　　　　拿……来说
【Nível 5 — 29】　em termos de; quanto a

拿成绩来说，他绝对是第一。
Em termos de notas, ele com certeza é o primeiro.

拿这件事来说，你没有做错什么。
Quanto a isso, você não fez nada de errado.

拿这次考试来说，只要平时努力就能通过。
Quanto a este exame, você vai conseguir passar, desde que se esforce como sempre.

【五 30】　　　　A 的 A，B 的 B
【Nível 5 — 30】　ou... ou...

衣服大的大，小的小，没有一件合适的。
As roupas ou são muito grandes, ou muito pequenas, nenhuma serve.

家里老的老，少的少，我们得帮帮她。
Os familiares dela ou são muito idosos, ou muito novos, temos que ajudá-la.

这里的建筑高的高，低的低，不太整齐。
Os prédios daqui ou são muito altos, ou muito baixos, não são muito uniformes.

【五 31】　　　　　　在……看来
【Nível 5 — 31】　　na opinião de; na visão de

在我看来，这次中文考试实在是太难了。
Na minha opinião, esta prova de chinês está muito difícil.

在很多人看来，这件事没有那么简单。
Na opinião de muitas pessoas, isso não é algo simples.

在老师看来，每一个学生都有自己的优点。
Na visão do professor, todo aluno tem seus pontos fortes.

A.5.4 句子成分
A.5.4 Termos da oração

A.5.4.1 宾语
A.5.4.1 OBJETO

【五 32】　　　　　　宾语的语义类型 1
【Nível 5 — 32】　　Classificação semântica dos objetos 1

（1）施事宾语
Objeto agente (ou sujeito deslocado)

家里来了一位客人。
Chegou uma visita em casa.

门口站着一个人。
Tinha uma pessoa parada na porta.

台上坐着很多领导。
Muitos líderes estavam sentados na tribuna.

（2）受事宾语

Objeto paciente

你们要认真对待这个考试。

Vocês devem levar esse exame a sério.

我们要去超市采购一批食品。

Temos que comprar comida no supermercado

A.5.4.2 状语

A.5.4.2 ADJUNTOS ADVERBIAIS

【五 33】 多项状语

【Nível 5 — 33】 *Adjuntos adverbiais complexos*

他昨天在教室里认真地写完了作业。

Ontem, ele fez toda a lição de casa atentamente na sala de aula.

她为了通过考试昨天在家复习了一整天。

Ela estudou o dia todo em casa para passar na prova.

我前天在路上意外地碰见了多年没见的老朋友。

Anteontem, encontrei por acaso um velho amigo na rua.

我们下午在教室里都非常认真地对昨天的报告进行了讨论。

À tarde, discutimos seriamente a apresentação de ontem na sala de aula.

A.5.4.3 补语
A.5.4.3 COMPLEMENTOS

【五 34】趋向补语4: 表示时间意义（引申用法）
【Nível 5 — 34】 *Complemento de direção 4: indicando tempo (em sentido amplo)*

（1）表示动作行为的开始：动词 + 上 / 起来
Início da ação: verbo + 上 / 起来

这孩子又玩儿上游戏了。
A criança começou a jogar *games* de novo.

他大声地哭起来了。
Ele começou a chorar alto.

这项工作上个月就干起来了。
Este trabalho começou no mês passado.

（2）表示动作行为的持续：动词 + 下去 / 下来
Continuidade da ação: verbo + 下去 / 下来

别紧张，你说下去。
Não se preocupe, continue o que estava dizendo.

你这样坚持下去一定能成功。
Se você continuar assim, certamente vai conseguir.

你的中文说得不错，我建议你继续学下去。
Seu chinês está bom, sugiro que continue estudando.

在这三年里，我把每天锻炼一个小时的习惯保持下来了。
Nestes três anos, mantive o hábito de me exercitar uma hora por dia.

【五 35】　　　　　可能补语 2：动词 + 得 / 不得 *poder, conseguir*
【*Nível 5 — 35*】　*Complemento de potencialidade 2*：动词 + 得 / 不得

这种药吃得还是吃不得，得听医生的。
Você deve consultar seu médico para saber se pode ou não tomar este medicamento.

这些东西你可拿不得，很危险的。
Você não pode levar estas coisas, são perigosas.

这种没有原则的话可说不得。
Não se pode fazer comentários sem fundamento como esse.

【五 36】　　　　　程度补语 2
【*Nível 5 — 36*】　*Complemento de intensidade 2*

（1）形容词 / 心理动词 + 得 + 不得了 / 慌 / 厉害
adjetivo / verbo psicológico + 得 + 不得了 / 慌 / 厉害   *extremamente; muito*

爸爸答应去公园，儿子开心得不得了。
O filho está felicíssimo porque o pai prometeu levá-lo ao parque.

我只是累得慌，休息休息就好了。
Só estou cansado demais, preciso descansar um pouco.

听说要打针，她害怕得厉害。
Ela ficou com muito medo quando ouviu que precisaria tomar injeção.

（2）动词 / 形容词 + 坏 / 透 + 了
verbo / adjetivo + 坏 / 透 + 了   *demais*

这么晚了孩子还没回家，张老师担心坏了。
Já é tarde e a criança ainda não voltou para casa, a professora Zhang está preocupadíssima.

这件事已经伤透了她的心，大家不要再提起。
Isso já a magoou demais, não toquem mais nesse assunto.

第一次被别人拒绝，我心情坏透了。
Fiquei arrasado quando fui rejeitado pela primeira vez.

【五 37】　　　　状态补语2：动词/形容词 + 得 + 短语
【Nível 5 — 37】　Complemento de modo 2: verbo / adjetivo + 得 + frase

（1）动词/形容词 + 得 + 动词短语
verbo / adjetivo + 得 + oração verbal

他难过得吃不下饭。
Ele estava tão triste que não conseguia comer.

她气得说不出话来。
Ela ficou tão irritada que não conseguiu falar.

她伤心得哭了起来。
Ela ficou tão magoada que começou a chorar.

（2）动词/形容词 + 得 + 主谓短语
verbo / adjetivo + 得 + sintagma sujeito-predicado

我早上没吃饭，饿得肚子疼。
Não comi nada de manhã e agora estou com a barriga doendo de fome.

房间里热得人头痛。
Está tão quente no quarto que fiquei com dor de cabeça.

孩子得了冠军，父母乐得嘴都合不上了。
A criança ganhou o campeonato e os pais estão tão felizes que não conseguem parar de sorrir.

（3）动词/形容词 + 得 + 固定短语
verbo / adjetivo + 得 + expressão fixa

第一次看到雪，我激动得又哭又笑。
Quando vi a neve pela primeira vez, fiquei tão emocionado que comecei a rir e chorar.

女儿半夜还没回来，妈妈在房间里急得走来走去。
Já é meia-noite e a filha ainda não voltou para casa. A minha mãe está tão preocupada que fica andando de um lado para o outro.

明天就是儿子的婚礼，父母高兴得跑前跑后。
Amanhã é o casamento do filho, os pais estão tão felizes que ficam correndo de um lado para o outro.

A.5.5 句子的类型
A.5.5 Tipos de oração

A.5.5.1 特殊句型
A.5.5.1 PADRÕES SINTÁTICOS ESPECIAIS

【五 38】 "有"字句 3
【Nível 5 — 38】 Orações com 有 3

（1）表示存在、具有：主语 + 有 + 着 + 宾语
Indicando existência ou posse: sujeito + 有 + 着 + objeto

两个国家之间有着长期的友好关系。
Existe uma duradoura relação de amizade entre os dois países.

他们之间有着很深的误会。
Há um desentendimento profundo entre eles.

（2）表示附着：主语 + 动词 + 有 + 宾语
Indicando vínculo: sujeito + verbo + 有 + objeto

书上写有他的名字。
Tem o nome dele escrito no livro.

这双筷子上刻有漂亮的图案。
Há belos desenhos gravados no par de pauzinhos.

发票上列有商品的名称。
Na fatura tem a lista de produtos.

【五 39】 "把"字句 3：表处置
【Nível 5 — 39】 *A construção com 把 3: indicando manejo ou direcionamento do objeto*

   （1）主语 + 把 + 宾语 + 状语 + 动词
sujeito + 把 + objeto + adjunto adverbial + verbo

他总是把东西到处乱扔。
Ele sempre joga as coisas em qualquer lugar.

下雨了，她赶紧把外面的东西往回收。
Quando começou a chover, ela correu para recolher as coisas lá de fora.

   （2）主语 + 把 + 宾语 + 一 + 动词
sujeito + 把 + objeto + 一 + verbo

她把东西一放，转身就走了。
Ela deixou as coisas, virou as costas e saiu.

老师把门一关，开始上课了。
O professor fechou a porta e começou a aula.

   （3）主语 + 把 + 宾语 + 动词 + 了
sujeito + 把 + objeto + verbo + 了

你怎么把这件事忘了？
Como você se esqueceu disso?

双方把合同签了。

Ambas as partes assinaram o contrato.

（4）主语 + 把 + 宾语1 + 动词 + 宾语2

sujeito + 把 + objeto 1 + verbo + objeto 2

他把身上的钱交学费了。

Ele pagou a mensalidade com todo o dinheiro que tinha.

我父母把存款买了房。

Meus pais compraram uma casa com suas economias.

【五 40】　　　被动句 3：意念被动句

【*Nível 5 — 40*】　*Orações na voz passiva 3: estruturas nocionais*

蛋糕吃光了。

O bolo acabou.

衣服穿破了。

As roupas estão gastas.

车票卖完了。

As passagens de trem estão esgotadas.

【五 41】　　　连动句 3：前后两个动词性词语具有因果、转折、条件关系

【*Nível 5 — 41*】　*Construções com verbos seriais 3: dois verbos ou orações com relação causal, adversativa ou condicional*

李老师生病住院了。

A professora Li ficou doente e foi hospitalizada.

这本书她借了没看。

Ela pegou emprestado este livro, mas não o leu.

她有办法解决问题。
Ela encontrou uma maneira de resolver o problema.

【五 42】 兼语句 3
表致使：主语 + 叫/令/使/让 + 人称代词 + 动词短语

【Nível 5 — 42】 Orações pivô 3
Expressam causa e efeito: sujeito + 叫/令/使/让 + pronome pessoal + sintagma verbal

他的话叫大家笑出了眼泪。
Suas palavras fizeram todos rirem até chorar.

这件事令她吃不下饭。
Este assunto a deixou sem apetite.

他的做法使大家再也不敢相信他了。
Sua ação fez todos perderem a confiança nele.

明天的考试让我睡不着觉。
O exame de amanhã me impede de dormir.

【五 43】 比较句 5
【Nível 5 — 43】 Orações comparativas 5

（1）跟……相比
em comparação com

跟上次考试相比，这次没有那么难。
Em comparação com o último exame, este não foi tão difícil.

跟别人相比，我的想法太简单了。
Em comparação com outras pessoas, minhas ideias são muito simples.

跟语法知识相比，我觉得语音知识更难。
Em comparação com a gramática, acho que a pronúncia é mais difícil.

（2）A + 形容词 + B + 数量补语
A + adjetivo + B + complemento numérico

她高我五厘米。
Ela é cinco centímetros mais alta do que eu.

他早我十分钟。
Ele chegou dez minutos mais cedo do que eu.

姐姐大我十岁。
Minha irmã é dez anos mais velha do que eu.

A.5.5.2 复句
A.5.5.2 PERÍODOS COMPOSTOS

A.5.5.2.1 选择复句
A.5.5.2.1 Períodos alternativos

【五 44】 或是……，或是……
【Nível 5 — 44】 ou...ou...

这件事或是哥哥做的，或是弟弟做的。
Isso foi feito ou pelo meu irmão mais velho ou pelo mais novo.

你或是参加这次考试，或是明年再学一遍这门课。
Você pode fazer esta prova ou repetir a matéria no ano que vem.

A.5.5.2.2 转折复句
A.5.5.2.2 Períodos adversativos

【五 45】 尽管……，但是/可是……
【Nível 5 — 45】 embora... / apesar de...

尽管这次考试很难，但是很多人都通过了。
Embora este exame tenha sido difícil, muitas pessoas conseguiram passar.

尽管外面在下雨，可是他一定要去超市买东西。
Apesar de estar chovendo lá fora, ele ainda precisa ir ao supermercado.

尽管他不接受我的意见，可是我有意见还是要向他提。
Embora ele não aceite minha opinião, ainda tenho que dizer a ele.

A.5.5.2.3 假设复句
A.5.5.2.3 Períodos hipotéticos

【五 46】 一旦……，就……
【Nível 5 — 46】 se / quando... / depois que

一旦考试不及格，我就要延期毕业了。
Se eu não passar nesta prova, terei que adiar minha formatura.

一旦地铁建成，堵车的情况就可大大缓解。
Depois que o metrô estiver pronto, os congestionamentos vão diminuir muito.

中文一旦学起来，就再也放不下了。
Se você começar a aprender chinês, não vai mais conseguir parar.

【五 47】　　　　　要是……，（就）……，否则……
【Nível 5 — 47】　　se..., (então)..., senão/de outro modo...

要是他不去，我也不去了，否则我一个人去太危险了。
Se ele não for, também não irei, (senão) é muito perigoso eu ir sozinho.

要是明天下雨，我们就不去爬山了，否则会冻感冒的。
Se chover amanhã, não vamos escalar a montanha, senão podemos ficar resfriados.

要是你不带包，我就带一个，否则买的东西没地方放。
Se você não levar uma bolsa, eu vou levar uma, de outro modo não teremos onde pôr as compras.

A.5.5.2.4 条件复句
A.5.5.2.4 Períodos condicionais

【五 48】　　　　　除非……，才……
【Nível 5 — 48】　　a menos que... / só (...) se...

除非你答应我，我才和你一起去。
Só vou com você se me prometer.

除非你努力学习，才有可能考上大学。
Você só tem chance de entrar na universidade se estudar com afinco.

除非心情好，他才会答应我们的要求。
Ele só atenderá nossos pedidos se estiver de bom humor.

【五 49】　　　　　除非……，否则/不然……
【Nível 5 — 49】　　a menos que... / se não...

除非坐飞机去，否则肯定来不及了。
A menos que você vá de avião, certamente não vai chegar a tempo.

除非你仔细检查，不然太容易出错了。
Se você não revisar com atenção, é muito fácil cometer erros.

A.5.5.2.5 因果复句
A.5.5.2.5 Períodos causais

【五 50】　　……，因而……
【Nível 5 — 50】　… por isso…

他生病了，因而没来上课。
Ele ficou doente, por isso não veio à aula.

她按时完成了任务，因而受到公司的奖励。
Ela completou a tarefa no prazo e (por isso) recebeu um prêmio da empresa.

这次考试太难了，因而很多学生都没有通过。
Este exame foi muito difícil, por isso muitos alunos não passaram.

A.5.5.2.6 让步复句
A.5.5.2.6 Períodos concessivos

【五 51】　　即使……，也……
【Nível 5 — 51】　mesmo (que)… (ainda assim)

即使天气不好，爬长城的人也不会少。
Mesmo com mau tempo, ainda haverá pessoas subindo a Grande Muralha.

他即使生病了，也坚持工作。
Mesmo doente ele insiste em trabalhar.

我即使睡得再晚，早上六点也准醒。
Mesmo que eu durma tarde, vou acordar às seis horas.

A.5.5.2.7 目的复句
A.5.5.2.7 Períodos finais

【五 52】 ……，为的是……
【Nível 5 — 52】 *para / a fim de*

我把车停在外面，为的是走的时候方便。
Estacionei o carro lá fora para facilitar a saída.

她给你发这个信息，为的是提醒你注意安全。
Ela te enviou essa mensagem para lembrá-lo de tomar cuidado com a sua segurança.

老师这节课什么也没讲，为的是让我们有时间多练习口语。
O professor não falou nada nesta aula para nos dar mais tempo de praticar a conversação.

【五 53】 ……，以便……
【Nível 5 — 53】 *para / a fim de*

我们要早一点儿出门，以便乘坐第一班公交车。
Temos que sair mais cedo para pegar o primeiro ônibus.

她每天步行上班，以便锻炼身体。
Ela vai a pé para o trabalho todos os dias a fim de se exercitar.

把手机号留下吧，以便跟你联系。
Deixe seu número de telefone para que eu possa entrar em contato com você.

A.5.5.2.8 紧缩复句
A.5.5.2.8 Períodos elípticos

【五 54】 没有……就没有……
【Nível 5 — 54】 *sem ..., não teria/haveria ...*

没有你的帮助就没有我的成功。
Sem a sua ajuda, eu não teria sucesso.

没有水就没有生命的存在。
Sem água, não haveria vida.

没有平时的努力就没有今天的成绩。
Sem os esforços diários, não teríamos os resultados de hoje.

【五 55】 再……也……
【Nível 5 — 55】 por mais (...) que ... / não importa o quanto ...

这件事再难也要坚持下去。
Por mais difícil que isso seja, devemos persistir.

雨下得再大我也要去上班。
Não importa o quanto chova, tenho que ir trabalhar.

这篇课文再长也要读完。
Por mais longo que seja o texto, você deve ler tudo.

A.5.5.2.9 多重复句

A.5.5.2.9 Períodos complexos

【五 56】 二重复句 1：单句 + 复句；复句 + 单句
【Nível 5 — 56】 Dois níveis de subordinação 1: período simples + composto; período composto + simples

我决定去中国留学，即使中文再难我也要去学。
Decidi estudar na China, por mais difícil que seja o chinês.

因为生病所以我没去上课，没想到的是老师一下课就来看我了。
Faltei à aula porque estava doente e, para minha surpresa, a professora veio me visitar assim que a aula terminou.

她一直不愿意说出真相，虽然我不知道她的真实想法，但我尊重她的选择。
Ela não quer dizer a verdade. Respeito a sua escolha mesmo sem saber o que ela realmente pensa.

A.5.6 强调的方法
A.5.6 Expressões de ênfase

【五 57】　　　用"再也不/没"表示强调
【Nível 5 — 57】　　*nunca mais*

从今天开始，我再也不会出这种错了。
De hoje em diante nunca mais vou cometer esse erro.

他再也没跟我联系过。
Ele nunca mais entrou em contato comigo.

我再也没见过她。
Eu nunca mais a vi.

【五 58】　　　用副词"可"表示强调
【Nível 5 — 58】　　*enfim; muito; de jeito nenhum*

你可来了，急死我了！
Até que enfim você chegou, me deixou tão ansiosa!

你可得注意身体呀，天天睡眠不足可不行！
Você precisa muito cuidar da sua saúde, não pode ficar dormindo pouco todos os dias!

你可不能让大家失望！
Você não pode, de jeito nenhum, decepcionar todo mundo!

【五 59】　　　用"怎么都/也 + 不/没"表示强调
【Nível 5 — 59】　　*nunca; nada; de modo algum*

她怎么都没想到自己会失败。
Ela nunca pensou que falharia.

他怎么也不会猜到谁要来看望他。
Ele nunca adivinharia quem viria visitá-lo.

他的话我怎么都听不懂。
Não consigo entender nada do que ele diz.

昨天晚上我怎么也睡不着。
Não consegui dormir nada ontem à noite.

A.5.7 口语格式
A.5.7 Estruturas coloquiais

【五 60】　　　　X 也不是，Y 也不是
【Nível 5 — 60】　não sabia se X ou Y

他这样开玩笑，气得我哭也不是，笑也不是。
A brincadeira dele me deixou tão brava que eu não sabia se chorava ou ria.

一看来了这么多人，他紧张得坐也不是，站也不是。
Quando viu chegar tanta gente, ele ficou tão nervoso que não sabia se ficava sentado ou em pé.

走也不是，留也不是，真不知道怎么办好。
Não sei o que fazer, não sei se vou ou se fico.

【五 61】　　　　X 也 X 不得，Y 也 Y 不得
【Nível 5 — 61】　não pode / não consegue nem X, nem Y

他腰疼起来的时候站也站不得，坐也坐不得。
Quando começa sua dor nas costas, ele não consegue ficar nem de pé, nem sentado.

孩子大了，骂也骂不得，打也打不得。
Depois que as crianças crescem, não podemos mais nem dar bronca, nem bater nelas.

这件事愁得他吃也吃不得，睡也睡不得。
Isso o deixou tão preocupado que ele não conseguia nem comer, nem dormir.

【五 62】　　　　X 是它，Y 也是它
【Nível 5 — 62】　não importa se X ou Y

好是它，坏也是它，你没有别的选择。
Não importa se é bom ou ruim, você não tem outra escolha.

成功是它，失败也是它，这个选择我绝对不后悔。
Não importa se vai dar certo ou não, eu não vou me arrepender dessa escolha.

等一个小时是它，等两个小时也是它，只能坐这一班车回家了。
Não importa se vamos esperar por uma hora ou duas, esse é o único ônibus para casa.

【五 63】　　　　X 着也是 X 着
【Nível 5 — 63】　fazendo X por fazer, sem motivo específico

明天我去超市逛逛，反正闲着也是闲着。
Amanhã vou dar uma volta no supermercado, já que estou à toa mesmo.

那些衣服她不喜欢了，放着也是放着，不如送人吧。
Aquelas roupas de que ela não gosta mais, ela guarda por guardar, seria melhor doar.

反正等着也是等着，我们不如休息休息吧。
Já que estamos só esperando, por que não descansamos um pouco?

【五 64】　　　　X 归 X，Y 归 Y
【Nível 5 — 64】　X é uma coisa, Y é outra

想归想，做归做，结果完全不一样。
Pensar é uma coisa, mas fazer é outra história, por isso o resultado é totalmente diferente.

吵归吵，闹归闹，大家还是好朋友。
Brigar, nós brigamos sempre, mas ainda somos bons amigos.

朋友归朋友，生意归生意，不能免费。
Amigos, amigos, negócios à parte, não pode ser de graça.

【五 65】　　　　不管怎样说
【Nível 5 — 65】　de qualquer maneira; de uma forma ou de outra

不管怎样说，你这么做就是不对的。
De qualquer maneira, o que você fez está errado.

不管怎样说，这事总算办成了。
De uma forma ou de outra, isso finalmente está resolvido.

【五 66】　　　　看你X的／瞧他X的
【Nível 5 — 66】　que nada!; mas é um... mesmo! (discordância ou reprovação)

看你说的，我哪有那么能干？
Que nada! Desde quando sou tão capacitado como você diz?

甲：他说他这次准考第一。
乙：瞧他吹的。
A: Ele diz que passou em primeiro lugar.
B: Mas é um metido mesmo!

【五 67】　　　　真有你／他／她的
【Nível 5 — 67】　você / ele / ela é incrível, surpreendente

真有你的！电脑你也会修？
Você é incrível! Até sabe consertar computadores?

这么难的事情他都有办法，真有他的！

Até coisas complicadas como essas ele resolve, ele é muito bom mesmo!

【五 68】　　　　X 什么 X

【Nível 5 — 68】　　pare de ficar X

看什么看，再看就迟到了！

Pare de ficar olhando. Se continuar, vai se atrasar!

吃什么吃，再吃就胖死了！

Pare de ficar comendo. Se continuar, vai engordar!

【五 69】　　　　什么 X 不 X（的）

【Nível 5 — 69】　　para que X?

什么钱不钱的，你这话说的太客气了。

Para que falar em me pagar? Deixe de formalidade.

什么麻烦不麻烦，我们之间不用这么客气。

Para que me pedir "por favor"? Não precisa de tanta cerimônia entre nós.

什么合适不合适的，衣服能穿就行。

Para que se preocupar se a roupa é adequada ou não? Se servir já está bom.

A.5.8 句群

A.5.8 Grupos frasais coesos

【五 70】　　　　用代词复指

【Nível 5 — 70】　　Anáfora pronominal

　　（1）用人称代词复指

Com pronomes pessoais

这个小伙子是我们学校的英国留学生。他来中国之前，在英国学过一点儿中文，他觉得中文很有意思。去年公司派他来中国学习中文，现在还想让他留在中国工作。
Este rapaz é um estudante inglês da nossa escola. Ele estudou um pouco de chinês antes de vir para a China. Ele acha o chinês muito interessante. No ano passado, sua empresa o enviou para a China para estudar chinês e agora querem que ele fique na China para trabalhar.

网络对我们的生活越来越重要。它随时告诉我们每天世界各地发生的新闻，很多人不出门就能通过它买东西、跟朋友交流，它让生活变得越来越方便。
A internet está se tornando cada vez mais importante em nossas vidas. Ela nos informa a todo momento sobre o que está acontecendo no mundo, muita gente consegue fazer compras e se comunicar com amigos sem sair de casa. Ela torna a vida cada vez mais prática.

(2) 用指示代词复指
Com pronomes demonstrativos
中国的南方人喜欢喝一种酒。这种酒是用米做的，味道甜甜的，大人小孩儿都能喝。这也是北方人去南方旅行之后喜欢买的东西之一。
Os chineses do Sul gostam de uma bebida feita de arroz que tem um gosto adocicado e pode ser consumida tanto por adultos quanto por crianças. Essa é também uma das coisas que os chineses do Norte compram quando viajam para o Sul.

我的家乡在中国4的南方。那是一个小城市，景色很漂亮，很适合旅游。我在那儿出生、长大，一直到十六岁才离开。那也是我最喜欢的城市。
Minha cidade natal fica no Sul da China. (Aquela) é uma cidade pequena, com paisagens lindas, é um bom destino de viagem. Nasci e cresci lá e só saí quando tinha dezesseis anos. (Aquela) é a minha cidade favorita.

(3) 各种代词相间使用
Com diferentes tipos de pronomes:

《现代汉语词典》一书是中国语言研究人员多年的成果，2016年9月出版了第7版。这不仅是全世界华人学习现代汉语最重要的词典之一，同时也被称为世界上许多国家和地区的人们研究和学习中文的"标准"。至今，《现代汉语词典》除了中国版以外，还拥有多个国外版。它的出版，对促进国内外学术交流和合作起到了积极的作用。

ANEXO A: EMENTA GRAMATICAL (NORMATIVA)

O "Dicionário de Chinês Moderno", resultado de muitos anos de trabalho de linguistas chineses, teve sua 7ª edição publicada em setembro de 2016. Além de ser um dos dicionários mais importantes para o aprendizado do chinês moderno por chineses do mundo todo, ele também é considerado o "padrão" para aprendizes e pesquisadores da língua chinesa em muitos países e regiões do globo. O "Dicionário de Chinês Moderno" já tem várias edições estrangeiras além da chinesa. Sua publicação desempenha um papel positivo na promoção do intercâmbio e da cooperação acadêmica nacional e internacional.

【五 71】　　　　带省略成分
【Nível 5 — 71】　　*Elisões*

　　(1) 省略主语
Elisão do sujeito

（我）决定出国留学，我不得不和父母告别，想到以后再也没有人保护我、关心我，（我）心里有些担心。离开家乡的那一天，亲人们都来机场送我，（我）带着他们的祝福和希望，我登上了前往北京的航班，开始了我的留学生活。
(Eu) Decidi estudar no exterior e tive que me despedir dos meus pais. A ideia de que não teria mais ninguém para me proteger e se preocupar comigo me deixava preocupado. No dia da partida, a família e os amigos me acompanharam até o aeroporto. Com seu apoio, (eu) embarquei no voo para Beijing e comecei minha vida de estudante no exterior.

　　(2) 省略宾语
Elisão do objeto

世界上任何事物都永远在运动、变化、发展，语言也是。语言的变化，包括语音、词汇和语法，短时间内不容易发现（这些变化），日子长了就表现出来了。
Tudo no mundo está em constante movimento, transformação e desenvolvimento, a língua também. As transformações na língua, seja na pronúncia, no vocabulário ou na gramática, não são facilmente perceptíveis a curto prazo, mas se tornam evidentes ao longo do tempo.

741

A.6 六级语法点
A.6 EMENTA GRAMATICAL DO NÍVEL 6

A.6.1 语素
A.6.1 Morfologia

A.6.1.1 类前缀
A.6.1.1 PREFIXOS SEMIGRAMATICALIZADOS

【六 01】　　超 -、多 -、反 -、无 -、亚-、准 -
【Nível 6 — 01】　*Prefixos semigramaticalizados*

　　超 super-
　　多 multi-
　　反 anti-, contra-, adverso
　　无 não
　　亚 sub-
　　准 quase-, para-, futuro

　　超自然　sobrenatural
　　多角度　multiangular
　　反作用　efeito adverso
　　无烟　não fumante
　　亚健康　subsaudável
　　准妈妈　futura mamãe

A.6.1.2 类后缀
A.6.1.2 Sufixos semigramaticalizados

【六 02】　-化、- 式、- 型、- 性
【Nível 6 — 02】　*Sufixos semigramaticalizados*

　　- 化　-izar
　　- 式　estilo

- 型 tipo
- 性 -dade

现代化　modernizar
美式　de estilo americano
小型　pequeno
普遍性　generalidade, universalidade

A.6.2 词类
A.6.2 Classes gramaticais

A.6.2.1 代词
A.6.2.1 PRONOMES

【六 03】　　指示代词：本、此
【Nível 6 — 03】　Pronomes demonstrativos

本　1. próprio 2. este, atual, corrente
此　1. este 2. agora, aqui 3. tal, assim

本市　esta cidade
本人　eu
此事　este assunto
此处　aqui

A.6.2.2 量词
A.6.2.2 CLASSIFICADORES

【六 04】　　名量词：餐、串、滴、副、股、集、枝
【Nível 6 — 04】　Classificadores nominais

餐　refeições
串　cachos, espetos, fiadas

滴　gotas
副　1. par 2. conjunto 3. expressão facial
股　1. objetos estreitos e alongados 2. cheiros, força 3. grupo de pessoas
集　episódio
枝　1. flores com caule 2. objetos estreitos, longos e inflexíveis

---

一餐饭　uma refeição
一串葡萄　um cacho de uvas
一滴水　uma gota d'água
一副球拍　um par de raquetes
一股力量　uma força
一集电视剧　um capítulo de novela / série de TV
一枝花　um ramo de flor

【六 05】　　　动量词：番、声、趟
【Nível 6 — 05】　Classificadores verbais

番　ação, ocorrência
声　som, fala
趟　percurso de ida e volta

讨论一番　debater, discutir
说一声　dizer algo, avisar
跑两趟　fazer duas viagens (ir e voltar duas vezes)

A.6.2.3　副词
A.6.2.3　Advérbios

【六 06】　　　程度副词：特、异常
【Nível 6 —06】　Advérbios de intensidade

特　muito, especialmente, particularmente
异常　extremamente, extraordinariamente

他特高兴，因为他的设计获奖了。
Ele está felicíssimo porque seu projeto foi premiado.

今天天气异常寒冷。
Hoje está extremamente frio.

【六 07】 范围、协同副词：尽、净、一齐、一同
【Nível 6 —07】 *Advérbios de escopo e concomitância*

尽　1. inteiramente; totalmente; completamente 2. só; somente; exclusivamente
净　1. completamente; sem sobrar nada 2. somente; o tempo todo
一齐　ao mesmo tempo; simultaneamente; em uníssono
一同　juntos; no mesmo tempo e lugar

刚上班，分配给我的尽是些基础工作。
Quando comecei a trabalhar, só me davam tarefas básicas.

这里净是垃圾，都没地方站。
Aqui só tem lixo, não tem nem lugar para ficar.

大家一齐动手，清理路上的垃圾。
Todo mundo trabalhou junto para limpar o lixo da rua.

这是我们一同努力的结果。
Este é o resultado do nosso esforço conjunto.

【六 08】 时间副词：时时、一时、早晚
【Nível 6 —08】 *Advérbios de tempo*

时时　sempre; constantemente
一时　1. temporariamente; momentaneamente 2. ora... ora...
早晚　mais cedo ou mais tarde

老师时时关注着我们的学习。
A professora está sempre atenta ao nosso estudo.

我好像在哪儿见过他，可一时又想不起来了。
Acho que já o vi em algum lugar, mas não consigo me lembrar agora.

他早晚会知道事情的真相。
Mais cedo ou mais tarde ele vai saber a verdade.

【六 09】　　　　关联副词：便
【Nível 6 —09】　Advérbios conectivos

便 1. logo depois, assim que, quando 2. então, nesse caso

他一下课便回家了。
Ele voltou para casa logo depois da aula.

他一毕业便决定回国。
Quando se formou, ele decidiu voltar para o seu país.

【六 10】　　　　方式副词：不禁、赶忙、亲眼、特地、特意
【Nível 6 —10】　Advérbios de modo

不禁　inevitavelmente; não poder deixar de
赶忙　rapidamente; depressa
亲眼　pessoalmente; com os próprios olhos
特地　especialmente
特意　propositalmente

我不禁回忆起第一次跟她见面的场景。
Não tenho como não me lembrar da primeira vez que a vi.

要迟到了，他赶忙出门，早饭都没吃。
Como ia se atrasar, ele saiu apressado e nem tomou o café da manhã.

这件事是我亲眼所见，不会有假。
Vi isso com meus próprios olhos, não pode ser mentira.

我都准备好了，你不用特地跑来帮我。
Já deixei tudo pronto, você não precisa vir só para me ajudar.

大卫今天第一天上班，特意穿了双新皮鞋。
Hoje é o primeiro dia de David no trabalho, por isso mesmo ele calçou sapatos novos.

【六 11】　　　　情态副词：仿佛
【Nível 6 — 11】　　*Advérbios oracionais*

仿佛 parecendo, como se

奶奶仿佛孩子似的开心地笑了。
A vovó sorriu feliz como uma criança.

他工作起来仿佛不知道什么是累。
Ele trabalha como se não soubesse o que é cansaço.

【六 12】　　　　语气副词：才³、刚好、偏、恰好
【Nível 6 — 12】　　*Advérbios modais*

才³ realmente; mesmo (ênfase, com 呢 no fim da frase)

刚好 1. exatamente 2. acontece que

偏 insistentemente; persistentemente; deliberadamente; fazer questão de

恰好 1. por sorte; por coincidência 2. exatamente

我才不要父母的钱呢，我要自己赚钱。
Não quero o dinheiro dos meus pais, quero ganhar meu próprio dinheiro.

我要出门找他的时候他刚好回来了。
Ele voltou exatamente quando eu estava prestes a sair para procurá-lo.

北方的冬天极其寒冷，可他圣诞节偏要去那儿旅行。
O inverno no Norte é extremamente frio, mas ele faz questão de viajar para lá no Natal.

哥哥非常粗心，弟弟却恰好相反。
O irmão é muito descuidado, mas o mais novo é exatamente o oposto.

A.6.2.4 介词
A.6.2.4 PREPOSIÇÕES

A.6.2.4.1 引出时间、处所
A.6.2.4.1 Preposições que introduzem tempo ou lugar

【六 13】 于
【Nível 6 — 13】 1. em (tempo ou lugar) 2. de (origem)

他出生于 1995 年。
Ele nasceu em 1995.

大熊猫主要生活于中国西南地区。
Os pandas vivem principalmente no sudoeste da China.

A.6.2.4.2 引出方向、路径
A.6.2.4.2 Preposições que introduzem direção ou percurso

【六 14】 沿（着）
【Nível 6 — 14】 por; ao longo de; seguindo

他喜欢沿着湖散步。
Ele gosta de passear na orla do lago.

你沿这条路走，一会儿就到了。
Vá por esta rua e você logo chegará.

我沿着他指的路，很快找到了他家。
Segui o caminho que ele indicou e cheguei rápido à casa dele.

A.6.2.4.3 引出对象
A.6.2.4.3 Preposições que introduzem complemento

【六 15】   同 ¹、与 ¹
【Nível 6 — 15】   1. com 2. assim como (comparação)

同你一样，我也是学生。
Também sou estudante, assim como você.

你要与同学搞好关系。
Quero ter uma boa relação com os colegas.

【六 16】   至于
【Nível 6 — 16】   quanto a

旅行的时间已经定了，至于费用问题，还需要再讨论。
A data da viagem está decidida. Quanto às despesas, ainda é preciso discutir mais.

学校决定下个月举行运动会，至于具体时间，请待学校通知。
A escola decidiu realizar um campeonato esportivo no mês que vem. Quanto à data exata, por favor, aguarde o aviso da escola.

超市将于节日期间举行优惠活动，至于详细情况，可上网查查。
Durante o feriado, o supermercado vai fazer uma promoção. Para mais detalhes, você pode pesquisar na internet.

A.6.2.4.4 引出目的、原因
A.6.2.4.4 Preposições que introduzem causa ou finalidade

【六 17】 因

【Nível 6 — 17】 1. segundo; de acordo com 2. por causa de; por motivo de; devido a

因公司的业务需要，她要去中国出差。
Devido às necessidades comerciais da empresa, ela precisará fazer uma viagem de negócios para a China.

昨天她因病请假。
Ontem, ela faltou ao trabalho por motivo de doença.

他因出门太晚迟到了。
Ele chegou atrasado porque saiu de casa tarde.

A.6.2.4.5 表示排除
A.6.2.4.5 Preposições de exclusão

【六 18】 除

【Nível 6 — 18】 exceto; além de; menos; fora

除他以外，所有人都来了。
Todos vieram, exceto ele.

除这件事以外，其他我都能答应你。
Posso te prometer tudo, menos isso.

除这个箱子以外，没有其他行李了。
Não há outras bagagens além dessa caixa.

A.6.2.4.6 引出凭借、依据
A.6.2.4.6 Preposições que introduzem motivação ou fundamentação

【六 19】 据
【Nível 6 — 19】 *de acordo com; com base em; segundo*

据专家介绍，这个信息并不准确。
De acordo com especialistas, essa informação não é precisa.

据统计，大多数家庭有一到两个子女。
Segundo as estatísticas, a maioria das famílias tem um ou dois filhos.

据说，他还没决定放弃。
Dizem que ele ainda não decidiu desistir.

A.6.2.5 连词
A.6.2.5 CONJUNÇÕES

【六 20】 连接词或词组：而 ²、同 ²、与 ²
【Nível 6 — 20】 *Conjunções que conectam palavras ou sintagmas*

而² e, também
同² e
与² e

她善良而乐观。
Ela é bondosa e otimista.

我同他都是新员工。
Ele e eu somos funcionários novos.

成与不成，都看你的啦！
Se vai dar certo ou não, depende de você!

【六 21】 连接分句或句子：不料、可³、若
【Nível 6 — 21】 *Conjunções que conectam orações ou frases*

不料 mas (inesperadamente)
可³ mas
若 se

我今天本想去操场踢足球，不料外面下起雨来。
Eu estava pensando em jogar futebol hoje, mas, do nada, começou a chover.

我们约定一起去长城玩儿，可他忘记了。
Combinamos de ir juntos à Grande Muralha, mas ele se esqueceu.

若这个时间你不方便，我们就换一个。
Se esse horário não for bom para você, a gente muda.

A.6.2.6 助词
A.6.2.6 PARTÍCULAS

【六 22】 结构助词：所
【Nível 6 — 22】 *Partícula estrutural*

所 1. antes do verbo, forma um sintagma nominal 2. na estrutura 为……所…… indica voz passiva

---

据我所知，这件事不是真的。
Pelo que sei, isso não é verdade.

你所做的每件事儿我都支持。
Apoio tudo o que você faz.

这部电影正是我所感兴趣的。
Este é exatamente o filme que me interessa.

【六 23】　　　　语气助词：罢了、啦、嘛

【Nível 6 — 23】　Partículas modais

罢了　é só isso, nada mais (ao fim de oração declarativa)

啦　fusão de 了 e 啊

嘛　1. indica obviedade 2. ao fim de oração imperativa, indica expectativa ou sugestão
　　3. dentro de uma frase, marca pausa para atrair a atenção do interlocutor

---

别生气，我只是开个玩笑罢了。
Não fique chateado, eu só estava brincando.

我终于把这个问题搞明白啦！
Finalmente entendi esse problema!

什么事儿，你快说嘛！
O que está acontecendo? Diga logo!

A.6.3 短语
A.6.3 Sintagmas

A.6.3.1 结构类型
A.6.3.1 CLASSIFICAÇÃO POR ESTRUTURA

【六 24】　　　　数词 + 形容词 + 量词

【Nível 6 — 24】　numeral + adjetivo + classificador

一大杯茶　um grande copo de chá
一长串葡萄　um longo cacho de uvas
一小份米饭　uma pequena porção de arroz

A.6.3.2 固定短语
A.6.3.2 EXPRESSÕES FIXAS

A.6.3.2.1 四字格
A.6.3.2.1 Padrões quadrissílabos

【六 25】　　　或A或B
【Nível 6 — 25】　ou A ou B

每位市民都为这座城市的发展做出过或大或小的贡献。
Cada cidadão fez sua contribuição, grande ou pequena, para o desenvolvimento da cidade.

各个企业都有一套或高或低的质量监测管理标准。
Cada empresa tem seus padrões de monitoramento de qualidade, altos ou baixos.

【六 26】　　　无A无B
【Nível 6 — 26】　nem A nem B

妈妈无时无刻不在想念着国外留学的孩子。
Não há um momento em que a mãe não sinta saudade do filho que está estudando no exterior.

这孩子再不管管就无法无天了。
Se você não a disciplinar, essa criança vai ficar sem controle.

【六 27】　　　A这A那
【Nível 6 — 27】　isto e aquilo; tudo

他总是很耐心地听她说这说那。
Ele sempre ouve pacientemente enquanto ela fala sobre tudo.

他这个人真是麻烦，总是嫌这嫌那的。
Ele é uma pessoa difícil, vive reclamando disso e daquilo.

【六 28】　　　　左A右B

【Nível 6 — 28】　para lá e para cá; de todos os lados

> 他左躲右闪，终于把球踢进了球门。
>
> Ele driblou para lá e para cá e finalmente chutou a bola para dentro do gol.

> 第一次出门，他兴奋得左瞧右看，眼睛都不够用了。
>
> Na primeira vez que saiu, ele estava tão animado que olhava para todos os lados, seus olhos não conseguiam capturar tudo ao mesmo tempo.

> 他左思右想，觉得这件事不能这样就完了。
>
> Ele pensou e repensou e concluiu que as coisas não poderiam simplesmente terminar dessa maneira.

A.6.3.2.2 其他

A.6.3.2.2 Outras

【六 29】　　　　不怎么

【Nível 6 — 29】　não (...) muito

> 这件衣服不怎么好看，换一件吧。
>
> Esta roupa não ficou muito bem, que tal trocar?

> 他不怎么在乎这些小事。
>
> Ele não se importa muito com essas pequenas coisas.

> 他今天好像不怎么舒服。
>
> Ele não parece estar muito bem hoje.

【六 30】　　　　不怎么样

【Nível 6 — 30】　mais ou menos; não muito bem / bom

> 她跳舞跳得不怎么样。
>
> Ela não dança muito bem.

甲：这件衣服怎么样?
乙：不怎么样。
A: Que tal esta roupa?
B: Mais ou menos.

【六 31】　　好（不）容易
【Nível 6 — 31】　não ser nada fácil; com muito custo; batalhar muito para

我好不容易给你争取来这个机会，你怎么能不抓住呢?
Batalhei muito para conseguir essa oportunidade para você, como você pode deixá-la passar assim?

你好容易走到这一步，怎么能说放弃就放弃呢?
Você batalhou tanto para chegar até aqui, como pode simplesmente desistir agora?

我好不容易说服他来参加比赛，你不能让他走。
Com muito custo consegui convencê-lo a participar da competição, você não pode expulsá-lo.

【六 32】　　那倒（也）是
【Nível 6 — 32】　esse / isso poderia ser

现在看来，那倒是个很好的办法。
Agora parece que essa poderia ser uma boa solução.

实在没办法，那倒也是个办法。
Se realmente não houver outra opção, essa poderia ser uma solução.

甲：如果能找到失败的原因，那倒是件值得高兴的事。
乙：那倒也是。
A: Se pudermos encontrar a causa do fracasso, isso seria motivo para ficarmos felizes.
B: Isso é verdade.

【六 33】　　　　就是说／这就是说
【Nível 6 — 33】　*em outras palavras; isso quer dizer que*

就是说，他是一个不诚实的人。
Em outras palavras, ele é uma pessoa desonesta.

这就是说，责任不在你，你千万不要怪自己。
Isso quer dizer que a responsabilidade não é sua, pare de se culpar.

【六 34】　　　　算了
【Nível 6 — 34】　*deixa para lá; esqueça*

这件事就这样算了吧。
Vamos esquecer essa questão.

他不去算了，不要为难他了。
Se ele não quiser ir, deixa para lá, não vamos importuná-lo.

甲：不行，我得好好问问他。
乙：算了，你说不过他的。
A: Não, eu tenho que perguntar a ele.
B: Deixa para lá, você não vai convencê-lo.

A.6.4　固定格式
A.6.4　Estruturas fixas

【六 35】　　　　A 一 + 量词，B 一 + 量词
【Nível 6 — 35】　*A 一 + classificador, B 一 + classificador*　　daqui e dali; de maneira aleatória

他摔得很严重，身上青一块，紫一块。
Ele levou um tombo feio e ficou cheio de hematomas pelo corpo.

大家你一句，我一句，搞得他反而没了主意。
Todos deram um palpite aqui, outro ali, e o deixaram sem saber o que fazer.

他俩说着话，突然你一下儿，我一下儿地打起来了。
Estavam conversando quando, de repente, foi um sopapo daqui, outro dali, e começaram a brigar.

【六 36】　　　东一A，西一A
【Nível 6 — 36】　fazer algo de forma desordenada

天黑还下雨，他东一脚，西一脚地赶回来了。
Como estava escuro e chovendo, ele voltou para casa aos tropeços.

他说话东一句，西一句，完全没有重点。
Ele fala sem parar, sem foco nenhum.

他做事情总是东一下儿，西一下儿，既无计划更无耐心。
Ele faz as coisas de qualquer jeito, sem planejamento nem paciência.

【六 37】　　　为了……而……
【Nível 6 — 37】　para; a fim de; por

为了这么一件小事而生气，不值得。
Não vale a pena se zangar por algo tão pequeno.

他为了这次比赛而努力了很久。
Ele se esforçou muito tempo para essa competição.

这是为了讨论改善环境问题而召开的会议。
Esta reunião foi convocada para discutir a melhoria do meio ambiente.

A.6.5 句子成分
A.6.5 Termos da oração

A.6.5.1 宾语
A.6.5.1 Objeto

【六 38】 宾语的语义类型 2

【*Nível 6 — 38*】 *Classificação semântica dos objetos 2*

(1) 处所宾语

Objetos de localização

听见铃声，他马上就进教室了。

Ao ouvir o sino, ele entrou logo na sala de aula.

他把东西都放桌子上了。

Ele pôs tudo em cima da mesa.

(2) 结果宾语

Objetos de resultado

在中国农村，盖房子是一件大事儿。

Na China rural, construir uma casa é um acontecimento importante.

新学期的学生太多了，学校正在校园里建食堂。

Há muitos novos alunos neste semestre, por isso a escola está construindo um refeitório.

A.6.5.2 补语
A.6.5.2 COMPLEMENTOS

【六 39】 趋向补语 5

表示状态意义（引申用法）：动词/形容词 + 下来/下去/起来/过来/过去

【Nível 6 — 39】 Complemento de direção 5

Indicando estado (sentido amplo): verbo / adjetivo + 下来/下去/起来/过来/过去

老师一进教室，同学们很快安静了下来。
Assim que o professor entrou na sala de aula, os alunos fizeram silêncio.

他对工作的兴趣渐渐淡了下去。
Seu interesse no trabalho diminuiu gradualmente.

我们先把礼物藏起来。
Primeiro vamos esconder o presente.

经过医生的抢救，他终于醒过来了。
Depois do tratamento do médico, ele finalmente acordou.

小云刚才突然昏过去了。
Xiaoyun desmaiou de repente agora há pouco.

A.6.6 句子的类型
A.6.6 Tipos de oração

A.6.6.1 特殊句型
A.6.6.1 PADRÕES SINTÁTICOS ESPECIAIS

【六 40】　　　　"把"字句 4：表致使

【Nível 6 — 40】　A construção com 把 4: indicando causa ou efeito

（1）主语（非生物体）+ 把 + 宾语 + 动词 + 其他成分

sujeito (inanimado) + 把 + objeto + verbo + outros componentes

这双鞋把脚磨破了。

Esses sapatos machucaram meus pés.

外面的声音把我吵醒了。

O barulho lá fora me acordou.

（2）主语 + 把 + 宾语（施事）+ 动词 + 其他成分

sujeito + 把 + objeto (agente) + verbo + outros componentes

他把大伙儿笑得肚子疼。

Ele fez todo mundo rir até doer a barriga.

他把爸爸气得一夜没睡。

Ele deixou o pai tão irritado que ele não dormiu a noite toda.

孩子把妈妈感动得流下了眼泪。

A criança comoveu tanto a mãe que ela chorou.

【六 41】 被动句 4：主语 + 被 / 叫 / 让 + 宾语 + 给 + 动词 + 其他成分
【Nível 6 — 41】 *Orações na voz passiva 4: sujeito* + 被 / 叫 / 让 + *objeto* + 给 + *verbo* + *outros componentes*

杯子被她不小心给摔碎了。
O copo foi quebrado acidentalmente por ela.

自行车叫小偷儿给偷走了。
A bicicleta foi roubada pelo ladrão.

这件事差点儿让我给忘了。
Isso quase foi esquecido por mim. (Eu quase me esqueci disso.)

A.6.6.2 复句

A.6.6.2 Períodos compostos

A.6.6.2.1 并列复句

A.6.6.2.1 Períodos compostos por coordenação

【六 42】 时而……，时而……
【Nível 6 — 42】 *às vezes…, às vezes…*

这儿的天气变来变去，时而晴天，时而下雨。
O clima aqui é instável, às vezes ensolarado, às vezes chuvoso.

生活就是这样，时而让人失望，时而让人充满信心。
A vida é assim, às vezes decepcionante, às vezes gratificante.

她的情绪很不稳定，时而积极，时而消极。
Ela está emocionalmente instável, às vezes positiva, às vezes negativa.

【六 43】　　　　　一时……一时……

【Nível 6 — 43】　　ora..., ora...; às vezes..., às vezes...

年纪太大了，身体一时好一时坏。
Com a idade avançada, a saúde ora está boa, ora está ruim.

这家公司的产量一时上升一时下降。
A produção da empresa às vezes aumenta, às vezes diminui.

他的情绪有波动，一时高兴一时悲伤。
Ele tem oscilações de humor, às vezes está feliz, às vezes triste.

A.6.6.2.2　承接复句

A.6.6.2.2　Períodos sequenciais

【六 44】　　　　　……便……

【Nível 6 — 44】　　... e (logo em seguida)...

我一走出校门，抬头便看见了她。
Assim que saí da escola, levantei a cabeça e a vi.

她放下电话，衣服没换便往医院赶。
Ela desligou o telefone e saiu correndo para o hospital sem trocar de roupa.

一回到家，他便看到了桌子上的饭菜。
Ele chegou em casa e já viu a comida na mesa.

A.6.6.2.3 递进复句
A.6.6.2.3 Períodos gradativos

【六 45】 不但不/不但没有……，反而……

【Nível 6 — 45】 em vez de / além de não… ainda…

他不但不帮我，反而还给我添麻烦。
Além de não me ajudar, ele ainda me causa problemas.

夏天过去了，天气不但没有凉快，反而更热了。
O verão passou, mas o tempo, em vez de esfriar, ainda esquentou.

他不但没有鼓励我，反而还批评了我一顿。
Além de não me incentivar, ele ainda me critica.

【六 46】 不是……，还/还是……

【Nível 6 — 46】 não é simplesmente…; não basta…

不是读完了就可以了，还应该写一篇作文。
Não é simplesmente ler e pronto, você ainda precisa escrever uma redação.

这事不是你想做就能做的，还是要听听老板的意见。
Não é só fazer do jeito que você quer, é preciso ouvir a opinião do chefe também.

【六 47】 连……都/也……，……更…… 连

【Nível 6 — 47】 nem… muito menos… / até… ainda mais

大人都做不到，孩子更做不到。
Nem os adultos conseguem fazer, as crianças muito menos.

连老人也喜欢看，孩子们更是喜欢得不得了。
Até os idosos gostam de assistir e as crianças, ainda mais.

A.6.6.2.4 选择复句
A.6.6.2.4 Períodos alternativos

【六 48】 要么……，要么……
【Nível 6 — 48】 *ou... ou...; tanto... como...*

你要么跟他一组，要么自己一个人一组，尽快决定吧。
Você tanto pode formar uma equipe com ele como trabalhar sozinho, (mas) decida logo, está bem?

面对困难，我们要么被它吓倒，要么战胜它。
Diante das dificuldades, ou nos deixamos intimidar ou as superamos.

教室里的同学们要么在写作业，要么在小声讨论。
Os alunos na sala de aula ou estão fazendo a lição de casa ou estão discutindo em voz baixa.

A.6.6.2.5 转折复句
A.6.6.2.5 Períodos adversativos

【六 49】 虽……，但/可/却/也……
【Nível 6 — 49】 *embora..., mas / ainda assim / no entanto / também...*

他年纪虽小，但经验不少。
Apesar de jovem, ele tem muita experiência.

我虽没得到奖励，可仍然对自己充满信心。
Embora eu não tenha recebido uma recompensa, ainda assim estou confiante.

他虽失败了，却仍然微笑面对。
Embora ele tenha falhado, ainda assim sorriu diante da situação.

她虽病了，也坚持来上课。
Embora ela estivesse doente, ainda assim persistiu em vir para a aula.

A.6.6.2.6 假设复句
A.6.6.2.6 Períodos hipotéticos

【六 50】 ……，要不然/不然……
【Nível 6 — 50】 ..., senão...

大家要认真对待考试，要不然会影响毕业的。
Vocês precisam levar o exame a sério, senão vão ter problemas para se formar.

我得赶快出发了，要不然就迟到了。
Tenho que ir já, senão vou me atrasar.

这个活动你一定要参加，不然你会后悔的。
Você deve participar dessa atividade, senão vai se arrepender.

A.6.6.2.7 条件复句
A.6.6.2.7 Períodos condicionais

【六 51】 凡是……，都……
【Nível 6 — 51】 sempre que

凡是听到高兴的事，他都和朋友分享。
Sempre que ouve algo engraçado, ele compartilha com os amigos.

凡是跟他合作，都能顺利完成任务。
Todo mundo que coopera com ele consegue concluir a tarefa facilmente.

凡是对的，我们都应该坚持。
Devemos nos ater ao que é certo.

A.6.6.2.8 让步复句
A.6.6.2.8 Períodos concessivos

【六 52】　　　　就算/就是……也……
【Nível 6 — 52】　mesmo que...

就算成绩最好的同学也无法回答这个问题。
Mesmo que seja o melhor aluno, ele não consegue responder a essa pergunta.

就是你想马上瘦下来也不能每天不吃饭。
Mesmo que você queira perder peso rápido, não pode deixar de comer todos os dias.

就算他错了你也不能说他，他还小呢。
Mesmo que ele esteja errado, você não pode repreendê-lo, ele ainda é jovem.

A.6.6.2.9 紧缩复句
A.6.6.2.9 Períodos elípticos

【六 53】　　　　不……不……
【Nível 6 — 53】　não... sem...; não... enquanto não...

你们两个人可真是不打不成交。
Vocês dois realmente não conseguem se entender sem brigarem.

这里的房价不问不知道，一问吓一跳。
Aqui você não sabe o preço dos imóveis sem perguntar, e quando pergunta, leva um susto.

她今天一直在练习，不达标准不休息。
Hoje ela treinou sem parar, não descansou enquanto não atingiu o padrão exigido.

A.6.6.2.10 多重复句
A.6.6.2.10 Períodos complexos

【六 54】 二重复句 2: 复句 + 复句

【Nível 6 — 54】 Dois níveis de subordinação 2: período composto + período composto

成功的基础是奋斗，奋斗的收获是成功，所以，只有不断努力的人才有机会走上成功的高峰。

A base do sucesso é o esforço, o resultado do esforço é o sucesso; por isso só os que se esforçam continuamente têm a chance de chegar ao topo.

这个国王既不关心他的军队，也不喜欢去看戏，也不喜欢乘着马车去游玩儿，——除非是要展示一下儿自己的新衣服。

Esse rei não se importava com seu exército, não gostava de ir ao teatro, não gostava de passear de carruagem — a menos que quisesse exibir suas roupas novas.

承认错误，才能正确看待出现在自己身上的问题；同时，只有虚心接受别人的批评，解决了自己的问题，才能取得下一步的成功。

Admitir seus erros é a única maneira de lidar corretamente com os problemas que aparecem em sua vida; ao mesmo tempo, apenas aceitando humildemente as críticas dos outros e resolvendo seus próprios problemas você pode alcançar o sucesso na próxima etapa.

A.6.7 强调的方法
A.6.7 Expressões de ênfase

【六 55】 用"非……不可"表示强调

【Nível 6 — 55】 não poder deixar de; precisar mesmo

不管天气怎么样，我们非去不可。

Chova ou faça sol, não podemos deixar de ir.

还有这么长准备时间呢，你非要现在写完不可吗？

Ainda temos tanto tempo, você precisa mesmo terminar agora?

他正生着气呢，你非现在说不可吗？
Ele está furioso, precisa mesmo falar com ele agora?

A.6.8 口语格式
A.6.8 Estruturas coloquiais

【六 56】　　　　X 到 Y 头上来了
【Nível 6 — 56】　*até não poder mais; até o limite (exagero)*

他都欺负到你头上来了，你也不在乎吗？
Ele te perturba até não poder mais e você nem liga?

人家都求到我们头上来了，还是帮帮他们吧。
Eles já nos pediram até cansar, vamos ajudá-los.

这种好事儿怎么轮到我头上来了？
Como é que fui ter uma sorte dessas?

【六 57】　　　　X 就 X 吧
【Nível 6 — 57】　*não faz mal; não importa (concessão)*

等等就等等吧，没有别的办法了。
Se precisa esperar, vamos esperar, fazer o quê.

少点儿就少点儿吧，总比没有强。
Pouco por pouco, pelo menos é melhor do que nada.

晚点儿就晚点儿吧，来得及就行。
Não importa se atrasar um pouco, desde que ainda dê tempo.

【六 58】　　　　X 是 X
【Nível 6 — 58】　que é X é, mas...; até (que) é... mas

去是去了，就是不知道结果怎么样。
Eu até fui, mas não sei se deu certo.

好是好，但不知道老师会不会同意我们这样做。
Que é bom, é, mas não sei se o professor vai nos deixar fazer desse jeito.

这件衣服漂亮是漂亮，但也太贵了。
Essa roupa até que é bonita, mas está cara demais.

【六 59】　　　　不 X 不......，一 X......
【Nível 6 — 59】　(exagero)

不看不知道，一看吓一跳，这里变化太大了！
Antes de ver, eu não fazia ideia, mas, quando vi, tomei um susto: as transformações aqui foram enormes!

这题目看起来简单，不做不知道，一做真不会！
A questão parecia simples, mas, quando tentei fazer, vi o quanto era complicada!

【六 60】　　　　好你个 X
【Nível 6 — 60】　seu...! (depreciativo, injurioso)

好你个小偷儿，敢偷我的东西，我送你去警察局！
Seu malandro! Acha que pode roubar minhas coisas? Vou te entregar para a polícia!

好你个大骗子，还好我聪明，没上你的当！
Seu vigarista! Sorte que sou esperto e não caí na sua conversa!

好你个老王，一点儿忙都不帮我！
Lao Wang, seu folgado, você não me ajuda em nada!

【六 61】　　　　动词 + 什么（就）是什么
【Nível 6 — 61】　é só + verbo

行啊！你说什么是什么，都听你的。
Está bem! É só falar e nós faremos.

哪有这么容易的，你想什么就是什么？
Acha que as coisas são fáceis assim, que é só querer e pronto?

【六 62】　　　　早（也）不 X，晚（也）不 X
【Nível 6 — 62】　nem mais cedo, nem mais tarde

早不来，晚不来，恰好要出门的时候他来了。
Não chegou nem mais cedo, nem mais tarde, mas exatamente na hora em que precisávamos sair.

早也不走，晚也不走，需要他的时候他却走了。
Não saiu nem mais cedo, nem mais tarde, mas justamente quando precisávamos dele.

【六 63】　　　　看/瞧 + 把 + 宾语（施事）+ X 得
【Nível 6 — 63】　看/瞧 + 把 + objeto（agente）+ X 得　olha como...

真是小孩子呀，看把他乐得。
Mas é uma criança mesmo, olha como está feliz.

瞧把他得意得，都不知道自己是谁了。
Olha como ele está orgulhoso, nem sabe mais quem é.

瞧把他吓得，都不知道说什么了。
Olha como ele está com medo, nem sabe o que dizer.

【六 64】　　　　放着X不Y
【Nível 6 — 64】　　deixar de fazer algo

你可别放着好日子不过，在这儿找麻烦。
Você não deve deixar de aproveitar a vida para ficar procurando problemas aqui.

他放着好好的学不上，非要跑去外面打工。
Ele deixou de estudar direito para ir trabalhar fora.

【六 65】　　　　X来X去，都是/就是……
【Nível 6 — 65】　　por mais que

不管我们怎么争来争去，都是没有用的。
Por mais que discutamos, não adianta nada.

说来说去，就是没有统一的意见。
Por mais que falemos, não há opinião unânime.

【六 66】　　　　X了就X了，（没）有……
【Nível 6 — 66】　　o que está feito, está feito

坏了就坏了，有什么大不了的？
Se estragou, estragou, o que tem de mais?

输了就输了，没有什么好难过的。
Se perdeu, perdeu, não precisa ficar triste.

【六 67】　　　　这/那也不X，那/这也不Y
【Nível 6 — 67】　　nem isso, nem aquilo

这也不吃，那也不喝，结果就是身体越来越差。
Não come isto, não bebe aquilo, o resultado é uma saúde cada vez pior.

那也不合适，这也不对，我真的不明白她到底想怎样。

Não está certo isto, está errado aquilo, realmente não entendo o que ela quer.

A.7 七一九级语法点
A.7 EMENTA GRAMATICAL DOS NÍVEIS 7 A 9

A.7.1 词类
A.7.1 Classes gramaticais

A.7.1.1 动词
A.7.1.1 VERBOS

【七一九 001】 能愿动词：需

【Níveis 7 a 9 — 001】 *Verbo modal*

需 precisar

父亲的身体需休养一段时间。

O pai precisa se recuperar por algum tempo.

我们仍需耐心等待。

Ainda precisamos esperar pacientemente.

A.7.1.2 代词
A.7.1.2 PRONOMES

【七一九 002】 疑问代词：何

【Níveis 7 a 9 — 002】 *Pronomes interrogativos*

何 que; qual; qualquer

我们何时出发？
A que horas partimos?

不管你有何疑问，都可以到办公室找我。
Qualquer que seja sua dúvida, você pode vir falar comigo no escritório.

【七一九003】　　　　指示代词：该、另、兹
【Níveis 7 a 9 — 003】　Pronomes demonstrativos

    该　este, esse
    另　outro
    兹　este, aqui

    该企业　esta empresa
    另一回事　outro assunto
    兹日　este dia

A.7.1.3　量词
A.7.1.3　CLASSIFICADORES

【七一九004】　　　　名量词
【Níveis 7 a 9 — 004】　Classificadores nominais

  （1）名量词：栋、粒、枚、则、盏
Classificadores nominais

    栋　prédios, edificações
    粒　objetos em forma de grão
    枚　objetos pequenos
    则　textos
    盏　lâmpadas

四栋楼　quatro prédios
三粒药　três pílulas
五枚硬币　cinco moedas
一则新闻　uma notícia
一盏灯　uma lâmpada

(2) 复合量词
Classificadores compostos

人次　visitas, passageiros

接待三千人次　receber três mil visitas

A.7.1.4　副词
A.7.1.4　ADVÉRBIOS

A.7.1.4.1　程度副词
A.7.1.4.1　Advérbios de intensidade

【七一九 005】　　　极为
【Níveis 7 a 9 — 005】　extremamente

齐白石是极为杰出的画家。
Qi Baishi é um pintor extremamente destacado.

能源汽车的发展前景极为广阔。
As perspectivas de desenvolvimento de carros movidos a novas energias são extremamente amplas.

【七—九 006】　　　尽
【Níveis 7 a 9 — 006】　　1. na extremidade de um local 2. sempre, o tempo todo
　　　　　　　　　　　　3. inteiramente, completamente 4. somente, exclusivamente

坐在尽前头的是我女朋友。
Aquela sentada bem na frente é minha namorada.

尽北边有一个空位，您可以考虑这个位置。
Na extremidade norte há um assento vago, o senhor pode se sentar lá, se desejar.

【七—九 007】　　　蛮
【Níveis 7 a 9 — 007】　　bastante; bem

她的分数蛮高的，大学肯定能考上。
Ela tem uma pontuação bem alta, com certeza vai entrar na universidade.

昨天刚下完雪，今天蛮冷的。
Acabou de nevar ontem, hoje está bastante frio.

【七—九 008】　　　颇
【Níveis 7 a 9 — 008】　　bastante; consideravelmente

我对这部电影的印象颇深。
Esse filme me impressionou consideravelmente.

他对导游这份工作颇有兴趣。
Ele está bastante interessado no trabalho de guia turístico.

【七—九 009】　　　稍稍
【Níveis 7 a 9 — 009】　　um pouco; um pouquinho

听了他的话，我稍稍松了一口气。
O que ele disse me deixou um pouco aliviado.

上海的夏天又闷又热，稍稍一动就会出汗。

O verão em Shanghai, é quente e abafado, você sua com o menor movimento.

【七一九 010】　　　尤为

【Níveis 7 a 9 — 010】　especialmente; particularmente

葡萄中的维生素含量尤为丰厚。

O teor vitamínico da uva é especialmente alto.

他对自己的要求尤为严格。

Ele é extremamente exigente consigo mesmo.

【七一九 011】　　　越发

【Níveis 7 a 9 — 011】　cada vez mais / menos; ainda mais / menos

听到这个消息，同学们越发有热情了。

Ao ouvir essa notícia, meus colegas de classe ficaram ainda mais entusiasmados.

随着年龄的增长，他越发不喜欢出去旅行了。

À medida que envelhece, ele gosta cada vez menos de viajar.

A.7.1.4.2　范围、协同副词

A.7.1.4.2　Advérbios de escopo e concomitância

【七一九 012】　　　凡

【Níveis 7 a 9 — 012】　todo; cada

凡事自己努力去做就好。

Faça o seu melhor em todas as coisas

凡年龄满十八岁的公民都有选举与被选举的权利。

Todos os cidadãos com idade acima de dezoito anos têm o direito de votar e serem votados.

【七—九 013】　　　　皆
【Níveis 7 a 9 — 013】　　todos; todo

这已是人人皆知的事实。
Este é um fato conhecido por todos.

这个比赛十六到十九岁的男性青少年皆可报名参加。
Todos os jovens do sexo masculino com idade entre dezesseis e dezenove anos podem se inscrever nesta competição.

【七—九 014】　　　　统统
【Níveis 7 a 9 — 014】　　todos; nenhum; tudo; nada

我们不得不承认这些材料统统没有价值。
Temos que admitir que nenhum desses materiais tem valor.

时间、地点、人物、事件，她统统不记得。
Ela não se lembra de nada, nem da data, nem do lugar, nem das pessoas, nem dos eventos.

【七—九 015】　　　　唯独
【Níveis 7 a 9 — 015】　　somente; apenas

全班同学都在认真听讲，唯独他在睡觉。
A turma toda está prestando atenção, só ele está dormindo.

他什么都不在乎，唯独受不了家人的不理解。
Ele não se incomoda com nada, só não suporta a incompreensão da família.

A.7.1.4.3 时间副词
A.7.1.4.3 Advérbios de tempo

【七一九 016】 即

【Níveis 7 a 9 — 016】 1. imediatamente 2. exatamente 3. nomeadamente; a saber

对待教育问题，不宜忽视，要严肃对待、有错即改。
Não devemos ignorar as questões de educação, mas sim tratá-las com seriedade e corrigir o erro imediatamente.

西北人张口即来的这种民歌，是高原上一道美丽的风景。
Essa música popular do Noroeste da China, que vem imediatamente à mente dos habitantes locais, faz parte da bela paisagem nas planícies.

【七一九 017】 历来

【Níveis 7 a 9 — 017】 sempre

王老师历来重视培养学生的动手能力。
O(A) professor(a) Wang sempre valorizou o desenvolvimento da habilidade prática dos alunos.

流行歌曲历来是社会文化不可以缺少的一部分。
As canções populares sempre foram uma parte indispensável da cultura e da sociedade.

【七一九 018】 尚

【Níveis 7 a 9 — 018】 ainda

这个调查到现在为止尚无进展。
Até agora ainda não houve progresso nesta investigação.

这个问题想研究明白，尚需努力。
Para esclarecer este problema ainda é preciso mais esforço.

【七一九 019】　　　　向来
【Níveis 7 a 9 — 019】　sempre

他这个人向来吃软不吃硬，你不能硬来。
Ele sempre se recusa a ser forçado, você não pode ser duro com ele.

他向来第一个到学校，从未迟到过。
Ele sempre é o primeiro a chegar à escola e nunca chegou atrasado.

A.7.1.4.4　频率、重复副词
A.7.1.4.4　Advérbios de frequência e repetição

【七一九 020】　　　　频频
【Níveis 7 a 9 — 020】　repetidamente; várias vezes

他频频与朋友们以及他的竞争者们打招呼。
Ele cumprimentou várias vezes seus amigos e competidores.

气氛十分热烈，大家频频举杯，说笑不停，非常高兴。
A atmosfera estava muito animada, todos brindavam repetidamente, conversando e rindo sem parar. Estavam muito felizes.

【七一九 021】　　　　再度
【Níveis 7 a 9 — 021】　mais uma vez; outra vez; novamente

这个班再度被评为"优秀班集体"。
Esta turma, mais uma vez, foi considerada uma "Turma Excelente".

两位好友三十年后再度相遇。
Os dois amigos se reencontraram trinta anos depois.

A.7.1.4.5 关联副词
A.7.1.4.5 Advérbios conectivos

【七一九 022】　　亦
【Níveis 7 a 9 — 022】　　*também*

此人并不存在，将来亦不会出现，永远不会。
Essa pessoa nunca existiu, nem existirá jamais.

若能从失败中获得教训，失败亦是成功。
Se você puder aprender com o fracasso, o fracasso também pode ser um sucesso.

A.7.1.4.6 否定副词
A.7.1.4.6 Advérbios de negação

【七一九 023】　　未
【Níveis 7 a 9 — 023】　　*1. ainda não 2. não*

他至今还未和我联系。
Até agora, ele não entrou em contato comigo.

虽然他四十未到，但已经是很成熟的经理了。
Embora ele ainda não tenha chegado aos quarenta anos, já é um gerente muito experiente.

【七一九 024】　　勿
【Níveis 7 a 9 — 024】　　*não*

希望各位勿忘十年后的约定。
Espero que vocês não se esqueçam do compromisso daqui a dez anos.

我在国外一切都很好，勿念。
Está tudo bem comigo no exterior, não se preocupem.

A.7.1.4.7 方式副词
A.7.1.4.7 Advérbios de modo

【七一九 025】　　　不由得
【Níveis 7 a 9 — 025】　*1. como consequência natural 2. inevitavelmente*

看着父亲粗糙的手，我不由得流下了眼泪。
Ao ver as mãos calejadas do pai, não pude conter as lágrimas.

看着毕业照，我不由得开始回忆起往事。
Ao olhar para a foto de formatura, foi inevitável relembrar o passado.

【七一九 026】　　　顺便
【Níveis 7 a 9 — 026】　*incidentalmente; aproveitar (a ocasião) para*

去老师办公室的时候，他顺便把我的作业也交了。
Quando foi à sala dos professores, ele aproveitou para entregar meu dever.

我到了上海，顺便去看望了小学老师。
Quando cheguei a Shanghai, aproveitei para visitar minha professora do primário.

【七一九 027】　　　一连
【Níveis 7 a 9 — 027】　*consecutivamente; sucessivamente*

这场大雨一连下了十多天，也就把工人们困在这里十多天。
A forte chuva continuou por mais de dez dias consecutivos e manteve os trabalhadores presos aqui por mais de dez dias.

他上了床，在一连三天三夜没睡好以后终于能舒舒服服地睡上一觉了。
Ele foi para a cama e finalmente conseguiu dormir bem depois de três dias e três noites seguidos sem dormir bem.

A.7.1.4.8 情态副词
A.7.1.4.8 Advérbios oracionais

【七一九 028】 按说
【Níveis 7 a 9 — 028】 *normalmente; geralmente*

按说现在是蔬菜供应淡季，可是这里的蔬菜种类还是不少。
Normalmente, agora não é época de legumes e verduras, mas ainda há muitas opções aqui.

按说这个时候应该下雪了，可今年一场雪还没下。
Normalmente deveria estar nevando agora, mas este ano ainda não nevou.

【七一九 029】 必定
【Níveis 7 a 9 — 029】 *certamente*

若是有个太太照顾着他，他的生活必定不会那么乱七八糟了。
Se ele tivesse uma esposa cuidando dele, sua vida certamente não seria tão bagunçada.

倘若他们想要人为地挽救这一文明，必定会失败。
Se eles quiserem salvar esta civilização de maneira artificial, certamente fracassarão.

【七一九 030】 不妨
【Níveis 7 a 9 — 030】 *não quer / gostaria de...?; por que não...?; seria bom... (sugestão)*

据说这个药效果很好，你不妨试一试。
Dizem que este remédio é muito bom, não quer experimentar?

关于这个问题，咱们不妨听一听别人的建议。
Quanto a essa questão, seria bom ouvirmos outras pessoas.

【七一九 031】　　　何必

【Níveis 7 a 9 — 031】　　por que; para que

我只是和你开玩笑，何必当真呢？

Eu só estava brincando com você, por que levar a sério?

咱们是老同学，何必这么客气。

Somos colegas há muito tempo, para que ser tão formal?

【七一九 032】　　　莫非

【Níveis 7 a 9 — 032】　　será que

她今天没来学校，莫非出了什么事？

Ela não veio à escola hoje, será que aconteceu alguma coisa?

你平时不认真学习，莫非要等到期末考试了才开始紧张吗？

Você não está levando o estudo a sério, será que só vai começar a se preocupar quando chegarem os exames finais?

A.7.1.4.9　语气副词

A.7.1.4.9　Advérbios modais

【七一九 033】　　　白白

【Níveis 7 a 9 — 033】　　1. inutilmente; à toa 2. inevitavelmente; sem poder fazer nada

她忘了关水龙头，白白浪费了很多水。

Ela se esqueceu de fechar a torneira e desperdiçou muita água à toa.

这次投资失败了，让公司白白损失了很多钱。

Este investimento foi um fracasso e, inevitavelmente, fez a empresa perder muito dinheiro.

【七一九 034】　　　　反倒
【Níveis 7 a 9 — 034】　*ao contrário do que se poderia esperar; em vez de*

明明是你的错，怎么反倒怪我了？
Claramente foi você quem errou e ainda vem jogar a culpa em mim?

他越是在困难的时候反倒越能坚持。
Contrariando as expectativas, quanto mais difícil a situação, mais ele consegue se manter firme.

【七一九 035】　　　　分明
【Níveis 7 a 9 — 035】　*claramente; evidentemente; obviamente*

我分明看他走过来了，怎么一下子就不见了呢？
Eu o vi claramente vindo em minha direção, como ele desapareceu de repente?

让我三天就完成，你分明是在为难我。
Ao me pedir para terminar isso em três dias, fica óbvio que você quer dificultar a minha vida.

【七一九 036】　　　　怪不得
【Níveis 7 a 9 — 036】　*não é de admirar; não é de estranhar; então é por isso!*

怪不得她没去爬山，原来昨天下雨了。
Não é de estranhar que ela não tenha ido fazer trilha, choveu ontem.

这姑娘漂亮，人品也好，怪不得有很多男孩儿喜欢她。
Essa moça é bonita, tem um bom caráter, não é de admirar que muitos rapazes gostem dela.

【七一九 037】　　　　好在
【Níveis 7 a 9 — 037】　*felizmente; ainda bem*

好在你现在也在北京，你们可以互相照顾。
Ainda bem que você também está em Beijing agora, assim vocês podem cuidar um do outro.

好在他病得不重，应该马上就能上班了。
Felizmente ele não está muito doente, acho que volta ao trabalho em breve.

【七一九 038】　　乃
【Níveis 7 a 9 — 038】　1. ser 2. portanto 3. só então

《红楼梦》乃古代小说的杰出代表。
O Sonho da Câmara Vermelha é um representante notável dos romances antigos.

失败乃成功之母。
O fracasso é a mãe do sucesso.

【七一九 039】　　难怪
【Níveis 7 a 9 — 039】　não é de estranhar; é natural que; isso explica por que

这道题非常难，难怪她一时答不出来。
É uma questão muito difícil, é natural que ela não consiga responder rápido.

他是个东北人，难怪他不怕冷。
Ele é do Nordeste da China, é natural que não seja friorento.

【七一九 040】　　偏偏
【Níveis 7 a 9 — 040】　justamente

周围这么多漂亮的女生，你怎么偏偏喜欢她？
Com tantas garotas bonitas por aí, por que você foi gostar justamente dela?

我们已经穿好衣服准备要走了，可孩子偏偏又醒了。
Já estávamos prontos para sair, mas justo naquele momento a criança acordou.

【七一九 041】　　索性
【Níveis 7 a 9 — 041】　simplesmente

衣服已经被雨淋湿了，我索性就合上了伞，直接在雨中散步了。
Minhas roupas já estavam molhadas, então simplesmente fechei o guarda-chuva e continuei caminhando na chuva.

现在已经很晚了，我索性直接在外面吃完饭再回家好了。
Já está tarde agora, então eu simplesmente vou jantar fora antes de voltar para casa.

【七一九 042】　　　万万
【Níveis 7 a 9 — 042】　de maneira alguma; em hipótese alguma; jamais

万万不能开着煤气出门。
De maneira alguma devemos deixar o gás ligado ao sair.

触犯法律的事情是万万干不得的。
Jamais devemos nos envolver em atividades que violem a lei.

【七一九 043】　　　未免
【Níveis 7 a 9 — 043】　1. um pouco demais; um tanto excessivo 2. inevitavelmente

这道题未免也太难了吧。
Essa pergunta está um tanto difícil demais, não é?

你这样说她，未免也太过分了。
Você está sendo um tanto exagerado ao falar dela.

【七一九 044】　　　无非
【Níveis 7 a 9 — 044】　só; simplesmente

他这么做，无非是为了早点儿回家。
Ele está fazendo isso só para chegar em casa mais cedo.

她想要的无非是一份稳定的工作。
Ela só quer um trabalho estável.

【七一九 045】　　　幸好
【Níveis 7 a 9 — 045】　felizmente; ainda bem

他来的时候，幸好我在家，不然他又该生气了。
Ainda bem que eu estava em casa quando ele chegou, caso contrário, ele iria se zangar de novo.

幸好你提醒了我，要不我就忘了。
Ainda bem que você me lembrou, senão eu teria esquecido.

【七一九 046】　　　幸亏
【Níveis 7 a 9 — 046】　por sorte; ainda bem

幸亏你回来得早，不然我就不知道怎么办才好了。
Ainda bem que você voltou cedo, caso contrário eu não saberia o que fazer.

我们幸亏走了这条路，才没碰到堵车。
Ainda bem que escolhemos esta rota, assim não pegamos engarrafamento.

【七一九 047】　　　终究
【Níveis 7 a 9 — 047】　no fim das contas; por fim (acabar fazendo)

他终究是个孩子，你得耐心一点儿。
No fim das contas ele é uma criança, você precisa ter mais paciência com ele.

你们对工作这么不负责任，终究会出问题的。
Vocês não estão sendo responsáveis com o trabalho, uma hora vão acabar tendo problemas.

A.7.1.5 介词
A.7.1.5 PREPOSIÇÕES

A.7.1.5.1 引出方向、路径
A.7.1.5.1 Preposições que introduzem direção ou percurso

【七一九 048】　　　顺着
【Níveis 7 a 9 — 048】　por; ao longo de

雨水顺着我的头发滴了下来。
A água da chuva escorreu pelo meu cabelo.

我们就顺着这条路走，走到哪儿算哪儿。
Vamos seguir por essa estrada e ver até onde ela nos leva.

A.7.1.5.2 引出对象
A.7.1.5.2 Preposições que introduzem complemento

【七一九 049】　　　　当着
【Níveis 7 a 9 — 049】　　na frente de; na presença de

当着我的面，你有什么想说的就都说出来吧。
Quando estiver na minha frente, diga tudo o que você quer dizer.

我当着大家的面把礼物拆开了。
Abri o presente na frente de todos.

【七一九 050】　　　　就[5]
【Níveis 7 a 9 — 050】　　sobre; a respeito de

他已就这个问题做了检讨。
Ele já fez uma autocrítica sobre essa questão.

我想就如何找到自己满意的工作这个问题来谈一谈。
Eu gostaria de falar sobre a questão de como encontrar um trabalho satisfatório.

A.7.1.5.3 引出凭借、依据
A.7.1.5.3 Preposições que introduzem motivação e fundamentação

【七一九 051】　　　　趁
【Níveis 7 a 9 — 051】　　aproveitando que; enquanto

趁你还年轻，一定要多尝试。
Enquanto ainda é jovem, você deve se permitir experimentar mais.

趁火车还没开,你现在还能下车。
Aproveitando que o trem ainda não partiu, você pode descer agora.

【七一九 052】 基于
【Níveis 7 a 9 — 052】 *em vista de; com base em*

这两种不同的人生态度是基于对人生不同的理解。
Essas duas atitudes diferentes em relação à vida são baseadas em compreensões diferentes da vida.

你的结论都基于假设,所以不可信。
Todas as suas conclusões são baseadas em suposições, por isso não são confiáveis.

【七一九 053】 依
【Níveis 7 a 9 — 053】 *de acordo com; conforme*

依你看,这件事该怎么解决?
Na sua opinião, como esse problema deve ser resolvido?

这件事就依你的方案做吧。
Vamos fazer conforme o seu planejamento.

A.7.1.6 连词
A.7.1.6 CONJUNÇÕES

【七一九 054】 连接词或词组:及
【Níveis 7 a 9 — 054】 *Conjunções que conectam palavras ou sintagmas*

及 e

工人、农民及士兵都参加了此次会议。
Operários, camponeses e soldados participaram da reunião.

现急需煤炭、石油、电力及其他能源。
Precisamos urgentemente de carvão, petróleo, eletricidade e outras fontes de energia.

【七一九 055】　　　　连接分句或句子：继而、要不是
【Níveis 7 a 9 — 055】　Conjunções que conectam orações ou frases

继而　depois; consequentemente
要不是　se não fosse / tivesse

他本来不同意的，可继而一想，又觉得是一个好机会。
Inicialmente ele não concordou, mas depois pensou melhor e achou que era uma boa oportunidade.

人民币升值将会影响到中国的出口，继而影响中国的经济增长。
A valorização do yuan afetará as exportações da China e, consequentemente, o crescimento econômico do país.

要不是老师帮我，我也不能写好这篇文章。
Se não fosse pela ajuda do professor, eu não teria sido capaz de escrever esse artigo.

要不是他推迟回国，也不会赶不上面试。
Se ele não tivesse adiado seu retorno à China, não teria perdido a entrevista.

A.7.1.7 助词
A.7.1.7 PARTÍCULAS

A.7.1.7.1 结构助词
A.7.1.7.1 Partículas estruturais

【七一九 056】 之
【Níveis 7 a 9 — 056】 1. liga um atributo ao termo que ele modifica 2. conecta o sujeito ao predicado para transformar a estrutura original numa oração nominal 3. faz parte de expressões fixas ou idiomáticas

我们可以将北京描绘为一本梦之书。
Podemos retratar Beijing como um livro de sonhos.

由于做了好事，做出了贡献，因此他得到所爱之人的欣赏。
Por suas boas ações e contribuições, ele conquistou a admiração da pessoa amada.

A.7.1.7.2 语气助词
A.7.1.7.2 Partículas modais

【七一九 057】 而已
【Níveis 7 a 9 — 057】 é só isso; nada mais

这算什么，只是一堆纸而已。
Isso não é nada, é só um monte de papel.

我不过是出于好奇，随便问问而已。
Eu só estava curioso e perguntei por perguntar.

【七一九 058】 矣
【Níveis 7 a 9 — 058】 *1. cumpre a mesma função de 了 no fim da frase 2. partícula exclamativa*

人生得一知己足矣。
Ter um verdadeiro amigo na vida é o suficiente.

他的想法可谓多矣。
Como ele é cheio de ideias!

A.7.2 短语
A.7.2 Sintagmas

A.7.2.1 结构类型
A.7.2.1 CLASSIFICAÇÃO POR ESTRUTURA

【七一九 059】 数词 + 量词 + 抽象事物
【Níveis 7 a 9 — 059】 *numeral + classificador + substantivo abstrato*

他有一身本领，颇有才华。
Ele tem muitas habilidades e é bastante talentoso.

这里虽然听不见什么争吵声，但并不是一团和气。
Não se ouvem discussões aqui, mas isso não significa que todos estejam se dando bem.

A.7.2.2 固定短语
A.7.2.2 EXPRESSÕES FIXAS

A.7.2.2.1 四字格
A.7.2.2.1 Padrões quadrissílabos

【七一九 060】 爱A不A
【Níveis 7 a 9 — 060】 *você é que sabe se vai A ou não; faça como quiser, pouco me importa*

他瞧不起她，对她总是一副爱理不理的样子。
Ele se acha superior e sempre faz pouco caso dela.

这是我的想法，你爱听不听。
Essa é a minha opinião, se você vai acatar ou não, é com você.

【七一九 061】　　　半A半B
【Níveis 7 a 9 — 061】　meio... meio...

他说话半真半假，你不要完全相信他。
Ele fala meias-verdades, não confie totalmente nele.

突然听到明天放假的消息，我一直半信半疑。
Estão dizendo que teremos folga amanhã, mas estou meio em dúvida.

【七一九 062】　　　东A西B
【Níveis 7 a 9 — 062】　de um lado para outro

她买东西就喜欢东挑西选。
Ela gosta de escolher minuciosamente as coisas que compra.

为了买到一张火车票，我东奔西跑，累得一身汗。
Corri de um lado para outro para comprar uma passagem de trem, estou cansado e todo suado.

【七一九 063】　　　非A非B
【Níveis 7 a 9 — 063】　nem A nem B

这场悲剧的制造者非你非我，另有他人。
Não foi nem você nem eu quem causou essa tragédia, mas outra pessoa.

我们非敌非友，只是那天见过一面而已。
Não somos amigos nem inimigos, apenas nos encontramos naquele dia.

【七一九 064】　　　忽A忽B
【Níveis 7 a 9 — 064】　ora A, ora B

叔叔书房的门关着，里边的说话声忽高忽低。
A porta do escritório do meu tio estava fechada, as vozes lá dentro ora aumentavam, ora abaixavam.

他十分紧张，心跳得忽快忽慢。
Ele estava muito nervoso, seu coração ora batia rápido, ora devagar.

【七一九 065】　　　　连A带B
【Níveis 7 a 9 — 065】　*fazendo A e B*

几个小孩吓得连哭带叫。
As crianças estavam tão assustadas que ficavam chorando e gritando.

信是男朋友写的，她高兴得连蹦带跳。
A carta era do namorado, ela ficou pulando e dançando de alegria.

【七一九 066】　　　　时A时B
【Níveis 7 a 9 — 066】　*às vezes A, às vezes B*

小鸟发出的声音时长时短。
O canto dos pássaros às vezes é longo, às vezes curto.

他的成绩时好时坏，老师也拿他没办法。
As notas dele às vezes são boas, às vezes ruins, os professores não sabem o que fazer com ele.

【七一九 067】　　　　自A自B
【Níveis 7 a 9 — 067】　*sozinho*

一路上老板自说自话唠叨了半天。
No caminho, o chefe passou o tempo todo falando sozinho.

想到你对我们工作的破坏，我应该让你自作自受才对。
Pensando em como você prejudicou nosso trabalho, eu deveria deixá-lo lidar com as consequências sozinho.

A.7.2.2.2 其他
A.7.2.2.2 Outras

【七一九 068】 巴不得
【Níveis 7 a 9 — 068】 *estar ansioso para; mal poder esperar*

他一口气跑了半个多小时，巴不得一步就到家。
Ele correu por mais de meia hora sem parar, ansioso para chegar logo em casa.

我恨这个行业，巴不得早点儿离开。
Detesto este trabalho, mal posso esperar para sair.

【七一九 069】 别提了
【Níveis 7 a 9 — 069】 *nem me fale; nem se fala*

晚饭还没开始吃他就已经醉了，后来就更别提了。
Ele já estava bêbado antes do jantar começar e, depois, nem se fala.

别提了，我根本都不认识那个人，他硬拉着我不让我走。
Nem me fale, eu não o conheço, mas ele me segurou e não me deixou ir embora.

【七一九 070】 除此之外
【Níveis 7 a 9 — 070】 *com exceção disso*

他是个老师，除此之外，我不知道别的。
Ele é professor, exceto isso, não sei mais nada sobre ele.

我只带了一个书包，除此之外什么都没带。
Eu só trouxe uma mochila e mais nada.

【七一九 071】　　　　归根到底

【Níveis 7 a 9 — 071】　　*no final das contas; em última análise*

人生归根到底是一个人的旅行。
Em última análise, a vida é uma jornada individual.

归根到底，成长是一种幸福。
No final das contas, crescer é uma bênção.

【七一九 072】　　　　可不是

【Níveis 7 a 9 — 072】　　可不是 *isso mesmo; pois é*

甲：什么？我们家出事了？
乙：可不是，警察都已经来了。
A: O quê? Aconteceu alguma coisa em casa?
B: Isso mesmo, (mas) a polícia já chegou.

甲：小孩子长得真快啊！
乙：可不是，已经要上小学了。
A: As crianças crescem tão rápido!
B: Pois é, já já vão entrar na escola.

【七一九 073】　　　　没说的

【Níveis 7 a 9 — 073】　　*sem dúvida; nem há o que dizer*

我愿意做这件事，那是没说的，只是我不知道还能做多长时间。
Estou disposto a fazer isso, sem dúvida, mas não sei por quanto tempo posso continuar.

新来的领导我都见过了，真是没说的！
Já conheci os novos diretores, nem há o que dizer (são muito bons)!

附 录 A：(规范性) 语法等级大纲

【七—九 074】 无论如何
【Níveis 7 a 9 — 074】 *de qualquer maneira; de maneira alguma*

无论如何，他没有别的选择。
De qualquer maneira, ele não tem outra escolha.

听到这里，他无论如何也不答应。
Quando ouviu isso, ele não aceitou de maneira alguma.

【七—九 075】 由此可见
【Níveis 7 a 9 — 075】 *o que mostra; por aí se vê*

很多中国孩子从小学习书法，由此可见书法在中国教育中的重要地位。
Muitas crianças chinesas aprendem caligrafia desde pequenas, o que mostra a importância da caligrafia na educação chinesa.

他幻想着将来住在爷爷家里以后要干些什么事，一遍遍说个没完，由此可见，他对母亲并没有什么舍不得。
Ele fica imaginando o que fará depois de se mudar para a casa do avô, fala disso sem parar. Por aí se vê que ele não é tão apegado à mãe quanto parece.

【七—九 076】 与此同时
【Níveis 7 a 9 — 076】 *ao mesmo tempo*

太阳落山了，几乎与此同时下起了大雨。
O sol se pôs e, quase ao mesmo tempo, começou a chover forte.

几个月之后，他的眼睛开始不停地流眼泪，与此同时他的视力也变得越来越差。
Alguns meses depois, seus olhos começaram a lacrimejar constantemente e, ao mesmo tempo, sua visão foi piorando.

【七一九 077】 这样一来
【Níveis 7 a 9 — 077】 *assim; com isso*

这些小鸟总是在唱歌，这样一来，我家门前可热闹了。
Com os pássaros sempre cantando, a entrada da minha casa fica bastante animada.

他听了医生的话，每天都去外面散步，这样一来，他的病很快就好了。
Ele obedeceu ao médico e passou a caminhar todos os dias. Com isso, sua saúde melhorou rapidamente.

【七一九 078】 综上所述
【Níveis 7 a 9 — 078】 *em resumo*

综上所述，如果希望交流顺利地进行，需要大家共同努力。
Em resumo, para que a comunicação ocorra sem problemas, é necessário que todos se esforcem juntos.

综上所述，随着科技的发展，人们越来越依赖手机。
Resumindo, com o desenvolvimento da tecnologia, estamos cada vez mais dependentes dos celulares.

【七一九 079】 总的来说 / 总而言之
【Níveis 7 a 9 — 079】 *em suma; globalmente falando; de modo geral*

总的来说，他的身体状态还算不错。
De modo geral, o estado de saúde dele é bom.

她的专业能力很不错，工作态度总的来说也很端正，是个很好的合作伙伴。
Globalmente falando, ela é muito competente em sua profissão e tem uma atitude muito profissional. Ela é uma excelente parceira de trabalho.

总而言之，最重要的应该是过程，而不是结果。
Em resumo, o mais importante é o processo, não o resultado.

总而言之一句话，我不喜欢他。
Para resumir, não gosto dele.

A.7.3 固定格式
A.7.3 Estruturas fixas

【七一九 080】 不知……好
【Níveis 7 a 9 — 080】 não saber o que seria melhor fazer

这件事很复杂，不知如何解决才好。
Isso é muito complicado, não sei como devo resolver.

看他紧张得手心都是汗，我也不知说什么好。
Ao vê-lo com as mãos suando de nervoso, eu também não sabia o que dizer.

【七一九 081】 所谓……就是……
【Níveis 7 a 9 — 081】 o tal / os tais... é / são apenas...; o que chama de... é apenas...

房内没有一样值钱的东西，所谓家具就是这几把椅子。
Não há nada de valor na sala, os tais "móveis" são apenas essas cadeiras.

他所谓的好家庭就是住在一栋大房子里，妻子穿着漂亮的衣服。
Para ele, "boa família" é só uma casa grande com uma esposa bem vestida.

【七一九 082】 无非／不过／只不过／只是……而已／罢了
【Níveis 7 a 9 — 082】 nada mais que; simplesmente; somente; só

不要相信他，这无非是他的借口罢了。
Não acredite nele, são só desculpas dele.

我这么说没有其他意思，不过是想鼓励他而已。
Não me entenda mal, eu só queria encorajá-lo quando disse aquilo.

她会做这道题，只不过假装不会而已。
Ela sabe resolver essa questão, só está fingindo que não sabe.

大家都说爱情很快就会过去，剩下的只是习惯罢了。
Todos dizem que o amor passa rápido e o que resta é apenas o hábito.

【七一九 083】 以……为……
【Níveis 7 a 9 — 083】 *tomar... como...; considerar*

我们不能以自己为中心，要考虑别人的感受。
Não podemos nos considerar o centro de tudo, é preciso levar em conta os sentimentos dos outros.

她以和平为主题，创作了一部小说。
Ela escreveu um romance sobre a paz.

【七一九 084】 因……而……
【Níveis 7 a 9 — 084】 *por causa de...*

我经常看到他因一件小事而快乐的场景。
Eu frequentemente o vejo ficar feliz por causa de algo pequeno.

她胆子很大，不会因一些奇怪的声音而害怕。
Ela é corajosa, não se assusta com barulhos estranhos.

A.7.4 句子成分
A.7.4 Termos da oração

A.7.4.1 宾语
A.7.4.1 OBJETO

【七一九 085】 宾语的语义类型 3
【Níveis 7 a 9 — 085】 *Classificação semântica dos objetos 3*

（1）方式宾语
Objetos de modo

为了方便取出来，他把钱存了个活期。
Para facilitar o saque, ele depositou o dinheiro em uma conta corrente.

为了节省时间，这封信还是寄航空吧。
Para poupar tempo, envie a carta por via aérea.

（2）工具宾语
Objetos instrumentais

他坚持每天写毛笔。
Ele insiste em escrever com pincel todos os dias.

他吃大碗，我吃小碗。
Ele come em uma tigela grande, eu como em uma tigela pequena.

（3）材料宾语
Objetos de material

新手养菊花，该如何浇水？
Como os iniciantes devem pôr água nos crisântemos?

他在脸上盖一张报纸睡着了。
Ele adormeceu cobrindo o rosto com um jornal.

（4）目的宾语
Objetos de finalidade

为了拍这部电影，他到处去拉赞助。
Ele buscou patrocínio em todos os lugares para fazer este filme.

他在我们公司主要跑项目。
Na nossa empresa, ele é responsável principalmente por implementar os projetos.

A.7.4.2 补语

A.7.4.2 COMPLEMENTOS

【七—九 086】　　　　程度补语 3

【Níveis 7 a 9 — 086】　Complemento de intensidade 3

（1）形容词 / 动词 + 得 + 不行

adjetivo / verbo + 得 + 不行　até não poder mais, super-

终于要去旅游了，儿子兴奋得不行。
Finalmente vamos viajar, meu filho está superempolgado.

上学时我对体育课也是讨厌得不行。
Quando estava na escola, eu odiava as aulas de educação física.

（2）形容词 / 动词 + 得 + 要命 / 要死

adjetivo / verbo + 得 + 要命 / 要死　de matar / morrer

他人不大，但是脾气大得要命。
Ele é pequeno, mas tem um temperamento que é de matar.

我最近太忙了，每天累得要死。
Ando tão ocupado que estou para morrer de tão cansado.

【七—九 087】　　　　状态补语 3："个"引导的补语

【Níveis 7 a 9 — 087】　Complemento de modo 3: complementos introduzidos por "个"

那个小女孩儿哭个不停，说是找不到妈妈了。
Aquela menininha chorava sem parar, dizendo que não conseguia encontrar a mãe.

他在我们面前说个没完。
Ele falava sem parar na nossa frente.

A.7.5 句子的类型
A.7.5 Tipos de oração

A.7.5.1 特殊句式
A.7.5.1 PADRÕES SINTÁTICOS ESPECIAIS

【七—九 088】 "把"字句 5：表致使

（主语 +）把 + 宾语（施事）+ 动词 + 了

【Níveis 7 a 9 — 088】 A construção com 把 5: indicando causa ou efeito

(sujeito +) 把 + objeto (agente) + verbo + 了

去年她把丈夫死了，后来父母也去世了。
No ano passado, ela perdeu o marido e depois os pais.

钱没挣着，却把老公跑了。
Ela não ganhou dinheiro, mas o marido fugiu.

【七—九 089】 被动句 5
【Níveis 7 a 9 — 089】 Orações na voz passiva 5

（1）被……所……
ser... por...

这是我第一次感到自己被一个人所吸引。
Foi a primeira vez que me senti atraída por alguém.

没想到，他竟然会被一个小学生所欺骗。
Nunca pensei que pudesse ser enganada por uma criança.

（2）为……所……
ser... por...

他这种行为，为人类社会所不容。
Esse tipo de comportamento dele não é tolerado pela sociedade humana.

领导的这种行为往往不为人所信任。
Esse tipo de comportamento dos líderes geralmente não inspira confiança nas pessoas.

【七一九 090】　　　　比较句 6
【Níveis 7 a 9 — 090】　Orações comparativas 6

（1）比起……（来）
em comparação com; do que

比起其他人，我的想法太简单了。
Em comparação com as de outras pessoas, minhas ideias são muito simples.

比起唱歌来，他更喜欢跳舞。
Ele gosta mais de dançar do que de cantar.

（2）A + 形容词 + 于 + B
A + adjetivo + 于 + B   A é mais ... do que B

人的自我实现过程重于结果。
O processo de autorrealização do ser humano é mais importante do que o resultado.

在施工现场，工人们的安全高于一切，大于一切。
No canteiro de obras, a segurança dos trabalhadores é mais importante do que tudo.

（3）A + 比 + 名词 + 还 + 名词
A + 比 + substantivo + 还 + substantivo   A é mais... do que...

他简直比强盗还强盗！
Ele é simplesmente pior que um ladrão!

在上流社会里，他装得比绅士还绅士。

Na alta sociedade, ele finge ser mais cavalheiro do que os cavalheiros.

A.7.5.2 复句

A.7.5.2 PERÍODOS COMPOSTOS

A.7.5.2.1 并列复句

A.7.5.2.1 Períodos compostos por coordenação

【七一九 091】　　一面……，一面……

【Níveis 7 a 9 — 091】　enquanto

他一面听老师讲课，一面认真记笔记。

Enquanto ouvia o professor, ele tomava notas cuidadosamente.

他一面做作业，一面看电视，做事一点儿都不用心。

Ele fez o dever de casa enquanto assistia TV e não prestou atenção em nada.

A.7.5.2.2 承接复句

A.7.5.2.2 Períodos sequenciais

【七一九 092】　　……，此后……

【Níveis 7 a 9 — 092】　depois disso

我们三年前见过一面，此后再也没有见过。

Nós nos encontramos uma vez há três anos e, depois disso, nunca mais nos vimos.

她二十岁结了婚，此后丈夫生病，她照顾了四年。

Ela se casou aos vinte anos, depois disso, o marido adoeceu e ela cuidou dele por quatro anos.

【七—九 093】　　　　起初……，……才……

【Níveis 7 a 9 — 093】　　*inicialmente... depois...*

他起初没明白，后来才理解了游戏的规则。
Ele inicialmente não entendeu e só depois compreendeu as regras do jogo.

我们起初不想参加的，只是不好意思拒绝，才去了那里。
De início não queríamos participar, mas ficamos sem jeito de recusar e acabamos indo lá.

A.7.5.2.3 递进复句
A.7.5.2.3 Períodos gradativos

【七—九 094】　　　　别说……，连……也/都……；连……也/都……，别说……；别说……，即使……也……；即使……也……，别说……

【Níveis 7 a 9 — 094】　　*até mesmo / nem mesmo... que dirá / muito menos...*

别说是大学生了，连小学生都比他写得好。
Até um aluno do ensino fundamental escreve melhor do que ele, que dirá um universitário.

我现在穷得连饭也吃不起了，别说买新衣服了。
Agora estou tão pobre que nem tenho dinheiro para comer, que dirá comprar roupas novas.

别说爸爸，即使是老师，也说不出这种植物的名字。
Nem mesmo o professor sabe dizer o nome dessa planta, meu pai muito menos.

即使是稍微有钱的家庭，也禁不住她这么花钱，别说普通家庭了。
Nem as famílias com um pouco mais de dinheiro aguentariam os gastos dela, que dirá uma família comum.

【七一九 095】 ……，何况……
【Níveis 7 a 9 — 095】 ainda mais

我不道歉，何况根本不是我的错！
Não vou me desculpar, ainda mais quando nem foi culpa minha!

这道菜做起来很花时间的，何况今天顾客那么多。
Este prato é demorado, ainda mais com tantos clientes como hoje.

【七一九 096】 ……，进而……
【Níveis 7 a 9 — 096】 em seguida; e assim

只有在这样的国家里，教师才能充分发展，进而保护他自己和公共利益。
Só em um país como este os professores podem se desenvolver plenamente e, assim, proteger a si mesmos e o interesse público.

遇到困难不要回避，挺起身来向它挑战，进而战胜它。
Não fuja das dificuldades, enfrente-as e depois vença-as.

【七一九 097】 ……，况且……
【Níveis 7 a 9 — 097】 e além disso

北京这么大，况且你又是第一次来，怎么能一下子就找到我家呢？
Beijing é tão grande e, além disso, é a primeira vez que você vem, como conseguiu encontrar minha casa tão rápido?

那时天已经黑了，况且人又坐在车上，肯定看不清楚。
Naquela hora já estava escuro e, além disso, quem estava dentro do carro certamente não conseguia ver com clareza.

【七一九 098】　　　　连……，更不用说……
【Níveis 7 a 9 — 098】　 *nem se fala; que dirá*

连他都不会，更不用说我了。
Nem ele sabe, eu então, nem se fala.

我连上次的考试都没通过，更不用说这次的了。
Nem passei no teste da última vez, que dirá desta vez.

他连这几个字都不会写，更不用说写篇作文了。
Nem essas palavras ela sabe escrever, que dirá uma redação.

【七一九 099】　　　　……，乃至……
【Níveis 7 a 9 — 099】　 *e até mesmo*

他的脸色、眼神，乃至一举一动，都被别人看得清清楚楚。
Sua expressão facial, seu olhar e até mesmo cada gesto, foram vistos claramente pelos demais.

他熟悉北京，也熟悉巴黎，乃至全世界。
Ele conhece bem Beijing, Paris e até o mundo inteiro.

【七一九 100】　　　　……，且……
【Níveis 7 a 9 — 100】　 *e*

他办事严谨而认真，且十分负责，获得了领导的信任。
No trabalho ele é meticuloso, sério e muito responsável, por isso ganhou a confiança da diretoria.

这一条街又脏又乱，总是很潮湿，且一年四季总不免有种古怪气味。
Esta rua é suja e desorganizada, está sempre úmida e tem um cheiro estranho durante o ano todo.

【七一九 101】 ……，甚至于……
【Níveis 7 a 9 — 101】 nem mesmo

她不能忍受这种想法，甚至于一秒钟也受不了。
Ela não suporta nem pensar nisso, nem mesmo por um segundo.

这个小姑娘始终都是那副模样，甚至于一点儿也没长高。
A garotinha não mudou nada, não cresceu nem um pouquinho.

A.7.5.2.4 选择复句
A.7.5.2.4 Períodos alternativos

【七一九 102】 或……，或……
【Níveis 7 a 9 — 102】 ou... ou...

他把信藏在某个秘密的地方了，或一块石头下面，或一棵树后面。
Ele escondeu a carta em algum lugar secreto, ou embaixo de uma pedra, ou atrás de uma árvore.

阿姨每次来我家都带着一群朋友，或二三人，或三四人，大家说说笑笑。
Toda vez que a tia vem à minha casa, ela traz um grupo de amigas, ou dois ou três, ou três ou quatro e elas conversam animadamente.

【七一九 103】 宁可/宁愿……，也……
【Níveis 7 a 9 — 103】 preferir ... a ...

他宁可饿着肚子去上课，也不愿意吃垃圾食品。
Ele prefere ir para a aula com fome a comer besteiras.

他宁愿自己承担，也不肯把责任推给别人。
Ele prefere assumir a responsabilidade sozinho a jogá-la nos outros.

【七一九 104】　　　　与其……，不如……

【Níveis 7 a 9 — 104】　　em vez de…, prefiro …

    与其去爬山，还不如在家看电视。
    Em vez de fazer trilha, melhor ficar em casa vendo TV.

    与其在这里浪费时间，我们不如认真复习。
    Em vez de desperdiçar tempo aqui, melhor estudarmos direito.

【七一九 105】　　　　与其……，宁可/宁愿……

【Níveis 7 a 9 — 105】　　em vez de…, prefiro…

    与其在这里洗半天的衣服，我宁可去买新的。
    Em vez de passar o dia aqui lavando roupas, prefiro comprar novas.

    与其跟他一组，我宁愿一个人做这个项目。
    Em vez de trabalhar em parceria com ele, prefiro fazer esse projeto sozinho.

A.7.5.2.5 转折复句
A.7.5.2.5 Períodos adversativos

【七一九 106】　　　　……，而……（则）……

【Níveis 7 a 9 — 106】　　enquanto

    绝大多数的人用感觉来思考，而我却用思考来感觉。
    A grande maioria das pessoas pensa com a emoção, enquanto eu sinto com a razão.

    北方人过春节往往吃饺子，而南方人的习俗则是吃汤圆。
    Durante o ano-novo chinês, os nortistas costumam comer *jiaozi*, enquanto os sulistas costumam comer *tangyuan*.

【七一九 107】　　　　　……，……倒／反倒……
【Níveis 7 a 9 — 107】　　mas; ao contrário (do que se esperava)

我好心劝他，他倒怪我，真是好笑！
Conversei com ele com a melhor das intenções, mas ele jogou a culpa em mim; que absurdo!

听护士这么一说，他反倒放松了下来。
Quando ouviu a enfermeira dizer isso, ele ficou mais relaxado, ao contrário do que se esperava.

A.7.5.2.6　假设复句
A.7.5.2.6　Períodos hipotéticos

【七一九 108】　　　　　倘若／若……，……
【Níveis 7 a 9 — 108】　　se...

倘若这几个问题你都能解决，你一定会获得成功。
Se você conseguir resolver todos esses problemas, certamente alcançará o sucesso.

若不小心，是不是又会发生纠纷？
Se não tivermos cuidado, será que não haverá outro desentendimento?

【七一九 109】　　　　　倘若／假设／假使／若……，就／那（么）……
【Níveis 7 a 9 — 109】　　se...; caso...; supondo que...

倘若一点儿音乐知识都没有，就会遇到困难。
Caso não tenha nenhum conhecimento musical, terá dificuldades.

假设这是我们未来的家园，那这个世界就不会再有饥饿的儿童。
Supondo que este seja nosso futuro lar, então não haverá mais crianças passando fome no mundo.

假使一切能重新开始，那么我绝不会选择这一条路。
Se pudesse começar tudo de novo, eu com certeza não escolheria esse caminho.

【七一九 110】　　　幸亏……，要不然/不然/要不/否则……
【Níveis 7 a 9 — 110】　felizmente / ainda bem que... senão / caso contrário...

幸亏你提醒了我，要不然我就忘了。
Felizmente você me lembrou, senão eu teria esquecido.

幸亏有你帮忙，不然我真不知道怎么办才好。
Ainda bem que você me ajudou, caso contrário eu não saberia o que fazer.

A.7.5.2.7　条件复句
A.7.5.2.7　Períodos condicionais

【七一九 111】　　　别管……，都……
【Níveis 7 a 9 — 111】　não importa quem / o que...

别管台下坐的是谁，你都要充满信心。
Não importa quem esteja na plateia, você deve estar plenamente confiante.

这样的话一出口，别管是谁，都得挨骂。
Se alguém falar assim, não importa quem seja, vai levar bronca.

【七一九 112】　　　任……，也……
【Níveis 7 a 9 — 112】　por mais que...

任他们怎么推，也推不动。
Por mais que empurrassem, não conseguiam mover.

任他是什么高职位的人，也管不了我。
Por mais importante que ele seja, não manda em mim.

A.7.5.2.8 因果复句
A.7.5.2.8 Períodos causais

【七一九 113】　　　（因）……，故……
【Níveis 7 a 9 — 113】　　por isso

因不是体面的事情，故不敢说出来。
Não é uma coisa decente, por isso não me atrevo a falar.

他已经适应了国外的生活，故不打算再回国。
Ele já se acostumou à vida no exterior, por isso não pretende voltar para a China.

【七一九 114】　　　鉴于……，……
【Níveis 7 a 9 — 114】　　considerando; em vista de; em virtude de…

鉴于他的表现良好，学校决定允许他回来上课。
Em vista do seu bom desempenho, a escola decidiu permitir que ele voltasse às aulas.

鉴于他在处理这种问题上毫无经验，公司决定派我来帮助他。
Considerando sua falta de experiência em lidar com esse tipo de problema, a empresa decidiu me enviar para ajudá-lo.

【七一九 115】　　　（由于）……，以致……
【Níveis 7 a 9 — 115】　　de modo que; a ponto de…

他睡过头了，以致错过了第一节课。
Ele dormiu demais, a ponto de perder a primeira aula.

他由于学习不认真，以致考了最后一名。
Ele não estudou com seriedade e por isso ficou em último lugar no teste.

【七一九 116】　　　　　……，以至于……
【Níveis 7 a 9 — 116】　　tão... que...; tanto... que...

事情发展得太快，以至于大家都难以反应。
As coisas estavam acontecendo tão rápido que era difícil reagir.

这篇课文他读了很多遍，以至于全文都背得出来。
Ele leu este texto tantas vezes que sabe tudo de cor.

【七一九 117】　　　　　之所以……，是因为/是由于……
【Níveis 7 a 9 — 117】　　a razão pela qual... é que...

这部电影之所以好看，是因为内容很有趣。
A razão pela qual esse filme é bom é seu conteúdo interessante.

妈妈之所以生气了，是由于他不肯承认自己的错误。
A razão pela qual a mãe se zangou foi que ele não quis admitir o erro.

A.7.5.2.9　让步复句

A.7.5.2.9　Períodos concessivos

【七一九 118】　　　　　固然……，也……
【Níveis 7 a 9 — 118】　　sim, mas também...

那固然是我们的习惯，也还需要有另外的理由。
Esse é nosso costume, sim, mas também deve haver outros motivos.

他的话固然给我安慰，也使我难过。
Suas palavras me confortaram, sim, mas também me entristeceram.

【七一九 119】　　　　　……固然……，但是/可是/不过……
【Níveis 7 a 9 — 119】　　sim, mas...

一个人的成功，聪明固然重要，但是努力更重要。
Para ter sucesso, a inteligência é importante, sim, mas o esforço é ainda mais importante.

网络固然给我们带来了便利，可是也给我们带来了麻烦。
A internet facilita nossa vida, sim, mas também nos traz problemas.

这种方法固然有用，不过也不能解决根本问题。
Esse método é útil, sim, mas não resolve a questão fundamental.

【七一九 120】　　　　　即便……，也……
【Níveis 7 a 9 — 120】　　mesmo que..., também...

即便你成绩好，也不能骄傲。
Mesmo que você tenha boas notas, não deve ser arrogante.

他眼神中充满的即便不是感动，至少也是同情。
Seu olhar demonstrava, se não comoção, pelo menos empatia.

【七一九 121】　　　　　虽说……，但是/可是/不过……
【Níveis 7 a 9 — 121】　　embora; apesar de

虽说他年纪小，但是也不能过于任性。
Apesar de jovem, ele não pode ser teimoso demais.

虽说中文很难，可是它很有趣。
Embora seja difícil, o chinês é muito interessante.

虽说这是件小事，不过我们应该重视起来。
Embora seja um assunto menor, devemos dar importância a ele.

【七一九 122】　　　　纵然......，也......

【Níveis 7 a 9 — 122】　*ainda que...，também...*

我们的意见纵然不一致，也应当互相理解。
Mesmo que nossas opiniões não sejam as mesmas, devemos nos entender.

这事纵然不好，也是他们之间的事，就让他们自己处理吧。
Por pior que seja, é um assunto entre eles, então vamos deixar que resolvam entre si.

A.7.5.2.10 目的复句

A.7.5.2.10 Períodos finais

【七一九 123】　　　　......，以......

【Níveis 7 a 9 — 123】　*para; a fim de*

政府用他们的名字命名这条街，以纪念在战争中牺牲的战士。
O governo deu à rua os nomes dos soldados caídos na guerra para homenageá-los.

老师采用新的教学方法，以调动学生的积极性。
O professor adotou novos métodos de ensino para estimular os alunos.

【七一九 124】　　　　......，以免/免得......

【Níveis 7 a 9 — 124】　*para não; a fim de evitar*

出门在外看好你的东西，以免丢失。
Ao sair, cuide bem dos seus pertences para não os perder.

你把这个写下来，免得过后忘记。
Anote isso para não esquecer depois.

A.7.5.2.11 解说复句
A.7.5.2.11 Períodos explicativos

【七一九 125】　　　　……，也就是说……
【Níveis 7 a 9 — 125】　　... ou seja...

这是我的决定，也就是说不关你的事。
Essa decisão é minha, ou seja, não é da sua conta.

他说这是他新买的书，也就是说他不想借给我们看。
Ele disse que acabou de comprar este livro, ou seja, não quer nos emprestar.

A.7.5.2.12 紧缩复句
A.7.5.2.12 Períodos elípticos

【七一九 126】　　　　（要 +）动词 + 就 + 动词 + 个 + 补语
【Níveis 7 a 9 — 126】　　(要 +) verbo + 就 + verbo + 个 + complemento (se for para fazer, faça)

要玩就玩个痛快，别总想工作。
Se é para espairecer, vamos espairecer, nada de ficar pensando no trabalho.

喝就喝个够，今天不醉不回家。
Se é para beber, vamos beber até cair, hoje só voltamos para casa bêbados.

【七一九 127】　　　　动词（+ 宾语 1）+ 就 + 动词（+ 宾语 1），别……
【Níveis 7 a 9 — 127】　　verbo (+ objeto 1) + 就 + verbo (+ objeto 1), 别…… (se quer fazer, faça)

走就走，别用这个威胁我！
Se quer ir embora, vá, mas pare de me ameaçar com isso!

说几句就说几句，别太在意。
Deixe que falem, não leve para o lado pessoal.

A.7.5.2.13 多重复句
A.7.5.2.13 Períodos complexos

【七一九 128】　　　　三重或三重以上的复句
【Níveis 7 a 9 — 128】　*Três ou mais níveis de subordinação*

他对中文感兴趣，而且对中国文化也十分好奇，所以决定去中国留学，但遭到了父母的反对。
Ele estava tão interessado em chinês e tão curioso sobre a cultura chinesa que decidiu estudar na China, mas enfrentou a oposição de seus pais.

大家不要只看外面的风景，也不要只顾看手机，要看好自己的物品，以免产生不必要的损失。
Não fiquem só olhando a paisagem ou o celular, cuidem de seus pertences para evitar perdas desnecessárias.

只要多练习，你的中文就会有进步，成绩也会提高，自然也会得到奖学金。
Com mais prática, seu chinês vai melhorar, suas notas vão aumentar e, naturalmente, você vai conseguir uma bolsa de estudos.

A.7.6 强调的表示法
A.7.6 Expressões de ênfase

【七一九 129】　　　　反问句 3: 何必/何苦……呢？
【Níveis 7 a 9 — 129】　*Perguntas retóricas 3*

何必 / 何苦……呢？ por que / para que

这么简单的事儿我又何必一件事分两次做呢？
Por que eu faria algo tão simples em duas etapas?

我对谁都没有讲，何苦事先就让他们伤心呢？
Não contei a ninguém; para que deixá-los tristes desde agora?

A.7.7 口语格式
A.7.7 Estruturas coloquiais

【七—九 130】　　　（不过/但/可是）话又说回来，……
【Níveis 7 a 9 — 130】　(mas) por outro lado; pensando bem...

话又说回来，不能因为生病就失去希望。
Falando nisso, você não pode perder a esperança só porque está doente.

但话又说回来，我们为什么不能把事情处理得对我们更有利呢？
Mas, pensando bem, por que não podemos lidar com a situação de forma mais vantajosa para nós?

【七—九 131】　　　X（也）不是，不 X 也不是
【Níveis 7 a 9 — 131】　não parece certo X nem Y

走不是，不走也不是，弄得我们不知道怎么办才好。
Não faz sentido sair nem ficar, estamos sem saber o que fazer.

笑也不是，不笑也不是，真让人尴尬。
Não podíamos rir, e também não podíamos não rir. Foi muito constrangedor.

【七—九 132】　　　X 也好/也罢，Y 也好/也罢
【Níveis 7 a 9 — 132】　tanto faz X ou Y

去也好，不去也好，反正不是什么大不了的事。
Não importa se você vai ou não, no fim das contas não é algo tão importante assim.

快乐也好，伤心也好，这个故事就要结束了。
Feliz ou triste, esta história está chegando ao fim.

你也罢，我也罢，都帮不了什么忙。
Nem você nem eu podemos ajudar muito.

喜欢也罢，愤怒也罢，终究都是一种情绪。
Pode até gostar, pode até ficar brava, no fim das contas é tudo uma questão de emoção.

【七一九 133】　　　X 了又 Y，Y 了又 X
【Níveis 7 a 9 — 133】　fazer X e Y, Y e X

他装了又拆，拆了又装，修理了一整天。
Ele montou e desmontou, desmontou e montou, passou o dia todo consertando.

小朋友写了又擦，擦了又写，正在认真地练习写汉字。
A criança escrevia e apagava, apagava e escrevia, praticando com afinco os caracteres chineses.

【七一九 134】　　　X 也 X 不……，Y 也 Y 不……
【Níveis 7 a 9 — 134】　não conseguir fazer X nem Y

妈妈还处于担心的状态中，吃也吃不下，睡也睡不着。
A mãe continuava preocupada, não conseguia comer nem dormir.

父母与孩子的关系就是这样，赶也赶不走，留也留不住。
A relação entre pais e filhos é assim, não podem mandá-los embora nem fazê-los ficar.

【七一九 135】　　　别提（有）多 X 了
【Níveis 7 a 9 — 135】　nem preciso dizer como

刚才买的那件衣服，别提多好看了。
Nem preciso falar como é bonita a roupa que acabei de comprar.

听到爸爸的声音，她别提有多兴奋了。
Nem preciso dizer como ela ficou feliz quando ouviu a voz do pai.

附录 A:（规范性）语法等级大纲

【七—九 136】　　　　不知X的
【Níveis 7 a 9 — 136】　não sei..., mas...

不知怎么的，我的眼泪止不住地往下流。
Não sei por quê, mas não consigo parar de chorar.

不知谁说的，他才是凶手。
Não sei quem disse, mas ele é o assassino.

【七—九 137】　　　　话（说）是这么说，不过/可/可是……
【Níveis 7 a 9 — 137】　lá isso é (verdade), mas... / é o que dizem, mas...

话是这么说，不过她还是不习惯。
Lá isso é, mas ela ainda não se acostumou.

说是这么说，可对方要是真这么干，那我们也做不了什么。
É o que dizem, mas se fizerem isso mesmo, não poderemos fazer nada.

【七—九 138】　　　　看/瞧你那（X）样
【Níveis 7 a 9 — 138】　Olha só você, com essa cara de (X)

看你那伤心样，还以为你这回真的好不到哪里去了。
Olha só você, com essa cara de tristeza, até parece que não vai se recuperar dessa vez.

瞧你那样，还挺得意。
Olha só você, todo orgulhoso.

【七—九 139】　　　　看在X的面子上
【Níveis 7 a 9 — 139】　por consideração a X

我是看在她的面子上才答应的。
Aceitei por consideração a ela.

三位客人看在老人的面子上又坐下了。
Os três convidados se sentaram novamente em respeito ao idoso.

【七一九 140】 哪有X这么Y的／有X这样Y的吗
【Níveis 7 a 9 — 140】 *Onde já se viu X ser tão Y? / Como X pode ser tão Y assim?*

哪有你这么过分的？好处全让你给占了。
Onde já se viu tanta falta de consideração? Você quer ficar com todas as vantagens.

哪有你这么直接的？给他留点儿面子呀。
Onde já se viu ser tão direto assim? Dê a ele um pouco de dignidade.

有他这样做人的吗？总是在背后说人家坏话。
Como ele pode ser assim? Sempre falando mal dos outros pelas costas.

【七一九 141】 什么X的Y的
【Níveis 7 a 9 — 141】 *Não tem isso de X ou Y*

什么你的我的，都是大家的。
Não tem isso de seu ou meu, tudo é de todo mundo.

什么好的坏的，我们买的都是一样的。
Não tem isso de melhor ou pior, todos nós compramos as mesmas coisas.

【七一九 142】 说到／想到哪儿去了
【Níveis 7 a 9 — 142】 *Do que está falando? / O que está pensando?*

你看你，说到哪儿去了，我说的是买蛋糕的问题。
Você está se desviando do assunto, eu estava falando em comprar um bolo.

你想到哪儿去了！我肯定不会跟别人说的。
O que está pensando? É claro que eu não vou contar a ninguém.

【七一九 143】 无所谓X不X
【Níveis 7 a 9 — 143】 Não importa se é X ou não

无所谓好看不好看，我满意就行。
Não importa se é bonito ou não, o importante é que eu esteja satisfeito.

无所谓贵不贵，质量好就可以。
Não importa se é caro ou não, sendo de boa qualidade está bom.

【七一九 144】 要X有/没X，要Y有/没Y
【Níveis 7 a 9 — 144】 tanto X como Y / nem X nem Y

她要成绩有成绩，要形象有形象。
Ela tem boas notas e boa aparência.

他要学历没学历，要胆子没胆子。
Ele não tem educação nem coragem.

A.7.8 句群
A.7.8 Grupos frasais coesos

A.7.8.1 按形式分类
A.7.8.1 CLASSIFICAÇÃO PELA FORMA

【七一九 145】 带关联词语
【Níveis 7 a 9 — 145】 Sindéticos (com conectivos)

除了记忆能力差之外，我还有其他的缺点，这些缺点在很大程度上使我变得无知。因为我脑子慢、糊涂，周围环境稍有变化就会看不清楚。因此，即使是十分容易解开的谜，我也从不要求自己去解。
Além da memória fraca, também tenho outras deficiências que me tornam bastante inepto. Por ter o pensamento lento e confuso, até mesmo a menor mudança ao meu redor pode me deixar desnorteado. Portanto, nunca me obrigo a resolver mistérios, mesmo que sejam muito fáceis de resolver.

您花上几天时间，到处寻找，也可能没有一点儿收获。假如一个上午能找到两三片化石，那么这个上午就可以说是终生难忘的时刻了。然而，上个月我们竟然有过三次"终生难忘的时刻"。

Você pode passar dias procurando por todo lado e não encontrar nada. Se achar dois ou três fósseis em uma manhã, pode considerar essa manhã um momento inesquecível. No entanto, no mês passado tivemos três desses "momentos inesquecíveis".

【七—九 146】	不带关联词语
【Níveis 7 a 9 — 146】	*Assindéticos (sem conectivos)*

风，更猛了。雪，更大了。我们每前进一步，更艰难了。

O vento ficou mais forte. A nevasca ficou mais intensa. Cada passo à frente se tornava mais difícil.

盼望着，东风来了，春天的脚步近了。一切事物都像刚出生的孩子，柔柔的，嫩嫩的。草绿了，花开了，河面上的冰雪也开始融化了。

O tão esperado vento leste chegou, a primavera se aproximava. Tudo era tenro e delicado como um bebê recém-nascido. As plantas verdejavam, as flores se abriam e o gelo e a neve no rio começavam a derreter.

A.7.8.2 按意义分类
A.7.8.2 CLASSIFICAÇÃO PELO SENTIDO

【七—九 147】	联合关系：并列句群、承接句群、递进句群、选择句群、解说句群、总括句群
【Níveis 7 a 9 — 147】	*Relações coordenativas: grupos frasais coordenados, sequenciais, gradativos, alternativos, explicativos e generalizantes*

在一起一年多了。时间虽然不长，但是哥哥再也没有胃疼得起不来了，那是因为我每天早上硬拉他起来吃早饭。我呢，更是体会到了被人悉心照料的感觉。从此我们的生活就多了一份彼此间的牵挂。（承接句群）

Moramos juntos há mais de um ano. Apesar de o tempo não ser tão longo, meu irmão não sofreu mais com as dores de estômago que o deixavam de cama, pois eu o faço levantar e tomar café da manhã todos os dias. Já eu, pude sentir o que é ser cuidado com carinho por alguém. Desde então, nossa vida passou a ter um vínculo ainda mais forte de preocupação mútua. (Grupo frasal explicativo)

运动场聚集了很多人。来长跑的有大学的音乐系教授、中文系教授，有跳高运动员、跳远运动员、游泳运动员、长跑运动员，有那个写了一部小说的作家，还有各个大学的大学生。总而言之吧，那时候小小的农场真可谓人才聚集，全省的本事人基本上都到这里来了。（总括句群）

Havia muita gente reunida na quadra esportiva. Entre os que vieram correr, estavam docentes de música e de literatura chinesa, atletas de salto em altura, salto em distância, natação e corrida, um autor de um romance e estudantes de diversas universidades. Em suma, na época, a pequena fazenda era um verdadeiro polo de talentos que atraía praticamente todos os indivíduos habilidosos da província. (Grupo frasal sucessivo)

【七—九 148】 偏正关系：条件句群、因果句群、目的句群、转折句群、假设句群、让步句群

【Níveis 7 a 9 — 148】 *Relações subordinativas: grupos frasais condicionais, causativos, de finalidade, adversativos, hipotéticos e concessivos*

他们俩正是这样有思想的一对青年。在当时新思想的影响下，他们走上了革命之路。不少人热情地歌颂了他们的反抗和爱情，但是鲁迅先生以敏锐的目光看到了这种反抗和爱情中所包含的悲剧因素。（转折句群）

Os dois eram, de fato, um casal de jovens repletos de ideias. Influenciados pelas novas correntes de pensamento da época, eles trilharam o caminho da revolução. Muitos elogiaram com paixão sua resistência e seu amor, mas Lu Xun, com seu olhar perspicaz, identificou os elementos trágicos envolvidos nessa combinação de resistência e amor. (Grupo frasal hipotético-adversativo)

单位楼下的路口，新开了两家卖早餐的店，早餐的主要顾客，是在附近写字楼上班的人。虽然卖着同样的早餐，味道差不多，价格也一样，而且每天早上每家店前都排满了顾客，但月底一计算，东边胖大姐的利润却是西边瘦大姐的两倍多。仔细观察一番才发现，原来差别竟出在经营策略上——瘦大姐坚持自己十几年卖早餐的传统方式，每收一个顾客的钱，就卷一个饼，然后收下一个顾客的钱，再卷一个饼。而胖大姐则截然不同，她事先把做好的饼摆整齐，自己只管收钱和找钱，前面并排放着五双筷子，让交完钱的顾客自己动手卷菜。（因果句群）

Na esquina da repartição há duas lojas de café da manhã cujos principais clientes são pessoas que trabalham nas proximidades. Apesar de venderem o mesmo tipo de café da manhã, com sabores e preços similares e todas as manhãs haver filas em ambas as lojas, ao final do mês, o lucro da tia gorda do lado leste é mais que o dobro do lucro da tia magra do lado oeste. Observando com atenção, percebe-se que a diferença está na estratégia de negócios — a tia magra mantém a tradição de vender café da manhã há mais de uma década, enrolando uma panqueca a cada vez que recebe o dinheiro de um cliente e só então atende o próximo cliente. Já a tia gorda adota uma abordagem completamente diferente: ela organiza as panquecas prontas em uma fileira, cuidando apenas de receber o dinheiro e dar o troco e coloca cinco pares de palitos lado a lado para que os clientes recheiem suas panquecas por conta própria depois de pagar. (Grupo frasal causal)

SOBRE O LIVRO

Formato: 21 x 29,7 cm
Mancha: 38 x 55 paicas
Tipologia: Bilo 12 / DengXian 12
Papel: Offset 75 g/m² (miolo)
Cartão Triplex 300 g/m² (capa)

EQUIPE DE REALIZAÇÃO

Capa
Vicente Pimenta

Edição de texto
Tulio Kawata (Preparação de texto)
Sandra Kato (Revisão)

Editoração eletrônica
Erick Abreu (Diagramação)

Assistente de produção
Erick Abreu

Assistência editorial
Alberto Bononi
Gabriel Joppert

Camacorp Visão Gráfica Ltda

Rua Amorim, 122 - Vila Santa Catarina
CEP:04382-190 - São Paulo - SP
www.visaografica.com.br